商务印书馆同仁日记丛书

史久芸日记

上

史久芸 著

商务印书馆
创于1897 The Commercial Press

图书在版编目(CIP)数据

史久芸日记／史久芸著；洪九来整理. —北京：
商务印书馆,2017
(商务印书馆同仁日记丛书)
ISBN 978-7-100-14973-0

Ⅰ.①史… Ⅱ.①史… ②洪… Ⅲ.①史久芸
(1897-1961)—日记 Ⅳ.①K825.3

中国版本图书馆 CIP 数据核字(2017)第 180197 号

史久芸日记
史久芸 著 洪九来 整理

商 务 印 书 馆 出 版
(北京王府井大街36号 邮政编码100710)
商 务 印 书 馆 发 行
苏州市越洋印刷有限公司印刷
ISBN 978-7-100-14973-0

2018 年 3 月第 1 版 开本 710×1000 1/16
2018 年 3 月第 1 次印刷 印张 59.75
定价：280.00 元(全二册)

商务印书馆同仁日记丛书

出 版 说 明

在我国近百余年的思想文化和学术史上，作为中国近代以来影响最大的出版机构，商务印书馆与北京大学并称中国20世纪学术文化的双子星，南北并峙，相互辉映。这一切均肇端于张元济。端赖张元济进入商务印书馆，大批文人学者纷至沓来，先后加盟商务印书馆，如蔡元培、高梦旦、孟森、蒋维乔、叶圣陶、沈雁冰、郑振铎、胡愈之……旋使商务印书馆在西学名著的译介、教科书的编撰、杂志的创办、文献的整理出版等诸多方面取得举世瞩目的成就。至抗日战争全面爆发前夕，商务印书馆已发展成为世界一流的大型文化出版企业，成为我国艰难岁月里的一道亮丽的文化风景，在我国近代文化启蒙事业上，厥功甚伟。

这些文人学者是那个时代精英文化的代表，他们以自己对中国和世界的理解来规划和经营商务印书馆，使她的出版物不断提升和影响着大众文化，反过来又促进精英文化的进一步升华，这在很大程度上塑造了那个时代中国读书人的思维方式、精神面貌和文化素养，同时也在一定程度上影响了中国的未来。从某种意义上说，商务印书馆的文化精神就是现代中国的文化精神。

他们中的不少人留下了卷帙不一的日记，这些日记是对那个时代独特的记录，是反映那个时代的第一手材料。对这些日记的解读，有助于加深对商务印书馆的了解，同时有助于进一步全面理解那个时代的精神文化。鉴于是，我们策划了《商务印书馆同仁日记丛书》，不论是工作日记、生活日记，抑或是对历时较长事件的专门记录，只要是日记体形式，都是收入本丛书的对象。我们组织人员将这些日记整理、编辑、排印出版，以飨读者。

由于编辑水平有限，丛书中难免会有一些不足甚至失误之处，希望同行和读者提出宝贵意见。

商务印书馆编辑部

2017年10月

整 理 说 明

史久芸(1897~1961),浙江余姚人。1915年以“练习生”考入商务印书馆,先后担任哈尔滨分馆会计主任、总馆人事股股长、平版印刷厂厂长等职。抗战时期,先后随商务辗转港渝,任商务印书馆重庆办事处(实为总管理处)主任。抗战胜利后返回上海,任总馆代经理、经理。中华人民共和国成立后,赴京历任中国图书发行公司副总经理(商务代表)、高等教育出版社与复牌独立后的商务印书馆经理部负责人(实为商务私股代理)等。1957年以后,已届退休年龄的史久芸曾先后两次提出退休申请,但因其作为商务资深老人具有丰厚的人脉资源与娴熟的协调能力,尤其是商务处理海外分馆业务时难以替代的角色作用,因而两次均被商务高层竭力挽留而继续留任,直到1961年底在现职岗位上因病去世。史久芸与商务恰逢同一年诞生,18岁进馆时正值商务处于事业腾飞之际,64岁在任上离世前又逢商务刚刚恢复独立建制不久,可以说其一生历程与新旧商务的转型发展脉络相始终。作为本馆自己培养出来的人才,史久芸深得商务不同时期董事会高层的信任,在1940年代已位居商务中高层管理职位,后又作为商务私股的代理人在北京一线负责商务的改制、重组等具体事务,是商务1949年前后企业变迁的亲历者与见证人。从一个旧式民营出版企业的高级管理者与代理人,转变为“把一生奉献给了我国的出版事业”的新时代出版人,史久芸的个人身份形象在商务的中层人群谱系中具有较典型的符号意义。

史久芸为人“英挺练达，蔼然仁者”，在商务又以精细的财务与人事管理见长，个人禀性加职业特性使其养成每日必按从早到晚的固定时序格式有所记录的生活习惯，留存了一部近似“流水账”的日记资料。现存日记原本由其后人于2008年8月捐献给中国近现代新闻出版博物馆（筹），内容起自1943年在商务重庆办事处任上，终至1961年12月于北京去世前，含1943年、1945年，1947～1948年、1953～1961年共约15年的记录，这一时段内其他年份的日记不幸佚失。另外，在现存的日记中记载，1948年6月初至下旬日记主人赴商务台湾分馆处理事务，1958年7月下旬至10月底、1959年7月初至11月初、1960年10月中旬至该年底又曾先后三次赴香港分馆处理事务，这些在台港期间的行程活动日记原本中明确说明“另有小日记本记载”，但现在也均不可见。据其家人回忆，所有这些日记的佚失情况应该发生在1960年代中期以后家庭遭受时局动乱之际。更有甚者，依照史久芸非常自律的生活习性来考量，应该还有1943年之前更早时期的日记文献，但实情如何现在各方均表示遥不可忆，令今人顿生怅然无奈之感。

整理后的《史久芸日记》共约60多万字，主体内容分为两大类：一是关于其个人及家庭、亲友之间衣食住行、生老病死等私人生活领域的内容，记录详实，值可当一部1949年前后城市高级职员日常生活变迁史或家庭志来解读。二是涉及其所在企业、社团、组织等社会网络关系中的公共事务信息，尤其是作为商务不同时期高级管理者的许多亲力亲为、所见所思，弥足珍贵。日记主人以企业会计管理见长，日记记录也秉承了条理清晰、严谨简约的底色，对许多商务史上的重大事项，如1940年代重庆时期与中华、正中成立联合办事处,参与七联、出版业同业公会成立事项,回迁上海后的历次董事会议程、企业工潮风波,1949年后奉命北上参与公私合营进程、与高教社的分合始末、社内的反右“交心”运动、出版“大跃进”运动、参与处置香港与新加坡等海外分馆资产与人员问题等等,日记均提供了较为完整的脉络性记录以及大量情景性的史实细节,实具一种私人体的商务“断代”实录的价值。史久芸作为商务资深“代理人”的身份属性,再加上其留存的这部记载1949年前后商务变迁情势的详实日记资料,为我们研究商务馆史尤其是商务人的私人生活史提供了一个十分难得的研究样本。因此,在欢庆商务120年寿诞之际,商务能及时整理出版这部日记是一件功莫大焉的良心之举,既是对史久芸这一类在商务历史上位于第一线、做出重要贡献的员工的缅怀与敬畏,同时,也为后人回味商务辉煌而艰难的历程、深化对商务成功现象乃至中国现代出版业发展规律的认识提供了新的、有价值的研究文献。

综合考虑史久芸现存日记原本的属性、文本内容及载体样式等多方面的因素,本次整理出版主要依循以下的体例格式进行。

一、不加删改,照章直录。与许多名流达人留存日记的目的就是要公示于后世不同,史久芸以一介普通的社会“中层人士”身份每日记事,生前绝对没有期盼甚至本意可能也不愿意其日记有朝一日能公之于众,故而其记录内容宽泛甚至琐细,记录心态率真随性,没有刻意化的选择性记录之嫌,完全是一种个体私密性的文化生活习性,这正是其日记的价值所在。因此,本次整理活动完全对照日记原本直录正文的内容,不删改裁剪、不修文避讳,以求信史求真的最大功效。在日记正文之外,史久芸还利用空余页面附记了一些家庭财务开支、亲友联系方式等零碎的信息,这些内容较为杂乱无序，故整理时不予录入。

二、对日记正文按照现代汉语规范进行梳理。史久芸日记原本历年的正文书写格式前后差异较大，1949 年之前是旧式纵列书写，字体简繁夹杂，没有句读；之后是新式横行书写，以简体字为主，或加句读，或有不规范标点。现按中文简体出版格式统一字体，加注标点符号，但对日记原本每天记录的段落形式基本不做改动。

三、统一日记的纪年书写格式。由于史久芸历年使用的日记簿类型不一，所以日记中的纪年书写格式也不统一。1949 年之前使用的是市面上发售的“国民日记”簿，每日页面上是固定化的公历印刷标记，采用中文小写数字格式，史久芸在其后添加阿拉伯数字的旧历对应时间；1949 年以后，所用的日记簿子较为庞杂，有一般中文格式的日记簿，有简易的空白记事本，还有英文台端的日记簿，整体上是先用阿拉伯数字标注公历时间，然后是中文小写数字补加对应的旧历时间，基本与前期的数字书写格式相反。此外也有若干年份仅标注了公历时间。由于现今新旧历对照查找极为方便，故为简洁和统一起见，整篇日记只保留公历时间，仅在旧历年第一天加括号予以注明。另外，对日记原本中每日记载时间后的星期、温度、气候、节日、地点等辅助性信息内容予以保留，照原本直录。

四、其他细节的处理方式。史久芸日记原本中存在一些对当日所忆的人物或事件不确定或不熟悉的情况，所以行文中本身有若干文字空白或作存疑处理的标记，整理中遇及此类地方一律加“□”符号来表示；由于日记原本存留时间较长，若干纸面上的文字已模糊难以辨认，遇此情况在正文中也以“□”符号标记，附加相应的脚注说明。另外，日记原文在时间记载、字词书写等方面不可避免会出现一些明显的误笔之处，对此在正文中径直改正，但也加脚注予以说明，等等。

在本日记的整理过程中，史久芸先生的后人史应潮女士、史济永先生等介绍了许多日记流转的背景材料，尤其是及时提供了新搜集到的最后一年（1961 年）的日记小册子原本，使本日记的内容相对更加完整、丰富，在此表示由衷的敬意。中国近现代新闻出版博物馆（筹）副馆长上官消波先生、王草倩女士为本日记得以公开出版面世提供了大力的支持与周到的服务；上海文史馆张人凤先生、商务印书馆张稷女士、上海社科院周武教授、华中师范大学范军教授等也为本日记的整理工作给予了诸多专业指导与精神鼓励；商务印书馆的领导和编辑为本日记的顺利出版尽责尽力、勇于奉献，在此一并表示深深的谢意。由于学识所限，整理后的文本中一定还存在一些讹误日记原文的地方，由整理者一人独自承担责任，并请方家不吝指正！

洪九来

丁酉年岁末于沪上

目　　录

1943 年

本月大事预定表：云公为国宣劳，短期赴昆，此间事将更繁琐。

一月

一月一日，元旦，星期五，晴

提要：凃君子英忽携眷出走。

晨，闻同事中每往北碚游览，如张天泽、苏继庼君等亦由山洞转往。

约谭勤馀君父女及黄觉民、穆华生、吴度均、周家凤，又谭小姐同学张女士至五芳斋早点。

同周家凤兄往世界访黄、朱二君及大信陈君、华成胡君、重庆印刷厂糜君，归已午时。

闻凃子英兄凌晨携眷出走。傍晚，接其所留信谓赴成都，请假两星期云云。

云公下午返城，准备明晨飞昆。

叶昌德君送来鸡蛋廿枚。此风渐盛，奈何？

一月二日，星期六，晴

提要：送云公赴昆；与中华谈话。

晨，五时半起床。七时半，至珊蝴坝机场送云公赴昆，机于十时开。

午后，办公处迁至新修房子。

下午，四时至中华，与李叔明君谈云公嘱转达事，李君意：

① 此系联合办事处，非为法人，似不必用理事、监事名义；

② 如常务理事、监事只举各一人，似与通例未符；

③ 彼意仍称委员，举常务委员三人，不必另推主席；

④ 症结恐在吴君已提出黄荫普是否赞成李伯嘉？彼则对伯嘉认为合宜云云。

上星期反省录：二日与李叔明君闲谈涉及汇户款事，太直率，后须慎言。

一月三日，星期日，微雨

见印刷工业同业工会通知，重订印刷工价，涨起数倍计。

彩大石印每令1500；

小石印套每千版600；

小石印单每千版300；

铅印土纸每令160；

排老五号每千80；

排新五号每千80；

头号元盘每千版60；

四开每千版80；

三开每千版40；

16开纸每页80；

32开纸型每页60；

16开浇版每页40；

32开浇版每页30；

书页装订每万页80；

表格普通每方寸12；

杂件排工数每寸12；

表格每寸8。

老友钱才甫君来访，殊出意外。

一月四日，星期一，晴

提要：与正中、中华谈合作印书事；晨往新都练拳，今日为病后习拳之第一天。

今日开始办事。

傍晚，至冠生园与正中、中华谈话，归已十时。大意如次：

1. 分配。三家须占四分之三，其余四家占四分之一。先呈教部核许后发表。

2. 组织。须采委员制,设常务三人。

3. 存书。旧存书应调查并代划策,但不强制。

4. 管理。直接管理,分馆、局视同同业,分厂视同外厂。

第2项请示云公。

下午,曾往中行访孔士谔、陈安性两君及张启明甥。

一月五日,星期二,晴

中午,糜文溶兄来,邀余陪同周家凤兄及其表戚杨君,又许季芸兄、陈练军君至道门口大鸿楼午饭,六人共费二百六十元。

夜,同穆、吴、宣诸君至都邮街一走,觉腿力已差。

一月六日,星期三,晴

夜,往银行界同人进修服务社听顾维钧君讲不平订条约之经过,约一时余,无甚精彩。(此为七日晚事)

一月七日,星期四

阅图书教育用品业同业公会通知,实施平价办法,32开梁山生料土纸,每批基不超过一角二分。十二月以前所出图书,原价每批基不超过八分。

一月九日,星期六

黄秉桓兄来。谓昨晚到此,系六日由筑动身者。

上星期反省录:曾写致叶织雯兄信,措辞太硬性,后宜戒。

一月十日,星期日,晴

晨,往青年路剃头,费五元。前在白象街只二元五角,今该店基翻造房屋被逐,至无形中开支又增出半数。

上午,往头塘视察厂并查看新购房屋。

中午,至白玫瑰公请赵叔诚、杨守仁、黄秉桓等,又有糜文溶、唐崇李、徐琢如等来陪,计两桌,颇热闹。

一月十一日,星期一,晴

提要:为图书平价事往正中开会。

上午,为联合办事处组织事往中华访李叔明君。

下午，为图书平价问题往正中开会，即由该局招待晚餐。餐后，又磋商次日赴社会局请愿，准备文件。回馆已十时余。

一月十二日，星期二，晴

晨，三时半起床，造图书改价计算表。八时，往正中，同吴秉常、沈仲约、王仲康、范寿康往社会局见包华国。谈后，又回正中拟呈文稿，至午后始回。

夜，为陈宣人君来电话，谓林森路462、464、466房屋有出售，同许季芸、吴度均、穆华生三君往看，觉太冷落，地点不甚适宜。

一月十三日，星期三

上午，同许季芸君往财政局，为头塘购屋税契事。

下午，往陈宣人君处看武库街房屋，似太狭小。

一月十五日，星期五，阴

上午，陈宣人君介绍何受百君（丹阳人，在振济委员会办事）同往林森路460、462、464号看房子。

下午，往中南、四川、川盐各行一走。

傍晚，同秉桓、家凤、继庼、应昶诸君往重庆印刷厂，应文溶、明德两君招夜饭。归已九时。

一月十六日，星期六，阴晴

午后，往中行访张启明甥，交鳌哥款。又同至义丰庄访孙益祥兄（有同乡范成章）。再往青年会洗澡，未满意。

夜，往大鸿楼应杨守仁兄招夜饭，有三桌，均系在馆及离馆同事。

一月十七日，星期日

终日在馆中办事。

一月十八日，星期一

为教部招集商谈教科书加价事，中午先在冠生园约六家谈话，由本馆作东。

午后，同王诚翁搭李叔明君车至教部开会。归已七时。

一月十九日，星期二

晨，习拳后往广东酒家吃点心，由糜文溶兄作东。

又同信予兄往厂对排字工友训话，即在厂午饭。饭后，又对排字学徒训话。即返馆，已三时。

一月二十日，星期三，晨微雨

夜，同穆华生兄往童君处一走。穆君在途中又提及辞职事，不得已函云公报告。

一月二十二日，星期五

晨，王世珍君邀吃豆浆，所谓“蛋花”，已涨至每碗四元。

下午，同华生兄往货栈视察。因拟让大殿三分之二与沈士清作临时装订处所也。

一月二十三日，星期六

晨，杨守仁君至拳场，同往五芳斋早点。

云公来函，谓月底前或可返渝。

一月二十四日，星期日，阴

上午，往邮政局巷廿一号访钱才甫君，送去股息卅六元。知彼在上星期被窃衣服，损失达万余元。

一月二十五日，星期一，晴

晨，往头塘，为闻丁敏士君拟往国际研究所印刷厂任职，特与谈话，恳切劝告，允来渝处办事。

中午，子英兄自蓉回。经谈话后，嘱仍照常任事。

夜，整理渝厂奖金卷。

一月二十六日，星期二，雨

晨，习拳后同王世珍君吃豆浆。遇同志罗君，由彼会钞。

下午，往新生浴室洗澡，因水管坏未成。

又往大信，同陈宣人君往民生路劝工局街，即临江路对过，看紫光阁等四家房屋，因有出售意。

夜，与信予兄研究渝厂奖金分派标准。

接汤儿信，知内子或将与傅翁同来。

一月二十七日，星期三，阴雨

云公自昆飞返渝。下午三时半，同应昶、天泽、子英诸兄在珊蝴坝机场迎候。五时机到，同步行至林森路。余因正中约在中法比瑞同学会谈话，乃折往该处，谈至九时始归。

一月二十九日，星期五

夜，同宣、涂、周诸君往嘉陵吃牛肉汤，途遇苏、徐二君，同往，由余会钞。又往劝工局街看房子，至大信一谈。

一月三十日，星期六

午后，往义丰为褚长尧君存款。又往川盐一转。

至新生洗澡。

一月三十一日，星期日

晨，同子英、信予、天泽、继庼、觉民、勤余、应昶、华生、季芸、家凤诸君往南岸厂视察。后往汪山，至孙逵方医师家一转。赴云公家午饭。饭后，与云公谈馆事，三时归。计去时坐滑竿一段，归时步行。

汪山梅花甚可观。

二月

二月二日，星期二，雨

张沾卿兄自成都返。

二月三日，星期三

晨，银瑞麟君来。新都推手同志又多一个。

上午，陪云公往看民生路房地，云公嫌房子进深太窄，不预备购置。

夜，应陈宣人君招往大三元吃饭。同席除秉桓兄外，均非素识，为彼弄瓦之汤饼宴也。

二月四日，星期四

晨，为查印丛书事，未往新都练拳。

夜，往禹王庙及都邮街一走。

下午,往义丰钱庄及浙江兴业一走,为存款事。因利率相差无几,即开活期户于兴业。

二月五日(癸未年元旦),星期五

提要:公司为庆祝中美、中英新约,放假一天。

今日为元旦,天雨未出门,写信多封。

显光之婿唐耀宗来,送土产多种。据往沙坪坝,一星期后再来云。

二月六日,星期六

提要:公司补放阳历年假一天。

天下雪,未出门,写家信及友人信多封。

二月七日,星期日

上午,徐冠军兄代戚闻人表侄以汽车来接,赴歌乐山大土村十一号。午饭后,至街上及乐专、高店子等处一走。晚,宿彼家中,失眠殊苦。

二月八日,星期一

晨八时余,乘油矿局车至白象街馆中。

二月九日,星期二

傍晚,为社会局平价事赴爵禄饭店开五家会议。

二月十日,星期三

晨,练拳后即同银瑞霖君及袁、王、梁三同志去吃豆浆,由梁君会钞。即至开明、世界、正中一转,往社会局为评议印刷工价事。归已过午矣!

下午,社会局又为工友工资事开会,请子英兄去出席。

夜饭后,同苏老夫子等往中国通商银行访吴公鲁君,因闻彼夫人已由沪到渝。据已往沙坪坝,未遇。

二月十一日,星期四,晴

琢如兄下午来馆。

昨与中华沈仲约君在途中闲谈,知该局总办事处现分五部,计:

总务部,部长郑健庐

业务部,部长郭农山

印制部，部长朱复初（是否此部名？）

会计部，部长曹诗成

编辑部，部长

二月十二日，星期五，晴阴

下午，往日用必需品管理处参加纸张谈话会，至五时始归。

纸张限价已在水平线上，但各公会代表均称须亏本，不知日后如何解决？

遇中央唐翰章君，谓有米报纸千令可售，与云公商定往购。明日嘱华生兄进行，价每令560元。

二月十三日，星期六

天雨，晨未往新都练拳。

二月十四日，星期天

中午，同子英、信予二兄在打铜街大鸿楼请各印刷同业，计两桌。下午，四时始返馆。

收到汤儿寄来全家照片，至为快慰！

二月十五日，星期一，晴

下午，为存款事至川省、川盐一走。

傍晚，华南吴楚伯君请在冠生园夜饭，与云公及子英、信予二兄同去。归已逾九时。

二月十六日，星期二

晨，同勤馀兄及梁和鸣君往银行同人进修社访沈云峰、郑曼卿君。又同沈、郑二君同至孝先兄处，再由效先兄请吃早点。又至川盐、浙兴、川省各行一转。

二月十七日，星期三

晨，约张沾卿、宣信予二兄在大三元早点，为沾卿兄于后日（十九日）乘公路车动身赴筑转赣也！

二月十八日，星期四，夜雨

夜，黄孝先、沈云峰二君来约同往来龙巷访郑曼卿推手。归已逾九时。

二月十九日，星期五

中午，为找高秉坊商所得税事，原与云公约在俄国餐厅午饭，久候未到。

二月二十日，星期六

中午，邓克愚君携其两子来访。

应糜文溶兄约，往文化餐厅午饭，遇汪溥泉君，为彼会钞。今晨，同谭勤馀兄往林森路本地店吃汤团，由王世珍君会钞。余戏谓：今日系吃白食日也！

下午，为商七家联合印书事往中华访李叔明君。夜饭后，又往来龙巷访郑曼青君。归已逾九时。

二月二十一日，星期日

晨，与同事往大三元早点，为穆华生兄饯行。

下午，同徐应翁及孙吉人君往头塘厂中视察。

二月二十二日，星期一

中午，唐耀宗君来，同往大三元午餐。

下午，同子英往中央党部参预出版事业管委会谈话会。归已逾五时。

华中之唐性天君为版税事出言尖刻。

二月二十三日，星期二，晴

午后，二时有空袭警报，至三时余解除，但搬纸版、文件及行李入防空洞已忙了数小时。

二月二十四日，星期三，晴

中午，十二时又来了警报，又忙了数小时。

今日为旧历正月二十日，是我的母难日。晨，在新都练拳。后同谭勤馀君往三六九吃面，天泽、继颀、觉民、应昶诸君随来。夜间，诸同事闻讯，又欲请余吃面。经力却，乃在馆中叫鱼面来吃。盛意可感！

二月二十五日，星期四，晴

晨，为整理疏散上汪山之行李，未往练拳。

夜饭后，送穆华生兄至朝天门民表轮上。

二月二十六日，星期五

晨，为天雨未往练拳。

下午，为售南岸夜花园地与中华妇女职业协进会，与参政员伍智梅及马超俊夫人等立契成交。

二月二十七日，星期六，雨

上午，往川盐为存款事。中午，又往交通晤李叔明君。

二月二十八日，星期日

上午，往孙吉人家，又至新生洗澡。后往黎宁建筑师处及王世珍君处一转，又至黄美中家，再往禹王庙。回馆已十二时余。

下午，郑光照君来，有诸同人往老乡亲夜饭。

三月

三月一日，星期一

上午，往川盐及义丰一走。

傍晚，往俄国餐厅应马亮、汪溥泉、王维哲、张再生诸君约夜饭。归途，子英兄又请吃百宝饭。

三月二日，星期二

晨，为云公约谈同人待遇事，未往练拳。

下午，往上海杂志公司找张静庐君。原拟为出版业公会事约同往社会局一行，因未遇无果。

夜，同张天泽君往公园一走。

三月三日，星期三

中午，同孝先兄往陕西路找南洋企业公司，访徐致一先生。寻了许久，始在千厮行街航业大楼找到，并遇寿墨卿君。谈至三时，又同致一先生购物。

夜饭后，同张天泽、黄觉民君等往公园散步。

三月四日，星期四

中午，约王世珍、窦纯祜、沈云峰、黄孝先诸君陪徐致一先生在小洞天午饭。

饭后，往日用必需品管理处及正中书局一走。归已五时。

夜，再往访窦君，同至郑曼青君家练拳。归已十时。

三月五日，星期五

终日未出门。

三月六日，星期六

天雨，终日未出门。

夜，祝甥来谈。

三月七日，星期日，晴

午后，同糜文溶兄往董家溪，至祝甥厂中一走。

三月十一日，星期四

夜，同张天泽、谭勤馀，又约王世珍、袁效尧诸君往郑曼青君家，遇其徒张子江（？）君，亦甚好。

午，邓克愚君来访。

三月十二日，星期五，雨

江万平来访。

三月十三日，星期六，雨

夜，同徐应昶兄往都邮街一走。

三月十八日，星期四

为教部在北碚召集会议事，傍晚往正中晚餐，商七家承印准备工作，直至十一时半始归。

三月十九日，星期五

晨，四时起床。五时，同黄觉民兄往千厮门盐码头乘民视轮。六时开，十二时至北碚，住兼善公寓。

下午，在国立编译馆讨论国定本教科书事。会毕，已下午七时半，由教部招待夜饭。睡已十时有半矣！

三月二十日，星期六

晨，六时起身，七时半离兼善公寓。至码头，于九时半搭民律轮，十二时半到重庆。返馆已在一时半。

夜，子英兄请吃夜便饭。

三月二十一日，星期日

王世珍兄请吃中饭，与张天泽、谭勤馀、宣信予三君同往。下午，往大陆商场购棉被一条，需款至七百八十元之巨。

三月二十三日，星期二

蒋振廷兄自成都来。

三月二十四日，星期三

夜，为七家联合组织事约同姚战楣兄往正中夜饭详商。

三月二十五日，星期四

晨，殷家嵘君来新都。

夜，子英兄请蒋振廷兄在小洞天夜饭。饭后，同信予、振廷二兄往郑曼青先生处。归已逾十时。

三月二十六日，星期五

中午，糜文溶兄约在大李楼午饭。谈及彼与严女士结合事，我一切同情，但欲正式结婚违反法律，不近人情，坚决反对。

喻飞生君挈眷抵此。

三月二十七日，星期六

天雨，晨未去练拳。

三月二十八日，星期日，上午阴，下午雨

晨，五时起床。六时，同叶昌德、宣信予、蒋振廷诸兄往两路口，至世界邀黄仲康兄。到两路口后，黄孝先兄亦来。又华生、度均两兄续到。同乘车赴石桥铺，步行十四里至华岩。游毕，在该处午饭。饭后，步行十二里至新桥，乘公共汽车至七星岗。到馆已逾五时矣！上午天气阴晴，下午有雨，不免减色。

三月二十九日，星期一

提要：今日放假。

午饭后，同应昶、勤馀、昌德诸君往南岸老君洞、黄桷垭、广益中学、文峰塔游玩。归已五时。

三月三十日，星期二

计宜初兄到，带来飞机箱一只、皮包一只，及药品若干件。

三月三十一日，星期三

傍晚，同云公往正中开七家会议，至午夜十二时始步行归。

四月

四月三日，星期六，雨

晨，送蒋振廷至两路口上成都车。八时归。

傍晚，李伯翁同余景贤君到。

四月五日，星期一

晚，文通书局假"陪都市上小酒家"楼上请客，菜极丰美。馆中同人去者有六人之多。

四月六日，星期二

下午，同伯嘉先生往中华，约叔明、战楣两君往正中访秉常君。

夜，同事公请伯嘉、宜初、景贤、华生诸君。

四月八日，星期四

上午，同伯嘉先生往开明、世界、文通、大东各家访问。

夜，同伯嘉先生往银行界同人进修服务社看话剧《家》，系浙兴尚君送来之戏票。

四月九日，星期五

夜，公司请各同业于工矿大楼。

四月十一日，星期日

下午，接南阳章兆年兄七日发急电，知内子挈应女、永儿平安抵宛，嘱电汇川资一万五千元，想系宛馆无款之故。当急电复嘱付川资至西安止。另电铭勋兄，请照拂并垫付川资。

四月十二日，星期一

向云公借款一万元，托河南农工银行汇南阳，作内人川资。

四月十三日，星期二

为七家供应国定教本事，中午同云公往正中开会。夜，又同云公往正中开七家会议。文通总经理华问渠君由黔来。

四月十五日，星期四

接章兆年十三日电，知内子结伴取道巴东，并谓款已电陕馆汇宛云。

四月十六日，星期五

今晚，六家同业欢迎华问渠及李伯嘉于工矿银行二楼。

四月十八日，星期日

晨，同子英、景贤、宝森、勤馀诸兄往巴蜀小学招考工厂学徒，嗣秉桓、季芸诸君亦来。至下午四时半始毕事。

接章兆年君十六日来电，知内子动身赴老河口。

四月十九日，星期一

为七联供应国定教科事，中午在正中开三家预商会议，傍晚开七家会议。至晚十一时始返馆，睡已近十二时。

七联处今日始成立。确定处长为李伯嘉先生，副处长王丰谷兼总务组，许惠侨兼运轮组，处长自兼印务组，会计组由世界等另行推荐。

四月二十日，星期二

上午，为印刷工业同业公会开会员大会，往百龄餐厅参加。中午只吃茶点。至下午三时，选举毕始归。

傍晚，往兵役署访朱崇正主任秘书，谈缓役事。

又至世界一转，往民生路243号大中公司应杨有壬君约夜饭。

接内子自老河口十八日发来电，知即赴巴东。

四月二十一日，星期三

上午，至中国银行访孔士谔君，未遇，与启明甥一谈。又至中航访毛子粲女士。

中午，应姚蓬子、张静庐诸君约，至百龄午饭。

下午，祝甥夫妇来，借去五千元。

四时余，同伯嘉兄往正中，访吴秉常君。夜饭后始归。

四月二十二日，星期四

上午十时，又同伯嘉兄往正中，开七联第一次常委会。午后归。

夜，同景贤兄往郑曼青君家一走。

四月二十五日，星期日

上午，同余景贤兄往头塘访宣信予兄病。中午，回至湖北馆吃豆皮，又至禹庙一转。

四月二十六日，星期一

晚，公司请林继庸、马克强、李健侯、蔡无忌、张赉卿诸君夜饭。

四月二十八日，星期三

中午，同觉民、勤馀、宜初、宪学、应昶诸君往迁川大厦七联处。又往大信，未遇陈宣人兄。

四月二十九日，星期四

中午，因陈建声兄到，同往七联处与伯嘉先生谈话。又至宣人处一转，看利中文具行房屋。

夜，同应昶、天泽、觉民诸兄往文化会堂听梁寒操讲"新疆之文化"。回已逾九时。

四月三十日，星期五

上午，往义丰及中国访孔士谔君。下午，往约黎宁看天主堂房子。又至宣人处一转。

五月

五月一日，星期六

提要：公司休业。

上午，同华生、祥凤二君往头塘。回已下午四时。

五月二日，星期日

上午，往黄孝先兄处晤沈佩言君。又往郑曼青君家，途遇聂德生兄。十时，回至孝先兄处。中午，高炳泰君请在小洞天午饭。饭后，又同黄、沈、聂三君回公司。

夜，再应沈云峰君约，往郑曼青君家习拳。

五月三日，星期一

晨，云公下山后同往七联处开会。午饭后归。

五月六日，星期四

万县支馆来电，知内子由万乘华源轮来，约后日晨可到。

汤儿来函，谓拟给我新币万元。慰甚！

夜，陈绍昌君请吃饭。又至郑曼卿君家一走。

五月八日，星期六

晨，八时接内子电话，知已到玄坛庙，当同叶文富往接。行李由文富押运，余伴同内子、应女、永儿及同来之朱师母乘渡轮至朝天码头转禹王庙。

中午，至正中陪陆步青君午饭，谈七联承印国定教科事。

五月九日，星期日

上午，陪内子挈应、永二儿购物。下午，再同内子购物，又同应女剃发。又至公司写致汤儿信，又与伯嘉谈七联事。归已九时。

五月十日，星期一

上午，陪内子往王儿道医士处打针。

十时，往七联处开会。午饭后归。

五月十二日，星期三

午饭后，归家一行。

五月十三日，星期四

上午，伴内子往郑曼青先生处看手。

傍晚，应糜文溶兄邀，挈应女、永儿往枣子岚垭卅八号糜君家夜饭。归已十时。

五月十四日，星期五

上午，为公司存款事往各银行一走。

下午,三时至七联处开会。夜,在小洞天夜饭。饭后,径归家。

五月十五日,星期六

午后,回禹王庙一行。

五月十六日,星期日

上午,先祝挈妻及子女来,同往小洞天午饭。

晨,同内子往校场口购物。

下午,戚懋勋全家来。

五月十七日,星期一

傍晚,同云公往正中开会。归已午夜二时。雨甚大,衣尽湿。

五月十九日,星期三

中午,应宝丰保险公司欧伦、周尉伯、邵永励三君之招,在百龄餐厅午饭。

五月二十日,星期四

下午,往迁川大厦开七联理事会。夜,在小洞天夜饭。又至求知图书社访方云鹤君,为《自由日记》事,心至戚戚!

五月二十一日,星期五

拳友殷勤(家贵)君来访。

五月二十二日,星期六

拳友邓克愚君来访。

五月二十三日,星期日

上午,翁家潮君来,午饭后走。

下午,王世珍、袁效尧及白、胥二君来。

同内子挈应女、永儿至留真拍照。

五月二十四日,星期一

午后,往广播大厦参加出版事业管理委员会召集之座谈会。归已六时。

五月二十五日,星期二

下午,往七联处参与常务理事会,会毕已六时半。归家晚膳。

五月二十九日，星期六

上午有警报，敌机未来。

五月三十日，星期日

上午往头塘，有警报，未入洞。下午返。

五月三十一日，星期一

下午，往七联处开会，在小洞天夜饭。

六月

六月一日，星期二

夜，承渝处同人公请内子及儿女，至感不安。

六月二日，星期三

夜，约余宗甫、徐应昶两君至家夜饭。

六月三日，星期四，雨

晨，至两路口送穆华生、余宗甫二君赴成都。

六月四日，星期五

下午，三时至七联处开会。会毕已近六时，即归家。

六月五日，星期六

下午，二时往七联处开会。会毕已五时半，即归家。

晨，陪内子往大阳沟买小菜，为裹粽赠同人。

六月六日，星期日

晨，剃发，至公司。又回家，同内子上汪山。因永儿痢疾，应女须陪他，故均未带去。到王宅后，晒衣服，午间警报全未知觉。四时，同内子及景贤兄步行下山。

六月七日，星期一

上午，挈永儿至王儿道医师处诊病。往仁济医院验大便，据因端节未验。

六月八日，星期二

上午，往仁济医院验永儿大便。知无阿米巴菌，但有脓，是否细菌痢疾，须待后天可知云云。

午，往七联处开会，小洞天午饭。

下午，陪宣信予兄往廖允文医师处诊痔疾，为讲医价。

傍晚，公司请同济丁校长、李书华、郑心南诸君。归已逾九时。

叶昌德君今晨赴筑。

六月十日，星期四

傍晚，文通书局华问渠君在中苏文化协会请客，与许季芸、黄秉桓、黄觉民、谭勤馀诸君同去。归已逾九时。

六月十二日，星期六

晨，至文通贺开幕。又往教部战区学生指导处陪应女去登记。

今日内子手部旧恙复发。

六月十三日，星期日

上午，在白象街。下午，在禹王庙。因内子挈永儿往李子坝看龙舟，故未出门。

六月十七日，星期四

晨，为林森路地及头塘租地亩分事，往访李镜吾君及刁培元局长。又陪内子往郑曼青君处诊病，归已逾十二时。

六月十九日，星期六，雨

上午，陪内子往郑曼青医处复诊。

六月二十日，星期日

上午，至白象街一行。下午，在禹王庙。

祝甥来，午饭后去。下午，郑文同兄夫妇及其弟来。

晨，挈永儿往大阳沟买小菜。

六月二十一日，星期一

晨八时及午后均往交通二楼参观诗镜楼画展，未见特出而价有至万元者。

六月二十二日，星期二

陈时中君到渝。

六月二十三日，星期三

晨，往头塘工厂为工友要求加薪事。午饭后归，到馆已三时。

六月二十五日，星期五

宣信予夫人挈儿女到渝。因信予兄发热，令暂住禹王庙数天。

六月二十六日，星期六

上午，十一时往正中开七联理事会。归已下午四时。

六月二十七日，星期日，晨雨，下午晴

下午，至白象街写信数封，余时在寓。

存128。〔1〕

六月二十八日，星期一，雨

内子药27，邮费1，面包10，共38。

六月二十九日，星期二

下午，往七联开谈话会，为商书价改订事。归已七时。到寓后，闻因有生饭，内子等未吃饱，乃同往乐露春吃面。

面包25，内子药27，夜饭38，永笔6，家用40，共136。

六月三十日，星期三

收1612。

七月

七月一日，星期四

夜，同余景贤兄往保安路239号邀钱剑尘君往来龙巷郑曼青先生处练拳。

桃子10，面包6，洗衣26，共42；收106.60，葡萄糖30。

七月二日，星期五

与永儿吃面25，内子药26，橙子40，面包6，共97。

家200，布300。

---

〔1〕 本日起日记中出现一些家庭收支的记载，原文中数目后无单位，当指当时发行的法币元。下同。

七月三日，星期六

昨夜永儿呕吐、发热，大致系日间急吃之故。

傍晚，应钱子宁君约，谈金君拟设造纸厂事。

花生36，面包12，大饼4，共52。

七月四日，星期日

剃发、面包、购鸡等，200。

七月六日，星期二

晨，为结算书价统计，未练拳。

夜，同为此事工作至九时余。

七月七日，星期三

晨，为结算书价统计，未练拳。

上午，九时往正中商书价事。下午，三时始归。

车力15。

七月八日，星期四

上午，十二时往百龄餐厅七家会商书价事。归已下午四时。

孙逵方君来，谓后日再来为内子诊病。

夜饭后，应云公招再至白象街一行。

面包7。

七月十日，星期六

中午，孙逵方君来。午饭后为内子诊病。

下午，三时至七联处开常务理事会。归已七时。

面包7，家用100，夜饭7。收陈宝和还80。

七月十一日，星期日

晨，至白象街一转。挈应女、永儿往张家花园汪兼山君家，接洽应女补习事。

十时，回至白象街，与周仁敖君谈话。

姚炳麟君到渝。

下午，挈应女、永儿往南岸老君洞游玩。三时去，六时归。

车力 30，早点 50，过河 8，茶、果 10。

七月十二日，星期一

鸡蛋 30，车力 15，给应女 60。

七月十三日，星期二

下午，至济群一行。

家用 50，给应女 10，白布 210。收济群 806.40。

七月十四日，星期三

晨，往各药房购 Citnasol 针药，未得。

面包 20，家用 500。

七月十五日，星期四

面包 20。

七月十六日，星期五

宋明德兄来，交培□款二万二千元，尚欠四千六百六十六元。

应女 10，大饼 5，邮费 2.50。

七月十七日，星期六

下午，二时半往七联处开理事会。六时回馆。

夜，请姚炳麟、赵叔诚、吴泽炎、顾镜清诸君夜饭。

七月十八日，星期日

晨，同内子挈儿女及涂小姐至国民酒家吃点心，又至校场口购物后归。

夜，往广东酒家开七家会议。归已逾十时。

国民酒家早点 143，刮舌 55，表带（应）70，汗裤（永）85，豆 30，脚桶 110。本日止，家用、菜资、点心 2345，布 500，已入帐。

七月十九日，星期一

中午，宋明德兄请姚炳麟君于小洞天，为作陪。

叶友棵兄自南平来电报，谓惟乾于十六日离该处，支款三千元。当电复划去。

请姚等公份 78，惟乾划南平 3160、25.50。

七月二十日，星期二

家用 500。

七月二十一日，星期三

应女 20，针药 260。

七月二十二日，星期四

应女 10。

七月二十三日，星期五

提要：今日为母亲九十五旦寿辰。

夜，往访张静庐君，未遇。应女、永儿同行，在利泰吃冰其林各一杯。

面包 18、修鞋 90、冰淋 72。

七月二十四日，星期六

下午，往七联处开常务理事会。

晚，应糜文溶、许祝三、冯昭德三君招，往重庆印刷厂夜饭。同席有西北银行界钟君、王君，大业张君、沈云峰君、沈骏声君等。归已十时。

收糜 477，鱼钩 28，车力 15。

七月二十七日，星期二，热，（温度）103〔1〕

椅布 140，惟乾电资 42。

七月二十八日，星期三，热，104

傍晚，与华生兄同往民权路新运总会参观蒋夫人照片等，又至三六九吃面。

面 100。

七月三十日，星期五

晨，同内子挈应、永二儿往购菜，及至大昇吃牛奶、面包。

菜 10，蛋 23，牛奶／点心 97，豆腐 4，番茄 10，扇 18，饼干 168。

七月三十一日，星期六

早点 14，洗衣 26。

---

〔1〕 指华氏温度单位，下同。

代公司垫朱如云奖100。

八月

八月一日，星期日，下午大雷雨

晨，同应女、永儿去剃发，又至冠华为应女拍照，又往公园顶吃早点，转中正路归家。

剃头36，照相（应报名）60，早点47。

八月二日，星期一，夜大雷雨

为七家又接教部批示书价事，在广东酒家夜饭。归九时。

给内子一千六百元，又四百元，应女一百元，永儿五十元。

八月三日，星期二

下午，惟乾到。自上月十六日由南平动身，前后只二十天，可谓迅速。

代觅巴江旅馆，住正四号。

毛毯1200，惟乾曲支2000，汇水60，面包10，邮票10。

八月四日，星期三

早点40，上月眷膳1423。

八月五日，星期四

上午，为出版业同业公会事往世界书局，同张静庐、黄仲康两君至社会局访姜国光君，未遇。

又往重庆印刷厂访糜文溶兄，同至中苏午饭。饭后归馆。

八月六日，星期五

下午，三时往七联处开常理会。六时，往世界书局开出版业公会筹委会。归已九时。

甲鱼60。

八月七日，星期六

上午，往社会局访江子枚君，为出版业公会章程草案事。回至世界书局，由黄仲康君约至胜利大厦午饭。

车 8，邮 5。

八月八日，星期日

终日在白象街办事。

八月十日，星期二

晨，邀黄觉民兄至白玫瑰早点（十二日晨事）。[1]

八月十二日，星期四，热甚

晨，与黄觉民君早点。后又往世界书局访黄仲康君，又同访张静庐君，为出版同业公会事。

请黄觉民早点 60，面包 10。

八月十三日，星期五

惟乾为询问江苏医学院转学事赴北碚。

八月十四日，星期六

下午，往七联处开常务理事会。惟乾自北碚归，据称江苏医学院仍未能转学，至代焦灼。

面包 22。

八月十五日，星期日

渝处迁移座位，故上、下午均在白象街。

夜，公请黄觉民兄及陈隆政君。

中午，曾往世界访仲康兄。

公份 28.70。

八月十六日，星期一

傍晚，往世界开出版业公会二次筹会。因云公醉伴，归已十一时。

车资（代云公）20。

八月十九日，星期四

午后，陪应女往沙坪坝考南开二中，至六时回。

---

〔1〕 此日内容当为补记时误记。

夜,在中国旅行社开七联处理事会。

桔水 37,去车 100,来车 42.5,绿豆汤 15.5。

八月二十日,星期五

晨,往两路口送黄觉民、陈隆政两君赴成。

车 16,早点 25,家用 500,济群息 806。

八月二十一日,星期六

应女随信予兄于下午回城。

学哲、学农二兄明晨赴蓉,托为惟乾、向华两报名。

邮 4,应回城车 50,收沪汇 400。

八月二十二日,星期日

晨,同内子及应女、永儿、惟乾至乐露春吃面。

早点 85(已入前)。

八月二十三日,星期一

晨,挈永儿往川东师范。归已九时。

上午,为避警报忙了半天。

下午,三时挈应女往黄桷垭入战区学生寄宿舍,又往视曾宪学君。归已六时。

往莲花池印刷公会开出版同业公会。晚十一时回寓。

车 16,早点 18,渡资 9,滑竿 110、36,面 24,车 8。

八月二十四日,星期二

上午,又有警报。

昨日警报,知万县被炸较甚。本馆两货栈被焚。

下午,往世界理出版业公会事。又五时半,往大东商工资事。

洗衣 10。

八月二十五日,星期三

晨,同翁家朝及惟乾至乐露春吃点心。

早点 60。

八月二十六日,星期四,雨

晨,陪惟乾至两路口乘公共汽车赴渝,见牌子示今日旅行社二次车无车可开,即回。

何廷灿君购旅行社一次车已行。

为筹备出版同业公会事终日奔波。午饭在中苏由高明强君请客。夜饭在正中,又至世界。归已逾十二时.

向浙行支5000,惟乾取4400,车力20,应女100。

八月二十七日,星期五

提要:今日放假。

晨,再陪惟乾至两路口搭公共汽车赴成。

为筹备出版公会事,上、下午均在白象街。

应女考取南开高二,由子英兄陪同往沙坪坝。

向浙行支3500,应潮学费3000,借子英兄500,交子英兄车100,车10,惟乾23,面包12。

八月二十八日,星期六

今日,出版商业同业公会开成立大会。午、夜饭在中法比文化餐厅吃。归已逾十一时。

余被选监事,此中曲折极多。余固深幸未被选作理事矣!

上星期反省录:惟乾自八月四日起,至廿六止,中间赴北碚一天,计寄膳馆中廿一天。

八月二十九日,星期日

晨,挈内子、永儿至国民酒家吃点心。又至新生剃发,至馆一转。

月饼54,早点52,剃头9。

八月三十一日,星期二

昨夜腹不舒,今日早、午饭未吃。

傍晚,往中华开工资讨论会。

收2312,家用2000,橘水42,洗衣6。

九月

九月一日，星期三

上午，往社会局，又至枣子岚垭犹庄访韩觉剑君。回禹王庙已一时，吃面。

车力33。

九月三日，星期五

下午，往莲花池开出版业公会成立会。

车力8，应车力50。

九月四日，星期六

显光划来2700。

九月五日，星期日

晨，同内子挈永儿赴沙坪坝。乘七时五十分市中校车，九时到沙，即遇应女。同喻伯良兄往南开一走，至吴朗西君家。午饭后，乘四时重大校车回城。

永儿晨间已有微热，尚不甚重。到沙后，在南开颇活泼。抵吴君家量热度，达38.2，故午饭后原拟往中大访沈佩言君事只得作罢。

早点42，车资200，吴宅仆50，应女300，麻油、米花65，棉被等1000。

九月六日，星期一

永儿热未退。

九月七日，星期二

傍晚，往同义访孙益祥君。又至正中陪云公与吴秉常君宴请全体理、监事。归已九时。

自己药片75，邮费4，家400、100、100、500。

九月九日，星期四

晨，同内子、永儿至重庆牛奶场早点。又往新建筑社访黎宁君。

早点62，面包10。

九月十日，星期五

自己药片60，茶叶40。

九月十一日，星期六

糖10，收息840，应女30，应女缝工200。

九月十二日，星期日

傍晚，邦媛同唐耀宇君携两幼儿来。谓拟送两儿往其夫兄处，再回宜宾。

夜，同内子、永儿往金城楼上，应陈宣人君招夜饭。

家用400，面包12，棉絮100，床上开关131，收暂沪汇7000，邮费4。

九月十三日，星期一

上午，往金城访洪衡石君，为定存事。

九月十四日，星期二

夜，在馆过节。饭后，往中央公园一走。

九月十五日，星期三

李兵鱼君来，谓新自港到。同信予兄约彼在大三元午饭。

大三元午饭200。

九月十六日，星期四

夜，在货栈参加消费合作社创立会。

家用200，付暂沪汇5000。

九月十七日，星期五

家用50。

九月十八日，星期六

上午，陪永儿往社交会堂考启明小学二年上期，定星期一去上课。

家用200，永学费505。

九月十九日，星期日

上午，在公司办事。下午，送应女往沙坪坝，上车甚挤。

应女200，剃发18，永书皮80，布1000。

九月二十日，星期一

晨，与内子同送永儿进启明小学。

启明校长毛吟槎，二上级任教师张学懿，托应文夫人孟亚雄女士介绍。

收1660，沪家用1129，津内划1616，谈小毛（即暂沪汇）2000，白布226，家用1000，磁杯14。

九月二十二日，星期三

上午，往七联处与百翁同往日用必需品管理处，又往中华书局一转。回货栈午饭。

九月二十三日，星期四

上午，往日用必需品管理处及中华书局。

九月二十四日，星期五

上午，往金城（洪衡石）、中国、大同（鲁绍文）各银行一走。

为李培义、李建齐、李逢良三户存款事，托衡石办。

邮费6。

九月二十六日，星期日

上午，同信予兄往千厮门行街访卖印机者，未遇。

因天雨，在寓看冯玉祥之《我的生活》。

永笔15，饼干48。

九月二十七日，星期一

入消费合作社：白200，梅200。

九月二十八日，星期二

晨，同云公往访警局许中齐局长，未遇。

面18。

九月二十九日，星期三

晨，伴永儿赴启明上学。

夜，请七家同业夜饭，毕已十一时。

早点50，丁敏士250。

九月三十日，星期四

晨，伴永儿赴校。

上午，往四川省银行见洪襄理戒欺，又往中行访陈安性、许小同、张亮丞。十二时，至禹栈午饭。

午后，往日用必需品管理处为商购纸事，访业务组汤主任，第一课袁雁秋科长、杨绍麟专员等。

夜，同景贤兄往社会服务处，约殷家嵘君往郑曼卿君家。归将十一时。

早点24，磁杯40，收津2380，付显光1200，付布419。

十月

十月一日，星期五

晨，挈永儿赴启明校。

早点31，洗衣16。

十月二日，星期六

请陈宣人君夜饭210。

十月三日，星期日

晨，往大信及世界，为谈彼两家房屋纠纷事。

下午，同子英、华生、景贤诸兄及涂师母、内子、永儿往头塘工厂。归已下午五时。

吴礼堂君今晨赴赣。

十月四日，星期一

夜，往世界书局夜饭，谈七联处事。

上月伙食864。

十月五日，星期二

晨，陪永儿往启明。

早点12，家用800、250。

十月六日，星期三

糖270，家用200。

十月十二日，星期二

上午，乘汽车往世界书局，约同仲康、叔明、洗人三君往访高秉坊君，未遇，仅在重庆市营业税处见主任秘书石古渊君,及直接税处秘书王组绶君。归已近十一时。

下午,四时同云公乘车赴汪山理冬衣,即宿于云公家。山上寒甚。

十月十三日,星期三

晨,六时半动身,八时半到家。洗澡后,九时半到馆。

十月十四日,星期四

晨,陪永儿至启明。后往民生路分馆门市部一走,因今日始营业。又往大东访沈骏声君,唔张廷灏君,即前沪社会局第三科长。

中午,同日用必需品管理处副处长吴至信(麟伯)、嘉乐厂总经理梁彬文及穆华生君往德国俱乐部午饭。

十月十五日,星期五

今日,上午为研究生讲"人事"。

晨,往陕西街访嘉乐梁彬文君,为订约购纸事。

十月十六日,星期六

傍晚,应黄曰慎女士汤饼宴,在工矿大楼夜饭。

十月十七日,星期日

晨,至新运剃发,回公司写信。下午,仍至公司写信。

十月二十一日,星期四

夜,请陈稼轩君在馆便饭。饭后,同往郑曼青君处。同去者苏继庼、余景贤二君。

公司欲购大轿车,与远东汽车修理处周友明君接洽。

十月二十二日,星期五

晨,送永儿至校。先在乐露春吃点心,遇张章详君,系彼会钞。

傍晚,往中华访李、姚两君。

本晚,内子同涂师母、余小姐挈永儿往银行进修社观话剧《杏花春雨江南》。余因不感兴趣,未往。

十月二十三日，星期六

晨，送永儿至校。又往开明访范洗人君，再至大东访沈骏声君，未晤。

十月二十四日，星期日

终日在白象街办事。

十月二十七日，星期三

中午，伯嘉先生请何思源、段锡朋、雷震、戴立庵、彭百川、许德珩夫妇、吴公鲁、龙大均等在百龄餐厅午饭。

夜，同景贤兄往郑曼青君家。

十月二十八日，星期四

中午〔1〕

十月二十九日，星期五

夜，陈稼轩君请在五芳斋夜饭。饭后，同往郑曼青君家一走。

晨，代表出版同业公会往出版事业管理委员会。归已逾十二时。

十月三十日，星期六

中午，应王炽君招，在久华源午饭。

夜，为七联处会商事在百龄餐厅聚餐。晚十时归。

十月三十一日，星期日

上、下午均在公司写信。

十一月

十一月二日，星期二

晨，乘自汽车同李伯嘉往青木阁教部开会，即在该处中华园由教部请客。晚七时始回城，在大寿楼夜饭。

秉桓兄赴沙坪坝，时中兄往李子坝，均搭车前往。

十一月四日，星期四

中午，往文化餐厅与周熙和君谈大东房屋事。

---

〔1〕 本日内容缺载。

十一月十日，星期三

夜，同云公至大东，应正中、中华、开明、世界、大东、文通及青年七联处约晚饭。归已十时余。

十一月十一日，星期四

晚，应洪衡石君约至金城晚饭。同席张启凡、启明昆仲、戚闻人、宋美扬、陈安性诸君，均姚人。

十一月十二日，星期五

晨，送永儿至启明。

十二月十八日上午十时，接青塘函知，母亲于本日寅时逝世，书以志痛。[1]

十一月十三日，星期六

今晚同人为云公饯行，在禹王庙夜饭，七桌。九时余始散。

十一月十四日，星期日

晨，陪云公往头塘厂中对工友训话。六时半动身，在乐露春吃面。七时乘船，八时到厂，十一时返城。

下午，在家休息。

十一月十六日，星期二

上午，往大东贺新厦落成开幕之喜。

十一月十七日，星期三

晨，往海棠溪送黄仲康君赴沪，以时间参差，仅通电话。归已逾九时。

夜，陪云公应兵役署朱崇仁君约，在青年会西餐部晚饭。

十一月十八日，星期四

午后，往珊瑚坝送云公乘机赴英。余因开出版业监事会，二时即赴莲花池，机于三时十分始开。

张屏翰兄自成来。

十一月二十日，星期六

今日为内子四九诞辰，购蛋糕一只（值五十元）为寿。

---

〔1〕 此条内容应为补记。

本晚，同人三桌公请张屏翰兄，又以庄莲塘、吴泽炎、顾厚生及翁培雍夫妇为陪。

下午，出版业同业公会开理、监联席会，不足法定人数。

十一月二十一日，星期日

晨有警报，即解除。

上、下午为招校对事均在白象街办事。

十一月二十二日，星期一

中午，在凯歌归七家聚餐。午后，赴川东师范教部开会，为商旧书事。

夜，约顾荫亭司长及陆步青君仍在凯歌归夜饭。归，与子英、信予二兄谈厂事。

十一月二十三日，星期二

晨，同子英兄赴厂。午后归。

夜，请王志圣、穆伯廷、张屏翰、俞守己、朱梦楼、杨竹樵诸君晚饭在馆中，归已九时半。

十一月二十五日，星期四

晨，往两路口送翁培雍君往成都公干。

十一月二十七日，星期六

中午，应章乃器君招，往上川公司午饭。同席郑曼青、崔竹溪、陈稼轩、王造时、沈云峰诸君。

晨，约张屏翰君在国民酒家早点、畅谈。

十二月

十二月五日，星期日

内子重伤风转剧，终日在家。午后，请宦世安中医来诊。

先祝甥约往董家溪午膳，因无暇未去。

十二月六日，星期一

夜，交通信托部胡子腾君约在留德同学会夜饭。

十二月九日，星期四

夜，伯嘉夫人到，住禹庙中。

十二月十一日，星期六

中午，伯嘉先生在百龄请赖彦干、孔士锷、熊祖同、吴至信、凌宪扬、糜文溶、钱子宁、张剑鸣等午饭，作陪。

十二月十二日，星期日

下午，送应女往沧坪街，因校车人挤，至六时半始搭乘。子英兄请在嘉陵食堂夜饭。

十二月十三日，星期一

上午，九时即往大井巷七联货栈开理事会。归已傍晚。

十二月十四日，星期二

中午，应吴秉常、沈骏声二君邀，在胜利大厦参加出版公会。下午四时始毕。

十二月十五日，星期三

上午，九时往大井巷七联货栈开七家联席会。至下午二时始返。

十二月十八日，星期六

上午，十时接青塘侄函，知母亲已于旧历十月十五日，即阳历十一月十二日寅时逝世，痛极！

附：本年日记末的一则

姓名录

吴大钧（秉常），正中总经理

陈松年（健夫），正中协理

李叔明，中华总经理

姚张梅，中华协理

黄仲康，世界业务主任

陈邦桢，新亚主人

胡元通,前西安正中经理

江振声,华成商行经理

吕大吕,粮食部简任督察,中一路嘉庐一号

钱子宁,中元造纸厂

潘仁恺,同上,林森路 344 号

钱宗浩(才甫),中央银行稽核

邵梦祥,中央银行内汇股副主任

杨端六,乐山陕西街五十号

李世裕(翅羽),扈哥之堂侄,渝第 186 号信箱

朱之华,上海银行朱景张兄之子

范寿康,开明

赏祥麟,同上

范洗人,同上

印国钰,正中

高公翰,正中副总经理

叶晓锺,中华

周熙和,大东秘书

黄洛峰,读书出版社

1945年

一月

一月一日，星期一，阴晴

晨，静坐逾一小时。

十时，往国货厂商联合会拳社团拜，及中午素斋聚餐。沈佩言、黄剑白、许启敏、张锡君诸君均来参加，连本社同人共得三桌。

为发中生红粒，下午往访宁誉医师，据须后天开业。又往宽仁医院访李启烺侄，未遇。途遇凤祥诊疗所，请苑凤祥医生诊治，似不甚可靠（费五百元）。

楼云晨自沙坪坝来，下午回去。

一月二日，星期二，阴

提要：今日公司补假。

昨夜为发中皮肤病不能安眠，晨起较迟。

学政兄下山，知云公为胆病须多休养。

上午，在白象街写致汤儿信。

下午，在家休息。

夜，糜文溶嫂来。据系昨午由昆来。谈至九时余始睡。

一月三日，星期三，晴

晨，未坐及练拳，因防吃力。

七时半，到馆办公。

午后，回家料理三妹赴校（同涂妹妹去）。

往青年会剪发，又至宁誉医师处看头上皮肤病，取药归（医药共九百元）。

显光同子英、信予、用明三兄往长寿，今日傍晚始归。

楼云自沙坪坝来，住栈中。

午后，邓女士及李启烺侄来，均未遇。

一月四日，星期四，阴

晨，习拳。后为出版商业同业公会召开评议会议，赴七星洞会所，任主席。税局到者王开榕君。中午始毕，同潘君午餐后归。

乘赴出版公会之便，往访查强民君。

一月五日，星期五，阴

下午，三时往中华与李叔明君谈七联事。又至宽仁医院访李启焜侄，嘱为安珠开方为治咳病。

夜，同内子、永儿及景贤兄往张锡君家，参加马老师讲道礼。徐致一先生夫妇偕来。归已近十二时。

一月六日，星期六，阴

中午，马岳梁师在公园路紫竹林请客，作陪。

夜，黄孝先君假禹王庙寓所请糜文溶嫂夜饭，由涂子英兄夫妇作陪。

上星期反省录：上月底，在马岳梁先生所布置之佛阁中，仙语开头即为：悠久无疆性自然，芸芸众生进方船。中嵌余名，下句又适出于余所诵读之《旧约·创世记》上帝所为义人挪亚嘱备方舟之故事。

一月七日，星期日，阴雨

晨，至白象街一转，同苏继庼君回寓吃点心。又同苏、涂二君往汪山至云公家。因云公病胆已一星期，知已瘥。即在彼家中午饭。饭后，至孙逵方君家一转，归。去时乘滑竿至清水溪，费三百元。回时步行。

上午阴晴，下午雨，地湿难行。

一月九日，星期二，阴

上午，十一时同李叔明君往川东师范教育部访杭立武次长，告以七家供应国定教科事，请速批并注意"分别负责印刷、运销"，勿加更易。

又往市府访杨绰庵秘书长及常存真、陈本固二君。

一月十日，星期三，阴

中午，往立信大楼参与出版业同业公会理事会。归途至上海银行及中央银行业务局张骥才君处一转。

夜，张镜清兄与其戚范元才君在大三元请夜饭。

谢正宽君来馆，谈耶苏教义论及安息日事。

一月十一日，星期四，阴

晨，练拳后往义丰访张启明甥，托伊代转还孙益祥君旧借款三万元，又半年息一千八百元，系明日到期者。

下午，写致韵贞甥女及汤儿，又复韦傅翁信，均寄由戴孝侯君转寄，以期迅捷。

一月十二日，星期五，阴晴

张镜清兄同冯绍曾君赴宜宾，下午三时登轮。

今晨楼云动身赴蓉。前托代致暨大何柏丞君电，适于今日傍晚收到，当寄惟乾嘱转交。但既已相左，自无再回渝之可能矣！

一月十三日，星期六

中午，为七联开理事会往小洞天午餐，后至处举行。下午，四时返馆。

一月十四日，星期日

晨，练拳。

约宣信予、张显光二兄为厂中工友待遇事在白象街商谈，至下午四时始毕。

接汤儿十一月廿四日发第一三九号快信，知中间有七信未到（前只接到一三一号为止）。信中有美锋将满三个月之语，知将华已于八月底分娩，得一男。因余于五月间去信曾预告：生男取名美锋，字侠民；生女取名美康，字宁宁也。告之内子，同深欣慰。

一月十五日，星期一

今日，云公病愈下山。

傍晚，核定去年下半年渝处奖金，带回寓中工作。

夜，石兰坤君女公子与其夫赵君来谈。

一月十六日，星期二，阴

下午，内子搭云公车往四公里视安珠，归已夜饭后。知安珠咳甚，且有潮热，甚忧之。拟为其儿觅寄家，俾使易于调养。

晨,往机房街访张静庐君,未遇。至拳场一转,又往民生路华中访之。谈后,至市商会开工作会报会。因至九时三刻尚未开始,返馆一刻,至十一时又去。下午一时半始毕。

夜,至大东开图书馆筹备会。归已九时半。

一月十七日,星期三,晴

上午,为拟令安珠入医院治疗,电话宽仁医院启烺设法,据无床位。内子再往四公里,先将其子抱来,寄养于白象街刘挑水家,言明寄费月四千元。

傍晚,为国货厂商联合会八周年纪念,被邀参加表演太极拳,前去晚餐,并得赠品。观电影后,归已十时。

一月十八日,星期四,晴

下午,云公又下山。

一月十九日,星期五,晴

晨,往白象街一转。至苍坪街乘省教院汽车,于十时余抵沙坪坝,同子英兄过河至造纸学校,晤史、苏、许诸君,交涉印书事,承邀午餐。餐后,回至沙坪坝。因校车已完,至沙磁医院诊牙。又往南开视应女,访金松龄夫人。再乘巴县车至牛角沱,步行至南区马路,乘黄包车至望龙门,归。

一月二十日,星期六,晴

午饭后,往青年会洗澡,费一百二十元。

安珠来城,由内子送入宽仁医院,住 112 号房。据已染结核肺病,至可虑。代电家潮,促来渝。

傍晚,往宽仁视安珠,并代购药水、碗筷、水果、面包等物。毕,至励志社西餐,费八十元。

餐后,往川盐三里访郑曼青先生,又至川盐四里访马岳梁先生。归已十时半。

一月二十一日,星期日

晨,同内子、永儿往小什字吃豆浆、包子,又往国货厂商联合会练拳,又访周晨曦君及张久香君。

终日在白象街办事。

一月二十二日，星期一

翁家潮君自贵阳来，可照顾安珠及其子，安慰不少。

吕越祥君来。据到渝已月余，本星期内须回遵义，过农历年将往沅陵。伊眷现在遵义，淑贞与其夫刘本恒现在綦江云云。

一月二十三日，星期二

晨，练拳后往宽仁医院视安珠。

同陈兆昌君往公园看地。

下午，往安龙章医生处看牙，彼适出门，由梁姓女医代诊。又往开明书店一谈。

夜，往郑曼卿君家。又同往张锡君君家回访马岳梁师，再回至郑家。归已逾十一时。

一月二十四日，星期三

上午，同印继廉君往公园回视，又至民众教育馆访黄楚青馆长。十一时半归。

夜，马岳梁师来谈。

一月二十五日，星期四

上午，同印维廉君往市政府杨绰庵秘书长处谈图书馆房屋事。中午始归。

翁家潮君今日起来暂住宿舍中。

一月二十六日，星期五

夜，为七联事招中华、开明来馆便饭、谈话。归已十时。

一月二十七日，星期六

晨，为与云公接洽修订七联合约事，未往练拳。

中午，往小洞天应七联理事会聚餐。

夜，至家凤兄家，为华生兄洗尘及凌云、广雪送行夜饭。

公司汽车被征。

一月二十八日，星期日

晨，同永儿去剃头。

上午，刘本恒侄婿来。据淑贞现住綦江中正路中和荣药号三楼，彼乘便车来渝云云。当在家午饭，饭后同往外一走。

马岳梁师在寓午饭。

上、下午均到白象街办事。

一月二十九日，星期一

下午，往立信大楼参加欢迎湘桂来渝出版界大会。五时始散。

夜，在白象街召开七联代表会议。十时归家。

一月三十一日，星期三

中午回家，邓女士及邬君来做礼拜。

夜，同景贤兄往张锡君君家，马老师教吐纳术。又朱国富及李君亦在。

二月

二月一日，星期四

晨，杨绰庵秘书长来，同王云公往公园视图书馆地皮。

二月二日，星期五

上午，同显光兄及余璇瑞君往国民酒家早点。黎宁建筑师来，同往九道门中央图书杂志审委会印维廉君处，谈图建筑事。黎建筑师上午曾同往公园踏勘。

往安龙章牙医处镶牙。除借内人金戒外，再索手续费一万六千元，嗣让至一万二千元，殊可惊人。

二月三日，星期六

上午，又为图建筑事同黎君往民众教育馆访黄楚青馆长。

二月四日，星期日

上午，八时半至白象街一转。

九时，往安龙章医师处看牙。为准备装金桥打麻药、钻眼、取模，直至十二时始毕事。

下午，稍睡片时。同内子、应女、永儿往储奇门购橘子。四时，知安珠曾来禹王庙及白象街，惜无处去找，未知是否过河。电话启烺，又未接通。

二月五日，星期一

翁家潮来，知安珠已往海棠溪，住巴渝旅馆十八号。

中午，约中华、开明在百龄餐厅商谈七联预备应付吴君事。饭后，至公园看公会图书馆地。又往七星岗公会处，通知明晚开紧急理、监事联席会议。

夜，至中华夜饭，商七联事(开全体代表会)。归已十一时。

二月六日，星期二

晨，往海棠溪巴渝旅馆看安珠，送去款项。九时归。

夜，在公司开公会理、监事联席会。十时散。

二月七日，星期三，下午雪

下午，往安龙章牙医处试牙。归途遇吴蕴初君，在天原一谈。

夜饭后，同景贤兄往张锡君君家。归已十一时。

晨，因云公来电话商东方图事，即至白象街，未往练拳。

二月八日，星期四，雪

晨，练拳后至苍坪街送穆凌云世兄乘西线校车赴铜梁入空军。

傍晚，往美丰四三号馥记营造厂，与李叔明君同向陶桂林君商图书馆建筑事，未允承建。

今晚，张锡君君请吃年夜饭，因路泥泞不去。

二月九日，星期五，雪

上午，往安龙章牙医处镶牙。

傍晚，回家夜饭。饭后，同景贤兄往马老师处。十时始归。

徐致一先生下午来馆，祝甥亦来。

二月十日，星期六

夜，王世珍君来，谈代南充友善书局托划开明书店国币二十九万元被人冒领事。

二月十一日，星期日

今日照常办事。为废历新年须多放一天，乘此星期补假也！

晨，仍至国货厂商联合会练拳。又同王世珍君至冠生园早点，再至开明谈被冒领款事。

夜，在馆中吃年夜饭。因今日为阴历十二月廿九日，已小除夕矣！

二月十二日，星期一

上午，往邮局访赵仲溥帮办。据已回乡过年。

夜，同景贤兄至张锡君君家参与开坛，至午夜一时余始归寓所。

二月十三日，星期二

废历元旦，公司放假。

在白象街写致云公信，为经济压迫，忍痛言辞事。交陈时中兄于明日上山带去。

二月十四日，星期三

提要：公司仍在休假中。

上午，同内子及景贤兄往张锡君君家，为马老师及佛座拜年。又至郑文同兄家及郑曼青先生处拜年。

下午，午睡后至公司办事。

二月十五日，星期四

晨，同余景贤兄往黄文叔、徐致一两先生家贺年。归已十二时。

先祝夫妇及儿女来贺年，下午去。褚华仙君亦来午饭。

二月十六日，星期五

今日起，公司照常工作。

上午，往邮局访赵仲溥帮办。

夜，同景贤兄访马老师。归已十一时。

二月十七日，星期六

上午，往浙江兴业银行一转。又至安龙章牙医处复诊，镶金桥牙。

二月十八日，星期日

晨，练拳后购面包，回寓与家人共食。

上午，至白象街一走。

中午，邀应昶、伯良、时中、显光、信予诸兄及家凤兄父女同来寓便饭。

下午，午睡后同内子、应女、永儿缴永儿学费，后至苍坪街一走。

二月十九日，星期一

晨，因陪应女至苍坪街乘校车，未往练拳。省教院车尚不挤，购票后有子英、伯良二兄同往，即先返馆。

二月二十日，星期二

下午，至安牙医处视所镶之牙。

二月二十一日，星期三

晨，练拳后至安龙章医师处洗牙。至十时始到馆。

午后，邓女士与李、郧二君来做礼拜。

二月二十二日，星期四

夜，同子英往广东酒家，应造纸校石显儒与马克清二君招夜饭。

二月二十三日，星期五

上午，糜师母来谈。夜，在寓晚饭。

夜饭后，同景贤兄往川盐三里练拳。归已逾十一时。

二月二十四日，星期六

中午，往合作会堂七联聚餐。饭后开会，四时归公司。六时，约糜文溶兄餐叙。因文化餐厅无位置，改至冠生园夜饭。八时回。

二月二十五日，星期日

晨，剃发、练拳。回寓后，同内人往戚闻人表侄家（建国路八号）一走。

下午，同景贤兄、许启敏君及内子、永儿往张锡君君家礼佛。许君与张君之男、女仆老汤、张嫂同时皈依。

余在张君家夜饭。饭后，同马老师、张锡君君往曾家岩求精中学后面草房李德清君家，与徐老师谈道。步行归家，已逾午夜。

二月二十六日，星期一

秀珠侄女自柏溪来。

夜，同景贤兄往马老师处练拳。十一时归。

二月二十七日，星期二

夜，赵渭人君夫妇、戚闻人表侄先后来寓谈天。

二月二十八日，星期三

报载：重庆物价指数上年十二月为485，本年一月为655，二月为875，两月之间骤增百分之八十，诚足惊人。

夜，往兵役部招待所应良友招先去一转，再往中国文化服务社夜饭，开出版同业公会。十时归。

三月

三月一日，星期四，晴

中午，同苏继廎、徐应昶二君往良友贺开幕喜。又往访宋明德君，未遇。

三月二日，星期五，晴

夜，同景贤兄往张锡君君家与马老师练拳。归已十二时。

三月三日，星期六

秀珠回柏溪。

杨竹樵兄来。谓拟于后日动身，转陕、宛赴沪。

三月四日，星期日，晴

提要：今日为农历正月二十日，系芸诞辰。

晨，往约马老师至黄文叔君处，同往枣子岚垭八十三号吴思豫（立凡）君家谈拳艺，即在彼家午饭。饭后，至川盐三里马老师处。今日为余母难日，开坛时代父母皈依。闻百日后可接缘果，届期得达目的，则余之生活环境又将受一度剧烈变化矣！

自张锡君家出来，同许启敏、黄孝先、余景贤诸君及内子、永儿至紫竹林吃面。

母亲由马老师代取法名为“朱立真”。

三月五日，星期一，阴

晨，练拳后至大赉公司访杨竹樵君，因彼今午即须动身赴沪也！

昨日曾偶有心愿告内子：嗣后家中可勿购荤菜。今日午间见牛肉，似觉讨厌。夜，在家吃百合煮肉，亦颇无味，不自知其所以然？

三月六日，星期二，雨

夜，应宝丰公司招在中国旅行社夜饭，似蔬菜比荤菜好吃甚多。

三月七日，星期三

夜，为唐崇李君将有新疆之行，请在紫竹林夜饭。孙克均、穆华生、宣信予诸君作陪，内子与永儿亦同去。饭毕，至张锡君君家。归已十一时余。

中午，邓女士与邬杭德君又来馆。

三月八日，星期四

显光今日自其女处回城，在余家夜饭。

三月九日，星期五

下午，三时往康宁路应李锐、崔敬伯两君招代表云公茶会。归已六时半。

夜饭后，同景贤兄往马老师家练拳。归又十时余矣！

蒋振廷兄谓有戚赴沪，可带信并代垫款作家用，至可感！

三月十日，星期六

午后，往七联开会。会毕，往视陈宣人君病，即在彼家夜饭。

三媛下午返家。

三月十一日，星期日

今晨，练拳后又至白象街写致汤儿信一封。

午后，同内子、应女、永儿等往金汤街七十六号访糜师母，未遇。又至马老师处。今日，穆华生、宣信予二兄馆一事毕，至紫竹林吃面。系穆、宣二兄会钞。

三月十二日，星期一

傍晚，往百龄餐室应子英兄招陪马克清君夜饭，谈委印事。饭毕，往马老师处习拳。归已十一时。

三月十三日，星期二

傍晚，往合作会堂夜饭。饭后，至七联开代表会议。归已逾十时。

三月十四日，星期三

晨，至白象街为昨夜会议事报告云公。

上午，往正中，又回至中华及安息日会刘牧师处一转。又至紫竹林吃面。

夜，同内子、永儿及景贤兄往马老师处礼佛。归已十一时。

三月十五日，星期四

傍晚，为七家代表小组会议往正中夜饭。开会后，归已十一时余。

今日起，杂、书由七十倍涨至一百倍，系昨日余往正中、中华之结果。同人待遇也随同调整。

三月十六日，星期五

上午，至市商会开工作会报。十二时半，归家午饭。祝甥亦来。

夜，又同内子、永儿及景贤兄往马老师处礼佛。归亦达十一时。

三月十七日，星期六

夜，同内子及景贤兄往马老师处礼佛。归十一时。

今夜，三天主考临坛，下坛诗甚清丽，为："儒冠道服释袈裟，三教源流是一家。贯一皈一守一法，青叶红花白根牙。"

三月十八日，星期日

晨，习拳后至义丰访启明甥，未遇。

下午，同内子往金汤街访縻师母，同往马老师处为縻师母皈依，乩训至奇。盖縻师母学名冯旭寰，而下坛诗为："旭日东升、朦胧远山究是客，寰尘世事、高官骏马梦三更；得遇良缘、明善复初黄通理，道高德重、自性乐天永光明。"临坛者系南海古佛云。

三月十九日，星期一

夜，往会仙桥五芳斋与文溶、文焕兄弟及查强民、高发茂诸君聚餐。九时半归。

三月二十日，星期二

上午，往七联访李伯翁。又至中华访李、姚二君，未遇。至大东访糜文焕，又至陈宣人君家一谈。十二时回馆。

糜师母来寓。

三月二十一日，星期三

夜，同景贤兄往马老师处习拳。十一时归。内子早睡，因感冒不适。

三月二十二日，星期四

内子卧床终日，大约为受感冒之故。夜，不克同景贤兄往马老师处。

三月二十三日，星期五

夜，同景贤兄往马老师处习拳。十时归。内子稍瘥，但仍未起床。

三月二十四日，星期六

晨，潘景瑜兄来。知系昨晚由兰乘机到渝。同往大三元早点。

中午，马老师来视内子病。

三月二十五日，星期日

晨，练拳后往王世珍君家讲佛事。

糜师母来午饭。饭后，同往马老师处。今日，宣信予兄陪黄用明兄来，又王世珍（名国宝）子家训、张有科及陈济时者同皈依。归已六时半。

三月二十六日，星期一

中午，往七联开会。会后，往世界、中华一转，又回白象街。

三月二十七日，星期二

晨，练拳后即往世界邀俞守己、姚钜堂、朱梦楼三君至广东酒家早点。又同俞君至开明、中华及参政会与云公谈话。中午，陪顾荫亭君应中华邀，在冠生园午饭。

夜，同人公请潘景瑜兄夜饭。

三月二十九日，星期四

提要：公司放假。

上午，在公司办事。

中午，祝甥来，饭后去。

下午，周宗英君来，为内子打吊针。

三月三十日，星期五

夜，七联开代表会，同云公赴小洞天聚餐后至七联处。归家已十时半。

四月

四月一日，星期日

晨，往董家溪江南工业电化公司开股东会。先在祝甥家吃汤元。开会已在午饭后，六时半始会毕。乘车至临江门，往张锡君家门口，见三楼已无灯火，乃未进去，即归家。饭后，洗澡入睡。

舒槐三君在五芳斋请吃夜饭，因归来太迟，未去。

四月二日，星期一

下午，江南苏道锡君来谈。

四月三日，星期二

晨，同云公、伯嘉先生、学武兄、张赉卿、王良君乘汽车往杨家沟造纸厂参观。午饭后，至沙坪坝一转。回城往江南公司开董事会，至百龄餐厅一转，返白象街。

傍晚，又同云公往中华书局与与顾荫亭君谈话。事毕，至燮园夜饭。三人吃二千元，真不廉。

接遵义翁家潮电，知安珠于本月一日病故，至为痛惜！

四月四日，星期三

晨，练拳后约潘景瑜兄同穆华生兄往白玫瑰餐厅早点，谈公司事。

三媛傍晚自沙坪坝回家。

四月五日，星期四

晨，为教育部核准国定本与本版教科书加价事至白象街与云公谈话，未往练拳。

八时，回禹王庙一转，与伯翁接洽事务。又往建国路八号访戚恭甫表侄，商运货事。知彼明后日即将迁住国民政府对过山半坡上蒲草田 39 号,彼之办事处为国府路大溪沟高家庄十五号止园。

四月六日,星期五

下午,为兵役事往警察局访军事科叶生淮科长。

夜,为分馆组织《中学文库》征求队事在馆吃面。归已十时。

四月七日,星期六

中午,往小洞天聚餐,后至七联处开理事会。下午,四时半回白象街。

潘景瑜兄今日乘渝广车动身回兰。

四月八日,星期日

晨,练拳后至白象街办事。

午后,陪应女赴沙坪坝上校车。往马老师处礼佛,即在张锡君君家夜饭。饭后,同马老师往青年往游艺,系应周华鑫君之招也。归已十一时。

四月九日,星期一

夜,同景贤兄往马老师处习拳。归已十一时半。

四月十日,星期二

晨,至中国儿童营养促进会吃豆浆、点心。

四月十二日,星期四

今晚,为佛堂同人约共礼佛。夜饭后,同内子、永儿,又约张启明甥同往马老师处,直至午夜始回。

上午,为汇沪款事往中国银行,访陈安性君一谈。

四月十三日,星期五

夜饭后,往大东书局参与出版同业公会。归家尚未至十时。

四月十四日,星期六

上午,往中国银行访陈安性君,托汇沪款,合国币五万元之数。

四月十五日,星期日

晨,同永儿至中国儿童营养促进会早点。适遇朱崇仁君,由伊会钞,颇不安。

练拳后，往新运总会忠义堂贺任聘庐君结婚，即回至白象街一转，归家。

下午，陪内子至张锡君医师处诊病，又同永儿至马老师处礼佛。六时归。

四月十九日，星期四

中午在家。饭后，往七联处开会。归已六时半。

四月二十日，星期五

下午，往上海银行访冯子栽君，又中国银行访孔士谔君，为公司黄金存款处置事。

四月二十二日，星期日

晨，为向工友解释米贴事往头塘。十一时半归。

下午，一时在白象街与丁辅臣牧师谈“灵”的问题。

四时，同信予兄往马老师处礼佛。归已七时。

四月二十三日，星期一

中午，陪成舍我君在乐露春午饭。

四月二十四日，星期二

晨，同马老师往探徐致一君病。又至龙门书局一转，往中央玻璃厂访黄家麒君。归已逾十二时。

下午，往七联与范寿康君谈话。又往临江路 57 号访方少轩君，未遇。

四月二十六日，星期四

夜，同内子往马老师处参加研究班开始礼。

四月二十七日，星期五

上午，同黎宁君往江家巷看房子。因出路过恶，不能考虑。又至七联处一转。

夜，同内子往马老师处参加研究班。归已十时。

四月二十八日，星期六

上午，为韵贞甥女来函（上年十月廿四日发）划款事，往远东访吕正明（森茂）君，取来五万元。

中午回家，内子在卧床发冷。下午，四时半回家，知已转热，在出大汗，意谓疟疾。不图十时半参加马老师训练班归,内子又在发冷,终夜喊痛,迄未宁止。热度高至四十度。

四月二十九日,星期日

内子晨热度仍至三十八度半。请王畿道医师诊视,据有恶性疟疾或伤寒之可能,服药灌肠。

中午,至国货厂商联合会为太极拳研究班聚餐。

下午,马老师同至舍视内子,热迄未退。

夜,往临江路坐谈。

四月三十日,星期一

晨,因内子病未往练拳。中午,至王畿道医师处一转,早归。下午,王畿道、张锡君两医师来诊视。

夜,往临江路坐谈。

五月

五月一日,星期二

提要:今日劳动节,公司放假。政府下令钟点拨快一小时。

内子病似略瘥。晨,仍未去练拳。上午,至白象街一转,往启明甥处略谈。午后,又同启明往张锡君医师处转方。

夜,往临江路。

五月二日,星期三

内子热已退,但腹胃仍不佳。

上午,挈永儿往宽仁医院访启烺表侄,在中国儿童营养促进会午点,又往张锡君医师处为内子转方。

夜,往临江路至善佛堂,为明德研究班结束期“神迹奇妙生平初见”。

五月三日,星期四

中午,往张锡君医师处为内子转方。

夜,启烺表侄来为永儿诊病。

五月四日，星期五

夜，同景贤兄往张锡君医师处，顺为内子改方。归已十一时。

五月五日，星期六

中午，回家时遇启明甥，即在寓同午饭。饭后，马老师亦来谈。

五月六日，星期日

晨，理家事，后往国货厂商联合会练拳。又往宽仁医院访启焜表侄。又至开明及白象街一转。中午回家，内子精神、胃纳尚未复原。

下午，同子英兄往马老师处礼佛，为李文粲君作保。

五月七日，星期一

晨，为沙坪坝艺徒训练所事同子英往沙。直至午后三时，往南开视应女后始归。

夜，因请张锡君医师为内子诊病，故同人欢迎李伯翁之夜饭亦未及参加。

五月八日，星期二

中午，往小洞天午饭。饭后，七联开会。五时半归。

夜，启焜来为内子诊病。

李伯翁接周文德电，谓傅翁函告其太夫人在沈阳于四月一日病故云云。

五月十日，星期四

晨，往国货厂商联合会练拳，又往七联处商纸版事，再至利丰路佛慈药房购肾气丸及天天通。

夜，启焜来为内子打维他命 B 针。

五月十一日，星期五

为永儿吃打胃虫药，至近十时始赴白象街，十一时许即归。

五月十二日，星期六

晨，周家凤君来，同往中国儿童营养促进会早点。

五月十三日，星期日

上午，往国货厂商联合会练拳，后随马老师往国术比赛大会表演。十二时回。

下午，送应女至七星岗上车，又至马老师处礼佛。

五月十四日，星期一

午后，往启明处谈话。又至《世界日报》访成舍我君，未遇。又至徐致一先生处，亦午睡未惊动，即归。

五月十五日，星期二

中午，往紫竹园吃面，后至华中图书馆参加出版同业公会。

五月十七日，星期四

因永儿昨晚腹泻，今晨练拳后往中正购“小儿安”药，又至紫竹林购菜包子十枚，甚可口。

五月十八日，星期五

夜，公司宴请滇教厅长龚自知君及李君，作陪。归已十一时。

五月二十日，星期日

晨，大雨。往购小菜，全身尽湿。

十时，往龙门书局一转，访黄家麒君病，归已过午。途过和平路，购肾气丸两瓶。又至紫竹林购馒首十枚。

先祝率妻儿来。午饭后，同往张锡君医师处。美畴与子英、时中二兄亦同去礼佛。今日为三丰祖师诞辰，锡君君请吃面。永儿面后随时中兄先归，余与子英兄归已十一时。

今日礼佛者有陈东皋、谭文彬诸君。

五月二十二日，星期二

馆务较闲，阅启明甥借我之《寒山拾得大士诗》，得两首录左：

（一）报汝修道者，进求空劳神。人有精灵物，无字复无文。呼时历历应，隐虚不居存。叮咛善保护，勿令有点痕。

（二）可贵天然物，独立无伴侣。觅他不可见，出入无门户。促之在方寸，延之一切处。你若不信受，相逢不相遇。

又得一首：

（三）余家有一窟，窟中无一物。净洁空堂堂，光华明日月。蔬食养微躯，布裘遮幻质。任你千圣现,我有天真佛。

五月二十三日,星期三

读《寒山拾得诗》,又得数首:

(四) 我见利智人,观者便知意。不假寻文字,直入如来地。心不逐诸缘,意根不妄起。心意不生时,内外无余事。

(五) 世有一般人,不恶又不善。不识主人翁,随客处处转。因循过时光,浑是痴肉脔。虽有一灵台,如同客作汉。

(六) 五岳俱成粉,须弥一寸山。大海一滴水,吸入其心田。生长菩提子,偏盖天中天。语汝慕道者,慎莫绕十缠。

五月二十四日,星期四

为与杨家沟造纸厂接洽增产事,午后乘汽车至小龙坎,换滑竿至纸厂。事毕,至沙坪坝已将五时,涂、喻二君已进城,即乘车返城。

夜,分馆为《中学文库》庆功,请吃夜饭。

五月二十六日,星期六

午后,往前驱路秦合兴与启烺侄同往并至老君洞游览。归已逾六时。

五月二十七日,星期日

上午,为造纸校及秦合兴接洽委印事,在馆工作。

下午,同谢徐坤至临江路礼佛。

五月二十九日,星期二

中午,往小洞天开七联理事会。

四时半,往中国文化服务社开出版业公会监事会。

五月三十日,星期三

上午,为借款事往中央银行业务局,又至上海银行一转。

下午,往华中开出版业会员大会筹备会。五时余,回白象街。

五月三十一日,星期四

下午,同王启福君往江北相国寺福民《新快报》及中心印书局视察。二时一刻前往,五时半返馆。

六月

六月二日,星期六

上午,往金城商存款事,又至合作会堂为出版同业公会开会员大会。傍晚,聚餐后归只七时。

六月三日,星期日

晨,练拳后往浙江地方银行访阮毅成君,未晤。回至公司办事。

下午,往临江路。贺仙舟君来,同礼佛。

启焌谓已向宽仁医院辞职,拟赴成都云云。

六月四日,星期一

午后,为调整书价事往正中,并顺道至《世界日报》及金城银行一行。

六月五日,星期二

永儿不肖,曾私取款项滥用。昨因发觉图书馆借书有转借同学情事,被其母训斥,今午竟不归家吃饭。午后,往校中及附近马路找寻,至三时余仍未觅得。傍晚,由住居东水门之同学送来。据自述,本晨乘其母出外,取款九百元,用途列左:书(《太阳出来了》《小飞行师》)二本,210 元;糖浆汤二杯,100 元;冰糕二块,240 元;酸梅汤一杯,50 元;甘蔗水二杯,60 元;糖四块,40 元;大刀糖一块,20 元;粽子一只,30 元;粉食二次,60 元;泡糖,20 元;蓝莓,30 元;杏子,20 元;须须糖,20 元,共计九百元。

以情动之,遽哭。如此小儿,不知能改邪归正否?

六月六日,星期三

今日上午打防疫针,全夜睡眠不宁,想系反应所致。忆前余注射防疫针,向无反应者。今忽有之,其体力衰退欤?抑针药不纯欤?

六月七日,星期四

上午在家休息,下午到馆。

六月八日,星期五

下午,四时余同景贤兄往曾家岩李宅佛堂访徐天章老师。因该处曾于农历十六日夜九时余邻居失慎,至李氏屋而止。以最易燃之茅竹物而得不波及,非天佑而何?出示坛训,殊真切。

六月九日,星期六

托计宜初兄刻糜师母见赠之牙章,备赠张锡君医师,作酬为内子诊病之用。

六月十日,星期日

晨,练拳后往开明,为印刷业公会订明日下午二时召开议价会须作出席准备,通知高明强、唐性天二君于明晨在百龄餐厅茶叙事。

六月十一日,星期一

晨,练拳后同信予兄往百龄餐厅,与范洗人、高明强诸君谈印刷议价事。十时归。

午后,往印刷同业公会参加议价会。人数不足,流会。

往访徐致一先生,长谈两小时。

傍晚,至兵役部合作食堂参加出版业公会理事会。归已十一时。

六月十二日,星期二

午后,往七联开理、监事会。因三时须代云公至胜利饭店应直接税署李锐茶会,故早退。

三时半,至胜利饭店为所利得税改善办法事。至五时半回馆。

夜,应马老师招往临江路礼佛,有裕华纱厂同事六人皈依。十一时始归。

六月十三日,星期三

今日注射第二次防疫针。傍晚又感反应,幸夜间睡眠尚好。

夜,马老师来。又陈兆昌君为建筑事亦来谈。

下午,启烺侄来,谓据谷镜研君称不宜向外行医,故决不赴成,在歌乐山上海医学院工作。

六月十四日,星期四

提要:今日为端午节。

晨,往紫竹林购菜馒头回家早膳。到馆已近十时。

六月十五日,星期五

上午,往罗汉寺吊郑曼青先生姨夫章公味三之丧,又往社会局为印刷议价事访韩觉剑君及管制科陈君,回至出版公会。又同潘埛君至中华一转,在紫竹林午饭。饭后回馆。

六月十六日,星期六

晨,为印刷议价事访开明范洗人君,至紫竹林早点。

午后,往印刷公会开议价会。七时始归。

六月十七日,星期日

晨,往董家溪视祝甥,知咯血止已两天,尚无大碍。又往《扫荡报》访万君。回至通远门糜师母处,同内子、永儿等至临江路礼佛。归已七时余。

六月十八日,星期一

上午,往市商会开工作会报。

中午,往文化餐厅约正中、开明、中华等谈印刷生产统计。午后,往印刷公会参加议价会。会毕已八时余,同雪山、信予二兄往紫竹林夜饭后归。

六月十九日,星期二

上午,访江庸律师,未遇。回至打铜街卅九号上海利记商行访张彬夫君,为成都俞培云君汇启明款项事,亦未遇。留条归家,觉腹泻,下午服血炭片即愈。

六月二十日,星期三

晨,到公司,未往练拳。

上午,往江庸律师处,为出版业公会印花漏贴被罚事。

下午,三时往开明书店为商议印刷议价呈商会局文稿事,即归。

六月二十二日,星期五

晨,练拳后往访陈宣人兄,托代售王君之美金票。又至上海银行一转。

六月二十三日,星期六

下午,接潘埛君电话,谓社会局来通知,为印刷工价事嘱出版公会派代表前往被咨询。当即电告正中及函至开明处,即往该局晤陈居乾君。大致可决定如左:

种　类	印刷公会	出版公会	社会局可能核定	单　位
对开机	4000	3000 （满 4000 张 2800）	3200 （满 4000 张 3000）	每令
圆盘机	1000	700	700	每千单面
挑　字	1000	800	800	五号字每千
浇　版	350	250	300	每页两面
线　型	400	310	350	每页两面
装　订	1500	1000	1000	每万页

夜,陈宣人兄来谈为代友售美金票事。

六月二十四日,星期日

提要：今日为农历五月十五日。

晨,往头塘厂中,为余将于下星期二与日用必需品管理处同往梁山调查纸张,值此半年加薪时期,特向工友一谈。归已逾十二时。周宗英君来,在寓午饭。

下午,张启明甥来谈,又往临江路礼佛。因余曾默祷希望先父接缘,师训即有“史久芸存孝心,父在天轩”之句,快慰无量!

六月二十六日,星期二

日用必需品管理处原定今晨开车赴梁山调查纸张,据因客车照会未办妥,须延行期。

夜,陈宣人君来谈存款事。

六月二十七日,星期三

上午十时,代表云公出席市商会理事长联席会议,至下午一时半始竣事。

陈宣人君夜间又来续谈存款事。

六月二十九日,星期五

下午,内子又为李师母淘气。如此下去,甚为担忧。

六月三十日,星期六

晨,往金城办存款手续。十时,至中宣部开会。中午,在中外出版社孙伏园君家午饭。饭后,往蒲草田六十四号访戚闻人表侄。三时回馆。

云公重感冒,明晨尚须作延安之行,恐非所许。

七月

七月一日,星期日

晨,至白象街视云公,知高热未退,延安之行作罢。

上午,往访启明甥。下午,至临江路。今日为先父母接缘,归已八时。

七月二日,星期一

晨,同子英兄先至江家巷,继至中华路305号日用必需品管理处宿舍。潘垌兄与华生、宝森二兄均来送行。该处之视察专车因吕若谦主任突患不适未能参加,延至十一时始开。

七月十二日,星期四

上午,到馆办公。下午,在家休息。

七月十三日,星期五

上午,往日用必需品管理处访吕若谦君,谈代购纸张事。

七月十四日,星期六

夜,王炽君请在功德林夜饭。饭后,姚蓬子君请吃咖啡。归已十时。

晨,同华生兄往中华路日用必需品管理处宿舍访宁强豪君,又同杨永崧君至精一早点。

七月十五日,星期日

今日,约马老师及宣信予、褚华仙诸君来午饭。

下午,至临江路礼佛。

夜,应张锡君兄邀,至紫竹林陪周钟英、章启东诸君夜饭。

七月十八日,星期三

晨,同华生兄访宁强豪君。据尚未由兴隆场来。

傍晚,同信予兄往正中书局夜饭,为会商工资问题。得数原则:

1. 我馆与正中、中华三馆工资力求相等;

2. 每三个月考虑调整一次；

3. 工友跳槽，彼此概不进用。

正中之新计算职员待遇方式如次：

（米报纸教科信数×25%）+（杂、书信数×25%）+（安安蓝布×1/20）=系数

薪水 X ×0.7（100 元以下者）或 X［（100 ×0.65）+（101−200 ×0.55）+（201−300 ×0.5）+（301−400 ×0.45）+（401−500 ×0.4）+（501−600 ×0.35）= X］+办公费（5~40）×系数+米贴（现为每斗 760，廿岁以下四斗，廿岁以上六斗，廿六岁以上八斗，卅岁以上一石）、菜贴 2500 之总数

七月十九日，星期四

晨，练拳后至开明书店开报告战事损失小组会议。十一时返馆。

七月二十日，星期五

晨，至国货厂商联合会练拳，窦钰君亦来。

王启福、万克哉等来谈委托造货事。

应女为报考事赴化龙桥沙坪坝，当日即归。

七月二十一日，星期六

上午，陪应女至民国路登中大校车，再赴沙坪坝，故未往练拳。

今日，王维哲、张福和、胡□□[1]等来谈委造事。

七月二十二日，星期日

上午，至九尺坎练拳。

下午，至临江路。因未至佛堂，仅与马老师闲谈。

七月二十三日，星期一

午后，往社会局访龙文治局长，晤林振汉君。因龙君未到局，未会见。又往《世界日报》访成舍我君，谈代印解约事。

七月二十四日，星期二

上午，往社会局访龙文治君，由王君代见，并与陈云蜀科长谈话。归已

〔1〕 日记空缺胡姓名字。

过午。

七月二十五日，星期三

晨，至白象街一转，再往九尺坎练拳。

七月二十六日，星期四

杨端六先生来谈。

七月二十七日，星期五

中午，往冠生园为五家会商东南区书价事。

上午，曾往直接税局访周坚如君，为廿六至卅一年所利得税事。又往重庆银行访糜中丹君，未遇。

三女晨同子英兄往沙坪坝，为应考各大学联合招考事。

七月二十八日，星期六

上午，十时往七联处商托造纸学校印书各家未完件如何管理分配事。

七月二十九日，星期日

晨，往参政会访杨端六先生，同至中国儿童营养促进会早点，又同至国货厂商联合会习拳。又至白象街写信。

下午，三时往临江路与马老师及关君、景贤兄长谈。傍晚，至陈宣人君家夜饭。饭后，又往参政会与杨端六先生接洽彼之女公子赴美需购教会美金事。归已逾九时。

应女考毕，由沙坪坝归。

七月三十日，星期一

午后，往川盐一里二号访马叔白君，代秀珠取款。邀吕森茂兄同去，故颇顺利。

又往江南与苏君接洽存款事。

又顺道访顾镜清君，询代购粮价事。

七月三十一日，星期二

晨，应女已叫肚痛，中午未愈，下午阵痛更甚，知患痢疾。夜，热度高至三十九度，终夜不宁。

内子同永儿夜往国泰观苏联大使馆赠券之《柏林会师》。

八月

八月一日，星期三

应女晨请王畿道医师诊治，服药后渐瘥。

八月二日，星期四

张屏翰兄由宜到渝。

八月三日，星期五

上午，九时往中华书局与开明等商造纸校印件事。

八月四日，星期六

陆廷珏兄由陕到渝。

夜，同人为陆、张二君洗尘。

夜，八时半同景贤兄及许启敏兄应马老师招，往临江路为杨承训君皈一事。归已午夜。

午后，往民权路卅六号森庐新森记营造厂访朱学新君，向收姚惟乾、安珠划款八万元。又晤沈仲得君，晤谈甚久。

显光赴造纸校查委印件，当日回。

八月五日，星期日

上午，练拳后在白象街。

下午，二时半往临江路礼佛。傍晚，同内子归。

张屏翰、陆廷珏二兄在家便饭。

八月六日，星期一

今晚，云公请鲍屡平、张屏翰、陆廷珏诸君夜饭，为之作陪。

八月七日，星期二

上午，往七联开会，在中法比瑞同学会午餐。

八月八日，星期三

傍晚，往裕华纱厂，应张沛霖、孙瑞麟、徐筇庵、程又青、王士宽、许莼生、冯忠国、石学衡、姚汉镰招,陪马老师夜饭。夜饭后,又同孙、张、姚诸君往临江路礼佛,归已十一时。

八月九日,星期四

中午,应戚闻人表侄招,至彼家(国府路蒲草天六十四号)午饭,与内子同去。饭后,搭陈安性君车与谷兆芬君夫妇同归。

张屏翰兄今日动身返宜。

八月十日,星期五

晨,四时起身,陪秀珠往两路口上第一次快车赴成都,又送蒋振廷兄赴沅陵。

夜,在馆中开出版商业同业公会。甫于余报告赴梁山调查纸张情形时,突由丁宝森兄见告日人无条件投降,会即中止。出自街上,与内子、永儿同至民族路一走。万民狂欢,兴奋异常。

八月十一日,星期六

知日本投降附有保留天皇之条件,尚待盟国复文。

八月十二日,星期日

晨,练拳后早饭,至白象街。中午,孙克均君来家便饭。又周宗英君与其友罗君来访。

下午,三时半往临江路礼佛。

八月十三日,星期一

夜,公司同人为庆祝胜利欢宴。至十一时归家。

八月十四日,星期二

晨,练拳。归早饭后,至白象街一转,往七联开会。中午,在文化餐厅午饭。

下午,为支现钞事,往金城、上海、兴业一行。

各报出号外,谓日本已接受盟国条件。

八月十五日,星期三

晨,往头塘厂中与工友谈话。十一时归。

各报载,日人正式复盟国接受投降。

夜，往冠生园为陆廷珏君与刘义芳女士订婚主礼。

张锡君君请夜饭，未去。

八月十六日，星期四

夜，太极拳研究会在国货厂商联合会举行胜利聚餐，计三桌。

八月十八日，星期六

上午，往五四路中央储蓄会贺章云保君任总经理。又回至中央银行访张骥才君，谈调换大钞国币事。

八月十九日，星期日

晨，往茂华银行三楼访章云保君，托其带信给汤儿并予照拂。又同至冠生园早点，由中信局盛承业君会钞。

下午，往恒昌访舒槐三君，又至龙门及中央玻璃厂视黄家麒君，再同张锦洪君至临江路礼佛。有马子良君皈依。归途至陈宣人君家一转。

八月二十日，星期一

晨，将起床时突患头晕，当在家静卧。延王畿道医师诊治，谓系受暑。服药后，下午渐愈。

上午，徐祝三君托带信致汤儿。

又为馆事，傅忠麟、王启福等均来谈。

八月二十一日，星期二

照常到馆办事，惟下午去略迟。

八月二十三日，星期四

夜，应陶百川君招赴大东夜饭，知为商赴港事。归逾十时。

晨，练拳后至启明甥处一转。

八月二十四日，星期五

晨，练拳未去，为拟致荫普兄电稿，嗣仍未用。

八月二十六日，星期日

晨，四时半起床，五时一刻动身，陪应女至两路口购九龙坡票。先须登记，至十时乘二班车前往。

八月二十九日，星期三

夜，为李伯嘉、徐应昶、黄用明诸君饯行，在西南事业大厦夜饭。黄君因大水未及赶到。

上午，往中央图书杂志审查委员会访印维廉君。

八月三十一日，星期五

应女自九龙坡考交大回。

九月

九月一日，星期六

上午，至七联处开会。

下午，三时往立信大楼开出版业理、监事联席会，为詹文浒君任中宣部沪区特派员约谈。

夜，同内子及应女、永儿往访徐致一先生，知顾浚泉兄失踪事，至怅惜！

九月二日，星期日

今日，为日人总投降签字。

下午，往临江路礼佛。

上午，往胜利大厦贺陈和坤君结婚，又至陈宣人兄处。

午饭后，至参政会访杨静远女士，未遇。

九月三日，星期一

提要：抗战胜利，自本日起庆祝三天。

本日公司放假。

中午，陪蒋慰堂君在西南实业大厦午餐。

九月四日，星期二

夜，与同业在新味腴公宴印维廉君。

九月五日，星期三

中午，往中华商上海供应事，在冠生园午饭。

九月六日,星期四

中午,陪上海市府人员应七家同业欢宴,在西南实业大厦。

下午,往中央银行办续借款一亿元手续及支现钞事。

九月七日,星期五

上午,各同业在大三元午饭。

下午,陪伯嘉先生同中华吴濂铭君乘车于四时动身,先至学田湾 63 号王竞群处索介绍片。六时许,到白市驿找招待所刘主任,承派至第二招待中。与雷、曾、史三君接洽,蒙招待膳宿,至可感!

晨,为轮票事五时起床。六时,往文通晤华向渠君,知已给开明。当再往开明访范洗人君,未肯见让。

九月八日,星期六

晨,三时起床,四时赴机场,高明强、俞守己两君先后亦到。市府各局长如浦心雅、赵祖康、王祖祥、宣铁吾、赵曾珏、李熙谋等均同往。上 195 号机,七时余起飞,恐须转芷江云云。送行后,同潘序伦夫人乘车回渝,顺道至正中告高明强夫人。

九月九日,星期日

下午,至临江路礼佛。归途,至陈宣人兄家一转。

九月十日,星期一

夜,在兵役部合作社食堂开理、监事会,归已十时。系孙伏园、赵家壁招待。

九月十一日,星期二

上午,往日用必需品管理处访蔡副官,谈印件事。

九月十二日,星期三

夜,同事为穆华生兄饯行,在馆吃面,并为许季芸兄五十暖寿。

九月十三日,星期四

中午,请北平市政府秘书詹文忠君于西南实业大厦。

夜,应陶百川君招,在中俄同学会夜饭。

吴锦声君自泸州归。

张屏翰兄自宜宾来。

九月十六日，星期日

徐应昶兄接罗卓英主席公馆通知明晨有机飞粤，在下午。余在临江路时即来电话。是夜，为至白象缮函与黄访书君信，托为带去。

徐致一先生明晨乘机飞京，托带汤儿函一件。

今日在临江路有庄太太皈依，系徐师母介绍，为彼之嫂氏。

九月十七日，星期一

下午，得马超俊夫人通知，明晨有机赴京，决定请王诚彰君回任京馆经理。晚间，云公请诚彰、用明、屏翰、信予、季芸、秉恒、子英、度均、祖沐、继頫诸君在西南联谊社夜饭。归已逾九时。

九月十八日，星期二

张屏翰兄今晚上轮，明晨赴宜。

傅家桢君自广元归。

九月二十三日，星期日

上午，练拳后至白象街。下午，往临江路前曾至陈宣人君家一走，未晤。

今日，九七老人王昆仑皈依。

九月二十六日，星期三

下午，财政部钱币司郑科长来电话，谓如须派人赴沪，即来接洽。当往晤，承介绍与黄祖耀秘书谈，知中华系以印钞名义前往者。

中午，请胡堃君在紫竹林午饭，请潘垌及黄用明兄作陪。

九月二十七日，星期四

上午，七联开会。归已逾午。

夜，马老师在临江路请客，到者李子宽、关立凡、刘为章、谢正宽、沈仲约诸君。至十一时始返寓。

九月二十九日，星期六

晨，为同陆廷珏君谈话，未往练拳。

孙逵方君原定明晨飞沪，嗣据须延期至二日晨起飞。

九月三十日，星期日

上午，至白象街写信，后至罗汉寺参观佛教珍品。又至陈宣人君处，未遇。再至枣子岚垭107号縻师母家午饭。饭后，至临江路与马老师谈话。七时归。

内子宿縻宅。

十月

十月一日，星期一

中午，为七联开会，先至中法比瑞午餐。会毕，至中央印制厂晤冯贻由君，又见縻文溶兄，略谈。

夜，公司请郑西谷厅长等。孙逵方君原定明晨飞沪，今知又须展期，亦同晚餐。

十月二日，星期二

内子自縻宅回。

十月五日，星期五

中午，为教育部通知于下午召集谈话事，至冠生园约各同业聚餐。

下午，韦傅翁自沪飞来。

十月六日，星期六

中午，约范洗人、章锡珊在留俄同学会与傅翁聚餐。

十月七日，星期日

中午，约傅翁在家午饭。

下午，孙绍脩、蔡公椿诸君均来访傅翁。

十月八日，星期一

范寿康君来，谓明晨飞沪转台湾。午饭后，往开明一行，托代汤儿函及款。

十月九日，星期二

上午，九时半至七联开会。午，回馆。

十月十日，星期三

提要：今日放假。

今日王学哲兄结婚。上午往贺喜，下午休息。

十月十一日，星期四

夜，往重庆印刷厂为糜文溶兄请傅翁等作陪。余先吃菜，餐后即往临江路礼佛。

十月十二日，星期五

夜，出版同业公会在兵役部合作社开会，不克参与马老师结束训练，至为憾事。归已十一时。

十月十三日，星期六

晨，为云公磋商同业公会呈文，不去练拳。

下午，二时半同韦傅翁至海棠溪乘三时三刻车赴南温泉，找到杨守仁君，承代定仰光旅社第十一号房洗澡。晚饭后即睡。

十月十四日，星期日

晨，起身练拳，与傅翁讨论公事。后往冠生园早餐，又往白鹤林访黄果树，颇奇古。回至冠生园午餐。餐毕，往小温泉访周由廑君，游仙女洞。再往车站彭国仁站长处接洽明晨车票事。归后，仍往冠生园夜饭。饭后，办公至十时睡。

十月十五日，星期一

晨，五时起身，同傅翁至车站登记购票上车，八时余抵海棠溪。早点后，过河到馆。

夜，应黄家骐、陈开祥、许承福三君邀，为宴请韦傅翁等作陪。

十月十六日，星期二

中午，公司请马冀良、王维哲诸君于西南实业大厦。

夜，应范成章、杨竹樵两君招，在大赉陪傅翁等夜饭。

十月十七日，星期三

上午，陪韦傅翁、杨守翁至邮局赵仲溥帮办处，商购邮车赴筑车票，言定廿二日动身。

又往中华书局访李叔明君，未遇。再往西来寺看郑树惠君之房子。

十月十八日，星期四

周家凤明晨赴成，王诚翁请彼及傅翁夜饭，邀余作陪。

童国华君送来《清明前后》话剧券三张。夜饭后，约傅卿、屏翰两兄并挈永儿往青年馆观看。似剧情不明显，剧员火气太重。

十月十九日，星期五

傍晚，请杨绰庵及傅卿、诚彰、祝尧、屏翰、振廷、秉桓、继卿、廷珏等夜饭。振廷兄今日甫由沅陵归来。

十月二十日，星期六

上午，往七联开会。午饭后，至临江路，送去《理数合解》一百本及锌版、纸型等。

下午，三时余同韦傅翁搭云公汽车上汪山，在云公家夜饭。谈至十二时，即宿伊家。

十月二十一日，星期日

上午，同傅翁往视孙逵方太太。十时，仍搭云公汽车回城中。

中午，同傅翁及杨守翁在紫竹林午饭。

傅翁与杨守翁及程祝尧君今日往海棠溪住宿，明晨乘邮车赴贵阳。

糜文溶嫂为被妾所打气极，来余寓诉苦，即宿寓中。

十月二十二日，星期一

晨，往访糜文溶兄，未遇。与黄孝先兄一谈。

夜，同文溶、孝先、发茂三兄在新新茶室谈话，至十一时始归。

十月二十三日，星期二

夜，公司请高惜冰、臧哲轩、苏上达、孟十还及作陪同事子英、显光、度均、季芸、继卿诸君。

十月二十四日，星期三

晨，练拳后至紫竹林定菜。中午，请糜文溶兄夫妇及钱子宁、薛正令、糜中舟、糜文焕、黄孝先、高发茂等午饭，嘱内子同文溶嫂去。三时归。

十月二十六日，星期五

晨往练拳。

今日内子同縻师母往弹子石，傍晚归。又同往枣子岚垭。

十月二十七日，星期六

晨，宋明德兄来拳场，见商呈经济部请求接受东北工厂事，同吃早点。

十月二十八日，星期日

上午，在馆写致汤儿、侣女、悟女及二弟信。中午，往枣子岚垭縻师母处午饭。下午，往临江路礼佛。六时归。

十一月

十一月一日，星期四

中午，往紫竹林与章雪山君谈国定本运费加成事。

下午，张子宏兄自沪来。

夜，为陆廷珏君与刘义芳女士结婚，在冠生园夜饭。

十一月三日，星期六

晨，往紫竹林定菜，为今晚同人公宴张子宏、宣信予、张屏翰、陆廷珏诸兄，计三桌。

十一月四日，星期日

上午，往张启明甥处，未遇。又至白象街，适赵叔诚、孙绍脩二兄来谈。下午，在家午睡，后往临江路礼佛。同景贤兄回白象街已六时半，至八时半返家。

十一月五日，星期一

夜，王诚翁请张子宏兄父子素餐，作陪。

陆廷珏兄明晨携眷赴汴，谈至九时。

十一月七日，星期三

夜，七联开代表会，往江家巷。归已逾十时。

十一月八日，星期四

昨夜满肚不舒，晨畅泻二次，只吃米汤一碗。

中午，吃饭二碗。下午又不舒，夜更甚，速泻四次，甚惫。

十一月九日，星期五

上午，往王畿道医师处诊病。格外节食，肚腹已舒服许多。

十一月十一日，星期日

晨，往访启明甥，未遇。上午，在馆写信。下午，往临江路礼佛，金擎宇君皈依。夜，由金君在紫竹林请吃饭，有马老师及陈稼轩君。

十一月十二日，星期一

提要：今日放假。

终日在馆写信。

十一月十三日，星期二

中午，请马老师、谭参议、陈稼轩、金擎宇、陈宣人及云公、继庼、子宏父子等在紫竹林午饭。

夜饭后，往兵役部合作社开出版业公会。九时归。

十一月十四日，星期三

中午，为縻师母在家，归去午膳。

承縻文溶兄见假二十万元，以十一万五千元托宣人兄购美债 937 号一纸，计一百元。又代縻师母购百元美债三纸，号码为 46634、46637、46654。志之以便查考。

十一月十五日，星期四

七联开会，九时半去，至下午三时始毕。至小洞天午膳，回馆已逾四时。

十一月十六日，星期五

夜，建国在小洞天请夜饭，因素食不便，未去。

十一月十七日，星期六

宜馆王文照、冯绍曾及屏兄太夫人、男女公子等自宜来。

十一月二十日，星期二

王恩泽先生在陕西路钱业会馆每日下午二时至八时讲《无垢称经》，系昨日起。今日，同张子宏兄往听。

十一月二十一日，星期三

上午，往重庆银行访糜中舟君，又往义丰访启明。

十一月二十三日，星期五

孙茂荣、华锦祥二君上木船赴汉转沪。

今日，由禹王庙迁至白象街居住。

夜，应张锡君君邀至彼家夜饭，为马老师到伊家周年纪念日。未去听经。

十一月二十五日，星期日

中午，约涂子英、宣信予、余景贤、张屏翰、褚长尧、陈时中诸君，并同内子挈应、永二儿至紫竹林吃面。

下午，往临江路礼佛。

汤儿来函，将华于本月廿一日下午七时卅八分分娩，产一女，大小平安。拟取名美康，小名宁。

十一月二十六日，星期一

涂子英兄今日乘公路车赴衡转长。

晨，往镇江寺街29号下坡找木船，未得。午饭后，同周渭清兄等去见之。当往复兴路70号访马老师新购房子，归已三时半。即陪内子到木船，因伊挈永儿东归也！今日未去听经。

十一月二十七日，星期二

晨，知木船未开，又往船上看视。据今日必须开往唐家坨去。

今日，三妹进公司办事。

十一月二十九日，星期四

今日因事忙，未去听经。

十二月

十二月一日，星期六

叶耐寒君自康定来。

下午，云公接其甥赵炳谦自长寿来电话，知彼将同内子及周渭清君乘轮返渝。

十二月二日，星期日

晨，陈宣人嫂来家，托为其子景中向巴蜀中学说项。

下午，往晤周勗成、卫楚材二君，又至陈君家一转。

至长寿码头晤周渭清君，知内子已到，往白象街矣！

十二月三日，星期一

中午，请唐崇李、叶耐寒二君在紫竹林吃面，由苏继庼、许季芸、张屏翰、宣信予诸兄作陪。

十二月五日，星期三

晨，约信予兄至拳场，同往七联访蔡同庆君，为请其同信予兄往教部盖章于申请飞机票事。归途至中国银行，汇黄荫普君十五万元（代云公汇）。

十二月六日，星期四

中午，往小洞天午饭。饭后，至七联开会。会毕，已四时。

显光连日胃痛剧发，上午坚嘱延医。延王畿道来诊后，谓须打针，至可虑。

信予兄得八日飞机票，拟嘱带去两万元为汤儿补助家用。嗣接汤儿函，知经济困难，加带两万元。

十二月七日，星期五

晨，未往练拳。傍晚，同宣信予兄应黄孝先、高发茂、唐崇李三君邀，至紫竹林夜饭。屏翰、继庼、子宏、季芸、度均、宜初诸兄作陪，宋明德君亦来。归已将九时。

十二月八日，星期六

夜，往长安寺听经。

晨，送信予兄至珊瑚坝机场乘机飞沪。

十二月九日，星期日

下午，往临江路礼佛。又同易培基君往长安寺听讲经，今日圆满。

十二月十日，星期一

夜，往兵役部合作社参与出版同业公会。

十二月十一日，星期二

傍晚，往美专校街八十三号仁德堂礼佛。先至临江路，同去者二十余人。与景贤兄同归，已十一时余。

下午，往日用必需品管理处访吕若谦君，未遇。又至七联处一转。

十二月十二日，星期三

中午，为商运费加成事约李虞述（未到，蒯石权代）、章锡山、南维岳、蔡同庆诸君在紫竹林午饭。

夜，往美专校街听经（即参加善德理化研究班）。

十二月十三日，星期四

夜，往美专校听经。

十二月十四日，星期五

夜，往美专校听经。

十二月十五日，星期六

夜，往美专校街听经。因今日结束，归已午夜十一时余。

十二月十六日，星期日

中午，为太极拳社在紫竹林聚餐。下午，归昼寝。夜，因日间多食，肚腹不舒。

十二月十七日，星期一

肚腹不好，少饮食。

十二月十八日，星期二

上午，往王畿道医师处诊疾，开方服药。

十二月十九日，星期三

喻伯良君昨来，谓沙磁医院牙科所年终迁并中央医院，谈约内子往沙坪坝医牙。今日上午，内子一人赴沙，乘校车去。余赴苍坪街时，车已开。

往日用必需品管理处访吕若谦君，未遇。又往重庆银行访糜中舟君，谈存款事。

十二月二十日，星期四

中午，往中华书局为云公与秉常、叔明两君商七联事。下午三时始归。

十二月二十一日，星期五

傍晚，余宗甫君自成都到。

十二月二十二日，星期六

下午，四时应宋明德君邀，往李子坝中国实业机器厂开股东会，即在该厂午饭[1]，并与宋君同宿。

十二月二十三日，星期日

晨起身，未与宋君话别，即往化龙桥。早点后，乘巴县公共汽车往沙坪坝，内子等甫起身。

又往造纸学校晤史中义、余国益诸君，在支馆午饭。饭后，往中大访沈佩言君，与应女、永儿同乘重大校车归。

十二月二十四日，星期一

晨往练拳，又至出版业公会参议员初选报票。再至新华商场，与吴文琛君谈话。

十二月二十五日，星期二

午后，二时往七联开理事会。归已逾六时。

十二月二十六日，星期三

中午，公司请余国益、史中义、万治平、杨□□[2]、唐崇李、黄孝先、高发茂诸君在西南实业大厦午膳。夜，赴临江路礼佛，皈依者五人。归已近十二时。

十二月二十七日，星期四

夜，为中华荀孟涵君将赴北平，邀蒯石权君作陪至文化餐厅夜饭。饭后，至禹王庙李师母处一转。大约又为食油过多，夜间肚腹不好。

十二月二十八日，星期五

夜，由内子等陪往王畿道医师处诊病。

---

[1] 疑为“晚饭”。

[2] 日记空缺杨姓名字。

李浩年君自粤飞来。

魏宸甫、侯云根昨晚由成到此，今日来馆。

王学政君自英国归来。

十二月二十九日，星期六

上午，往日用品管理处访吴至信君。

午后，至正中书局开七联常务理事会。

十二月三十日，星期日

上午，与云公长谈，又艺华机器造船厂厂长刘君来谈。下午，赵叔诚兄来。往复兴路七十号礼佛。乩示定名“复善坛”，即在该处吃面。归已九时。

十二月三十一日，星期一

中午，往访王明安君，未晤。

1947 年

一月

一月一日，星期三，晴，42，上海[1]

提要：为颁布宪法，公司遵市商会通知，放假三天。

晨至公园。永儿今日早起同去。

八时半，朱颂盘、张雄飞、戴孝侯诸兄来。又约周家凤、程雪门二兄，同往菊、拔、云、经、伯、翰诸公家贺年。菊照例未见，云在京，经、伯均他出。又便道访华问渠君。

韦智寅、敬群兄弟来(未遇)。又张师闵、陈隆祥二君，长尧、华仙父子，胡省初兄均来贺年。

傍晚，至西门路理发。

为北平美兵强奸女生案，上海各大学生游行响应，因此又牵涉政治问题，要求美军撤退，诚多事之秋也！

夜，徐百齐兄及黄孝先、美中兄弟来谈。

一月二日，星期四，晴，44

晨至公园。九时，挈永儿往中山公园(即兆丰公园)散步。

中午，归家午膳。后同五、六女，济濂、美尧、春塘等往青年会观先祚甥结婚，余任征婚人。五时，往树声哥家吃喜酒，归已近十一时矣！

一月三日，星期五，晴，44

因昨夜迟睡，今晨未往公园。

昨闻潘久芬君言，吕越祥兄已自湘来沪，住久鳌哥家。当电询后同内子往访，谈至十时半归。

中午，糜师母来。又先祝夫妇及小孩、先祚夫妇等均来。因今日为先父诞

---

〔1〕 本年起日记标注每天记事所在地点，以下只在发生变动期内标注，其他日期中略去。

辰也!

下午,二时到公司与伯翁、雄飞、颂盘、英桂诸君商事。至六时归。

伯翁见告解决香港工人办法,实离情理太远,深为嗣后办人事者忧。

一月四日,星期六,雨,46

晨至公园。九时,先往功德林为明日谢年会缴费报名,后至馆。

今日,主计部到新进旧同事四人,胡省初兄亦在内。

中午,同颂盘兄往望铣弟家午饭。夜,应陈士型兄招,至八达夜饭,内子同去。同席者有王星舟夫妇。饭毕,往中国大戏院看梅兰芳演剧(演坐宫、盗令、探母、回令)。归家已近十二时。

在梅戏未上场前,做武行戏,既落伍,又繁杂,且毫无艺术意味。此种戏剧,实有大加改良之必要。

一月五日,星期日,阴,50

因昨夜迟睡,至今晨迟起。九时半,同内子往功德林参加谢年会。至下午四时,往新新公司一转,后归。

厔身、树声两兄及吴成发、国英甥女等均在功德林参加聚餐。

徐致一先生夫妇,黄孝先、美中两夫人,朱颂盘夫人,陈沅江君,褚华仙君及吴鱼荃君之侄焕华君均曾来家。因余在功德林,未遇。

功德林谢年颇庄严、洁净,惟似尚有改进可能。

一月六日,星期一,雨,42

晨,至公园听早课后,到馆已九时。又往中国银行访公椿、久芬、准良、美扬、久鳌诸君,为借款事。

中午,由家中送饭至馆。傍晚,同梁明铨君归。

厂中复职同人未满一年者为要求发给全年之奖金事,又集三楼要求。虽由伯翁应付,但如此胡闹不胜,为公司前途忧也!

一月七日,星期二,雨,42

晨至公园。八时半,往静安别墅朱经农君家谈公事。十时到馆。

中午,约张迎祥(境丰)君在松月楼午饭。

傍晚，至青年会洗澡。归已七时半。

塘侄移住儿童书局，得安宿处，至慰！

一月八日，星期三，有雪，42

晨，五时半闻弄内嘈杂声，外出探视，知巴黎新邨管门的矮子巡捕被人谋害在本弄九十六号曹循云君家门口。据本弄管门阿二之妻言，昨夜倒垃圾已在一时余，见矮子巡捕妻妾均未睡。本弄即于倒垃圾后，照例锁门。今晨矮子巡捕妻妾来言，其夫久觅未得，欲来弄内找寻。当予开锁，进来始发见已死在九十六号门口云云。少顷，巡捕房来人侦查，未知能破案否？

八时半，至静安别墅朱经农君家。十时到馆。

中午，由家中送饭来，与朱颂盘兄同吃。

夜，至马君家开本邨房客谈话会。

一月九日，星期四，阴晴，44

晨至公园。九时，到中国银行为贷款事与孙祖瑞君谈话。

中午，在松月楼吃面。

傍晚，为参加公训聚餐，又欢迎前公训队长李承琪，往南京西路830号南海商场内聚餐。因系荤菜，未吃先归。

一月十日，星期五，雨，44

晨起，适大雨，未往公园。八时半，往菊公家为公司拟招考练习员事。回馆已十时。

中午，由家中送饭来。

傍晚，觉肚腹不甚舒适，未知是否午饭后颂盘兄赠吃蜜橘之故？夜诵经时，也觉身上不舒。

一月十一日，星期六，阴，44

晨起大便，竟屡水泻。至公园练拳、散步。早膳只吃薄粥一碗，面包一块。中午，吃粥两碗。

午后，向公司请假，在家静卧。夜饭仍吃粥两碗。

日间便两次，大致为肠太无力之故。

一月十二日，星期日，阴，夜雨，44

晨至公园。上午，谢徐坤、褚长尧来。又宋鑫赓来，未遇。

上午，十时在九十一号马君家开房客谈话会，商弄中善后事。矮墙上筑篱笆已在着手，每丈六万元，计卅七丈，每家须摊派十万元。又管弄阿二须嘱巡夜，不能再兼外间事。又与巴黎新邨房客合作筹备改进安全问题，似不可能。

下午，二时半往康乐酒家，为赵增祺君嫁女道喜。顺道至望铣弟家接永儿、德孙归。

夜，与袁君共对管弄阿二谈话。

一月十三日，星期一，阴晴

晨至公园。八时三刻到公司。中午，由家中带粥来吃。

傍晚，与张雄翁同车。彼往霞飞坊岳家。

夜，黄承昇君来谈。

一月十四日，星期二，阴晴，44，

晨至公园。八时半出门，先至广东路栈房，与施步林君接洽。后至大东，访周熙和君，未遇。至开明，与范洗人，章锡琛、锡珊诸君谈。十时到馆。中午，由家中带饭来。

下午，原拟往李中庸医师处视腹病，因事顿未果。

傍晚，至精武洗澡。

一月十五日，星期三，晴雨，43，

晨至公园，九时到馆。

中午，回家午饭。

下午，为结算五联与四联书账，同宋良锐君至世界访沈季湘君。至五时返馆。

一月十六日，星期四，雨，44，

因雨未往公园。八时三刻，往职教社访杨卫玉君，为招练习员事与之一谈。九时半到馆。中午，家中带饭来。

为七联中五家对四家结账事，代五家总处拟致北平、重庆、广州三地分庄函，颇费事。

一月十七日，星期五，晨微雨，嗣晴，43，

晨至公园，九时到馆。中午，回家午膳。

一月十八日，星期六，晴，42

晨至公园。九时，为招练习员事往职教社，未遇主管人员。中午，同汤仲遗兄回家午饭。饭后，又往职教社候吴宗文君，至二时一刻仍未来，即到馆。

傍晚，至精武一转，又往大马路购灯泡、玩具。归已七时。

一月十九日，星期日，阴晴，44

晨至公园。上午，显亲与其婿袁可明来午饭。下午，一时往公司核分馆发货。四时到南京路一走。五时余到望铣弟家。我全家除汤儿在浦东外，均在彼家吃年夜饭。八时归。

一月二十日，星期一，阴晴，44

晨至公园。九时，到八达，为褚华仙、张显亲诸兄托，代买江静二等舱票。因今日为小年夜，返乡者多，恐不易购得，乃往托陈士型兄代买。中午，因须交票与华仙，未回家，在松月楼吃面。筋面加一，计一千二百元。

故友董立基君之公子明善、明和二君，为明和在新申六厂拟出国，托介绍于徐百齐兄，于前日送来鸡、酒。除以一份送徐君外，送我之鸡仍嘱车夫送还。并与说明：我与伊父系道义交，不是酒肉朋，无须此物质酬报也！

一月二十一日，星期二，阴，夜雨，44

晨至公园。九时，先至林森路支店，为周家凤君昨日所许特种酬劳不能实行事。又往静安别墅 174 号访朱经农君，再往大中国访陈宣人君。到馆已十一时。

中午，同朱颂盘兄回家吃汤团。饭后，往青年会洗澡。傍晚，又至朱经农君家，闻云公已返沪，往谒未遇。

原约内子夜间往功德林为弥勒菩萨暖寿，因天雨未去。

夜，吃年夜饭。连慧贞、美畴共十二人，至快乐！

一月二十二日(丁亥年一月一日),星期三,雨,44

提要:废历元旦。

晨,因雨未往公园,全日在家休息。上午,为弥勒佛诞辰,听无线电随同祝寿。

来家贺年之亲友计有:济濂、济润夫妇,济渊及子,济沼,先祝夫妇及子,先祚夫妇,董明善、明和,吕华仙,吴度均,叶识文,汤仲遗,姚松柏,俞镜清,李炳生,李攻续,张一渠,宋良锐,戴芳梓,金信民,许舍才,张润荪诸君等。

一月二十三日,星期四,夜下雨,阴晴,44

晨,因雨未往公园。福贵弟来,知伊女月星原定初五与刘君结婚,忽于废历年前出走。烦恼事也!

上午,至陈士型、徐致一、刘汉堃三君家贺年。又至功德林定初五中午请客菜。

今日来贺年者计有:成世俊、刘宜刁、济源侄、黄仲明、黄承□[1]、朱颂盘兄夫妇、徐致一君夫妇等。又有张侣卿夫妇、陈时中、叶安定、胡维永、王学夷、戚佑康、凌永康、胡尔寿、曹祖荫、王雨楼、刘炳坤等来贺年,未遇。

一月二十四日,星期五,阴晴,45

晨,未往公园。上午,往张一渠及马岳梁家贺年。

来家贺年者有:邹尚熊、周紫炎、张心雄、许同康、张子友、孙丕烈、戴薪荪、潘孔音、糜文溶夫人、高杰夫人、鲍桂华夫人等。

一月二十五日,星期六,雪,42

晨往公园。九时,同董明和君往访徐百齐君。九时半,到公司。十一时,往八达访陈士型君,未遇。又往儿童、世界一转。至杏花楼,开七联会。下午,三时半往书业公会开理、监事会。四时半,往拔公家。夜饭同席者黄仲明、姚伯南、韦翰西、张雄飞、俞镜清、朱颂盘、丁英桂及李功续、龚君等。归已九时半。

内子卧床,大致为辛苦之故。

---

[1] 该名字记录有空缺。

一月二十六日，星期日，晴，42

晨至公园。十时，到功德林请客四桌，计陈士型夫妇、徐致一夫妇、徐百齐夫妇及子、戚闻人夫妇、黄仲明夫妇、姚伯南、陈宣人、金信民、糜振宇夫妇、吴成基夫妇、扂哥、墀哥、儒声哥嫂嫂、孔音弟及子、启檀夫妇、金老太太、陈肇援亲翁夫妇、福贵弟、望铣弟及二女等。

下午，同福贵弟往厦门路晋康一转。归已五时。

王巧翁夫妇来贺年。

润侄夫妇来夜饭。

内子勉强至功德林，又在家做夜饭。

一月二十七日，星期一，晴，40

晨至公园。九时，到王巧生君家。十时，同至公司。中午，回家午饭。饭后回馆。三时，往大中国访陈宣人兄，又至宏大访济宏侄，为八达陈士型君拟借款事，均无成就。

见《联合晚报》载经济部职员责问部长事，至为云公担忧。

内子又卧床。

一月二十八日，星期二，晴，42

晨至公园。九时，先至天丰访陈少荪兄，为陈士型君代借一千万元（现钞八百万，支票二百万），送至八达，取得下月十二日之支票（加息一百万）。中午，同颂盘兄送往天丰，即在该处午饭。下午，二时半返馆。三时半，往书业公会开会。至六时半，往青年会洗澡。归已七时余。

一月二十九日，星期三，晴，42

晨至公园。九时，到绍兴路与经、伯二翁谈馆事。中午，回家午饭。饭后到馆。

夜，诵经毕，望铣弟来电话，谓月星已有消息，嘱往馥桂弟家一谈。到彼家后，有杨安方、陆君、王君等。知月星已有来信，住东方饭店云。略商后即归，已逾十时矣！

一月三十日，星期四，晴，45

晨至公园。八时，到杨馥桂弟家，同至印廷华律师处，再同至东方与月星谈。到馆已十一时。

中午，同张显亲回家午饭。糜师母亦在家。

傍晚，同姚松柏君往功德林报名读经会，付餐费四万元。

一月三十一日，星期五，晴，44

晨至公园。八时，往馥桂弟家商月星事。即同往长寿桂圆号访杨安芳君，未遇。再同至北京路晋康与陆君商。九时半，至大中国电台索经书，即到馆。

二月

二月一日，星期六，晴，43

晨至公园。八时半，同98号袁君往山东会馆交涉地租事。九时到馆。中午，同朱颂盘兄往望铣弟家午饭，内子与永儿亦在。彼等今晚拟往共舞台看戏云云。

二月二日，星期日，晴，45

晨至公园。上午，苏继庼、丁宝森两君新自渝来，由穆华生、黄绍绪二君陪同来家。

十一时，同内子挈永儿往糜师母家午饭。饭后，至陈宣人君家，又到虹口公园（即正中公园）游玩。归已五时。

二月三日，星期一，雪，40

晨至公园。九时，到中华职教社与吴宗文君接洽招考练习员事。十时到馆。

晚，在家请苏继庼、丁宝森、王诚彰、黄绍绪、张雄飞、戴孝侯、周家凤、穆华生诸君及张屏翰之女公子夜饭。

二月四日，星期二，晴，42

晨至公园。九时，往视俞镜清君病。九时半到馆。

中午，为望铣弟请颂盘兄夫妇及其内兄往陪。

夜,请张沾卿夫妇、端木琦、梁明铨、吴度均诸君吃饭。

二月五日,星期三,晴,44

晨至公园。今日元宵,回家烧香。九时到馆。

傍晚,同姚松柏君往功德林参加读经会。该会由余伯贤、李紫峰及尹某等诸君主持。六时半夜饭,七时始开始。共男四十八人,女十八人,甚盛!

八时三刻毕,归家已九时半。

今日所读为《圆觉经》上、下卷。

二月六日,星期四,晴,44

晨至公园。福贵弟来,同出去。九时到馆。

中午,吴长生内表弟自姚来,谓前日到沪。

傍晚,往功德林读经,内子亦来。所读为《华严经普贤行愿品》及《华严净行品》。到者男48人,女20人。

夜,归家时,糜文溶兄来访谈。

二月七日,星期五,晴,44

晨至公园。八时三刻到馆。

傍晚,至功德林。今日所诵者为《四十二章经》《佛遗教经》及《八大人觉经》,又观《无量经》。诵毕已九时。

二月八日,星期六,晴,45

因昨夜迟睡,今晨起未到公园。

晨,与汤儿同出。九时到馆。

今日为岳父诞辰。中午,在望铣弟家午饭。

傍晚,先至大法轮书局购佛书,再至功德林。

读《无量佛经》上、下卷。今日到男五十人,女廿四人。

二月九日,星期日,晴,45

晨至公园。上午,在家听经。下午,褚长尧、华仙父子及长生弟来。四时半,往佛学书局购书,再至姜姊家一转。五时三刻,往功德林。

今日读《金光明经》第一、二卷。到者六十六人(男四十八人,女十八人)。

二月十日，星期一，晴，下午雨

提要：今日为余五十年前之母难日。

晨至公园。上午，九时往职教社为招考练习员事。九时半到馆。十时半，往宏大、四达及中华书局等处。

中午回家，家人为余备面。

功德林今日原有聚餐会，由龙常法师开示，人数较多。读《金光明经》三、四卷。到七十二人(男四十二人，女三十人)。

上年十月十五日曾购金十两，今日售去。购进二百十九万，售去五百八十万。惟今日金价曾超过七百万云。

二月十一日，星期二，雨，45

因雨未往公园。八时三刻到馆。中午，回家见云公信，允任汤儿为技正，派在上海工商辅导处，至可感也！

傍晚，至功德林诵经。今日诵《楞严经》第一、二卷，内子未去。

显光自姚来。

二月十二日，星期三，阴雨，45

晨至公园，七时即返家。因今日宽道法师在大中国电台讲《心经》，系七时至七时五十五分也！

八时半，往菊公家。十时到馆。

功德林诵《楞严经》三、四两卷。归已九时余。

二月十三日，星期四，雨，45

晨，听播讲《心经》。节录要点："观自在菩萨即观世音菩萨。观是作观，得大自在；菩萨即觉有情。在二乘以上，佛位以下。上求佛道，下化众生。'蕴'为障蔽，即色、受、想、行、识。'照'是思想，'见'是实行，以智慧观照及作行，此五蕴皆是空的。"

九时到馆。中午，曾找《大公报》馆访吕德润君，未找到。

功德林读《经楞严经》第五、六卷。

二月十四日,星期五,晴,45

晨,听播讲《心经》。九时到馆。

中午,请吕德润君在松月楼午饭。端木琦、丁宝森、吴度均、朱颂盘诸君作陪。

功德林读《经楞严经》第七、八卷。

侣女消息杳然,不免系念。托吕德润君赴东北时代为访问,并承允先行函托北平友人代向哈尔滨方面探寻。交去一信及登报稿,又照片两张。

汤儿今日全家由浦东回来。

二月十五日,星期六,晴,42

晨听《心经》。九时,往职教社一转。九时半到馆。

中午,同内子、永儿出来修钟。

功德林读《楞严经》第九、十卷,圆满。内子未去。

二月十六日,星期日,晴,40

晨听《心经》。十时,挈永儿、德孙往公园。

中午,显光、济源来午饭。下午,濂侄及长尧、华仙父子来。

功德林读《药师经》《金刚经》《心经》。先同内子往道德书局购经书数本。

二月十七日,星期一,晴,40

晨至公园。七时,听讲《心经》。八时,陈士型兄来,同汤儿乘彼车至馆。

中午,往望铣弟家午饭。

功德林读《仁王护国经》全部。

二月十八日,星期二,晴,40

晨至公园。七时,听讲《心经》。八时,往陈宣人兄处,以昨日购金所得连息六百零七万元托彼经营。

又至虬江路七联处一行。又至电信局发香港电。十时到馆。

功德林读《妙法莲华经》第一卷。

又至姜姊家一转。

二月十九日，星期三，晴，40

晨，未往公园。七时，听讲《心经》。八时半到馆。

功德林读《法华经》第二卷。

二月二十日，星期四，晴，42

晨至公园。七时，听《心经》。

智伯大师：动念除瞪瞪更甚，生心除念念尤深。

上午，为公司招考练习员往职教社监考并口试，同监考者为邹尚雄、孙丕烈二君。考毕，同邹、孙在觉林午饭。饭后，往公司。内人往闸北，与余同车出发。

夜，至望铣弟家接内人同往功德林。

功德林读《法华经》第三卷。

二月二十一日，星期五，晴，42

晨至公园。七时，听《心经》。八时，往新闸路大德里张雄翁家。又至韦傅翁家，为傅翁在港病，请其夫人赴港事。又同雄翁到馆。

中午，承儿童等四家约，至松月楼午饭。

功德林读《法华经》第四卷。

二月二十二日，星期六，晴，42

晨至公园。七时，听龙常法师讲《金刚经》。

释《金刚》《般若》《波罗密》经（《般若》分“宝相”“观照”“方便”）。

八时半，同汤儿一同出发。九时到馆。

中午，公司请范寿康君往杏花楼午饭。

功德林读《法华经》第五卷。

今日，墀身哥请吃中饭，因往杏花楼，未去。

二月二十三日，星期日，晴，44

晨往公园。七时，听讲《金刚经》。

十一时，同内子往泰安里四十六号半潘孔音弟家午饭。

下午，参加假宁波同乡会所开本馆产业工会成立会。

五时半，至功德林读《法华经》第六卷。

二月二十四日,星期一,晴,50

晨,因晚起未往公园。七时,听《金刚经》。八时半,同汤儿出去,至扬子江饭店 412 号访范寿康君,尚未起床。九时到馆。

功德林读《法华经》第七卷,圆满。

二月二十五日,星期二,阴晴,48

晨至公园。七时,听讲《金刚经》。九时到馆。

午后,往青年会洗澡。三时到馆。五时,同显光至功德林,与伯嘉、诚彰、英桂诸君夜饭,商馆事。

功德林赵居士讲《楞严经序指味疏》,又读《楞严经》第一卷。

二月二十六日,星期三,晴,48

晨至公园。七时,听《金刚经》。九时到馆。

午饭,同内子往南洋桥福源里妙音讲堂龙常法师处。内子留读《金刚经》及《观音经》。

功德林赵居士续讲《楞严经序指味疏》,又读经第二卷。

韦傅卿嫂今日乘盛京轮往香港。

二月二十七日,星期四,晴,50

晨至公园。七时,听《金刚经·法会因由分》。九时到馆。

明日为释伽牟尼佛出家日。今晚功德林除由林赵居士讲《大佛顶首楞严序指味疏》外,又祝诞礼行。至九时半始毕。

二月二十八日,星期五,晴,50

晨至公园。七时,听《金刚经·善现启发请分》。九时到馆。

功德林赵居士讲经,又读《楞严经》第三卷。

又余伯贤居士讲《楞严经》,甚浅显。

三月

三月一日,星期六,晴,54

晨至公园。七时,听《金刚经·大乘正家分》。

午后剃头，同内子出去。内子往妙音讲堂。

功德林余、赵二居士讲经。读《楞严经》第四卷。

三月二日，星期日，晴，46

晨至公园。七时，听《金刚经·妙行无住分》。

午后，往觉林佛教青年会听姚明晖、余伯贤两居士讲"《孝经》中的性"及戒律。余亦入会。

傍晚，至姜姊家一转。往功德林听讲并读《楞严经》第五卷。

三月三日，星期一，晴，42

晨至公园。七时，听《金刚经·如理实见分》及《正信希有分》。

中午回家，知汤儿拟赴南京，托杨又壬君购明晨凯旋车票。

功德林听讲经并读《楞严经》第六卷。

三月四日，星期二，晴，夜有雨，42

汤儿今晨赴南京。五时即起床，为写致云公函交带去。

六时至公园。七时，听《金刚经》，续讲《正信希有分》。

中午，到望铣弟家午饭。饭后，到青年会洗澡。

公司同人为要求待遇事，又在闹纠纷。

功德林听讲经，读《楞严经》第七卷。

接平甫信，谓母亲安葬择期于十月四日（即阴历八月廿日）。似乎太迟，然亦无可如何。

三月五日，星期三，晴，44

晨，因地湿未往公园。七时，听《金刚经·无得无说分》及《依法出生分》。

中午，为孙如松君将赴渝，在松月楼午饭。

内子赴觉园参加观音佛七道场。

功德林听经，读《楞严经》第八卷。

汤儿于夜半由京回来。

三月六日，星期四，晴，44

晨至公园。七时，听《金刚经·一相无相分》。

功德林听讲经。明日为释伽世尊涅槃日,今晚行祝诞礼。至九时半始毕。

三月七日,星期五,晴,46

因昨夜稍迟,今晨未往公园。七时,听《金刚经·庄严净土分》。

八时三刻往菊公家。十时到公司。

午后,同内子出去。彼往觉园,余至胜利公司一转,到公司。

功德林听讲,并读《楞严经》第九卷。

三月八日,星期六,晴,44

因昨夜迟,今晨未到公园。七时听《金刚经·无为称胜分》。九时到馆。

功德林听经,读《楞严经》第十卷,今日圆满。礼佛后回家,已逾十时。

三月九日,星期日,晴,45

晨至公园。七时,听《金刚经·尊重正教分》。

上午,吴度均、叶识雯、成世俊、杨实夫诸君及显光兄来谈。

弄中为地租事开会,决定除每年两千四百元外,另捐山东会馆六十八万元。

中午,应屋哥邀往寿胜庵午饭。饭后,往觉园听宽道法师讲《观世音菩萨普门品》。

夜,请薪盦哥及济懋、济恩、济宏及福贵弟姊弟又屋身哥夜饭。

三月十日,星期一,晴,45

晨未往公园。七时,听《金刚经·如法受持分》。

应张子友君约,至西藏路大三元谈话,到馆已逾十时。

中午,约陆廷珏君与颂盘兄同往聚源斋午饭。

傍晚,至功德林参加世界素食会聚会,内子已先在。夜七时,为预祝观世音菩萨圣诞,九时毕。

三月十一日,星期二,晴,50

提要:今日观世音菩萨圣诞。

晨未至公园。七时,听《金刚经·离相寂灭分》,又随电台祝观世音圣诞。

上午,九时至职教社一转。十一时,往福建南路八十八号约余伯贤君。至家中一转,同内子往局门路海会寺。午斋后,行皈依静权法师礼,至三时毕。余伯贤与赵祥庆两君均极帮忙,可感!

四时到馆,五时半回家。夜与内子同念《金刚经》一卷。

三月十二日,星期三,晴,58

提要:今日为孙中山先生忌辰,公司放假一天。

晨未至公园。七时,听《金刚经·续离相寂灭分》。

上午,同内子往觉园为宽道法师说皈依行礼毕,即在该处午饭。饭后,至佛学书局购书数本。归家,午睡甚浓!

晚,原拟往功德林参加普贤菩萨诞辰祝诞,因体倦只念《金刚经》,未去。

三月十三日,星期四,晴,60

提要:今日普贤菩萨圣诞。

晨至公园。七时,续听《金刚经·离相寂灭分》。九时到馆。

下午,与内子同出去,至精益为购花眼眼镜。

傍晚,至浙江路与内人同归。

晨,曾同随电台祝普贤菩萨圣诞。

三月十四日,星期五,晴,50

晨至公园。七时,听《金刚经·持经功德分》。九时到馆。

中午,将华往李宅,顺道同归。

午后,至职教社与吴宗文君一谈。

三月十五日,星期六,雨,48

晨,因天雨未往公园。七时,听《金刚经·能净业障分》。

中午,请严州中学校长佘一尘、余姚县中校长周绍基、杨君及张祖荫、宋明德诸君在松月楼午饭。

傍晚,归家后往功德林。今日起,诵讲经典第二次开课。先读《楞严咒》,有余伯贤居士继上次讲"七处徵心"之后,讲"十番辩见"之一、二番。礼佛后,归家已十时,睡已十一时。

三月十六日,星期日,晴,48

晨,因昨晚迟睡,起亦较迟,未往公园。七时,听《金刚经·究竟无我分》。

上午，显光、宜初二兄来借照相机去。本日原系同事若干人园游会，由王巧翁招待。余未去。

张祖荫、王度均二兄来。午饭后，同往复兴公园一走。

下午，翁家潮君来，谓住雷上达路 372 弄三号赵姓家（电话 70707），系彼新订婚者。并言婚期在三月廿八日云云。

三月十七日，星期一，晴，48

晨至公园。七时，听《金刚经・续究竟无我分》及《一体同观分》。

傍晚，至望铣弟家夜饭。饭后，往功德林读《楞严咒》及听《楞严经》"十番辩见"之三、四番。归已逾十时。

三月十八日，星期二，晴，50

晨至公园。七时，姚裕才君自广州来，到家谈话，未及听经。

中午，至功德林定菜。下午，至青年会洗澡。

傍晚，同姚裕才君至功德林。请鲍桂华、华维寿、孔大赉、糜文光、高杰、孙克均诸君，又请王巧生、郁厚培二君作陪，李伯翁同作主人。归已九时半。

三月十九日，星期三，晴，夜雨，62

晨至公园，间有微雨。七时，听《金刚经・离色离相分》（昨未听者为《法界通化分》）。

闻褚少仙兄之长子阿初病故，其母苦恼，而福贵弟之负担亦将加重。当通知内子往吊。

中午，同陆廷珏兄在松月楼午饭。彼今晚返汴。

傍晚回家。夜饭后，同内子往功德林听余伯贤君讲《楞严经》"十番辩见"之第五、六番，又读《楞严咒》。归家已十时。

三月二十日，星期四，雨，55

晨起略迟，又因地湿，未往公园。七时，听《金刚经・离色离相分》下半段。

近日，馆中为要求改善待遇事甚紧张。

三月二十一日，星期五，晴，54

晨至公园。七时，听《金刚经・非说所说分》。

今日至公司，同人因不满公司关于改善待遇问题之答复，上午起怠工。余仍照常到馆。

郑文礼医师在家午饭。

傍晚回家。夜饭后，同内子往功德林读《楞严咒》，听《楞严经》“十番辩见”中之第七、八番。归已逾十时。

三月二十二日，星期六，晴，55

晨至公园。七时，听《金刚经·无法可得分》。

九时，至金门414号李伯翁处。到馆已十时半。

下午，五时归家。六时，同内子往功德林读《楞严咒》及听《楞严经》“十番辩见”中之第九、十番。归逾十时。

树声哥及姜姊均来听诵。

三月二十三日，星期日，晴，夜雨，52

晨至公园。七时，听《金刚经·无法可得分》续。

上午，九时半同内子外出。彼往墀哥处视喉病。余先至金门九楼参与精武征求开幕会，又至李伯翁处谈话，再往清凉寺吊彭问梅君母丧，又至墀哥家候内子打针。后同归，已逾十二时。原约成世俊母子来家，累彼久候，并先回去。至歉！

下午，至佛教青年会参加受德行策进会之戒，约五时归家。夜饭后，同内子往功德林听静权法师讲《楞严经》中之“二种根本”。九时归。

三月二十四日，星期一，晴，54

晨，因雨未往公园。七时，听《金刚经·心行善分》。

上午，八时半往金门与李伯翁谈。中午，同伯翁与雄飞、英桂、显光诸兄在功德林午饭。显光突患腹痛，至为担心，大致仍为旧有胃恙。

下午，往延平路视朱颂盘兄病。据彼于昨日上午在金门突然腹痛，恐系肾脏有病。

下午，三时到馆。公司于四时复工。

晚，至功德林听静权法师讲《楞严经》中第八卷之“三渐次”。九时余归。

三月二十五日，星期二，晴，56

晨至公园。七时，听《金刚经·福智无比分》。

上午，八时三刻到馆。中午，至望铣弟家午饭。饭后，至青年会洗澡。三时回馆。五时，往功德林。

今日为静权法师说皈依，受皈依者共三百四十四人，颇盛！即在功德林夜饭。饭后，听讲《楞严经》五卷中之“大势至菩萨念佛圆通章”。

三月二十六日，星期三，晴，夜雨，56

晨至公园。七时，听《金刚经·化无所化分》及《法身非相分》。

九时，先至精武一转，到馆。

三月二十七日，星期四，雨，54

晨，因雨未往公园。七时，听《金刚经·无断无灭分》。

中午，由家中带饭至馆。

下午，为沈阳汇款事往交通银行一走。

夜，在功德林读《楞严咒》，并听赵云绍居士讲《楞严经》中之“观世音菩萨耳根圆通章”。九时半归家。

三月二十八日，星期五，晴，56

晨至公园。七时，听《金刚经·不受不贪分》。

九时至馆。中午，至蜀腴参加七联代表会。四时回馆。

傍晚，往南京路购照相片，为备明日游佘山用。

夜，剃头时晏，仅诵《观世音经》，即睡。

三月二十九日，星期六，晴，60

晨未到公园。七时，听《金刚经·威仪寂静分》。

上午，七时半挈永儿往同和里与诸同事往游佘山。原约八时开车，因车夫徐阿兴迟到，至八时三刻始开车。过青浦，到佘山十二时半。又回青浦午饭，余吃自己带来之面包。下午，至龙华。回家已将六时。

夜，往功德林听赵居士讲《楞严经》“观世音菩萨耳根圆通章”。内子因不舒未去。又预祝释伽牟尼佛出家。归已十一时。

应女今日由杭归。

三月三十日，星期日，晴，62

晨，未去公园。七时，听《金刚经》。因昨日早走，未听"一合理相分"。今日讲"知见不生分"。

上午，七时半同内子往大华电台，同心光讲学会做功课。九时，由佛教青年会领导团体访佛寺。计先到龙华路观音寺访大悲法师。十一时半，往圆英讲堂访圆瑛法师。午饭后，再往小南门三昧寺访宽道法师。又往茄勒路法藏寺访兴慈法师，在该寺晤吴致觉及陈君等。夜饭后归。

三月三十一日，星期一，晴，64

晨，未去公园。七时，听《金刚经·应化非真分》，圆满。

八时半，往八仙桥中行访洪家秀兄，为传礼事。

九时到馆。上午，杨端六、武兰谷、张屏翰诸兄来。中午，由经农、伯嘉、雄飞、英桂诸君同陪在功德林午饭。饭后，送轮票至家，因内子为岳母病今日返姚。又树声哥与姜姊亦同返。

夜，往功德林听《楞严经》及诵《楞严咒》。

四月

四月一日，星期二，雨，阴，56

晨，上四楼听宽道法师讲《无量寿经》。

九时到馆。中午，由家中带饭至馆。

傍晚，至青年会洗澡。

四月二日，星期三，晴，60

晨至公园。六时四十分，听讲《无量寿经》及做早课。

八时半，张屏翰兄来，同进早餐。谈至十时半，往馆。

中午，同张雄翁请武兰谷君在聚源斋午饭。

傍晚，往南海花园公训同学会义务总队部一走。同蔡仁抱君出来，送彼至昇平街。又往作家书屋访姚蓬子君。

四月三日，星期四，晴，60

晨至公园，托张君交马君代购《因是子静坐法续编》一册，又托交冯汉文君入会费三万元。

六时四十分，听讲《无量寿经》。八时半往馆。

夜，至功德林听讲《楞严经》“观世音菩萨耳根圆通章”。归已将十时。

四月四日，星期五，晴，58

晨至公园。六时半，回家听讲《无量寿经》及做早课。八时半赴馆。中午，同汤儿至望铣弟家午饭。今日望铣弟乘轮返姚。

夜，约显光同至家夜饭。

启珪弟来，送头等特快车免票一张，为应女明晨赴杭之用。因各种车票均买不到，稚芬在车站办事，假其同事黄专员光甫之家属免票。意至可感，惟心终不安耳！

四月五日，星期六，晴，58

晨，三时一刻起床，大便、洗漱已，同应女赴北车站。四时出门，四时半到站，即上火车。因时早尚舒适，五时半回至公园练拳。六时四十分，听经、做早课。九时到馆。中午，为七联开会至老半斋午饭。

夜，往功德林听讲《楞严经》，又为明日系释伽世尊涅槃纪念日预祝。十时余始归。

四月六日，星期日，晴，60

晨，未往公园。听经、做早课。有姚松柏、穆华生、戴孝侯三君来参加。同早餐后，往中华学艺社众人会集，至三青团看樱花。十一时，往觉园吊黄维庆夫人丧。十二时返馆。

午饭后，睡二小时。三时，往法藏寺听如山法师讲《楞严经》第七番，显见未完。至吴致觉君处一转，回归。

今日，三楼张润荪君迁出。

四月七日，星期一，晴，62

晨至公园。六时半，听经、做早课。

午后，往南海花园参加义稽队开会。会毕，已五时余，即归家。

陶一珊君演讲颇有风趣。谓彼抱“斌尖卡傀”主义，虽似戏言，实亦合于“不住相”也！

夜，至功德林诵《楞严咒》并听讲。九时半归。

四月八日，星期二，晴，60

晨至公园。六时半，听经、做早课。九时到馆。

午后，往青年会洗澡。又至赵叔诚君处一转。

永儿今日突发热，有呕吐及肚痛，汤儿为之灌肠。

四月九日，星期三，晴，60

晨至公园。六时半，听经、做早课。

八时半，同慧贞往鳌哥家访越祥嫂。又知鳌哥已病两星期，今已就痊。

夜，往功德林听经，并预祝观世音菩萨圣诞。归已近十一时。

望铣弟由姚返申。据昨日到杭，因买不到车票，在杭留一晚云。

四月十日，星期四，晴，60

晨，未往公园。听经，并祝观世音菩萨圣诞。

周家凤兄来谈，到馆已十时。中午，请越祥嫂及济芳夫人来家午饭。

郑元礼君为美洁视病。午饭后，墀哥来为永儿、定女、洁孙打针。

傍晚，往恒昌晒礼敬三宝图照片，由庄国贤君介绍。又往功德林参加聚餐会。再往同益里海关俱乐部为精武征求第二次揭晓，即归。

为洁孙呕鼻血，夜又请朱姓（宾生）医生来诊。

四月十一日，星期五，晴，62

晨至公园。与梁君同归听经，未做早课。

八时，往拔公家送七联车马费。九时半到馆。

午后，往赵叔诚兄处一走。

夜，往功德林听[1]，并预祝普贤菩萨圣诞。归已十时。

---

[1] 疑漏“经”字。

四月十二日，星期六，晴，62

晨至公园。六时半，听经、早课，祝普贤菩萨圣诞。

九时，往菊公家。十时半到馆。

中午，同姚松柏君归家午饭。后同往玉佛寺瞻仰太虚法师舍利，又听法尊法师讲《弥勒经》。因馆中有事，早回。

傍晚，至恒昌取照片。

永儿又发热，定女、洁孙亦均未愈。

四月十三日，星期日，晴，64

晨至公园。六时半，听经、做早课。

上午，陕侄妇、源侄、筹侄孙、华仙、长尧及丁宝森、杨实夫诸君来。午后，濂侄、铙侄孙来。

下午，三时往法藏寺听《楞严经》"五阴"，即"如来藏性章"。五时，往恒昌补印照相。又至功德林夜饭，听讲、诵《楞严咒》。归家已十时。

四月十四日，星期一，晴，65

晨至公园。六时半回，听经、做早课。九时到馆。

傍晚，至抛球场购水果等，即归。

四月十五日，星期二，晴，70

今日起，时钟拨快一小时。未往练拳，但听无线电时，知宽道法师未到，再往公园练拳。照旧钟点六时四十分，再收听经及做早课。

今日公司九时半办法〔1〕。

中午，同武兰谷、姚裕才、穆华生、张雄飞同往松月楼午饭。

傍晚，至青年会洗澡。归家夜饭后，往功德林念佛。

四月十六日，星期三，晴，70

晨至公园练拳。六时半回，听经、做早课。九时半到馆。

午后，往云公家取徐应昶君代望铣弟所购之手表，又往恒昌取补晒照相片。

---

〔1〕"办法"疑为"办公"。

三时到馆。

邵枝先君来访,谓甫由姚来,住姜姊家。

内子自姚转杭来,于下午七时到,儿辈欢喜踊跃。

四月十七日,星期四,晴,72

晨至公园。六时半回,听经、做早课。九时半到馆。

中午,在蜀腴开七联理、监会。

傍晚,至姜姊家访邵枝先君,未遇。即在彼家夜饭。

夜,同内子在功德林念佛。

四月十八日,星期五,晨雨,嗣晴,72

晨,因雨未往公园,即至四楼听经。八时,往朱经翁家。十时,同朱经翁、李伯翁、丁英兄至菊公家。十一时半回家。

下午,一时到馆。四时,同丁英兄往菊公家列席董事会。六时回家。

四月十九日,星期六,晴,74

晨至公园,遇馥桂弟,同到家。六时四十分,听经。九时半到馆。十时半,往绍兴路晤经农先生。彼告我昨日董会决议,推余代理筱芳先生经理之职。今晨,菊公原有电话相告,嗣并有信来。余告经农先生:余现在职务无法为加一衔而增多,亦不致因少一衔而减少。任余经理于余实无所损益。此实情也!

今日为四月十九日。余与"十九"关系洵大矣哉!

晚,同内子往功德林念佛。

下午,至青年会洗澡。

四月二十日,星期日,晴,午阴,70

晨,因今日陈阿清水木作来做工,未往公园。六时半,听经、做早课。中午,往望铣弟家午饭,全家均去。下午,二时至佛教青年会。五时归家。

今日起,命陈清记水木作来修缮房子。

四月二十一日,星期一,晴,62

晨至公园。六时半,回家听经、做早课。

九时半到馆。十时半,同李伯翁至编审部晤朱经翁。十二时半返家。

夜,同内子往功德林念佛。

四月二十二日,星期二,晴,56

晨至公园。六时半,回家听经、做早课。

九时,往职教社。九时三刻到馆。

傍晚归家。夜饭后,往中华路 61 号糖业市场开公训同学会。至八时半归。

四月二十三日,星期三,雨,55

晨至公园。六时半,回家听经、做早课。

傍晚,主计部同事见贺升经理事,在功德林聚餐,请余与内子两人。余因无可酬答,晨往功德林嘱每桌添面一盆,计四桌,化(花)四万元。

饭后念经,同人参加者有十余人。

四月二十四日,星期四,雨,下午阴,55

晨,未往公园。六时四十分,听经、做早课。

九时半,同穆华生君到馆。

中午,往杏花楼应儿童等四家邀午饭。

傍晚,归家后整理四楼佛堂。

四月二十五日,星期五,晴,56

晨,未往公园。六时四十分,听经、做早课。

十时到馆。中午,约余景贤君同雄飞、颂盘、英桂诸君在聚源斋午饭。

傍晚,归家后同内子往功德林念佛。归已十时。

四月二十六日,星期六,阴晴,58

晨至公园。六时半归,听经、做早课。

八时半去剃头。九时半到馆。

傍晚,往大同行访童国华君,未遇。夜,童君来访。

糜文溶夫人来宿余家。

四月二十七日,星期日,雨,下午阴,58

晨,因雨未往公园。六时半,听经、做早课。

上午,张屏翰老太太及叶识雯兄来谈。九时,往高翰公家贺鲍道南君结婚,回至菊公家午饭。下午，四时回家，陈宣人兄来谈。夜，同内子往功德林念佛。十时归。

四月二十八日，星期一，晴

晨至公园。六时半听经。八时半，往职教社访何清儒博士。九时三刻到馆。中午，在松月楼商七联事。

晨，据余伯贤君在电台报告，知所有播音时间被鹤鸣鞋帽店包去云云。余电话蔡仁抱君，知鹤鸣店东为杨抚生君，当索来介绍信一去。惟嗣据余伯贤君称，正在功德林商谈云云，且听明晨分解。

四月二十九日，星期二，晴

晨至公园。六时半听经。九时半到馆。

中午，往望铣弟家午饭。

夜，同内子往功德林念佛。十时归家。

四月三十日，星期三，晴，60

晨至公园。六时半听经。九时半到馆。

傍晚，丁养气兄来家，夜饭后去。

五月

五月一日，星期四，雨，54

晨，因雨未至公园。穆华生兄来，为出游事接洽。至十一时，同内子乘卡车先至同和里，与诸同事往虹桥路金氏别墅中午餐。又至郭氏花园游览，惜天雨未能尽兴。五时归家。

夜，同内子往功德林念佛。

五月二日，星期五，阴雨，60

晨，未往公园。六时，即上四楼，无线电至六时半始放唱片，六时四十分听经、做早课。

九时，往马炳勋君家接洽星期日在彼家开会事。九时半到馆。

午后，因永儿前日发热，昨已痊愈，今日忽又重发，又请墀哥来诊视。

傍晚，归家时至中华床厂取汤儿大床。朱颂盘嫂来家，夜饭后去。

五月三日，星期六，晴，60

晨未往公园。六时听唱片，又因新生电台播音器坏，未能听经。追做早课，始复原。八时半，访徐百兄。九时半，到五马路栈，又往公司。十时半，往菊公家，又同至拔公家午饭。同席者有菊公、云公、经农、伯嘉、陈叔通、夏剑丞、沈昆山、陈沧舟诸君。饭后，往东亚又一楼贺徐百齐兄嫁女。四时回馆。

五时半，同雄飞、云如、乃栋诸君至功德林夜饭，伯嘉、颂盘二君亦来。饭后，即上楼念佛。

五月四日，星期日，阴晴，60

晨至公园。六时半，回家听经、做早课。

九时，为欢送袁志杰君，在九十一号马宅开住户会，并欢迎许俊才君为本邨继续经管事务。

上午，济塘、济濂二侄及陈宝和君、先祝甥来。

午睡后，往觉林佛教青年会。同章伟川君归家，余景贤君亦来，谈至五时余始去。

五月五日，星期一，阴晴，62

晨至公园。六时半，回家听经、做早课。九时半到馆。

傍晚，往蜀腴菜馆开三家同业会议，请新由东北来沪之中华高星桥、正中关伊生及正中广州经理何辉云等。八时，往功德林念佛。

五月六日，星期二，雨，64

晨，因雨未往公园。六时半，听经、做早课。

九时往馆中。中午，至寿圣庵为杨有壬君之父母吊丧。饭后回馆。

傍晚，至青年会洗澡，又回家夜饭。后往蜀腴开七联理、监事会。归已十一时。

五月七日，星期三，雨，阴，60

晨，因雨未往公园。六时半，听经、做早课。

九时到馆。中午，家中带饭来。

夜，同内子往功德林念佛。

五月八日，星期四，阴，60

晨，听经、做早课。

夜，请张屏翰、子宏夫妇、武兰谷、宋明德、穆华生、吴度均、计宜初、任心白诸君便饭。任君宿余家。

中午，往寿圣庵吊杨有壬君为父母做佛事，即在该处午饭。

五月九日，星期五，晴，62

晨，听经、做早课。九时半到馆。

傍晚，往陈宣人君处一行，归家夜饭。后同内子往功德林念佛。

五月十日，星期六，阴晴，60

晨至公园。六时半，听经、做早课。九时半到馆。

傍晚，往赫德路青平坊三弄一号郭农山君家谈同业合作事。归已十时。

五月十一日，星期日，晴，64

晨至公园。六时半听经。至七时正，与内子同往世界殡仪馆，送扆身嫂、墀身嫂柩至佛教公墓进穴。十一时，回至贵州路寿圣庵午饭。饭后，归家午睡，理书。陈隆祥兄来谈。

夜，同内子往功德林念佛。

五月十二日，星期一，晴，62

晨至公园。六时半，听经、做早课。九时，至黄仲翁家一转。

九时半到公司。中午，至望铣弟家午饭。饭后，至世界一转。

傍晚，往功德林与李伯翁、子宏、雄飞、英桂、显光诸君夜饭。与汤儿同归，已十时。

向朱颂盘兄借国币一百万元备家用。

五月十三日，星期二，晴，68

晨至公园。六时半，听经、做早课。

九时，往英明晒照片，后即到馆。

中午，应陈宣人兄招至松月楼午饭。

傍晚，至青年会洗澡，归家。夜饭后，同内子往功德林念佛。

五月十四日，星期三，晴，66

晨至公园。九时到馆。

傍晚，至蜀腴应八家同业招夜饭。归已九时半。

五月十五日，星期四，晴，66

晨至公园，内子、永儿亦去。六时半，听经、做早课。

九时，至中华学艺社与周颂久君谈话，又与朱经农君一洽，即回馆。

下午，二时半到冠生园晤陈宣人君。六时，往大法轮书局购《佛法省要》二册、《一个科学者研究佛经的报告》四十册，备今晚宴我之诸友。

六时半，到功德林。今日主人计张雄飞君等卅一人，客人为张子宏、朱经农、李伯嘉、任心白及余五人。饭后，到三楼念佛。

五月十六日，星期五，晨雨，阴晴，64

晨至公园。六时半，听经、做早课。

九时半到馆。中午，应张一渠、宋良锐、张畏三三君邀，至功德林午饭。同席有倪永强、吴方廉、张子宏、曹冰严、刘季康、陆宝忠、李炳生诸君。

夜，归家即睡。

五月十七日，星期六，晴，66

晨至公园。六时半，听经、做早课。

九时半到馆。中午，为三家同业会商在松月楼午饭。傍晚，径至功德林念佛。因车子犯警章，内子挈永儿先至功德林，并同夜饭。

五月十八日，星期日，晴，66

晨至公园。六时半，听经、做早课。

九时，同端木琦君往菊公家。十时半归。

上午，袁可明君夫妇来，午饭后去。

下午，剃头后同内子、永儿往金门贺翁家潮君与赵美云女士结婚。

五时半，往功德林与正中、中华会商。至九时半，搭郭农山君汽车回家。

五月十九日，星期一，晴，68

晨，未往公园。六时半，听经、做早课。

九时半到馆。中午归家时，半途车胎漏气，改乘电车归。

下午，往正德访赵升宾君。到馆已四时。

夜，往功德林念佛。

五月二十日，星期二，晴，下午有雨，70

晨至公园。六时半，听经、做早课。九时半到馆。

中午，至功德林六家同业会商。下午，三时回馆。

傍晚，至精武洗澡。

五月二十一日，星期三，阴晴，昨夜雷雨，65

晨，因雨未到公园。六时半，听经、做早课。九时半到馆。

中午，同颂盘兄至望铣弟家午饭。

傍晚，往功德林参加书业公会分配纸张会，又念佛后归。

五月二十二日，星期四，晴，66

晨至公园。六时半，听经、做早课。顾兆刚君来谈。

九时半，往韦傅翁家。知彼于昨日由港飞沪。

傍晚，周惠风君来谈。

夜，同内子往功德林念佛，为预祝文殊菩萨圣诞。

永儿今日又发热。

五月二十三日，星期五，雨，66

晨，因雨未到公园。六时半，听经、做早课，系祝文殊菩萨圣诞。

至望铣弟家一转，到馆已近十时。

中午，至松月楼为三家同业会商。

下午，三时半同沈大钰君往菊公家接洽联合国书刊事。事毕已六时，即归家。

夜，同内子往功德林念佛。因天雨，只男居士十一人，女居士四人。

五月二十四日，星期六，雨，62

晨，因雨未往公园。六时一刻，听经、做早课。九时到馆。

中午，为与正中、世界商事，往松月楼午饭。饭后，往上海银行访沈维经君，交付韦傅翁代香港瞿梅僧君带来钻戒。

傍晚，径归家。

五月二十五日，星期日，阴，64

晨，未往公园。六时半，听经、做早课。

九时到馆。主计部同人今日起加班结账，又约张子宏兄来馆相助。中午归家。

下午，午睡后往觉林。傍晚，余伯贤君请朱幼兰及扆哥夜饭，嘱余作陪。

夜，同内子往功德林念佛。

五月二十六日，星期一，晴，65

晨至公园。六时半，听经、做早课。陈财源君来访。

九时到馆。中午，在功德林与同业公会谈。

傍晚，因伯嘉先生今晚往京有事接洽，至六时四十分始离馆，径至功德林。适韦翰西君请张子宏、李炳生、张光耀诸君夜饭，即被邀吃面、饭各一碗，上三楼祝释伽佛圣诞。归已逾十时。

五月二十七日，星期二，阴晴，70

提要：今日为释伽佛圣诞。

晨，未往公园。张子宏兄来，同做早课。子宏兄在家帮办公事。十时到馆。

中午回家。下午，与子宏兄谈，四时始到馆。

夜，同内子往功德林念佛。

傍晚，至青年会洗澡。

五月二十八日，星期三，晴，70

晨至公园练拳。六时半，听讲佛经、做早课。

九时到馆。中午，约子宏兄来家一谈。

夜饭后即睡。久星弟及安甫侄来。

五月二十九日，星期四，阴晴，72

晨有微雨，未往公园。六时半，听讲佛经、做早课。九时半到馆。

下午由家往馆时，途中三轮车为他轮车撞坏前胎，步行至馆。曾至古玩市场一转。

傍晚，径至功德林念佛，与内子同归。

五月三十日，星期五，晴，74

晨至公园。六时半，听经、做早课。子宏兄来接洽公事。九时半至馆。

中午，至功德林为四家同业约五家商谈。三时回馆。四时，至汇中饭店贺吴成法君嫁妹，又至书业公会开会。六时回家。

永儿有肺病嫌疑。上午，由汤儿陪往李中庸医师处诊治。下午，再由内子陪往照 x 光，知系淋巴腺肿。

五月三十一日，星期六，阴晴，下午雨，74

晨至公园。六时半，听经、做早课。九时，至胜利一转，到馆。

中午，约川友洪俊皋、王炽昆仲在松月楼午饭。

傍晚，归家后同内子往功德林念佛。

六月

六月一日，星期日，上午阴，下午晴，76

晨，因雨未至公园。六时半，听讲佛经、做早课。章伟川君来同听经。

九时半，往中央殡仪馆吊蔡仁抱君之子辉琮君丧。十时半归。

济渠自姚来。

中午，请戚如华兄、恭甫夫妇、张启明夫妇，又德瑜嫂、张姊等午饭。

下午，三时半往菊公家开茶会。到者韦傅翁、张子宏、雄飞、丁英桂、郁仲华、朱颂盘及朱经农、李伯嘉诸君，又陈叔通、李拔可两公亦在。六时，转古拔新郇挈德孙归。

夜，同内子往功德林念佛。

六月二日，星期一，晴，76

晨至公园。六时半，听讲佛经、做早课，读《金刚经》。

九时半到馆，与张子宏兄同往。

中午，开明书店在功德林请午饭。

傍晚，为三家同业会谈亦在功德林夜饭。

慧贞今日同张家姊姊回姚。

六月三日，星期二，晴，75

晨，未往公园。九时半到馆。

中午，在松月楼应小四家同业招午饭。

下午，至青年会洗澡后径归家，与张子宏兄同做公事。

夜，同内子往功德林念佛。

六月四日，星期三，晴，74

晨往公园。六时半听经。

约张子宏兄来家。终日在家算国定本备货数，未出门。

任心白兄来，夜饭后去。

六月五日，星期四，晴，75

晨，未往公园。六时半，听讲佛经、做早课。

九时出门，先至大同访童君。九时半到馆。

中午回家。永儿今日热度发至 40.2 度。傍晚，李中庸医师来诊。

夜，同内子往功德林念佛。

六月六日，星期五，晴，75

晨至公园。六时半，听经、做早课。

九时，往中行访鳌哥，未遇。与吕华祥兄谈，即归馆。

夜，陈士型兄夫妇来谈。

六月七日，星期六，晴，76

晨至公园练拳。六时半，听经、做早课。九时半到馆。

夜，同内子往功德林念佛。士型兄夫妇亦来旁听。

六月八日,星期日,晴,78

晨,未往公园。六时半听经。因须同汤儿往鳌哥家访吕越祥兄,故六时三刻即下楼早餐。七时半,到鳌哥家,与越祥兄谈至八时半归。

十时,同内子往小南门三味寺参观宽道法师说归依,归依者百数十人。十一时半归。

下午,儒声哥来谈,夜饭后去。

孙监昌君来托事。

六月九日,星期一,雨,70

晨,因大风雨未往公园。六时半,听经、做早课。章伟川君未来。

中午,陪王诚彰君在松月楼午饭。

夜,同内子往功德林念佛。

六月十日,星期二,阴晴,72

晨,风大未往公园。六时半,听经、做早课。

中午,往功德林欢迎南维岳君并三家会商。

傍晚,至青年会洗澡。内子往功德林,与之同归。

夜,周颂久君来谈。

六月十一日,星期三,晴,75

晨至公园。六时半,听经、做早课。

九时到馆。中午,往国际饭店丰泽楼陪吴研因及薛科长吃饭。系本馆与中华、世界公请。

夜,同内子至功德林念佛。

六月十二日,星期四,晴,76

晨至公园。六时半,回家听经、做早课。

朱经农先生今日赴京。

六月十三日,星期五,晴,75

晨至公园。六时半,听经、做早课。九时到馆。

下午,五时半至松月楼与正中、世界商济南印书事。七时,径往功德林。内子后来。

夜,念佛归,洗澡。

六月十四日,星期六,雨,72

晨,因雨未往公园。六时半,听经、做早课。九时半到馆。未离家前,曾约孙监昌君来一谈。

中午,至功德林为六家同业议书价事。

下午,六时剃头。七时,至老半斋开七联理、监事会。与丁英桂兄同回,到家已十时矣!

六月十五日,星期日,晴,74

晨,因路湿未往公园。六时半听经。七时,往鳌哥家访吕越祥兄,知彼发热。

九时至公司。全日办事。

中午,请黄幼卿、蒋瑞山诸君在松月楼午饭。

下午,六时同内子至功德林,即在该处夜饭。念佛后归。陕侄妇挈女来宿我家。

六月十六日,星期一,晴,76

晨至公园。六时半听经。张鸿钧兄来。

九时到馆。中午,同鸿钧兄及巧生、雄飞、颂盘诸君在聚源斋午饭。

傍晚,往功德林请正中黎子遗、中华许秀成诸君。归途,送鸿钧兄至南京饭店。

六月十七日,星期二,晴,76

晨至公园。六时半,听经、做早课。

福康弟来,同至厦门路晋康取铝桶两只。至韦傅翁家,谈至十时半归馆。

中午,请黄荫普君在功德林吃饭。伯翁临时决定赴南京。

傍晚,同鸿钧兄先至南京饭店取行李,搬至我家居住。

六月十八日,星期三,晴,76

晨至公园。六时半,听经、做早课。

八时半，同鸿钧兄至馆。

中午，至功德林，为中华书局请客。

傍晚，八时余始归家。

六月十九日，星期四，晴，76

晨，因时晏未往公园。六时半，听经、做早课。

九时，同鸿钧兄至绍兴路与朱经农君谈，至十时回馆。十一时，往陆锦文医师处，为永儿患病请求指示。又到功德林为正中宴客。

傍晚归家，同内子往功德林。今日，内子请各道友诵观世音菩萨名号及《大悲咒》为永儿疗病，携归大悲水一瓶。

六月二十日，星期五，晴，78

晨，因时晏未往公园。六时半听经。七时半，为永儿求得之大悲水加持符箓及《大悲咒》。

九时到馆。

中午，回家午饭。

夜，归家已八时。

六月二十一日，星期六，阴晴，下午雨，78~70

晨，未往公园。六时半，听经、做早课。

九时，往菊公家。十时一刻回馆。

下午，往台拉斯脱路吊潘多福君母丧。三时半回。

傍晚，至青年路洗澡。回家后，同内子往功德林念佛。

六月二十二日，星期日，雨，70

晨，因雨未往公园。六时半，听经、做早课。

九时，同鸿钧兄至绍兴路开高级同人谈话会。十二时归。

下午，午睡后同松柏兄往老垃圾桥参观木祖师讲《大忏悔文》。

六时，往朱经农先生家。七时半归家。

六月二十三日，星期一，阴晴，74

晨，未往公园。六时半，听经、做早课。

九时到馆。中午，至蜀腴开七联理、监事会。

傍晚，归家后同内子往功德林念佛。

下午，五时半同伯翁等往闸北厂栈视察。

功德林送来蔬菜六包。

闻姜姊由杭归。

六月二十四日，星期二，晴，76

晨至公园。六时半，听经、做早课。

张一渠君来访张鸿钧兄。

九时半到馆。至应时处一转，托定花篮送周宅。中午，应黄荫普、李浩年二君招，同鸿钧、颂盘、宝仁、子宏诸君至聚源斋午餐。

下午，四时往上海西菜社为周晨曦君之妹丽娟女士与叶秋彬君结婚证婚，至六时半始行婚礼。

七时，往功德林为三家同业会谈。九时归。

六月二十五日，星期三，晴，74

晨，未往公园。六时半，听经、做早课。

八时半，同内子往法藏寺，又往妙音讲台观舍利。九时半到馆。

中午，回家午饭。

傍晚，至功德林开三家会议。八时念佛。

今日，内子为永儿病往觉园拜普佛。

六月二十六日，星期四，雨，72

晨，未往公园。六时半，听经、做早课。八时半，同鸿钧兄赴馆。因今日约发行所各主任谈话也！

中午，与鸿钧、宝仁二君及伯嘉、颂盘、雄飞、子宏诸君在松月楼午饭。

夜，陈竹平、方桂生二君来谈。

六月二十七日，星期五，雨晴，74

晨未往公园。六时半，听经、做早课。

八时往馆。今日约发行所文仪柜同人谈话。

中午,为杨福桂弟在玉皇山武定路分院超荐伊母八十寿往行礼。午饭同席有杨昌林君,系姚江汽车服务社主人也!

下午,五时往菊公家。七时半,同内子往功德林念佛。

六月二十八日,星期六,阴晴,76

晨,未往公园。六时半,听经、做早课。

八时往馆,开门市本版柜同人谈话会。

中午,为汽车坏未回家,即在聚源斋吃客饭。

傍晚,径归。

六月二十九日,星期日,晴,78

晨,尚有雨未往公园。六时一刻,听经、做早课。

八时半,往久鳌哥家视越祥兄病。十时到馆,开厂中主任谈话会。十二时回家。

渠侄、潭侄自姚来,源侄、塘侄及濂侄、华仙等均来。

六月三十日,星期一,晴,有雨,78

晨往公园练拳。六时半,听经、做早课。

八时往馆,为发行所西书柜及内部份开会。

中午,至功德林为三家会议。

傍晚,径归。

七月

七月一日,星期二,晴,78

晨,六时听诵《金刚经》,六时半听慧舟法师讲《普贤行愿品》,七时半做早课。八时往绍兴路,九时半回馆。

中午,往功德林三家会谈,并请中华李祖谋君及昌馆胡善生君。

傍晚,为菊公请许静芝、徐永祚、任叔永等夜饭往陪,未至功德林念佛。

七月二日,星期三,晴,下午有雨,82

晨,六时听诵经典及做早课。

与张鸿钧兄谈，至九时半同出。因彼于今日赴汕也！

中午，至蜀腴开七联理、监事会。

傍晚，往功德林为中华、正中宴客。

七月三日，星期四，晴，84

晨，六时听《金刚经》，六时半听经、做早课。

八时半，往菊公家接洽结账事。

中午，归家午饭。

夜饭后，同内子往功德林念佛。

七月四日，星期五，晴，下午雨，86

晨，六时诵经，六时半听经，七时半做早课，八时早餐。餐毕，往公园习拳。九时，同内子出外。内子赴望铣弟家，余到馆。

中午，赴望铣弟家午饭。今日为岳父忌辰。

傍晚，径归家。

七月五日，星期六，晴，85

晨，六时诵经、听经及做早课。

八时半剃头，九时往馆。

九时，同朱皎如、胡善生及雄飞、子宏、颂盘诸兄至松月楼午饭。

傍晚，回家后同内子往功德林念佛。

七月六日，星期日，晴，88

终日未出门。

今日请友吃午饭。到者余伯贤、赵祥庆、费范九、尤惠民、韦傅卿、张雄飞、张子宏、朱皎如、胡善生、鲍天禄、陈贻成、张师闵、张公约、穆伯勤、凌云、丁宝森诸君等，计两桌。

七月七日，星期一，晴，傍晚雨，88

晨，六时诵、听经及做早课。八时到公园。九时到馆。

中午，在功德林同业会谈。

夜，同内子往功德林念佛。

七月八日,星期二,晴,午雨,88

晨,六时诵、听经及做早课。九时到馆。

中午,同朱皎如、徐礼川、鲍天禄、孙鉴昌、潘多福诸君在松月楼午饭。

傍晚,径归家。

夜,先祝来谈。

七月九日,星期三,晴,88

晨,六时诵、听经及做早课。九时到馆。

中午,公司请分馆来经理等在蜀腴吃饭。

下午,五时往菊公家商结账事。七时归。

夜,同内子往功德林念佛。

闻渠侄之妻来沪医治痔疾。

七月十日,星期四,晴,下午雨,88

晨,六时诵、听经及做早课。九时到馆。

中午,回家午饭。张师闵君来辞行。

下午,周文德君自杭来。

傍晚,径归家。

七月十一日,星期五,晴,88

晨,六时诵、听经。八时,同沈大钰君往愚园路1050弄5号看房子。九时半到馆。

中午,在功德林三家同业会谈。

傍晚,再同沈大钰君至愚园路看房子。

七时半回家。晚饭后,因内子已往功德林,乃另雇车前往念佛。

七月十二日,星期六,晴,傍晚有雨,88

晨,六时诵、听经。八时,往周颂久君家,又送彼至绍兴路后,先后往谒菊、拔二公,已十二时。径至松月楼请厦馆客户。

傍晚,至望铣弟家,与内子同归。

七月十三日，星期日，雨，85

晨，六时诵、听经及做全堂早课。

上午，周文德兄弟及徐礼川君来。下午，三时半往绍兴路开第二次谈话会。

夜，同内子往功德林夜饭，因各分馆经理亦在彼夜饭。饭后念佛。

七月十四日，星期一，晴，88

晨，六时诵、听经及做早课。

上午，九时往陈叔通先生家一转，到馆已十时余。

中午，回家午饭。饭后，同内子往城隍庙购佛座，到馆已三时半。

七月十五日，星期二，晴，86

晨，六时诵、听经及做早课。八时，往公园练拳。九时半到公司。

中午，回家午饭。下午，内子往市立第五医院视渠侄妇病，同出去。

傍晚归家。夜饭后，同内子去功德林念佛。归已十时半，因今日圆满也！

七月十六日，星期三，晴，86

晨，六时诵、听经及做早课。八时，往公园练拳。九时往馆。内子往崇德会，同出。

中午，与蔡同庆君同往松月楼午饭。饭后，同往七联处查账。四时回馆。

傍晚，至功德林为三家同业会商。八时三刻归。

七月十七日，星期四，雨，80

晨，六时诵、听经及做早课。济恩及兆刚兄来。

八时半，到菊公家一转。九时半赴馆。

中午，在馆由颂盘兄请吃面。

夜，径归家。

七月十八日，星期五，雨，82

晨，六时诵、听经及做早课。

八时半，同穆华生兄往云公家祝寿、吃面。又同张雄翁去看送云公之地毯。到馆已逾十时。

中午，同糜文溶、高杰二君至功德林午饭。

傍晚,又至功德林为同业开会。九时归。

七月十九日,星期六,晴,84

晨,六时诵、听经。因张澄清君来,未做早课。与张君谈至九时半,到馆已十时。

中午,至云公家。今日为补祝伊六十寿,备菜三桌,内素菜一桌。饭后并照相。

傍晚,至望铣弟家取花篮至金谷饭店,为韩德言君与春仙订婚作证明人。归已九时半。

七月二十日,星期日,晴,88

晨,六时诵、听经及做早课。

张屏翰、杨实夫二君来。

九时半,往鳌哥家访吕越祥兄,谈至十一时半归家。济濂、济沼来。

下午,六时同内子往功德林应袁可明君招,为其子弥月办酒。归途至云公家谈结账事。到家已十时半。

七月二十一日,星期一,晴,90

晨,六时诵、听经时,以电台坏,只做早课。

八时半,往绍兴路视周家凤兄病,知彼已住医院。九时半到馆。

中午,同徐应昶兄在松月楼午饭。

七月二十二日,星期二,晴,90

晨,六时诵、听经,做早课。八时,往公园练拳。九时半,往高恩路九十九号(即旧355号)徐永祚会计师家谈。至十时半回馆。

中午,往功德林为三家各分庄经理聚餐。

傍晚,至丰泽楼与中华公请教部贺师俊司长。

惟乾与秀珠今日自京来。

七月二十三日,星期三,晴,92

晨,六时诵、听经及做早课。八时,往公园练拳。九时半到馆。

中午,在蜀腴开五家会议。

傍晚，径归。夜，黄葆三医生来打针。

七月二十四日，星期四，晴，94

晨，五时起床，为惟乾夫妇今日乘特快车转杭回姚。六时，诵、听经及做早课。

九时，往菊公家。十时半到馆。

中午，七联开理、监会，在蜀腴午餐。

傍晚，公司与正中、中华公请许恪士厅长。九时半归家。

七月二十五日，星期五，晴，90

晨，六时诵、听经及做早课。

八时半，往公园练拳。九时，至绍兴路晤朱经农先生。十一时到馆。

中午，沈季湘君邀至聚源斋午饭。

傍晚，径归家。

今日腰部不舒，未知是否为晨间吊脚筋之故。

下午，往兴业大楼立信会计事务所访潘序伦、陈文麟二君。

七月二十六日，星期六，晴，92

晨，六时诵、听经及做早课。九时往馆。

中午，为徐礼川兄须明晨返桂，邀雄飞、颂盘二君同往松月楼午饭。

傍晚，往菊公家一转。又剃头后归。

七月二十七日，星期日，晴，95

提要：今日起，发行所星期营业下午一至六时。

晨，六时诵、听经及做全堂早课。

终日在家，未出门。

塘侄及陈隆祥君来谈。

七月二十八日，星期一，晴，下午有阵雨，95

晨，六时诵、听经及做早课。八时，往公园练拳。九时，赴公司。中午，至功德林三家同业会商。

傍晚，与徐应翁同出，送应翁往绍兴路。

七月二十九日，星期二，晴，夜雨，98

提要：今日热甚。

晨，六时诵、听经及做早课。八时，往公园练拳。九时，往中国银行访马准良君。十时到馆。

中午，同严砺平工程师至功德林午饭。

傍晚，同人公请徐应昶、张沾卿、端木锡琦、赵叔诚、王学哲（未到）诸君在功德林聚餐。

七月三十日，星期三，晴，90

晨，六时诵、听经及做早课。九时半到馆。

中午，回家午睡。傍晚，径归。

昨接悟女托人带来函，颇苦，惜无法救济。今日起，诵三遍《大悲咒》，求观世音菩萨护佑侣、悟、曼三女早日过来团圆。

七月三十一日，星期四，晴，92

晨，六时诵、听经。今日慧舟法师讲《普贤菩萨行愿品》圆满。又做早课。

九时，往菊公家。十时半回馆。

中午，在功德林三家同业会商。

傍晚，至悦来购核桃，为张鸿钧兄托购，须托显亲之内弟夏君带去。显亲夫人昨晚到沪，今晚乘轮赴赣云。

八月

八月一日，星期五，晴，92

晨，六时诵、听经及做早课。

中午，往火车站接应潮归家。彼由杭乘金陵号车于十二月[1]卅四分至站。

八月二日，星期六，晴，92

晨，六时诵、听经及做早课。八时往公园。九时半到馆。中午，应周熙和君

---

〔1〕“月”应为“时”。

邀往松月楼午饭。

傍晚,至丰泽园,公司请王学政、学哲、徐应昶、鲍天禄、张沾卿、端木锡琦诸君。

夜,往池浜路 70 弄 9 号余伯贤居士家谈,至九时半回。

八月三日,星期日,晴,94

晨,六时诵、听经及做早课。九时半到馆。

郁士良兄来谈。显光偕其女丽媛来。

张沾卿兄及鲍天禄君夫妇来,午饭后去。

中午,为三家同业会商往国际饭店十八楼飞鸟厅午餐。

下午,往觉园做功课。六时,至功德林为糜文定君子弥月,夜饭后归。

八月四日,星期一,晴,有雨,92

晨,六时诵、听经及做早课。

八时半,往公园一转,至绍兴路一转,至黄仲翁家。谈至十一时半往馆。

中午,至望铣弟家午饭。

傍晚,往新生活俱乐部贺吴公仪君嫁女。夜饭后,归已九时半。

八月五日,星期二,上午晴,下午雨,90

提要:今日为观世音菩萨圣诞。

晨,六时诵、听经及做早课。九时半到馆。

中午,回家午饭。饭后,同糜文溶嫂往法藏寺皈依兴慈法师,取法名“良愿”。六时归家。七时,同内子往觉园参观宽道法师发大蒙山。归已将一时矣!

八月六日,星期三,雨,85

晨,六时诵、听经及做早课。八时半,往菊公家。十一时回馆。

今日为大舅嫂周年,在觉园念《地藏经》。中午,同颂盘兄前往午饭。傍晚,又往。夜饭后,发蒙山。归已十时。

八月七日,星期四,雨,85

晨,六时诵、听经及做早课。九时半到馆。

中午,同徐应翁往松月楼午饭。

傍晚，送徐应翁回威海卫路。彼明晨飞港。

八月八日，星期五，晴，90

晨，六时诵、听经及做早课。九时往馆。

中午，为同业聚谈在功德林午饭。

下午，三时半往中国殡仪馆吊杨福贵弟妇丧。伊于今晨四时去世也！

夜，请朱瑞生君在功德林夜饭，傅卿、子宏、雄飞三兄作陪。

八月九日，星期六，晴，94

晨，六时诵、听经及做早课。八时半到公园。九时往馆。

中午，回家午饭。

傍晚，至菊公家一转。归已八时。

邵启珪弟来谈，十时去。

八月十日，星期日，晴，95

晨，六时诵、听经及做早课。福贵弟及郁士良君来。九时，往绍兴路开谈话会。十二时归。

下午，午睡后整理堂幅、对联等。

四时半，往菊公家与云公及伯翁谈。归已八时。

八月十一日，星期一，晴，92

晨，六时诵、听经及做早课。九时，同内子往法藏寺礼佛及拜往生供位。因今日系圆满日也！

九时三刻到馆。

中午，与鲍天爵君及雄飞、颂盘二兄在聚源斋午饭。

傍晚，径归家。

八月十二日，星期二，晴，90

晨，六时诵、听经及做早课。八时半往公园。九时往公司。

十二时，往访严砺平君。又至圆明园路八十七弄十号达孚仓库访唐振先君。又至功德林同业聚餐兼请浙教厅李厅长。

傍晚，至望铣弟家，与内子同归。

八月十三日，星期三，晴，90

晨，六时诵、听经及做早课。八时半到公园。九时往公司。

中午，至杏花楼午饭，三家公请陆步青君。

傍晚，至浙江路接内子同归。

仲扆内侄自姚来。

八月十四日，星期四，晴，90

晨，六时诵、听经及做早课。八时，福贵弟与沈达中君来。九时半到馆。

中午，回家午饭。

傍晚，宋鑫赓兄陪陈文昌君来。据陈君明日赴杭馆云。

夜，张沾卿君夫妇挈小儿来谈。张君明晨飞港云。

八月十五日，星期五，晴，90

晨，六时诵、听经及做早课。八时半，同内子出去。内子往觉园，余至菊公家。十时到馆。

中午，回家午饭。

夜饭后，往宁波同乡会听王骧陆居士讲《六祖法宝坛经》。自七时半至九时半。又往觉园接内子，彼已先归。

八月十六日，星期六，晴，90

晨，六时诵、听经及做早课。八时到公园。九时到馆。

中午，回家午饭。

傍晚，往觉园接内子归家。

八月十七日，星期日，晴，90

晨，六时诵、听经及做早课。八时，万谱生嫂及李功续君来谈。九时，往张府约仲木君往开纳路二十九号看房子，约宋明德君同看。又至济侄家，未遇。十一时，往觉园接内子同归。

下午三时，往派克路承兴里kk七号郑颂英居士家谈佛学。六时，至墀哥家，同内子及永儿归。

八月十八日，星期一，晴，90

晨，六时诵读经、听经及做早课。八时半，至公园练拳。九时半到馆。

中午，为三家同业会商至功德林午饭。

傍晚，径归。

夜，徐百齐兄及沈达中君来谈。

八月十九日，星期二，晴，90

晨，六时诵、听经及做早课。九时，到青年会为本月三十日为三家同业公宴中国科学社社员定菜。十时到公司。

中午，回家午膳。

傍晚，因内子由觉园来，须等候同归，乃先往望铣弟家。嗣内子到，知车子被交通警扣留，即往说，后放归。

八月二十日，星期三，晴，88

晨，六时诵、听经及做早课。八时半，往中国银行访久鳌哥，谈至十一时半归公司。

中午，回家午饭。傍晚，亦径归家。

八月二十一日，星期四，晴，88

晨，六时诵、听经及做早课。八时半，往访陈叔通先生。又至新华银行访张树年君。十时到馆。

中午，回家午饭。

傍晚，往蜀腴为七联开会。归已十时。

济恩来谈。

八月二十二日，星期五，晴，90

晨，六时诵、听经及做早课。八时半，到公园练拳。九时半到公司。

中午，为七联小组会至功德林午饭。

下午，为开纳路房子事往浙江兴业银行晤该行总经理项□[1]翔君。四时

---

〔1〕 概为“项叔翔”，日记缺“叔”字。

回馆。

傍晚，往祝甥家一转，为佑甥考高等考试送保证书前往。

七时半，至宁波同乡会听王骧陆君讲《法宝坛经》，九时半毕。到家逾十时。

朱颂盘嫂挈阿康宿余家中。

八月二十三日，星期六，晴，90

晨，六时诵、听经及做早课。

今日为糜文溶兄五十寿。晨，八时半往伊家祝寿，返馆尚只九时四十分。

中午，回家午饭。

傍晚，归家洗澡后，往复兴中路1313弄又一邨十四号韩德年君家夜饭。十时始归。

八月二十四日，星期日，晴，86

晨，六时诵、听经及做早课。

九时，往绍兴路开谈话会。十二时归家。

下午，三时往发行所取前年佛历。又至承兴里kk十四号郑颂英居士家座谈。六时归。

塘、濂二侄来，中饭后去。

八月二十五日，星期一，晴，午雨，86

晨，六时诵、听经及做早课。九时半到馆。

中午，同王诚彰君至聚源斋午饭，颂盘、子宏二兄同去。

傍晚，径归家。

八月二十六日，星期二，晴，88

晨，六时诵、听经及做早课。

九时半到馆。中午，约王诚翁在松月楼午饭，同桌者为雄飞、子宏、颂盘三兄。

下午，三时半往菊公家开谈话会，有陈叔通、李拔可、朱经农、李伯嘉诸先生。七时，往觉园接内子归。

八月二十七日,星期三,晴,86

提要:今日为孔子圣诞,公司放假一天。

晨,六时诵、听经及做早课。

八时,挈永儿、德孙往兆丰公园。十二时始归。

中午,为三家同业开会在功德林午饭。三时回家。陈隆祥、陈宝和、黄仲明诸君来,均未遇。

夜饭后,往功德林为明日大势至善菩萨圣诞预祝,至九时一刻毕,与内子同归。

八月二十八日,星期四,晴,88

晨,四时半因误看钟点起床,后在佛堂收拾。六时,诵、听经及做早课。

九时,往馆中。中午,为六家同业会商配纸事至功德林午饭。

八月二十九日,星期五,晴,风大,85

晨,六时诵、听经及做早课。八时半,到公园练拳。九时半到公司。

中午,同朱颂盘兄往望铣弟家午饭。内子、永儿亦在。

傍晚,挈永儿归家。

夜,七时半往宁波同乡会听王骧陆君讲《法宝坛经》。归途曾购供果,到家已逾十时。

八月三十日,星期六,晴,雨烈,风大,85

晨,六时诵、听经及做早课。九时半到馆。

中午,回家午饭。饭后,往虬江路(海山路)松柏里七联处。三时半回馆。

傍晚,径归。

八月三十一日,星期日,晴,86

晨,六时诵、听经及做早课。郁士良兄来。

宣信予兄昨由平飞沪。今晨来家,午饭后去。

中午,往青年会为三家同业公宴七社团社员,计吃二百五十四客。

下午,往发行所。四时回家,即往觉林一转。五时,到寿圣庵听王心湛居士讲《大学》。又扂哥请吃夜饭,晤老同事丁桂樵君。归已八时半。

九月

九月一日，星期一，晴，85

晨，六时诵、听经及做早课。九时往馆。

中午，先同伯嘉、信予二君往云公家一转，再至功德林三家同业聚餐。三时半回馆。

傍晚，径归家。

九月二日，星期二，晴，86

晨，五时三刻往公园练拳。六时半，听经及做早课。九时半到馆。

中午，回家午饭。

傍晚，往林森西路、番禺路口中央银行俱乐部贺朱景张君娶媳。八时半归。

伯嘉先生今晚往南京。

九月三日，星期三，晴，86

晨，五时半往公园练拳。六时半，听经、做早课。九时半到馆。

中午，与三家同业商常州同业事，在松月楼午饭。

傍晚，径归家。

九月四日，星期四，晴，85

晨，五时三刻往公园练拳。六时半，听经及做早课。宣信予兄来。赴馆已十时半。

中午，同信予、颂盤、子宏、英桂诸兄至聚源斋午饭。

傍晚，因候内子车未来，乘电车回。

夜，糜文溶夫人来谈，至十时半去。

九月五日，星期五，晴，90

晨，未往公园。六时半，听经、做早课。九时半到馆。

中午，应开明、大东、世界三家同业招，在功德林午饭。

傍晚，同应女往紫光眼镜公司取所配眼镜。七时半，至宁波同乡会听王骧陆君讲《法宝坛经》。归已逾十时。再吃夜饭，睡已近十一时矣！

九月六日，星期六，晴，92

晨，四时一刻起床，五时动身，送应潮至车站，上二等车赴杭。候伊同学徐凌云女士来后，同其父徐良豪律师回来。六时半到家，听经、做早课。

九时，往中华学艺社访周颂久君。回馆已十时半。

中午，公司请内政部王科长及黄觉民兄在杏花楼午饭，作陪。

傍晚，径归家。

九月七日，星期日，晨晴，下午微雨，88

晨，六时半听经、做早课，听罗居士讲“三法印”。宣信予兄来，至九时一刻往绍兴路开会。

中午，与同事往觉林午饭。

下午，在家整理日历。

翁培雍兄夫妇挈子克难来。

九月八日，星期一，昨夜大雨，阴雨

晨，六时往北京路大中国电台访余伯贤君，至九时许始返公司。

中午，伯嘉先生同信予兄往大赉饭店午饭。

傍晚，往功德林为同业公会商纸张分配事。

夜，参加功德林之发蒙山。归已逾十时。

九月九日，星期二，阴晴，84

晨，六时半听经及做早课，整理日历。九时半到馆。

中午，同胡维永、朱颂盘二兄及宣信予兄（今晨因北平气候不佳未起飞）至聚源斋午饭。

傍晚，径归，续做整理日历工作。

九月十日，星期三，晴，84

晨，六时半听经及做早课，整理日历。

九时半到馆。中午，回家午饭。

下午，送内子到功德林后，往善钟路张公馆参与董事会。七时归家。

九月十一日，星期四，阴晴，82

晨，六时半听经、做早课及整理日历。

九时，往职教社为永儿觅教师事与吴宗文君一谈。

中午，在馆与朱颂盘君同吃面。

今日下午，为菊公须来馆商谈，未往玉皇山为杨福贵嫂吊五七。

傍晚，径归家。

九月十二日，星期五，晴，84

晨，六时半听经、做早课、整理日历。九时半到馆。

中午，同显光回家午饭。后同往菊公家开增资问题小组会议，至四时半会毕。再至馆，六时回家。夜饭后，往宁波同乡会听王骧陆君讲《法宝坛经》。九时半，又往功德林礼佛。因今日为该处发大蒙山圆满，归已十时半。

九月十三日，星期六，晴，85

晨，六时半听经、做早课。

九时，往菊公家。十时，为接洽印有佛教格言之日历事，往海宁路华新日历厂访丁梓华君，谈至十一时余回馆。

中午，为书业公会配纸事往功德林午饭。

傍晚剃头后，在功德林预祝地藏菩萨圣诞。与内子同归，已十时余。

九月十四日，星期日，晴，85

晨，六时半听经并祝地藏菩萨圣诞。

午后，往菊公家议事，余时均在家整理格言佛历。

九月十五日，星期一，晴，84

晨，六时听经、做早课。九时半到馆。

中午，同沈达中君至功德林午饭。饭后，至生生美术公司一转，回家〔1〕。六时，径归家。

钟瑞庭女士（住西门路仁吉里七号）由职业指导所介绍来任永儿家庭教师，

---

〔1〕“回家”疑为“回馆”。

今日起于下午四时来。

余景贤兄来谈，夜饭后去。

惟乾自姚来。

九月十六日，星期二，晴，84

晨，六时半听经、做早课。九时半到馆。

中午，为三家会议至功德林午饭。

傍晚，至望铣弟家接六妹同归。

九月十七日，星期三，晴，82

晨，五时起床。五时半，陪惟乾往沙逊大楼。彼乘中航公司汽车赴龙华，乘飞机赴渝。

六时半，到大中国电台听道根法师讲《地藏经》，做早课。九时课毕，与余伯贤居士等讨论日历事。九时一刻到馆。

中午，归家午饭。傍晚，至功德林为同业公会配纸事约同业谈话。归已九时半。

内子因过劳卧床已两日。

九月十八日，星期四，晴，80

晨，六时半听经、做早课。九时，往中华学艺社访周颂久君，谈至十时到馆。

中午，归家午饭。

傍晚，径归家。再整理日历格言。

九月十九日，星期五，晴，80

晨，六时半听经、做早课。九时，到中国银行访蔡公椿君。九时三刻回馆。

中午，为书业公会商配纸事至功德林午饭。

下午，至安乐殡仪馆吊杭稺英君成殓。杭君于前日午后一时中风，七时身故，甚可惜也！

三时半回家，拟春销预添单事通告。

黄孝先君来电话，因公在沪。

夜，糜振宇君来，谓文溶兄昨日到沪。

九月二十日，星期六，晴，80

晨，六时半听经、做早课。九时半到馆。

中午，在功德林请糜文溶、赵叔诚、杨守仁、高杰、孙克均、陈贻成、余景贤、李吉门诸君便饭，并先往韦傅翁家视病。

傍晚，往觉园听罗居士讲《心灯录》。

七时，往余伯贤居士家一转。

夜，黄孝先兄来谈。

九月二十一日，星期日，晴，80

晨，六时半听经、做早课。九时，往绍兴路开会。

十一时半，往功德林为周慧成君母寿日做法事，慧舟法师主礼。

下午，三时半回家一转，至菊公家开董事小组会议。七时始归。

九月二十二日，星期一，晴，76

晨，六时半听经、做早课。九时半到馆。

十二时半，同子宏兄往功德林，约丁梓华、余伯贤、李紫锋、胡维永诸君为做佛化日历事午餐。商定办法如下：

日历每只 5800 元，以纸每令 50 万元为准，纸价增涨超过 3 万加 200 元。嗣后，每超过 1 万加 100 元。跌时亦如之。

定日历付款一成。如付二成，则取货时应照是时纸价将未付八成比例增减。

傍晚，公司请宁夏教厅长杨作荣、国大代表乔森荣及赵叔诚、陈贻成诸君，于杏花楼作陪。归已逾九时。

九月二十三日，星期二，晴，88

晨，六时半听经、做早课。糜文溶兄来，谈至九时半。十时，往菊公家。十一时余，回馆。

中午，由颂盘兄买面同吃。

夜，黄用明兄来谈。又邵启珪弟来谈。

九月二十四日,星期三,晴,午后雨,88

晨,六时半听经、做早课,并听灵岩山法师演讲。九时半到馆。十时,到市商会代表书业公会为所利得税事。十一时,至新华储蓄银行访陈鸣一君,为托代办公司升值增资手续事。

中午,回家午饭。

傍晚,往余伯贤君家一转。

安甫侄来。

九月二十五日,星期四,晴,86

晨,六时半听经、做早课。

八时半,同内子出去。先往制印厂校对日历格言及排印信件,九时半到馆。

中午,陪糜文溶兄与李伯翁同在聚源斋午饭。饭后,至望铣弟家还借款,又回家一转,往菊公家开增资小组会。归已七时余。

九月二十六日,星期五,晴,86

晨,六时半听经、做早课。九时半到馆。

中午,至功德林为七联小组会议。

夜,续编格言日历。

瑜哥来,谓为电灯公司购柴油事云。

九月二十七日,星期六,晴,92

晨,续编格言日历。六时半,听经、做早课。

九时半,往同孚路柏德里七号张屏青君家看《四部丛刊》。

中午,归家午膳。傍晚,至同孚路张屏青君处取《丛刊》,借公司汽车搬至家中,已近八时。

九月二十八日,星期日,晴,90

晨,六时半听经、做早课。

九时,往菊公家一转。又至徐永祚会计师家,再至公司。十二时半归。

下午,瑜哥来。

三时半,往佛教青年会。五时,往觉园听范君讲《心灯录》。归已七时半。

九月二十九日，星期一，晴，80

晨，六时半听经，未做早课。八时一刻，往拔公家，因闻彼知伊女去世，甚伤感！拟请其中午至功德林午餐，嗣据家中已有约，且观其精神颇好，至慰！

往直接税局接洽所得税事。回馆已十时余。

中午，至功德林请王志莘、陈鸣一、张仲木、熊祖同、黄用明诸君。

九月三十日，星期二，晴，75

晨，六时半听经、做早课。八时半，往翰公家，又至达孚访唐振先君。到馆已十时半。

中午，至功德林为三家聚餐。

傍晚，再往功德林，与屋哥及余伯贤、唐振先两君共四人作主，请万少石居[1]，并邀郑灼照、卓希白、李紫峰、胡崇仁、许仲敏、章伟川诸居士作陪。归家已逾十时。

十月

十月一日，星期三，晴，74

晨，六时半听经、做早课。九时，到菊公家。十时，往直接税局访李景和君，未遇。十时半到馆。

中午，至功德林开六家会议，为加价事。

傍晚，往功德林做夜课、念佛。归已九时半。

十月二日，星期四，雨，70

晨，六时半听经，未做早课。上午，在家草董会记录。午饭后，赴馆结束经手诸事。下午四时，往外滩一号码头乘江云轮，同行者计内子、永儿及汤儿夫妇、锋孙共五人。轮于五时三刻开。

十月三日，星期五，雨，70，余姚

晨，五时轮抵甬埠。六时，余与永儿先上岸，至汽车站雇就小包车，计价四十

[1] 当为“居士”，日记中漏“士”字。

三万二千元。六时三刻开车，九时半到家。

下午，家母灵柩先移墙门间。

十月四日，星期六，雨，72，余姚

晨，八时为母亲灵柩动身。雇船两只，至俞家桥登岸。十时，到达坟头。十二时，进穴。下午，二时回家。今日办素席，约十桌。

十月五日，星期日，雨，72，余姚

上午，剃头，至李宅访少垣哥。十一时归。

今日为汤儿夫妇补行庙见礼，办素酒六席（中午）。

十月六日，星期一，晴，75，杭州

晨，七时挈永儿赴车站乘钱江车，八时廿四分开车，九时廿四分过百官，十时廿四分过绍兴，十一时三刻到江边，一时到分馆。

午饭后，同祖荫兄挈永儿往浙大找应女，同至分馆，在功德林夜饭。宿分馆中。

十月七日，星期二，晴，下午阴，78，杭州

晨，六时起床，先往湖滨公园一转。八时，与杭馆全体同人谈话。九时，同文德兄先往弥陀寺寻刻经，遇印清和尚，参观藏经，谈片刻。又至葛岭一游。

永儿由祖荫兄陪同游湖。

在功德林午饭。后应女亦来，同往参观钱江大桥，登六合塔，往玉皇山。傍晚，回功德林。汽车来回。夜，请中华、正中两经理在功德林吃饭，谈营业事。归分馆已十时。

十月八日，星期三，雨，70

晨，六时起床，吃粥。七时，由文德、祖荫两兄及德基陪同至车站，乘金陵号二等车。八时开车，十二时一刻在西站下车。雇三轮车，归已一时。

十月九日，星期四，晴，晨雨，72

晨，六时半听经、做早课。九时，往菊公家。十时半到馆。

中午，为郁厚培君六十寿约子宏、颂盘、家凤诸兄在聚源斋午面。

傍晚，即归家。

济渠侄来。

十月十日,星期五,晴,68

提要:国庆日,公司放假。

晨,六时半听经、做早课。八时半,往公司理佛化日历事及写致惟乾、秀珠等信。十一时,往屋哥家报告与沈锦夫兄接洽事,及启炽已在成取款即将东下消息。十一时半,归家。

汤儿夫妇及锋孙由杭乘金陵号车回沪,下午一时余到家。

下午,在家未出门。

十月十一日,星期六,晴,65

晨,六时半听经、做早课。九时到馆。

中午,与颂盘兄吃面。傍晚,径归。

永儿教师今日未来,不知何故。

十月十二日,星期日,晴,65

晨,六时半听经、做早课。

潘沛三君由傅顺发陪来,午饭后去。

陕侄妇挈女来。

终日在家,未出门。

永儿教师上午来补课。

十月十三日,星期一,晴,60

晨,因看错钟点五时即起床,五时半读《金刚经》,六时半听经、做早课。九时到馆。

中午,请王效文律师在功德林午饭,与伯嘉、颂盘二君同席。

傍晚,往菊公家一转。归已八时。

十月十四日,星期二,晴,60

晨,六时半听经,但无线电坏。至八时,望铣弟来。八时半到馆,为发行所同人开座谈会。

中午,七联开理、监事会议,至功德林午饭。

傍晚,原拟至青年会洗澡,因该会每逢星期二改为冷水浴,故未洗,即回家。

内子今日由甬到沪。

十月十五日,星期三,晴,夜雨,58

晨,六时半听经、做早课。周颂久来电话,即往绍兴路谈房租事。九时,往直接税局访审核组李景和主任,至十一时未来。又往证券交易所访华文煜君,谈公司增资后股票上市最低额事。十二时到馆。

中午,至蜀腴谈六家合作事。

傍晚,径归家。

夜,同内子往功德林念佛。

十月十六日,星期四,晴,晨有雨,58

晨,六时半听经、做早课。九时到馆。

九时半,同显光往新华及太平访王效文君,为股东会后升值增资事。十二时返馆。

中午,为发行所收银柜事,与家凤、颂盘二兄至聚源斋午饭。

下午,同伯翁、雄翁往访各股东。六时一刻至菊公家,谈至七时归家。

十月十七日,星期五,晴,58

晨,六时半听经、做早课。九时到公司。

十一时,同李伯翁、张雄翁往访股东。十二时半,到家午饭。下午,单独往访股东包朗生、苏逸卿等,三时半到馆。五时半,往青年会为请各股东便饭。至九时半始归。

十月十八日,星期六,晴,58

晨,六时半听经、做早课。九时,往菊公家。十一时,至王效文君处,未晤,即至馆。中午回家。三时,到徐永祚会计师处商公司升值事。五时回馆。七时,往菊公家。八时半,返家夜饭。

十月十九日,星期日,晴,62

晨,六时半听经,因无线电坏,改读《金刚经》卷,做早课。八时半,周颂久君来,谈绍兴路房子事。

上午，在家开弄内房客会。

中午，夏仲云君来，饭后去。

下午，往菊公家参加董会。六时半归。

夜，同内子往功德林念佛。

十月二十日，星期一，晴，62

晨，六时半听经、做早课。

九时到馆。十二时，往徐永祚会计师处。一时半到家，宓其昌君来，为汤儿托印件事。

下午，六时往菊公家。七时半归。

十月二十一日，星期二，晴，62

晨，六时半听经、做早课。九时，往职教社访黄任之君，为请其到公司查账事。

中午，回家午饭。

下午，三时往徐永祚会计师处商公司改章程事。五时半，同张雄翁往菊公家夜饭，同席为李拔可、陈叔通、朱经农、李伯嘉诸君。八时三刻，商毕股东会事。又往功德林接内子同归。

十月二十二日，星期三，晴，68

晨，六时半听经、做早课。潘景瑜君来谈。

九时半，往菊公家。十时，往直接税局访李景和君，又未遇。至制印厂一转，十一时到馆。

中午，回家午饭。

下午，三时到馆，往太平访王效文律师。

夜，至蜀腴请新华银行同人。归已十时半。

十月二十三日，星期四，晴，65

晨，六时半听经、做早课。八时，拟股东会报告。十时，往菊公家一转。十一时到公司。

中午，在公司吃面。

下午，同朱颂盘兄至金城银行，为公司增股银行代办事。

下午，五时往会宾楼为王少峰兄之女与邵德润君订婚作证明人。

六时，往功德林，由公司请王效文、陈少荪、曹冰严、黄仲明、俞明岳诸君为股东会事。

与内子同归，已九时半。

十月二十四日，星期五，晴，65

晨，六时半听经、做早课。九时，往菊公家一转。十时到馆。中午，同内子归家午饭。

傍晚，先至功德林接内子归家。夜饭后，往菊公家略谈，即归。

十月二十五日，星期六，晴，65

晨，六时半听经。八时半，往职教社访黄任老，又往南阳路访叔通先生，均为公司结账监察人证明书盖章事。九时三刻到馆。

中午，回家午饭。

傍晚，至菊公家商明日股东会事。

下午，同内子往英士路322弄3号唐君家一转。其夫人黄镜波系旧识也！

十月二十六日，星期日，雨，66

晨，六时半听经。七时，高乐赓兄来。七时四十分，做公事。十一时剃头。十二时午饭后，送内子往功德林。又往市商会为公司开股东会，直至七时始毕。回家时，往功德林一转。因内子已归，即径返。

十月二十七日，星期一，晴，66

晨，六时半听经、做早课。八时半，往菊公家。九时三刻至馆。

中午，往功德林三家会议。

夜，同内子往功德林念佛。归近十时。

十月二十八日，星期二，晴，66

晨，六时半听经、做早课。九时，往新华储蓄银行商公司过户事。又往证券交易所访俞明时、华文煜二君，商股份收据上市事。

中午，十二时往菊公家一转。回家午饭。

下午，三时至徐永祚会计师处商向经济部注册事。四时半回馆。

六时，与同事等往郁约瑟家，为郁厚培君六十寿请夜饭。归家已逾九时。

十月二十九日，星期三，晴，64

晨，六时半听经、做早课。九时，往菊公家。又往访俞明时君。又至新华访王琪甫君。十时半至馆。

中午，回家午饭后，同将华至仙乐贺福贵弟嫁女。三时到馆。

夜饭后，往功德林念佛。内子因倦未同去。

十月三十日，星期四，晴，64

晨，六时半听经、做早课。九时，往职教社访黄任之君，据赴京未遇。九时半到馆。

中午，至徐永祚会计师处，与张会计师一谈。三时，往菊公家列席董事会。六时归。

十月三十一日，星期五，晴，64

晨，六时半听经、做早课。

九时到馆。内子赴觉园，同出去。

中午，至功德林开六家会议。三时半，至俞明时君处一转。傍晚，径归。

夜，同内子往功德林为观世音圣诞预祝。

十一月

十一月一日，星期六，晴，64

提要：今日起，钟点拨早一小时，仍回复老钟。

晨，五时半往公园练拳。六时半，听经、做早课，祝观世音菩萨圣诞。

八时半，往菊公家。十时半到馆。

中午，回家午饭。

夜，同内子往功德林念佛。八时半归。

十一月二日，星期日，晴，65

晨，五时半往公园练拳，六时半，听经、做早课。李启烺弟来。又潘景瑜君来。

九时半，往韦傅翁家。彼为太夫人做法事，祝百岁寿。子宏、炳生、孝侯诸兄亦来，同吃寿面。归已十二时半，洗澡，午睡。

济濂、应时来。又潘孔音弟携两子来。

下午未出去。

十一月三日，星期一，晴，66

晨，六时半听经、做早课。八时半，往高杰君家为过版机事。又往菊公家。再至新华访王琪甫君。十时到馆。

中午，同周圭宝君在聚源斋午饭，邀雄飞、英桂二君作陪。

任心翁来家便夜饭。

夜，同内子往功德林念佛。

十一月四日，星期二，晴，66

晨，五时半往公园，知为布置菊花暂停开放（本日起至七日止）。绕至马思南路、环龙路而回。

六时半，听经、做早课。八时半，校股东会记录。九时半，往徐永祚会计师处一转。十时到馆。

开安全委员会。

中午，回家午饭。

傍晚，径归家。

十一月五日，星期三，晴，64

晨，六时半听经、做早课。

八时半，往菊公家一转。九时半到馆。

中午，回家午饭。

傍晚，归家。夜饭后，同内子往功德林念佛。

十一月六日，星期四，晴，64

晨，六时半听经。今晨起，由觉澄法师讲《弥勒经》，又做早课。九时，往菊公家一转。十时到馆。

中午，回家午饭。

十一月七日，星期五，晴，66

晨，六时半听经、做早课。九时，到编审部开会。十一时到馆。中午，往功德林为三家聚餐。三时回馆。

夜，回家夜饭。后同内子往功德林念佛。

十一月八日，星期六，晴，66

晨，五时半挈永儿往公园。因须九时开门，遂绕公园一周而回。六时半，听经、做早课。

九时，往菊公家。又往新华银行一转。十一时到馆。

中午，为同业六家商业规事在功德林聚餐。下午，四时回馆。五时半，往鸿运楼贺冯汉文君娶媳，又至青年会洗澡。归家已七时。

十一月九日，星期日，阴晴，62

晨，五时内子往觉园，为该园刘居士昨日脑充血去世、今日送殡仪馆去助念佛。

六时半，听经、做早课。九时，往韦傅翁家，谈至十一时，往功德林参加祝寿会。

下午，二时往公司拟公事稿。四时半，往复兴公园参观菊花。

六时，至徐百齐兄家一谈。

夜，同内子往功德林念佛。

十一月十日，星期一，晴，64

晨，六时半听经、做早课。九时到馆。伊见思君昨日由平飞沪，上午来馆。中午，在功德林约傅翁、巧翁、雄翁等共十五人聚餐。

傍晚，往功德林接内子，彼已先归。

十一月十一日，星期二，晴，64

晨，六时半听经、做早课。八时半，往新惠中访伊见思君，谈至九时到馆。

中午，为货款事同伯翁、雄翁及刘守宜、李伯祥二君在功德林午饭。

傍晚，往望铣弟家与内子同夜饭。饭后，往功德林预祝药师佛圣诞。归已逾九时。

十一月十二日，星期三，晴，65

晨，六时半听经。今日药师佛圣诞，早课祝诞。又今日孙中山先生诞辰，公司放假。

上午，源侄、塘侄、陕侄妇又菡芬等来。

下午，同塘侄往觉园。又同内子往圆明讲堂听静权法师讲《地藏经》，圆满。归已五时。

十一月十三日，星期四，晴，64

晨，六时半听经、做早课。八时半，往菊公家。九时到馆。今日，伯嘉、雄飞两君与伊见思君于十一日赴杭未回，故事务较忙。

中午，应黄鹤年弟妇邀，为鹤年周年在国恩寺吃素斋。下午，二时回馆。

傍晚，同内子归。夜饭后，再同内子往功德林念佛。

泽侄自厦门带来文旦两篓。

十一月十四日，星期五，晴，62

晨，五时起床。因定女与同学等赴苏游玩，故早起为之照拂。六时半，听经、做早课。九时到馆。

中午，至松月楼与伊见思君等同餐。

下午，三时同伯嘉、农山二君往中国银行稽核室谈话。四时归。

十一月十五日，星期六，晴，62

昨夜睡眠不甚佳。五时半起床，往公园外围一走。六时半听经。今日觉澄法师讲《弥勒经》，圆满。又做早课。九时到馆。

中午，同伊见思、朱颂盘二君在聚源斋午饭。

傍晚，回家。夜饭后，同内子往功德林念佛。九时归。

十一月十六日，星期日，晴，64

晨，五时起床。六时半，往新惠中与伊见思君同往大中国电台听礼权法师第一天讲《大势至菩萨圆通章》，又做早课。九时，回家早饭。潘景瑜君来谈。

十时，同伊君往公园观菊展。十一时，同往韦傅翁家。又往净土庵吊杭卓英君丧。又至功德林接内子，先遣车送内子回家，余往韦宅午饭。饭后，又同伊君往浦东大楼开佛教青年会会员大会。又往万寿山贺韦朗轩君嫁女,再回至浦东大楼。会毕,已五时半,即归家。

十一月十七日,星期一,晴,阴有时微雨,64

晨,六时半听经、做早课。九时到馆。

中午,陪伊见思君与雄飞、颂盘二君往松月楼午饭。

夜,同内子往功德林念佛。

十一月十八日,星期二,阴,时有微雨,58

晨,六时半听经。七时半早饭后,即往威海卫路712号费范九君家请教佛化日历格言意义。九时到馆。

中午回家。

傍晚,黄荫翁请伊见翁在聚源斋夜饭,余与朱颂翁作陪。

今日,悟女来信,托人来带日用品。当由内子购就送去。

十一月十九日,星期三,晴,55

晨,六时往公园练拳。六时半听经。七时半,往费君家研究佛历。九时,往新华晤张树年君,谈月底代股东借款事。十时回馆。

中午,在功德林六家会商合约事。

夜,同内子往功德林念佛。九时归。

十一月二十日,星期四,晴,54

晨,往公园练拳。六时半听经。八时,往费范翁家。九时十分到馆。

中午,约王诚翁、伊见翁及伯翁、雄翁在功德林谈分馆待遇。下午,三时往达孚仓库访唐敬先君,缴助心光电费款。回至公司。

傍晚,往功德林请开明分庄经理夜饭。归已九时。

十一月二十一日,星期五,晴,56

晨,往公园练拳。六时半听经。八时一刻,往菊公家。裁缝嫂嫂搭车至□□[1]路。九时,到绍兴路开会。十一时,同子宏兄至公司。

---

[1] 日记原文模糊不清。

中午，回家午饭。下午，二时到馆。三时一刻，至青年佛教会就理事职。六时回家。

夜，内子往功德林念佛。余至费君处请教佛化日历中句读。

十一月二十二日，星期六，晴，54

晨，六时半听经，又理日历格言。十时始到馆。

中午，回家午饭。

傍晚，至青年会洗澡。

夜饭后，内子陪同往汶林路甫慧寺预备受八关戒，即宿寺中。由道根法师开示，至十一时始睡。

十一月二十三日，星期日，晴，56

晨，三时半即起身，由寺中供给桂圆、枣子汤。五时，受八关戒。六时起，即念佛，直至晚十时为止。中经早、午两餐，过午不食。夜，十时后即睡。

十一月二十四日，星期一，晴，昨夜雨，50

晨，五时半起身、早膳。后与章伟川君同归，七时半到家。九时到馆。

中午，回家午饭。

夜归，整理佛化格言，备明日赴大中国电台演讲之用。

十一月二十五日，星期二，晴，52

晨，五时半往公园，六时半听经，七时半早膳。后赴电台讲佛化日历格言，至九时到馆。

夜，同内子往功德林念佛。

十一月二十六日，星期三，晴，52

晨，五时半往公园练拳。六时半听经。七时半，往大中国电台讲佛化日历。九时往新华银行。十时半到馆。

中午，陪李少田君同雄飞、颂盘、家凤诸君在松月楼午饭。

下午，四时半同李少田君往菊公家。六时回家，李君谈至夜饭后去。

十一月二十七日，星期四，晴，56

晨，五时半往公园练拳。六时半听经。七时半，往大中国电台讲佛化日历格言。九时到馆。

中午，在功德林六家同业会谈。

夜，同内子往功德林念佛。

十一月二十八日，星期五，晴，62

晨，五时半往公园练拳。六时半听经、做早课。九时到公司。

中午，同张祖荫兄及雄翁、英翁、汤儿在松月楼午饭。

傍晚，早半小时离馆，归家洗澡。

夜，陪内子往福缘寺，彼于明日受八关戒。九时回家。永儿同去同回。

十一月二十九日，星期六，晴，60

晨，五时半到公园。六时半听经、做早课。九时到菊公家。十时到馆。

中午，回家午饭。

傍晚，往功德林为五家谈借款事。夜饭后，九时归，未参加念佛。

十一月三十日，星期日，阴晴，60

晨，未往公园。六时半听经。今日礼权法师讲《大势至圆通章》，圆满。七时半，内子自福慧寺受八关戒归。八时三刻，往菊公家，约李伯翁共谈。十时半，往陕西北路慈惠里六号，晤平济利路 273 号普济禅寺悟道法师。十二时，至功德林接内子归。

下午，吃陈厚祥君送来之台湾西瓜。

二时半，往菊公家列席公司董事会。六时归。

十二月

十二月一日，星期一，晴，56

晨，因昨夜雨未往公园。六时半，听无碍法师讲《楞严经·观世音菩萨圆通章》。七时半做早课。八时半往公司。

中午，在松月楼请李少田、周圭宝二君午饭。

夜，同内子往功德林念佛。

十二月二日，星期二，晴，54

晨，未往公园。六时半，听经、做早课。九时，往菊公家。十时到馆。

中午，六家同业在功德林谈话、午餐。

下午，往汇中饭店贺周莲轩君嫁女。

傍晚，同汤儿归。

十二月三日，星期三，晴，50

晨，五时半往公园。六时半，听经、做早课。

九时到馆。中午，往菊公家请示代股东借款事。回家午饭。

夜，同内子往功德林念佛。

十二月四日，星期四，雨，50

晨，因昨夜突患腹泻，致起身较迟。六时半，听经、做早课。九时到馆。

中午，回家午饭。饭后，拟信稿，往菊公家一转。到馆已四时。

夜，饭后即卧。

十二月五日，星期五，晴，50

晨，六时半听经、做早课。九时，到绍兴路开会。十一时半到公司。

中午，回家午饭。

夜，同内子往功德林念佛。

十二月六日，星期六，晴，56

晨，五时半到公园练拳。六时半，听经、做早课。八时半，到天丰路晤陈少荪君。谈至九时，至达孚唐振先君处请经书。九时半到馆。

中午，至功德林为同业六家会谈。

夜，往费范翁家请教佛化格言。归已九时半。

十二月七日，星期日，晴，64

晨，五时半起身往公园。六时半听经。七时半，同内子挈永儿往北京路大中国电台，会同新光讲学会同人共得一百九十七人，往宋公园路兴慈中学参观。由兴慈法师及惟云、慧山、范校长等招待，即在该校午饭。饭后，往宋教仁公园及联义山庄一游。归已六时。

十二月八日，星期一，晴，65

晨，六时半听经、做早课。八时半，往职教社访黄任老。九时一刻到馆。

中午，回家午饭。

傍晚，径归家。

刘本恒侄婿来电话，知由浙来，嘱明日到余家来住。

十二月九日，星期二，雨，58

晨，六时半听经、做早课。八时半，往扬子饭店访本恒侄婿。

九时半到馆。

中午，至功德林三家同业会谈。

夜饭后，至功德林念佛。九时半，由内子陪同往火车站，乘十一时开之卧车赴京。

夜间不能成寐。

十二月十日，星期三，晴，50，南京

晨，七时到南京，搭叶溯中君车至分馆。九时半，同叶溯中、郭农山二君至教育部见总务司张振常科长、田培林次长。至四联总处见龚健忠科长。十一时半，回至分馆。再同周熙和、沈季湘及教部薛科长、魏科长等至安乐居素菜馆午饭。

下午，三时半再同郭农山、周熙和、沈季湘诸君先后至教育部、中国银行、中央信托局等处。夜饭后，至十时往下关乘十一时卧车回申。

十二月十一日，星期四，晴阴，50

晨，八时到沪。乘铁路送客车，八时半到家。

九时，至职教社访黄任老。九时半到馆。

中午，回家午饭。

夜，同内子往功德林念佛。

十二月十二日，星期五，晴，50

晨，六时半听经。七时半，往大中国电台。八时二十分起，讲佛化日历中之格言。九时一刻到馆。

中午，回家午饭。

十二月十三日，星期六，晴，50

晨，六时半听经。七时半早膳后，往大中国电台讲佛化日历中之格言。九时半，到绍兴路中华学艺社同李伯翁至菊公家。十一时半到馆。

中午，先至紫光眼镜公司还叶溯中君眼镜款，又至功德林开六家同业会议。

夜，因内子不适，余一人往功德林念佛。

十二月十四日，星期日，晴阴，52

晨，六时半听经。七时半早膳后，同内子往大中国电台。八时廿分，讲佛化日历中之格言。至九时，往功德林搭乘叶君汽车往龙华。内子已先乘公众团体车前往参观龙华寺受戒。中午，由唐振先君请吃午斋。下午，二时同内子乘三轮车离寺。二时半，到菊公家参加董事会。六时半归家。

十二月十五日，星期一，雨，52

晨，六时半听经。七时半早膳毕，往大中国电台讲佛化日历中之格言。今日为本月最后一日，讲至二月四日为止。

九时半到馆。中午，至功德林为五家同业商国定本估价事。

夜，同内子往功德林念佛。

十二月十六日，星期二，雨，48

晨，六时半听经、做早课。九时半到馆。

中午，回家午饭。后同内子往巴黎大戏院视糜文溶嫂，因彼于日前翻车受伤也！

刘本恒侄婿今日回姚。

十二月十七日，星期三，阴晴，46

晨，六时半听经、做早课。八时半，挈永儿去剃头。九时半到馆。

中午，为六家同业会商在功德林午饭。

夜，同内子往功德林念佛。

内子售去商务股五万股，计一千三百万元。

十二月十八日，星期四，雪，40

提要：今日起，所填温度以四楼温度表清晨六时半之温度为准。

晨,六时半听经、做早课。八时,往菊公家。九时一刻到馆。

中午回家。

傍晚,往功德林应中国实业厂宋明德君之约夜饭。宋君明晨飞渝。归已九时半。

十二月十九日,星期五,晴,32

晨,六时半听经、做早课。八时半,往菊公家。九时半,到绍兴路开会。十一时回馆。中午,因时间不及,在馆吃面。

下午,三时同伯翁往访各股东。又至拔公家视疾。六时归。

夜,同内子往功德林念佛。

十二月二十日,星期六,晴,28

晨,六时半听经、做早课。九时,到菊公家。又往赵主教路(五原路)视华姓股东。十时半到馆。

中午,回家午饭。

傍晚,同伯翁至经翁家,菊公亦来。同至云公家一转。八时归。

十二月二十一日,星期日,晴,28

晨,六时半听经、做早课。九时,往韦傅翁家。谈至十一时,至功德林与张菊公、经翁、伯翁、雄翁等午饭。饭后,至市商会开股东临时会,至五时半散会。再至功德林念佛。归已逾九时。

十二月二十二日,星期一,晴,32

晨,六时半听经、做早课。九时,往赵主教路(五原路)212 弄访胡华锦女士,询该处新屋事,知每幢占地四分余,须五十条金子云云。

十时到馆。中午,回家午饭。

傍晚,同朱、李二君往菊公家。中途,至新生活社贺丁梓华、梓国二君母寿。

十二月二十三日,星期二,晴,34

晨,六时半听经、做早课。八时,同内子、永儿往觉园礼佛。后回至馆中。

中午,回家午饭。

傍晚,久如弟来。夜饭后,同内子往功德林念佛。

十二月二十四日，星期三，雨，38

晨，六时半听经、做早课。九时到馆。

中午，同糜文溶兄及伯翁至功德林午饭。

傍晚，径归家。原拟赴余百贤君家，因体倦未往。

十二月二十五日，星期四，雨，50

晨，六时半听经、做早课。九时到馆。

中午，回家午饭。后因昨夜睡眠不宁，午睡至傍晚始起床。夜饭后，同内子往功德林念佛。

十二月二十六日，星期五，晴，56

晨，六时半听经、做早课。九时到馆。

中午，为七联处开代表会在功德林午饭。下午，三时至大鸿运贺福贵弟五十寿。

四时，到菊公家。夜，请李孤帆、谢仁冰两君夜饭，陈叔翁、张雄翁作陪。归已九时半。

十二月二十七日，星期六，阴，54

晨，六时半听经、做早课。九时到馆。

中午，为与庄景明君谈话，与张雄翁、丁英翁同在功德林午饭。

下午，三时半至青年会洗澡。四时半，径返家。

夜，为明日弥陀佛圣诞与内子同往功德林预祝。归适九时。

十二月二十八日，星期日，晴，45

晨，六时半听经。今日为弥陀圣诞，做全堂早课。

上午，为余在电台插讲佛化日历中之格言业已七次，屡有友人劝作记录，迄无暇晷。今日嘱春塘来家作记，余再口述一次。承章伟川兄亦留听。计讲两小时，至一月廿二日止。下星期日当再讲一次，俾补至二月四日之格言为止。以后在电台续讲，可嘱塘侄前往记录也！

黄寿宸会计师来谈，午饭后去。

陕侄妇来，为查廿九年间代陕侄还邵侄女款事。

下午，高卧终日，未出门一步。

十二月二十九日，星期一，阴，42

晨，六时半听经、做早课。九时到馆。

中午，回家午饭。

夜，同内子往功德林念佛。

昨日公司董事会议决，实任余为经理。

十二月三十日，星期二，晴，36

晨，六时半至佛堂听经、做早课。九时，到菊公家。十时到馆。

中午，为与庄景明君谈话，至功德林与雄、英二君同餐。下午，三时回馆。

十二月三十一日，星期三，晴，40

晨，六时半听经、做早课。今日无碍法师讲《楞严经观世音菩萨圆通章》，圆满。

三女昨夜由杭到沪，今日同将华出去。余自坐电车，而以三轮车让坐。

夜，同内子往功德林念佛。

下午，往宁波同乡会贺袁士兴君娶媳。

1948 年

一月

一月一日，星期四，晴，38

提要：公司放假。

晨，六时起床，六时半听经、做早课。九时，继续重讲一月廿二日至二月四日之佛化日历格言，仍由塘侄记录。

今日起，成觉法师讲《弥陀要解》。

上午，李功续、汤杰、穆华生、周家凤、程雪门、张雄飞、朱颂盘、戴孝侯诸君来贺年。祝甥挈儿女来，涵芬亦来，均午饭后去。

下午，同应女往杨有壬君处取介绍证，往车站购钱塘车票。适颂盘兄亦赴杭，得与应女同行。四时，到发行所。五时，到功德林吃周昌元君喜酒。念佛后，同内子归。

一月二日，星期五，晴，40

晨，六时半听经、做早课。

九时，往菊公、拔公家。又往李孤帆君家，未遇。再往陈士型君家午饭。

下午，二时半往觉园听贡格法师讲《心经》。五时半回家。

一月三日，星期六，晴，38

晨，六时半听经、做早课。九时到馆。

中午，与伯翁同请凌宪扬、陈公亮、陈自康、诸颂思、糜文溶、高杰诸君午饭，在国际饭店十四楼吃大菜。

夜，又同伯翁与正中、中华会谈，在国际夜饭。饭后，至功德林同内子归。

一月四日，星期日，晴，38

晨，六时半听经、做早课。九时，同内子往访谢仁冰君，适叔通先生亦在。座谈片刻，至信大祥三楼访丁立乡君。十时半，到韦傅翁家午饭。饭后，至觉园听贡格呼图克图讲《心经》。五时归。

昨日，公司新任协理李孤帆君到馆办事。

一月五日，星期一，晴，42

晨，六时半听经、做早课。九时到馆。

今日，公司新任协理李孤帆君到馆办事。

中午，在功德林六家同业开会，为加价事。

夜，同内子往功德林念佛。

一月六日，星期二，晴，42

晨，六时半听经、做早课，并听陈海量君讲“佛化家庭”。九时廿分到馆。

中午，回家午饭。傍晚，亦径归家。

一月七日，星期三，晴，43

晨，六时半听经、做早课。九时十分到馆。

中午，与雄翁、英翁约庄景明君谈话。

至达孚唐振先君处索经书。

夜，同内子往功德林念佛。

一月八日，星期四，晴，50

晨，六时半听经、做早课。九时到馆。

中午，约顾子威君在松月楼午饭，结果系顾君会钞。饭后，至银行俱乐部贺钟瑞庭女士结婚。

夜，应高杰君邀在功德林夜饭，同席为糜文溶、文光、文焕及郭守已君，谈糜君家事。归已逾十时。

一月九日，星期五，晴，48

晨，六时半听经。七时半，至儿童书局约塘侄同往大中国电台讲佛化日历中之格言。

中午，回家午饭。下午，二时半往菊公家。四时半至馆。夜，六时半到功德林吃面后念佛，并参加百福谢年会筹备会。

一月十日，星期六，阴晴，47

晨，六时半听经。七时半，往儿童书局同塘侄至大中国播讲佛化日历之格言。九时十分到馆。

中午，回家。下午，午睡后回馆。

傍晚，至功德林一转，接内子归家。

一月十一日，星期日，晴，夜雨，43

晨，六时半听经。七时半，至儿童书局同春塘至大中国讲佛化日历之格言。九时半回家。

十时，开本邨住户会议。

周渭清君来谈。

曾宪学君来，在家午饭。后往青年会贺盛稚梅君嫁妹。又同曾君至净业社听本光法师讲《唯识》。

夜，往功德林念佛，内子因体倦未去。

一月十二日，星期一，雨，42

晨，六时半听经。七时半，往儿童约塘侄同往大中国讲佛化日历之格言。今日为末日，讲至二月廿二日止。九时一刻到馆。

中午，为六家同业会商在功德林午饭。

傍晚，径归家。

一月十三日，星期二，晴，42

晨，六时半听经、做早课。九时到馆。

十二时，同郭农山、周熙和二君往中信局及中、交两行接洽。

中午，回家午饭。饭后，午睡一小时。三时一刻到馆。

夜，同内子往功德林念佛。

一月十四日，星期三，晴，40

晨，六时半听经、做早课。九时到馆。

中午，回家午饭。饭后，往菊公家请示应付工会要求事。四时到馆。

傍晚，往功德林同张雄翁、张子翁、周鸣翁请王诚翁夜饭。饭后，又同子翁往余伯贤君家，谈至九时半归。

一月十五日，星期四，晴，32

晨，六时半听经、做早课。九时到馆。

中午，世界沈季湘君在杏花楼请午饭。

夜，同内子往功德林念佛。

上午，为售与中央印制厂过版印胶机事，往该厂晤陈自康君，一谈。

一月十六日，星期五，晴，31

晨，六时半听经、做早课。八时半，往菊公家。十时，往拔公家，并候任心翁。十一时到馆。

中午，往松月楼与雄飞、屏翰二君餐叙。

傍晚，径归家。

一月十七日，星期六，晴，32

晨，六时半听经、做早课。八时半往公司。

中午，请显光、屏翰、宪学诸君及孤帆、仁冰、雄飞、子宏、颂盘又伯翁在功德林午饭。

傍晚，往徐永祚君家一走。夜，同内子往功德林预祝释佛圣诞。

一月十八日，星期日，晴，36

晨，六时上四楼，六时半听经。七时半早膳后，同内子挈永儿至法藏寺向兴慈法师受五戒，直至下午二时始毕，即在该寺午饭。后往佛教青年会开会。至四时半，往菊公家，至[1]伯嘉、英桂二君会谈馆事。至七时回家。

夜，九时往车站，乘十一时夜卧车赴京。李孤帆君已先在。

一月十九日，星期一，晴，42，南京

晨，七时半到南京，即同李孤帆君往分馆。十时，同郭农山、印国珏、刘廷枚、张恒夫（大东）及诚翁、黄仲康等赴教育部，见吴研因司长及刘英士参事，谈国本倍数事。十一时回馆，在沁心居午饭。

午后，往云公家谈一小时。又往善后委员会访百齐、孝先两兄。夜，又在沁

---

〔1〕“至”疑为“同”字。

心居夜饭。

十时到车站,同孤帆兄乘夜卧车返沪。因车上有热气设备,不能安睡。

一月二十日,星期二,晴,48,上海

晨,八时到沪。乘二号路局接送车,九时到家。十时到馆。

中午,同中央信托局华方增君及沈季湘、朱颂盘二君在杏花楼午饭。

傍晚,径归家。

一月二十一日,星期三,晴,52

晨,六时半听经、做早课。八时半,往菊公家。十时到馆。

上午,为向中央印制厂订约收机器款事,两次往该厂总管理处。

中午,往功德林为六家会商向教部呈文及调整售价聚餐。下午,三时往新华为透支事与陈鸣一、许振东二君磋商。四时回馆。

夜,同内子往功德林念佛。

一月二十二日,星期四,阴,58

晨,六时半听经。七时半,至儿童找塘侄。又往北四川路安填坊30号周熙和君家视其公子疾。九时半,至新华银行访陈鸣一君。十时半到馆。

中午,回家午饭。傍晚,径归家。

一月二十三日,星期五,雨,58

晨,六时半听经、做早课。八时半,往大中国电台晤余伯贤居士等,商心光节登报事。又往大法轮书局访陈海量居士,未晤。又至菊公家,至十一时半回家。午饭后到馆。

下午,三时半往菊公家列席董事会。至六时半始毕,回家。

夜,同内子往功德林念佛。

一月二十四日,星期六,阴晴,昨夜雨,40

晨,六时半听经、做早课。八时,往菊公家。十一时回馆。

中午,回家午饭。饭后,往青年会洗澡。三时到馆。

夜,在馆中修面后归。

一月二十五日，星期日，阴，32

晨，六时半听经、做早课。

今日，同内子挈永儿往功德林参加百福谢年会，并邀韦傅翁夫妇参加。又顺请显光兄及戴孝翁午饭。傍晚，六时始归。

上午，往吊林国民父丧。下午，贺张一渠嫁女及高翰公娶孙媳。

一月二十六日，星期一，晴，26

晨，六时半听经、做早课。九时到馆。

中午，回家午饭。

下午，往佛教青年会晤陈海量、李行孝两君。三时到馆。

四时，往菊公家，与李伯翁谈公司事。

六时半，往韦傅翁家，同席者显光、屏翰、华生、子宏、雄飞、颂盘、孝侯诸君。九时归。

久如弟来谈，十时半去。

一月二十七日，星期二，晴，24

提要：显光明晨飞渝去蓉，久如弟明日赴青。

晨，六时半听经、做早课。九时半，到菊公家。十时半，往新华晤张树年君。又往兴业证券号访俞明时君，与俞明岳君谈购股事。十一时余到馆。

中午，回家午饭。陈士型君来诉说家庭不睦事。三时半到馆。

夜，应雄飞、颂盘、子宏、英桂、大銈、景贤诸君招，陪显光、屏翰二兄在松月楼夜饭。饭后，同内子往功德林念佛。姜枝先君来谈书价事。

一月二十八日，星期三，晴，27

晨，六时半听经、做早课。八时半，往职教社访黄任之君，又往克明路贺王昌元君寿，再往兴业访徐寄庼君。十时到馆。

中午，请姜先枝、楼瑞昌二君在松月楼午饭，郭农山、张子宏二君作陪。

傍晚，回家后同内子往陈士型兄家夜饭，调解彼夫妇不睦事件。至十时，同陈君夫人至家。

塘侄今日起宿余家中。

一月二十九日，星期四，晴，28

晨，六时半听经、做早课。八时半，往菊公家。九时半到馆。

中午，为七联开会在功德林午餐。

夜，同内子往功德林念佛。

陈士型嫂今日居余家。

一月三十日，星期五，晴，32

晨，六时半听经、做早课。九时，到中国银行访久鳌哥，谈至十时回馆。

中午，回家午饭。

一月三十一日，星期六，阴晴，42

提要：今日成觉法师讲《弥陀要解》圆满。

晨，六时半听经、做早课。九时，往菊公家，又至白克路接汤儿。十时余到馆。

中午，应陈士型邀至青年会午饭，同席者吴、叶二君。

夜，往功德林念佛。内子往觉园，未去。

二月

二月一日，星期日，阴，42

晨，六时半听经、做早课。今日起，慧舟法师讲《善生经》。

十时，张祖荫兄同成世俊来谈。张君昨自杭来。

十时半，往青年会访陈士型兄，谈与其夫人脱离之事。十一归家。

午后昼寝。三时，往佛教青年会。六时归。

七时，同内子往功德林念佛。今日圆满，须待至二月十七日再行开课。

二月二日，星期一，阴晴，41

晨，六时半听经、做早课。九时，往青年会晤陈士型兄。又往新华访张树年君。十时半到馆。

中午，陪张祖荫君在松月楼午饭。饭后，往儿童书局访张一渠君，未遇，与宋良锐兄一谈。

夜，归家后约蔡、吴、王诸君为陈士型兄夫妇调解立约，至十时半始毕。

二月三日，星期二，晴，38

晨，六时半听经、做早课。九时到馆。

中午，回家午膳。下午，往法藏寺请兴慈法师与黄幼希、吴致觉二居士于本星期日来家午餐。四时到馆。

二月四日，星期三，雪，40

晨，六时半听经、做早课。

陈士型嫂今晨动身赴金华。

八时半，往菊公家。又往黄蔼农、韦傅卿（未遇）、郑颂英、唐振先诸君处，为约星期日来家午餐事。十一时半到馆。

中午，回家午膳。下午，往佛教青年会约陈海量居士星期日来家午餐。又至新华银行访张树年君。三时到馆。

夜，往屋哥家夜饭，同席者为孙君、吴君、丁桂樵君昆仲、余伯贤、唐振先、朱幼兰诸君。归已九时半。

二月五日，星期四，晴，36

晨，六时半听经、做早课。

八时半，往菊公家一转。十时到馆。

中午，回家午饭。应女自杭归。

二月六日，星期五，晴，35

晨，六时半听经、做早课。杨实夫君来，同往馆。

中午，回家午饭。

傍晚，购罐头、牛奶及电灯泡。

夜，往穆华生君家夜饭。

二月七日，星期六，晴，36

晨，六时半听经、做早课。九时到馆。

中午，回家午饭。

下午，往法藏寺剃头。又往公训同学会应报界公会招商纸张供给事。五时半回家。

夜，在家请同事吃年夜饭。到者十七人内，除墀哥外余均公司同事。十一半始睡。

到者：李伯嘉、王巧生、李孤帆、谢仁冰、张雄飞、丁英桂、王雨楼、穆华生、凌云、周家凤、吴度均、叶明铨、苏继庼、胡省初、韦傅卿、俞镜清及李墀生兄。

二月八日，星期日，晴，40

晨，六时半听经、做早课。终日未出门，在家请客。

上午，王少峰兄同其次女来，送来许多物件。

中午，请兴慈法师应供。作陪者陶居士及赵云韶、黄幼希、黄蔼农、吴致觉、郑颂英、丁桂樵、余伯贤、薛鸿江、唐振先、赵祥庆、任心白、章伟川、张子宏、戴孝侯及李墀生哥等。曾摄影。请法师开示，又同念消灾延寿药师佛一枝香，颇为欢畅。

下午洗澡。夜，家中人吃年夜饭。亲友到者为糜文溶夫人、振宇、望铣弟夫妇及塘侄、濂侄、美畴侄孙、祝甥、鹤年夫人等。

二月九日，星期一，晴，40

晨，六时半听经、做早课。九时到馆，先至法藏寺一转。

中午，回家午饭。

夜，同内子往功德林预祝弥勒佛圣诞，又至红庙一转。十时归家。

二月十日，星期二，晴，40

提要：今日阴历元旦，公司放假。

晨，六时半听经、做早课。八时，同内子往电台。今日起，继续播讲佛化日历中之格言。九时毕。

九时半，往觉园礼佛。又往徐致一师及墀身哥家贺年。又至功德林上供、团拜、聚餐。

下午，往朱经农、王云五、鲍庆林夫人（未遇）、墀哥及道根法师等处贺年。四时回家。

夜，朱颂盘兄及夫人，又戴薪荪君夫妇来，夜饭后去。

二月十一日，星期三，晴，40

晨，六时半听经、做早课。七时三刻，适陈炳泉君来，同车送至爱文义路。八时一刻，到大中国电台。九时讲毕，径至法藏寺，内子亦到。拜佛后，见兴慈法师，贺年。谈一时，至三昧寺。拜佛后，见宽道法师，谈至十一时半归家。

下午，在家未外出，仅至徐百齐兄家一走。

二月十二日，星期四，晴阴，傍晚雨，44

晨，六时半听经、做早课。七时三刻，往大中国电台广播。九时，至张一渠家。又至菊公家，谈至十一时余，至黄仲翁家，未遇。又至启珪弟家，与菡芬一谈。十一时半归家。

下午，在家未外出。

夜，黄仲翁来。夜饭后，谈至九时余始去。

二月十三日，星期五，雨，44

晨，六时半听经、做早课。七时三刻，往大中国电台播讲。今日为末次，讲至佛化日历三月十日为止。九时，往达孚访唐振先君。九时半到馆。

中午回家。

下午到馆，知已于一时打烊。三时，往小沙渡路庄进明君家贺年。

安甫侄育一子，系阳历元旦所生，为之取名“美辰”，字“元明”。

二月十四日，星期六，阴，50

晨，六时半听经、做早课。九时，到菊公家。十时，往拔公家贺年。十时半回馆。

中午，在望铣弟家午饭。

二月十五日，星期日，雨，48

晨，六时半听经、做早课。

为应时内侄女不规则事与望铣弟谈。内子为之奔走转圆，颇费苦心。

中午，至墀哥家午饭。

下午，至康乐酒家贺赵祥庆君娶媳。

五时，至新生活俱乐部为成世俊君作证婚人。六时半，至佛教青年会应方子藩、郑颂英、陈海量君招夜饭。饭后集会,归已十时半。

今日公司董事会,不及前往参加。

二月十六日,星期一,雨,50

晨,六时半听经、做早课。九时,至菊公家。十时到馆。

中午,回家午饭。

下午,六时至城内松月楼应唐振先君招夜饭。同席者余伯贤、李子峰、周慧仲三君。饭后,同至唐乃添君家灌放录音机,至十一时始归。

二月十七日,星期二,阴晴,45

晨,六时半听经、做早课。九时,往新华银行访张树年君。又往证券交易所访俞明时君。十时到馆。

中午回家。家中请成禹川夫人、张祖荫夫人午饭。

下午,往韦傅翁家。三时回馆。

夜,同内子往功德林念佛。今日系阴历年后第一天。

二月十八日,星期三,雨,45

晨,四时起床。五时,陪应潮至北站,上六时半开之特快车赴杭。六时一刻,往大中国电台听慧舟法师讲《玉邪女经》。八时至馆。

中午,为六家会商至功德林午饭。

下午,菡芬来谈。又洪志筠表妹亦来托谋事。

二月十九日,星期四,阴晴,50

晨,六时半听经。今日慧舟法师讲《玉邪女经》圆满。做早课时无线电坏,改诵《金刚经》一卷。

九时到馆。中午,回家午饭。

下午,内子同出去。彼往虹口访翁培雍夫人及沈大钰夫人。傍晚,与内子同归。

夜,同内子往功德林念佛。

二月二十日,星期五,雨,50

晨,六时半听经、做早课。今日普庆法师开始讲《心经》。九时,到菊公家。

十时到馆。

中午，应余伯贤、叶竹青二居士招至功德林午饭，与史美申及大中国电台李君谈播音事。

下午，三时回馆。

傍晚，至南无锡路136弄九号周慧崇居士处夜饭，并开心光讲学会负责人会。至十时余始归。

二月二十一日，星期六，晴，45

晨，六时半听经、做早课。九时到馆。

中午，回家午饭。

夜，在震旦女子文理学院宴请天主教各主教、神父等。至八时半，往功德林接内子归。

二月二十二日，星期日，晴，45

晨，六时半听经、做早课。九时，到韦傅翁家。又往黄蔼农君家一座，适彼外出。十一时回家。下午，往法藏寺为灵岩山立位事。又往佛教青年会交韦傅翁入会费。

三时，往菊公家，彼约同人谈话。六时半回家。

二月二十三日，星期一，晴，42

晨，六时半听经，至七时半早点。后因须找薛鸿勋君为心光讲学会发信盖章事往新声电台，知仍在大中国，乃再往北京路。又至恒源昌访薛君盖章，再同至南无锡路40号恒隆棉布庄余伯贤君铺中取信封。又往菊公家。返馆已逾十时。

中午，回家午饭。

夜，同内子往功德林念佛。

二月二十四日，星期二，晴，40

晨，六时半听经、做早课。九时，内子往觉园，余往春平坊郭农山君家。九时半到馆。

中午，同黄秉桓（昨由川来）、许月乔及雄飞、子宏、颂盘、英桂诸君同至松月楼午饭。

秉桓兄挈其子来家夜饭。

二月二十五日,星期三,晴,45

晨,六时半听经、做早课。八时半,往薛鸿勋君店中,为心光讲学会信盖章。九时到馆。

中午,在馆中与朱颂盘兄共吃面。

夜,同内子往功德林念佛。

二月二十六日,星期四,阴雨,50

晨,六时半听经、做早课。八时半,往拔翁家访任心白兄,因彼今午赴常州也！九时半到馆。

中午,为六家会商杂、书加价事至松月楼午饭。饭后,同沈季湘、周熙和二君往正中访蒋志澄君,未遇,即返。

夜,往中行访蔡公椿君,谈至七时半。又往蜀腴应蒋志澄君请宴。归已近九时。

二月二十七日,星期五,阴,夜雨,52

晨,六时半听经、做早课。八时半,应陈少翁请至天丰一转,谈房子事。九时半到馆。

中午,至望铣弟家午饭。颂盘兄亦同去。

夜,世界、中华、开明请客,未去。与内子往功德林念佛。

先祝、先佑来,谓先祚已自杭回沪,预备介绍至建华机械厂工作。

二月二十八日,星期六,晴,52

晨,六时半听经、做早课。九时,送内子至法藏寺后,九时十分到馆。

中午,回家午饭。

傍晚,至蔡公翁处,谈至七时一刻归家。

二月二十九日,星期日,雨,45

晨,六时半听经、做早课。上午,黄承昇、顾兆刚两君来谈。

今日为母难日,中午吃面纪念。

下午，午睡后往发行所写信、拟稿、剃头。

六时半，至功德林应庄进明君招夜饭。饭后，至三楼念佛。九时，同内子归。

三月

三月一日，星期一，晴，40

晨，六时半听经。今日起，由了愿法师讲《大方广佛华严经·离垢地章》。

八时半，往菊公家，经农、伯嘉二君亦来，谈至十时半始赴馆。中午，往唐振先君及佛教青年会一转，归家已下午二时。午饭后，于三时半陪内子往江静轮，彼乘八号二等房舱赴姚。四时，余返馆。

夜，往功德林念佛。今日起，改《弥陀经》为《大忏悔文》。

三月二日，星期二，晴，36

晨，因觉身体不适，五时起床练太极拳，慢、快各一套。六时半听经。七时半，预备佛化日历讲稿。九时到馆。九时半，往兴业访徐寄庼君。十时回。

中午，回家午饭。饭后，往菊公家一转。四时，往中国农民银行开纸张会议。

夜，往大鸿运应张一渠君招夜饭。八时半归。

三月三日，星期三，晴，40

晨，六时半到佛堂听经。七时半，拟文稿为工会纪念特刊需用。九时半往馆。

中午，回家午饭。下午，至法藏寺找陶德乾居士及黄幼希、吴致觉二居士。三时赴馆。

四时，至菊公家会商馆事。

六时三刻，径往功德林念佛。九时归，夜饭。

塘侄来家过夜。

三月四日，星期四，晴，42

晨，六时半听经。七时半，准备佛化日历讲稿。

九时，往直接税局访李光锷股长，接洽公司上年所利得税事。又至觉园代屋哥交灵岩山立神位款。十一时到馆。十一时半,往兴业银行访徐寄庼君。十二时一刻,往徐永祚会计师处商公司未退增资款各股东办法。一时,回家午饭。

下午,三时到馆。晚,张雄翁搭车往其弟士敏兄家。

三月五日,星期五,晴,48

晨,五时半起床练拳。六时半,因大中国电台坏,与章伟川居士念《金刚经》。七时起讲经。七时半,准备日历讲稿。

九时,往菊公家一转。十时到馆。

中午,回家午饭。

夜,往功德林做夜课。九时归。

三月六日,星期六,晴,昨夜雨,54

晨,五时半起床练拳。六时半听经。七时半,准备日历格言讲稿。九时到馆。

中午,回家午饭。后稍睡,于三时半往菊公家参加董事会。六时归。

夜,读《弥陀疏钞》。

三月七日,星期日,晴,48

晨,五时半起床练拳。六时廿分,听经、做早课。

九时半,往韦傅翁家。十一时,往寿圣庵应屋哥约,听陈铭枢(真如)君讲佛学,与李、陈及黄心湛居士午餐。下午,四时至国际取放大照片,未晒好。又至紫光眼镜厂索书。再至先祝家一转,归。

夜,往功德林念佛。今日有男居士十八人,女居士十人。

三月八日,星期一,晴,44

晨,六时一刻听经、做早课。九时到馆。

中午,回家午饭。饭后,往青年会为韦傅翁购《佛化家庭》。又往阜昌为韵甥购别直参(每两250万)及毛西参(每两150万)。

夜,读《童蒙正观》。

三月九日,星期二,晴,46

晨,六时一刻听经、做早课。九时到馆。

中午,回家午饭。

夜,往功德林念佛。

三月十日,星期三,晴,55

晨,六时一刻听经。七时半早点后,即赴馆。适顾兆刚兄来访,同车外出。

中午,回家午饭。

夜,往功德林开世界提倡素食会,又至余伯贤居士家。九时,同唐振先君辞出。先送唐君至西摩路,再归。

三月十一日,星期四,阴,雨,60

晨,六时一刻听经。六时三刻早点后,同章伟川君赴新声电台,因今日为余讲佛化日历之期。又因余伯贤、李紫峰二君未来(余君小病,李君赴锡),须兼任报告员也!九时半到馆。

中午,回家午饭。

夜,往功德林念佛。

三月十二日,星期五,阴,58

提要:公司今日放假。

晨,六时一刻听经。六时三刻,同章伟川君往新声电台。九时播讲毕,携觉民回家。

午后,同觉民往青年会参加工会一周纪念会,曾为演讲。四时半,吃点心后归。

夜,塘侄来。

三月十三日,星期六,阴雨,58

晨,六时一刻听经。六时三刻早点后,同章伟川君往新声电台。播讲毕,赴馆。

中午,回家午膳。后往张雄翁家视其子病,又同戴孝翁到馆。

傍晚,往功德林先开六家售价会,又至三楼念佛。九时归。

夜,陈士型嫂自江山来,宿余家。

三月十四日,星期日,雨,56

晨,六时半听经。早点后,八时往新声播讲佛化日历格言。今日为本月最后一次演讲,讲至三月三日为止。

九时往公司,请俞镜清、李功续二君帮同将分馆加价电发迄,又整理窃案。十二时,往大西路陈士型兄[1]午饭。又往霞飞路1412弄看房子(与张启民君同去)。三时半,到菊公家,与朱经农、李伯嘉二君同商馆事。六时归家。

三月十五日,星期一,阴雨,50

晨,六时十分听经、做早课。九时到馆,并先至徐百齐兄家一谈。

中午,回家午饭。后同士型兄夫妇往卢家湾看房子。三时到馆。

夜,至功德林请假,再至紫光一转,往郑颂英居士家开茶话会,为佛教青年会研究班事。有余显朴、段伯阳、王兆基、许国培、余光裕、陈海量等。与章伟川君同归,已十时余。

锦女昨称不适,今日喉间发现白点。下午,请郑元礼君来诊视。傍晚,来电话谓验非白喉云。

三月十六日,星期二,阴,48

今晨,电台播音发生障碍,收不到讲经及早课节目。

九时到馆。中午,回家午饭。饭后,往访陈海量君,为请《大藏经》事。

傍晚,应钱谢庭君招往会宾楼夜饭。九时归。

三月十七日,星期三,雨,50

晨,六时半听经、做早课。九时到馆。

中午,回家午饭。

午后,同徐俊才君及沈律师往山东会馆谈本年地租事。三时到馆。

夜,往功德林预祝释伽摩尼佛圣节。归已逾九时。

三月十八日,星期四,阴,50

晨,六时半听经、做早课。九时到馆。

[1] 此疑漏一“家”字。

中午,同颂盘、雄飞二兄陪黄秉桓兄父子在聚源斋午餐。

夜,陈士型兄来,为伊夫妇和解争执事,至十一时始了。

三月十九日,星期五,阴,52

晨,六时半听经、做早课。八时半,往视拔公疾,知已痊可。十时到馆。

中午,回家午饭。饭后,往佛教青年会晤陈海量居士,谈《频伽藏经》事。三时到馆。

夜,往功德林念佛。

三月二十日,星期六,雨,52

晨,六时半听经、做早课。九时到馆。

中午,因三轮车坏,即在馆中吃面(面筋面,价三万)。

下午,四时因身体微感不适,即归家服阿司匹灵两片,睡两小时。六时,往复兴中路553弄60号叶竹青君家开新光讲学会干部会议。除章伟川、刘慧林二君外,余均到。归已逾十时。

三月二十一日,星期日,阴,48

晨,至十时余始起床,将无线电移三楼听经、做早课。

上午,十一时往法藏寺吊章雪山君母丧,与张敏逊兄同见兴慈法师。又同陈岳生君往晤吴致觉居士。一时半归。

上午,诸长尧来。下午,诸华仙夫妇来。

夜,往功德林念佛。

三月二十二日,星期一,雨,46

晨,六时半听经、做早课。九时到馆。

中午,回家午饭。饭后,午睡一小时。

夜,往佛教青年会为茶话会值日。

今日,陈士型嫂迁居吕班路305弄3号。

三月二十三日,星期二,阴,下午晴,46

晨,六时半听经、做早课。九时到馆。

中午,回家午饭。饭后,往访陈士型嫂。三时半到馆。

夜，至功德林念佛。

陈云卿君来自新嘉坡，谓前晚抵沪。

黄秉桓兄明晨飞蓉。

三月二十四日，星期三，阴晴，47

晨，六时半听经、做早课。

八时半，至法藏寺找鞋摊，尚未来。至西藏南路达兴昌鞋店购僧鞋一双，计价四十万元。

九时到馆。

中午，回家午饭。应时内侄女来谈。

夜，往功德林预祝明日释佛涅般纪念。

塘侄来家住宿。

三月二十五日，星期四，晴，41

晨，六时半听经、做早课。今日为释佛涅般纪念，照祝诞仪轨。

九时，到望铣弟家一转。又往新华访张树年君，往兴业股票社访俞明时君。十时到馆。

中午，回家午膳。

夜，往功德林念佛。

三月二十六日，星期五，晴，44

晨，六时半听经、做早课。今日因四楼电线坏，改在客堂听、做。

八时半，往菊公家。十时到馆。

中午，同李伯翁、孤翁、雄翁、颂翁、雷翁等陪陈云卿君在松月楼午饭。

夜，往青年会，又剃头。归已九时。

今日，由朱菊生君代购到《频伽大藏经》一部，计四十函四百十四册，价三千七百万元。

三月二十七日，星期六，晴，下午雨，47

晨，六时半听经、做早课。

九时，往霞飞路中行访韩调卿君及沈居士。九时半到馆。

中午,回家午饭。三轮车于傍晚修来。

夜,至功德林念佛,与汤儿同归。

三月二十八日,星期日,雨,45

晨,六时半听经、做早课。

上午,在家开房客会。

傍晚,徐百齐兄来谈。

夜,往功德林预祝观世音菩萨圣诞。

三月二十九日,星期一,晴,51

提要:今日为观世音菩萨圣诞。

晨,六时半听经、做早课。八时半,往三味寺。又接韦傅翁夫妇至寺,同午饭。因今日起,该寺打佛七。同席有唐振先、叶竹青、余伯贤诸君及其眷属。

午后,同傅卿兄夫妇至家。傍晚,启珪弟来谈。

夜,往青年会为七家同业公宴台湾教育界内地考察团作陪。九时余归。

三月三十日,星期二,晴,52

晨,六时半听经、做早课、看经。

九时,至法藏寺一转。九时半到馆。

中午,回家午饭,并先至徐永祚会计师处一谈。

夜,至功德林预祝普贤菩萨圣诞。

三月三十一日,星期三,晴,下午雨,54

晨,六时半听经、做早课。今日为普贤菩萨祝诞。

九时,往卢家湾警局为取回软照会事。十时到馆。

中午,同沈季湘君在松月楼午饭。

夜,至功德林念佛。

四月

四月一日,星期四,晴,有雨,47

晨,六时半听经。今日起,雪相法师讲《释伽如来成道记》。又做早课。

九时，至望铣弟家一转。九时半到馆。

中午，同李孤帆、韦傅卿两君请糜文溶兄在功德林午饭。

夜，至功德林念佛。

四月二日，星期五，晴，下午阴，56

晨，六时半听经、做早课。

九时到馆。十一时半，往北车站接十二时半杭来火车，内子自姚转杭来沪。一时一刻到家。

傍晚，往咸昌视源侄，又往美生访邵美章君。归家后洗澡。

四月三日，星期六，晴，雨退，61

晨，六时半听经、做早课。

九时，同内子挈永儿至望铣弟家一转。九时半到馆。锡恩内弟嫂自姚来，今晨到沪。

中午，至望铣弟家午饭。

夜，同内子及永儿至功德林念佛。

四月四日，星期日，晴，64

晨，五时起床。五时一刻往北站，三刻到。遇李紫峰君，引至三等车(原购二等票)。同座计李君父子及叶竹青君父子、楼道贵君。六时半开车，九时一刻到嘉兴。佛教青年会集团计二十一人，至外月河五十三号范古农老居士家请开示。后至楞严寺、精严寺一游，均驻军队，至为凄凉。十一时，至功德林午饭。饭后，乘船往南湖烟雨楼。三时余，回至车站，乘四时二十分特快车，至七时到沪。

四月五日，星期一，晴，61

晨，六时半听经、做早课。福贵弟来。

八时，家凤兄来谈。九时半，往公司。

中午回家。应时在家午饭。

下午，往菊公家一转。三时半到馆。

五时，往法藏寺听钦[1]定法师讲《心经》。

---

[1] “钦”当为“清”。

七时，同内子、永儿及锡恩弟妇往功德林，应陈士型兄夫妇招夜饭。饭后，上佛堂回关，归已逾九时。锡恩嫂宿余家。

四月六日，星期二，晴，56

晨，六时半听经、做早课。

九时，同内子至觉园访明如师，未遇。将韵贞甥欲掉之《弘化刊》交去，又购请《佛法导论》四本，每本须二万八千元。

十时到馆。中午，回家午饭。

傍晚，至法藏寺听经。七时归。

夜饭后，原应往青年会茶话会值班，因询知会中无人，故未往。

四月七日，星期三，晴，64

晨，五时一刻起床。六时半听经毕，即同内子出门。彼至望铣弟家接锡恩嫂往大中国电台。余则至发行所一转，再往电台。今日原为方子藩君讲"科学与佛学"，因彼往杭州，乃由余提前讲佛化日历。今日讲四月四日至七日，计四天。讲毕，往南无锡路四十号恒隆布号与余伯贤君谈。十时到馆。中午，回家午饭。

傍晚，往法藏寺听经。七时，到功德林念佛。九时，归家夜饭。

四月八日，星期四，晴，68

晨，五时半起床，六时半听经，七时半早点。八时，往大中国电台续讲佛化日历八日至十一日。讲毕，至新华访张树年君，据因病未来，与于辉元君接洽。九时半到馆。

中午，回家午饭。

傍晚，往法藏寺听经。今日讲《心经》圆满。

四月九日，星期五，雨，68

晨，六时半听经。七时三刻，往电台续讲佛化日历四月十一日至十四日。九时，至达孚仓库一转。九时半到馆。

中午，回家午饭。

傍晚，往法藏寺听清定法师讲《金刚经》。

七时，到功德林念佛。九时，归夜饭。

四月十日，星期六，晴，55

晨，六时半听经。七时半早饭后，往大中国电台讲佛化日历四月十五日至十八日。九时往馆。

中午，同李泽彤君至松月楼午饭。宋明德父女及张雄翁、朱颂翁、张子翁、周鸣翁等作陪。

傍晚，为一·二八前旧同事谢祥兴、车水郎二君在公司胡闹，奉伯翁命，同张雄翁往警局访孙逵芳君。六时，往功德林一转。至姜姊家，知树声哥等今晨到沪。夜饭后，与内子同归。

四月十一日，星期日，晴，60

晨，六时半听经。因大中国电台损坏，只讲十分钟。七时半，往新声电台讲佛化日历十九日至廿四日。九时，往功德林随喜放生功德。十一时，往韦傅翁家。十二时回家。

下午，二时往佛教青年会演讲半小时。四时半，往法藏寺听《金刚经》。六时半，再往功德林念佛。九时归。秀珠为惟乾事自南京来沪。

四月十二日，星期一，晴，60

晨，六时即为秀珠事写致惟乾信，至七时半未完，往大中国电台讲佛化日历至五月三日为止。九时到馆。

中午，回家午饭。

傍晚，往功德林六家同业商加价事。八时回家，又续写致惟乾及显光接云[1]信。至十时始睡。

四月十三日，星期二，阴晴，夜雨，60

晨，六时半听经、做早课。九时到馆。

秀珠今晨乘九时特别快车赴南京。

中午，回家午饭。饭后，往大东一走。

傍晚，至法藏寺听经。六时半，同内子往功德林念佛。九时余归，夜饭，洗

---

〔1〕 此处疑漏"公"字。

足,睡已十时。

汤儿今日夜车赴京。

四月十四日,星期三,雨,61

晨,六时半听经、做早课。九时到馆。

中午,回家午饭。仲扆内侄妇来家便饭。

傍晚,至晋隆,公司今日宴六家同业。归已八时半。

四月十五日,星期四,晴,60

晨,六时半听经。今日雪相法师赴杭,由礼权法师开示。七时半做早课。九时到馆。

中午,同糜文溶、黄觉民、陆廷珏及久如弟等在松月楼午饭。

夜,徐凤石君请吃夜饭,往迪化南路147号伊家。同席为张菊生、陈叔通、蔡公椿、李伯嘉诸君。八时半归。

四月十六日,星期五,晴,58

晨,五时半起床,拟赴公园,因微雨未果。六时半,听经、做早课。九时,闻陈士型兄来,往彼家一转。九时半到馆。

中午,回家午饭。饭后,姜姊来。

傍晚,至法藏寺听经。

夜,陈士型兄来谈。

四月十七日,星期六,晴,58

晨,五时半至公园,六时半听经、做早课。九时到馆。

中午,回家午饭。

傍晚,同内子往姜姊家夜饭。饭后,同儒声哥及姊往功德林念佛。

鸿钧嫂今日乘飞机来沪,寓余寓。

四月十八日,星期日,晴,56

晨,五时半往公园。六时半听经。余景贤、李泽彤二君来,与章伟川君同做早课。

九时往公园,陈云卿君亦来。十一时回家,即同午饭。饭后,往佛教青年会。又同余景贤、李紫峰、史美申诸君同往大中国访李君。四时,回至佛青观方子藩君自映电影。五时,同内子往法藏寺听经。今日清定法师讲《金刚经》圆满。七时回家。

夜饭后,往陈士型兄家。彼明晨早车同伊夫人赴杭云。

四月十九日,星期一,晴,60

晨,五时半往公园,六时半,听经、做早课。

九时,往菊公家,与伯翁共谈至十一时半。归家午饭,后即往馆。

傍晚,至法藏寺听清定法师讲《菩提道次第》。七时,同内子往功德林念佛。

四月二十日,星期二,晴,58

晨,五时半往公园,因农展会未进去。

六时半,听经、做早课。九时,至法藏寺大藏经会访黄幼希、吴致觉居士,交刊经款。又至兴慈法师处一谈。再往青年会交入会费。九时半到馆。

中午,回家午饭。夜,为心光讲学会值斋。除郑颂英居士赴甬外,余均到。至九时散。

四月二十一日,星期三,晴,64

晨,六时半听经、做早课。九时到馆。

中午,接糜文溶兄通知,同往觉林祝黄仲明兄母冥寿。内子亦来。饭后,同文溶兄夫妇至家一谈。三时到馆。

傍晚,至法藏寺听经。七时,到功德林念佛。九时,归夜饭。

四月二十二日,星期四,晴,62

晨,六时半听经、做早课。八时半,往重庆南路304弄三号陈士型兄家,为配钥匙。九时到馆。

中午,回家午饭。

傍晚,往新生活俱乐部贺黄维荣君娶媳,又至法藏寺听经。归已七时半。

夜,写致惟乾、秀珠信。

四月二十三日,星期五,晴,62

晨,因无线电台坏未能播音。九时到馆。

中午，同武云如君及雄飞、家凤、颂盘、镜清诸君在松月楼午饭。

傍晚，至法藏寺听经，而以车送菊公归去。

七时，同内子往功德林念佛。九时，归夜饭。

内子与将华淘气，屡劝鲜效。自念障重德薄，至为惭愧。

四月二十四日，星期六，晴，60

晨，因无线电台损坏，未能收听。九时，往薛鸿勋居士家，为心光讲学会发信盖章。九时一刻到馆。

中午，回家午饭。

傍晚，至法藏寺听经。七时，至功德林五家为版税事聚餐。八时半归家。

四月二十五日，星期日，雨，64

晨，六时半听经、做早课。因内子卧床未起，在三楼收听。

久如弟夫妇来午饭。下午，家凤、长尧两君来谈。

傍晚，至法藏寺听经及功德林念佛。

四月二十六日，星期一，晴，61

晨，六时半仍在三楼听经、做早课。

九时，至法藏寺交烈性庵捐款后，九时半到馆。

中午，同李孤帆、谢仁冰二君请武云如、陆廷珏二君在松月楼午饭。

傍晚，至法藏寺听经。后应丁乐山居士招至功德林夜饭。同席者为赵云韶、薛鸿江、鸿勋、丁立卿、佘伯贤、李紫峰、楼道贵及李居士等。

四月二十七日，星期二，晴，64

晨，六时半听经、做早课。

九时，往菊公家，又至赫德路一转。十时半到馆。中午，约同业谈存货盘账事，在松月楼午饭。

傍晚，至法藏寺听经及功德林念佛。

四月二十八日，星期三，晴，58

晨，六时半听经，写致惟乾、秀珠信。九时半到馆。

中午，回家午饭。适收听选举副总统报告。

傍晚，至法藏寺听经。夜，至李伯翁家夜饭。归已十时。

四月二十九日，星期四，晴，64

晨，六时半听经、做早课。九时，往菊公家。十时回馆。

中午，回家午饭。听无线电播音李宗仁当选副总统。

下午，四时至青年会十楼鉴泉厅为久星弟与潘泳璋女士证婚。夜饭后，七时至富春楼为心光播音事。余伯贤君邀鹤鸣陆坤元君及大中国仇、李二君，新声史美申君，又叶竹青、方子藩、郑颂英诸君谈话，直至十时半始归。

四月三十日，星期五，晴，70

晨，六时半听经、做早课。今日雪相法师讲《释伽如来成道记》圆满。九时到馆。

中午，回家午饭。

傍晚，至法藏寺听经。七时，往丰泽楼为公司请银行界作陪。归已十时。

五月

五月一日，星期六，雨，75

提要：今日公司放假。改夏季节约时间。

晨，六时半听经、做早课。

九时，往中国广告社接洽明日为邳县赈灾事改广告中字句。

十时，至公司与丁英桂兄谈话。

今日原约薪盦兄午饭，嗣据因病未到，仅美申来午饭。

下午午睡后，五时半至法藏寺听经。七时，至佛教青年会商明日赈灾事。十时始归。

五月二日，星期日，雨，76

晨，六时半听经。八时，往屈文六老居士家（环龙别业六号），拟陪同往民声电台。嗣谢文卿君亦到，余遂先行往威海卫路 301 弄 14 号民声电台担任轮流报告。中午，回家午饭。午饭后，同内子及永儿同去。傍晚，再至家夜饭，饭后又去。至十时，同福贵弟先至伊家一转。归家后，黄素封君来视汤儿，谈片刻。睡已逾十一时。

五月三日,星期一,晴,70

晨,六时半听经、做早课。九时半到馆。曾至佛教青年会一转。

中午,同蔡达成君在松月楼午饭。

傍晚,过浙江路接内子同往法藏寺听讲经。七时半回家。九时,往佛教青年会补交捐款。归已九时半。

五月四日,星期二,晴,60

晨,六时半听经、做早课。八时半,往菊公家,谈至十时半到馆。

中午,同王洎如、陆廷珏、郭君等在松月楼午饭。

傍晚,至法藏寺听经,又谒清定法师。归已九时。

五月五日,星期三,晴,62

晨,六时半听经毕,同内子往大华书场参加净坛典礼。九时半到馆。

中午,为商开封事,与同业在功德林聚餐。

傍晚,因今日开业务会议,离馆已七时,往紫光取经书,至姜姊家夜饭。七时半,至功德林念佛。归已十时。

五月六日,星期四,晴,64

晨,六时半听经毕,即往大中国电台讲日历格言(五月四日至十一日)。九时一刻到馆。

上午,往访孙逵芳君。

中午,回家午饭。饭后,至老闸捕房访蒋上佩君,为心光讲学会在大华书场设立星期道德讲座事。三时到馆。

傍晚,至法藏寺听经。

五月七日,星期五,上午晴,下午雨,66

晨,六时半听经。七时半,往电台讲佛化日历。

中午,为三家同业会商至功德林午饭。四时回馆。

傍晚,至法藏寺听经。因体倦不再往功德林念佛,仅内子一人前去。

夜,整理佛堂。

五月八日，星期六，晴，68

晨，六时半听经。七时半，往电台讲佛化日历。

中午，为公司宴请吧城陈问樵君在蜀腴午饭。下午，六时至青年会洗澡。

夜，至拔公家夜饭。同席为徐永祚、陈叔通、蔡公椿、徐善祥及菊公、伯翁、雄翁诸君。归已十时半。

五月九日，星期日，上午阴，下午雨，62

提要：今日十时五十三分日食。

晨，六时半听经。七时半，同内子往大中国电台讲佛化日历格言。九时，参加心光星期讲座开幕。今日讲者为大悲法师及余遂莘、方子藩、刘慧林居士。十一时三刻，往功德林聚餐，餐费20万。

下午归家，与仲扆内侄谈话。

三时，往菊公家开董事会。归已八时，不再往功德林念佛。

五月十日，星期一，雨，62

晨，六时半听经。七时半，往电台讲佛化日历，至六月十一日为止。九时，往市商会访严谔声君。九时三刻回馆。

中午，至聚源斋吃客饭，需七万二千元。

傍晚，至法藏寺听兴慈法师讲《摩诃心观》，又至大藏法会访吴致觉居士。八时归。

五月十一日，星期二，晴，60

晨，六时半听经。九时半到馆。

中午，同王诚彰、陆廷珏、江振炎、沈培其及张雄翁、朱颂翁、丁英翁诸君在松月楼午饭。

傍晚，至法藏寺听经。七时，往功德林预祝文殊菩萨圣诞。

五月十二日，星期三，晴，64

晨，六时半听经、做早课，祝文殊菩萨圣诞。

九时，往菊公家与伯翁共同谈话。十时半，往编审部与经农先生谈。十二时，至家一转，到法藏寺祝薪盦哥七十寿。午饭后到馆。

傍晚,至法藏寺听经。七时,至清定法师处受法。九时半始归。

五月十三日,星期四,晴,62

晨,六时半听经、做早课,复听清定法师讲“三皈”“五戒”。

九时,同内子出去。彼往望铣弟家,余视觉民脚疾。十时到馆。

中午,同伯翁往国际饭店应李叔明君邀,商向四联借款事。下午,三时回馆。

傍晚,至法藏寺听经。七时,至清定法师处习定。九时三刻归。

五月十四日,星期五,晴,65

晨,六时半听经、做早课。八时,陆廷珏兄来谈。九时,到菊公家。十时半,同伯翁及其夫人,又到发行所同家凤、雄飞两君至市中心区参观全国运动会。下午,一时半归家。

三时,又到馆。

傍晚,至法藏寺听经,续受清定法师定法。九时半始归家。

应女来函,咳疾久延未愈。至念!

五月十五日,星期六,晴,66

晨,六时半听经。七时半早饭后,即往馆为新进同人讲话。

十二时后,至望铣弟家接内子同归。

下午剃发,三时到馆。四时,往市商会代表书业公会出席上海商社为所得税事之座谈会。五时半,往法藏寺听经。七时,习定。九时半,步行归。因内子往功德林祝释尊圣诞也!

五月十六日,星期日,晴,68

提要:释尊圣诞。

晨,六时半听经。今日起,由理权法师讲《大忏悔文》。七时半,同内子往大中国电台主持星期讲座。今日系陆渊雷居士、清定法师及刘慧琳居士演讲(“义与利”“释尊史略”“皈依功德”)。

十一时三刻,往佛教青年会聚餐。下午,三时在该会演讲。四时半回家。五时半,往法藏寺听经。七时,清定法师传定。九时半归。

刘本恒侄婿来谈。据来已三日,定下星期三返厦。

五月十七日,星期一,晴,69

晨,六时半听经、做早课。八时半往公司。

中午,回家午饭。

傍晚,至法藏寺听经及清定法师处习定。九时半归。

糜文溶嫂为文溶兄之妾来沪,三天未归,来余家申诉,即宿余家。

高发茂夫人亦来视糜夫人。睡已近十二时。

五月十八日,星期二,晴,70

晨,六时半听经、做早课。八时半,糜文溶兄来,与其夫人谈话。余为言和,谈至十时始去。

余至菊公家一转,十一时半到馆。

中午,回家午饭。饭后,休息一小时,三时赴馆。

傍晚,至法藏寺。九时半归。

张鸿钧夫人今晚乘海杭轮转厦赴汕,由姚兆旦君伴同登轮。

五月十九日,星期三,雨,68

晨,六时半听经、做早课。九时赴馆。

中午,回家午饭。内子眼疾,往墀哥处诊治。

傍晚,至法藏寺听经、修定。归已近十时。

五月二十日,星期四,雨,62

晨,六时半听经、做早课。九时,到新闸路,同张雄翁往新大沽路春华里58号访蒋竹庄君,请其于星期讲座演讲。据年老又怕公开演讲,未允。十时半到馆。

中午,应赵增祺君招,与张子宏、戴孝侯、周莲轩诸君同往松月楼午饭。

傍晚,往法藏寺。赵增祺兄来,同至清定法师处请开示,又受定。至九时半归。

五月二十一日,星期五,晴,65

晨,六时半听经、做早课。因内子患漆疮,将无线电移至三楼。又嘱陈阿庆来量书橱,为准备置《续藏经》之用。九时,往菊公家,与伯翁共谈至十一时半,即归家。

久如弟夫妇来中饭。下午，三时到馆。

五时半，至法藏寺与赵增禩君谈，又受定。九时半归。

五月二十二日，星期六，晴，72

晨，六时半听经、做早课。九时余到馆。

中午，回家午饭。

傍晚，先至海宁生洋行观造纸影片。五时余，至法藏寺。今日，清定法师传定圆满，又为僧众解纷。归已逾十时。

五月二十三日，星期日，晴，75

晨，静坐后六时半听经。七时半，同内子往大华书场。今日星期讲座为范梅僧居士讲"人生之目的"，余遂莘居士讲"佛教概论"，雪相法师讲"净土修持法"。

十二时回家，午饭后往法藏寺。原同内子及赵增禩君同向清定法师归依，适该法师须迁觉园，即相助前往。至六时，往应时处一转，归家。

五月二十四日，星期一，晴，昨夜雨，75

晨，六时半听经。九时，同内子出去。余往公司，彼往觉园。中午，为六家会商在功德林聚餐。

傍晚，至法藏寺听经。又至陈士型兄家一转，归。

五月二十五日，星期二，晴，70

晨，六时半在卧室听经、做早课。九时三刻到馆。

中午，同蒋养春、郭农山、刘宜初及伯翁在国际饭店午饭。饭后，同往上海殡仪馆吊奚至书君母丧。遇刘国钧君，稍谈，即搭彼车回馆。

傍晚，搭赵增禩君车至觉园访清定法师，嗣宽道法师等亦来。八时半，至佛教青年会开会。归已逾十时。

五月二十六日，星期三，晴，68

晨，六时半听经、做早课。穆华生兄来，同至公司。

中午，回家午饭。下午，先往薛鸿勋君处补盖新光印章，三时到馆。傍晚，至法藏寺听经。七时半归。

夜,整理佛堂存书。

五月二十七日,星期四,晴,68

晨,六时半听经。七时半早饭后,往闸北旧厂。九时一刻,送王康生兄灵柩至八字桥坟山。十一时始返馆。

中午,回家午饭。下午,二时半到馆。三时,开业务会议。五时半,往觉园,同内子往法藏寺听经。七时半,回家夜饭。康谨礼君来谈,谓彼明日赴平。夜饭后,又同内子往佛教青年会参加座谈会。九时半归。

五月二十八日,星期五,晴,72

晨,六时半听经。七时三刻,同内子乘赵增祺君车往觉园皈依清定法师。余取法名"智慧",内子名"智净",赵君名"智明"。

十时到馆。中午,同武兰谷君在松月楼午饭。

下午,五时半往法藏寺。七时半归。

夜,塘侄助理经书。

五月二十九日,星期六,晴,72

晨,六时半听经、做早课。九时半返馆。内子往大中华访陈太太。

中午,回家午饭。

傍晚,至法藏寺听经。归,准备明日星期讲座讲稿。

五月三十日,星期日,阴晴,74

晨,六时半听经。七时半,同内子挈永儿往大中国电台参加星期讲座。今日为普庆法师讲"佛学精义",钟慧成居士讲"因果真理",余讲"素食问题"。十二时,到望铣弟家午饭。饭后,回家午睡。五时,往法藏寺听经。七时半回家。

五月三十一日,星期一,雨,76

晨,六时半听经。九时往馆。

中午,回家午饭。与汤儿同归。

傍晚,至法藏寺听经,又至功德林念佛。归已近十时。

六月

六月一日，星期二，雨，阴，74

晨，六时半听经。九时半到馆。

中午，为三家同业会商至功德林午餐。何五良兄亦约在该处谈话。

傍晚，至法藏寺听经，又至功德林念佛。归已十时。

今日，斯雨法师讲《四十二章经》开始。

六月二日，星期三，晴，74

晨，六时半听经。八时，往太乙木号访赵祥庆君，购板作拜具用。

中午，至功德林为八家同业开会。

傍晚，至觉园听清定法师讲《菩提道次第》。八时归。

六月三日，星期四，晴，74

晨，六时半听经。八时半，往菊公家。九时半到公司。十一时，同蔡同庆君往台湾电力公司，约严惠先君同往中国航空公司购明日下午赴台湾机票。

中午，回家午饭。

傍晚，至法藏寺听经。七时半，至佛教青年会开座谈会。归已近十时。

在台日记缺

六月二十日，星期日，晴

晨，六时半听经片刻。七时半，往电台参加星期佛学讲座。十二时，往青年会聚餐。下午，二时回家一转，往觉园晤青[1]定法师。六时，至南无锡路136弄九号周慧仲居士处，为薛鸣勋居士招待心光讲学会聚餐。九时半归。

六月二十一日，星期一，晴，76

晨，六时半听经并准备明日播讲。八时半，往章伟川君家视其子病状，知颇危险。九时半到馆。中午，回家午饭。饭后，往蔡公椿君家，谈至二时回馆。傍晚，六时径归家。

---

〔1〕“青”当为“清”。

六月二十二日,星期二,晴,78

晨,六时半听经。八时,往大中国电台讲佛化日历格言,自六月十一日至廿二日止。

九时,往菊公家。十一时,回公司。

中午,至功德林三家会议。

夜,同人请在功德林夜饭。

六月二十三日,星期三,晴,夜雨,75

晨,校《三皈依观初修略法》。八时,往大中国电台,适武云如君来,乃同去。今日讲佛化日历至七月一日。又至唐振先君处索经。九时半到馆。

中午,回家午饭。

下午,同张菊翁、雄翁往闸北老厂、五厂及武定路栈视察。

六时,至觉园听清定法师讲《菩提道次第》。归家已逾九时。

六月二十四日,星期四,雨,74

晨,六时半听经。七时半,往电台讲佛化日历,至七月七日为止。九时一刻到馆。

中午,为三家同业会商在国际十四楼午饭。

夜,为六家同业会商在功德林夜饭。归已十时余。

六月二十五日,星期五,晴,76

晨,六时半听经。八时半返馆。十一时半,往汶林路福慧寺应道根法师及福严、大同二和尚邀午餐。三时回馆。五时半,往法藏寺听经,缴《大藏经》会刻经款,并见兴慈法师。八时半归。

六月二十六日,星期六,晴,78

晨,六时半听经。八时半剃头。九时半到馆。

中午,为六家会谈至功德林午饭。

傍晚,径归家,洗澡。

六月二十七日,星期日,晴,80

晨,六时半同内子挈永儿往觉园参加清定法师早课。九时,至静安寺吊奚玉书母丧。九时半,至大华书场。今日慧舟法师讲“我的人生观”,余讲“台行杂感”。

中午,回家午饭。饭后稍睡。

二时,往佛教青年会讲“愿”并略述台行感想。五时,到菊公家与经翁、雄飞、雨楼诸兄共商馆事。七时归。

六月二十八日,星期一,晴,有雨,82

晨,六时半听经、做早课。九时到馆。

中午,邀武兰谷、袁明雄、蔡达成及雄飞、镜清诸兄在松月楼午饭。

傍晚回家。糜文溶嫂与若虚来夜饭,后归去。

六月二十九日,星期二,晴,82

晨,六时半听经、做早课。九时到馆。

中午,回家午饭。饭后,往菊公家接同到馆开出版会议。六时,再同菊公乘车送彼回家。

夜饭后,至功德林念佛。

六月三十日,星期三,霉雨,82

晨,六时半听经、做早课。八时半,为修《律海十门》至黄家沙厂一转。九时半到馆。

中午,回家午饭。

傍晚,往北车站接应女自杭归。

惟乾自蓉飞沪。

七月

七月一日,星期四,晴,80

晨,因校《律海十门》未听经。八时半,到厂接洽印刷。九时,到觉园谒清定法师。九时半回馆。

中午,在功德林六家会谈午饭。

傍晚,因车在修,乘电车归家。

夜,往佛教青年会开座谈会。十时,会毕始归。

七月二日,星期五,晴,82

晨,听经(昨日起,慧舟法师讲《观世音菩萨普门品》)。武云如兄来谈。九时半到馆。

中午,回家午饭。

傍晚,四时半往觉园听清定法师讲《律海十门》。八时归。

褚长尧君夜来谈。

七月三日,星期六,晴,84

晨,听经。八时,到制印厂交印《讲戒仪轨》。八时半到馆。

中午,请薛文雄、谢诗仁及王诚彰、蔡达成、武云如、兰谷、周家凤、张子宏、陈□□[1]、方桂生等在功德林午饭。

下午,五时至浙江路接内子至制印厂一转,往觉园听清定法师讲经。九时归。

七月四日,星期日,晴,霉雨(晨三时雷雨,有雹)80

晨,开《续藏经》箱子。电台坏,未听经。八时半,同内子往大中国电台参加心光星期佛学讲座。今日,宽道法师讲"生活与生死",王骧陆居士讲"如何得净念相继去"。

中午,回家午饭,饭后稍睡。三时,本弄开会。五时,同内子往觉园听经。八时半归。

七月五日,星期一,有霉雨,80

晨,因无线电坏未听经。八时,同内子往大南门三昧寺访宽道法师,借《续藏经目录》一册。九时半到馆。

中午,回家午饭。傍晚,同内子往觉园听经。八时半归。

七月六日,星期二,霉雨,下午大风,82

无线电未修好。八时半,往访蔡公椿君。九时至厂。九时三刻到馆。中午,

---

〔1〕 日记原文缺录名字

因风雨由家携饭至馆。

下午，因报载台风五时到沪，故四时半即放工。六时到家。

夜，补注《续藏目录》。

七月七日，星期三，上午霉雨，下午晴，77

电台仍未修好。九时到馆。

中午，由家送饭来馆。

傍晚，五时半至望铣弟家接内子往觉园听经。归已九时余。

七月八日，星期四，上午雨，下午晴，82

晨，六时半听经。七时半，往大中国电台播讲佛化日历格言，自七月八日讲至十七日止。

九时三刻到馆。中午，家中送饭来。

傍晚，为馆中举行业务会议时晏，未往觉园听经。至望铣弟家接内子归家。夜饭后，往佛教青年会参加座谈会。十时余归。

七月九日，星期五，晴，80

晨，六时半听经。七时半，往大中国电台讲佛化日历，至七月廿七日止。九时，往宁绍公司一转，为麓记股份事。九时半到馆。

傍晚，往觉园听经。八时半归。

七月十日，星期六，晴，82

晨，六时半听经。七时半早膳，往大中国电台广播，至七月[1]二日止。上午，九时半到菊公家，与伯翁共谈，至十二时归家午饭。饭后，即赴馆，只一时。

下午，五时往觉园听经。八时，同内子归。

塘侄来，人似清瘦，据太忙之故。

七月十一日，星期日，晴，80

晨，六时半听经。八时半，同内子往大华书场参加心光讲学会佛学讲座。今日为道根法师讲“菩提因缘”，朱寿仁居士讲“见闻觉知”。

---

〔1〕 当为八月。

中午，儒声哥偕姜枝先君之子越瑞及先祝来家午饭。

下午，往佛教青年会讲“信愿行之行”及“心恶行善”等。

五时，同内子往觉园听经。八时即归。

七月十二日，星期一，晴，80

晨，六时半听经。八时，往静厂为接洽印经事。九时到馆。

中午，为请罗志先君在功德林午饭，又请何五良、石坤琳两君及张雄翁。罗君未到。

傍晚，同内子往觉园听经。八时半归。

七月十三日，星期二，晴，82

晨，六时半听经。九时到馆。

中午，为六家同业会谈在功德林午饭。

傍晚，同内子往觉园听经。八时半归。

七月十四日，星期三，雨，82

晨，六时半听经。七时半早膳。八时，高杰君陪戴才根来，要求做装订馆外工作事。九时，往张雄翁家访视其子公绪病。十时，至世界开十九家同业谈话会。中午，汤儿在馆，同吃家中送来午饭。

傍晚，同内子至觉园听经。七时半，至功德林应方子藩君招夜饭。饭后，开佛青负责人谈话会。归已逾十一时。

七月十五日，星期四，雨，82

晨，六时半听经。八时，往玉佛寺访法舫法师及厦大教授虞愚君。九时半，至石路晤显光嫂。十时一刻到馆。中午，家中送饭来。

下午，三时半同邹尚雄君至菊公家开业务会议。七时半，到佛教青年会参加座谈会。归已十时半。夜饭后洗澡，睡已十一时余矣！

七月十六日，星期五，晴，82

晨，六时半听经。九时往馆。

中午回家。因今日系应女生日，吃面。

傍晚，同内子往觉园听经。八时半归。

七月十七日，星期六，上午晴，下午雨，82

晨，六时半听经。八时，往菊公家。九时，往直接税局。十一时回馆。

中午，六家同业会议在功德林午饭。三时回馆。

傍晚，同内子往觉园听经。八时回，剃头后归家。

七月十八日，星期日，晴，80

晨，六时半听经。八时，同内子往大华书场参与星期佛学讲座。今日为法舫法师讲“佛学与印度哲学”，虞愚（竹园）君讲“一种新信仰的人生观”。十二时，往佛教青年会聚餐。

下午，二时半往蔡公椿君家谈公司结账事。四时，往菊公家与伯嘉先生同谈公事。六时余归家。

七月十九日，星期一，晴，80

晨，六时半听经。九时，戴孝翁来，同至馆中。

中午，家中送饭来。

傍晚，至鹏飞坊口接内子往觉园听经。八时三刻始归。

七月二十日，星期二，晴，有霉雨，80

晨，六时半听经。八时半，同内子往三昧寺还《续藏经目录》，适宽道法师赴杭，由雪颂师接待。九时半，往兴业股票社访俞明时君。十时到馆。

中午，在馆午饭。

傍晚，至觉园听经。回至紫光眼镜公司开心光讲学会负责人会。归已十时。

七月二十一日，星期三，晴，有霉雨，80

晨，六时半听经。八时半，往中华学艺社与周颂久君谈房屋续租事。九时半，往菊公家与伯翁共谈。十时半至馆。

中午，与孤帆先生至觉林便饭。

傍晚，至功德林接内子往树声哥家一转。七时归家。

七月二十二日，星期四，霉雨，81

晨，五时起床，为应、定二女赴杭。定女考浙大。

六时半听经。九时往公司。

中午,家中送面来。

傍晚,至功德林接内子归。

七月二十三日,星期五,晴,81

晨,六时半听经。八时半,往久鳌哥家候病,谈至十时回馆。

中午,约鲍天禄、朱荣泉、赵莲壁及雄飞、颂盘、英桂、家凤诸兄至松月楼午饭。

傍晚,往功德林,再至大兴,与内子同归。

七月二十四日,星期六,晴,82

晨,六时半听经。八时半,往蓬莱路73号张乃栋夫人家,适彼不在,即到馆。

中午,十九家同业在功德林聚餐。下午,四时始会毕,返馆。

傍晚,至觉园听清定法师讲《定道资粮》。又往惇信路263弄3号李孤帆君家夜饭。十时归。

七月二十五日,星期日,晴,82

提要:今日为观音菩萨成道日。

晨,六时半听经。八时,往大华听续可法师讲"佛教之真精神"。九时半,星期讲座续可讲"净宗要义",刘慧琳居士讲"业报差别"。

中午,应施慧庆居士招,在功德林陪续可、韦一二法师午饭。饭后,送续可法师至三义坊。又至觉园,同内子归家。午睡一小时余,整理日历材料。

七月二十六日,星期一,晴,83

晨,六时半听经。八时半,同内子挈永儿出去。彼等至望铣弟家,余到馆。

中午,因杭各家分庄经理来沪,同在功德林午饭。

傍晚,至觉林同伯翁、仁翁请孤翁吃饭。彼明晨飞港也!

七月二十七日,星期二,晴,82

晨,六时半听经,八时,往菊公家。十时回馆。

中午,为嘉兴事邀六家同业及杭分庄经理在功德林午餐、集会。

傍晚,为十九家同业商国定本价格事在功德林夜饭。归已九时半。

七月二十八日，星期三，晴，83

晨，六时半听经。八时，往李伯翁家商昨晚同业为国定本加价不能和协事。九时到馆。

中午，往玉皇山为福桂嫂二周年午饭。

傍晚，至觉园听清定法师讲《定道资粮》。八时，再同内子往玉皇山夜饭。九时半归。

七月二十九日，星期四，晴，84

晨，六时半听经、做早课。九时到馆。

中午，家中送饭来。

傍晚，往佛教青年会参加座谈会。归已近十一时。

七月三十日，星期五，晴，84

晨，六时半听经。七时，锦潮背家出走，追赶不及，只得听之。

八时半，往菊公家。九时三刻到馆。

中午，家中送饭来馆。

傍晚，至觉园听经。归已九时。

糜师母与若虚、若露及贺麟君来谈。

七月三十一日，星期六，晴，83

晨，六时半听经。今日，慧舟法师讲《观世音菩萨普门品》圆满。

八时半，往菊公家。又同伯翁至社会局一转。十一时到馆。

中午，在家午饭。

傍晚，至功德林开十九家同业会议。归已逾十时。

八月

八月一日，星期日，晴，82

晨，六时半听经。今日起，南亭法师讲《八识规矩颂》。八时，至发行所为国定本加价请高乐赓兄发电事。又至石路访显光嫂，因彼明晨挈二女飞渝。又同内子至大华书场心光星期讲座。今日为南亭法师讲“法界缘起”，又郑颂英居士讲“学佛之目的”。

午后略睡。二时半，往菊公家参加董事会。六时，往觉园听经。八时半，与内子同归。

今晨起，章伟川居士复来听经。

伤风喉哑。

八月二日，星期一，晴，82

晨，六时半听经。沈尧臣君来访。八时半往馆。

中午，家中送饭来，与颂盘兄同食。

傍晚，往觉园听经。八时半归。

八月三日，星期二，晴，83

晨，六时半听经。瑜哥来谈。九时到馆。

中午，家中送饭来，与颂盘兄同吃。

夜，至功德林十九家同业会谈。十时始归。

八月四日，星期三，晴，午大雷雨，81

晨，六时半听经。九时半，至菊公家与伯翁同谈。十一时到馆。

中午，在松月楼与鲍天禄君及雄飞、颂盘、英桂诸君午饭。

今日，清定法师暂停讲经，未往觉园，径归家。

八月五日，星期四，晴，84

晨，六时半听经。八时，往新声电台。原定播讲佛化日历格言，适陈海量居士来讲佛化家庭，余即往访李屋身兄。九时三刻回馆。

中午，家中送饭来，与颂盘兄及汤儿同吃。

傍晚，往觉园听经。七时半，至青年会座谈。十时半归。

秀珠自南京来。

八月六日，星期五，晴，84

晨，六时半听经。八时，与秀珠谈。

九时半到馆。中午，由家送饭来。

傍晚，往觉园听经。又为能海法师将于半月后来沪，在清定法师处与陈无我、赵朴初、赵增祺、陈三洲诸居士商谈招待事。九时归家。

八月七日，星期六，晴，96

晨，六时半听经。八时三刻往菊公家。十一时回馆。

中午，家送中饭来。

傍晚，至觉园听经。八时，剃头后归。

夜，准备明日讲座讲稿。十一时睡。

八月八日，星期日，晴，下午雷雨，88

晨，六时半听经。八时，往大中国电台讲佛化日历格言。九时，参加大华书场星期讲座。十时半至十一时半讲“正信与迷信”。上节为了愿法师讲“净土回向文”。十二时归家。

下午，往佛教青年会听续可法师开示。

傍晚，往觉园听经。八时归。

八月九日，星期一，晴，下午有雨，88

晨，六时半听经。七时半早膳后，往大中国电台播讲佛化日历格言。九时往馆。

傍晚，因时宴未及往觉园听经，七时径归。

八月十日，星期二，晴，84

晨，六时半听经。七时半早膳后，往大中国电台播讲佛化日历格言，至九月七日止。九时往馆。

傍晚，往觉园听经。八时半归。

八月十一日，星期三，晴，84

晨，六时半听经。八时半，往伯翁家。九时半，同至菊公家，谈至十一时半。回家午饭后，十二时三刻赴馆。

傍晚，因修车未往觉园听经，即径归家。

应潮今晨赴江湾考复旦，须明日回来。

八月十二日，星期四，晴，83

晨，六时半听经，九时往公司。中午，家中送饭来。

傍晚,归家夜饭后,同内子往青年会参加座谈会。十时半始归。今日清定法师讲经休息。

八月十三日,星期五,晴,82

晨,六时半听经,八时半赴馆。

傍晚,同内子往觉园听经。归已九时。

伯嘉先生今晨飞港。

八月十四日,星期六,晴,83

晨,六时半听经。八时,往菊公家。九时三刻到馆。下午四时,往同业公会开会。

傍晚,往觉园听经。八时,到傅翁家,同张雄翁共议更正《新民晚报》与《大众夜报》登载失实事,即在傅翁家夜饭。归已十时余矣!

八月十五日,星期日,晴,82

晨,六时半听经,电台话筒损坏,未听得。八时,往公司为发致《新民晚报》及《大众夜报》更正函事,又写致蒋瑞山君信。同拔公往公济医院视李功续君,彼住三等141号病房。至大华书场已近十时半。今日,为应慈法师讲“转移劫运在人心”及方子藩君讲“佛学研究法”。中午,至青年会聚餐。饭后,开理、监事会。四时归家。五时,往功德林开世界提倡素食会职员会。七时,各同业为书价聚餐。夜饭后归家。望铣弟挈妻女来谈。

八月十六日,星期一,晴,82

晨,为书籍加价事打杭州、南京长途电话各一个。六时半听经,至八时半往馆。

傍晚,至功德林开十九家会议。又至三楼,今日为大势至菩萨圣诞预祝。归已十时。

八月十七日,星期二,晴,81

今日为大势至菩萨圣诞。六时半听经。今晨起,讲《永嘉证道歌》。七时半祝诞。

黄秉桓兄来谈。十时到馆。

傍晚，至觉园听经。归已逾十时。

八月十八日，星期三，晴，80

晨，六时半听经。八时，往菊公家。十时到馆。

傍晚，往觉园听经。归已逾十一时。

八月十九日，星期四，晴，82

晨，六时半听经。九时，往大陆银行访蔡楚昂居士，未遇。九时半到馆。蔡居士上午来访，谈星期日请其说法事。

中午，十二时到觉园。饭后，二时即回馆。

下午，举行废料会及业务会。

六时半，到功德林为心光公请赵乐事、陈懋甫二君。

八时，到佛教青年会参加座谈会。十时余归。

闻各行庄明日起停业两天，为整理币制云云。

八月二十日，星期五，晴，86

晨，六时半听经，七时半早膳，八时余即到馆。因今日银钱业停业，币制改革，须早到与同业会商也！

中午，为十九家会商至功德林午饭、

傍晚，至青年会由刘慧林居士招待聚餐。九时归。

悟女十日来信，托便人带来。

八月二十一日，星期六，有阵雨，87

晨，六时半听经。九时半往馆。

中午，糜文溶兄约至觉林午饭。三时回馆。

傍晚，至功德林开十九家同业会议。九时归。

八月二十二日，星期日，雨，84

晨，六时半听经。七时半，先到公司，为六家同业发各分庄电及接洽售价事。十一时始到大华书场。今日为灯露法师讲“居家学佛之程序”，余未听到。又蔡楚昂居士讲“决定往生净土之研究”，亦只听到一半。

中午归家。悟女带信人来，午饭后携物去。

傍晚，四时半往菊公家开各董、监小组会。七时归家。

夜，整理日历格言。

八月二十三日，星期一，雨，阴，82

晨，六时半听经，七时半整理日历，九时往公司。

下午，五时半往菊公家，六时半归。

夜，整理日历格言。

八月二十四日，星期二，雨，82

晨，六时半听经，又整理日历一小时。九时半到馆。

傍晚，至功德林一转，同内子往觉园谒清定法师。归已八时余。

八月二十五日，星期三，晴，84

晨，六时半听经，整理日历格言。九时半到馆。

中午，约四家（与正中、中华、世界）在觉林午饭，商同人待遇事。下午，五时往菊公家开董事会。六时半，往觉园。能海上师原定今日由渝飞沪，今知未到。与赵增祺兄同归。

八月二十六日，星期四，晴，晨有阵雨，84

晨，六时半听经，整理日历格言。

周颂久君为绍兴路房屋续租事来谈。

十时到馆。中午在馆，家中送饭来。

下午，连开旧物废料委会及业务会议。

六时半，至功德林接内子同归。

夜饭后，同内子往佛青参加座谈会。

八月二十七日，星期五，晴，84

晨，六时半听经、做早课。黄仲翁来谈。

周家凤兄与李炳生兄来为报载本馆被人检举仪器涨价事。褚华仙及渠侄、塘侄来。

午后，往傅翁家，同雄翁往发行所约丁英桂、张子宏、周家凤、李炳生诸君共商应付外界检举仪器涨价事。又往菊公、经公家报告。六时归。

八月二十八日，星期六，晴，84

晨，六时半听经。八时，往大西路访顾炳元君。九时半，往社会局访吴开先君，未遇，与张振远君一谈。十时回馆。

中午，先回家午饭。饭后，往菊公家商登报及呈社会局事。三时回馆。

傍晚，与发行所门市柜柜友谈话，又至西门路剃头。

八月二十九日，星期日，晴，86

晨，六时半听经。八时半，往访徐百齐君。九时半，到大华书场佛学讲座。今日系第十七次，由正道法师讲“佛法平等”，赵云韶居士讲“净土纲要”。中午，在觉林午饭，为六家复议书价事。

下午，至林森路支店一转，即归家整理日历。

八月三十日，星期一，晴，86

晨，六时半听经。八时半，往菊公家，谈至九时半，去编审部晤经翁。十时半到馆。

傍晚，又往菊公家一谈。七时归家。

夜，整理日历。

八月三十一日，星期二，晴，84

晨，六时半听经。九时到馆。

今日为美锋生日。中午，家中送面来。

傍晚，至黄家库厂中一转。又往觉园谒清定法师，乘赵增祺君车归。

九月

九月一日，星期三，晴，82

晨，六时半听经，因电台坏未听到。八时半，往菊公家，再往编审部。又同经翁往社会局访吴开先君。又访顾炳元君，未遇。十时三刻到馆。

下午，七时到功德林毛太太结缘。原应预祝地藏菩萨圣诞，因须往菊公家未参加。八时，到菊公家。九时归。

九月二日，星期四，晴，下午有雷雨，82

晨，六时半听经。今日为清定法师讲《佛塔功德经》第一天。八时，往顾炳元君家。九时半到馆。

中午，至望铣弟家午饭，颂兄亦去。

傍晚，同陆廷珏、黄秉桓、宋明德三君至觉林夜饭。因陆君今晚赴徐转汴。

夜，至青年会参加座谈会。十时余归。

九月三日，星期五，晴，84

晨，六时一刻往新声电台听清定法师讲经。讲毕，即同彼往觉园谒能海师公，谈至九时到馆。

傍晚，径归家。

今日伯嘉、孤帆二君原定飞沪，风在港，受风阻未来。

九月四日，星期六，晴，86

晨，六时半听经。九时，往三一公司访金有成君，商印佛像事。十时一刻到馆。

中午，往菊公家一转，回家午饭。

傍晚，先往书业公会开会。再往觉园谒能海法师、清定法师，商印佛像事。再至伯翁家，知彼今日由港飞沪，已到馆。谈至九时半归。

九月五日，星期日，雨，86

晨，六时半听经。八时半，往佛教青年会参加十八次心光佛学讲座。今日为越凡法师讲"如何是佛学"，余遂莘居士讲"关于人欲问题"。十一时，往三一公司晤金有成君，决定付印佛像，并交定款七亿元。十二时，回至青年会一转，归家。锦女今日中午归来。

下午，二时半到菊公家，与伯翁先生共谈至七时，往觉园听能海法师讲《行愿品》。因儒声哥请赵裕春君夜饭嘱陪，即同内子、汤儿前往。十时归家。

九月六日，星期一，雨，80

晨，六时半听经。七时半，往新声电台播讲佛化日历格言。九时，往三一与金有成君接洽佛像事。十时到馆。

中午，家中送饭来。

下午，五时往觉园听能海法师讲《行愿品》。八时半归。

今晨，应女赴杭入浙大，由汤儿陪往车站。

今日报载，定女已考入中大农学院园艺系。

九月七日，星期二，雨，82

晨，六时半往新声电台听经。后侍清定法师至觉园接洽印佛像事。九时，到印制厂一转。九时半到馆。

中午，归家午饭。陈子言君来谈。

下午，五时半往觉园听经。八时半，与内子同归。

九月八日，星期三，阴雨，80

晨，六时半听经。八时半，往菊公家，嘱赴杭晤马寅初君。十时到馆。

下午，五时半同内子往觉园听经。八时至菊公家一转，归。

已购明晨八时西湖号车票，准备赴杭。

九月九日，星期四，雨，晴，80

晨，六时半早膳。原拟赴车站乘西湖号车赴杭，伯翁来嘱勿往，同至菊公家。八时半回家。九时半到馆。

傍晚，至觉园听经。八时，至青年会参加座谈会。归已逾十时。

九月十日，星期五，雨，78

晨，六时半听经。八时半，先往和合坊 84 号访周祯瑞居士，代陈春华、何乾明二君付佛像捐款，老币二千万元。九时，往三一与金有成君谈印佛像事。九时三刻到馆。

傍晚，过厂一转，往觉园听经。归已九时。

九月十一日，星期六，晴，78

晨，六时半听经，七时半早饭。八时半，伯嘉、仁冰、颂盘三君来谈馆事。十一时，往菊公家。十二时，回家午饭。饭后回馆。

傍晚，同内子往兴中学会贺胡子腾君寿。五时，到觉园听经。八时归。

今儒声哥及姜姊亦至觉园听经。

九月十二日，星期日，晴，78

晨，六时半听经。福贵弟来谈。八时三刻，往佛教青年会。今日为佛学讲座为道根法师讲“菩提因缘”，陆渊雷居士讲“东方之教，南方之强”。十时半，往菊公家与蔡公椿君谈。十二时半归家。褚华仙君来午饭。

下午，整理日历。五时，同内子往觉园听经。八时归。

九月十三日，星期一，晴，78

晨，六时半听经。八时半，同定女往仁济医院，为彼持中大单据验身体。

九时半到馆。中午，回家午饭。

下午，在家中拟致中央银行稿，又整理日历。六时半，往功德林开十九家会议。九时归。

九月十四日，星期二，晴，77

晨，七时往新声电台晤清定法师。七时半回家。八时半，往菊公家约马寅初先生门人王、卢二君谈话。九时半，到三一公司与金有成君谈。十时到馆。

下午，五时往中国银行晤蔡公椿君。六时回家。

九月十五日，星期三，晴，78

晨，六时半听经。七时往电台，同清定法师赴觉园。八时半，至厂接洽印经事。九时到馆。

十一时，同李孤帆君往中央银行访吴长赋君。

下午，五时至觉园。八时半，往功德林，至余伯贤君家一转。再到功德林与内子同归，已十时余。

九月十六日，星期四，晴，76

晨，六时半听经。早饭后，校《文殊仪轨》，至十一时始毕，吃面代中饭。十一时半，同内子至厂中一转，往觉园约能海、清定二法师及王居士往大新公司参观敦煌画展。三时回馆，至七时始离馆。同内子往觉园参加座谈会，十时余始归。

九月十七日，星期五，晴，夜雨，77

晨，六时半听续可法师讲《弥陀经》。八时半，往觉园取佛像，至三一公司。

九时三刻到馆。

十二时,往访徐永祚会计师。

傍晚,为门市柜同人讲话,到家已七时。

夜,整理日历。

九月十八日,星期六,雨,77

晨,六时半听经。八时半往馆。九时,往兴业银行访徐寄庼君。九时半回馆。下午,四时半往菊公家一转。又往拔公家,未遇,即至觉园。八时半归,准备明晨携五妹赴京。

九月十九日,星期日,晴,88,南京

晨,六时半未听经。七时,携定女由内子伴同至车站,乘凯旋号车往南京。下午一时半到,即至丁家桥中大安放行李。后同秀珠至商馆,又同秀珠至中央医院访惟乾,一同至分馆。先与黄孝先兄谈,再与惟乾、秀珠谈。七时,同业邀往沁心居夜饭。九时余回馆。定潮亦宿馆中。

九月二十日,星期一,有雨,82

晨,六时起床,七时半早饭。八时,同定女往中大办报到手续。十时,往访云公及百齐嫂,均未遇。

中午,回分馆午饭。后由顾君陪同往三义河慈幼院访任心翁墓,又至法云寺一游。多驻军队,至可惜!

五时,至下关车站乘飞快车,十一时到沪。归家已十二时。

九月二十一日,星期二,晴,阴,80,上海

晨,六时半听经。九时到馆。中午,同陆懋功兄至馆午饭。傍晚,往菊公家一转,因菊公明晨赴京。适彼外出,与树年君一谈。七时归家。

九月二十二日,星期三,晴,下午雨,82

晨,六时半听经。八时,往蔡公翁处。九时半到馆。永儿同来购仪器。

中午,请王维哲君在功德林午饭,请颂盘、华生、秉桓三君作陪。又同颂盘兄至上海银行访金宗城君。傍晚,七时始归。

九月二十三日，星期四，雨，80

晨，六时半听经。八时半，到蔡公翁家商港款报告事。又至觉园见清定法师。再往黄蔼翁处请写佛像字。再往大成纱厂访刘汉堃君，未遇，与徐致一先生谈。十时半到馆。

中午，在馆午饭。

傍晚，径归。夜，至青年会参加座谈会。

今晨有人来，带悟女应用物去。

九月二十四日，星期五，晴，阴，75

晨，六时半听经。七时半，整理日历格言。九时半到馆。中午，家中送饭来。

无线电收音机托邵子藩君售与大声公司，计四百五十元。

傍晚，至三一公司交制佛像印版费五百元。六时半归家。

夜，同内子往访陈士型兄夫妇，因彼等新自杭来。九时归。

九月二十五日，星期六，晴，74

晨，六时半听经。九时半到馆。中午，回家午饭。

傍晚，至觉园，因能海法师明晨赴平。八时半归。

九月二十六日，星期日，晴，下午有雨，80

晨，六时半听经。八时半，往佛教青年会。今日为续可法师讲“感应”，又余讲“心量”。十一时半讲毕，至觉林为谢仁冰君请李孤帆君午饭作陪。饭后，同谢君至环龙路参观中国[1]塑展览会。二时半归家，稍息。四时半，往省心莲社参加法相学社发起人会。六时半归。

九月二十七日，星期一，晴，80

晨，五时起床，六时往觉园。清定法师六时半传“雅马达嘎持宋略法”。八时半，与陶一珊先生谈。九时，至厂中一转。十时到馆。

中午，为港上行存信托款事邀中华、大东商谈，在功德林午饭。饭后，同蔡同

---

〔1〕 日记原文缺字。

庆、陈和坤二君至上海银行一转。三时到馆。

傍晚，至菊公家。彼系昨午由京返沪，故去问候也！

九月二十八日，星期二，晴，80

晨，六时半往觉园习仪轨，又与陶一珊、赵增祺诸君同听清定法师讲《菩提道次第》。十时到馆。

中午，家中送饭来。

傍晚，至上海帽店购呢帽一顶。

九月二十九日，星期三，阴雨，78

晨，六时半往觉园听经。至九时半，往三一公司一转。十时半到馆。

中午，同秉桓兄回家午饭。饭后，访徐百齐嫂。三时回馆。

五时，往沉香阁听南亭法师讲《维摩诘经》，适遇续可法师，乃于讲毕后同访南亭法师。又邀续可法师至家供夜饭，请章伟川居士作陪。饭后，雇车送法师返玉佛寺。

九月三十日，星期四，晴，75

晨，六时半听经。七时往觉园。十时到馆。

中午，家中送饭来。

下午，六时归家。今日请黄秉桓、陈士型二兄夫妇夜饭，又同往佛青参加座谈会。十时半归。

十月

十月一日，星期五，晴，75

提要：今日起恢复正常钟点。心光讲学会今日起请慧参法师讲《普门品》。

晨，五时起床。七时，往觉园听经。十时回馆，中途曾换帽子。

中午，公司在功德林请冯友兰君，作陪。

傍晚，往沉香阁听南亭法师讲《维摩经》。六时，与内子同归。

十月二日，星期六，晴，阴，75

晨，六时半往觉园听经。十时到馆。

下午，五时往沉香阁听经。六时，与内子同归。

十月三日，星期日，晴，76

晨，六时半听经。七时半早膳后，往菊公家一转。九时，到佛教青年会。今日佛学讲座由斯雨法师讲“佛教谈空”。原由余遂莘居士讲“佛学研究”，因法师提早讲完，余居士尚未到，乃由余先讲“学佛因缘”一小时。

下午，弄中开会，商十至十一月开支。

三时三刻，往沉香阁听南亭法师讲《维摩经》。六时归。

十月四日，星期一，晴，75

晨，六时半往觉园。九时三刻到馆。

中午，请汕头梁俊逋君及上海银行吴孚若君在功德林吃大菜。

下午，至姜姊家一转。

傍晚，再至功德林十九家会商夜饭。九时归。

十月五日，星期二，晴，70

晨，六时半往觉园。九时半，往访唐振先君。十时半到馆。

中午，饭后往访徐永祚会计师。

傍晚，至沉香阁听经。

夜，七时半往佛教青年会讲“学佛因缘”。归已十时。

十月六日，星期三，晴，70

晨，六时半往觉园听经。九时半，往三一访金有成君，谈印佛像事。十时半到馆。

傍晚，往功德林为公司请杨遇夫、郑振铎夜饭作陪。饭后，至姜姊家与内子同归，已逾九时。

十月七日，星期四，晴，68

晨，六时半往觉园听经。内人因须赴哥伦比亚路视陕侄妇，同车出去。九时半，往菊公家一转。十一时到馆。

下午，三时同内子往北四川路凯福饭店为王少峰兄之女珍冠女士与邵德润君结婚做证婚人。五时，回馆一转，归家。

夜饭后，往佛青参加座谈会。十时余归。

十月八日，星期五，晴，76

晨，六时半往觉园听经。九时半，往李孤帆兄家一转。十时半到馆。

下午，因开业务会议，至六时始毕，往四马路接内子同归。

夜，久如弟来谈，送来磁佛花香炉一只。

十月九日，星期六，晴，72

晨，六时半往觉园听经。九时半，往新华银行取寄显光款及晤张树年君，询股票事。十时到馆。

傍晚，往新生活俱乐部贺施继祖君嫁女，即归。

十月十日，星期日，晴，72

提要：双十国庆。

晨，六时半听经、做早课。九时，往青年会参预星期佛学讲座。今日为广觉法师讲“佛法要义”，陈海量居士讲“菩提种子”。

午后略睡，编书目。四时，同内子往沉香阁听经。六时，往丰记码头陈肇援君家夜饭。八时半归。

十月十一日，星期一，晴，74

提要：今补放星期假。

晨，六时半往觉园听经。九时，同陈无我君至大法轮一转。十时归，

在家理书、缮书目。

傍晚，同内子往沉香阁听经。

十月十二日，星期二，晴阴，下午雨，74

晨，六时半往觉园听经。九时半，至菊公家同伯翁共谈话。十时三刻到馆。

下午，至七时半始归家。

《碛砂藏经》由北平运来，今日提到。

十月十三日，星期三，雨，72

晨，六时半往觉园听经。九时半，往访杨福贵弟新居。又至佛学书局访沈彬轮君，未遇。十时半到馆。傍晚，径归家。

理《碛砂藏经》。

十月十四日，星期四，晴，66

晨，五时起床。今日岳母自姚由诸长尧君陪来，内子往轮埠去接。

为五女在中大发热，致京馆长途电话，托钟云蛟君往视。嗣于十一时得回电话，谓已痊愈、上课云云。

六时半，往觉园听经。九时，往佛学书局访沈彬轮君。十时，至望铣弟家访岳母。十一时到馆。

中午，又往望铣弟家午饭。

傍晚，至觉园请王巧生兄夜饭。又同韦傅翁、张子翁、戴孝侯至青年会参加座谈会。十时余归。

十月十五日，星期五，晴，65

晨，六时半往觉园听经。九时，搭赵增祺君车回馆。

傍晚，至松月楼为报上半年营业及开支事，邀中华、世界、开明会商。八时归。

三轮车今日去修。

十月十六日，星期六，晴，76

晨，六时半往觉园听经。九时，搭增祺兄车到馆。

中午，公司请胡适、陶孟和、任叔永夫妇及高君珊在国际西餐，作陪。

傍晚，径归家。

十月十七日，星期日，晴，76

晨，六时半听经。八时，往功德林贺邹颂丹君七十寿。九时一刻，回佛教青年会。

今日，除慧舟法师讲“人生真理”外，由余讲“佛法漫谈”。

中午，在觉林午饭，为三家同业会商。

下午，同余伯贤、叶竹青君搭赵增祺君车至觉园，又往龙华飞机场接能海法师。初定二时廿分到，嗣知改乘下班机，于五时十分始到。同至觉园顶礼后归。

在候飞机之便，往龙华寺一游。知性空和尚在川圆寂已三星期。

十月十八日，星期一，晴，75

晨，六时半听经并理书。九时到馆。乘电车去，沿途见排队购物者至多，甚为经济前途忧。

中午，十一时半往中信局访黄荫翁，又访信托处副理张仲贤君，即回馆。

傍晚，径归家。

岳母今日来余家宿。

十月十九日，星期二，雨，68

晨，六时半诵经(因无线电台机坏未播)。

八时，往菊公家。九时半，往中央银行访经督处俞季虞秘书，由蔡君代见。十一时回馆。

中午，佛青同人请西藏喇麻及能海、清定二上应供，搭赵增祺君车往。午膳后，二时返馆。

傍晚，又往觉园。因能海上师明晨飞渝，叩别。七时半，乘电车归家。

十月二十日，星期三，阴晴，68

晨，六时半听经。因电台未整理就绪，只做早课。

九时到馆。

傍晚，往寿圣庵晚饭，由唐振先君作东，开心光月会。又至功德林商下星期日寿星会事。与内子同归已十时。

德基自杭来，宿我家。

十月二十一日，星期四，晴，70

提要：观世音菩萨出家日。

晨，六时一刻礼佛。三刻，往觉园听经。

九时半，往菊公家。十时半到馆。

夜，同内子及久如弟往佛青参加座谈会。归已十时。

十月二十二日，星期五，晴，70

晨，六时诵《楞严咒》。六时半，往觉园听经。十时到馆。

傍晚，径归家。

夜,陈士型兄夫妇来谈。

十月二十三日,星期六,晴,70

晨,六时因无线电坏,与内子共诵《楞严咒》一遍。七时,往觉园。九时半,往菊公家。十时半,搭伯翁车到馆。

傍晚,径归家。

秀珠自京来。谓欲与惟乾离婚,至为扼腕!

十月二十四日,星期日,晴,上午有雨,74

晨,在家听经、做早课。九时,到佛教青年会。今日为慧参法师讲"学佛之目的与修法",陆渊雷居士讲"蔬食与肉食"。

十二时,到功德林。今日,岳母及李屋身兄均为寿星,为集团庆祝。三时半始饭毕,归家午睡。

秀珠返京。下午,德基回杭。

十月二十五日,星期一,雨,76

晨,六时诵《楞严咒》。六时半,往觉园听经。九时半,往书商业同业公会参加选举代表。十一时到馆。

下午,往天津路、江西路口327号二楼访孙吉禄君,请其明晨往大陆电台播讲。

傍晚,往周颂久君家谈绍兴路房租事。

十月二十六日,星期二,雨,下午阴,70

晨,六时诵《楞严咒》。六时半,往觉园听经。十时,到经济督导员办公处。十一时,到中国银行汇款。十一时半到馆。

傍晚,再往经济督导员办公处。六时半,到功德林开十九家同业会议。八时半归。

十月二十七日,星期三,阴晴,62

晨,六时诵《楞严咒》。六时半,往觉园听经。今日《菩提道次第》讲圆满。九时半,往菊公家。十时半到馆。

傍晚,径归家,已逾七时。

公司为结账事，今日起会计稽核科开夜工。

十月二十八日，星期四，晴阴，60

晨，六时诵《楞严咒》。六时半早饭。饭后，往觉园听经。九时半，往外滩寻台湾银行，未得。十时三刻到馆。

下午，开业务会议。

夜，同内子往青年会参加座谈会。今日续可、斯雨、无碍、修仑诸法师在座。九时半归。

十月二十九日，星期五，晴，60

晨，六时诵《楞严咒》。六时半，往觉园听经。九时三刻，至静安寺厂接洽印经事务。

下午，五时往中行晤蔡公翁。又为盖心光讲学会发信印章至薛居士之恒昌一转。

六时，到功德林为余伯贤君请高鹤年居士作陪。

十月三十日，星期六，晴，60

晨，六时读《楞严咒》。六时半，往觉园听经。九时，往菊公家。十时半到馆。下午，在馆剃头。

傍晚，至青年会洗澡。六时半到家。

夜，准备明日习静事。

十月三十一日，星期日，晴，58

提要：今日习静，仿八关斋例，居四楼上。

晨，四时起床。功课另录。

十一月

十一月一日，星期一，晴，60

晨，五时起床。六时半，听续可法师讲《金刚经》。七时半，往觉园访清定法师，接洽印经事。十时余到馆。

傍晚，至世界书局开会，议书价事。

今日为抢购事，发行所于下午二时闭门。

十一月二日，星期二，晴，60

晨，六时半听经。为加价事致杭馆长途电话。八时到馆。

傍晚，五时往菊公家。因电车挤，到已六时半。七时，到佛教青年会听续可法师讲《四十二章经》。八时半归。

十一月三日，星期三，晴，62

晨，六时诵《楞严咒》。涂子英兄来，同做早课。八时半早餐。九时一刻到馆。

中午，请施寅佐、糜文溶、涂子英、武云如、赵增祺等在功德林午饭。

八时半，至青年会。因拟诵仪轨，七时半先归。

十一月四日，星期四，晴，60

晨，六时半往觉园。今日起，清定法师教授"修文殊仪规法"，九时半始毕，到馆已十时。

夜，往功德林为陈士型兄请徐亚屏君作陪。九时半归。

十一月五日，星期五，晴，62

晨，六时半往觉园。知今日有货运渝，余家所藏《碛砂藏》一部须赶于本日送民生公司装明晨开行之民俗轮运往，当即回家装箱。又丁傅琳（桂岑）居士供养大正修订之《大藏经》一部与杨居士同送来。除《碛砂》装一大箱外，又为装日本《大藏》两箱。即留杨居士在家吃面。托公司卡车由杨君根送民生公司。

午后到馆。至新华汇黄访书君款，又至大鸿运贺潘孔音弟娶媳，再至菊公家开董事会。五时一刻归家，至徐百齐嫂处一转。

十一月六日，星期六，晴，62

晨，六时半往觉园听经。九时半到馆。

傍晚，往世界书局开六家书价会议。七时归家。

十一月七日，星期日，晴，60

晨，六时半往觉园。九时半，到菊公家与伯翁同谈。至十一时半，到佛教青年会，知讲演已完，与续可法师略谈，即归。

午饭请徐亚屏君及陈士型兄夫妇又王礼春君便饭。

下午,二时往公司发各分馆加价电。四时半归。

糜文溶夫人来谈。

十一月八日,星期一,晴,58

晨,六时半往觉园。十时回馆。

今晚发国民身份证,下午提早于三时收市。适丁梓华君来谈,至四时离馆。又为电车过挤,步行归家,已五时半。

十一月九日,星期二,晴,58

晨,六时半往觉园。九时半,往菊公家与伯翁共谈。十时半,乘伯翁车到馆。

傍晚,车子修好,但胎又坏。

十一月十日,星期三,晴,60

晨,六时半往觉园。九时半到公司。

傍晚,至青年会听续可法师讲《四十二章》。回家已九时。

十一月十一日,星期四,晴,58

晨,六时半往觉园听经。九时半至菊公家。十时半到馆。上午,为向建成面粉厂领粉事开会商讨。

傍晚,为朱经农君往黎巴能国贝鲁特城开联教第三届年会饯行,在功德林聚餐。七时三刻,往佛教青年会听经。至九时,同内子回家。

十一月十二日,星期五,晴,55

晨,六时半往觉园。内子亦同往,搬大椅回功德林。余于听经毕,九时半往菊公家。十时半,至佛教青年会一转,归家。

塘侄来帮同装缩本《四部丛刊》入木箱。

下午,往青年会陪续可法师至李拔公家。三时,同续可法师回家。夜饭后,同往青年会听经。八时三刻归家。

十一月十三日,星期六,晴,56

晨,六时半往觉园听经。十时到馆。

下午，三时半往菊公家参加董事会。会毕，同伯翁到朱经翁家。七时半，到青年会洗澡，又至佛教青年会听经。八时三刻归家。

十一月十四日，星期日，晴，58

晨，六时半往觉园听经。九时，同陈三洲君至佛教青年会。今日为广觉法师讲"发菩提心"，汤芗铭居士讲"菩萨戒略解"。

午后，同内子往三昧寺访宽道法师。三时归，午睡两小时余。

傍晚及夜间，诵《文殊仪轨》及《菩提道次第》等。

十一月十五日，星期一，晴，56

晨，六时诵《楞严咒》、做早课，又诵《文殊仪轨》一本。九时到馆。

午后，往菊公家一走。

傍晚，至功德林开六家同业会议，议决明日起照金圆定价之书改按八倍发售（即照最近售价加百分之六十）。又至发行所一转。八时半，乘电车归家。

十一月十六日，星期二，晴，54

晨，六时半往觉园听经。十时到馆。

下午，开出版会议。

傍晚，与内子同归。

十一月十七日，星期三，晴，58

晨，六时半往觉园听经。九时半，往访韦傅翁，谈至十时半到馆。

中午，请赵挹紫君在松月楼午饭。夜，为谢文卿君嫁女又在松月楼夜饭。饭后，至佛教青年会听经。八时三刻归家。

十一月十八日，星期四，晴，58

晨，六时半往觉园听经。九时三刻到馆。

中午，因家中制馒头，回家午饭。

傍晚，往功德林为同业商明年春贷事。八时，到佛教青年会。九时归。

十一月十九日，星期五，晴，55

晨，六时半往觉园听经。九时半，至大法轮一转，往菊公家与伯翁同谈。十时半到馆。

中午，回家午饭。

傍晚，先回家夜饭。饭后，至青年会一转，往老半斋参加同业商谈。八时一刻，再到青年会，与内子、永儿同归。

十一月二十日，星期六，晴，56

晨，六时半往觉园听经。九时半，到制印厂为接洽印《莲池大师西方发愿文》事。十时到馆。

中午，佛教青年会在觉林聚餐。

下午，二时往八仙桥青年会洗澡。三时到馆。

傍晚，回家夜饭后，至佛青听经。今日续可法师讲《念佛圆通章》圆满，复由方子藩君放映电影。九时始归。

十一月二十一日，星期日，晴，60

晨，六时半往觉园听经。十时，往菊公家，又至三一公司取画样，又至伯翁家一转。往功德林为周慧崇君嫁女补席。

午后，同内子挈永儿携画像往清定师处。三时，回至海军服务社贺蔡达昌君娶媳。

夜，续可法师由方子藩居士伴来吃面。糜师母与孙克均兄夫妇挈子同来吃面。

夜，伴续可法师往青年会听兴慈法师讲《莲池大师西方发愿文》。

十一月二十二日，星期一，晴，62

晨，六时半听经、诵《文殊真言》。九时到馆。

中午，回家午饭。

傍晚，至余伯贤君家为心光聚餐。八时半，到佛教青年会，同内子归。

十一月二十三日，星期二，晴，65

晨，诵《文殊真言》。七时三刻，往觉园，又往三一公司。九时半，往菊公家与伯翁及丁英桂君谈。十一时到公司。中午，在馆午饭。

傍晚，至浙江路挈永儿归。

夜，往青年会听经。

十一月二十四日，星期三，阴雨，60

晨，六时半诵《文殊仪轨》。八时，往菊公家。九时半到馆。

下午，三时半往伯翁家。五时半回馆。

夜，同内子往青年会听经。

孙克均兄来谈，至十时始去。

十一月二十五日，星期四，雨，58

晨，六时半同内子往觉园谒清定师，献玛瑙数珠。八时，往菊公家，为商赴港事。九时一刻到馆。

中午，请黄仲翁在松月楼吃楼[1]，遇赵增祺兄，由彼会钞。

夜，往佛教青年会。今日起，清定法师讲《心经》。

今日向中国旅行社定票，购赴港飞机票，于廿八日（星期日）动身。

十一月二十六日，星期五，雨，58

晨，听经。八时，往北京路439号大陆电台讲佛化日历。因余将于廿八日赴港，原定廿九、卅两天之播讲与方子藩君对易，改于今、明两天播讲也！九时十分到馆。

夜，至青年会听经。

十一月二十七日，星期六，晴，49

晨，诵《文殊真言》。七时半，往发行所取昨日所遗日历格言。八时十分，到大陆电台播讲本年日历，作一结果。下月准备讲卅八年份新日历。

九时半，到菊公家取彼托带港之屏对。十时半，到中国银行汇杭州周文德君款，又托濂侄为内子购现洋四十元。十一时到馆。

中午，回家午饭。应时侄女来。

下午，往八仙桥青年会剃头、洗澡。四时到馆，知明晨飞机票须改期下星期二。

夜，往佛教青年会听经。

---

[1] “楼”当为“饭”字。

十一月二十八日，星期日，雨，58

晨，听经，诵《文殊真言》。九时，往佛教青年会。今日讲座为斯雨法师讲“临别赠言”，王骧陆法师讲“学佛难以成就的原因”。余因今日请清定法师应供，故十时半即回家。中途至西门路354号余伯贤居士家一转，并约方子藩夫妇、叶竹青、章伟川、韦傅卿、张雄飞、胡省初诸君作陪。清定师带一沙弥来。饭后说法，至三时回觉园去。

夜，同内子往佛青听经。

十一月二十九日，星期一，晴，41

晨，诵《文殊真言》、听经。八时，往拔公家，又至大法轮书局访苏慧纯君。十时到馆。中午，回家午饭。

岳母今日到余家。又姜姊来午饭。

下午，准备明日飞港事。三时半到馆。

＊在港日记缺＊

十二月

十二月十日，星期五，阴晴，75/58，香港/上海

晨，五时起床。早饭后，七时同孤翁至工厂。又同孤翁及织兄过港至启德机场。席旅平兄送至尖沙咀。到机场只八时。霸王机于九时起飞，下午一时一刻到上海。穆华生兄、沈君及汤儿来接。因海关检查，至三时余始回家。

五时，至菊公家。又至王学理兄家。再至伯翁家，未遇。至傅翁家，与戴孝翁共夜饭。饭后，至姜姊家，并命车至功德林接内子同归。

十二月十一日，星期六，晴，56

晨，六时半听慧舟法师讲《药师经》。八时，往拔公家一转。又往伯翁家，谈至十一时到馆。

中午，请鲍天爵、鲁良伯二君午饭。饭后，往青年会洗澡。三时到馆。

傍晚，至省心莲社听范古农居士讲“法相学”。八时归。

十二月十二日，星期日，晴，56

晨，七时往觉园谒清定法师。又至海关住宅访范良成兄及其尊人。九时半，回至佛教青年会参加讲座（守培法师开示及范古农居士讲“学佛入门须宗法相”）。

下午，理书橱。晚，至青年会诵《法华经》。九时半归。

十二月十三日，星期一，晴，57

晨，因昨夜睡未安稳，起身稍迟，七时半诵《文殊仪轨》。雨楼兄来谈。九时，往上海银行公寓39号访刘聪强君。十时到馆。

今日，韦傅翁到馆办公。

中午，回家午饭。下午，同汤儿至南国酒家为菡芬与何非君结婚作介绍人。

六时，至法相学社听讲。七时一刻，搭方子藩君车至青年会，诵《法华经》。九时归。

十二月十四日，星期二，晴，54

晨，六时半听经，七时半诵《文殊仪轨》。九时到馆。

中午，回家午饭。

夜，往青年会诵《法华经》。

十二月十五日，星期三，晴，46

晨，六时半听经，七时半诵《文殊仪轨》。九时半，到菊公家与伯翁、仁翁共谈馆事。十一时半归家。午饭后，往晤徐永祚君。三时到馆。

夜，因时晏未往省心莲社。回家夜饭后，往青年会诵《法华经》。

十二月十六日，星期四，晴，45

晨，六时半听经，七时半诵《文殊仪轨》。九时到馆。

中午，回家午饭。

傍晚，往功德林开九家同业会议，商台湾春季科书事。七时半，到青年会诵《法华经》。九时余回家。

十二月十七日，星期五，晴，50

提要：今日为阿弥陀佛圣诞。

晨，六时半礼佛、诵《文殊仪轨》。七时半，往北四川路永安里55号访蒋志澄（养春）君，未遇，回公司。中午，回家午饭。饭后，往访各股东。三时，到菊公家参加董事会。四时半，至佛教青年会祝阿弥陀佛圣诞。夜饭后，诵《法华经》。九时归。

十二月十八日，星期六，晴，60

晨，七时往觉园，先访续可法师，请其明日星期讲座设法事。又至清定法师处一转。九时一刻到馆。中午，请王诚翁及巧翁家在松月楼午饭。下午，三时半同黄仲明、沈季湘、周熙和三君往中行贴放会访林崇镛君。

四时半，往佛教青年会洗澡。

六时，往功德林为十九家同业开贷款会议。

七时，到青年会诵《法华经》，今日圆满。方子藩居士摄电影，故迟至九时余始归。

十二月十九日，星期日，雨，62

晨，七时三刻同内子出去。先送彼至天丰方子藩家，又往觉园接续可法师往佛教青年会演讲。十时三刻，至公建电台一转，往望铣弟家视岳母，又往功德林。午饭后，往市商会开股东会。至五时半，往省心莲社听范古农居士讲“法相”。八时，即在该社夜饭。饭后，至公建电台讲半小时。十一时归家。

十二月二十日，星期一，雨，60

晨，往访蒋志澄（养春）君，谈至十时半至公司。中午，至青年会一转，与内子同归家。午饭后稍睡，三时到馆。傍晚，往郑颂英居士家开心光月会。九时归家。

十二月二十一日，星期二，雨，60

晨，六时半听经，七时半诵《文殊仪轨》。九时到馆。

中午，回家午饭。

傍晚，至省心莲社听讲“法相”。八时归。

十二月二十二日，星期三，雨，58

晨，六时半整理书橱。因今日为余伯贤君报告心光捐款事，未讲经也！

九时到馆。中午，家中带饭来。饭后剃头。

傍晚，至青年会一转，归家。

十二月二十三日，星期四，雨，50

晨，六时半听经。八时一刻，丁英桂兄来，商同人待遇事。十时半，同往菊公家。十一半，回家午饭。饭后到馆。傍晚，至省心莲社听讲“法相”。七时半，往青年会参加座谈会。九时半，归家夜饭。

十二月二十四日，星期五，雨，50

晨，六时半听经，七时半诵《文殊真言》。九时到馆。

中午，在公司午饭。傍晚，径归家。

今日停心光会。物价之涨风又起。

十二月二十五日，星期六，雨，44

晨，六时半听经，惜电台坏未全听。七时半早膳后，往觉园访清定法师，又至印光大师纪念会一转。十时半到馆。

下午，四时往青年会洗澡后，往蜀腴开书业理、监事会。六时，往省心莲社听讲“法相”。八时归家。

五妹今日自南京来。

十二月二十六日，星期日，雨，43

晨，六时半听经。七时半早膳后，往觉园接清定法师至青年会佛学讲座演讲，续可师亦同来。讲题为“真理及实践”。又刘昌解居士讲“心地功夫”。中午，在青年会聚餐。下午归家后，三时半往菊公家开董事会。归途至丁英桂兄家一转，回家已六时半。

十二月二十七日，星期一，阴雨，44

晨，六时半听经，七时半诵《文殊仪轨真言》。八时廿分，听范古农居士讲“法相”。九时廿分到馆。

傍晚，至省心莲社听讲“法相”。八时回家。

十二月二十八日，星期二，阴晴，42

晨，六时半听经，七时半诵《文殊仪轨真言》。八时廿分，听范古农居士讲“法相”。九时半到馆。

中午，请中华台经理许达年君及杭经理朱君。下午，三时回馆一转，往四明公所地藏法会夜饭。饭后，参加发蒙山为超荐江亚轮被难者也！

夜，八时半与内子同归。

十二月二十九日，星期三，阴雨，40

晨，六时半听经。七时半早膳后，赴大陆电台播讲佛化日历。九时毕，至馆一转，往菊公家。十一时返馆。

傍晚，至青年会听范古农居士讲“法相”。因省心莲社打大悲七，故暂借青年会也！八时归。

十二月三十日，星期四，雨，54

晨，六时半听经。七时半早膳后，赴大陆电台讲日历格言。九时，往觉园一转。十时到馆。

傍晚，因岳母返姚，至望铣弟家送别。又往菊公家一转，往功德林开六家同业会议。

七时半，往青年会参加座谈会。九时半，同内子归。

十二月三十一日，星期五，雨，49

晨，六时半听经。七时半，往大陆电台讲日历格言。九时廿分到馆。

午后，三时往新生活俱乐部贺谢仁冰君娶媳。四时回馆。六时，至青年会听讲“法相”。八时归。

糜文溶嫂来谈。

1953 年

一月

一月一日，星期四，阴，冷，北京

昨晚入睡已将一时，又为三妹肚痛几次起床，故今晨起床已将八时。

杜企棠来，傍晚去。

本日未出门。下午睡三小时。

接国璠来信，谓不能返国，大妹或将赴朝云。

一月二日，星期五，晴，冷

晨，六时起床。七时半，到中图。

中午，伊见翁来交京处图章。

傍晚，赵仲榆君来谈，并送水果来，实归多事。

一月三日，星期六，晴

晨，五时起床。五时四十五分，到运输营业所为三妹买赴沪硬席卧铺车票。六时开门，至七时始买到。当回家车行李往做行李票，待至八时半，始做行李。九时完毕，到中图。

傍晚，宣信予兄来谈。

一月四日，星期日

晨，七时起床。

杜企棠来。九时，同企棠、永儿送三妹至车站。上十点五分开第五次车，遇田纯盦亦乘此车。据系来京与科学院订约排版事。

三妹为“到沪在下午近六时，嘱暂住家中，次日赴机关报到”事，倔强不听话，我说了她几句。她外表只是隐忍下来，内心恐怕还是不舒服。这于她的身体也是有害的。

十一时，同内子、永儿、企棠至首都看《南征北战》影戏。回家逾一时。

宣信予兄早、晚各来一次。

一月五日,星期一,小寒,晴

晨,六时一刻起床。七时半,到中图接唐慕汾居士电话。

下午,二时往广济寺访能海法师。谈至三时半归。

夜饭后,调中图同人来谈,至九时半去。

大妹自南京来。

一月六日,星期二,微雪,下午晴

晨,六时一刻起床。七时半,往孝翁家。谈至九时半,至中图。中午,宣信予兄来谈。

下午,一时半开研究组会议。

二时半,往广济寺听能海老法师参加维也纳世界和平大会报告。内有结语:"我们要帮助人家和平,这是平等性智;不要叫人家来同我和平,这是我执。"

四时三刻,往大栅栏购枣仁备供养上师之用。

夜,陆廷珏兄来谈。

写致傅翁信。

一月七日,星期三,晴

晨,六时一刻起床。七时半,到中图。

九时,往车站送能海上师赴沪。车于十时五分开,公家照顾周到。十时半,回中图。

中午,伊见翁来谈。

一月八日,星期四,晴

晨,六时一刻起床,七时半到中图。

上午,约程勉之兄来谈。

中午,往西单购面包。又宣信予兄来谈。

下午,二时半同俞明岳兄往人教社访吉少甫同志,谈中、商海外课本联合编刊社合同事。

夜饭后,糜文溶兄来谈。

夜,十时半陪侣女挈利南往前门车站乘十一时半车赴沈阳。我送她们上车后,即归家,睡已逾十二时。

一月九日,星期五,晴

晨,六时一刻起床,七时半到中图。

上午,十一时至十二时做清洁工作。中午,孝翁来,未谈即去。

下午,二时搭公文同志车往出版总署听胡愈之署长作一九五二年总结报告,至五时三刻始毕,仍搭公文同志车回来。到家已六时。

夜,陆廷珏兄来谈房租事。

一月十日,星期六,晴

晨,六时一刻起床,七时半到中图。

接总处电复京厂调薪起期事。上午,请信予兄来,嘱令视厂中经济状况,分期补给。

傍晚,往首都看六时十分开演之《细菌战》影片。八时毕,同永儿、内子归。

一月十一日,星期日,晴

晨,七时起床。八时半,往旧廉子胡用 40 号访杨静盦君,谈至九时半(为公司代垫房租扣款事),至西长安街人民银行取款 20 万元。又往西河沿戴孝翁家,知彼已来我家,乃即归来,谈至午饭后始回去。

潘松泉侄亦来,午饭后去。

下午,写致傅、季翁信及望铣弟之四母妹信,又往邮局寄给五妹《人民日报》,已五时余。

一月十二日,星期一,晴

晨,六时一刻起床,七时半到中图。

九时,开业务会议,讨论一九五三年发行计划。

十一时,约戴孝翁同往北海团城见社会文化事业管理局郑振铎局长、王冶秋副局长,谈涵芬楼善本书由政府价购事。回家已逾十二时。

下午,约程勉之兄来中图谈编部同人扣房租事。

夜,宣信予兄来谈。

写致总处信(为善本书事)。

一月十三日，星期二，晴

晨，六时一刻起床，七时半到中图。

下午，一时开评选研究组会议。

夜饭后，六时一刻到中图和公文同志谈，至八时三刻始归。

一月十四日，星期三，晴

晨，六时一刻起床，七时半到中图。

刘建华自沈阳来。

下午，三时开评选优秀工作者会议，计决定优秀工作者二十名，优胜组四组。

中午，戴孝翁、宣信翁、伊见翁来谈。

一月十五日，星期四，晴

晨，六时一刻起床，七时半到中图。

宣信予兄中午及傍晚均来谈。

夜，八时半戴孝翁来谈，去已十时。

一月十六日，星期五，晴，冷

晨，六时十分起床。七时一刻，往戴孝翁家一转。七时三刻到中图。

午后，一时往文化宫参观全国卫生展览，至四时回中图。

一月十七日，星期六，晴

晨，六时一刻起床，七时半到中图。

万国钧同志昨晚到京，今午同到我家午饭。

傍晚，径归家。

一月十八日，星期日，晴

晨，六时三刻起床。八时，往灯草胡同陈叔老家。九时半，往演乐胡同编审处一转。归家已十一时。

中午，濂侄夫妇携美平（小芳）及瑞和来家午饭。饭后，同瑞和及永儿往北海公园。至五时归家。

夜，程勉之兄来谈。又中图同人吉锦顺、高一飞、王新吉、钱心煌、薄梓檠五人来谈,至十时余始去。

一月十九日,星期一,晴

晨,六时十分起床。七时半,往戴孝翁家谈夏姓女职员事。八时回中图。

午饭后稍安息,往琉璃厂,同黄维英君谈账务事。至四时参加编审、出版部合并成立大会,至六时半散会。归家已七时半。

八时,往东观音寺福建司营十号家甲访程直修同志,取五妹托他带来的表和手表。回家已九时余,睡已十二时。

一月二十日,星期二,大寒,晴

晨,六时一刻起床,七时半到中图。

中午,宣信予兄来谈。

一月二十一日,星期三,晴

晨,六时一刻起床。七时半到中图,乘邵公文同志汽车赴出版总署听公文同志传达周总理报告,十时毕。回中图已十一时。

下午,开优胜组及积极工作者给奖大会,至四时半止。

夜,七时中图开联欢会。在观话剧时,戴孝翁来,同回家,谈至八时半去。

一月二十二日,星期四,晴

晨,六时一刻起床,七时半到中图。

宣信予兄午、晚均来。

夜,邀万国钧同志来吃腊八粥。

一月二十三日,星期五,晴

晨,六时一刻起床,七时半到中图。

夜饭后,同内子及赵国华、国伟往大华看话剧《麦收之前》《喜事》《夫妻之间》《赵小兰》四独幕剧。自七时开演,至十一时毕。到家已近十二时。

一月二十四日,星期六,晴

晨,六时一刻起床。七时半,往出版总署听陈克寒副署长作1953年工作计划学习动员报告。八时开始,至午后一时始毕。搭公文同志车归家。

下午,二时余往琉璃厂,约京厂沪来旧同人谈,计来金铭佐、金华彦、赵宇宝、严连生四人,谈至四时半。五时半归家,过北新华街剃头。

一月二十五日,星期日,晴

晨,七时半起床。九时,往中图写致总处信,为京厂工友昨来谈要求照沪调待遇事。又韦士霖君来谈万丰房屋事。又往邮局寄信及汇交岳母和佛教青年会款。十二时归家。

一月二十六日,星期一,晨小雪,下午晴

晨,六时一刻起床,七时半到中图。八时,公文同志作传达报告,到十一时始毕。

下午,侣潮挈利南由朝鲜回来。

一月二十七日,星期二,上午小雪,下午晴

晨,六时一刻起床,七时半到中图。

宣信予兄午、晚均来谈。

一月二十八日,星期三,晴

晨,六时一刻起床,七时半到中图。

午后,往琉璃厂参加编审出版部部务会议。归家已近七时。

大妹的陪人通信员小刘今天已动身回朝鲜去。

一月二十九日,星期四,上午阴,下午晴

晨,六时一刻起床,七时半到中图。

下午,二时半学习,至五时半毕。

夜,准备明晨学习工作计划中的讨论。

一月三十日,星期五,晴

晨,六时一刻起床,七时半到中图。

九时十分(向学习小组长请假二十分钟)回家,雇车送侣潮至车站。彼乘十时五分车赴南京,我即返中图。

一月三十一日,星期六,晴

晨,六时起床,七时半到中图。

九时半,往社会文化事业管理局见郑振铎局长。十时,回中图。

下午,往琉璃厂京处。五时半回家。

孙如松君上午七时半来中图,据昨晚到京云。

二月

二月一日,星期日,雪

晨,七时一刻起床。

上午,做清洁工作。松泉来午饭。

下午,孙如松兄来谈。

内子送利南往托儿所。该所以小儿正在隔离不允收受,只得带回,再过一星期送去。

二月二日,星期一,雪

晨,六时起床,七时半到中图。

下午,业务处举行商务、中华、龙门出版家座谈会。

上午,为文书工作事曾开会。

傍晚,径归家。

夜,宣信予、陆廷珏两兄来谈。

二月三日,星期二,阴

晨,六时起床。七时半到中图,听部公文同志作文委习仲勋、乔木两同志传达报告。

傍晚,汤儿托同事乌人伟带来棉背心及侣女的人民币一百万元。

中午,戴孝翁来谈。

二月四日,星期三,雪

晨,六时一刻起床,七时半到中图。

午后,往琉璃厂参加编版部部务会议。六时半回家,永儿已购青年宫影票(《光明之路》),乃即前去。到已七时,八时十分看毕。归家已近九时矣!

二月五日,星期四,上午大雪,午后晴

晨,六时一刻起床,七时半到中图。八时,听周总理政治报告录音广播。

八时半,戴孝翁来,同往劳动局和编审出版部工会谈加薪未了案。十二时半离局,归途中至人民银行代侣女存一百万元。

归家后,去中图已两时。

下午学习,看斯大林《新的环境和新的经济建设任务》。

二月六日,星期五,晴

晨,六时一刻起床,七时半到中图。

下午,先至人民银行存款,又到琉璃厂和劳方谈话。

六时,到首都看《幸福的会见》。八时,打上海韦傅翁长途电话,彼适去剃头,仅和韦师母谈,请其转询:① 丁英翁何日来京;② 沈季翁是否来京;③ 万丰600万允出否三事。

二月七日,星期六,晴

晨,六时半起床,七时半到中图。

夜,糜文溶兄来谈。

夜,七时三刻往车站接潘多福、张韦康两君乘八时卅一分沪来六次车,到站已迟十多分钟。归家已九时半。

二月八日,星期日,晴

晨,六时半起床。七时半,挈永儿往华宾园洗澡。归家已十时半。

戴孝翁已在家等候,谈至十二时去。

下午,做清洁工作。

今日,内子送利南往托儿所。

夜,六时往首都看《重返前线》电影。

二月九日,星期一,晴

晨,六时一刻起床,七时半到中图。

夜,七时三刻往车站接沈季湘、丁英桂、穆华生三君自沪来,至九时半始到。

带来的涵芬楼善本书由北京图书馆着张任仆同志去接,遍查未到。归家已十一时余。

二月十日，星期二，晴

晨，六时半起床，七时半到中图。

午后，往琉璃厂与沈、丁两君往社会文化事业管理局与郑振铎、赵万里谈点交善本书事。四时回家。

宣信予、王泊如、戴孝侯及沈、丁、穆三君同在家夜饭。

二月十一日，星期三，晴阴

晨，六时一刻起床，七时半到中图。

十时，往琉璃厂访沈季翁。十一时半回家，适有人来慰问军属。

下午，先往中图。二时，往西长安街拍致傅翁电，又往琉璃厂参加编版部会议。五时半，与金铭佐、金华彦、赵宇宝、严连生四君谈。六时半回家。

七时，施励奋、马仁新、伊淑敏三同志来慰劳军属，带来食物等。

八时半往中图，沈季湘、丁英桂二君已先在，同万国钧、邵公文二同志谈。十时半归家。

二月十二日，星期四，晴

晨，六时一刻起床。七时半，到往西长安街拍至傅翁电。又往社会文化事业管理局与沈季翁、丁英翁同见郑振铎局长。谈至九时半辞出，到北海公园吃茶、谈公事。十二时归家。

下午，到中图。四时，往琉璃厂，至七时始归。

二月十三日，星期五，晴

晨，六时半起床。七时半到中图，打电话约沈季翁，又至邮局寄信。往叔老家与沈季翁、丁英翁共谈至十时。到编审处一转，会同潘多福、张韦康二君往国际书店与苏迪畅及郭、俞两君谈话。十二时到家。

下午，至中图。

傍晚回家后，沈季湘、潘多福、张韦康、宣信予诸君来家夜饭。

二月十四日，星期六，元旦，晴

晨，七时起床。

观日食很清楚。

上午，九时到东单青年宫购得十八日话剧戏券。十一时，至中图一转。

杜企棠、潘松泉及塘侄来，午饭后同往西郊公园一游。归家已近六时。

挈永儿往首都看六时开演的《葡萄熟了的时候》影戏。归家已近八时。

二月十五日，星期日，晴

晨，六时三刻起床。八时，打电话给沈季湘约明日会谈事。

九时，往访农公。十时回家。

中午，请钱慰先、邱雪帆、金永祁、江成亮、张钧馥诸君午饭。

濂侄夫妇及瑞和侄女、塘侄等上午来，夜饭后去。张镜清君昨自津来，谈两小时回西直门其妹处，明日即须返津云。

今日来来贺年者朱皎如、王泊如、丁敏士夫妇、余景贤、孙如松夫妇、韦士霖、许叔平、柴辅卿及其他工友二人。

二月十六日，星期一，晴

晨，六时三刻起床。八时，往琉璃厂与沈季翁、丁英翁、穆华翁谈至十时半，同穆君至半壁街十七号吴度翁家一转，余即归家。

松泉来，午饭后去。

下午，二时许季翁来，同往永光寺及棉花头条、七条、九条诸同事处贺年。四时归，往中图约万国钧君往琉璃厂谈公司事，即在该处夜饭，谈至十一时始归。入睡已十二时。

二月十七日，星期二，晴

晨，七时半起床。

上午，九时半往中图约万国钧同志来家和苏继庼、沈季湘、丁英桂、穆华生诸君午饭。

下午，继续和万、沈、丁诸君商谈。

夜，应宣信予兄招在彼家夜饭，同座有沈、丁、穆、潘、张、戴诸君。九时归。

下午，农公来。上午，有商馆诸同人来。

二月十八日，星期三，晴

晨，六时一刻起床，七时半到中图。

下午,往琉璃厂办公。

下午,五时半往青年宫,自六时至八时半看《桃子熟了》及《小白兔》话剧。

二月十九日,星期四,晴

晨,六时一刻起床,七时半到中图。

九时半,往车站送沈季湘、潘多福两君乘十时五分车返沪。

往邮局取辽阳汇来小胖奶费,又至六部口人民银行取上海汇款(回家取户口簿)。又至邮局汇给岳母款。十一时三刻回家。

下午学习。

二月二十日,星期五,晴

晨,六时一刻起床,七时半到中图。

下午,六时至首都看苏联大马戏团,永儿及穆华生兄同去。七时半,同穆君回家夜饭。

二月二十一日,星期六,晴

晨,六时一刻起床,七时半到中图。

下午,先到中图。二时,到琉璃厂和编版部工会谈话,至四时半毕。

同戴孝翁至厂甸一游。

下午,五时半同戴孝翁、丁英翁往西四同和居应郑振铎、王冶秋两局长招夜饭。九时归。

二月二十二日,星期日,晴

晨,七时一刻起床。

写致糜若霞信,附去膏药四张。

做清洁工作,又剃头。

潘松泉与塘侄来,午饭后去。

二月二十三日,星期一,晴

晨,六时起床,七时半到中图。

八时十分,同戴孝翁往劳动局。因车同志病,未晤到,即往访唐慕汾居士。谈至十时出,到中图已十一时。

二月二十四日，星期二，晴

晨，六时一刻起床，七时半到中图。

下午，为补发住宿中图单人宿舍之原商务同人煤贴事，约叶昌德君等八人一谈。

夜，约万国钧、戴孝侯二君至家吃饺子。

二月二十五日，星期三，晴

晨，六时一刻起床，七时半到中图。

下午，到琉璃厂。归已八时。

三妹自沪来京。据组织上电招开会云云。

二月二十六日，星期四，晴

晨，六时一刻起床，七时半到中图。

下午学习。

傍晚，归家夜饭。后往琉璃厂与沈丙麟、吉锦顺、王新吉、高一飞诸君谈，戴孝侯、丁英桂两君同谈。至八时余回家。

二月二十七日，星期五，晴

晨，六时一刻起床，七时半到中图。

下午，听郭农山同志的爱国卫生运动突击报告。四时起，做清洁工作。

中午，宣信予兄来谈。

二月二十八日，星期六，元宵，晴

晨。六时一刻起床，七时半到中图。

今日学习《婚姻法》。

午后，往琉璃厂为商讨印古本书时[1]。

四时，与丁英翁同金铭佐、金华彦、严连生、谢祥兴、赵宇宝五人谈话至六时半。

归家夜饭后，往中图应公文同志约谈，在座者有郭农山、俞明岳、丁英桂、戴

---

〔1〕“时”疑为“事”字。

孝侯、万国钧诸君。十时,同丁、戴两君归家。吉锦顺、薄梓樑两君来,约明日上午九时谈话。

三月

三月一日,星期日,阴雨

晨,六时三刻起床。

九时,戴、丁两君来。九时半,沈丙麟、吉锦顺、王新吉、薄梓樑、高一飞诸君来谈北调同人回籍川资问题,十二时余始去。

十时,往中图晤万国钧,商中、商两家致中图公函事。

宣信予兄中午来谈。

三月二日,星期一,晴

晨,六时起床,七时到中图。因今日起提前半小时上班,下午延迟半小时散班,中午多休息半小时。

上午,听曹健飞传达杨献珍报告。自七时起,至十一时。因此,丁英桂、穆华生两君返沪未克前往送行。

三月三日,星期二,晴

晨,五时三刻起床。昨夜蜂窝煤炉熄灭,不得已往外吃豆浆、烧饼。七时到中图。

上午,开清产核资委会。下午续开。

下午,四时起做清洁工作。

三月四日,星期三,晴

晨,六时起床,七时到中图

八时半,开全体工作会议,听公文同志报告。十一时,开清产工作小组会议。

午后,信予兄来谈。同出,余往琉璃厂参加编版部业务会议。六时,同孝翁约信予、泊如两兄及张承林至骡马市大街某油坊看房子。归已七时。

三月五日,星期四,晴

提要:今日为余的母难日。

晨,六时起床,七时到中图。听邵公文同志讲解《实践论》一至十八段。

下午,往出版总署听陈克寒副署长作反官僚主义检讨报告。

六时,往硒兹府25号朱砚农医师处治牙。归已七时。

三月六日,星期五,晴

晨,六时起床,七时到中图。

下午,四时回家,同内子往朱砚农医师处诊牙。内子原代购首都《乡村医生》影票,为哀悼斯大林同志在昨日下午九时五十分(莫斯科时间)不幸逝世停演,至该院办退票手续后即归家。

三月七日,星期六,晴

晨,六时起床,七时到中图。

濂侄夫妇及瑞和侄女来我家,瑞和宿我家中。李启濂表侄来中图见访,据现在太原二二一工厂工作云。

三月八日,星期日,晴

晨,七时起床。上午,做清洁工作二小时。

唐厚笙君来访。

松泉侄来,午饭后去。

下午稍睡。

三时,同松泉、永儿往西单拍卖行看自行车,买了法院所拍卖的一部,计价165万,九折计一百四十八万五千元。

四时,到中图排好明日参加斯大林追悼会队伍。夜,送瑞和回濂侄家。

三月九日,星期一,阴,下午微雨

晨,六时起床。七时,到中图学习,听广播。

午后,参加中图队伍往天安门开斯大林同志追掉会。一时出发,我们队伍在儿童医院门前,至四时五十四分开会,六时半会毕。回至中图一转,到家已近八时。

三月十日，星期二，晴

晨，五时三刻起床。七时到中图，学习时间听广播。

下午，四时至人民银行领上海汇来款。又往出版总署访沈静芷同志，未遇，同卜明同志谈至六时。至西单购零物，归已七时。

三月十一日，星期三，上午阴，中午雨，下午晴

晨，六时起床，七时到中图。

夜，八时同三媛往首都看《宣誓》。十时回，汤儿已由上海来京。

三月十二日，星期四，晴

晨，六时起床，七时到中图。

下午，四时一刻往朱砚农医师处治牙。归途至西单一转，七时归家。

夜，汤儿之友何宗荫与其爱人罗女士自沪来，宿我家。

三月十三日，星期五，晴

晨，六时起床，七时到中图。

下午，三时往琉璃厂参加编版部会议。六时半归家。

夜饭后，同内子及应女、永儿往长安看中国杂技团表演。七时半开始，十时半演毕。归家入睡已近十二时。

汤儿今夜赴沈阳。

三月十四日，星期六，晴

晨，六时起床，七时到中图。

下午，四时半往朱砚农医生处治牙。

夜，八时同三妹往首都看《列宁在一九一八》。

三月十五日，星期日，晴

晨，六时杜企棠自西区来。

六时半起床。九时，同企棠、永儿送三妹至车站，十时五分车开。余回家，塘侄来，午饭后去。

午后睡两小时。三时半往中图，六时回家。

三月十六日，星期一，晴

晨，六时起床，七时到中图。

傍晚，即归家，觉得有些感冒，吃阿司匹灵两片入睡。

三月十七日，星期二，晴

晨，六时起床，七时到中图。

傍晚，径归家。

宣信予兄来谈。

三月十八日，星期三，晴，60

昨夜咳剧，向中图请假，睡至八时半起床。

写致傅翁等信。

下午，到中图工作。

夜，宣信予兄来谈。

三月十九日，星期四，晴，62

晨，一时起床，往火车站排队购内子赴沪车票。至四时一刻售票，我登记为三十五号，排队时约二十名内，但挨到我时软、硬席都已售完，只得败兴而回。归家已逾六时半。

七时，到中图。十时一刻，至邮局一转，往京处为和孝翁及公垂、贵荣、维汉、泊如诸君谈纳税问题，十二时毕。往韦士霖君家视疾。十二时半归家。

下午，在中图学习。

三月二十日，星期五，晴，60

晨，六时起床，七时到中图。

傍晚，做清洁工作。

写致傅翁、季翁信，报告公文同志已得总署信，同意中、商两家退出中图。如是，下月召开的管委会可以完全解决了。

三月二十一日，星期六，晴，60

晨，六时起床，七时到中图。

下午，二时半往新华社听易同志报告斯大林生平事业，至四时半毕，回中图。

与西安高同志谈话。

剃头后回家。

王泊如兄夫妇来，夜饭后去。

三月二十二日，星期日，晴，62

上午，为搬移灶间做整理及清洁工作。

下午，睡了一觉，又继续整理。

夜，八时往首都看《乡村医生》电影，归家已十时一刻。影票原购三张，以两张昨送泊如兄夫妇。

下午，读《大乘遍照光明藏无字法门经》及《老女人经》各一卷。

三月二十三日，星期一，晴

晨，六时起床，七时到中图。

下午，四时往朱砚农医师处治牙。六时半毕，便道至黄城根三十五号北大教职员宿舍访蔡公椿夫人。归已七时半。

中午，往邮局领东北汇来利南奶费款。

三月二十四日，星期二，晴

晨，六时起床，七时到中图。

夜，陈知铭君之友黄轶凡君来谈陈君之《一念成佛法要义》，要我去找吕香光事。黄君住“西交民巷89号国际贸易促进会仲裁部，电话35098号”。

三月二十五日，星期三，晴，昨夜风，冷

晨，六时起床，七时到中图。

下午，往琉璃厂参加编版部会议。六时，至东北园十三号视韦士霖君。归家已七时。

宣信予兄来谈。

三月二十六日，星期四，晴，52

晨，六时起床，七时到中图。

下午，四时半往朱砚农医师处拍牙齿X光。五时三刻回至中图。

宣信予夜又来谈。

三月二十七日，星期五，晴

晨，五时三刻起床，七时到中图。

中午，戴孝翁来家午饭，宣信予兄亦来谈。

午后，二时半往琉璃厂和工会部郭以实、沈丙麟、周连方及上级工会康谨礼又张、陈二同志谈编审、出版二处同人薪水事。六时半归家。

在中图定德货自行车一部备永儿用，至永儿的原有一部转让戴孝侯兄，为伊子康生用。

三月二十八日，星期六，晴

晨，五时半起床。农公叫送牛奶人来通知七时半前到出版总署听报告。于六时三刻出去，叫三轮。七时一刻，到总署听戈矛同志作悼念斯大林学习总结报告，十时廿分毕。十一时至中图。

下午，赴琉璃厂约金华彦君等谈。至三时，往朱砚农医师处看牙。五时，再雇车往托儿所接利南和陈竟竟回家。

夜，八时往南长安街电局发致傅翁电，又往袁翰翁家与戴孝翁共谈。归家已近十一时。

三月二十九日，星期日，晴，57

晨，七时起床。九时，同永儿至中图球场学自行车。十一时归家。

下午略睡。挈利南至东长安市场为购布鞋，再送往托儿所。五时归家。

内子昨日起患背骨痛。

三月三十日，星期一，晴

晨，六时起床，七时到中图。

中午，伊见思、戴孝侯二君来谈。

三月三十一日，星期二，晴，57

晨，五时半起床，七时到中图。

中午，宣信予兄来谈。

四月

四月一日,星期三,晴,60

晨,五时半起床,七时到中图。

午后,往琉璃厂参加编版部会议,至六时归家。

夜,沈丙麟、王新吉、吉锦顺、薄梓樑、高一飞、钱心煌诸君来谈第批北上同人要求照第二批待遇事,至九时余始去。

四月二日,星期四,晴

提要:今天是观音圣诞。

晨,五时半起床,七时到中图。

今天,大组学习《实践论》。

下午,三时起学习《实践论》。

六时,归家后永儿往中央购票,同往看德片《群神会》。八时廿分回家。

中午,伊见思、宣信予二兄来谈。

四月三日,星期五,晴,60

晨,五时半起床,七时到中图。

刘国宏做工会爱国竞赛动员报告,又继续举行工作会议,至十时毕。

接沪函,知沈季湘、丁英桂、朱通舟三君将于七日动身来京云。

潘松泉侄来。

永儿自今日起放春假三天。

四月四日,星期六,雨,55

晨,五时半起床,七时到中图。

永儿在春假中往游颐和园,天雨骤冷,为之担忧。夜归来,总算还好,

夜,塘侄来谈。

四月五日,星期日,晴

晨,六时起床。八时,到永光寺朱公垂兄家,同陆廷珏、张贵荣诸君同至十二号看房子,似尚整齐。

九时，至西单取洗衣。十时，往中图一转，又至邮局寄驿亭路汇票及兴公大师建搭会保价信。

濂侄夫妇携美平及瑞和来家。

夜，同永儿至华宾园洗澡。

中午，宣信予兄来，又唐厚笙、张显亲两君来。

四月六日，星期一，晴，60

晨，五时半起床，七时到中图。

今日，发第一批北上同人已满两年者的回籍川资，每人五十三万另六百元。我亦收到一份。

四月七日，星期二，晴，61

晨，五时半起床，七时到中图。

今晨特别学习《实践论》。

中午，伊见思、宣信予君来谈。

四月八日，星期三，晴，63

晨，五时半起床，七时到中图。

内子今日腰痛较剧。

夜，往车站接沈季湘、丁英桂、朱通舟三君，八时卅一分准时到京。同来者尚有潘达人、钟吉宇、毕清诸君。当乘中图汽车，陪沈季翁到琉璃厂。归家已逾十时。

四月九日，星期四，晴，63

晨，五时半起床，七时到中图。

下午，到琉璃厂。六时半归家。

夜，写复菊公及致张镜清君托代购飞鹤牌车，又穆华生君托代修电钟信各一封。

四月十日，星期五，晴，57

晨，五时半起床，七时到中图。

中午，往森隆应农公招午饭，因钟吉宇君在座。惟该号已无素菜，乃吃面包六片。

午后，回中图。四时，往中山公园与中华诸位茶聚。六时到中图，由中图招待夜饭。八时，同沈、丁、朱、戴四君到家，谈至十时始去。

四月十一日，星期六，晴，57

晨，五时半起床，七时到中图。

汤仁新君结婚，今晚在森隆公请。我因该馆无素菜，又为往劳动剧场观全国音乐舞蹈会，因是未去参加。

下午，四时半往托儿所接利南归家。

夜，到劳动剧场看全国民间艺术音乐表演。归已十一时。

四月十二日，星期日，晴，57

晨，六时起床。十时，往西单为内子挂号看徐右丞中医，又取棉帽、购橘子、寄沪信。十一时归家。

下午午睡。企棠来，傍晚去。

下午，二时半挈利南至首都看《苏维埃乌兹别克斯坦》纪录片。四时归。

五时一刻，送利南回托儿所。

夜，文溶、文焕二兄来谈。

中午，宣信予兄来谈。

四月十三日，星期一，晴，56

晨，五时半起床，七时到中图。

今晨自阅读《实践论》。

上午，开协商座谈会（中、商两家和中图），即在中图午饭。饭后，往怀仁堂为内子取药，又回家一转，到中图。

夜，宣信予信来谈。

四月十四日，星期二，晴，56

晨，五时半起床，七时到中图。

上午，学习《实践论》，做笔记，又原单位继续座谈。

下午，往出版总署听陈珪如同志讲《实践论》分段大义。

访沈静芷同志，询港售大电机事。六时，回中图一转，取统计及决算表格回家准备。至十一时始睡。

四月十五日，星期三，晴

晨，五时半起床，七时到中图。

九时，举行第六次管委会，即在中图午饭。

下午，三时半往朱砚农医师处治牙。六时半，至首都看捷克片《胜利的进军》。

四月十六日，星期四，晴

晨，五时半起床，七时到中图。

上午，糜文焕君与其同事为演乐胡同房子事来访。又朱通舟兄来，和兰分公司蔡同志及魏宸甫、季致生等谈。

下午，同李旭昇等往中图百货公司第一批发部取无线电收音机。五时回家。

又往琉璃厂看永光寺西街八号及中街十二号房子。七时归家。

四月十七日，星期五，晴

晨，五时半起床，七时到中图。

上午，九时约沈、丁、戴诸君往社会文化事业局访郑振铎局长。余谈菊公托售旧书事。十一时，回至中图。

下午，一时半往琉璃厂开编版部会议。七时归家。

四月十八日，星期六，晴

晨，五时半起床。六时半，戴孝翁来商与中图订立往来合同。九时，到中图。

傍晚，回家一转，往中山公园吃西餐，系袁、戴、宣、王四人约沈、丁、朱诸君夜饭。八时半归家。

瑞和侄女来家，宿我家中。

四月十九日，星期日，晴，傍晚微雨，61

晨，六时起床。八时半，往首都看《快乐的竞赛》捷克影片，很有意义。自九时起，演至十时半。至半壁街剃头。

下午午睡，整理衣服。

信予兄来，为了向《工人日报》去函更正事。

四月二十日，星期一，谷雨，晴，60

晨，五时半起床，七时到中图。

午后，往邮局取利南奶费。

今日，永儿取到德货自行车。

四月二十一日，星期二，晴

晨，五时半起床。七时，孝翁来，谓今晨不往陈叔老家。七时一刻，英桂、通舟二兄来，同往灯草胡同叔老家，季翁亦到。谈至九时半，再同往演乐胡同编审部和袁翰翁谈。十时余出，回至中图已十一时。沈季翁到我家午饭。

下午，四时往琉璃厂开会，即在该处夜饭，谈至十一时始归。

四月二十二日，星期三，晴。64

晨，五时半起床，七时到中图。

下午，往琉璃厂参加编版部部务会议。四时余，往迺滋府朱砚农医师处，到已五时，候至六时余，因其助手已去，只得约明后日再去。

归途，至旧簾子胡同访杨静盦君。彼住苏联红十字医院三十二日，前日始出院。

四月二十三日，星期四，晴

晨，五时半起床，得送奶人通知。据农公带信，七时总署有报告。当即匆匆早餐，雇车赴总署。七时到达，听陈珪如同志作《实践论》解释报告，至十一时回中图。

下午，中、商原单位谈话，为参加学习。

中午及夜间，信予兄来谈。

四月二十四日，星期五，晴，70

晨，五时半起床，七时到中图。

午后，往朱砚农医师处看牙。四时，回中图。五时半，做清洁工作半小时。

中午，信予兄来谈。

四月二十五日，星期六，晴，72

晨，五时半起床，七时到中图。

中午，同沈、丁、朱、戴四君至中山公园来今雨轩午饭。饭后，到我家。

宣信予、王泊如二君来同商京厂保养机器事，至五时半始毕。

杜企棠来，夜饭后去。

四月二十六日，星期日，晴，72

晨，六时起床。九时，往中图一转。十时，至首都购《顿巴斯旷工》电影票。回家后，同潘松泉表侄挈利南往观。回家已下午一时。

下午午睡后，三时沈、丁、朱、宣、王诸君来续商京厂奖金事。嗣孝翁来，共商报告劳动局稿，七时始毕。

夜，陆廷珏兄来谈。

四月二十七日，星期一，阴晴，69

晨，五时半起床，七时到中图。邵公文同志为中华、商务退出中图股份事作报告。

下午，往琉璃厂和沈、丁、朱、戴诸君商馆事。七时，至戴孝翁家一转，归家。

四月二十八日，星期二，晴，傍晚微雨，70

晨，五时一刻起床。七时，沈季翁、朱通翁、戴孝翁同往叔老家，谈至十时回中图。

四月二十九日，星期三，晴，69

晨，五时一刻起床，七时到中图。

上午，中华劳资双方谈判。

下午，中、商两家与中图谈寄销书事，并签退股协议书。在中图夜饭，七时归。

四月三十日，星期四，晴，68

晨，五时一刻起床，七时到中图。

七时三刻，往朱砚农医师处装牙，未妥。十时三刻，回中图。

下午，与移转中图各同人谈话，为解决劳资关系事，至四时半毕。无结果，约五月三日下午一时半再谈。

五月

五月一日，星期五，雨，下午晴，65

晨，四时半起床。五时三刻，陪内子雇车至车站做行李。丁英桂、朱通舟二君亦到，同乘十时五分车回沪。余因须往天安门参加五一节游行检阅观礼，于八时半离站，到天安门南一台。十时，开始庆祝会，由彭贞[1]市长报告，继即检阅游行队伍，至下午一时毕。回家。

五月二日，星期六，晴，65

提要：今日继续放假一天。

晨，六时起床。七时半，糜文溶兄来谈。八时，往车站寄望铣弟及侣女信。乘五路车至鼓楼，走至托儿所接利南至北海公园。十时，乘电车至首都看《列宁运河》影片。十二时半，归家与利南同煮面吃。沈季翁来。午睡后，送利南往托儿所。五时半归家。

六时，往琉璃厂与沈、戴、袁三君谈话，即在该处夜饭。归已十时。

永儿今日往清华。

五月三日，星期日，晴

提要：今日不放假。

晨，五时起床。七时，到中图时事学习。

中午，往琉璃厂午饭。饭后，一时半回中图。

下午，与沈季翁同商务劳方代表五人谈话，至五时半始毕。

六时廿分，同永儿往中央看《青年运动节》纪录片，八时毕。归家夜饭。

宣信予兄来谈。

五月四日，星期一，晴，68

晨，五时起床，七时到中图。

---

〔1〕“贞”当为“真”字。

今日起,《实践论》讨论学习。

中午,至琉璃厂午饭。饭后,在京处,至三时赴中图。

夜,往小经厂实验剧场看话剧《春华秋实》。七时半起,至十一时一刻止。乘电车,到家已十二时五分。

五月五日,星期二,晴,下午雷雨片时,69

晨,六时起床,七时到中图。七时半,往总署听陈克寒同志作华东、中南检查报告,至十一时半毕。十二时半,到琉璃厂午饭,路经邮局取汤儿汇来款八十五万元。

下午,三时余到中图。

傍晚,往视吴度均兄痔疾。

宣信予兄来谈。

叶昌德君昨自沪来京,傍晚来谈。

五月六日,星期三,立夏,晴,68

晨,五时一刻起床。七时一刻,往朱砚农医师处镶牙,今日完成。回至中图已十时余。

中午,至琉璃厂,午饭后开编版部会议。归家已六时半。

夜饭后,往西长安街拍发复泽侄电报。

五月七日,星期四,晴,70

晨,五时一刻起床,七时到中图。

中午,到琉璃厂。下午,三时回家一转,至邮局领款,乃往人行存款。三时半,回中图。

傍晚,五台广济茅蓬净如师来谈,我供养十万元。

五月八日,星期五,晴

晨,五时一刻起床,七时到中图。

中午,回家一转后,往琉璃厂午饭。饭后,同沈季翁至首都看《战斗的乡村》电影。三时半出来,至崇德中学看许季芸君,在卢克捷医师处治痔,知尚未动手术。四时,回中图。五时起,做清洁工作。

今日，永儿患肚泻在家。

夜，沈季翁、戴孝翁来谈。

五月九日，星期六，雨，68

晨，五时一刻起床，七时到中图。

中午，由公文、国钧同志请在森隆午饭。中华到潘达人、舒新城、郭农山、俞明岳四人，我馆到沈季湘、袁翰青及余三人（戴孝翁因事未到）。饭后，乘公文同志车回中图。

下午，开第四次劳资座谈会。

傍晚，因中华对移转中图的劳资问题解决为听消息，至七时始归家。

五月十日，星期日，晴

晨，四时半起床。五时半，往北京居士林听海公上师讲《定道资粮》。六时开讲，至八时止。

九时，往视许季芸君，知痔疾施手术后尚平静。

九时半，赴车站送沈季翁及潘达人、舒新城诸君赴沪，遇章锡琛夫妇及糜文溶夫妇、小孩等，知均系乘假期赴沪者。十时半，原拟同万国钧往首都看电影，因票售完即回。塘侄来，下午回去。

傍晚，孝侯、信予二兄来谈。

五月十一日，星期一，阴晴，下午有雨，64

晨，五时起床，七时到中图。

中午，至琉璃厂午饭。下午，三时半回中图。

夜，八时廿分往首都看《黎明前的战斗》电影。归已十时半。

五月十二日，星期二，晴，下午起风，64

晨，五时起床，七时到中图。十一时半，往戴孝翁家午饭。下午，一时余同孝翁往劳动局谈编审出版部加薪纠纷。回至中图已近六时。

五月十三日，星期三，阴晴，起风

报载今晨有寒流，实际气候还好。

晨，五时起床。六时半，往出版总署听何封同志报告《实践论》，至十一时毕，回中图。

中午,往琉璃厂。下午,参加编审出版部会议。六时归家。

上海家中托王天一君带来罐头六个,又俞明翁见赠茶叶一罐。

五月十四日,星期四,晴,68

晨,五时起床,七时到中图。

中午,为约宣信予兄来家商谈,提早半小时到家。十二时半,往琉璃厂午饭。

下午,三时半到中图。

五月十五日,星期五,晴,71

晨,五时起床,七时到中图。

中午,回家时信予兄来谈。

十二时三刻,至琉璃厂午饭。

下午,四时半至绒线胡同83号看许季翁病,又至中图搞清洁工作。

钟吉宇君来谈。据系前天到京,为开佛教协会筹备会云。

五月十六日,星期六,晴,70

晨,五时起床,七时到中图。

中午,往琉璃厂,午饭后即在该处剃头,又至西单培华洗染厂交洗夹衣裤。四时到中图。

五月十七日,星期日,晴,69

晨,五时一刻起床,做窗户清洁工作。

雇周太太来洗衣及做清洁,做四小时。

上午,七时半往托儿所接利南来家。

上午,装《碛沙藏》箱子备供养五台。上午,十一时接沪电,当至中图一转,往西长安街发复电。

中午,宣信予兄来。下午,潘松泉侄来。塘侄上午来,未遇。

永儿挈利南去濂侄家午饭。

下午,四时半送利南回托儿所。归途至唐慕汾君家一转,未遇。

夜，八时四十五分至首都看《龙须沟》电影。回家已十一时。

五月十八日，星期一，晴，下午雨

晨，五时起床，七时到中图。

十时，往劳动文化宫看德国展览。十二时，至琉璃厂。下午，三时回家。

仁敬师来取《碛沙藏》去，又装去铁皮箱子两只。

五时，到中图。

夜饭后，八时往东兴隆街32号人事部招待所访方子藩、钟吉宇诸君。十时余归。

五月十九日，星期二，晴，夜雨，68

晨，五时一刻起床。七时半，往陈叔老家。又至王天一家，谈至十一时，往广济寺谒能海上师。十二时，回至琉璃厂。

午饭后，至中图与同人谈解决劳资关系事，直至八时始回家。

夜，往劳动剧场看总政治部文工团演出。归家已十一时。

五月二十日，星期三，雨

晨，五时起床，整理行装。陆廷珏、戴孝侯诸君来。八时，到中图。八时半，继续与同人谈话，至九时回家。承孝翁等候，同至车站，乘九时四十九分车赴沪。

乘硬席卧铺。

五月二十一日，星期四，雨，京沪车中，夜宿上海

晨，五时起床大便后再休息。

下午，六时十分到上海。傅翁等来接，由穆华生兄陪同回家。

五月二十二日，星期五，雨，上海

晨，五时起床。六时，往觉园谒清定师，倪正和居士亦在座。八时，往福康里韦傅翁家。十时半，往上方花园谒菊公。十二时归家。

子宏兄来家，同午饭。下午，谈港事。

傍晚，同内子及子宏兄赴傅翁家夜饭。十时归家，四妹来。

张鸿钧兄、杨福贵弟均来谈。

五月二十三日，星期六，阴晴

晨，六时起床。汤杰君来谈。

八时，到沈季湘君谈[1]，与傅翁共谈馆事。

十时，到河南路总处。中午，即在总处午饭。毕青、周家凤君来谈。

下午，会商港事。归家已七时。

五月二十四日，星期日，晴

晨，五时起床。早点后，六时往复兴公园。七时一刻，往访扈身哥。九时半，往访墀身哥。又至朱少云医生处为京友托购痹痛丸。

十一时，至姜姊家。十二时半回家。

三、四妹，糜师母，俞仁良先后来家。

下午，三时往访余伯贤君病，又与徐百齐君谈话。

夜，七时半往访姚伯南君。十时归家。

五月二十五日，星期一，晴

晨，五时起床。六时一刻，同王雨楼兄往天通庵路厂视察。九时半，回河南路开会商港、穗事。中午，张雄飞兄请在松月楼午饭。饭后，回至河南路继续开会。至六时半回家。

儒声哥、姜姊及潘孔音弟夫妇，又鸿钧嫂与其两女来晤。

五月二十六日，星期二，雨

晨，四时三刻起床。

杨福贵弟来，谈至八时早点后同出。

余到河南路开会续商港、穗事及劳资协商事。

中午，俞明时君请在松月楼午饭。鲍天禄君自杭来。

下午，仍在河南路继续开会，至六时毕。

往兰苓取内人风帽，又至人民公园一转，七时归家。

四妹晨来，嘱为其母去购赴姚船票。

---

[1] “谈”疑为“家”。

俞仁良来，陪内子去看《曙光照耀莫斯科》话剧。

五月二十七日，星期三，雨

晨，五时起床。鲍天禄君来谈。

六时半出门，往山阴路274弄9号显光家，谈至八时半，乘电车至江阴路、澳门路中华书局访潘达人君。归家已近十二时。

黄小姐来午饭，四妹亦来。

下午略睡，同四妹陪内子至公平码头上轮赴甬。余回至河南路。

七时，至聚源斋吃面。七时半，到人民戏院（即黄金戏院）看《蓝桥会》《王贵与李香香》。归家已十一时半。

五月二十八日，星期四，晨雨，上午阴，下午晴

晨，五时起床。六时半，往觉园。八时半，往傅翁家。九时半，往菊公家。十一时，回河南路与沈季翁同约毕青同志，为移转中图原单位同人的解决劳资关系事。

十二时，往松月楼与陈宣人君午聚。知彼新得通知，管制三年，予以改造机会。

下午，二时至佛教青年会与陈海量、郑颂英居士谈。三时半，回河南路。四时，与调中图原单位同人谈话，至五时半毕。

夜，应张雄翁等邀至功德林夜饭。九时半归，金贵候谈。整理行装。

五月二十九日，星期五，晴，沪京车上

晨，五时起床。胡省初、穆华生二兄来谈。

七时，携行李往北车站做行李及换车票。

九时半，回至河南路，闻张雄翁谈韦傅翁觉舌强，在家静卧。老友病态日严重，而我又急须离沪，不免伤感！

十时，往傅翁家一视。十一时回家，与穆生兄午饭后，十一时三刻到车站，乘十二时十八分开第六次车，硬席卧铺（中铺）。承沈季翁等及石敏良、童国华诸君送行。

车上较闷热。

五月三十日，星期六，忽阴忽晴，时有微雨，沪京车中，夜宿北京

晨，四时半起身大便。早、午餐均在餐车用。晚，八时五十四分到京。戴孝侯、宣信予、王泊如、陆廷珏均来迎候，永儿亦来。汤儿今晚赴沈，在车站一面。归家已近十时。

五月三十一日，星期日，晴，74，北京

晨，五时起床。七时，往弄口吃点心。再往中图晤万、邵诸君，并见我与农公的退职通知已公布。

往东拴马椿卅二号访农公，未遇。往车站提行李回家后，又往中央购下午四时电影票，再至人行代利南提款，回家。同永儿、利南至许季芸君家午饭。饭后，归家午睡。

下午，四时挈利南至中央看电影。五时半，送往托儿所。归途再访农公，长谈。

六月

六月一日，星期一，晴，下午有阵雨，72

晨，四时半起床。六时半到中图，候至七时，与公文同志谈话。七时半，往谒陈叔老。八时半，到编审出版部与袁翰青君等谈话。十时，回家一转，往琉璃厂，即在该处午饭。

下午，五时半归家。

夜，挈永儿往珠市口清华园洗澡。归已十时。

六月二日，星期二，晴，下午阵雨

晨，四时半起床。六时半，往广济寺访能海上师。无碍师和高鹤年居士均来。八时，到中图整理案卷杂件。

十一时半，回家一转，至琉璃厂午饭。下午，即在该处办公。

下午，七时至中图与原单位工作同志代表五人谈结束劳资关系事，仍无结果。

六月三日，星期三，晴，76

晨，四时半起床，写致季翁及凤兄信。五时半，出外早点，至前门寄信。因邮局未开，往东兴隆街访钟吉宇、方子藩两君。八时，往社管局访郑振铎局长。十时，至中图一转，又往银行取款，又回家取物。十一时，到琉璃厂。

下午，参加编版部部务会议。六时半归家。

夜，陆襄骐君之女来取上海带来东西，适我已带至琉璃厂，约明日取来给她。她家住西斜街62号，她的爱人名潘廉志云。

夜饭后，往糜文溶兄家一走，交还代存商务股票。

六月四日，星期四，晴，上午阵雨，77

晨，四时三刻起床。七时，往农公家一谈，又至文昌阁派出所询售旧书事，未得结果。

八时，回家做学习《实践论》心得。十一时，往琉璃厂。

下午，六时半归家。俞明岳君来谈。

六月五日，星期五，晴，77

晨，四时三刻起床。七时半，往中图参加学习，自八时起，至十时止。往邮局取款及存银行款，又回家一转。十一时，到琉璃厂。

下午，五时半归家。

俞建筑师来，约本星期日同往天津看修理大胡同地窖子事。

六月六日，星期六，芒种，晴，午后阵雨，77

晨，四时半起床，准备时事学习。七时，到中图参加学习，至八时止。往西长安街购明晨赴津车票，回至琉璃厂。午饭后，至群众剃头。四时回家，整理明日赴津行装。

明晨赴津购201次六时十分开软席车票两张，系约俞允明建筑师同志。

六月七日，星期日，晴，74

晨，四时半起床。五时半，赴车站乘六时十分开201次京津客车赴津，与俞允明君同行。九时四十五分到津，当至罗斯福路中图公司。因陈怀平君不在，又至大胡同晤张镜清兄，吕文源君亦来。又会同振泰营造厂刘君察看地窖子及屋顶修理工程。同在镜兄家午饭。

下午，同吕文源君至罗斯福路访陈怀平君。谈至六时，略在街上一走，至车站乘七时十五分开 52 次快车回京。九时卅三分到京。

六月八日，星期一，晴，78

晨，六时起床。七时半，往中图一转，至东文昌阁派出所接洽代菊老售出旧书申请免税事。九时，到琉璃厂。下午，五时至府前街看房子，未成。又至中图与万国钧同志接洽事件，再往访许季芸君，知彼夫妇均外出。至卅一中学卢医师处，亦未在，乃归家。

信予兄来谈。

六月九日，星期二，晴，夜有阵雨，77

晨，五时起床，八时到琉璃厂。

傍晚，七时归家。

夜饭后，往访郭农山君。又往中央看八时五十分开始的《被开垦的处女地》电影，加演《朝鲜病伤战俘》。归已十一时半。

六月十日，星期三，晴，夜有阵雨，77

晨，五时半起床，七时半往琉璃厂。

下午，参加编版部部务会议。

傍晚归家。俞允明君来谈。

六月十一日，星期四，晴，76

晨，五时廿分起床，七时半往琉璃厂。

朱皎如、俞明岳先后来谈。朱为友取旧存款事，俞言后日返沪云云。

下午，四时归家。往南湾子四号房地产管理局保养科访俞允明君，问商天津修理屋顶事。六时归。

六时半，往首都看《钢铁的城》电影。七时五十分归。

六月十二日，星期五，晴，午后阵雨，77

晨，四时三刻起床大便后洗澡。

七时，到中图与万、邵洽谈。

八时半，往访许季翁，因他痔疾未全愈。

十时半，到琉璃厂。午后，接沈季翁长途电话。

傍晚，六时半回家。七时，再到中图报告万君以沈季翁长途电话事，又至农公家一转。七时半归家。

六月十三日，星期六，晴，80

晨，五时起床。七时，到中图听公文同志传达国际情况报告。至八时半，回家一转。九时，往车站送俞明岳君赴沪，并托代交俞明时君函。

十时半，到琉璃厂。

傍晚，接总处电，知沪分结束劳资关系已签订协议，当将原电送中图交万君。六时半归家。

六月十四日，星期日，晴，83

晨，五时起床，做后窗清洁工作及前窗清洁工作。潘松泉侄及杜企棠都先后来，午餐后去。

八时，往接利南来家。

前在浙江实业任职之佛友金君来谈。

下午午睡。四时，挈利南往北海公园一游，又送至托儿所。七时，往东便门二号访申毓成君，谈画佛像事。归已八时。

六月十五日，星期一，晴，82

晨，四时三刻起床。六时半，到琉璃厂。

下午，六时半回家。

夜，往农公家闲谈。九时归家。

六月十六日，星期二，晴，82

晨，五时起床。七时，到中图。八时，听刘国宏同志做传达第七次全国工会代表会议报告及劳动竞赛报告，至十一时余始毕。

为保定“五反”退款事与曾新山君谈。

十二时，往琉璃厂。

下午，五时半往北海菩提学会晤如海师，知扎萨绛巴喇嘛辞赴五台，周有祉君信已转去云云。

归途至西单一转，到家已八时。

农山同志来谈。

六月十七日，星期三，晴，83

晨，五时起床，整理衣箱。八时半，往琉璃厂。

中午，午饭后归家。为今晚集体看中央《美国之窗》电影，我因有约会不能前往，将票给永儿。

下午，二时半回琉璃厂参加编版部部务会议。今日169号挖化粪池，取出银元一百元，当报派出所取去。

夜，七时半往孝翁家与宣、王及周莲轩君坐谈。至十一时始归家，洗澡，入睡已十二时。

六月十八日，星期四，阴，81

晨，五时起床，八时到琉璃厂。

午饭后，归家午睡。二时，往中图与万国钧同志接洽吉锦顺为结束劳资关系来信事。当即回琉璃厂写复信。

下午，五时同戴孝翁、陆廷珏兄及瓦匠头往西河沿180号看房子。五时半归家。

夜饭后，往农公家一转，至中图听新华劳动模范俞君报告。九时归家。

永儿今日去看《同志们和你在一起》话剧。

六月十九日，星期五，阴，下午大阵雨，77

晨，五时起床，八时到琉璃厂。

下午，原拟于四时往西长安街人行提款汇给大妹，因大阵雨不果。

六时半归家。

六月二十日，星期六，晴，82

晨，五时一刻起床。八时一刻，往西长安街人民银行取款，至邮局汇给侣女。

九时，到琉璃厂，知万国钧同志有电话。经联系后，往中图与原单位移转同人签订协议书事,毕已十二时。

中午,至琉璃厂午饭。下午,六时半回家。

夜饭后,往琉璃厂打长途电话给沈季湘君。九时归。

六月二十一日,星期日,晴,82

晨,五时起床。八时,往中图访万国钧同志,未遇,与叶昌德君一谈。九时归家。

九时半,往中央购十时开演的《美国之窗》影片,至十一时半归家。

永儿往濂侄家,余一人煮面并开罐头笋吃。宣信予兄来谈。

下午,午睡后阅读《选举法》。

夜饭后,往中图找万国钧同志,仍未遇,与邵公文同志谈至九时半归家。

六月二十二日,星期一,晴,79

晨,五时起床。七时半,往中图与万国钧同志联系,为各分公司原单位职工结束劳资关系事。又与吉锦顺等谈。

九时,到琉璃厂。

孝翁言接季翁电话,内子今日动身来京云。

傍晚归家后,韦士霖兄来,购小床一只送来,价只十八万元,加车力四千元。

六月二十三日,星期二,晴,夜雨,79

晨,五时起床。七时半,往中图参加学习《选举法》讨论。至十时半,再同农公约吴度均同志谈中、商两家寄存书结算问题。十一时,到琉璃厂。

下午,五时为应电话约看租房事到西郊民巷,找不到"穿公街",即回家。

夜,八时余同永儿至车站接内子。八时五十四分火车准时到站,同归家,整理入睡已逾十一时。

内子带来父亲日记一本,先人手泽倍觉热爱之感。

六月二十四日,星期四,阴晴,下午雨,79

晨,五时一刻起床。七时半,到琉璃厂听袁翰翁传达习仲勋关于文教政策的报告。

下午,中图分公司同人代表来谈,当与签订协议书。

下午，四时半往西长安街人行取款，为还沪金刚道场前存款。又至火车站领取内子带来行李。六时归家。宣信予兄来谈。

夜饭后，八时一刻往车站接孟厚生君，由其子吉林陪往琉璃厂。余归家已九时半。

六月二十五日，星期四，晴，79

晨，五时起床，写致华姑、三妹、企棠等信。八时半，到琉璃厂。

中午，回家。午饭后睡至二时余，赴琉璃厂。

傍晚，七时归家。

申毓成画师来取款一百万元，代金刚道场画药师佛像。

六月二十六日，星期五，晴，80

晨，五时起床。七时，魏宸甫君来谈。八时，到琉璃厂。

中午，至人行取款，至邮局汇侣女 43 万元还国璠代购内子车票款后，回家午饭。

下午，二时一刻到琉璃厂。四时，同戴孝翁及士霖、贵荣两君往北柳巷等处看房子。

六时半，至首都看《伟大的公民》上、下集，归家已十时三刻。夜饭后，入睡已十一时半。

六月二十七日，星期六，晴，傍晚雨，80

晨，五时起床。七时，到中图参加文书科时事学习。九时，到琉璃厂。

中午，回家午饭。

下午，二时半到琉璃厂。六时，至西单商场盛锡福买帽子。适大雨，雇三轮回家。

萃芳来夜饭。利南接来家。

六月二十八日，星期日，晴，81

晨，五时三刻往琉璃厂，同孟厚生早点。俟吉林来，同往天坛游览。十时半回家。

中午，厚生父子及濂侄妇、瑞和侄女、松泉侄在家午饭。

傍晚,内子送利南回去。濂侄亦来。

宣信予兄来谈。

六月二十九日,星期一,晨雨,后晴,81

晨,五时起床,七时到琉璃厂。

中午回家。下午,二时一刻到琉璃厂。

傍晚,七时归家。

夜,信予兄来谈。

六月三十日,星期二,阵雨,78

晨,五时起床,七时到琉璃厂。

中午,回家晚饭后,二时半往邮局寄(西长安街)定女衣包。三时,到琉璃厂。

傍晚,六时半归家。

国璠的嫂子到家。

七月

七月一日,星期三,阴雨,77

晨,五时起床,七时到琉璃厂。

上午,袁翰翁来谈。中午,邀至家午饭。

下午,二时到琉璃厂参加编版部部务会议。六时半归家。

七月二日,星期四,晴,77

晨,五时起床。七时一刻,往灯草胡同30号访陈叔老,谈至八时半,往迺滋府朱砚农医师处。内子已先在,并遇郑炎佐君。余补牙一只。归家已近十二时。

今日为永儿生日(阳历),中午吃面。

下午,二时到琉璃厂。傍晚,寄致沈季湘君信,往车站邮局一转。

七月三日,星期五,晴,78

晨,五时起床。七时,到琉璃厂同余景贤兄等在屋顶练太极拳,至七时半。

中午,回家午饭。睡至二时,为《北京日报》登有西单前百户庙十二号售屋广告往视,知甚狭小。三时,回琉璃厂。

傍晚,六时归家。

中午,信予兄来谈。

七月四日,星期六,晴,下午阵雨,78

晨,五时起床。七时,到中图时事学习。八时半,至家一转,往琉璃厂。

中午,回家午饭后,下午二时至琉璃厂口取沪汇来款。

傍晚,六时归家。

夜,同内子、国璠的嫂子及永儿往中央看《新站起来的战士》影片。归已十时余。

七月五日,星期日,晴,80

晨,五时欠一刻起,大便后洗澡。

糜文溶兄来谈。

八时半,往戴孝翁家,问昨晚长途电话菊公患病消息,适彼外出未遇,即归。

杜企棠来,傍晚去。

傍晚,同内子、永儿、小胖往中山公园参观朝鲜抗战图片。八时归家。

糜文焕君来谈。

七月六日,星期一,晴,傍晚雨,81

晨,五时起床。七时,到琉璃厂练拳半小时。

中午,回家午饭。宣信予兄来谈。二时,至琉璃厂邮政代办所取利南款。

傍晚,六时径归。

七月七日,星期二,小暑,晴,80

晨,五时起床。七时半,到中图访万国钧同志。八时,听第二门诊所的胃肠虫演讲。

九时,到琉璃厂。孟厚生君今日返沪。

上午,同戴孝翁与工会谈话。

傍晚归家后,糜文焕君夫妇来访。

七月八日,星期三,晴,85

晨,五时起床,七时到琉璃厂。

中午,归家午饭后,下午二时一刻到馆参观编版部部务会议。

傍晚,为倪正和居士来函药师佛像需加火焰事,往雍和宫板门街二号访申毓成君。归已逾八时。

七月九日,星期四,晴,84

晨,五时起床。七时一刻,往朱砚农医师家。八时到达,看牙,补了一个,连上次补的一个共付六万元。

往山老胡同十号访孙乾翁。十一时半回琉璃厂。十二时归家。

下午,二时半到馆。傍晚,六时半回家。

夜,同内子往首都看八时半起演的《成渝铁路》电影纪录片。归已十时半。

七月十日,星期五,晴,84

晨,五时起床。七时,到琉璃厂练拳。

中午回家。宣信予兄来谈。

傍晚,七时归家。

七月十一日,星期六,晴,87

晨,五时起床。七时,到中图参加时事学习。八时半,到琉璃厂。

中午回家。宣信予兄来谈。

傍晚,六时半归家。

夜,八时半同永儿往车站接国璠,未接到,想因故延期动身。

内子接利南来家。

七月十二日,星期日,雨,80

晨,五时半起床。终日在家。

潘松泉侄来。

上午,金钟灵君来,午饭后去。

夜,再往车站接国璠,仍未接着。当写信给大妹询问原因。

七月十三日,星期一,上午晴,下午雨,80

晨,五时起床。七时,到琉璃厂练拳。

中午回家。濂侄妇、瑞和侄女来,夜饭后去。

下午,五时半同陆廷珏兄往后青厂、李铁拐斜街、西新簾子胡同等处看房子。非房屋不整齐,即房客太多,无可成交者。

七时归家。

七月十四日,星期二,晴,84

晨,五时起床,七时到琉璃厂。

中午归家。国璠之侄自沈阳来(名士信)。

信予兄来谈。

为永儿不听话,上午未将药送濂侄家,不免淘气。午后睡不着,即往琉璃厂。

傍晚,六时半归家。许季翁来望。

夜,九时余国璠到,带一通讯员。

夜饭后,曾往农公家一走。

七月十五日,星期三,晴,89

晨,五时起床,七时半到中图。八时起,听公文同志传达胡乔木国际时事报告。

九时,到琉璃厂。

中午回家。信予兄来谈。

傍晚,六时半归家。

七月十六日,星期四,晴,88

晨,五时起床,七时到琉璃厂。

中午,回家午饭。宣信予兄送来劳动剧场《曙光照耀莫斯科》票两张,备给国璠。

傍晚,六时归家。七时,同内子及程士信又国璠的警卫员往民主看《罗汉钱》评剧。十一时归。

国播与永儿归已十二时半。

七月十七日，星期五，晴，90

晨，五时起床。七时，到中图时事学习，讨论贝利亚事。八时余，至琉璃厂。

傍晚，六时半归。

中午，宣信予兄来谈。

七月十八日，星期六，晴，90

晨，五时起床。七时，到中图讨论学习《联共党史》。九时，到社管局为影印《戏曲丛刊》事开会。十二时回家。

下午，二时到琉璃厂。六时半归家。

瑞和侄女及濂侄夫妇携平侄孙女来，夜饭后去。

七月十九日，星期日，晴，87

晨，四时半起床。六时，同内子、永儿、国播、利南及国播之嫂与警卫员乘七路转西直门公共汽车，赴颐和园游玩。杜企棠于下午一时来颐和园。三时出园，五时到家。

七月二十日，星期一，晴，下午雨，81

晨，五时起床，七时到琉璃厂。

中午回家。午后，两时到琉璃厂。

下午，四时往车站送国播同其侄士信及赵警卫员赴东北，系乘十一次车去，四时五十四分开车。开车后大雨，稍留，归家已六时。

夜，八时廿四分同内子及国播的嫂子同往首都看《六号门》电影。归已十时余。

七月二十一日，星期二，晴，85

晨，五时起床，七时到琉璃厂。七时半，赴文化部社管局同戴孝翁与郑振铎接洽签订合同，并取来古曲本五十四册。回琉璃厂。

中午归家。瑞和与濂侄妇带美平来。

七月二十二日，星期三，晴，86

晨，五时起床，七时到琉璃厂。

中午,回家午饭后,约宣信予兄赴太平桥 75 号石纪微君家,为叔老来函李德基君事。二时半,到琉璃厂写致叔老信。七时归家。

七月二十三日,星期四,大暑,雨,80

晨,五时起床,七时到琉璃厂。中午归家。

下午,二时到琉璃厂。

傍晚,七时半归家。

七月二十四日,星期五,晴,83

晨,五时起床,八时,到中图学习《联共党史》,由郑新、郭翔佛做第一、二章的报告,至十时止。到琉璃厂已近十一时。

中午回家。下午,二时一刻到琉璃厂。傍晚,六时半归家。

七月二十五日,星期六,晴,傍晚有雷雨,85

晨,五时起床。七时,到中图时事学习。八时半,到琉璃厂。

中午,回家午饭后,下午二时往西四中央人民医院看陆元洪君。据须明日下午始可接见(病人接见时期据为星期二、五日下午二时至五时),即回琉璃厂。

傍晚,六时归家。

永儿往实验剧场看《白蛇传》越剧。

七月二十六日,星期日,晴,84

晨,五时半起床。七时揩窗,做清洁工作。至八时半,同内子往首都看九时起《魔鬼的峡谷》电影。归途至糜文溶兄家一转,为代寄商馆股票登记也!

十一时归家。松泉来。

下午,二时往中央人民医院访陆元洪君,又至苏联红十字医院访邱雪帆君,再往访申毓成君,未遇。在北新桥剃头,归家已六时。

七月二十七日,星期一,晴,89

晨,五时起床,七时到琉璃厂。

中午,回家午饭后,下午二时半往东文昌阁派出所为内子填商务股权登记需要证明事。需要户籍证明,因股票在上海,须商务先为证明。三时,到琉璃厂。

傍晚,六时半归家,洗澡。

今日觉得有些腰僵。

谢瑞森晨为开高窗跌伤。

七月二十八日,星期二,晴,中午有短雨,83

晨,五时半起床,七时到琉璃厂。

中午,往视沐绍良君疾。十二时到家。

下午,三时往市委党校(贡院街)听《联共党史》报告。七时归家,洗澡。

七月二十九日,星期三,晴,上、下有雨,84

晨,五时起床,七时到琉璃厂。

中午,在琉璃厂午饭(自今日起)。

下午,参加编版部部务会议。

傍晚,六时半归家。

上午,有素不相识的倪吉文君来谈,自言信仰佛学者。

七月三十日,星期四,晴,85

晨,五时起床,七时到琉璃厂。

上午,薛迪畅与其同事俞君来谈。

傍晚,六时半归家。

七月三十一日,星期五,晴,86

晨,五时起床,七时到琉璃厂。

今日,搬回原房间办公,因地板已油好。

永儿送西单公安分局内子户籍证明来。

下午,二时半往出版总署。三时半起,听里夫同志继续《联共党史》报告。归家已七时半。

八月

八月一日,星期六,晴,85

晨,五时起床。七时,到中图时事学习。八时半,到琉璃厂。

傍晚,六时半归家。利南已由内子接回。

夜，李旭昇、郑新、曹路、韩立均、□□□[1]五君来，祝贺八一节军属。

八时四十分，往中央看《八一运动会》电影。归已十时余，洗澡后睡。

八月二日，星期日，晴，81

晨，五时半起床。终日未出门。

上午，宣信予、王泊如、胡则毅诸君来谈。

塘侄来，午饭后去。

八月三日，星期一，阴晴，傍晚雨，80

晨，五时起床。七时，到琉璃厂练拳。八时，开始学习，一小时后九时办公。

傍晚，六时半归家。

八月四日，星期二，上午晴，下午雨，79

晨，五时起床。七时，到琉璃厂练拳。八时工作。

午后，到西总布胡同访俞明岳君。又同农公等至出版总署续听里夫同志讲《联共党史》，六时半毕。归家已逾七时半。

八月五日，星期三，上午晴，下午阵雨，80

晨，五时一刻起床。七时，到琉璃厂练拳。

八至九时学习。

下午，往西总布胡同中华与农公及郭翔佛君同至总署续听里夫同志讲《联共党史》，六时半完毕。至北新桥东直门大街24号访石醒非君，代周有祉居士还款。归家已逾八时。

八月六日，星期四，晴，81

晨，五时一刻起床。七时，到琉璃厂练拳。

下午，参加编版部会议。

傍晚，七时归家。

八月七日，星期五，雨，79

晨，五时一刻起床，七时到琉璃厂。

---

〔1〕 日记原文此姓名空缺。

傍晚，径归家。

夜，准备明晨时事学习报告材料。

八月八日，星期六，立秋，上午雨，晴，80

晨，五时一刻起床。七时，到中图参加时事学习。九时，到琉璃厂。

傍晚，六时半归家。

夜，往中图看联欢晚会。十时归。

内子接利南来家。

八月九日，星期日，晴，84

晨，五时半起床。九时半，同内子、瑞和侄女挈利南往北海公园。途遇金钟灵君，遂同往先为周有祉君托事访法尊法师，未遇，仅晤如海师。拟明晨再去访问。

游北海后，归家已一时余。午饭后，睡至四时一刻始醒。往同仁医院拟访沐绍良君，因过时未晤，即归家。

夜，申毓成君送画成的药师佛像来，尚称圆满。

八月十日，星期一，雨，77

晨，五时半起床。六时半，往北海访法尊法师。到北海门前，适倾盆大雨，只得留在售票处。候至七时三刻，雨略止，即至菩提学会与法尊法师谈周有祉君托译藏文事。八时半，回至琉璃厂。

中午，因大雨由厨房送来吃。

下午，五时一刻回家。六时半，至首都看《彼得大帝》上、下集电影。归已十一时。内子与永儿同去。

八月十一日，星期二，阴雨，75

晨，五时半起床。七时，到琉璃厂练拳。

傍晚，六时半归。

药师佛像今日制成木箱装好，预备明日交邮寄上海。

八月十二日，星期三，阴雨，78

晨，五时一刻起床，七时往琉璃厂。

中午,归家午饭。

下午,二时半往中图为学习《联共党史》上课,由许静同志授课。六时半归家。

八月十三日,星期四,阴晴,80

晨,五时一刻起床,七时到琉璃厂。

中午,归家午饭。

下午,二时半往王大人胡同侨委会同俞明岳君与李铁民及彭同志谈南洋教本事。五时半,回琉璃厂发香港函电。六时半归家。

伊见翁今日往社管局取《曲丛》原本。

八月十四日,星期五,阴晴,有微雨,78

晨,五时一刻起床。七时,往灯草胡同30号叔老家。适彼已于本月五日赴青岛,须月底归。乃与伊女公子谈股票登记事,请她去信一询。

又往皇城根35号访蔡公椿夫人,彼已来琉璃厂,乃即归,已九时。

伊见翁今日续往社管局取《曲丛》原本。

八月十五日,星期六,晴,81

晨,五时一刻起床。七时,到中图时事学习。八时半,到琉璃厂。

傍晚,六时半径归家。

八月十六日,星期日,阴晴,80

晨,五时半起床。七时,往西单武功卫胡同内小秤钩胡同七号纸张管理处招待所访徐可南(百齐)兄之子大容,谈片刻即出。至琉璃厂写致韦傅翁函。十时归家。

下午,杜企棠、潘松泉来。夜饭后,同内子、永儿一并出外。企棠往南池子乘车赴西郊,余等至中山公园一游。八点半归家。

八月十七日,星期一,晴,79

晨,五时半起床,七时往琉璃厂。

下午,六时去群众剃头。六时半归。

夜饭后,再到琉璃厂打长途电话给沈季翁,请缮寄公司经济及资金运用情况，又询问股权登记展期情况（展至本月底）。归已八时半。

八月十八日，星期二，晴，80

晨，五时半起床。七时，到琉璃厂。

傍晚，六时归家。

内子洗澡时滑跌受伤，肋骨疼痛。

八月十九日，星期三，晴，傍晚雨，84

晨，五时半起床。七时，到琉璃厂。

中午，回家午饭。

下午，二时到中图学习。至六时半归。

八月二十日，星期四，晴，80

晨，五时半起床。六时阅读。七时，到琉璃厂。

午饭后，为接李旭昇同志电话，为出版总署托儿所有小孩患大脑炎，嘱去接利南出来，回家通知内子，并打地地滴清洁房间。三时，回琉璃厂。

傍晚，阅读一小时。再往视沐绍良君。归已七时半。

八月二十一日，星期五，晴，77

晨，五时半起床。六时阅读。七时，到琉璃厂。

下午，开编版部部务会议。

下午，六时十分往大李纱帽胡同新中国戏院看《火》电影。八时余归家。

中午，任作君君来谈。

八月二十二日，星期六，晴，78

晨，五时半起床。六时阅读。七时，到中图参加时事学习。八时廿分，到琉璃厂。

今日上午，出版总署邱守铨同志等四人来作调查，至十二时余始去。

糜文焕君来谈演乐胡同房子事。

傍晚，六时三刻归家。

八月二十三日，星期日，处暑，晴，77

晨，六时起床。七时，为周有祉居士托翻译藏文往北海访法尊法师。八时半,归途至首都看《战斗的洗礼》电影。十时半回家。至永儿为我买中央十一时半开演的罗马尼亚片《为了美好的生活》。归已一时。

八月二十四日,星期一,雨,73

晨,五时半起床。六时阅读。七时,到琉璃厂。

沪信已三四日未到,今日始来。

因天雨,利南未回托儿所。

八月二十五日,星期二,雨,72

晨,五时半起床。六时一刻阅读。七时,赴琉璃厂。傍晚,六时半回家。

八月二十六日,星期三,晨雨,下午晴,73

晨,五时半起床。六时阅读。七时,往琉璃厂。十一时,先至西长安街人民银行处理存款,再至邮局汇给倪正和款。归家午饭。

下午,二时半至中图参加学习小组活动。六时半,至首都看《卡塔琳的婚姻》匈牙利影片。八时十分毕,归家已九时。

八月二十七日,星期四,晴,76

晨,五时半起床。六时阅读。七时,到琉璃厂。

傍晚,六时半回家。

八月二十八日,星期五,晴,76

晨,五时起床。六时阅读。七时,到琉璃厂。

上午,张雄翁世兄公绪来。知系交大毕业,来电信局办事者。

下午,参加编版部会议。

傍晚,同孝翁至首都看《牧鹅少年马季》电影。八时半归家。

八月二十九日,星期六,晴,76

晨,五时一刻起床。七时,到中图参加时事学习。八时半,到琉璃厂。

下午,六时半至首都看《两个世界》电影。八时半回家。

八月三十日,星期日,阴晴,76

晨,五时三刻起床。塘侄来。八时半,到永光寺访余家甫病,谈至九时半。到琉璃厂访沐绍良,谈至十二时。回家。

下午，二时半再到琉璃厂开座谈会。开始已近四时，至七时半始毕。八时归家。座谈会到者：京厂宣、王两君及张振三、于侃、杜元庆、朱建白、张鸿吉七人；编版部袁、戴及丁敏士、周莲方、姚心吾、钟宝成、周莲轩、朱剑安八人。又陆廷珏君。

八月三十一日，星期一，晴，77

晨，五时一刻起床。六时阅读。七时，到琉璃厂。

傍晚，六时半归家。

九月

九月一日，星期二，晴，夜雨，77

晨，五时半起床。七时，到琉璃厂。

傍晚，六时归家。

縻文焕君为演乐胡同房子事来谈。

夜，八时往袁翰翁家，约戴孝翁共谈编审处迁移事。归已十时半。

九月二日，星期三，晴，76

晨，五时半起床。七时，到琉璃厂。

中午归家。

下午，二时到中图听许静同仁讲《联共党史》第九章课。五时半，与万国钧同志谈。至六时回家。

九月三日，星期四，晴，76

晨，五时半起床。七时，到琉璃厂。

赵仲榆君下午来访。

上午，中国福利会汪君同房地产管理局唐姓来了解演乐胡同房子事。

傍晚，归家已七时。

九月四日，星期五，晴，夜雨，77

晨，五时半起床。七时，往琉璃厂。

午饭后回家，为总处来款及荫翁汇给公翁夫人款均到，盖章后向邮局领取。

先往叔老家,又至皇城根廿四号将款交蔡夫人。回琉璃厂已三时一刻,参加编版部会议。

俞明岳君来谈。

傍晚,六时半归家。

九月五日,星期六,晴,76

晨,五时半起床。七时,到中图参加时事学习。八时半,到琉璃厂。

下午,六时半归家。

王泊如、宣信予二兄先后来谈。

九月六日,星期日,晴,78

晨,五时半起床。七时,先至农翁家一转,知彼已出门。当往中山公园,见农翁及景贤兄均在,当与农翁闲谈。九时,往演乐胡同编审处与苏继庼君谈话。程勉之、朱公垂二君亦在。

十二时归家。

美韶侄孙来。据系复旦毕业,来钢铁学院任助教,暂住清华三院314号云。

下午一时半,同国播嫂子及美韶往游故宫。归已六时。

九月七日,星期一,晴,78

晨,五时半起床。七时,到琉璃厂。

傍晚,六时归家。夜饭后,同内子、永儿往中央看《荆江分洪》电影。八时半归。

九月八日,星期二,晴,82

晨,五时半起床。七时,到琉璃厂。

中午,剃头。

今日陆廷珏君赴津,为勘察大胡同房子事。

下午,七时回家。

久如弟来电话,谓携眷来京游玩,前晚到京,住观音寺兴华客栈云。

九月九日,星期三,晴,80

晨,五时半起床。七时,到琉璃厂。

中午,归家午饭。

下午,二时到中图学习《联共党史》,讨论至六时归家。

往北海公园访法尊法师,取周有祉居士译件。适法师他出,未遇。经托如海法师转致明日去取。归已七时半

九月十日,星期四,晴,下午雨,80

晨,五时半起床。七时,到琉璃厂。

傍晚,归家。

夜,久如弟夫妇及其妹并携子来,谈至十时去。

九月十一日,星期五,阴雨,72

晨,五时半起床。七时,往北海向法尊法师取周有祉居士的班禅大师信。八时回家。八时半,往中图与万国钧同志谈。九时半,参加中图业务会议。十二时归家。

下午,二时至琉璃厂参加编版部部务会议。

六时半归家。宣信予兄来谈。

久如弟夫妇及妹、子来家夜饭。

九月十二日,星期六,晴,72

晨,五时半起床。七时,到中图时事学习。八时半到琉璃厂。

傍晚,七时归家。

利南来家。

九月十三日,星期日,晴,72

晨,五时三刻半起床。

上午,做清洁工作。

松泉侄及濂侄夫妇携美平先后来。

下午,企棠来。

夜饭后,往中央看朝鲜电影《保卫家乡》。八时半归。

九月十四日,星期一,晴,72

晨,四时一刻起床。五时一刻出门,往青年宫购《屈原》诗剧票。奈牌子已领

完，只得空手回家。七时，往琉璃厂。傍晚，往视沐绍良君。归已七时。

汤儿在生化的老同事汤斐烈君回沪过京，与其爱人陈女士同来，宿我家中。

夜，八时半往车站接张子明、邹根泉两君自沪来。归已九时半。

九月十五日，星期二，晴，75

晨，五时半起床。七时，到琉璃厂。

傍晚，七时归家。

汤儿友人仍宿我家。

九月十六日，星期三，晴，77

晨，五时半起床。七时，到中图与万国钧同志商致《中国大辞典》编纂处交涉《学文化字典》事。七时半，到琉璃厂。

中午，归家午饭。下午，至中图听许静同志对《联共党史》问题解答。五时归家。

夜，往车站接侣女。九时五十分车始到，抵家已近十时半。

九月十七日，星期四，晴，78

晨，五时半起床。七时，到琉璃厂。

八时，公安同志来作消防报告。

午饭后回家，询侣女、永儿星期往游潭柘寺事。二时，回琉璃厂。

傍晚，七时归家。

夜，八时廿分至中央看《第三次打击》电影。

九月十八日，星期五，晴，76

晨，五时半起床。七时，到琉璃厂。

中午，编版部开会。

傍晚，七时归家，洗澡。

九月十九日，星期六，晴，75

晨，五时半起床。七时，到中图讨论时事学习。

八时一刻，到琉璃厂。

傍晚，六时半归家。

九月二十日，星期日，晴，74

晨，四时廿分起床。早点后，同侣女、永儿往琉璃厂。六时，乘公司包车往门头沟。八时到达，即步行上山往潭柘寺。路非正式，极难走。于十时到寺。

下午，二时由寺动身下山，至四时半始回至圈门。六时，仍乘包车。八时余始到家。

赵警卫员今日来。

九月二十一日，星期一，晴阴，72

晨，五时半起床。七时，到中图应他们同志的要求去练太极拳。

八时余到琉璃厂。

午饭后，往中华同农公至出版总署听陈克寒副署长作陈云财经报告的传达。归已逾七时。

夜，往棉花九条二号朱蔚伯兄家。因彼两岁的女孩误吞回形针，中午在公共汽车上遇见。不知请三共医生诊视后如何，故往看看。知小孩仍甚活泼，大致无碍。

九月二十二日，星期二，中秋，晴，74

晨，五时半起床。六时三刻，往琉璃厂一转，即往出版总署。八时半起，听陈克寒副署长传达李富春报告，至十一时半止。到中华一转，同塘侄归家午饭。

下午，两时往琉璃厂。七时归家。

九月二十三日，星期三，晴，74

晨，五时半起床。六时半，到中图教太极拳。八时，到琉璃厂。

中午，回家午饭。

下午，二时到中图学习。六时归。

内子同侣女挈利南往西郊公园。

九月二十四日，星期四，晴，74

晨，五时半起床。七时，到琉璃厂。

傍晚，六时半归家。

九月二十五日，星期五，晴，74

晨，五时半起床。六时三刻，到中图教太极拳。八时，往京厂，又同泊如兄往乐平会馆一视。九时到琉璃厂。

傍晚，五时练习消防。六时半归家。

九月二十六日，星期六，晴，75

晨，五时半起床。七时，到中图时事学习，又与万国钧同志一谈。

八时半到琉璃厂。

下午，七时归家。

九月二十七日，星期日，上午雨，中午晴，傍晚又雨，73

晨，六时起床。七时，往西河沿孝翁家，信予兄亦来。谈至九时余，至长安街邮局代何希秀女士（蔡夫人）领款。又至西单购镜框为装侣女立功喜报用。又至古今购面包。十一时归家。

午后四时，陪侣女挈利南同警卫员赵振邦至车站，乘 11 次三棵树车往沈阳。四时五十四分开车。

五时，往皇城根 35 号送款给蔡夫人。归途遇雨，到家近七时。

九月二十八日，星期一，晴，69

晨，五时半起床。七时，到中图教拳。八时半至琉璃厂。

傍晚，做清洁工作一小时。六时半，往车站视国璠嫂子今日乘八时廿分 101 次车赴沈。七时归家。

九月二十九日，星期二，晴，68

晨，五时半起床。七时，到琉璃厂。

午饭后，回家稍睡。二时，到中图听许静同志讲课。四时半回家。

夜饭后，往琉璃厂。因今日编版部举行庆祝国庆晚会，九时半始毕。归家已近十时。

九月三十日，星期三，晴，69

晨，五时半起床。七时，到中图教拳。八时，往京华。八时三刻，到琉璃厂。

傍晚，六时归家。信予、士霖两兄来谈。

金玉琦君送来出版总署函，附明日国庆观礼券。

夜饭后，往郭农山君家，约明日同去观礼。询知他因在家学习，未往中华，致未收到云。

十月

十月一日，星期四，晴，69

提要：今日国庆节。

晨，五时起床。六时，往永光寺向陆元洪君借望远镜一只。七时归家。

八时余，同信予兄及陈半丁君往天安门，在右台观礼。

十时，开始阅兵，至十一时余大游行，至下午二时一刻始毕。归家已三时。

午饭后，睡至五时半。塘侄来。

夜，同内子往中央看八时四十时分《金银滩》电影，十时半演毕。归家入睡已逾十一时矣！

十月二日，星期五，晴，76

晨，六时一刻起床。八时，到琉璃厂写致韦傅翁信，作国庆观礼略记。又汇款给岳母，写致二舅嫂信。十二时归家。

下午，写致汤儿及大妹，三、四妹，六妹信各一封。

下午，企棠来，夜饭后去。

十月三日，星期六，晴，73

晨，五时半起床。七时，到琉璃厂练拳。

八时办公。今日一般机关大都放假，明日照常办公，商务则未更易。

傍晚，七时归家。

十月四日，星期日，晴，73

晨，七时至中图，未有时事学习。晤万国钧同志，告以港谣事。出至前门大街，向广业购体育运动会票，排队一小时半。

十时，至苏州胡同国际书店访薛迪畅君，并晤邵公文同志，商港存款事，允于考虑后见复。

十一时，到西长安街邮局取款，后归家午饭。

十二时，同内子到劳动文化宫参观波兰展览会。二时，又至中山公园一游。三时半归家。

十月五日，星期一，晴，72

晨，五时半起床。七时，到中图教拳。八时十分，到京华。九时，到琉璃厂。

午饭后回家，同内子往先农坛参观体育运动会。至五时，回至琉璃厂。六时半归家。

十月六日，星期二，晴，72

晨，五时三刻起床。七时，往琉璃厂练拳。

八时，听袁翰青君作《联共党史》一至八章重点报告，十时始毕。复为编审处迁移事约翰、孝二翁一谈。

傍晚，七时归家。

十月七日，星期三，晴，72

晨，五时三刻起床。七时，到中图练拳。

八时，赴出版总署。先到中华，拟访俞明岳君，因正在学习，未谈。九时到总署，由金灿然及常副局长、朱科长接谈，询问商务组织人事、经济业务情况及以后发展希望，至十一谈毕。归途又至中华一转，俞君仍不在。十二时归家。

宣信予兄与陆廷珏兄来谈。

下午，二时至中图学习《联共党史》。六时归家。

十月八日，星期四，寒露，晴，70

晨，五时三刻起床。七时，到琉璃厂练拳。

上午，薛迪畅君来谈港定刊物事及汇还存款事。

傍晚，七时归家。

十月九日，星期五，晴，70

晨，五时三刻起床。七时，到中图教拳。八时，与万国钧同志谈。至八时半赴京厂，至琉璃厂已九时余。中午，午饭后归家一转，因购煤照料。

下午，二时半到琉璃厂参加编部会议。

七时归家。

夜,赴中央看八时五十分电影《冷酷的心》。

十月十日,星期六,晴,70

晨,五时三刻起床。七时,到琉璃厂练拳。

下午,参加秘书处、会计组工作会议。

傍晚,七时归家。

十月十一日,星期日,晴,69

晨,五时三刻起床。七时,往农公家。八时,同往西皮库胡同三十七中看中图秋季运动会表现太极拳。中午,十二时半归家。

下午,俞明岳、杜企棠来。四时,往灯草胡同访陈叔老,又至骑河楼卅九号访吴泽炎君。归已六时。

十月十二日,星期一,晴,66

晨,五时三刻起床。七时,到中图教拳。八时,到琉璃厂。

傍晚,六时半归家。宣信予兄来谈。

十月十三日,星期二,晴,65

晨,五时三刻起床。七时,往琉璃厂练拳。

今日购进《四部丛刊》初编第一、二版各一部,为将来重印作样书之用。价只430万元,合每本不足一千元。内一部有布套。

傍晚,六时归家。

内子与永儿往文化宫看电影。

十月十四日,星期三,晴,66

晨,五时三刻起床。七时,往中图教拳。肚腹不好,泻了一次。

中午归家,只吃稀饭半碗。量热度37.7。

下午,二时往中图学习,阅读文件。六时归。购APC六粒准备服用。

夜,早睡。夜半突觉腹鸣,又觉难过,泻两次,变肠炎了。

十月十五日,星期四,晴,68

晨,五时泻后,难过稍瘥。量热度有38.5。

请金奉三大夫来诊，打针、服药。

陆廷珏、韦士霖、朱公垂、戴孝侯、程勉之、宣信予诸君先后来谈。

十月十六日，星期五，晴，70

上午，往三共医院看病。今日热已退。

宣信予、陆廷珏二君来。

下午，写致五妹信。

十月十七日，星期六，晴，70

晨，八时起床。上、下午各打电话给孝翁一次。

陆廷珏、宣信予、韦士霖诸兄均来谈。

十月十八日，星期日，阴雨，68

晨，八时起床。

上午，余景贤来。又孝翁来谈，至十一时半去。

傍晚，濂侄及瑞和侄女来，塘侄来夜饭。

六时一刻，在首都看《革命英雄传》电影。

十月十九日，星期一，雨，下午晴，64

晨，五时三刻起床。七时，去中图教拳。因无场所，往琉璃厂。

中午，回家午饭。后午睡至二时，往演乐胡同同孝翁对同人谈话。归已逾七时。

夜饭后，往中图听孙伏园作鲁迅生平事迹报告。九时归家。

十月二十日，星期二，晴，63

晨，五时三刻起床。七时，去琉璃厂。

上午，十时往出版总署访周天行同志，谈编处同人调总署事。十二时半归家。

下午，二时半到琉璃厂。七时回家。

十月二十一日，星期三，晴，63

晨，五时三刻起床。七时，到中图教拳。

八时，与中图津分陈怀平谈天津房屋事。

八时半到京华。九时,回琉璃厂。

中午回家。下午,二时至中图听“学习《联共党史》”讲课。四时半,归家阅读。

夜,七时往头发胡同33号陈叔老新居,知尚未搬去。回来后电话联系,拟明晨七时半往灯草胡同。

十月二十二日,星期四,晴,64

晨,五时三刻起床。七时,往灯草胡同。七时半到达,适叔老车出,当承交给菊公来信。七时三刻,到袁翰翁家。八时一刻,戴孝翁来。谈至九时半,三人同往总署,由黄洛峰主任及常紫钟、傅彬然两副局长接谈,为商务进入公私合营事。又同孝翁至新华总店一转。归家已十二时半。

下午,二时至车站一转,到琉璃厂。傍晚,剃头。七时归家。

十月二十三日,星期五,晴,62

晨,五时三刻起床。七时,到中图教拳。八时,与万国钧同志谈昨在总署会谈事。

八时半,到京厂同宣信予兄与工会正、副主席及叶善昌君谈公司即将进入公私合营事。十时,到琉璃厂。中午,回家午饭。下午,二时到琉璃厂开编版部部务会议。傍晚,七时归。

今日剃头。已买好星期日回沪车票。

傍晚,致长途电话给韦傅翁,告以下星期一晚请约诸友在我家谈话。

十月二十四日,星期六,晴,60

晨,五时三刻起床。七时,到中图时事学习。八时,与公文同志谈片刻。九时,到出版总署与傅彬然同志谈。十时出,至中华一转,即归家。

下午,二时到琉璃厂。五时半,至清华园洗澡,又至民主看《张羽煮海》评剧。十一时半归家,整理行李。睡已近一时。

十月二十五日,星期日,晴,北京,京沪车上

晨,五时三刻起床。七时半,往戴孝翁家,再同至家中。宣信予、朱公垂两兄已先在。即于九时同至车站,登九时五十分第五次开沪快车。陆廷珏、俞明岳二君亦来送行。

车上很舒适。中饭吃白饭，夜购面包、豆干充饥。七时余即安睡。

十月二十六日，星期一，雨，京沪车上，夜宿上海家中

晨，五时大便，七时早餐。十时，到浦口过江。十二时半午餐。

在车上写致毓松及小妹信，在南京车站投邮。

下午，六时十分到上海。沈季湘、俞明时、张雄飞、郁厚培、丁英桂、朱通舟、穆华生诸君来接，同至功德林夜饭。傅翁亦在彼相候。饭后，同至家中，谈至九时散。

十月二十七日，星期二，晨雨，阴晴，上海

晨，五时起床。六时，往觉园见清定师。七时半，往韦傅翁家早点。又同傅、雄二翁往季翁家，丁英翁已先在。再同至菊公家。十时，到河南路总处。十二时，到功德林约诸董事谈话。午饭后，二时半到姜姊家。三时，再到馆。三时半，约工会负责人谈话，至五时毕。写致香港张子翁信。六时，乘电车归家。

十月二十八日，星期三，晴

晨，五时半四妹来家。六时起床。六时半三妹亦来，同吃年糕汤。七时半，她们都归去。

八时半，往河南路。十二时，同傅、季二翁至聚源斋午饭，遇章伟川君，由他会钞。

下午，一时三刻同季翁及石铭良、徐文蔚君往新闻出版处访方学武君，谈至四时回河南路。七时归家。俞仁良来夜饭。夜，陈沅江君来谈。

十月二十九日，星期四，晴

晨，五时一刻起床。六时，往山阴路 274 弄 9 号访显光，知彼因挫坐骨神经，睡了四天，今日已能起床。

八时半，到河南路商谈合营方案。

十二时，同韦傅翁到伊家午饭、谈话。至下午三时回家一转，往花园坊 85 号访张鸿钧兄，谈至四时归家。

五时，丁英桂兄来谈。夜饭后，七时半去。

九时，再往沈季翁家。归已十一时。

十月三十日，星期五，阴雨

晨，五时三刻起床。七时，往视余伯贤居士病。八时半，到河南路。十一时半，到大丰访倪百和居士，承邀至松月楼，约方子藩、陈三洲、康涵臣、郑颂英诸居士同午餐。

下午，回家午睡。四时，往墀哥家，未遇。又往垕哥家，谈至六时，至青年会夜饭。七时出门，小雨地湿。过沪光见演《远方未婚妻》电影，即入观，至八时半毕。归已九时。

十月三十一日，星期六，阴雨

晨，五时半起床。胡省初、穆华生两兄来谈。七时半，往菊公家，谈至八时半。九时，至河南路，接方学武君电话，嘱于下午五时同沈季翁赴伊办公处。十一时，到沈季翁家一转。十二时归家。

下午，二时张雄翁来谈。

三时，往沈季翁家，同赴新闻出版处，由方学武、谢冰岩二君接谈。归家已八时。

濂侄来家，谈至九时半去。

十一月

十一月一日，星期日，雨

晨，五时起床。六时，往黄仲翁家，谈至八时半，往河南路。十时半归家。

三、四妹，俞企良来午饭。

下午，往大来饭店开董事会。

下午，三时半往长宁大戏院看《为孩子们祝福》电影。系三妹购票，四妹同观。归家已九时。

十一月二日，星期一，雨，阴

晨，五时半起床。垕身哥来谈。

八时，往菊公家，与徐凤石董事及韦傅翁、张雄翁同见菊公。谈至九时辞出，至河南路。中午，颂盘兄约傅、雄、英诸翁及我往松月楼午饭。

下午，至广益谈书画集事，又至公司。四时，往惠罗公司购物。至天丰访陈少荪君。又至墀哥家夜饭，谈至九时三刻归家。

十一月三日，星期二，阴，有小雨

晨，五时半起床。四妹来早饭，后往法国公园一走。八时半，到河南路。

十二时，承徐启堂、赵家壁二君邀，至松月楼午饭。饭后，购网袋取友人托带物回家。

往西门看陈肇援君，又往访徐百齐君。

夜，整理行装。

十一月四日，星期三，晴，上海，沪京车上

晨，五时起床。黄仲明兄来谈。

八时，往河南路写复余姚阳明区居民委员会信。又和众友话别。

陈峰昌君由车站来电话，知已购就本日硬席卧铺（车厢30403，铺位209）。

十一时，回家午饭。同穆华生兄乘公司小卡车至北站，为行李过多，当将箱子做行李票。十二时登[1]，十二时十八分车开。六时十分，到南京渡江。夜饭后即安睡。

傅翁、季翁及张德华君代表工会均来送行。

为餐车不能卖白饭曾向车上提意见。

十一月五日，星期四，晴，沪京车上，夜在北京

昨夜初时尚暖，半夜近一时起床小便也不觉寒，至三、四时渐觉寒气侵人矣！

晨，六时起床大便后，七时早点。中午，十二点午饭。为买白饭事，和餐车管理员争吵了一番。

下午，九时余到京，误点十分钟。孝翁等来接。十时到家。

十一月六日，星期五，阴，北京

晨，六时起床。七时半，到中图带去金文杰、沈宣珏和万国钧诸同志物件。

---

〔1〕 此处疑漏“车”字。

八时半回家。十时,往琉璃厂。十二时,回家午饭。下午,一时半到琉璃厂参加编版部会议。三时半,往沐绍良君家与伊夫人一谈。四时,到中央电影院看《方珍珠》电影。六时回家。

夜饭后,往车站提行李。八时回家。

信予兄早、晚两次来谈。

十一月七日,星期六,晴,57

晨,五时半起床。七时半,往中图参加时事学习。八时半,往琉璃厂。

中午,归家午饭。午后,同内子往孝翁家,再到佘家胡同六号看房子。二时半,到琉璃厂。五时半归家。

夜饭后,同内子往中央看《光明照耀到克奥尔地村》,八时半归。

十一月八日,星期日,阴,55

晨,七时起床。八时,往头发胡同访叔老。九时回家,往访糜文溶兄,未晤。

在家整理房子。

又写各处信九封。

十一月九日,星期一,晴,52

晨,六时起床。七时十分,往中图教拳。知彼等与学习时间抵触,以后拟暂停练习云。

八时半,到琉璃厂。即在馆午饭。

下午,六时归家。

十一月十日,星期二,晴,52

晨,六时起床。七时,往琉璃厂练拳。八时起工作。

下午,六时归家。

今日接余姚阳明区大尹第居民委员会来信,说我有四十亩以上的出租土地,应划为商人兼地主成分,政治上按其他职业待遇,经济上没收出租的土地,其他一切不动云云。

十一月十一日,星期三,晴,50

晨,六时起床。八时,往京华,与王泊如、张振三诸君谈十二月份挑字工作,又与工会谈沪行事。九时半,回琉璃厂。

中午,回家午饭。饭后,往中图为学习总路线成立互助组事。三时,再至琉璃厂。六时归家。

夜,往21号开选举会,举张静秋、杨臻两同志为小组长。

陆廷珏兄之子今日夭折。

十一月十二日,星期四,阴,昨夜雪,(室内)59

晨,六时起床。七时半,到中图听许静同志作总路线动员报告。九时半,至陆廷珏兄家一转,知彼已赴医院。十时,到琉璃厂。

下午,编版部部务会议。

傍晚,再往陆廷珏君家,据赴坟场未回。往访许季翁,彼夫妇去看电影。至奚锦章君家一坐,归。

瑞和侄女来商家事。

十一月十三日,星期五,晴,52

晨,六时起床。七时,往琉璃厂。

午后,往新中国买星期日电影票。

傍晚,往中央又购了三张电影票,至西单购物。七时余归。

十一月十四日,星期六,晴,51

晨,六时起床。七时,到中图时事学习。八时一刻,到琉璃厂。九时,为取菊公来函再回家一走。

下午,三时同孝翁往出版总署。三时五十分到达,袁翰翁已先在,即会谈。出席者陈克寒、黄洛峰、沈静芷(另有两人不知名),纪昌、于卓(高教部方面)诸君,至近七时始毕。归家近八时矣!

十一月十五日,星期日,阴晴

晨,六时半起床。八时半,往中央看《苏联动画片集》电影。十时余归。

同永儿往清华园洗澡、剃头。归已一时半。

张蔚岑君来访。闻赵廷壁君上午来,未遇。又信予兄早、午来两次。

下午,三时往北海为剩余照片拍了几张。又访法尊法师,未遇。归已近五时。

十一月十六日，星期一，雨

晨，六时起床。七时一刻，往琉璃厂练拳。八时，听周莲芳同志作总路线报告，至十时始毕。

傍晚，七时归家。

向照相馆取洗印（逸兴照相馆）的软片，有四张可用。

十一月十七日，星期二，晴

晨，六时起床。七时，往琉璃厂，带去寄五妹旧衣及绒布一包。

傍晚回家。又往逸兴托晒照片。

十一月十八日，星期三，晴，傍晚室外廊下38

晨，六时起床。七时一刻，往琉璃厂练拳。

九时，往出版总署访沈静芷同志，由梁涛然同志同见，谈至中午回家。

下午，一时半往中图参加学习。五时半，同农公至伊家。又访张蔚岑君，一谈。

十一月十九日，星期四，晴

晨，六时起床。七时，往琉璃厂练拳。

下午，参加编版部部务会议。

夜，赵廷璧君来谈，九时余去。

为缮写"进入公私合营筹备时期应做工作"，至十一时余始入睡。

十一月二十日，星期五，晴

晨，六时起床。七时，往琉璃厂打长途电话给沈季翁，又往头发胡同33号陈叔老家。九时回馆。

傍晚，往西单购日历等。

夜，至十九号为选举事开里弄小组会。

十一月二十一日，星期六，晴

晨，六时十分起床。七时廿分，到中图学习。八时半，到琉璃厂。

傍晚，因沐绍良君出医院，往伊家一谈。

夜饭后，到中图访万国钧同志，谈举行公私合营事。

十一月二十二日，星期日，小雪，晴

晨，六时一刻起床，做清洁工作。

九时，到中央看《伟大的力量》电影。

午后，睡至四时。

傍晚，信予兄来谈。

写致大妹、三妹及企棠信各一封。

十一月二十三日，星期一，晴，室外42

晨，六时十分起床。七时十分，往琉璃厂练拳。

傍晚，六时半归家。

十一月二十四日，星期二，晴

晨，六时廿分起床。七时半，到琉璃厂打长途电话给沈季翁，为股东名册催寄事。

傍晚，六时归家。接季翁来电，为筹备会代表名额及人选事。

十一月二十五日，星期三，晴，51

晨，六时起床。七时半，到琉璃厂。

中午，归家午饭后，往出版总署听周总理在文代报告的钢丝录音。五时半出来，同吴度翁因乘错公共汽车，多走半小时。又往视计宜初兄病。归已逾七时。

腹部不适，吃黄糖茶，又大便后稍好。

十一月二十六日，星期四，晴，52

晨，六时一刻起床。七时一刻，往琉璃厂。

午饭后，往出版总署，先与沈静芷、梁涛然两同志谈，再往发行管理局与王益同志谈。归家已五时半。

夜，信予兄来谈。写给傅、季二翁信，至十一时始睡。

十一月二十七日，星期五，晴，50

晨，六时起床。七时一刻，到戴孝翁家。八时一刻，赴车站寄致沈季翁信。到馆已近九时。

今日为查各地同人情况，以加急长途电话致上海朱通舟、沈季湘两君。

傍晚，六时半归家。

十一月二十八日，星期六，晴

晨，六时起床。七时廿分，到中图参加时事学习。八时，至家一转，到琉璃厂。

中午，先至中央购明日电影票，备请企棠及瑞和等。回家午饭后，即往出版总署听胡愈之署长所作《中朝经济文化合作协议》及《粮食问题》的传达报告。归至西单一转，购蛋糕等物。因明日内子生日，作赠品也！

十一月二十九日，星期日，晴

晨，七时起床。濂侄全家来，杜企棠午前到。

中午吃面。因今日为内子生日也！

下午午睡后，三时一刻往袁翰翁家，四时到。与戴孝侯、周莲轩、王天一三君及科普协会彭清照、朱某两人谈话。归家已近七时。

十一月三十日，星期一，阴晴

晨，六时起床。七时一刻，往中图一转。七时半，往琉璃厂。

傍晚，六时归家夜饭。

六时半，往中图参加学习讨论会。九时归家。

十二月

十二月一日，星期二，晴，室外40

晨，六时起床。七时，往琉璃厂为草拟致总署报告，未曾练拳。

今日起，购电车、公共汽车联合月季票，计四万九千元。

傍晚，六时半归家。

十二月二日，星期三，晴，室外32

晨，六时起床。七时，往琉璃厂练拳。

中午，回家午饭。

下午，往中图参加总路线测验。五时半归家。

十二月三日，星期四，晴

晨，六时起床。七时，往琉璃厂练拳。

傍晚，六时归家。

汤儿今日从沈阳来。

夜饭后，往中图学习，漫谈。至八时一刻出，即赴车站接潘达人君。火车迟十八分，至九时十二分始到。九时半归家。

十二月四日，星期五，晴

晨，六时一刻起床。七时半，往西总布胡同访潘达人君，谈至九时回琉璃厂。

傍晚，六时归家。信予兄来谈。

夜，潘达人、郭农山二君来谈，九时半去。

十二月五日，星期六，晴

晨，六时起床。七时廿分，到中图时事学习。八时半，到琉璃厂。中午午饭后，至邮政代办所取沪来津贴款及汇交岳母款。

傍晚，往首都，知明日电影票已售完，又至地安门外邮局门市部购学习杂志，再至西单一转，归。往度翁家交代付自行车及收音机款。

十二月六日，星期日，晴

晨，六时一刻起床。

今日西单区普选，我同内子往本胡同十九号去投票。又同内子往中山公园观德意志艺术品展览。十一时半归家。

下午，四时往中央观《纺花曲》。

塘侄来，夜饭后去。

写致毓松、祥根及徐大容等信。

十二月七日，星期一，大雪，晴，室外34

晨，六时起床。七时一刻，往琉璃厂练拳。八时，听朱公垂同志作总路线的传达，至九时廿分。

傍晚，六时归家。

汤儿今晨赴津。

十二月八日，星期二，昨夜起雪

晨，六时起床。七时，往琉璃厂与韦傅翁通长途电话。傍晚，六时归家。

晨，福贵弟自太原来京。

夜，汤儿自天津回京。

十二月九日，星期三，晴

晨，六时起床。七时，往琉璃厂练拳。

中午，回家午饭后，往中图听许静同志作农业社会主义改造的报告，四时半毕。

至邮局取款，往蔡公椿夫人家交给。六时回家。

十二月十日，星期四，晴

晨，六时起床。七时，同福贵弟到琉璃厂，又为他雇三轮车往天坛。

傍晚，往新中国看《在压迫下》电影。归已九时余。

福贵弟今日赴津。

十二月十一日，星期五，晴

晨，六时起床。七时，往琉璃厂。中午，回家午饭。

下午，陪内子往协和医院就医。四时，回琉璃厂。六时归家。夜，准备明晨时事学习资料。

汤儿今天又赴津。

下午，顾颉刚、丁君匋两君来访。

十二月十二日，星期六，晴

晨，六时起床。七时廿分，到中图时事学习。八时一刻，到琉璃厂。

上午，往北新栈房访顾颉刚、丁君匋两君，谈至十一时余始回。

傍晚，蒋振庭君来访，归家已七时余。

汤儿又自津归。

十二月十三日，星期日，晴

晨，六时半起床。八时，往山阴胡同十号访孙乾三君，又往大土地庙16号访王秉赓君。归家，至劳动文化宫一转，因人太多，未参观民间艺术品展览。到家已十二时半。塘侄来,午饭后去。

下午,同内子往北海一游,又至西单购零物。

十二月十四日,星期一,晴,室外 40,室内 60

晨,六时起床。七时,往琉璃厂练拳。

午饭后,往中华栈房听普选报告。又剃头。

傍晚,五时半即归。

夜,同汤儿往中央看《在北冰洋上》电影。八时半归。

十二月十五日,星期二,晴

晨,六时起床。七时,赴琉璃厂练拳。

傍晚,信予兄来谈。六时半同归。

十二月十六日,星期三,晴

晨,六时起床。七时半,赴东单王府井一带略走。八时半,到新华古典门市部,同孝翁与章锡琛、赵向阁诸君商谈发古书事。十时,回琉璃厂。

中午,归家午饭后,一时半到中图学习总路线。五时出,至首都看六时开演保加利亚电影《警钟》。八时回家。

十二月十七日,星期四,晴

晨,六时起床。七时,到琉璃厂练拳。

下午,参加编版部部务会议。

傍晚,七时归家。夜饭后,往头发胡同 33 号访陈叔老。八时半归。

汤儿今晚乘车回沈阳。

十二月十八日,星期五,晴

晨,六时起床。七时,往琉璃厂练拳。

傍晚,六时归家。

内子第二次往协和诊病。

十二月十九日,星期六,晴

晨,六时起床。七时廿分,到中图时事学习。八时十分,到琉璃厂。

十时,往出版总署。十一时到,与梁涛然同志谈至十二时, 又到中华与潘达人君谈。再往小经厂实验剧场买明日下午《梁山伯与祝英台》戏票,已至末排矣!三时,回至琉璃厂。七时,到头发胡同33号陈叔老家。归已八时,再写致傅翁、季翁信。

十二月二十日,星期日,晴

晨,六时一刻起床,补写致傅翁、季翁信。早饭后,糜文溶兄来谈。

九时,往车站寄信。又至京华与信予兄谈,又同叶善昌君谈总署需学习总结事。十一时,到琉璃厂。十一时半归家。

塘侄来午饭。

午饭后,往小经厂实验剧场看《梁山伯与祝英台》越剧,四时半毕。归途至王府井一转,购零物。

公共汽车、电车月票下午遗失。

十二月二十一日,星期一,晴

晨,六时起床。七时,往琉璃厂。

傍晚,五时半出,径至首都看《最高的奖赏》电影。七时四十分归家。

据濂侄来谓,勗青弟已于本月十四日身故,享年五十二岁云。

十二月二十二日,星期二,冬至,晴

晨,六时起床。七时,到琉璃厂练拳。

十时半,往京厂。十二时,回琉璃厂。

傍晚,六时半归家。

今日曾电俞寰澄君。据其家中云,俞君出门,约月底回来云。

十二月二十三日,星期三,晴

晨,六时起床。七时,到琉璃厂练拳。

中午,回家午饭。今日,因中图在讨论与新华合作问题,故未前往。

下午,二时到琉璃厂。傍晚,潘达人君来谈。据拟后日返沪云。

夜,七时归家。

十二月二十四日,星期四,晴

晨,六时起床。七时半,往季翁家探询中图并入新华后的调整待遇情况。八时,到琉璃厂。

下午，参加编版部部务会议。

傍晚，归家已七时。

十二月二十五日，星期五，晴

晨，六时起床。七时半，到琉璃厂练拳。

傍晚，六时归家。

夜，往车站送潘达人君乘九时十五分车返沪。归已十时。

十二月二十六日，星期六，晴

晨，六时起床。七时廿分，到中图参加时事学习。八时，回家一转。九时，到琉璃厂。

傍晚，六时归家。七时十分，在中央看《一板之隔》电影。

十二月二十七日，星期日，晴

晨，六时起床。七时半，到琉璃厂练拳。

今日上午照常工作，与卅一日下午调换。

午前，往视沐绍良君。

中午回家。美韶侄孙来，谓有友在北海公园相约，即去。又瑞和侄女来午饭。

下午午睡。三时，往视薄梓樑君病。四时，到中央看《青春之歌》电影。五时半归家。

孝侯夫人及其幼子来，夜饭后去。

十二月二十八日，星期一，晴

晨，六时起床。七时，写致毓松信。八时，到中图与万国钧君谈话。九时半，到琉璃厂。

傍晚，六时半归家。

十二月二十九日，星期二，晴

晨，六时起床。七时，往琉璃厂练拳。

下午，三时半同朱公垂兄往东单新华古典门市部参观，又至演乐胡同看准备沪来友人宿所。归家已六时。

十二月三十日，星期三，晴

晨，六时起床。七时半，往许季翁家。八时，到石碑胡同廿四号中国图片供应社代《觉讯》蔡惠民君选图片。至馆已十时。

黄任老迭来电话，迨余接过去已较迟，不巧之至。

中午，回家午饭。饭后，路过戴孝翁家一转。二时到馆。

下午，叔老来电话，谓已与胡署长约妥一月五日会谈，突接沪电称需十一日动身，又长途电话傅翁，知三日票已退掉，可惜云。至七时半归家。

十二月三十一日，星期四，晴，室外28，室内62

晨，六时起床。七时半，到琉璃厂练拳。致叔老电话，告以徐、韦等缓来事。今日公司办事至上午十时半止，余应中图公司邀前去聚餐。餐后，同公文、国钧同志谈片刻。又同农公往文化宫参观全国艺术品展览，再至中山堂参观徐悲鸿画展。六时，到垂露胡同四号访俞寰澄董事，谈至七时归家。

附录：北上后经济概况

收入：

出租房屋收入一次费，计一千六百万元；

让给方子藩君经书两部，计一千万元。

支出：

《碛沙藏》一部，计二百八十五[1]元（连铁箱一只，已供养能海上师）；

无线电收音机一只，计二百四十二万元；

自行车一部，计二百四十二万元；

镶牙费，计六十六万元（本人），三十四万元（永儿），二百五十万元（内子）；

抗美援朝捐款（五一年份），计三百八十一万元。

以上共计：收入二千六百万元，支出一千五百万元，应净余一千一百万元整。

---

[1] 此处疑漏“万”字。

1954年

一月

一月一日，星期五，元旦放假，在北京

晨，七时起床（较平日迟一小时）。

早餐后，念诵《文殊仪轨》，阅报。

下午午睡。三时半，先至前门购公共汽车月季票。往什刹海访唐慕芬君，又同唐君往访万叔豪君。出至北海公园，遇戴孝翁夫妇、周莲翁夫妇、姚裕才君夫妇等在饮茶。略坐后，同至府右街乘公共汽车回家。

一月二日，星期六，晴

晨，六时起床。七时半，到琉璃厂练拳。

杜企棠进城，十一时到琉璃厂，十二时一同归家午饭。饭后，永儿请企棠去首都看二时开演的《智取华山》影片。

一时半到琉璃厂。六时半归家。

一月三日，星期日，晴

晨，六时半起床。

上午，做揩窗清洁工作。

中午，塘侄来，又永儿同学亦来，共同午餐。

终日在〔1〕，未出去。惟上午曾至西长安街邮局取上海汇来职位津贴。

交塘侄十万元，嘱咐汇家中为六哥年终零用。

一月四日，星期一，晴

晨，六时起床。七时十分，到琉璃厂练拳。

昨夜腰部不适，日间仍感僵硬。

傍晚，为拟具及抄缮节略为胡署长明日谈话时作参考，至七时半始完毕。当

---

〔1〕 此处疑漏“家”字。

赴叔老家谈。归家已八时半。

为腰部不适，即睡，并用热水袋暖腰。

一月五日，星期二，晴

晨，六时起床。

七时半，到琉璃厂为写致梁涛然信，未练拳。八时半，宣信予兄来谈。

十时，同孝侯、莲轩、蔚伯、廷珏诸君往东单新华书店古典门市部参观，因该部今日开幕。十一时三刻，回到琉璃厂。

今日，胡愈之署长与黄洛峰、金灿然同志邀叔老、任老、寰老午饭，任老因病未去。余于傍晚往叔老家探询会谈情况，又送去《十钟山房印举》两部备伊选择。七时半归家。

宣信予兄为工会交来学习材料未能适用事来谈。

一月六日，星期三，晴

今日小寒。

晨，六时起床。

七时半，到琉璃厂电话袁翰青君询高教部有无"吴觉先"其人。据不知，但有"武剑西"，系前武大教授，现任高教部副司长云。

中午，回家午饭，饭后小睡。二时，往访郭农山君，因知彼病也！

三时，到琉璃厂。傍晚剃头，归家只六时半。

一月七日，星期四，晴

晨，六时廿分起床。

七时半，往社管局访郑振铎局长，谈《曲丛》事。因误乘七路公共汽车，只得到白塔寺换乘二路车，到北海站过时五分钟，戴孝翁已在守候矣！与郑君谈至八时三刻，同孝翁回琉璃厂。

傍晚，至王府井《人民日报》拟购索引，惜已关门。即归家，已七时半。

今日下午参加编版部部务会议。

一月八日，星期五，晴

晨，六时十分起床。七时，往琉璃厂练拳。

韦士霖兄言接景培来信，谓傅翁头晕，血压高至 216 度云。下午，接总处来信证实，当写致傅翁慰问信。六时一刻，至前门车站投邮。七时余归家。

汤儿自沈阳来。

一月九日，星期六，晴

晨，六时起床。

七时半，往长安街拍发致韦景培电，为慰告傅翁安心静养事。

八时，到琉璃厂。

傍晚，六时归家。

汤儿今日赴申。

一月十日，星期日，晴

晨，六时廿分起床。

八时，往前门车站接八时廿六分由沪来京的中华潘达人、舒新城、陆费鸣钟诸君（据李昌允在津下车）。

九时，往西北园视韦士霖君病。

十时，到琉璃厂写致悟女信，又做统计。至十二时归家。

濂侄全家与瑞和侄女来。

下午午睡后，四时同内子及瑞和至中央看《智取华山》电影，六时一刻毕。往东单邮局看廉售杂志，无当意者。归已七时。

一月十一日，星期一，晴

晨，六时起床。七时十分，往琉璃厂练拳。

八时，学习一小时。

终日为统计 1952 年出版物忙。

傍晚，七时归家。

一月十二日，星期二，晴

晨，六时起床。七时一刻，往琉璃厂练拳。

下午，四时一刻往前门车站接徐凤石、沈季湘、石敏良、沈大铨四君自沪来。车于五点五分准时到京。

我和戴孝侯、宣信予二君往演乐胡同与凤老等共晚餐。

叔老七时到演乐胡同，谈至八时去。我们叙谈至九时半，同宣兄乘电车归家。

一月十三日，星期三，晴

晨，六时起床。七时一刻，往琉璃厂练拳。

八时，至174号访石毓良、沈大铨两君。

凤老、季翁上午来琉璃厂。

与总署联系后，得黄洛峰同志电话，约于本星期六下午会谈。

中午，回家午饭，饭后稍睡。二时，往东单青年会访潘达人君，凤老、季翁、孝翁亦来。同潘达人、舒新城、李昌允、俞明岳、卢文迪诸君茶会，五时毕。至古典门市部一转，六时归家。

一月十四日，星期四，雪

晨，六时起床。七时，到琉璃厂练拳。

下午，开编版部部务会议。

五时半，同季翁往东单青年会与潘达人君等同部公文谈话。夜饭后，归家已九时半。

一月十五日，星期五，阴晴

晨，六时起床。七时半，到琉璃厂。八时一刻，听袁翰翁报告。

上、下午都和沪来诸君开会。

下午，五时同沈季翁往青年会访潘达人君。七时，到演乐胡同午餐，后与陈叔老、俞寰老、徐凤老等会谈。九时，同信予兄归。

汤儿自沪回。

一月十六日，星期六，晴

晨，六时起床。

七时一刻，至琉璃厂查港新馆厂情况。八时半，往中央电影院参加新华书店北京发行所成立大会。十一时归家。

下午，一时同宣信予兄往出版总署会谈。出席者如下：

胡愈之、陈克寒、黄洛峰、金灿然、梁涛然、唐泽霖(以上署方);

黄松龄、武剑西、纪昌、于卓(以上高教部);

陈叔通、徐凤石、俞寰澄、沈季湘、袁翰青、戴孝侯、宣信予及我。

谈至五时三刻出,至演乐胡同夜饭。八时半,同信予兄归家。

在总署遗落文件袋,须星期一去取回。

一月十七日,星期日,阴

晨,六时半起床。

八时,往信予兄家谈片刻。

八时半,到孝翁家谈公事。

九时半,往视韦士霖兄病。

十时,至琉璃厂写致傅翁信。

十一时,往沙滩全国工商联访徐永祚会计师(住 326 号),商公私合营新机构核实资金事。十二时归家。

下午,吴度翁来谈。

二时,往青年会与沈季翁、潘达翁会谈。

三时半,往访沈静芷、张静庐,均未遇。归家已五时。曾问候陈忠杰君病。

今日家中雇周太太大扫除。

一月十八日,星期一,晴

晨,六时起床。七时半,往琉璃厂练拳。

下午,二时半同沈季翁往青年会与潘达人等谈“上总署建议书”事。四时半,回琉璃厂。

夜,七时归家。

一月十九日,星期二,晴

晨,六时起床。七时半,到琉璃厂。

八时半,同孝翁往叔老家,凤老和季翁亦来,谈向总署建议事。回馆已十时余。

傍晚,六时半再往叔老家,为认购建设公债事。七时回家。

一月二十日，星期三，晴

晨，六时起床。七时一刻，往戴孝翁家一转。七时半，到琉璃厂交代向中图收款事件。八时，赴出版总署。八时三刻到，季翁、孝翁已先在。同黄洛峰、梁涛然、唐泽霖三同志谈至十二时半，归家。

下午，二时到琉璃厂。傍晚，往邮局汇给岳母二、三月月费及过年费五万元，又给二舅嫂五万元，共二十万元。

今日大寒。

一月二十一日，星期四，晴

晨，六时起床。七时半，到琉璃厂练拳。

十二时，归家午饭。

下午，往出版总署听第三届赴朝慰问团报告，至五时毕。往演乐胡同一坐，至森隆夜饭，系袁翰翁、戴孝翁及信予、泊如二君和我同请徐凤老、沈季翁、石敏良、沈大铨二君及俞明岳君。餐毕，又同凤老、季翁、翰翁、孝翁及信予兄至演乐胡同谈新机构组织问题。归已十时余。

一月二十二日，星期五，晴

晨，六时起床。

八时，往头发胡同33号访陈叔老。九时，同沈季翁至琉璃厂。

下午，开编版部部务会议。三时半，续开座谈会，至六时毕。又做统计，至七时半归家。

万国钧同志来问起我的住房事，为彼家眷拟来京云。

一月二十三日，星期六，晴

晨，六时起床。

七时半，往琉璃厂电话演乐胡同，即往社管局访郑振铎局长，沈季湘君已先在。谈至九时出，同沈君至北海公园一走。十时，回琉璃厂。

在琉璃厂夜饭后，会谈部厂联系问题。归家已近十时。

五女同李耀华今日到家。

一月二十四日,星期日,晴

晨,六时一刻起床。

七时三刻,往许季翁处谈万国钧同志要房子事。九时半出,至中央购电影票。回家后,往琉璃厂做统计。十二时归家。

午饭后略睡,再往琉璃厂做统计。五时半,往演乐胡同与凤老、季翁、孝翁、翰翁等谈上海调人事。夜饭后,归已近七时。

塘侄来,午饭后去。

一月二十五日,星期一,晴

晨,六时起床。七时半,到琉璃厂练拳。

上午,为结束1952年出版统计工作,未与季翁、孝翁等往高教部谈话。

午饭后,往清华园洗澡,与永儿同去。三时,回琉璃厂。

三时半,同陆廷珏兄为年终奖金事往前门区政府劳动科访张学兰同志,未晤,即归。

六时,同孝翁往骡马市大街应信予、泊如兄邀夜饭。饭后,至京华开生产技术座谈会。归家已十一时。

一月二十六日,星期二,晴

晨,六时起床。七时半,到琉璃厂练拳。

八时一刻,同陆廷珏往劳动科访张学兰同志为年奖事,仍未得决定。

九时,往新华北京发行所会谈寄销书事。十一时半回琉璃厂。

下午,五时往出版总署取会谈记录及筹备简则。至演乐胡同。又往寰老家,未遇。往叔老家。再至车站送石敏良、沈大锉二君南下。九时十五分开车后归家。

一月二十七日,星期三,晴

晨,六时起床。七时半,到琉璃厂练拳。

八时一刻,同陆廷珏兄往前门区政府询年奖事,已允照发,当即回馆。

中午,回家午饭。饭后,往总署听黄洛峰同志作总路线报告。五时半毕,往演乐胡同夜饭。

夜，八时一刻同凤老、季翁、孝翁往总署商会谈纪要及筹备处简则，至十一时半毕。步行至总布胡同西口已十二时，无南行电车，雇三轮车回家，已逾十二时矣！

一月二十八日，星期四，晴

晨，六时起床。

八时半，外出借电话致俞寰老。又往头发胡同访叔老，彼已外出，即回琉璃厂。

中午，回家午饭。饭后，再往琉璃厂电叔老。二时，往出版总署应署方会谈。至五时毕，乘胡署长车至萃华楼夜饭。饭后，送凤老、季翁至车站，至九时一刻开车后归，已近十时。

一月二十九日，星期五，晴

晨，六时起床。七时半，到琉璃厂。

八时，孝翁作1953年工作检查总结报告。十时半，余作进入公私合营经过报告，至十一时半毕。

下午，与厂及编部工会谈话，为请推选筹备工作小组代表事。

四时，往果子巷驴驹胡同及珠市口房管局看出卖房子，毫无结果。五时，回琉璃厂。

六时归家。又往邮局汇给清师款。

一月三十日，星期六，晴

晨，六时起床。七时半，到琉璃厂练拳。

菊公来函，为伊孙女张珑将回沪结婚，嘱代购卅一日车票。前晚叔老意以购票困难，可提前一日代购，乃托汇通，于昨晨购今晚车票。嘱姚吉兴送去，适本人来城未遇。今日又嘱姚吉兴前往询问，知车票已收到，准今晚动身云云。

夜，六时汇能海上师款后，往中央看《伟大的土地改革》电影。八时归。陆廷珏兄来，为寄沈季湘君信。嘱永儿往车站寄出。

一月三十一日，星期日，晴

晨，六时半起床。

上午，做清洁工作，终日未出门。

中午，塘侄来午饭。

万国钧同志来谈琉璃厂房屋整理事。

六女致五女信，谓旧患又发，不免忧虑。

二月

二月一日，星期一，晴

晨，六时起床。七时半，到琉璃厂练拳。

下午，武剑西、纪昌、梁涛然、唐泽霖诸同志来看房子，并谈筹备小组工作事。

六时归家。

悟女自沪来，下午五时五分车到京。

二月二日，星期二，晴

晨，六时起床。

七时半，往前门换购公共汽车月票，又往中国图片供应社为佛青《觉讯》选照片。九时，至琉璃厂。上午，参加编版部会议。中午，回家午饭。塘侄来。

因见《北京日报》有东单西观音寺甲 10 号房屋出售广告，当于饭后前往观看。知已售出，并称系《北京日报》错误重登云，至为失望！二时半回琉璃厂。

傍晚，六时归家。为购面包往西单一行。

二月三日（甲午年元旦），星期三，晴

晨，六时半起床。

三妹和杜企棠八时到家，五妹夫妇至十二时半始到，濂侄夫妇携小孩及美韶侄孙均于上午来，夜饭后去。

来拜年者吴度均、计宜初、叶昌德、戴孝侯夫妇、周莲轩夫妇、许季芸、宣信予夫妇、王泊如夫妇及丁友兰女士。

二月四日，星期四，晴

今日立春。

晨，六时半起床。

八时出门，往琉璃厂公司一转。至沐绍良、朱公垂、张贵荣、余家甫、程勉之、陆元洪、王式周、周容、余景贤、朱剑安、黄维汉、周廷富、施富康、丁敏士、朱蔚伯、周士杰、姚心吾、徐德俊、江桐如、钟宝成、周莲芬、王裕泉、潘思同诸君家贺年。

至民主剧场购六日日戏票，做《张羽煮海》，为给三妹、五妹等看。归家已十二时。塘侄来午饭。

下午，余景贤、陆元洪、余家甫、糜文溶诸君来拜年。

二月五日，星期五，晴

晨，六时半起床。

八时半，到戴孝翁、周莲翁家。又同孝翁赴叔老家贺年，未见。又往俞寰老家，亦未遇。再往山老胡同十号访孙乾翁，谈至十二时辞出。归家已逾一时矣！

下午午睡后，四时往邮局取沪汇津贴款，又至车站一转，往琉璃厂。再往叔老家交阅沪董会复总署信。归途再至吴度翁、计宜初兄家拜年。回家已逾六时。

二月六日，星期六，晴

晨，六时半起床。三妹先于五时半赴车站购票。七时半，往车站未见三妹，知已购得车票归家。

八时半，到琉璃厂发总署信两封（内一封是菊公致胡署长的）。至 174 号一转，回家。

上午十时廿分，中央看《抗美援朝（第二部）》，至十一时五十分毕。三妹赴西郊。

下午，俞寰澄、杨实夫、胡则毅、吴织锦诸君来贺年。

四时半，往绒线胡同 66 号访万国钧君，谈至五时半归家。

五妹、耀华傍晚回矿业学院。

二月七日，星期日，晴

为昨日休假，今日公司照常上班。

晨，六时起床。七时半，到琉璃厂练拳。八时办公。

九时半，同韦士霖兄往东四礼士胡同 74 号看房子。又至史家胡同 21 号访娄姓,未遇。又至演乐胡同一转。十二时一刻归家。

三妹、企棠及瑞和均在家午饭。

下午,一时半到琉璃厂。

三时半,同陆廷珏兄往草厂十条 20 号武姓看房子。四时半,回琉璃厂。

六时归家。

夜,八时半送三妹至车站,乘九时一刻车赴沪。

二月八日,星期一,晴

晨,六时起床。

七时半,往东华门大街看房子,房旧又满住租户。再往西总布胡同房管局一转。九时,回琉璃厂。

下午,举行筹委会北京工作组第一次会议。

傍晚,六时归家。

二月九日,星期二,晴

晨,六时起床。

七时半,往朝阳门南豆芽菜胡同 17 号后门安众异家看房子,又同往马大人胡同房管局登记,办毕已十一时半。归家已十二时一刻。

李善棠亲翁夫妇来。午饭后,同往郭农山君家,未遇。送至六埠口再回家。

二时,往外交部街十七号看房子。又至中华及西总布胡同房管局一转,回琉璃厂。

傍晚,六时归家。夜饭后,往中央看《苏联杂技表演》电影。九时半归。

二月十日,星期三,晴

晨,六时起床。

八时,往出版总署为黄洛峰同志召集商务、中华筹备人员谈话,至十时半毕。同孝翁往外交部街 17 号与杨姓谈话。十二时回家。

下午,一时半往琉璃厂,先赴人行交建设公债款 300 万元。二时到馆。

傍晚,与姚心吾君谈至七时。

二月十一日，星期四，晴

晨，五时三刻起床。

七时，往东城大雅室胡同2号访沈静芷同志。谈至九时半出，至史家胡同21号访娄姓，知尚未由津回。十一时，回至琉璃厂。

午饭后，武剑西、纪昌、梁涛然诸同志来谈新机构地点及组织事，至五时始毕。

六时归家。

夜，送五妹和李耀华回东辛农场，乘17次京沪车九时15分开。归家已近十时。

二月十二日，星期五，晴

晨，五时三刻起床。

七时，往车站送沈静芷同志等乘7时38分第15次车赴沪。八时，回琉璃厂。

上午，十时同孝翁赴京厂，同宣、王及张承林、杨文福诸君至骡马市大街82号看房子。十时半，再往豆浆胡同安姓家谈屋事。又同关金魁同志往外交部街17号协和胡同三号看房子。再往赵登禹路210号找钱维荣，未遇。归家已逾两时。午饭后，至琉璃厂。四时半，再同韦士霖兄至芝麻胡同10号看房子。归已六时。

二月十三日，星期六，晴

晨，六时起床。

七时半，到琉璃厂打长途电话给沈季翁，告以沈静芷同志等本日傍晚可以到沪事。

上午，涛然同志来和孝翁谈出版事。

下午，参加编版部会议。

傍晚，七时归家。

二月十四日，星期日，阴晴

晨，七时起床。

今晨，永儿为往北京剧场购《非这样生活不可》戏票，六时即出去，至十一时半始购得星期六票二张归。

上午，十时同内子往许季翁家，谈至十一时回。

下午，一时往劳动文化宫参加招待军属游园会。四时出，至虎坊桥一转，归已近五时。

二月十五日，星期一，晴

晨，六时起床。七时一刻，到琉璃厂练拳。

上午，十时同韦士霖兄往后孙公园一号、骡马市大街 35 号、梁家园南口 14 号、乐庆胡同 34 号、犛儿胡同 34 号等处看房子。

十二时半归家。午饭后，即至馆。傍晚，六时半归家。

接大妹信，知国璠嫂子突于九日身故，至为悼惜！

二月十六日，星期二，晴

晨，六时半起床。七时半，到琉璃厂练拳。

十时，同阮姓往铁老鹳庙看房子。

下午，四时陪涛然同志至京华参观。六时半，回琉璃厂写致丁英翁信。七时归家。

二月十七日，星期三，晴

晨，六时十分起床。七时半，到琉璃厂练拳。

十一时半，同士霖兄往臧家桥看房子。十二时归家。

下午，一时往出版总署。二时起，听程浩飞同志传达胡绳同志关于总路线的报告，至五时半毕。

约同张贵荣君往弓弦胡同、黄米胡同及大佛寺西街看房子，均未成。归已七时。

二月十八日，星期四，晴

晨，六时起床。七时半，到琉璃厂练拳。

九时，与武、梁、纪、袁、戴诸君谈工作小组事。

下午，参加编版部部务会议。

下午，五时往廊房二条 4 号新华兴找孙世芳君，劝让房事。六时，到新华北京发行所找万国钧君。七时归家。

往宣信予兄家一谈。

二月十九日，星期五，晴

晨，六时起床。七时半，到琉璃厂练拳。

上午，为整理三楼备高教部及编审处人员迁来事，参加编部秘书处会议。

傍晚，七时归家。

二月二十日，星期六，晴

晨，六时起床。七时半，到琉璃厂练拳。

下午，北京工作小组开第二次会谈，至五时半始毕。六时归家。

夜饭后，往北京剧场看《非这样生活不可》话剧。自七时十五分开演，至十时四十五演毕。归家已十一时半，睡已十二时。

二月二十一日，星期日，晴

晨，七时起床。

八时一刻，往东四八条口等候关金魁同志。原约九时，过十分钟始来。往八条23号看房子。路远，拟不考虑。

往演乐胡同编版部访苏继庼君。十一时出，至弓弦胡同、黄米胡同一号看房子。十二时归家。

中午，塘侄来午饭。

下午午睡后，三时同内子往北海公园，至四时半离园。往王府井购给六妹的钢笔，又往前门邮局询问寄法。六时归家。

二月二十二日，星期一，晴

今天是我的母难日。

晨，六时起床。七时廿分，到琉璃厂练拳。

九时，同张贵荣君往前孙公园16号、后孙公园一号、臧家桥8号、沟尾巴胡同6号旁门等处看房子。十时半回馆。

午饭后剃头。

傍晚，六时归家。

内子往进康看曲剧。

二月二十三日，星期二，晴

晨，六时起床。

八时，往西总布胡同房地产管理所，又往外交部街 17 号，来回奔走为购房事，至十一时始毕，结果恐仍为匈牙利大使馆抢去。

十二时，回琉璃厂。

下午，五时同武剑西、梁涛然、纪昌、戴孝侯诸同志赴京厂，为参加武君作报告的动员大会，至六时半毕。七时归家。

二月二十四日，星期三，晴

晨，六时起床。七时半，到琉璃厂。

八时，武剑西同志作动员报告，余亦讲话，至十时毕。

中午，回家吃炒面，略午睡。

新华书店来四人查房屋情形。

下午，二时半往大将坊胡同 5 号访罗姓，同往背阴胡同 19 号看房子。三时，回琉璃厂。

傍晚，六时半归家。

代永儿借 53/5/27《北京日报》。

二月二十五日，星期四，阴

晨，六时起床。

七时一刻，乘七路公共汽车至前门，换乘一路至大佛寺，到黄米胡同访王崇武。原有吕贞条可去登记，因王君夫妇犹豫未果。当再乘一路至王府井，换二路至西四，再换四路至缸瓦市下车，到大将胡同访罗姓。适因儿病他出，即归琉璃厂，已十时余。

下午，四时同士霖兄往东南园 26 号及椿树上二条看房子。

六时归家。

二月二十六日，星期五，阴，下午有雪

晨，六时起床。七时半，到琉璃厂练拳。

上午，与梁涛然同志谈组织表事。

下午，二时往背阴胡同房产管理所与沈亚秀君办手续。因她蓝图未带，我往西皇城根15号访刘姓，由孙忠仁代洽。三时半，再至背阴胡同房管所与沈姓办登记。四时半，回琉璃厂。

六时半，至175号看苏老夫子，因今天他由演乐胡同搬来也！七时归家。

二月二十七日，星期六，晴，昨夜有雪

晨，六时起床。七时半，到琉璃厂练拳。

上午，十时半往西皇城根15号同孙忠仁君至西四房管所登记买卖。十二时，再至东单房管所一转，归家。

下午，一时半到琉璃厂。

三时起大扫除，做清洁工作。

五时三刻回家。夜饭后，往青年宫看《尤利乌斯·伏契克》话剧，内子同去，至十一时余毕。归家入睡已逾十二时。

二月二十八日，星期日，雪

晨，六时半起床。

八时一刻，同内子往大华电影院看九时开演的《拳斗大王》影片，十时半毕。

往无量大人胡同24号访金钟灵君，交还太极拳书，谈至十一时半辞出。归家已逾十二时。

下午，午睡三小时余，未出门。

内子又感不舒服。

美韶由沪寄来一部旧自行车暂存我家。

永儿下午赴王泊如家玩。

五女来信，调京工作约下星期内可到云。

三月

三月一日，星期一，阴

晨，六时起床。

为内子发高热，至八时始到琉璃厂。托韦士霖兄电话三共医院金奉三大夫来家诊视。我于十一时半归家,直候至十二时余未见金大夫来,乃往询,至一时余始来。据为胃肠病,打托尼西林一针。

韶侄孙来取自行车,午饭后去。

下午,二时到琉璃厂。

四时半,往前孙公园44号找徐姓同往布巷子14号看房子。又至前门购公共汽车月季票。再往和平门合作社购面包。归已逾七时。

夜,郭农山君来谈。

三月二日,星期二,雪

晨,六时起床。

内子热虽退,但仍胃呆神疲。

八时,往黄米胡同。九时到,同王姓往马大人胡同房管所办登记。因房东索价一亿一千万,房管所认为太高未登记。回琉璃厂已十时。

十一时三刻,归家煮饭。

下午,一时半往西总布胡同房管所办芝麻胡同的登记。据该所本日下午学习,停止办公。归琉璃厂已三时。

下午,五时半归家。信予兄来谈。

夜,祝甥自沪来,宿我家。

三月三日,星期三,晴

晨,六时起床。

八时,往华北戏院参加区工商联召开的自查补报工会会费及失业救济金的动员大会。原定八时半开始,直至九时十八分始开。十时余,往京厂一转。十一时余,回琉璃厂。十二时归家。

下午,一时半往西总布胡同。原约芝麻胡同刘姓登记房屋买卖,候至四时半,原契及蓝图未到,只得回琉璃厂。六时,至175号访邹根承君。因他明日赴沪,托带给朱颂翁一函。又至苏老夫子房一坐。七时归。

三月四日,星期四,晴

晨,六时起床。

因内子尚不能起床,理家务,到琉璃厂已逾九时。

午后,往西中街48号看房子。又往西单房管所与芝麻胡同10号刘姓登记房屋买卖,三时半毕。往大将坊胡同找沈姓,未遇,即回琉璃厂。

傍晚,再同韦士霖兄往西中街看房。

五妹与耀华傍晚到京。

三月五日,星期五,晴

今日为斯大林逝世一周年纪念。

晨,六时起床。八时到琉璃厂。

中午,回家午饭。先往长安街邮局取上海汇款,并约宣信予兄来取。

下午,二时到馆。三时起,与武、梁、纪诸君商谈筹备事。六时归家。

三月六日,星期六,晴

晨,五时五十分起床。七时三刻到琉璃厂。

八时半,往香炉营四条22号中国医药公司北京市公司王富美股长谈背阴胡同房屋事。十时归。

十一时,同韦士霖兄往大耳胡同4号看房子。归已近十二时。

今日起,在公司包午饭。

下午,二时举行工作组第三次会议,至五时半始毕。

夜饭后,琉璃厂同人,包括高教部、出版总署调来同志及演乐胡同迁来者开联欢晚会。回家已逾十时。

三月七日,星期日,晴

晨,六时起床。

七时半出门,遇金玉琦君,略谈数语。即往北海菩提学会至如海师处一坐,与法尊法师略谈。唐慕汾居士来,与道悟和尚(法光师,新自五台来)谈至十时回家。

下午,戴孝翁来谈。

耀华下午赴矿业学院。

三月八日，星期一，晴

晨，五时三刻起床。七时半到琉璃厂。

午饭后，同张贵荣兄往前孙公园16号，与万子和君至前门区房管所。韦士霖兄已先在，当办买卖手续。又和铁老鹳庙阮君谈房屋事。四时半，回琉璃厂。

五时半，同宣信予兄至西中街48号看房子，知已售去，即归家。

三月九日，星期二，晴

晨，五时五十分起床。八时到琉璃厂。

十时半，同张贵荣君往南堂子胡同14号马姓看房子。十二时，回琉璃厂。

下午，写致菊公信后，四时半往西皇城根15号访孙忠仁君，未遇，由他夫人接谈。又至四大将坊胡同访沈亚芬女士，为背阴胡同房子事。归家已七时。

三月十日，星期三，阴

晨，五时五十分起床。

七时半，先往后孙公园一号访刘君谈屋事。八时到琉璃厂。

十时，往赵登禹路（报子胡同口）210号访钱维荣女士。十二时，回至琉璃厂。

下午，一时半同陆廷珏兄往外交部街17号看房子。又至西总布胡同房管所与钱、杨诸人谈。四时回馆。

五时，同韦士霖兄先后至正阳门大街41号及石头胡同76号看房子。六时，回琉璃厂一转。七时归家。

三月十一日，星期四，晴

晨，五时五十分起床。八时到琉璃厂。

下午，参加编版部部务会议。

四时，接沈亚秀电话，往西单房管所谈背阴胡同房价事。五时半，径归家。

夜饭后，赴孝翁家讨论人事分配事。归已十时。

三妹自沪来，宿南池子去。

三月十二日，星期五，晴

晨，五时五十分起床。八时到琉璃厂。

十时，同韦士霖兄东北园192号鲁姓看房子。又至邮局取沪来汇款。十一时回馆。

下午，二时往背阴胡同房管所与沈姓谈购房事，须下星期三再去。

四时，往豆腐池胡同中央直属机关第三医院视李善棠亲翁。回馆已五时廿分。

七时归家。祝甥来谈。

三月十三日，星期六，晴

晨，六时起床。七时半到琉璃厂。

下午，四时半同韦士霖兄往包头章胡同21号看房子。五时一刻，回琉璃厂。

六时半，至邮局寄账单信，又至电局代编版部发电。七时归家。

三月十四日，星期日，晴

晨，六时起床。

七时半，往西北园访韦士霖兄，托进行椿树胡同上二条房子事。

八时半，到北海公园菩提学会访道悟（法光）和尚，交给供养僧衣款及金星墨水，并交唐居士《法相辞典》一部。

十时，到东四二条七号舒重则君家，与李培基君谈房子事。十二时归家。

午饭后，午睡至三时，往京厂与宣、王二君谈至五时半归。

夜，戴孝翁来谈公事，至八时半毕。

三月十五日，星期一，晴

晨，五时五十分起床。八时到琉璃厂。

耀华与定女今日往西郊彰化农场报到。

傍晚，六时归家后吃牛奶、饼干，即往中央电影院看《远离莫斯科的地方》。自六时半开演，至八时半毕。

三月十六日，星期二，晴

晨，五时五十分起床。七时一刻到琉璃厂。

今日忙于应付购房事。

傍晚，七时归家。

三妹曾来家夜饭。

三月十七日，星期三，晴

晨，五时五十分起床。

七时三刻，往背阴胡同西单房管所与沈亚秀向该所高同志商屋价。

十时，至东四二条七号与李培基谈屋事。十一时半，回琉璃厂。

下午，二时半同韦士霖兄往裘家街四号郑姓看房子，即归。

傍晚，六时归家。

三月十八日，星期四，阴，大风

晨，五时五十分起床。七时半到琉璃厂，在屋顶练拳。

下午，二时到西单房管所，系与韦士霖兄同去，讲背阴胡同 19 号房价。又同至大将胡同五号访沈亚秀君。谈至三时半，回琉璃厂。

参加部务会议。

傍晚，六时归家。

三妹来家宿。

永儿代购六时廿分中央演《瓦良格巡洋舰》的电影票，观后回家已十时一刻。

三月十九日，星期五，晴，大风

晨，五时五十分起床。七时半到琉璃厂，因风大未练拳。

傍晚回家后，又知永儿代购首都《革命的 1848 年》电影票。八时开演，回家已十时余。

三妹宿家中。

三月二十日，星期六，晴

晨，五时五十分起床。七时三刻到琉璃厂。

上午，十时往南池子房地产管理局接洽房产移转新机构事，未得要领。十一时归。

傍晚，六时至西长安街邮局寄六妹和穆华生兄转黄美中夫人汇款信。七时归家。

接沪函，为本月廿八日开股东会，要我去参加。决廿四日夜车去，因此写致儿女各信。

三月二十一日，星期日，晴

晨，六时起床。

八时，往头发胡同陈叔老家。谈至九时，往西北园13号访韦士霖兄，同至裘家街4号谈购屋事。

十时，到琉璃厂抄服务待遇建议。十二时回家。

午后午睡。三时，往京厂，途遇沈亚秀，同至京厂一谈。

四时，到戴孝翁家，谈至五时归。

往糜文溶兄家一走。

三妹今日九时一刻夜车赴沪。

三月二十二日，星期一，晴

晨，五时五十分起床。七时廿五分到琉璃厂练拳。

八时三刻，同陆廷珏兄往香炉营四条22号中国医药公司，同沈亚秀向王富美股长及李秘书谈背阴胡同19号房屋事。十时，往石碑胡同甲25号马姓看房子。十一时半回琉璃厂。

傍晚，六时归家。

三月二十三日，星期二，晴

晨，五时五十分起床。七时半到琉璃厂。

八时一刻，往背阴胡同办沈姓房子购买事。至十时，同沈姓至琉璃厂结账。

十一时，往垂露胡同访俞寰老，为报告筹备处情况及请其今晚赴总署开筹备会事。十二半回馆。

傍晚，归家后夜饭。六时半往总署，七时半到，开筹备会。会毕，搭寰老车回，至司法部街走，归已逾十时。

三月二十四日，星期三，晴

晨，六时十分起床。八时，到琉璃厂谈购房事。

九时，往背阴胡同房管所换取昨日成交购屋收据。十时回。

午饭后，往清华园洗澡。二时回馆。傍晚，六时归家。

夜饭后理行装。八时一刻，雇三轮往前门车站。永儿送我上641—15号软席下铺。九时15分车开，颇安适。

王泊如兄到车站来送。

俞明岳兄到车站来送行，谓本日他们会师（新来43人），甚圆满。嘱到沪时告潘达人君。

三月二十五日，星期四，晴，京沪车上

晨，四时起来大便，再睡至六时起身，七时半早点。十二时，买白饭一客。下午，四时买烧饼代夜饭。

车愈南行，天气渐热。

夜，十一时到浦口。过江后，二时余始开。

三月二十六日，星期五，晴，上海

晨，六时起身。

八时廿分到上海，公司沈季翁等众人来接。先回四维新邨。

十时半，往河南路谈新机构组织事。

中午，徐凤老请在松月楼午饭。

午后，同丁英翁往访菊老，又往傅翁家。四时，同傅翁至功德林参加董事会。

八时半归家。

三月二十七日，星期六，阴雨

晨，五时半起床。

六时出门。六时半，到觉园见清师。谈至七时半，往韦傅翁家早点，丁英翁亦来。共谈至九时半，至河南路开沪工作组座谈会，至十二时毕。

中午为公司请徐启堂、黄仲明、刘季康、曹冰严诸君在杏花楼午餐。三时归家。

季翁与戴孝翁来，同夜饭。

糜师母来电话。

三月二十八日，星期日，晴阴

晨，六时起床。

王雨楼、丁英桂、汤杰、胡省初、陈沅江、张鸿钧诸兄先后来谈。

十时，往康乐酒家晤唐泽林。彼于今晚去京。

十二时，到傅翁家午饭。饭后，再至康乐参加股东会，作"全面进入公私合营"的报告。今天到会股东很多，会场很拥挤。至六时毕，同穆华生兄雇车回家。

三、四妹来，我未晤面。

夜饭后，往百齐兄处一谈。九时半入睡。十时半，凤老突来电话，纠缠多时。再入睡，觉不易入眠，至后夜二时余始睡熟。

三月二十九日，星期一，晴

晨，六时起床。

六时半，季翁来电话，嘱九时去馆。

八时半，颂盘兄来谈。

九时，同颂盘兄往河南路，与凤老、季翁、孝翁谈董会推任问题。

十二时，往功德林与中华开海外课本联合编刊社会议。

二时，往姜姊家。

三时，乘九路车往衡山路至新闻出版局会谈，计公方汤继宏、沈静芷、华昌泗，我馆凤老、季翁、孝翁与我。谈至五时半毕。

同季翁至傅翁家夜饭。十时归家。

孝翁今晚乘十八次车赴京。

三月三十日，星期二，晴

晨，六时起床。汤杰来谈。

八时，往视费范九老居士。因他患胃出血，尚卧床也！

又至涂子英兄家，未遇。

往中央路华侨银行问蕴华，未找到。或在集友银行，拟明日再往。

到河南路，与汪久安等谈建帐事。

十二时半到家，麋师母、若露及四妹均在。饭后，福贵弟来谈。

下午，三时再往河南路谈“上海办事处”主持人问题。

五时半，同季、雄、英诸君至菊老家。归家已逾七时。

三月三十一日，星期三，晴

晨，六时起床。

七时，胡省初兄来谈。

八时，往访姚伯南兄。谈至九时，同望铣弟往裁缝铺改做衣服。十时，到河南路。

十二时，到松月楼承赵增祺、倪正和、郑克天、郑颂英、章伟川、陈三洲、卢秀清诸居士邀午饭。又公司各常客在同地点集会，至二时半毕。

三时到馆。

四时，往集友银行视蕴华。又往大新及大中华、华美等处购物。五时半归家。

夜，蕴华来。

四月

四月一日，星期四，雨，

晨，六时起床。

穆华生、张鸿钧两兄来谈。

八时，往金陵东路铁路营业所购买南京车票，明日 16 次车票已售完，不得已姑买 204 次车票一纸。又至八仙桥一转，九时半到河南路。

中午，在聚源斋吃面。

下午，二时同季翁往新闻出版局，与凤老同公方汤继宏、沈静芷、万启盈、华昌泗诸人谈话，至五时归家。

朱颂盘兄与陈少荪兄来夜饭。饭后，又有王雨楼、沈季湘、张雄飞、丁英桂、张鸿钧诸君先后来谈，八时余辞去。

为明晨拟早起，八时半即睡。

四月二日，星期五，晴，上海、南京

晨，一时即醒，二时起床，二时三刻动身，雇三轮车，三时半到北站。

16 次车票须四时半起发售。购得车票后，六时排队上车，再退回昨购 204 次车票。七时三分车开，下午一时 25 分到下关。即雇三轮车，二点半到悟女家。午饭后，与毓婿、悟女畅谈，小玲陪我至近处一转。

夜，八时半安息。

四月三日，星期六，雨，阴，南京

晨，五时起床。

七时，走往中山路乘一路公共汽车至夫子庙一转，见秦淮河淤污如故，夫子庙似更落。后又至太平路访王诚彰君，再与钟云蛟兄谈原分馆后部房子事。十二时，回广州路。

午饭后，悟女挈小玲陪我至下关轮渡码头过渡。二时半，到浦口车站上车，四时 25 分开车。六时半夜饭，七时半即睡。

四月四日，星期日，晴，北京

晨，五时起来大便，便后又睡，至六时半起来。七时，到餐车早点。天晴气爽。

下午，三时余到天津，天忽下雨。开赴北京，又转晴了。

五时五分到京站，归家已六时。

宣信予兄来谈。九时入睡。

四月五日，星期一，清明，晴

晨，五时半起床。七时半往琉璃厂。

八时半，往总署听萨空了副署长作传达周恩来总理的文教会议报告，至十一时三刻始毕。归家已十二时半。

下午，二时至馆。三时半，开筹备工作组会议。

六时半归家。

四月六日，星期二，雨，下午阴

晨，五时半起床。七时半到琉璃厂。

上午，到 199 号看房子二次，为工作小组办公之用。

傍晚，往叔老家报告沪行情况。七时半归家。

四月七日，星期三，晴

晨，五时半起床。七时半到琉璃厂。

下午，学习七届四中全会文件。

六时，往西长安街邮局领取望铣汇来款项。七时到家。

五妹来，住宿家中。

四月八日，星期四，晴

晨，五时半起床。七时，到琉璃厂练拳。

上午，十时往南湾子房地产管理局民产管理处谈房屋估价及领蓝图事。十二时回琉璃厂。

下午，参加编版部部务会议。七时归家。

四月九日，星期五，晴

晨，五时半起床。七时，到琉璃厂练拳。

午后，工作组正、副组长会议。

二时，往西单房管所询本日《北京日报》所载售房广告事，未得要领，即归。

三时，在 199 号开清股小组会，至五时毕。

俞明岳兄来谈，七时归家。

四月十日，星期六，晴，晨有小雨

晨，五时半起床。七时到琉璃厂。

十时，同孝翁往北柳巷号访孙如松兄，又与邹根泉夫人谈了一会。十一时回馆。

傍晚，六时归家。

夜，八时往首都看《奇异的种子》。十时归。

四月十一日，星期日，晴

晨，六时起床，做揩窗清洁工作。

八时，五妹夫妇来。

九时，往中央看《太阳照亮了红石沟》电影，至十一时十分始毕。

企棠来午饭。

午睡后，二时半往琉璃厂工作二小时，又剃头，五时归家。

五时半，往小中府六号糜辉家看若露，又至小六部口文溶兄家。七时归。

四月十二日，星期一，晴，66

晨，五时半起床。七时，到琉璃厂练拳。

午后，二时同士霖兄往包头章胡同21号，约邹君赴驴驹胡同房管所讲房价，直至四时半始回琉璃厂。七时归家。

四月十三日，星期二，晴，68

晨，五时半起床。七时，往琉璃厂练拳。

九时，同士霖兄往后孙公园一号与刘化民谈购屋屋价事。又往前孙公园16号核计修理房屋事。再往永光寺中路三号设计搭临时房屋事。十一时余回馆。

下午，三时半往珠市口工商联开清股动员全体职工大会。六时一刻毕，七时回家。

夜，许季芸君来谈。

四月十四日，星期三，阴，下午雨

晨，五时半起床。七时到琉璃厂。

下午学习。六时归家。

五妹因觉肚痛归来。

夜，同内子往中央看八时半起演的《雪中奇羊》电影。

四月十五日，星期四，晨雨，阴晴，夜雨

晨，五时半起床。七时，往琉璃厂练拳。

八时半，往京厂询问昨日起的清点工作情况。九时半回。

下午，一时半往出版总署听冯宾符讲时事报告，至五时半毕。归家已六时。

夜，韦士霖兄来谈。

四月十六日，星期五，雨

晨，五时半起床。七时，往琉璃厂。

下午，二时往农公家，再同往豆腐池胡同中央直属机关第三医院访李善棠君。四时，往南湾子房管局民产管理处取蓝图。五时，回琉璃厂。六时半归家。

夜，往首都看八时十分开演的《科学教育片展览第二组》。九时半看毕，归家。

四月十七日，星期六，晴

晨，五时半起床。

七时半，往总署听八时半起萨空了副署长所作慰劳人民解放军的报告，至十一时半毕。回琉璃厂午饭。

下午，六时归家。

夜，八时廿五分往中央看《西北大捷》影片。

四月十八日，星期日，晴，大风

晨，五时半起床。

七时，往琉璃厂打给沈季翁长途电话。八时半，往首都看《科学教育片展览第一组》。九时开始，至十时一刻毕，即归家。

午饭后，李善棠夫人来。

瑞和侄女来，塘侄来，均午饭后去。

中午，宣信予兄来谈。

四月十九日，星期一，晴

晨，五时半起床。七时，到琉璃厂练拳。

午饭时，接通上海长途电话，为询公积金事。

下午，先往清华池洗澡。二时余，往南湾子房管局民产处领蓝图。因人挤，归已逾五时。七时回家。

夜，祝甥来。又信予兄来谈。

四月二十日，星期二，晴

晨，五时半起床。

七时，先到孝翁家一转，为请勉之兄协助管理各处房屋修理事。

七时半，到琉璃厂练拳。

九时，同士霖兄往骡马市大街82号，又往前门区房管所一谈。十时半回馆。

约包头章胡同邹君来谈。

傍晚，六时归家。往首都看《科学教育影片展览第三组》，至八时毕，归家。

四月二十一日，星期三，晴

晨，五时一刻起床。

六时三刻，到琉璃厂草拟工作组第二次报告。

中午，往长安街邮局汇给韻甥款后，回家午饭。

下午，一时十分赴高教部听张健同志作学习《联共党史》第十章报告。六时归家。

夜，草北京工作组工作报告，至十时始入睡。

四月二十二日，星期四，晴

晨，五时半起床。

七时，到琉璃厂继续草拟工作报告。

接上海电，知凤老等廿四日动身来京。

午饭后，往包头章胡同与邹君谈，归途又至驴驹胡同宣武房管所一转。二时，回琉璃厂参加编版部部务会议。

傍晚，与俞明岳、潘达人两君通电话，知中华公股董事已发表，为黄洛峰、金灿然、沈静芷、狄超白及华东的汤季宏共五人云。

六时半归家。若露携小孩来，又善棠夫人及其三妹亦来。耀华为明晨其父施手术，来家住宿。

夜，草拟工作报告稿。

四月二十三日，星期五，晴

晨，五时半起床。

七时，到琉璃厂继续草拟工作报告。

下午，五时半归家。

夜，祝甥来谈。

四月二十四日，星期六，晴

晨，五时半起床。七时，到琉璃厂练拳。

十时，同戴孝翁应黄洛峰同志招，往出版总署谈话。自十一时起，至十二时止出署。回家途中，过中央电影院购明日下午四时半影票四张。

下午，二时到琉璃厂。六时归家。

耀华和他的三姑来宿家中。据称善棠亲翁昨日开刀，系胆结石，已割出云云。至为可喜！

四月二十五日，星期日，晴

晨，五时半起床。

七时，往中国旅行社招待所看房间，又往车站接沈季湘君。八时 26 分车到，程勉之兄亦在接，当同至招待所稍息。十时，到琉璃厂。十二时，往骡马市毛记饭店午饭，孝翁及信予、泊如二兄均来。

下午，一时半同季翁、孝翁先至叔老家。二时半，至招待所一转。三时，到寰老家。谈至四时归家，与内子、定女、永儿同赴中央看《斩断魔爪》电影。六时一刻归家。

耀华的三姑今晚赴济南。

四月二十六日，星期一，晴

晨，五时半起床。

七时，到琉璃厂先访季翁，又和梁涛然同志一谈。八时一刻，到车站接陈夙之、俞明时、郁厚培三君。八时 26 分准时到站，即陪同至招待所。九时半到馆。

中午，与季翁同膳。傍晚，径归家。

四月二十七日，星期二，晴

晨，五时半起床。

七时，到中国旅行社招待所陪夙之、明时、厚培三君至大栅栏吃早点。八时，到车站接徐凤石、汪寰清二君。又望铣弟代五妹所雇保姆亦到，即先伴回家中，再赴招待所。叔通、寰澄二先生已来。谈至十时半，回琉璃厂。

十二时半，同孝翁往中山公园来今雨轩中菜部午饭，各董事及沈季翁、信予兄均到。下午，四时始回琉璃厂。

五时半归家夜饭后，六时半往招待所伴同五董事。七时半，到总署举行座谈会。黄洛峰、沈静芷、汤季宏、武剑西、梁涛然、华昌泗均出席。归家已逾十时。

四月二十八日，星期三，晴，傍晚微雨

晨，五时半起床。

六时半，到西河沿访孝翁，为七时半须开工作会议事。

七时十分到琉璃厂，工作组开至八时半止。同孝翁往出版总署参加筹备处会议，至十一时半止。同袁翰青、戴孝侯、沈季湘、俞明时、郁厚培诸君至森隆午饭。饭后，回琉璃厂。

下午，拟筹备会记录稿及清理组工作简则。

四月二十九日，星期四，晴

晨，五时一刻起床。

六时半，往中国旅行社招待所，徐凤老已赴叔老家。乃于七时半至琉璃厂。

下午，二时半搭武司长汽车至高教部开高教部第一次董事会议。至七时始毕，即至八面槽萃华楼夜饭，归家已逾九时。

四月三十日，星期五，雨

晨，五时廿分起床。七时，到琉璃厂。

午饭后，回家增加衣服。一时半，再至琉璃厂一转。二时，到师范大学礼堂开高等教育出版社成立大会。至五时毕，回琉璃厂。六时归家。

总署取来观礼券八张。除沪来董事五人及沈季翁、戴孝翁外，余亦得一张，明日可去观礼。

耀华来宿家中。

五月

五月一日，星期六，晴

晨，六时起床。

永儿、耀华为参加游行，于四时余起床，五时余外出。

八时，约信予同步行至西交民巷中国旅行社招待所。九时，到天安门观礼右台。十时正，毛主席到，开始举行纪念会并游行，至一时半毕。二时归家。

美韶来，夜饭后去。

五月二日，星期日，阴晴，午后有微雨

晨，五时一刻起床。

七时，到琉璃厂理清估房地产帐。

八时半，往北柳巷六号与如松、根泉二兄谈会计事。九时半，往永光寺三号看新造房子。又至公垂兄家，遇顾寿白君一谈。

十一时，到招待所看凤老。十二时归家。

下午，十二时半同内子往鲜鱼口大众剧场看京剧，是高教、财经两出版社的联欢会。做《问樵闹府》《贵妃醉酒》《挑华车》三只，似乎不很合我的兴趣。

五时戏毕，往邮局取娟姑寄来干菜邮包。五时半即归。

企棠来，夜饭后去。

五月三日，星期一，晴

晨，五时一刻起床。七时，到琉璃厂练拳。

下午一时，同沈季翁应沈静芷同志招约往谈话，为我二人不肯做清理组的私股董事代表事。三时半，回琉璃厂。

六时半，往清华园同永儿去洗澡。

八时，到招待所。因凤老未来，九时归家夜饭。万国钧、宣信予二君来谈。十时，再往招待所与凤老一谈。归家已十一时矣！

五月四日，星期二，晴

晨，五时一刻起床。

六时半，往车站送陈夙之、汪寰清二君乘七时38分开15次车赴沪。八时，回琉璃厂。十时，举行清理资产组会议。

下午，五时半归家。六时，同沈季翁往郑振铎君家。谈至七时半，往招待所。八时半，同季翁、寰老等陪徐凤翁赴车站，送他乘九时15分车返沪。汤季宏同志亦同行。乘寰老[1]回家，已九时半。

五月五日，星期三，晴

晨，五时一刻起床。七时一刻到琉璃厂。

同沈季翁往陈叔老家，途遇俞明翁与郁仲翁，遂同入内。俞、郁先辞出，我和季翁同叔老谈至八时半辞出。九时，至琉璃厂。

下午，举行第一次社务会议。

六时，至邮局寄娟侄女信，汇去四万元。

夜，八时半赴车站送俞、郁二君乘九时15分17次车南下。归已十时。

五月六日，星期四，晴，立夏

晨，五时一刻起床。六时三刻，到琉璃厂练了一套拳。

下午，四时同唐泽霖、陆廷珏二君往后孙公园、前孙公园、臧家桥、梁家园、包头章胡同、南堂子胡同等六处看新购房子。五时，回琉璃厂。

七时归家。八时半，往车站送沈季翁乘九时15分17次车赴沪。归已近十时。

五月七日，星期五，晴

晨，五时一刻起床。

七时，同宣信予兄往出版总署应沈静芷同志约谈。八时四十分辞出，至中华与潘达人君谈至十时，回琉璃厂。

傍晚，六时归家。

---

[1] 此处疑漏“车”字。

夜,八时至首都看《鞍钢在建设中》电影。归已十时。

五月八日,星期六,晴

晨,五时一刻起床。六时半,往琉璃厂自练太极拳一套。

下午,开全体职工大会,宣布职务名单。

五时,同纪昌、药元林、唐泽霖、韦士霖诸人至后孙公园及前孙公园看房子。傍晚,为赴广州购车票事,以长途电话和沈季翁联系。八时归家。

八时半,往中央看《人民心一条》电影。耀华同去。

五月九日,星期日,晴

晨,五时半起床。七时,到琉璃厂敲门未应,乃往永光寺中街三号访朱公垂兄,并看所搭临时房屋。八时,再到琉璃厂与陆廷珏、韦士霖诸君商楼下隔间事。

十时,至首都电影院看《父子劳模》电影,至十一时三刻毕。

午饭后,宣信予兄夫妇来,与内子同往包头章胡同 21 号看房子,又至梁家园看房子。四时归家。

五月十日,星期一,晴

晨,五时一刻起床。

六时半,到琉璃厂自练拳后,即草拟处理港厂建议。

下午,一时往西总布胡同 7 号财经社访潘达人君,再同潘君与俞明岳君往侨委会访李铁民、洪丝丝、陈松茂诸君,谈印尼用中版书事。四时半,回琉璃厂。

六时,回家夜饭后,再往西总布胡同约孝翁与俞、潘二君及陆高谊君谈海外编刊社事。归已十时。

五月十一日,星期二,晴,76

晨,五时起床。

六时,到琉璃厂写港厂处理初步建议,至九时半始写毕。

十时,开工作组会议,至十二时尚未完。

午饭后,往与苏继庼君一谈,因彼昨晚来我家未遇也。又和梁涛然同志谈至二时。接沪电,知代定妥十七日赴穗车票,乃决定于十四晚乘 17 次车赴沪。

七时,往前门邮局取荫翁汇来款及寄致张子宏信。

五月十二日，星期三，晴

晨，五时起床。六时半到琉璃厂。

七时起，为清估时会谈。

上午，办公室移楼下。

午后，一时开筹备工作组会议，至二时毕。

未往高教部听报告。向人民银行换取公债券，又剃头，携带毯子回家一转。往黄城根15号何希秀处送荫翁汇来款（第四次）。又至东单市场备给锦女等的小刀、徽章等。归家已六时。

五月十三日，星期四，晴

晨，五时起床。

七时半，往头发胡同33号访陈叔老，谈赴穗事。八时，回琉璃厂。

傍晚，六时半归家。

王泊如兄来，夜饭后去。送来糕饼两盒，固辞不获，殊为多事。

夜，宣信予、万国钧两君来谈。万君托带沪物一包。

五月十四日，星期五，晴

晨，四时余耀华来碰门，说从医院来，五妹已于十二时后分娩，产一男孩，因骨盆小用手术取出云云。

五时起床。

七时半出门，往国际书店。自八时起，与邵公文同志谈广州办事处事，至十时回琉璃厂。

午饭后，往西总布胡同七号访潘达人君，谈至四时余始回琉璃厂。

为各方接洽很忙，至七时余始归家。理行装及夜饭，洗身洗脚、更衣毕，至八时半由永儿陪至车站，上软席卧铺车。潘达人、俞明岳二君来送。九时15分车开，十时入睡。

五月十五日，星期六，阴，傍晚有雨

在京沪车上。

晨，四时半起来大便。

七时半早餐，十一时半午餐，七时午餐。

因系上铺，光线不够看书，有些不方便，其余都很好。

五月十六日，星期日，上海

晨，一时余火车过江到下关。寄给陆廷珏信。

五时，起床大便。

车近常州时，突然停车。闻曾轧死一人。

八时25分到上海，季翁、雄翁、英翁、华翁及通舟、沅江等诸兄均来迎也！三妹亦来。三妹到办事处去取衣服，我同沅江兄乘三轮归家，将带来重件托沅江兄取回。

源侄及韦傅翁来，午饭后同傅翁出去。余至功德林与季翁等商谈至五时，往姜姊家一转。六时，回功德林开海外课本联合编刊社会，至夜饭后八时毕，步行归家，已近九时。陆高谊君先于午前来家一谈。

五月十七日，星期一

晨，四时半起床，五时半早餐。见仲扆夫妇来，系与其父打交道。

六时半，往朱颂盘兄家一谈。

八时半，往晤菊老。九时，往晤凤老。十时半，到河南路沪处。

十一时半，归家午饭。饭后，由穆华生兄陪同至北车站已一时半，登沪粤27次通车，二时零一分开。

沈季翁、俞明翁、朱通舟诸兄均来送行。

下午，六时到杭州。德基应约来谈，至开车始去。

夜，七时在车上夜饭。八时半入睡，尚舒适。夜间还有些凉意。

五月十八日，星期二，阴晴

晨，五时半起床大便。六时半早餐。

车入江西境内，逐渐加热。入湖南境更甚。

十二时一刻午饭。下午，七时夜饭。

同车有一军官，系四野的，知道国范[1]，在衡阳下车。

---

〔1〕“范”当为“璠”。

前半夜热甚，后半夜稍凉。

五月十九日，星期三，晴，广州

晨，五时起床大便。天尚未大明。

过韶关时下车一走，尚系六年前境况相似（当然，实质一定变更很多）。

六时半早餐。

十一时五十一分准时到广州。凃子英、丁宝森二兄来接，当至新华饭店，因已开205号房间。又至江浙饭店午饭。饭后，同英兄至越华路小车营二号秉翁家，约同秉翁找到杨明同志，谈约港子翁等晤面事。今日各机关学习，须明日始可决定。又同英翁至惠爱南路175号打香港子翁的长途电话，极模糊。五时，回越华路，即在秉翁家洗澡、夜饭、住宿。

五月二十日，星期四，晴

晨，五时廿分起床。

六时，往中央公园一走。在广隆街吃豆脑、面包。七时，回越华路。

八时，英翁来，同往新闻出版处访陈仲达同志。谈至九时，往穗厂（泰康路、回龙路37号）参观，晤黄玲、蓝伟同志及访港来各旧同人。

十时，往中行访张启明，据已调深圳办事。又问吕越祥，据在东山中行宿舍办事云云。

十一时半，回越华路午饭。饭后，同英翁往长堤电信局打至香港子翁长途电话，不十分钟即通，且比昨清楚。三时，回越华路再写致子翁信，往广大路邮局寄出。

夜，子英兄来谈，九时始去。

五月二十一日，星期五，晴

晨，五时起床。六时，往中央公园，听到中央电台新闻广播。八时，回越华路。

丁英翁来，同往新闻出版处见陈仲达同志后，九时三刻往工业局开广州印刷厂管委会。十二时毕，同全体出席、列席人员至上海饭店午饭。

下午，往太平中路169号访周有祉君，邀至新亚茶叙。

三时半,到新华酒店访英翁,知子翁已有长途电话来也!

五时,往新华访杨明同志。五时半,回越华路。

夜,写致应女一信。

五月二十二日,星期六,上午晴,下午雨

晨,五时一刻起床。六时半,往中央公园听广播新闻。

七时,往新华酒店访丁英翁,同至电信局致香港张子宏君电话。又电话杨明同志,告以子翁不能提前赴澳情况。

八时三刻,再同英翁至广州印刷厂,与黄玲厂长谈关涉凃、余两君及港来同人劳资关系事。

十一时半,往太平中路大丰公司访周有祉君,承邀至菜根香午饭。饭后,游六榕寺中山纪念堂、观音山博物馆等地。遇雨,即回越华路,亦已逾五时矣!

夜,戴芳梓君来谈。

今日接张子翁二十日发来信。

五月二十三日,星期日,雨

晨,五时半起床。终日未出门。

上午,余维海、戴芳梓来谈。

草参加穗厂管委会报告。

下午,英翁来,约同秉翁传达"广州办事处"及"印尼课本"两事,备徐礼川君来穗时使英翁可以先谈。

又凃子英兄来谈他的要求调京事,似于他思想上尚有相当距离。

今日,李儒修、沈永椿、陈子容诸君先后来谈。

五月二十四日,星期一,晴

晨,五时一刻起床。

抄缮《参加广州印刷管委会情况报告》,又致梁涛然同志、戴孝翁及沈季翁信。

九时,至广大路邮局电话丁英翁,知已离新华酒店。再电穗厂,请其转告。

十时,往人民公园一转。

十一时,回越华路,丁英翁已先在。

下午，未出外。

接张子翁廿二日发来信。

五月二十五日，星期二，晴

晨，五时起床。

六时出外，先至中央公园并吃早点。

八时，到新华访杨明同志，谈至十时，取赴澳通行证，回越华路一转。乘七路公共汽车往新华酒店535号，约同英翁至广中汽车公司，购明晨赴澳车票二张。又至中国银行购港币六元。十二时，回越华路午饭。

下午，丁宝森君来电话，知今晚有五人来访，余当允之。夜来者为梁仰坡、关掷大、陈安庆、庞培生、卢汉生、丁宝森、邵国龄六人。丁英翁、涂子翁亦在座，谈至十时余始去。

五月二十六日，星期三，晴，在澳门

晨，五时起床。

七时，到菜根香早点，并购路菜。

八时，到新堤广中公司。丁英翁来送行。

八时半，同杨明同志乘车出发。下午，四时到拱北，沿途过河八道，相当周折（换车四部）。

到埠时，被方、马、陈、许诸流氓所缠，损失港币三十元，也是一个经验教训（给我名片为"通商新街51号，徐谒乐，电话3228"）。

到草堆街53号大华书店叶庆奎君处。同至中央酒店，适遇访翁来，当开311号房间。又同黄、杨二君至味雅夜饭。饭后，至海边散步。

夜，与访翁谈一小时。十时始睡。

五月二十七日，星期四，晴

晨，五时起床。

七时，往本酒店柜上探询港来客人，知吴叔同已到，住九楼。当同黄访书、杨明二君往访，知已出外，留言九时可归。我们也外出早点。

九时半，吴叔同君来，会同黄、杨两君长谈至十二时，同往味雅午饭。

下午，再至 920 号房访吴叔同君，谈至三时，又至访书房谈一小时。港张子宏君有电来催归，惟不知所催是叔同抑访书耳？

七时，再同访书、杨明至味雅夜饭。

杨明今日移至星光书店林君处住宿。

访书十时离酒店，乘德生轮赴港。

叔同又来，谈至十二时，亦去乘德生轮赴港。

五月二十八日，星期五，晴

晨，六时起床。

九时，杨明来，同往白鸽巢公园一游。中午，同至味雅午饭。

下午，睡至二时，黄荫普君忽自港来，谈至四时。

傍晚，同杨、黄二君至味雅夜饭。饭后，同至海边一走。

夜，荫普续谈至十一时。彼乘夜轮返港。

五月二十九日，星期六，晴

晨，六时起床。

七时余，子宏自港到。略谈后，同往外早点。

九时，杨明来。谈至十二时，同往味雅午饭。饭后，子宏长途电话给沾卿，许工友来澳。

下午，同子宏兄单独长谈。

六时，同杨明、子宏二君再往味雅夜饭。饭后，在海滨散步。同子宏兄至大诚书局访黄君。九时，回中央酒店。

杨明拟明晨乘车返穗。我因港工友须来，不克同行。

五月三十日，星期日，晴阴

晨，六时起床。

八时，同子宏兄出外早点。

十时，港工会代表黄绍华、林满堂、郑持平三君来，谈至十二时。

中午，先同子宏兄将国际的大字典二部送至板樟堂街显光书店林君收，托于接得许可证后代带入穗。再至味雅午饭。

下午，与黄绍华等续谈。

夜，同子宏兄再至味雅夜饭。饭后，往草堆街53号A大华书店叶庆奎君处辞行，并谈为华商出版社挂牌事。

黄绍华等十时又来，谈至十一时，同子宏兄动身乘轮返港。

五月三十一日，星期一，晨雨，澳穗途中多雨

晨，五时起床。

七时半（澳门时间为八时半），往广中公司车站购票。至八时一刻开车，过拱北关时经过检查手续，至十时始换乘拱北内行车。

在验关时，注射霍乱防疫针。

沿途景物依旧，过河八次仍感费力。天气时晴时雨，似已入霉。下午，五时半始到广州，当至新华酒店开240号房间，至江浙饭店吃客饭。至越华路晤秉翁，知英翁来接未遇，曾代在新华开535号房间云。

候至八时，英翁未归，乃回新华洗澡，安睡。535房间退掉，未受损失。

六月

六月一日，星期二，阴雨，广州

晨，五时起床，吃在澳所购面包作早点。

七时外出，往越华路晤丁英翁。谈至九时，同往新闻出版处陈仲达同志处。彼因无暇，约下午二时半谈。当回至小东营，写致永儿信。

在秉翁家午饭后，同英翁再往新闻出版处。因陈仲达同志仍在开会，改约四时谈话，乃至工业局访谢志强科长。谈至四时，再至新闻出版处，与陈仲达处长谈至六时。回小东营夜饭后，再同英翁至广州印刷厂，与黄玲同志谈至八时。又同英翁与涂子英兄先后至戴芳梓、余维海家及子英兄与丁宝森兄住处，看到丁君夫人陈淑庄似身体还好，女孩已四岁，颇聪明。回新华酒店，已十时矣！

六月二日，星期三，晴

晨，五时起床。写致张子宏君信及记日记。

八时，往大丰访周有祉君，同至新亚早点。

十时,原约徐礼川君等在新华儿童部楼上谈话,准时前往。据秉桓兄言,因他们讨论总结,须改在下午二时。

到新民路访杨明君,取托代收沪来挂号信,即回小东营。

午饭后,同丁英翁往西濠口,再往东车站买赴上饶车票。因排队人多,托英翁候购,我至新华儿童部楼上谈广州办事处事。会谈者有杨明、黄秉桓、徐礼川、伍景文诸人。谈至四时半,同秉翁回小东营。

英翁至六时始归。知购票颇周折,费力不少,至为可感!

在秉翁家夜饭后,同周有祉君往文物馆游览,又至沙面乘夜船,直至十时半始回新华酒店。洗澡、入睡,已近十二时矣!

六月三日,星期四,晴

晨,六时起床,整理行李,结算旅帐。

七时半出外时,周有祉兄来,承邀至菜根香早点。八时半回小东营。

九时起,与丁英翁、黄秉翁约徐礼川兄谈话,至十二时毕。

午饭后,至街购面包、李子等物。四时,离小东营,同丁英翁往东车站。来送行者为丁英桂、黄秉桓、徐礼川父女、涂传杰、周有祉、丁宝森、方炳南诸君。

28 次车于五时零五分开。

万籁鸣君由港来,同车赴沪。

六月四日,星期五,晨晴,过株洲雨

晨,五时起床大便。

六时早点,吃粥、面包、牛奶。

在衡阳寄致北京梁涛然同志信。

中午吃白饭,以菜根香素腿下饭。夜,仅吃素腿,因觉不易投胃也!

六月五日,端午节,星期六,阴雨,南丰

晨,0 时 46 分车到上饶。当雇人提行李,步行至公共汽车站,知须五时开始登记。至二时左右,上海车到,来站者突然增加。至五时登记,余为第一人,当即购得第三次车第九号座位。吃豆腐、油条后,于五时四十分上车,五十五分开车。

下午，在中途因第二次车车坏助修，停了近二小时。到南丰已八时，领行李及雇人挑至疗养院，找到六女。院中招待周到。夜饭后，洗身入睡，已十时半矣！

六月六日，星期日，大雨，在南丰

晨，五时起床。

七时半，往公共汽车站。据须下午二时半卖上饶票，即回医院。

下午，二时再到汽车站购得上饶票，并做行李。

锦女送早、午、晚餐，畅谈，下午并同拍照。夜饭后，再至锦女房间谈。

夜，九时睡。

六月七日，星期一，雨，下午晴，上饶

晨，三时起床。锦女来送行。四时，出门到汽车站，五时开车。

七时，到建瓯。

九时，到建阳。

十一时，到崇安午饭。

下午，二时余过车盘镇，均休息。

下午，三时十分到上饶。当领行李至车站，购赴杭卧铺票。四时四十分上车。

六月八日，星期二，雨，余姚

晨，四时起床。五时四分到杭州，乘公共汽车至湖滨，到长途车站购赴姚车票。七时半上车，下午二时到余姚。

当至李姊家，再到义井巷找兄嫂等。在六哥家夜饭。饭后，至李姊家宿，睡已十时。

六月九日，星期三，雨

晨，五时起床。早晨吃面后，于六时往汽车站购至周行票。于七时四十分开车，至周东站下车，步行至驿亭路见岳母及二舅嫂。

午饭后，一时余由云青兄陪同至三角站乘车，于三时一刻回到余姚。

当至中行访平甫，取代购车票。再过正心堂，晤渠侄。又至义井巷，谈至六时,到李宅夜饭。

少桓哥、瑜哥及平甫先后来谈。睡已十时余。

六月十日,星期四,晨雨,嗣即晴

晨,五时起床。

早点后,闲谈至七时半,赴汽车站。济渠来送。

八时半开车,下午二时到杭州城站。

往新华书店视德基,再同往达成汽车材料厂视美钟。又与德基同至素香斋夜饭。饭后,至城站乘六时二分车赴沪。

美钟来送行,并送来茶叶等。

夜,十时卅八分到上海,归家已逾十一时。

各地公共汽车小统计

区间	公里	约几小时	客票价	备注
穗—澳	147	$7\frac{1}{2}$	60500	
饶—廷	310	12	123300	
杭—余	127	6	38700	
余—周	15	40分钟	4500	

以上所记时间连中途停顿(如吃饭、休息及过渡等)在内。

六月十一日,星期五,晴,夜雨,上海

晨,五时起床。黄仲明兄来谈。

八时,至韦傅翁家。九时半,到河南路,与沈季翁谈至十二时。

中午,至姜姊家午饭。

下午,二时到菊公家一谈。三时,到河南路开会。至五时归家。

渊侄、颂盘兄、姜姊共坚侄及三、四妹均来。三、四妹共同夜饭,均谈至九时去。

六月十二日,星期六,晨雨,嗣晴,夜又有雨

晨,五时起床,整理行装。

七时半，往访扆哥。谈至八时半，往南华新邨访张姊。谈至九时半，往金刚道场谒清定上师，见到郑克天、王培赓、顾康年诸君。十一时，往访郁厚培君。

十二时，至百货公司购物，又至春风得意松月楼吃面。一时余，至河南中路接洽公事。四时半，至康绥公寓十一号托张启麟带给华姑蜂蜜二瓶。归家理行李。

夜饭后，鸿钧兄来。又往视余伯贤居士，谈一小时。十时，雇车往北站。陈沅江来送。十一时37分开车。

六月十三日，星期日，沿途时晴时雨，渐热

晨，五时起床大便。

终日在京沪车中，颇感舒适。

早餐吃牛奶及粥，中午[1]饭各购白饭。

夜，九时睡。

六月十四日，星期一，晴，夜雨，北京

晨，五时起床大便。

九时三十三分，火车到北京车站，当即至新簾子胡同20号家中。

下午，午睡后陆廷珏兄来谈。

二时半，到琉璃厂。

傍晚，往车站取行李。归已八时。

六月十五日，星期二，晴

晨，五时起床。六时到琉璃厂。

上午，潘达人君来谈。又俞寰老每逢星期二、六上午来社。

傍晚，往陈叔老家。归已八时。

六月十六日，星期三，晴

晨，五时起床。六时到琉璃厂。

七时，长途电话致沈季湘君，询杨明接洽广州办事处事。

中午，归家午饭。李耀华来接五妹和小孩、丁妈一并前往。

---

〔1〕“午”疑为“晚”字。

傍晚，七时归家。

六月十七日，星期四，晴

晨，四时半起床。

六时，到琉璃厂做南行工作报告。

午饭后，睡至二时一刻，在家做完工作报告。四时到琉璃厂。

六时，归家夜饭。七时，同内子、永儿往长安戏院看《在时代的列车上》话剧。归已十一时半。

六月十八日，星期五，晨雨，嗣晴

晨，五时半起床。六时半往琉璃厂。

拟致张子宏、黄访书、陈云卿诸君信。

傍晚，六时半归家。

夜饭后，为内子服药后不舒服，往三共医院询问。

又往戴孝翁家访杨守仁君，谈至九时归家。

六月十九日，星期六，晴

晨，四时三刻起床。六时半到琉璃厂。

七时半，到高教部听杨秀峰副部长作宪法草案报告。八时半毕，九时到琉璃厂。

午后，三时到高教部听张健同志作《联共党史》第十章讲课。六时毕，六时半归家。

夜饭后，同内子、永儿往青年宫看《法西斯细菌》话剧，十一时毕。归家已近十二时。

六月二十日，星期日，晴

晨，五时半起床。

七时，往朱皎翁家。再同皎翁往访李少田君，又同至天坛游玩。归家已十二时半。知杜企棠已来过，永儿赴西郊彰化农场，塘侄尚在，略谈姚事。

下午，同内子往中央看二点20分开演的电影《自然之子》，即《野姑娘》。

四时，往垂露胡同访俞寰老，未遇。又往访郭农山君，谈至五时半归家。

六月二十一日，星期一，晴

晨，五时起床。六时半，到琉璃厂练拳。

中午，回家午饭后，二时往俞寰老家。谈至三时，至琉璃厂。傍晚，同永儿到清华池洗澡。八时归家。

夜，往糜文溶兄家一谈。

上午，张蔚岑兄为修屋事自济南来。

六月二十二日，星期二，晴

晨，五时起床。六时半，到琉璃厂练拳。

上午，开清理组会议。

下午，四时同唐泽霖、陆廷珏二兄至潘家河沿32号看房子。

六时半，往中央看闽南傀儡戏电影。八时廿分归家。

六月二十三日，星期三，上午阴，下午雨

晨，五时起床。六时半到琉璃厂。

下午学习，阅读《联共党史》第十章。

傍晚，七时到家。

六月二十四日，星期四，雨

晨，五时起床。因雨大稍迟出门，至七时始到琉璃厂。

上午，十时余邵公文同志来。谈至十二时，即搭他的汽车归家。

下午，二时半到公司。傍晚，七时归家。

据韦士霖兄言，前分馆同人张仲良君病故，身后萧条云云。闻之怅然！

六月二十五日，星期五，晴

晨，五时起床。六时半，到琉璃厂练拳。

中午，回家午饭。

傍晚，六时半归家。

今日购得《斯大林全集》第九卷一本，计价一万五千元。

夜，万国钧来谈。据其家眷将于下月中旬由沪来京云。

六月二十六日，星期六，晴

晨，五时起床。六时半，到琉璃厂练拳。

中午回家。五妹同丁妈挈美强回家。据拟傍晚回家。

下午，业务学习。

六时剃头，七时到家。

濂侄来。知萃芳小产，现住北大医院妇科 114 号房。

六月二十七日，星期日，上午阴，下午雨

晨，五时半起床。

七时，同内子往北海公园，塘侄已雇划船等候。至九时，同内子往平安里转祖家街看房子。十时半归家。

塘侄来，午饭后去。

下午，三时同永儿往包头章胡同看房子。四时半归家。

夜，写致周有祉、詠霓表妹、悟女、应女、锦女等信。

六月二十八日，星期一，阴雨

晨，五时起床。六时半到琉璃厂，未练拳。

中午，归家午餐。

傍晚，为陆廷珏兄明晨南返，迟至八时始归。

夜，许季翁来谈。

六月二十九日，星期二，晴

晨，五时起床。六时半，到琉璃厂练拳。

今日内子往协和医院看皮肤病。

中午，回家吃面。

夜，祝甥来谈。

六月三十日，星期三，晴

晨，五时起床。六时半到琉璃厂，未练拳。

十时，往西总布胡同访潘达人君。谈至十二时，归家午饭。

下午学习，讨论《联共布党史》第十章。

傍晚，六时半归家。

七月

七月一日，星期四，昨夜雨，日间晴，夜又雨

晨，五时起床。六时半到琉璃厂。

中午，回家午饭。

下午，二时半往永光寺三号看张幸康君。因伊发热，已六日尚未退。

傍晚归家。同内子、永儿往中央看《光荣的创造》电影。八时一刻归。天雨，衣、履湿。

七月二日，星期五，晴，夜雨

晨，五时十分起床。

七时出门。先至前门购公共汽车月票。八时，到财经出版社举行海外课本联合编刊社社务委员会，至十时毕。同该社沈同志往西单灵境胡同、新建胡同看房子。十二时归家。

下午，午睡后在家做六月份工作报告。四时到琉璃厂。七时归家。

今日较热，有82度(室内)。

七月三日，星期六，阴晴

晨，五时起床。六时半到琉璃厂。

十时半，往高教部听读电报。十二时归家。

下午，业务学习，阅读文件。

傍晚，六时半归家。夜饭后，往鲍家街俄专参加周右泉、孟韵怡结婚。九时，辞出归家。

五妹夫妇挈金星来家。

七月四日，星期日，晴

晨，五时起床。

七时半，韦士霖兄来。八时，同内子往唐慕汾居士家。归途至东单商场稻香春购素菜，未得。至新华书店一转。十一时半归家。

下午,往旧簾子胡同47号访沈养义君。据两日前因公赴沪,未遇。

夜,糜文溶兄来谈。

西北角小间移让给姜伟、王守茂居住。

七月五日,星期一,晴,下午雨

晨,五时起床。六时半到琉璃厂。

上午,为上海印刷厂厂长李筱亭、会计股长叶祖崧来谈公事,与梁涛然、唐泽霖、戴孝侯、宣信予、王汉英诸君会谈。中午,在天聚兴午饭。除上列各人外,有俞寰澄、王泊如、朱公垂诸君。饭后,归家已一时半,略睡。二时半到社。

傍晚,七时径归家。

夜,准备明日总结报告稿。

七月六日,星期二,晴

晨,五时起床。六时半到琉璃厂。

八时,开经理部全体干部会议,作总结报告,至九时半毕。

傍晚,六时半归家。

夜,准备总结稿。

七月七日,星期三,晴,中午大雨

晨,五时起床。六时半,到琉璃厂练拳。

七时半,同韦士霖、张贵荣、朱通舟、赵玉涵诸君往正阳门大街41号看存书情况。九时回。

中午大雨。十二时半到家。

下午,三时至高教部听艾大炎司长作学习、讨论宪法草案报告。六时归家。

夜,宣信予兄来谈。又拟总结要点,至十二时始毕。

杨鸣生、梁明铨两君自沪来。

七月八日,星期四,晴,夜雨

晨,五时起床。六时半到琉璃厂。

中午,回家午饭。

傍晚,六时半归家。

夜、吴度均、计宜初二兄伴梁明铨、祝鸿仪二君来谈。

七月九日，星期五，阴，夜雨

晨，五时起床。六时半到琉璃厂。

上午，开社务会议。

下午，开上海办事处杨鸣生、梁明铨二君及总署沈俊元与杨君参加的财务会议。

傍晚，六时半开欢送苏继庼君养老退休会，至八时半散。九时归家。

七月十日，星期六，雨，阴

晨，五时起床。六时半到琉璃厂。

上午，续开财务会议。

下午，业务学习。

傍晚，六时半归家。

夜，同内子、永儿往中央看《胜利在明天》电影。八时35分开，十时一刻毕。

七月十一日，星期日，晴雨不一

晨，五时半起床。

八时，同内子、永儿往包头章胡同21号看房子。九时半，至琉璃厂处理未了事。

十二时回家。塘侄来午饭，谓济元来信，珍哥于六月廿七日作古。至为悼念！

下午，再往琉璃厂理未了事。六时三刻归家。

夜，七时三刻同内子先至首都购得明晚六时半的电影票。再同至许季翁家，谈至九时回。

七月十二日，星期一，雨，阴

晨，五时起床。六时半到琉璃厂。

上午，继续举行社务会议，至十二时始毕。

傍晚，径往首都看六时半开演的苏联科学片《宇宙》。归已八时。

七月十三日,星期二,阴晴

晨,五时起床。六时半,到琉璃厂练拳。

七时半,往陈叔老家,带去《三家画集》30册、《陶遗墨迹》二册,计一包,系上海带来。又为清理预约书事,谈至八时半归。

傍晚,七时归家。向和平门合作社购煤球60个,每个400元算。

夜,祝甥来。据美术厂工作已了,定十六日回沪云。

七月十四日,星期三,晴雨不一

晨,五时起床。六时半,到琉璃厂练拳。

十一时,正、副社长约谈我的南行报告总署批回情况。

下午,听药元林同志传达陶希晋为宪法草案的报告。四时起讨论,至六时毕。六时半归家。

夜,万国钧君来谈,目的仍为房子事。

七月十五日,星期四,晴

晨,五时起床。六时半,到琉璃厂练拳。

下午,三时到前门区政府,由高区长谈话,询问卫生清洁情况,要求在本月底前做好环境清洁卫生工作。到者为京华、中华、荣宝斋等共七家。五时,回琉璃厂。

今日,武社长传达钱俊瑞《苏联人民生活状况》的报告。报告毕,由我约略报告高区长的谈话。

七时归家。

七月十六日,星期五,晴,下午雨

晨,五时起床。六时半,到琉璃厂练拳。

上午,开社务会议。

下午,二时半到高教部听读报告(关于铁道部人民监察局事)。三时半毕,返琉璃厂。四时廿分大扫除,六时毕。七时半,举行学习讨论会。九时毕,归家。

七月十七日,星期六,晴

晨,五时半起床。六时三刻,到琉璃厂练拳。

上午，九时开会计会议结束。

中午，到毛记午饭。请杨鸣生、梁明铨及总署沈俊元、杨堂，又梁涛然、唐泽霖、黄维汉、孙如松、王泊如等。

下午，一时半到家，二时半到琉璃厂。因阅公文，未曾阅读业务学习参考书。

五妹夫妇及美强、丁妈来城。

傍晚，往首都看六点半开演的《钦差大臣》电影。

七月十八日，星期日，晴

晨，五时起床。

八时，到琉璃厂拟新港函件。十二时回家。下午，二时半再往。至五时，赴东皇城根35号访何希秀女士，归途至东安市场买素菜。六时半到家。

信予兄来谈。

七月十九日，星期一，晴，傍晚雨

晨，五时起床。

五妹六时挈美强赴农场。

六时半，到琉璃厂练拳。

傍晚，写致瑜哥信，为慰问珍哥仙逝事。七时归家。

七月二十日，星期二，雨

晨，五时起床。六时半，到琉璃厂练拳。

傍晚，六时半归家。

士霖兄夜来谈。

七月二十一日，星期三，晴

晨，五时起床。六时半，到琉璃厂练拳。

下午，二时半听唐泽霖同志传达齐燕铭关于宪法草案的报告。

四时，梁涛然同志传达柯柏年关于日内瓦会议的报告，至六时十分毕。

六时半归家。信予兄来谈。

夜，同内子、永儿往中山公园看昙花。九时余归。

七月二十二日,星期四,雨

晨,五时起床。六时半到琉璃厂。

下午,五时往正阳门大街41号看周以新等整理旧存书成绩。六时回家。

夜饭后,同内子、永儿往首都看波兰电影《最初的日记》,耀华亦来。至九时一刻毕。

七月二十三日,星期五,雨

晨,五时起床。六时半到琉璃厂。

傍晚,剃头后七时归家。

七月二十四日,星期六,晴

晨,五时起床。六时半,到琉璃厂练拳。

上午九时,由武剑西社长做五、六月份总结报告。

下午,业务学习。

五时半,同唐泽霖、戴孝侯、郑雪樵、周莲轩、陆廷珏、黄竞生诸君至正阳门大街41号看房子,备藏纸型。归家已七时。

夜,万国钧君来谈,为彼眷将于廿七日到京,家具先运,不日可到,拟先来在廊下置放云云。

七月二十五日,星期日,上午有雨,下午晴

晨,五时起床。

七时半,同内子往琉璃厂参加社中集体旅行。借人教社新客车,先往西山八大处,路极难行。到西山后,只到第五处,即回至西山饭店处。

午后,十二时三刻转往碧云寺。路更难行,途中陷泥污,几不能拔,幸某石厂卡车拖出。二时到达,四时游毕。四时三刻动身,五时半到家。

七月二十六日,星期一,晴,傍晚雨

晨,五时起床。六时半,到琉璃厂练拳。

九时,开业务学习汇报会议。

下午,四时参加秘书科讨论工作总结会议,至六时毕。

因大雨,延至七时半归家。

万国钧之子同龙姓来商他们家具来后先来置放问题。

七月二十七日，星期二，晴

晨，五时起床。六时半到琉璃厂。

九时半，中国医药公司李鹏秘书科长来谈背阴胡同房子事。

下午，做案头工作，未参加秘书科的检查七月份工作及拟定八、九月份计划的集会。

六时半回家。

内子和永儿往首都看九时半的电影，至十一时一刻始归。

七月二十八日，星期三，晴，傍晚雨

晨，五时起床。六时半，到琉璃厂练拳。

下午，学习宪草。

四时半，和梁涛然、戴孝侯、郑雪樵同志商沈季湘、李槐之来京后的会谈程序。

七时归家。

夜，九时半往首都看《最后阶段》电影。至十一时半，同李耀华归家。

上海来电报，知沈季湘由水阻车停，昨未成行。

七月二十九日，星期四，晴，夜雨

晨，五时起床。六时半，到琉璃厂练拳。

下午，二时半到高教部听谈电报。四时，回琉璃厂。

傍晚，往视戴孝翁病。七时半归家。

七月三十日，星期五，晨雨，晴

晨，五时起床。六时半到琉璃厂。

上午，李昌声、詹家驹及沈某等来，均为龙门改组为科学出版社开董事会来的。中午，美韶来家午饭。据今日夜车赴沪云。

傍晚，苏继庼君来谈。彼拟日内动身回沪云。

七月三十一日，星期六，晴

晨，五时起床。

今日，永儿六时出去。据往天坛打枪云。

六时十分，到琉璃厂为草八、九月份计划，未练拳。

下午，业务学习，亦未阅读。

六时半归家。

包头章胡同旧业主允即移南屋居住。如是整理后，预计八月八日可以迁入。

四妹来信，说要在八月底或九月初同周吉中同志结婚。当复告嘱自己考虑。

八月

八月一日，星期日，晴

晨，五时一刻起床。

写致二舅嫂汇款信，又写致国英、韵贞二甥女信。同内子、永儿往首都看九时开演的《明日处处欢乐歌舞》电影，至十一时毕。

往琉璃厂，邀苏继庼君同他的侄子和张礼千及戴孝翁同往中山公园来今雨轩吃中菜。周莲轩已先在。主人还有朱蔚伯、宣节、王泊如、朱公垂诸君。至二时半，往包头章胡同看房子，适内子亦来。四时同出，购西瓜一只。余往棉花九条看朱蔚伯君，未在，当至琉璃厂。五时半归家。

七时，往车站送苏继庼君乘七时半车赴沪。八时回家。

八月二日，星期一，晴

晨，五时起床，往外吃豆浆。

六时半，到琉璃厂练拳。

下午，打上海办事处电话，至六时尚未通。

七时归家。

八月三日，星期二，晴阴，傍晚小雨

晨，五时起床。

为整理杂物，至七时一刻始到琉璃厂。为清理预约书登报事，给张雄飞君打电话,适他已赴河南路。再电河南路,未到,而且终日未接通。不得已另以电连夜由乐赓兄送来。回电有所询问,当再往琉璃厂电雄翁,谓赴伊舅家,只得明晨再打。

下午,四时往车站拟接一日下午六时动身的沈季湘、李槐之二君。据须明日到京。

夜,万国钧来谈。他的家具今日已由沪运到送来。

八月四日,星期三,雨

晨,五时起床。

六时半到琉璃厂,当打长途电话给张雄翁,为预约书清理登报稿事。

九时半,往国际饭店与邵公文、潘达人商谈广州办事处协议书事。十一时半,乘公文同志车回家。

下午,学习宪草第二章,阅读。

写致惟乾及韵甥信。七时半归家。

八月五日,星期四,晴

晨,五时起床。

六时半到琉璃厂,询车站服务处上海来车,据八时左右可到。

七时一刻到车站,勉之兄已先在。询知上海车已到,而季翁等仍未来,不免焦急。当即回琉璃厂。

下午,四时半开经理部部务会议,报告七月工作检查及八、九月工作计划要点,再由唐泽霖同志补充。至六时十分毕。

七时回家。

八月六日,星期五,雨

晨,五时起床。

六时一刻,外出吃豆浆。六时三刻到琉璃厂,打长途电话给张雄翁,询沈季翁等动身日期,以迄今未到为异。又请程勉之兄往车站问询,亦未得要领。嗣于午后接季翁自南京三日发来函,知因水大车滞,已拟乘江轮返沪云。

傍晚,七时往包头章胡同一视。

八月七日，星期六，晴

晨，五时起床，整理杂件。七时到琉璃厂。

九时，同刘炳锋往包头章胡同打 666 药水。十时，回琉璃厂。

下午，业务学习，阅读《出版业的经营管理》一书。六时半归家。

八月八日，星期日，立秋，晴，85 度

晨，五时起床。

为今日搬往包头章胡同 21 号居住，六时三刻，包搬人来。计两部车六人，言定搬费 16 万元。又雇三轮一部，言定 2 万元。

九时半，即已搬竣。老谢来帮忙揩扫。

来帮忙者濂侄夫妇、企棠及张世良等。下午，信予、泊如及许季芸君又韦士霖君来访。

夜，八时往首都看日本电影《不，我们要活下去》。八时四十分开演，至十点半始毕。回家已十一时。

八月九日，星期一，大雨，80 度

晨，五时起床。六时半往琉璃厂。

中午，因大雨原拟在社购饼。嗣据内子电话，谓家中两屋漏水，当冒雨回家。知由门窗渗入，尚不严重。午饭后返社。

傍晚，至驴驹胡同宣武区保安寺街派出所报迁入户口。七时余始归家。

八月十日，星期二，晴，81 度

晨，五时起床。七时到琉璃厂。

傍晚，六时半归家。

夜饭后，同永儿往鲜鱼口兴华园洗澡。归已九时半。

八月十一日，星期三，晴，83 度

晨，五时起床。六时半到琉璃厂。

八时，同士霖兄往南池子飞龙桥看房子。已第七人，大致无希望。回社已九时。

下午，学习宪草。

六时半归家。陆廷珏兄来谈。

永儿接高教部信,已考取留苏预备生。至可喜!

八月十二日,星期四,雨

晨,五时起床。写复大妹信。七时到琉璃厂。

傍晚,七时归家。由南柳巷魏染胡同步行至家,计社至果子巷 1200 步,果子巷至家计 550 步,共走 17 分钟。

八月十三日,星期五,晴

晨,五时起床。七时,到琉璃厂练拳。

中午,回家午饭后,一时三刻到大众理发。二时半到琉璃厂。

傍晚,七时归家。

下午,三时同陆廷珏君到万源夹道看房子。

八月十四日,星期六,晴,夜雨

晨,五时一刻起床。七时,到琉璃厂练拳。

下午,业务学习。

傍晚,六时半归家。

五妹夫妇挈小孩同丁妈回家已九时,适大雨。

八月十五日,星期日,晴,傍晚阵雨

晨,五时起床。

濂侄夫妇挈美平与瑞和又塘侄来家午饭。下午,许季翁夫妇来。

上午,往糜文溶兄家谈片刻。又至农公家,未遇。再至新簾子胡同 20 号访万国钧君家,取在洗被单。九时半归家。

下午,二时应女自沪来。四时一刻同出门,送她乘一路车往南池子,我至琉璃厂。六时,赴首都。因大雨甫过,水尚未退。同五妹夫妇看《伊万雷帝》影片。归已八时半。

八月十六日,星期一,晴,84 度

晨,五时起床。

五妹夫妇挈美强到他的祖母那边去。

七时到琉璃厂。

傍晚，六时半归家。向保安寺街派出所取户口簿。

闻三妹曾来家一次。

八月十七日，星期二，晴，夜雨

晨，五时起床。

六时一刻，同丁妈外出。彼乘车至和平门内，换七路车往西直门转彰化农场。

傍晚归家，倪正和夫人及伊子维泉，又唐女居士及陆春阳长媳四人来访。据彼等自五台山回，住米市胡同 39 号。夜饭后回去。

八月十八日，星期三，晴，晨有雨

晨，五时起床。七时到琉璃厂。

下午学习，工间操后漫谈。

傍晚归家，同内子往米市胡同 39 号访倪太太等，外出未遇。往中央看《白毛女》电影。七时半开演，至九时三刻始完。归家已十时余。

八月十九日，星期四，晴

晨，五时起床。七时到琉璃厂。

中午回家。知国璠已于上午自家乡来，警卫员曹振邦同来，宿家中。

下午，七时归家。

八月二十日，星期五，晴，83 度

晨，五时起床。六时半到琉璃厂。

下午，四时半举行大扫除。

三妹来宿家中。

八月二十一日，星期六，晴

晨，五时起床。

六时半，同三妹出门。她往南池子，我到琉璃厂。闻今日高教部杨部长七时半起传达周总理关于解放台湾的报告，因时间不及，我未去听。

严幼芝、俞明岳二君均来谈房子事，均未有结果。

下午，业务学习，听纪昌作关于解放台湾的传达并讨论。

夜，国范、永儿及警卫员曹振邦往西单看戏。耀华来家宿。

八月二十二日，星期日，晴

晨，五时起床。

七时，同国璠、永儿往碧云寺游览。至下午二时始归。

耀华七时回农场。

企棠与三妹原约去碧云寺聚会，昨晚来电话谓径来城中。上午来。企棠于下午四时回西山。

三妹五时赴车站，我陪同前往。由王姓同志同行去沪。

六时，到兴华园洗澡。七时归家。

濂侄来夜饭。

国璠已购明晨九时赴沈阳车票。

内子言今日孝翁与莲轩兄、公垂兄夫妇、度均与宜初二兄、士霖兄、景炎兄等均先后来访，外出未遇。

八月二十三日，星期一，晴

晨，五时起床。

国璠今晨九时车赴沈，我因社中有事未往送行。

七时到琉璃厂。

上午，为清理资产事与正、副社长及戴、梁、唐诸君会谈。

印尼杨之麟夫妇来访。

旧业主邹君今日自京归。他们是上星期五赴京的。

八月二十四日，星期二，晴，午夜有雨

晨，五时起床。七时，到琉璃厂练拳。

九时半，内子来，谓在新簾子胡同 20 号受赵妇欺负。当同往，确甚可恶。为息事宁人，未与计较。送内子回家后，返社已十一时。

中午，五妹来，午饭后去。

下午，四时半同韦、唐二君至校场头条五号看房子。七时，往高教部听杨化南讲宪草第三章。归已逾十一时,睡已过午夜矣!

十二时后,倾盆大雨。

八月二十五日,星期三,雨

晨,五时半起床。七时一刻到琉璃厂。

八时,同韦士霖往重工业部房产科访孙姓干部,询校场头条五号房子事。据不可能腾房。归已九时。

下午学习,讨论宪法草案第三章。

六时半归家。

八月二十六日,星期四,晴

晨,五时起床,做了些灶间清洁工作。七时到琉璃厂。

写致张子宏、黄访书信。

下午,五时一刻往京厂,在四楼大会场听武剑西社长传达陆定一部长的解放台湾报告,自六时至近八时毕。归家已八时半。

八月二十七日,星期五,晴

晨,五时起床,做些清洁工作。七时到琉璃厂。

下午,六时半归家。

八月二十八日,星期六,晴

晨,五时起床,做些清洁工作。七时,到琉璃厂练拳。

中午,内子挈永儿至中央看电影《梁山伯与祝英台》,我归家独自午饭。

下午,业务学习。六时半归家。

五妹挈美强同丁妈于八时半到家。

八月二十九日,星期日,晴

晨,五时一刻起床,做些清洁工作。

上午,社中检查清洁工作人员唐泽霖同志等来。

董世兄来,十一时午饭。饭后,同他和五妹往中央看《梁山伯与祝英台》电影。至二时毕,即归家。

丁敏士夫妇于归途相遇,同到我家一坐。

夜,内子同永儿往南横街五号,至九时半始归。

夜,电灯忽坏,过一小时始修复。

八月三十日,星期一,晴

晨,五时一刻起床。七时,到琉璃厂练拳。

傍晚,往粉房琉璃街 51 号看邹鹤亭所建房子,兴造颇快。

夜失眠,至午夜后一时余始睡着。

八月三十一日,星期二,雨

晨,五时三刻起床,在外间吃豆浆。七时,到琉璃厂练拳。

十时半,回家加衣服(因天雨较凉)。往财经访潘达人君。中午,同潘达人、陆高谊、俞明岳、叶晓钟等在康乐饭店午饭。饭后,回琉璃厂。

傍晚,六时半归家。

九月

九月一日,星期三,晴

晨,五时一刻起床。

今日起,社中改秋季工作时间,上午 8~12 时,下午 2~6 时。

七时到琉璃厂。

下午,学习总结宪法草案。

七时归家。

永儿往俄专报到,即宿该校。

夜,草八月工作报告稿。

九月二日,星期四,晴

晨,五时半起床。七时半到琉璃厂。

终日草拟八月份工作简报。

美强病,五妹带至儿童医院,由内子先去挂号。据秀珠在担任医师云。

傍晚,唐慕汾君来谈。

七时归家。

九月三日，星期五，晴，有微雨

晨，五时半起床。今日临值扫街。

七时半，往西总布胡同财经社。九时，同潘达人君往五大人胡同三号华侨招待所访杨之麟夫妇。回社已十一时半。

下午，五时五十分往北海猗兰[1]堂与中华公请杨之麟夫妇夜饭。陪客有侨委邓秘书长、萧社长、王纪元司长及金灿然同志，我社梁涛然与予，中华为潘达人、常紫钟、陆高谊、俞明岳。九时宴毕，归家已近十时。

九月四日，星期六，晴

晨，六时起床。七时半，到琉璃厂练拳。

下午，业务学习。

傍晚，四时三刻听王耀先同志作宪法草案问题解答传达报告，至六时毕。

六时半，往北海菩提学会访道悟和尚，有唐慕汾、陈壁成、鲜特生等在座。谈至七时半辞出，归家已逾八时。

永儿夜饭后返校。

九月五日，星期日，阴晴，傍晚有雨

晨，六时起床。

七时半往天坛，八时半到达。今日社中举行欢迎、欢送同人大会。至十时我回琉璃厂，沈季湘、李槐之二君已到，当同在饭厅午饭。孝翁亦在座。

下午回家。午睡后，往广济寺知能海上师尚未到，赵朴初居士外出，未晤见。即至西四合作社购了四小包饼干归家，欲购挂面未得。

五时半，同永儿往兴华园洗澡。六时半归家。

信予兄来谈，夜饭后去。

九月六日，星期一，晴，中午有雨

晨，五时半起床。七时半，到琉璃厂练拳。

上、下午均和沈季湘、李槐之二同志谈话。

---

〔1〕“猗兰”当为“漪澜”。

傍晚，往广济寺，知能海法师未来，和赵朴初居士谈，即在彼处夜饭。归家已逾八时。

朴初居士见赠《佛法略谈》《唯识者何》《世间三大势力》《唯识三十论略解》各一册。

九月七日，星期二，晴

晨，五时半起床。

六时出门，往后库后门二号华北招待所 208 室访陆渊雷居士，谈至七时半辞出。八时半到琉璃厂。

上、下午均与沈、李等会谈。中午，在丰泽园请沈、李午饭。

傍晚，为内子在孝翁家，即往彼家。夜饭后同归。

九月八日，星期三，白露，晴

晨，五时半起床。七时半到琉璃厂。

上午，与沈、李诸君谈各项资产清理问题。参加者梁、唐、戴诸君。

下午，理论学习，看《联共党史》第十章。

六时半，剃头后归家。

九月九日，星期四，晴，夜雨

晨，五时半起床。七时半，到琉璃厂练拳。

上、下午均与沈、李诸君讨论生产方面问题。

下午，一时四十分到高教部听读电报。三时半回琉璃厂。

夜，七时归家。

九月十日，星期五，晴

晨，六时起床。七时半到琉璃厂。

上午，与沈、李谈经理部门有关事务。

下午，准备明日清理组会议事。

傍晚，约同沈季翁和朱通舟、高乐赓二君回家。信予兄已先在，洎如兄亦来，共用夜饭。饭后，十时始去。

九月十一日，星期六，晴

晨，五时半起床。

七时半，到琉璃厂约沈季翁同吃早点。八时，同到东四头条访郑振铎部长，谈承印《曲丛》事。回琉璃厂已九时半，与戴孝翁等续谈生产问题。

中午，约季翁至家午饭。饭后，同往访陈叔老。三时半，回琉璃厂开清理组会议。

傍晚，再约季翁回家。夜饭后，同往民生看马连良剧团做《醉打蒋门神》及《甘露寺》。归已十二时。

五妹夫妇等夜来家。

九月十二日，星期日，晴

晨，五时三刻起床。

七时半，往东总布胡同57号财经出版社访潘达人君等，沈季翁已先在。长谈后，在该处午饭。饭后，同季翁回琉璃厂理公事。至四时，往广济寺谒能海上师，见尚健康，甚慰！又赠赵朴初君《弘一大师书〈金刚经〉》一册。五时归家。

五时半，同定女往中央看《奇婚记》电影。归已九时。

九月十三日，星期一，晴

晨，五时三刻起床。七时半到琉璃厂。

九时，偕沈季湘、李槐之、梁涛然、唐泽霖父子及纪昌，借高教部吉普车往西郊一游。先到颐和园午饭，后到碧云寺。五时回琉璃厂。

为公事曾质询田汉德，未能说服。

六时半归家。

九月十四日，星期二，晴

晨，五时半起床。七时半到琉璃厂。

午后二时，到京厂同信予、泊如二兄接洽公事。三时到社。

傍晚，归家夜饭后，携带交四妹转六妹的内子夹大衣一件、绒线一磅半赴车站交与沈季湘君。因彼与李槐之今日[1]七时半开的17次车赴沪。

---

〔1〕 疑漏“乘”字。

九月十五日，星期三，晴

晨，五时半起床。七时半，到琉璃厂练拳。

下午，学习《联共党史》第十章“社会主义工业化”。

二时五十分，收听全国人民代表大会第一次会议实况。

六时，应新华国际邀往萃华楼陪杨之麟夫妇夜饭。同席有侨委王纪元司长、萧社长、邓秘书及史育才、邵公文、苏迪畅、万国钧及华某等。九时，乘史育才车回家。

九月十六日，星期四，阴，大风，下午晴，中午有微雨

晨，五时三刻起床。七时半到琉璃厂。

傍晚，六时一刻回家。

下午，永儿曾来家一次。

九月十七日，星期五，晴

晨，五时半起床。七时半到琉璃厂。因钥匙遗在家中，即回家取去。

上午，同纪昌、唐泽霖到后孙公园臧家桥视察房子。

下午，同戴孝侯到琉璃厂102、103号视察房子。

傍晚，往青年会为海外编刊社请印尼代表张国□[1]作陪。归已逾十时。

九月十八日，星期六，晴

晨，五时三刻起床。写致大妹、三妹、六妹及望铣弟信各一封。到琉璃厂已八时半。

下午，业务学习，看文件。

傍晚，往北海道悟和尚处探询清师来京消息。归途为四路公共汽车通不过府右街，归家已八时半。

九月十九日，星期日，晴

晨，六时起床，整理两屋。写致韦傅翁信。永儿来午饭。

下午，往中央看一时45分开演《箱根风云录》电影。至近四十始毕。

---

[1] 原文此字空缺。

往广济寺谒海公上师。时有师大教授赵贞信同一女士，据自称系正定师之女，来探询其父病故经过。六时辞出，遇赵朴初居士略谈。归家已近七时。

永儿夜饭后去。

九月二十日，星期一，晴

晨，五时半起床。七时一刻，到琉璃厂练拳。

傍晚，往中央看六时半开演的《侦察兵》电影。八时毕，回家。

内子今日身体不舒，或系吃参过多之故。

九月二十一日，星期二，晴

晨，五时三刻起床。七时三刻到琉璃厂。

上午，九时开社务会议，谈职工评级评薪事。

傍晚散工后，往西单盛德福购帽一顶。

往高教部听唐守愚司长作关于《联共党史》第十章“社会主义工业化”的报告，索然无味。至九时四十分始毕，搭车至琉璃厂，步行归家。夜饭后，洗足入睡，已逾十一时。

九月二十二日，星期三，晴

晨，五时三刻起床。七时半，到琉璃厂练拳。

下午，学习《联共党史》，开讨论会。

傍晚，六时半归家。

九月二十三日，星期四，晴

晨，五时三刻起床。七时半，到琉璃厂练拳。

上午，社中基层工会开选举大会。

午后，往高教部听读电报，至三时五分回琉璃厂。

今日下午二时五十分起，听广播人民代表大会周恩来总理报告政治工作，至五时半毕。

夜，七时再听周总理报告重播。

九月二十四日，星期五，晴

晨，五时三刻起床。七时半，到琉璃厂练拳。

旧业主邵鹤亭今日迁出。

傍晚，往广济寺，知海公上师出席全国人民代表大会未归，清师已于五时往西黄寺，只得明晨再去。当至东安市场一转，归已八时。

梅君今日由内子去陪来。下午，她往西郊五妹处去。

九月二十五日，星期六，晴，有微雨

晨，五时三刻起床，整理衣服。

七时三刻，往广济寺。候至八时三刻，清师来，智贤师亦来。谈至十时，回家一转，再到琉璃厂。

下午，业务学习，至五时大扫除。六时半归家。

陆廷珏兄来，见告于本日与其夫人刘义芳女士离婚，颇痛苦，自寻烦恼。

海公上师侍者宽德师。

九月二十六日，星期日，晴

晨，六时起床，做清洁工作及整理衣服。

十时，同内子往广济寺谒清师。十一时，内子自行回家。我应赵朴初居士邀，同清师及巨赞法师往北长街15号三时学会午饭。同席者为海公上师、清师及法尊、巨赞、正果法师、李明扬，又研究音乐的潘君等。

下午，二时饭毕，陪清师至菩提学会候扎萨喇嘛病，又往雍和宫游览。再至居士林，正果法师在讲菩萨戒。与陈壁成居士谈话后，至西四铁路售票处一询。再往白塔寺，又至广济寺一转。归家已近七时。

九月二十七日，星期一，晴，晨有阵雨

晨，六时起床。七时半，到琉璃厂练拳。

下午，四时收听全国人民代表大会选举主席的广播。至五时余，宣布毛泽东为主席，朱德为副主席，欢声雷动。

六时半归家。先往邮局取汤儿汇来贺伊母六十寿辰的人民币六十万元。又至零售公司购面包、香蕉，不意将所携案卷及报纸遗在零售公司，乃又向取回。

大妹托罗同志带来牛油一瓶。

夜，十时半收听人民代表大会制度选举常会正副委员长、委员、秘书长、法院院长、总监察长等广播。

潘达人来电话，约明晨八时在财经会谈。

九月二十八日，星期二，晴

晨，五时半起床。

七时，往西总布胡同财经社。八时到达，与常紫钟、梁涛然、潘达人诸君商印尼事，九时半毕。十时，回琉璃厂。

下午，二时到王大人胡同中国新闻社与潘达人同杨子麟谈话，有侨委萧林、王纪元两司长及邓秘书长。回琉璃厂已五时余。

夜，往车站送清师等乘七时半车赴沪。八时归家。

九月二十九日，星期三，阴，小雨

晨，五时半起床。七时，到琉璃厂打沈季湘长途电话，适彼已外出，未接通。

八时半，到高教部听董纯才副部长（教育部）报告关于高岗、饶漱石反党事件。十时半回琉璃厂。

下午学习，阅读。四时，至厂检查安全情况。六时，归家一转，往萃华楼应杨子麟邀夜饭。九时归家。

九月三十日，星期四，晴

晨，五时半起床。七时，到琉璃厂再打沈季湘长途电话，适又已外出。至七时四十分，再打至河南路始接通，谈社中经济问题。

下午，因候中华起草致香港函，未往高教部听杨部长关于接待外宾的报告。

夜，归家时先往邮局寄致岳母的保价信。

五妹夫妇及美强、丁妈等来家。

十月

十月一日，星期五，国庆节，晴，夜雨

晨，五时一刻起床。

七时出门，步行至新廉子胡同，先到万国钧同志家一转，再到信予兄家。至八时半，同万、宣两君步行至天安门南二台观礼。唐泽霖、郑雪樵二同志已先在。检阅十时开始，先由国防部长彭德怀任检阅官，继之游行，至下午二时毕。步行回家已三时。午饭后，睡了一大觉，醒已七时。

十月二日，星期六，晨雨，嗣晴

晨，五时三刻起床。七时半，往琉璃厂值班，自八时至中午一时止。一时半归家。

三妹和企棠来。据三妹系九月廿九日到京。曾去看小妹，人极瘦弱，颇为担忧。

下午，四时到中央看《英雄司机》电影。六时三十五分演完，归家已七时。

十月三日，星期日

晨，二时半醒来，想到三妹所说小妹病状，颇不放心。当拟就至毓松电稿往电局（初至南新华街，说要到西长安街。见门口布告，要到东长安街）拍发。去时坐三轮车（三次计七千元），回时步行，率一小时，至四时半到家。

上午，六时余往西安门居士林听能海上师讲《三皈依颂》。九时余讲毕，归家。

上午，糜文溶兄夫妇挈若梦同信予兄来，又泊如兄夫妇同伊姨来，先后谈片刻。

上午，濂侄夫妇挈美平及瑞和来，午饭后去。

下午，二时往中央人民医院访陆渊雷居士，知病已痊，可日内即出院。又至三楼五号病房看姚吉兴，腿已动过手术，精神尚佳。

至前门换购本月月票。

至大栅栏大观楼看五时开演的《骄傲的公主》电影。七时余始回到家里。

接小妹信，知子宫颈壁的瘤已割去。信是她自己写的，似尚平安。

十月四日，星期一，晴

晨，五时半起床。

七时半，到杨梅竹斜街100号（电话34377）访久鳌哥。谈至九时半，到琉璃厂。

下午，再往中行招待所陪鳌哥回家，谈至五时始去。至大众剃头。

十月五日(重九节),星期二,雨

晨,五时三刻起床。七时半去琉璃厂。

接沈季翁信,谓傅翁于一日晚又胃出血,颇严重,送第六医院输血云云。至为挂念,当去信景培询问。

七时归家。

十月六日,星期三,晴

晨,五时三刻起床。

七时半出门,往石牌胡同中国图片供应社代上海青年会《觉讯月刊》社挑选图片十八张。回琉璃厂已九时余。

下午学习,阅读《联共党史》第十章。

下午,六时半往广济寺谒能海上师。又晤赵朴初居士,协商费范九居士出让弘公手书《金刚经》事。七时三刻回家。

十月七日,星期四,晴,夜有雨

晨,五时三刻起床。七时,到琉璃厂练拳。

上午,缮九时份工作简报。

下午,往高教部听读报,为罗瑞卿向政务院报告的劳动改造问题及青年团书记刘导生的报告。

三时,回琉璃厂开会,座谈出版管理局关于书籍定价的初步意见。

六时半归家。内子因送张太太出门,误将大门关上,未带钥匙,往中央看电影《不可战胜的人们》。至六时四十分始归。

十月八日,星期五,晴

晨,五时半起床。七时半,到琉璃厂练拳。

十时,同梁涛然往总署应黄洛峰约谈港事。至十二时半始出,回家已逾一时。

下午,六时半归家。

邹鹤亭来拆电话。因内子外出,要由窗而入,未许。

十月九日，星期六，晴

晨，五时三刻起床。

七时半，往琉璃厂与梁涛然同志商拟精简港厂计划事。

下午，业务学习，阅读文件。

六时归家。五妹来电话，约明日去彰化农场参观。

十月十日，星期日，晴

晨，五时半起床。

七时，同内子出门。先乘四路公共汽车至和平门，换三路车至西直门，再换西永车往彰化农场五妹处。途中计一小时半。由五妹陪同在农场一走，即在她家午饭。饭后略睡。由耀华、五妹陪至公共汽车站，乘车至西郊公园游览后，再至苏联售品处一转。乘二路公共汽车至西四，换四路归家。到家已近五时。

十月十一日，星期一，晴

晨，五时三刻起床。

汤儿自沈阳来。

八时到琉璃厂。

下午，一时半到琉璃厂。因今日起工作时间改为下午一时半至五时半也！

三时，往西总布胡同财经社与潘达人君谈编刊社事。五时出，至兴华园洗澡。七时归家。

汤儿宿家中。

悟女汇来20万给伊母，代向邮局取来。

十月十二日，星期二，晴

晨，五时半起床。

六时五十分到琉璃厂。当打电话给沈季翁，至七时二十二分始接通，知季翁已于七时十分赴河南路。至七时三刻，季翁来电话，洽谈款项事。

傍晚，回家后同汤儿往中央看《苏联木偶戏》电影。归已逾八时。

十月十三日，星期三，晴

晨，五时三刻起床。七时半，到琉璃厂练拳。

下午，因大部同志往苏联展览馆参观，未测验、办公及阅读。

傍晚，至菜市口合作社一转，购面包。归家。

十月十四日，星期四，晴

晨，五时三刻起床。七时半，到琉璃厂练拳。

下午，为总署商谈定价事开会研究。

王雨楼兄来访。据系十一日同其夫人及其子来京游玩云。

六时半归家。永儿来家夜饭。

十月十五日，星期五，晴

晨，五时三刻起床。七时半到琉璃厂。

为策划明年资金问题而忙。

傍晚，至邮局领沪来汇款。又至零卖公司买面包、挂面，归。

十月十六日，星期六，晴

晨，五时三刻起床。

七时出门，往王大人胡同中国新闻社与潘达人君同访王纪元司长与邓炬云秘书长。谈至十时，又与沈百英、金云峰诸君一谈。十一时回琉璃厂。

下午，学习《联共(布)党史》第十章，举行测验。共六题，我作四题，尚简易，一小时半毕。

十月十七日，星期日，晴

晨，六时起床，做厨房清洁工作。

八时，往前英子胡同 14 号张秉今家访王雨楼兄，即同至家，谈至十一时辞去。

写致毓松、小妹、惟乾、松泉及倪正和居士等信。

下午，四时往杨梅竹斜街访久鳌哥，未遇。至琉璃厂阅报并复六妹信。

六时，至首都同内子看《体育之光》电影。归已八时半。

十月十八日，星期一，晴，夜雷雨

晨，六时起床。七时半往琉璃厂。

为做贷款计划及申请增资忙了一整天。

傍晚，归家时到零卖公司买面包及挂面等。

夜，泊如兄来。

十月十九日，星期二，晴

晨，六时起床。因昨夜雨，洗天井。

八时到琉璃厂。

今日发出请求总署增资及批准贷款函件。

夜，信予兄来谈。

十月二十日，星期三，晴

晨，五时三刻起床。七时半，到琉璃厂草拟第三季工作总结。

下午，往高教部听曾、牛二副部长所作传达周总理“中苏会谈”及“尼赫鲁来京”报告。归家已五时半。

十月二十一日，星期四，晴

晨，六时起床。

为草拟第三季总结及第四季工作要点在家工作，到社已逾十时。

中午，到京厂与信予兄略谈。十二时半到家。

傍晚，归家后电灯忽熄，当提前睡觉。

午饭后，往高教部听读报。三时半回琉璃厂。

十月二十二日，星期五，晴

晨，六时起床。八时到琉璃厂。

十一时归家。

午饭后，同内子往西郊苏联展览馆参观。至六时余始归家。

十月二十三日，星期六，晴

晨，六时起床。八时到琉璃厂。

上午，为准备下星期二同梁涛然、郑雪樵、周莲芳等赴沪事。

中午，同朱公垂兄陪沈百英君至毛记午饭，并先至家一转。

下午，四时半回家，适内子外出。往前门外全聚德应侨委文教宣传司邀夜饭。共餐者为沈百英、金云峰、吕伯攸、鲍维湘、沈百英之子及短戏王女士等。八时半归家。

十月二十四日，星期日，阴晴

晨，六时起床。

七时半出门。先到叔老家，告以后日准备赴沪事。又往垂露胡同访寰老，未遇。再至许季翁家，询蒋振庭来信为其女来京疗养事。

十时，到中央看朝鲜电影《对空射击组》。十一时半毕，至苏联展览品售品处买糖果。又回家吃面后已十二时半，往石驸马大街访塘侄，一谈。

一点三刻，到东总布胡同 57 号财经与潘达人、陆高谊二君谈。三点，到西总布胡同财经约沈百英等共商海外社事，至七时始毕。归家已近八时。

十月二十五日，星期一，晴

晨，五时三刻起床，做了些清洁工作。八时到琉璃厂。

上午，准备赴沪工作。开基本建设和劳动计划座谈会。

下午，至大众剃头，再至兴华园洗澡。又往黄城根 35 号何女士处交给吕振鸿汇来九十万元。又至山老胡同十号访孙乾翁。

五时到财经，先同沈百英君谈伊世兄一飞事。六时半，同往森隆，由海外社请沈君等。有常紫钟、梁涛然同志在座。

十月二十六日，星期二，晴

晨，五时三刻起床，略理行装。八时到琉璃厂。

下午，往杨梅竹斜街访久鳌哥。三时到社。

五时，回家夜饭、洗脚。

六时半赴车站。梁、郑与莲芳已在七时一刻上车。

沈百英、鲍维湘两君亦于今晚返沪。

为软席卧铺买不到，同坐硬席卧铺，尚舒适。

十月二十七日，星期三，阴晴

在京津车中，一切正常。

夜，十时余在浦口有空袭警报，停车一小时余。过江已在午夜。

十月二十八日，星期四，晴，上海

车误点几三小时，至八点25分始到北站，社中及厂方同事来接很多。乘厂卡车先至国际饭店，梁、郑、周住906号房，我即返家。

十时半，往淮海中路1285弄24号访菊老，谈至十一时半归家。

在家午饭后，往新闸路福康里42号访傅翁，谈至一时半，往国际饭店开会。与会者除梁涛然、郑雪樵、周莲芳外，为沈季湘、李槐之、张雄飞、丁英桂、侯相鳌、杨鸣生、李筱亭、钱震中诸人。谈至五时半毕。

六时，到姜姊家，遇邵子传君。夜饭后归。

杨福贵弟和四妹都来谈。九时睡。

十月二十九日，星期五，阴晴，晨雨

晨，五时起床。

穆华生兄来谈。七时半，同他携物雇三轮车往河南路社中。

中午，回家午饭。

下午，一时半到社开汇报会，至四时毕。五时出，往集友访蕴华，未遇。又往福寿里访俞明时君，又未遇，即归家。

夜饭后，俞明时君来谈。

往徐百齐君处谈一小时。

蕴华和其夫傅大业来。据系本月十二日结婚。谈至九时去。

十月三十日，星期六，晴

晨，四点四十分突闻轰炸声，接着高射炮声，不知何事?

五点半起床。

六点半，往乌鲁木齐(即迪化)南路147号访徐凤老。谈至八时半，乘九路车至抛球场，到社。

上午，谈清理事。下午，谈计划及与财经华昌泗、吴铁城同谈新华定约事。又与梁、沈、李、郑诸人谈清理移转事。六时半归家。

夜，杨福贵弟来谈，送来蔬菜。

又张鸿钧兄来解释补税事，至十时半始去。

十月三十一日，星期日，晴

晨，四时半起床。

五时出门。六时，到金刚道场谒清师。谈至七时出，至天通庵路厂中。先与凃子英兄谈，丁英桂兄亦来。

九时，梁、郑、周及沈、季诸君均来，参观各车间至十一时。

往宝通路宿舍访周渭清，未遇，即归家。

下午略睡。惟乾来，又糜师母来，又四妹与周吉中来。再同至复兴公园一游。

夜，往西成里访姚伯南兄，谈至九时半归。

十一月

十一月一日，星期一，晴

晨，五时起床。胡省初兄来谈。

七时半，往延平路访朱颂盘兄。

九时半到河南路。

上午，会谈厂事。

中午，至松月楼吃面。

一时，往百货公司购物（大新原址）。

一时半，到大中国晤金君，商北京琉璃厂房屋事。二时半回社。

三时半，往三马路同安里15号访俞镜清兄。又至八仙桥看购车票办法。

四时，往淡水路访苏继庼君。又往唐家访黄小姐。六时归家。

夜，往扆哥家，谈至九时归。

十一月二日，星期二，晴

晨，五时半起床。曹祖荫、褚长尧两君来谈。

七时半，往永嘉路310弄丁家弄一号久鳌哥家，又至南华新邨七号访张姊，适渊侄亦在。谈至八时三刻，同出。九时十分到河南路。

上午，会谈清理事。

中午，至聚源斋吃面。

下午，往青年会，未遇熟人。又至恒隆访余伯贤君。谈至二时半，到八仙桥购四日晨赴锡车票。二时半，到百货公司购肥皂一块。即到国际饭店与梁涛然同志谈至五时，同至新亚夜饭。饭后，往新光看沪剧《罗汉钱》。归已逾十一时。吃饭、看戏都是沪处招待。

十一月三日，星期三，晴

晨，五时三刻起床。

七时半，往访墀哥，尚未起床。与爱珠谈至八时半，至河南路。

八时三刻，往国际谈人事。

十二时，回家午饭。饭后，往访徐凤老，候梁、郑、沈、李来。谈至四时，同凤老至菊公家。五时归家。

接小妹信，知已于上月底返宁，即往八仙桥掉换车票。六时归。

夜，渊侄、张鸿钧及四妹夫妇来。

又姚伯南、穆华生兄来。

十一月四日，星期四，晴，南京

晨，二时起床，舅姨已起身，为备早餐。餐毕，三时出门。三时半，到北车站乘118次京津车，四时321分开。下午，一时半到南京。当乘一路公共汽车到山西路，即找到中山北路140号悟女家，见悟女并不如想像之坏。四时，同悟女往南京大学内惟乾家晤启沅嫂。六时归家。夜，宿悟女家中。毓松来夜饭。

十一月五日，星期五，晴

晨，五时半起床。

八时，同悟女及小玲又其祖母同乘一路车先至新街口，换乘陵园车至中山陵一游。又在音乐台看菊花展览，至十二时回。

下午，往太平路杨公井户部街五号访王诚彰君。

下午，三时往玄武湖游公园。五时半归。

夜饭后，往下关车站。适梁涛然同志等下车来找，当遇见。登车，因系硬席上卧铺，上下稍感不便。当入睡。

十一月六日，星期六，晴，北京

终日在京沪车中，甚安静。

夜，十二时 15 分准时到京。有朱公垂、韦士霖、程勉之、老谢等多人来接。我当雇车回家。

大妹自沈阳来，五妹夫妇及美强亦在家。

知蒋廷庭[1]夫人及其女已搬往白庙胡同七号居住。

十一月七日，星期日，晴

晨，六时起床。

三妹、弟弟先后来。

九时余，同内子及大、三妹往故宫参观绘本馆。归已一时。

塘侄亦来，午饭后去。

下午午睡。五时，往兴华园洗澡。七时始归。

余宗甫、余景贤先后来看蒋振庭夫人。

陆廷珏、韦士霖二兄先后来谈。

十一月八日，星期一，晴

晨，六时起床。七时半，到琉璃厂练拳。

中午，回家午饭。

下午，四时三刻同唐泽霖、陆廷珏二君往太平桥看房子。六时归家。

为侣女向派出所索取苏联展览馆游览券两张。

十一月九日，星期二，晴

晨，六时起床。

七时半，往西单白庙胡同七号住宅访蒋振庭夫人。适与伊女蒋韵同出，准备往协和医院。余即至六部口乘公共汽车，至琉璃厂已八时半。

十一时，同唐、韦二君至佘家胡同看房子，又至李铁拐斜街看房子。

中午归家。因内子与侣女赴苏联展览馆，自煮面吃。

---

〔1〕“廷”当为“振”。

太平桥穆姓来看房子。

傍晚,再往白庙胡同看蒋振庭夫人。据赴其戚处,未遇。归已七时。

十一月十日,星期三,晴

晨,六时起床。七时半往琉璃厂。

下午学习。原为阅读,嗣于三时到高教部听陈毅作时事报告,分“武装西德”“中苏会谈公报”“尼赫鲁访华”等项,至五时三刻毕。在西单购零物,归已七时。

夜饭后,侣女乘10时21分车赴津转沈。

十一月十一日,星期四,晴

晨,六时一刻起床。八时到琉璃厂。

午后,一时40分到高教部听读报。三时回琉璃厂。

下午四时,人民文学许觉民君等三人来谈古书印制事。

傍晚,六时十分往中央看六时四十分开演的《尼门河的黎明》电影。八时十分毕,归家已近九时。

十一月十二日,星期五,阴,下午雨

晨,六时一刻起床。八时到琉璃厂。

中午,回家午饭。

傍晚,六时归家。

十一月十三日,星期六,晴

晨,六时起床。七时半到琉璃厂。

中午回家。蒋振庭夫人亦来,午饭后去。

傍晚,和程勉之兄谈他的退休问题。

六时半归家。

十一月十四日,星期日,晴

晨,六时起床。

七时半,往头发胡同陈叔老家。九时回家。

塘侄及濂侄夫妇挈美平又瑞和等来,信予兄亦来。中午吃面,为迎内子生日也!

下午,泊如夫人来。

下午,至大众剃头后,往琉璃厂与程勉之兄谈。

往杨梅竹斜街 100 号访久鳌哥,未遇。五时归家。

十一月十五日,星期一,阴晴

晨,六时起床。

七时半,徐益之君来谈,语多重复,神经似不正常,谈至八时半去。九时,到琉璃厂。

中午回家后,知徐益之夫人曾来家,谓徐君于清晨四时出门,未曾回家云。当于午饭后往南堂子胡同 14 号一视,知徐君尚未回去。二时,到琉璃厂。

下午,曾见徐君,当切劝其镇静,未知能有效否?

夜,六时归家。

十一月十六日,星期二,晴,53 度

晨,六时起床。七时三刻到琉璃厂。

久鳌哥与久芬哥上午来访。

傍晚,往六部口购物。

六时 40 分,在中央与内子同看《山中防哨》电影,至八时半毕。回家夜饭已逾九时。

托邻居张姓以三轮车送彰化农场定女米、肉、棉絮、棉鞋、炉盖、木板、盐菜等物。

十一月十七日,星期三,晴

晨,六时一刻起床。七时三刻赴琉璃厂。

下午学习,阅文件(《联共(布)党史》十一章),并漫谈。

傍晚,六时归家。

往邮局寄给岳母沙糖等。

十一月十八日,星期四,晴

晨,六时一刻起床。

七时半,装火炉人来,略与指示,故到琉璃厂已八时十三分。

下午,三时四十分武社长报告评级评薪,又梁涛然同志作补充及做登记自传事。七时归家。

今日为内子六十生辰。

十一月十九日,星期五,晴

晨,六时起床。八时到琉璃厂。

八时廿分,集体乘高教部客车往苏联展览馆参观。九时入馆,至十二时乘原车回城。当归家午饭。

夜饭后,往火车站送王雨楼兄回沪。车于七时半开,归家已八时。

十一月二十日,星期六,晴

晨,六时起床。八时到琉璃厂。

下午,为评级定职事开会讨论。

傍晚,归家已六时半。

七时半,五妹全家来,永儿亦来。

十一月二十一日,星期日,晴

晨,六时起床。

八时,到琉璃厂晤药元林,询昨日评薪情况。九时半,到西四胜利电影院看九时40分开[1]的《一对青年夫妇》电影,演毕已十一时40分。同五妹归家,已逾十二时。

下午,二时同内子往协和医院七号三楼三十三座看蒋振庭兄之女蒋韵,又至东安市场购帽子等。归已五时。

十一月二十二日,星期一,晴,傍晚大雾

晨,六时起床。八时到琉璃厂。

定女七时即去农场,耀华七时半去,丁妈带美强至九时去。

中午,永儿回家午饭。

下午,举行评薪讨论的汇报。

---

〔1〕 此处当漏"演"字。

傍晚，六时半到中央电影院与内子同看《民间体育表演》，至八时十分毕。到家已九时。

十一月二十三日，星期二，阴，有雨，风大

晨，六时半起床。八时到琉璃厂。

傍晚，六时归家。

十一月二十四日，星期三，晴

晨，六时起床。八时到琉璃厂。

下午，一时半到高教部听《联共（布）党史》第十一章报告，五时半毕。因公共汽车人挤，到家已七时。

今日在高教部听报告时，遇许国培居士，知彼调职人民教育出版社已有数月云。

十一月二十五日，星期四，晴

晨，六时一刻起床。八时到琉璃厂。

午饭后，睡一小时。

二时，往石碑胡同25号中国图片供应社代佛青选照片。因他们需要公函，经复函蔡惠明居士，嘱径函购取。

下午，为评薪事会谈。

七时回家，夜饭后洗脚。至十一时，往车站接张子宏兄自沪来。火车误点半小时，至十二点廿分始到。归家入睡，已午夜后两时矣！

十一月二十六日，星期五，晴

晨，六时十分起床。八时半到琉璃厂。

子宏兄在家写信。

上午，开清理组会议。

下午，同子宏兄到社。

二时，开社务会议。

五时，同子宏兄归家夜饭。六时一刻，又同至琉璃厂，与武剑西社长同乘汽车至出版总署，与黄洛峰主任会谈。计有寰老、涛然、子宏、武社长及常紫钟、潘达人、卢文迪、倪子明诸人。至十时一刻谈毕，仍乘高教部汽车到家，已十时半。

十一月二十七日，星期六，晴

晨，六时一刻起床。八时半到琉璃厂。

十时，为香港事汇报。

下午，同子宏、通舟二兄商港事，致涛然同志的定职调薪报告未曾听到。

七时回家。

夜，子宏兄应陈云副总理邀去谈话。十一时始归。

汤儿自沈阳来。

十一月二十八日，星期日，雪

晨，六时半起床。

永儿与塘侄来。

上午，度均、宜初、明岳诸君来望子翁，又姚心吾、徐益之诸君来谈。

下午，往琉璃厂做二十六日清理组的记录，顺道往士霖兄家一转。四时回家。

糜文溶、文焕夫人来。

十一月二十九日，星期一，雪，下午阴晴

晨，六时起床。八时到琉璃厂。

下午，四时同涛然、子宏二君往财经谈海外社及港事，即在东堂子胡同财经食堂夜饭。饭后，又至财经与常紫钟、潘达人二君谈港事，至十时始毕。与子宏兄同归。

十一月三十日，星期二，阴晴

晨，六时起床。

九时，同子宏兄往叔老家，谈至十时。再同往展览馆参观至下午二时，至西郊公园午饭。五时回城。

夜，社中请子宏兄夜饭。邀武社长及梁涛然、纪昌、郑雪樵、戴孝侯、宣节、王汉英、王泊如、朱通舟、药元林、陆廷珏、吴泽炎等作陪。

七时半归家。

十二月

十二月一日,星期三,晴

晨,六时起床。

七时三刻,到琉璃厂与上海办事处沈季湘君通长途电话,为张子翁领出国证事。

上午,十时三刻同子宏兄往国际书店晤邵公文、曹健飞、苏迪畅及进货科高姓等。谈[1]十二时,承邀至森隆午饭。饭后,至琉璃厂已二时。与梁涛然同志谈至四时。五时,回家夜饭。六时,送子宏兄至车站。彼乘七时十分开17次车往上海。回家时,华昌照相馆拍小一寸照像备贴登记表之用。

十二月二日,星期四,晴

晨,六时一刻起床。七时三刻到琉璃厂。

上午,经理部各科汇报,又为现金管理与各部门会谈。

下午,一时往高教部听读报。一时五十分开始,至三十毕。

六时,再往高教部听学习《联共(布)党史》第十一章报告。归已逾九时。

十二月三日,星期五,晴

晨,六时一刻起床。八时到琉璃厂。

午饭后,同内子往府右街北口会同唐泽霖、韦士霖二君至牛圈二号看房子,又至新建胡同看房子。三时,回琉璃厂。

夜,七时归家。

十二月四日,星期六,晴

晨,六时一刻起床。八时到琉璃厂。

下午,社中集体往新华印刷厂参观。我为填登记表未去。

傍晚,六时回家。

夜,同内子及汤儿、永儿往中央看《男女并肩前进》影片。

---

〔1〕 此处当漏一“至”字。

十二月五日，星期日，晴

晨，六时半起床。

八时外出。先到邮局汇给岳母款（十二月和一月用费各五万，又杨福贵弟送的五万，共汇十五万元）。又至大众剃头，再到琉璃厂抄第二份登记表。十一时半归家，中途至华昌照相馆取所拍小一寸照片。十二时到家。塘侄来，午饭后即去。三妹同杜企棠来，弟弟于早晨来。中午吃面后，同内子、汤、永二儿、三妹、企棠等至中山公园游玩、拍照，并参观阿尔巴尼亚图片展览。

三时一刻，至六部口售品部一转。到中央看三时45分（实际至四时）开演的川剧集锦（做《五台会兄》《评雪辨踪》《秋江》三剧），至六时十分始毕。归家已近七时矣！

十二月六日，星期一，晴，傍晚雪

晨，六时一刻起床。八时到琉璃厂。

傍晚，六时踏雪归家。

社中应填登记表，今日填好交人事科。

午后，曾往中国图片供应社代《党讯》社选购照片。

十二月七日，星期二，晴

晨，六时一刻起床。八时到琉璃厂。

中午，永儿回家午饭。

下午，二时半同韦士霖兄往半壁街及西皮库胡同看房子。四时回琉璃厂。

七时归家。

五妹下午来过，即回去。

十二月八日，星期三，晴

晨，六时一刻起床。八时到琉璃厂。

下午，学习《联共（布）党史》第十一章，讨论。

傍晚，六时归家。代周有祉君购茶食备供养寿饶上师用。

十二月九日，星期四，晴

晨，六时起床。八时到琉璃厂。

午后，在家拟自传，至三时半始往琉璃厂。四时起，做清洁工作。六时归家。

十二月十日，星期五，晴

晨，六时起床。七时三刻到琉璃厂。

午饭后，因西窗糊纸，延至二时始到馆。

三时，开社务会议，为讨论处分马鸿钧、张高义、陆廷珏三人事。定明日下午开全体大会宣布，并由本人检讨。

归家已逾七时。

社中特约洗衣价目如下：床单每条3500，绒褂、裤每套2000，白布小裤每条600。

十二月十一日，星期六，晴

晨，五时三刻起床。

八时到馆，为许寄南来报告陈云卿辞职原由事，赶做报告给黄洛峰同志。

中午回家。饭后，往垂露胡同44号访俞寰老，询对新馆意见。一时三十五分回琉璃厂，已开全体大会，由武社长宣布对陆廷珏、马鸿钧、张高义三人的处分。先由三人检讨交代，再由党团、工会发言，五时半始毕。

六时十分，首都看《黑孩子》电影。先至苏联售品处购糖。电影散场只七时半，归家只八时。

十二月十二日，星期日，晴

晨，六时半起床。

八时，往陈叔老家，他已出门，留条。即出至西单新华购台历一个，又至琉璃厂写复张雄翁信。十一时半归家。

今日，内子同汤、永二儿往西郊彰化农场，故中午自煮面吃。

下午，美韶来。

下午，拟自传稿一部分。

十二月十三日，星期一，晴

晨，六时起床。八时到琉璃厂。

中午回家。下午，在家草自传，直至夜近十二时始睡。

内子同汤儿往中央看《秘密档案》电影，我因做自传未去。

十二月十四日，星期二，晴

晨，五时三刻起床。八时到琉璃厂。

十时归家，续写自传，至十二时始毕。

下午，三时再到琉璃厂接洽去穗事宜，又代《觉讯》社往图片供应社选片。五时归家，往清华园洗澡。七时，回家夜饭。饭后，处理行装，备今晚乘19次车转汉赴穗。

夜，十时半由家中动身，至果子巷口始雇到三轮至车站，乘19次京汉车，于十一时35分开。

十二月十五日，星期三，晴

在京汉车中。

早点吃3500元的，但以鸡蛋换面包。

中、晚两餐均购白饭各一斤。

十二月十六日，星期四，晴

晨，七时到汉口。当过江至武昌北站，购得加快及卧铺票，饮茶、吃面包。至十一时38分开的第29次粤汉车。

十二月十七日，星期五，晴，广州

昨夜甚凉，应已入粤境而较鄂境过之。

五时一刻，大便、洗脸。

七时早餐。早餐时，我要求以鸡蛋换面包，未许，曾提意见。

下午，四时到广州（照时刻表应为三时卅八分）。当雇车至新亚酒店，开304号房间，略为布置。五时，往永汉北路158号广州办事处访黄秉桓兄和杨明同志。又同秉翁到他家一转，同至菜根香夜饭。饭后，同至新亚，谈至九时他才走。

洗澡后入睡，夜间竟有蚊子。

十二月十八日，星期六，晴

晨，六时半起床。

写致六女、永儿两信。

赴邻近吃牛奶、面包。

九时，到新闻出版处。先找吴西玲同志，再见林寒流处长。据陈仲达处长系昨晚北上，未及晤面。当由吴西玲同志与工业局联系，约谢志强科长于明日下午二时会谈。

十时，到广州办事处与杨明、黄秉桓二君谈星加坡事。

十二时，到秉翁家午饭。饭后略睡。

三时，到泰康路、回龙路广州印刷厂与黄玲同志谈，至四时余出，

往大丰公司访周有祉君。在菜根香夜饭，再至西堤百货公司一转。归已九时余。

十二月十九日，星期日，晴

晨，六时半起床。

九时半，往东站接张子宏、丁英桂二兄。照规定，车应于十时七分到，误点至十一时五分。当同至新亚酒店，开 213 房间。秉桓夫妇带丁英翁的箱子到他家去。

我同丁英翁及子翁夫妇至菜根香午饭。饭后，回新亚。

二时，吴西玲同志来，同至工业局谢志强科长处，黄玲同志已先在。谈穗厂及调港职工事。至四余[1]余，回新亚休息廿余分钟。同英翁往穗厂，再和吴西玲、黄玲、蓝伟诸同志商明日赴上级工会请示事。

五时，同英翁至永汉南路广州办事处找杨明，再至秉翁家一转。我单独回新亚。

同子翁夫妇至天津馆吃素面。七时半回新亚。

十二月二十日，星期一，晴

晨，六时起床。

七时，同子宏兄夫妇外出吃豆浆、面包。

八时半，丁英翁来。原由蓝伟约在九时来新亚，同往上级工会。嗣蓝伟来，称上级工会及劳动局拟同在厂谈，约十时半到厂。乃准时前往，至逾十二时。据

---

〔1〕“余”当为“时”。

黄玲称,他们拟于午后一时约港来职工的代表谈话,可与下午听回音。又上级工会与劳动局决定今年例假奖金都不能发云云。

我和英翁到菜根香午饭。饭后,到邮局打电报给北京,嘱缓汇穗厂职工例假款。二时,回新亚。三时,到工业局。三时半起,开穗厂管委会。至五时毕,同到大同酒店夜饭。饭后,同英翁回新亚。

子宏兄往广州办事处与杨明同志会谈。十时归,谈至十一时。

戴芳梓君来谈。

今日发头风,不知何故?

十二月二十一日,星期二,晴

晨,五时起床。

五时五十分至二楼213号,知子宏夫妇已赴车站。当雇车至站,送子宏夫妇往深圳火车。车于七时四十分始开。

又同英翁至越华路,我到中央公园散步。九时,至新闻出版处与吴西玲谈,又同英翁至穗厂与黄玲谈。十一时,回至越华路秉翁家,草拟参加管委会报告,即在秉翁家午饭。饭后,写致梁、唐第二信。

四时,寄信后至广卫路乘八路公共汽车至新亚。

六时,至天津馆吃面。又往西濠影院看《孽海花》电影,至八时十分毕。

今日下午仍有头风。

十二月二十二日,星期三,晴

晨,六时半起床。

七时半,外出点心,往小东营与丁英翁商拟致港调职工函稿。九时半,同往新闻出版处。向林寒流处长请示后,同吴西玲同志往工业局,将林处长致王达局长信交谢志强科长。回新亚后,再外出往人民银行省分行访吕越祥兄,知在信贷科。因已届十二时,又为本日下午学习不办公,拟明日再往。

至天津馆午饭。饭后,回新亚午睡。

周有祉兄来,同往黄花岗游览。四时,回途中购冬菇等土产。

六时,再同有祉兄至蛇王满夜饭。同座者有大丰王经理、农会计及刘、夏诸君。七时返新亚。

十二月二十三日，星期四，晴

晨，六时半起床。

七时，外出吃早点后，往小东营。

八时半，同丁英翁往广州办事处晤杨明及秉翁。九时半，往广州印刷厂晤黄玲厂长。十时，回新亚。

十一时，往人民银行广东省分行访吕越祥兄，谈半小时辞出。伊家住东山银行宿舍301号，如本星期日有暇，当走访。

十二时，至天津馆午饭后，回新亚午睡。一时半，约周有祉兄陪往林源丰修表。二时回。

三时，丁英桂、吴西玲、黄玲、蓝伟诸君原约去看工业局谢志强科长。据外出，未遇，乃在新亚谈一小时后归去。

夜，周有祉兄来洗澡后去。

十二月二十四日，星期五，晴

晨，六时半起床。

七时半，往外早点后即归。

终日未离新亚，阅读《经济建设》第三册。

上午，丁英翁来电话，谓港调同人代表约今晚来谈。

下午，黄秉桓兄来谈。

夜，七时英翁与丁宝森、梁仰坡、卢汉生、庞培生、邵国龄、陈云标诸君来谈，至十时半去。

洗澡后入睡。

职工代表称，35人的意见汇录如下：

（1）请本厂工会派员协助；

（2）请上海工会派员（石敏良）来穗协助；

（3）保证工资与一切福利五年内不变动；

（4）香港沦陷期内三年八个月工资照给；

（5）妥拨年资每年一个月的公积金；

（6）薪工港币折合由 3880 改 4270 计算。

但声明还不是作条件提出。

十二月二十五日，星期六，晴

晨，六时半起床。

七时半，外出早点后于八时半到小东营，同丁英桂君至广州办事处与杨、黄二君谈。九时半，到广州印刷厂晤黄玲、蓝伟，谈职工解除劳资关系事。据今午开代表会议，今晚开全体会议，明晨再来听信。

十时，回新亚。

下午，看《经济建设》第三册。

夜，六时廿分到广州戏院看《三年》电影。八时半回新亚。

周有祉兄来谈，十时后去。

十二月二十六日，星期日，阴晴

晨，六时一刻起床。

七时半，外出吃早点后步行往广州印刷厂。走错了路，至太平南路又乘三轮车，到厂已逾八时。知职工代表约今晚七时正式谈判，与黄玲同志洽谈后即出。

乘一路公共汽车至东山，换三轮车至中行别墅访吕越祥（住 201 号），又访张启明（住 311 号），至十一时辞出。在天津馆吃面后，往小东营午睡一小时。

四时，至菜根香吃面，又购药一瓶。往东站送周有祉兄乘 5 时 15 分车赴沪。

六时，到穗厂。七时起，与职工代表谈，行政、工会都在座。归已逾九时。

今日职工提正式条件如下：

（1）结束劳资关系，贴薪一年；

（2）要劳积金依年资算，每年一个月；

（3）从港汇汇率变更之日起，至结束劳资关系之日止，补给 3880 与 4270 之差额；

（4）一次加付一年的房租津贴；

（5）原机构工龄并入穗厂计算。

(6) 薪工港币折合由 3880 改 4270 计算。

附加,港借薪水请变通办理。

十二月二十七日,星期一,晴

晨,六时一刻起床。

七时半,外出早点后往沙面一走。

九时,丁英翁来,同至小东营抄职工所提条件。再同往新闻出版处见吴西玲同志和林寒流处长。

十二时,到广州办事处接洽借款作旅费。

下午,二时半到广州印刷厂与黄玲同志联系。三时半回新亚。

夜,七时再到广州印刷厂与职工代表谈,仍未得结果。九时,同英翁回新亚。

今日换 305 号房,房租每天 34000 元,比在 304 号房可少 22000 元。

十二月二十八日,星期二,晴,夜有微雨

晨,六时起床。

七时,出外早点后,八时到小东营与丁英桂兄先至华南出版社访罗戈东社长,谈一小时。再至新闻出版处晤林寒流处长及吴西玲同志。又至广州印刷厂访黄玲厂长,未遇。十二时,至天津馆午饭。

饭后,回新亚午睡,并阅读《经济建设》至六时。至天津馆夜饭后,再至小东营同丁英桂兄往穗厂与黄、蓝二人谈。八时半回新亚。

洗澡后入睡。

十二月二十九日,星期三,阴晴

晨,六时起床。写致永儿信。

七时,往广卫路吃早点后,到小东营与丁英翁接洽。

八时,往广州印刷厂与黄玲同志谈。

八时半,回新亚,再外出剃头。

写致梁涛然、唐泽霖第四封信。

十一时半,接吴西玲电话,有京来挂号信在新闻出版处,当赶往取来。知系梁、唐复信,即回新亚。

新亚管事来谈，本月卅一日上午起，该店房间全部包给中南军区，嘱届时迁让云。

下午，二时至天津馆午饭。饭后，步行至广州印刷厂。七时，与职工代表会第四次会谈，仍无进展。八时半，步行返新亚。

十二月三十日，星期四，晴

晨，六时起床。

七时外出，至越华路吃早点，到小东营与英翁商谈。九时，同到新闻出版处晤吴西玲同志，又同至工业局。因谢志强科长与杨明同志均不在，未晤见。再到广州印刷厂访黄玲厂长。十二时，回西濠午饭后，返新亚午睡。

傍晚，英翁来，至五时半去。

六时，至岭南文物宫买武汉杂技团票，又至天津馆夜饭。再往广州印刷厂晤黄玲，知市委方面须明日开会商谈云云。

七时，至文物宫康乐场看武汉杂技团表演。自七时十五分起，至九时十五分止。回新亚已九时半。

十二月三十一日，星期五，阴雨

晨，六时起床。写致张子宏信。

七时外出，到长堤东亚酒店看好526号房间，当回至新亚算账，取行李搬至东亚(电话12374)。

八时，电话告丁宝森，又外出早点后，到小东营与丁英翁同至新闻出版处访吴西玲，未遇。再至工业局晤谢志强，与汤明谈穗厂事。

午饭后，回东亚略睡，看《经济建设》。

下午，三时英翁来，再步行往穗厂晤黄玲，谓须下月四日始可劳资再谈云。

同英翁再至新闻出版处，适陈仲达处长已到，当与谈话后回新[1]亚。

写致梁、唐第五封信，及致永儿第二封信。

七时，出外夜饭，并购明、后早场广州戏院电影票。

---

〔1〕“新”当为“东”。

1955年

一月

一月一日，星期六，全天细雨

晨，六时半起床。

八时外出，因粥店未开，到天津馆买了两个烧饼和一份《南方报》回东亚。

十时，往广州戏院看《一个女子的新生活》电影。系匈牙利电影，甚佳！十时半开演，至十二时毕。到天津馆午饭，饭后回东亚。

下午，四时至太平南路一走。五时半，至天津馆吃面，又至工业局所属各厂产品陈列室参观，未见精彩。六时半回东亚。

一月二日，星期日，阴，时有微雨

晨，六时三刻起床。

八时，外出吃粥，至工业局陈列馆一转。

九时35分，到广州戏院看《罗马，一不设防的城市》电影，至十一时一刻毕。

十二时，到天津馆吃面，又至西堤百货公司一转，回东亚。

下午，四时英桂兄来谈。

六时，往岭南文物馆参观新年娱乐晚会，看到《小姑贤》评剧电影。九时半回东亚。

一月三日，星期一，阴，晨有微雨

晨，七时起床。

八时，外出吃粥，购报归。

中午，至天津馆午饭。

下午，四时半丁英翁来谈。

六时外出购物，七时回东亚。

看书报外，无所事事。

一月四日，星期二，阴冷

晨，七时起床。

八时，往越华路早点后到小东营。

九时，同丁英翁至新闻出版处晤吴西玲同志，又至广州办事处看报。

十二时，到菜根香午饭。饭后，回东亚接丁宝森电话，约今晚七时续谈。

向英翁处取来《儒林外史》（是秉翁的）阅读。

下午，四时英翁来谈。

六时，至菜根香夜饭后，往穗厂先晤黄玲。七时，和代表们谈，党政工都来。至九时半，仍无结果而散。

回东亚后，洗澡入睡。

一月五日，星期三，晴

晨，七时起床。

八时，往越华路早点后到小东营。

九时，同丁英翁到新闻出版处与林处长谈。十时，同英翁回东亚。英翁谈至十一时离去。

中午，往菜根香午饭。饭后，到丽声戏院看《易北河两岸》电影。自十二时40分至二时廿分毕，回东亚。

下午，六时半往穗厂与黄玲谈。七时半出，到天津馆吃面。八时半回东亚。

一月六日，星期四，晴

晨，七时起床。草拟致新闻处报告。

八时半，到越华路早点，再至小东营缮写报告。十一时，同英翁往新闻处面递。

中午，至菜根香午饭。

下午，接吴西玲电话，知明晨他约黄玲面谈。

六时半，到穗厂晤黄玲。

七时半，同英翁回东亚。写致梁、唐第六封信。

一月七日，星期五，晴

晨，七时起床。

九时到小东营。

十时，同英翁往新闻出版处。又同吴西玲君至东亚候黄玲厂长来，同谈结束劳资关系事，至一时始散。

一时半，到天津馆午饭。饭后，至长堤戏院看《第三打击》电影。自二时 20 分起，至四时 10 分止。记得在京看过，算看第二遍了。

七时，英翁来，同拟致北京电报。八时，去电局拍发。九时归东亚。

一月八日，星期六，晴

晨，七时起床。

八时，到越华路早点后至小东营。

九时，同英翁到人民银行领上海汇款，又到华南人民出版社访罗戈东社长。谈至十时半，再到新闻出版处与吴西玲同志谈。十二时，回至太平路，在天津馆午饭。

下午，十二时四十分在西濠戏院看《战斗的友谊》电影，并有奠边府战役及新闻纪录片。至二时十分毕，回东亚。

夜，仍至天津馆夜饭。

一月九日，星期日，晴

晨，七时起床。

八时，到越华路吃早点后至小东营。沈永椿君来，黄秉翁留吃午饭。

饭后，同英翁往新闻出版处。因该处无人，当回东亚。见南堤电局留条，嘱打电话 15041 接洽，当去电话，嘱去取京来电报，即前去取来。

写致梁、唐第七封信，交航空寄。

下午，五时半往光塔街，看光塔外刻“怀圣遗墓”四字，旁有清真小学，似系回教者。

六时，到菜根香夜饭。

七时，到丽声戏院看《拾玉镯》桂剧电影，至八时半毕。有德人民艺术团在京歌舞演出,尚可观。

九时回东亚。

一月十日,星期一,晴

晨,七时起床。

八时,到新闻出版处,知该处须八时半上班,乃至小东营同英翁于十时再去。少顷,吴西玲和黄玲从罗戈东处长处来,谈至十时三刻辞出。十一时一刻,到天津馆午饭。饭后,至西堤百货公司购信纸,回东亚。

下午,抄港调同人名单,丁英翁来谈。

六时半,往长堤戏院看《蔚蓝色的道路》电影。六时五十分开演,至八时廿分毕。

路过书店,买《鲁迅小说集》,化 16500 元。

一月十一日,星期二,晴

晨,七时起床。

八时,往越华路早点。八时半到小东营。九时,同英翁到新闻出版处与吴西玲、黄玲同志会谈。十一时,过广州办事处谈话。十二时,到菜根香午饭。饭后回东亚。

下午,六时到天津馆夜饭。七时,到广州印刷厂作第五次会谈,仍无结果。九时回东亚。

今晚洗澡。

一月十二日,星期三,晴

晨,七时起床。

八时出门,往越华路早点,到小东营同丁英翁至新闻出版处。再往华南人民出版社访罗戈东社长,黄玲同志亦同来汇报。再至新闻出版处一转,至天津馆午饭。饭后,在广州戏院看罗马尼亚电影周《理想实现了》影片。到邮局寄给韵甥汇款挂号信,回东亚已三时矣!

丁英翁来谈。

六时半,往长堤戏院看《赵一曼》影片。归已近九时。

一月十三日，星期四，晴，稍暖

晨，七时起床。

九时，出外吃早点后到小东营，并先至太平路76号及大德路405号两个铁路售票所一转。

十一时，同丁英翁到新闻出版处一转，往六榕寺登花塔，计九层，近二百级。又至菜根香午饭，饭后回东亚。

下午，写致梁、唐第八封连同致永儿信，一并投航空信箱。又至天津馆吃面后归。

一月十四日，星期五，晴

晨，七时起床。

八时，赴越华路早点后到小东营。

九时，同英翁到新闻出版处与吴西玲同志谈过后，到广州办事处听消息。未有电话来。

十二时，到菜根香午饭。饭后回东亚。

下午，丁英翁来谈。

五时外出，至太平路铁路售票处一走。五时半回东亚。

《儒林外史》看完，还丁英翁。在看《鲁迅小说集》，又买了一本《计划管理……问答》。

一月十五日，星期六，晴

晨，七时起床。

八时，赴越华路早点后到小东营。

九时一刻，同丁英翁到新闻出版处与吴西玲同志谈结束港来职工劳资关系事。十一时，同英翁至太平路售票处购下星期三（十九日）返京、沪车票，购得硬席下铺。再往工业局预向谢志强科长辞行，由汤明同志代见。

十二时，到天津馆午饭。饭后，至广州戏院看《我们的村子里》电影，先映《繁荣的道路》。二时半回东亚。

下午，英翁来谈。

六时半，往天津馆夜饭。饭后，至西堤百货一转，九时归。

一月十六日，星期日，晴

晨，七时起床。

九时一刻，丁英翁来。

迭接吴西玲、黄玲电话。同英翁于十时到穗厂，与黄玲谈结束港来职工劳资关系事。

十二时，到菜根香应沈永椿君招午饭。同席者为丁英翁、秉桓夫妇、永椿夫妇及李姓女教师，共七人。饭毕，由永椿请在中山纪念堂看中南军区政治部文工团公演音乐舞蹈。自下午一时半起，至四时余止。颇有意义。五时回东亚。

写致汉口杨馥卿、鲁锦涛航空信。

一月十七日，星期一，晴

晨，七时起床。

八时出门，往越华路吃早点，到小东营。九时，同丁英翁往新闻出版处，半途遇吴西玲、黄玲二同志，又至小东营商谈结束港来职工劳资关系事。十一时，再同往华南人民出版社向罗戈东处长请示。中午，同英翁至菜根香午饭。饭后，往广州印刷厂同黄玲及各代表谈结束手续。五时半，至天津馆夜饭。饭后，再往广州印刷厂向黄玲索回协议书稿。再至小东营取复写纸回东亚缮写，至十时半始毕。

九时一刻有警报，九时半解除。

一月十八日，星期二，晴

晨，七时起床。

九时，丁英桂、丁宝森二君先后来，发电上海请汇款。

十时，又同英翁先到新闻出版处辞行，再到华南人民出版社向罗戈东处长报告新馆陈云卿事。

十二时半，到菜根香午饭。饭后，回东亚理箱子，又往西堤百货公司购布床，连同箱子到永汉南路 76 号做行李票。三时半回东亚。

写致梁、唐信，附致通舟条。又写致子宏信。

夜,丁英翁同余维海、戴芳梓二君来谈。

洗澡后入睡。

一月十九日,星期三,晴

晨,六时半起床,整理行装。

八时,往越华路早点后,到小东营一转。九时,到广州办事处与杨明、黄秉桓二同志谈新馆事,又还借款。

中午,携手提行李往车站寄存。回至西濠戏院看《苏联动画集》影片。

二时,在天津馆午饭。饭后,往小东营陪英翁至东车站。致六妹一信。

五时半,到菜根香夜饭。饭后剃头,再到广州戏院看《科学宫》电影。

十时去车站,乘十一时55分车离穗。

一月二十日,星期四,晴

在粤汉车中,所乘硬席卧铺尚舒适。

一月二十一日,星期五,晴,武汉

晨,四点四十分到武昌北站。过江路极难走,因雪初化。当至汉口站。

八时,杨馥卿君来,同往房地产所在处一走。

九时余登京汉车。因无卧铺,只得坐硬席坐铺。

一月二十二日,星期六,晴,北京

晨,大便甚畅。

下午,四时21分准时到京。老谢来接,当即归家。

朱公垂、张子明两兄来谈。

塘侄来谈。

附新日记册前的一段说明:

万国钧同志送来这本纪念册,我就当作1955年的日记。

我于1954年12月14日因公前往广州,至1955年1月22日始回到北京。因此,1月22日以前的事,就记在1954年的日记本上。本册从1955年1月23日——即阴历甲午年大除夕开始。

一月二十三日，星期日，晴

晨，八时起床。

九时，往北椿树胡同访梁涛然、唐泽霖同志，往永光寺中路访最近决定退休的程勉之兄，又往东北园谒武剑西社长，报告一切。

到琉璃厂邮局取吕振鸿汇来人民币88万元，到前门车站取行李回家。

中午，永儿回家。

下午，午睡一小时半。

四时，往访何希秀女士，交给吕振鸿汇款。

三妹及五妹夫妇、美强先后来。

一月二十四日（乙未年元旦），星期一，晴

晨，七时半起床。终日在家，未出门。

濂侄夫妇携美平及绍和侄女来。

企棠来，下午与三妹同返西郊。

塘侄来，陆廷珏兄来。

梁涛然、唐泽霖、纪昌三同志午后来。

王泊如兄夫妇傍晚来。

王裕泉君夫妇挈二孩下午来。

写致汤儿及侣、悟、曼、锦女各一信，又复张树年一信。

一月二十五日，星期二，晴

晨，七时半起床。五妹夫妇往钢铁学院去。

八时半，先后往陈叔老、俞寰老、宣信予兄、戴孝翁家，均因外出未遇见。高乐赓兄来。

十一时，到琉璃厂寄致悟女保价信。

中午回家。董明达世兄已在（伊在北京工业学院俄文专修科），午饭后去。

下午，同内子、永儿往大众看中国评剧院着演《茶瓶计》《翠香计》《书囊计》，即《渔家乐》三则，五时毕。至三眼井三号看房子。归家已六时余。

夜，宣信予兄来谈。

一月二十六日，星期三，晴

晨，七时起床。终日未出门。

上午，美韶侄孙来，下午去。

姚裕才、计宜初诸兄先后来。

下午，武剑西、丁敏士、泊如的两世兄和许季芸兄夫妇来。

内子和五妹下午往民主去看评剧《白蛇传》。五妹与丁妈傍晚挈美强回西郊。

算旅费帐。

一月二十七日，星期四，晴

晨，六时半起床。

八时到社。上午，在社办公。

中午，回家午饭后略睡。

二时，同内子赴三眼井三号看房子。陆廷珏、韦士霖二兄亦来。四时回家。

在家草拟为陈云卿辞职事致黄洛峰局长的报告。当夜誊止，睡已十时半。

一月二十八日，星期五，晴

晨，六时半起床。八时到社。

上午，开社务会议，为讨论1954年5至八月工作总结事。

下午，在社阅看文件。

傍晚，六时归家。

永儿向苏联展览馆买来明日的电影票。

一月二十九日，星期六，晴

晨，六时半起床。八时到社。

下午，五时往苏联展览馆电影馆看《渡江侦察记》电影。六时30分开始，八时20分毕。回家已九时15分。

一月三十日，星期日，晴

晨，七时起床。

九时，往陈叔老家，又未遇。当至东拴马椿22号，知农公已搬住六号，即往谈片刻。又至半壁街 17 号访吴度翁。因伊已退休，据拟下月返沪云。计宜初兄在肚痛，不知与盲肠有关否？

十一时回家。塘侄来。

下午，拟缮粤行工作报告，直至午夜十一时始毕事。

宣信予兄来谈。

一月三十一日，星期一，晴

晨，六时半起床。八时，到琉璃厂社中。

傍晚，往清华园洗澡。七时半回家。

侣女汇来给其母和弟弟的 25 万元。傍晚，向东琉璃厂邮局取来。

二月

二月一日，星期二，晴

晨，六时半起床。七时五十分到社。

八时，集体到骡马市大街结核病防治所透视肺部。九时回社。据透视者称，我右肺尖有大黑块，当然是过去病灶。

下午，三时半举行认购建设公债动员会。我认购 200 万元，准备三至六月各扣 30 万，七至十月各扣 20 万元。

五时半下班后步行，获东琉璃厂经炭儿胡同礼拜寺街，至三眼井约需 12.5 分钟。又经排子胡同三益澡堂、鱼市场至前门购公共汽车月票。归已六时半。

二月二日，星期三，晴

晨，六时半起床。八时到社。

下午，为开除周右泉事，武剑西社长作报告，至五时始毕。

六时归家，买面包一只。

夜，七时三刻电灯忽灭，当入睡。

二月三日，星期四，晴

晨，六时半起床。八时到社。

中午，电灯复明。

傍晚，为到琉璃厂人行存款，归家已六时半。

夜，查阅京沪两厂 1955 年成本及财务计划，至十一时半始入睡。

二月四日，星期五，晴，今日立春

晨，六时半起床。八时到社。

上午，开社务会议，为 1955 年财务计划事，至十二时始毕。

中午，永儿回家。

下午，宋树棠来访。

傍晚，往首都看国际歌舞纪录片，六时至七时半。回家已逾八时。内子和永儿同去。

归途到糜文溶兄家一转，管体乾君亦在。

二月五日，星期六，阴，有小雪

晨，六时一刻起床。八时到社。

九时起开大会，由社长报告上年 5~8 月工作总结。上午只报告编辑部分。

下午，一时半继续做工作总结报告，至三时半毕。随即以科为单位分组讨论，参加计财科，至五时半止。

傍晚，往中央看《小梅的梦》的电影，加演《风和树》及《我的书》等，八时十分毕。回家已八时半。

二月六日，星期日，晴，上午有雪

晨，六时半起床。

七时半，外出往陈叔老家。谈至九时，往唐慕汾居士家。谈至十一时归家。

瑞和侄女来。

下午，午睡一小时。

杨实夫君来，为团体人身保险事。

糜文溶兄夫妇挈若梦来。

四时，往厂甸一走，购小型虬角筷一双，费一万元。

海公上师曾来函介绍西黄寺资福院秦喇嘛，今日以保价信寄去五万元，为供养吗呢法会之用。

夜,写致悟、锦二女信。

二月七日,星期一,晴

晨,六时半起床。八时到社。

朱通舟兄挈眷于今日上午到京。

中午,回家午饭后,同内子往余家胡同36号访通舟兄。他去借床被,略与伊夫人谈话,内子暂留。我到琉璃厂邮局汇寄给锦女款。到社已二时20分。

到社后,知高教部有报告,当取出入证赴部。系刘子载副部长作周总理台湾问题的传达报告,五时半毕。归家已六时。

永儿今日赴西郊俄专校。

二月八日,星期二,晴

晨,六时半起床。八时到社。

下午,三时往马市大街第四医院看孙伏园病,又往山老胡同访孙乾三君。归家已六时。

二月九日,星期三,晴

晨,六时半起床。八时到社。

中午,五妹来家,午饭后去。

下午学习,讨论《技术决定一切》问题。

六时归家。

二月十日,星期四,晴

晨,六时半起床。八时到社。

午后,往高教部听读报,系崔仲达主任读关于胡风思想的批判和农村工作部的报告等。三时半回社。

傍晚,往东安市场购黄油、面包等。归已七时一刻。

二月十一日,星期五,晴

晨,六时半起床。八时到社。

傍晚,汤儿自沈阳来。

二月十二日，星期六，晴

晨，六时半起床。八时到社。

傍晚，剃发后归家。

今天为我的母难日。回忆母亲的慈颜，宛如目前。今母亲逝世已十二年矣，无限怨感！

二月十三日，星期日，晴

晨，七时起床。

九时，往棉花九条视徐培生君病，又至朱蔚伯兄家一坐。九时半，至菜市口乘十路公共汽车至东总布胡同访潘连人君。谈至十二时回家，永儿已来。

下午，同内子和汤、永儿去三眼井看房子，又同汤儿至清华池洗澡。五时回家。

二月十四日，星期一，晴

晨，六时一刻起床。八时到社。

中午，回家午饭。

傍晚，为计划财务科为二、三月工作计划开科务会议，我同唐泽霖同志参加。自六时半至八时 40 分毕。归家已逾九时。

上午，同韦士霖兄约张姓木匠至三眼井看装隔板。

二月十五日，星期二，晴

晨，六时一刻起床。

八时到社。中午，回家午饭。傍晚，六时回家。

二月十六日，星期三，晴

晨，六时一刻起床。八时到社。

下午，举行反原子战争签名动员大会，自二时起，至四时半止。

四时半后，阅读《联共党史》文件。六时归家。

二月十七日，星期四，晴

晨，六时一刻起床。八时到社。

午后，往三眼井看隔断，颇不如意。二时半到社。

傍晚，六时归家。

棉花五条 14 号旁门修沙发，取去大沙发一只及转椅一把。系朱剑安兄介绍。

二月十八日，星期五，晴

晨，六时一刻起床。

八时到社。傍晚，为移转资产事至六时半归。

汤儿今日返沈。夜，十时离家，乘十一时赴长春车去沈，送至果子巷口。

二月十九日，星期六，晴，有大风

晨，六时一刻起床。八时到社。

永儿中午来家。

傍晚，六时一刻归家。

二月二十日，星期日，晴

晨，六时三刻起床。

上午，为下星期须搬家预为整理，并约瑞和侄女来帮忙。

午饭后，同内子、瑞和及永儿往天桥大剧场看越剧《考香传》，系朝鲜故事，由徐玉兰、王文娟主演，似不甚紧凑。一时半开演，至五时毕。同瑞和乘公共汽车归家。

二月二十一日，星期一，晴

晨，六时一刻起床。八时到社。

下午，二时会谈对旧作者——如版税、稿费等——多项问题，至五时半止。

五时半，到琉璃厂 150 号听徐同志作币制改革报告，至六时十分毕。六时半归家。

保险丝断，不得已请电灯店派人来修。

塘侄来谈。

今日发表改革币制，以旧币一万元易新币一元，定三月一日起实行。

二月二十二日，星期二，晴

晨，六时一刻起床。

八时，到社开小组会，讨论新币制，至八时半止。

傍晚，回家后往棉花五条14号王记修沙发家看新修的大沙发及转椅。

二月二十三日，星期三，晴

晨，六时半起床。八时到社。

下午，阅读《联共（布）党史》，至三时半讨论，至五时半毕。

王家侄女来家。

二月二十四日，星期四，晴

晨，六时半起床。

八时，同内子往三眼井三号看房子。九时半到社。

傍晚，六时余回家。

二月二十五日，星期五，晴

晨，六时一刻起床。八时到社。

傍晚归家，觉得身体不好，当和衣而睡。七时，吃粥后即上床，并冲热水袋。前半夜甚难过，出汗后至下半夜始舒适。曾吃阿司匹林二片。想系日间办公处所冷热不匀之故。

二月二十六日，星期六，晴

晨，七时半起床。八时半到社。

九时，往前门车站接俞寰老沪来16次车。九时48分准时到站，当陪同至伊家，谈至十一时回家。

下午，听郭寿铎报告原子能问题。

傍晚，至菜市口购物。

永儿和五妹夫妇等均来。

二月二十七日，星期日，晴

昨夜大风。

晨，六时起床。

今日搬迁至三眼井三号居住。

企棠、三妹、濂侄夫妇、塘侄及张世良均来帮忙。

今日有两场电影票《邱克和盖克》《作曲家格林卡》，均嘱五妹夫妇去看。

二月二十八日，星期一，晴

晨，六时起床。

七时半到社，途中走十四分钟。按步数分程为下：

三眼井三号$\overset{27}{\text{——}}$扬威北$\overset{83}{\text{——}}$礼拜寺街北$\overset{160}{\text{——}}$炭儿东$\overset{360}{\text{——}}$东琉璃厂东$\overset{795}{\text{——}}$社门口，共计 1425 步。

中午，同莲轩兄从东北园、佘家胡同、五斗斋、大耳胡同、大宏庙回家。

午后，同内子到旧业主宋姓家一坐，询知西屋所住为袁姓，外东屋所住为李姓。

又往西河沿派出所报新户口，到社已二时余。傍晚，六时归。

五妹夫妇早饭后回去。丁妈相帮洗衣，至下午带美强回西郊。

三月

三月一日，星期二，晴

晨，六时起床。

八时到社，又赴头发胡同叔老家。谈至九时半，往西四居士林访郑壁成居士，为张澍霖索译稿事，谈至十时半回家。

今日起，办公时间下午改成二时至六时。午饭后得稍睡，又伴内子至西河沿，再到社。

傍晚，往清华池洗澡。归已逾八时。

王泊如兄夫妇来，并送来许多东西，真太过不去。

三月二日，星期三，晴

晨，五时一刻起床。六时半出门，往得胜门外西黄寺访仁敬、仁定师，谈二十分钟。回社已八时三刻。

傍晚，往东安市场买送给悟女的东西。七时半归家。

内子患头风痛甚剧。

三月三日，星期四，晴阴

晨，六时起床。

为内子卧病，因此整理早餐费时，又准备给悟女物件，到社已近十时。

过茶儿胡同时，将要洗绒衫裤交洗衣胡姓。

中午，回家自烧泡饭，又写致悟女信。二时半到社。

傍晚，到西长安街人民银行换存单，据不支取息金可缓办展期。当乘四路公共汽车至师大下车，走西河沿佘家胡同、延寿寺街至三眼井家中，计有 1100 步。

三月四日，星期五，雪

晨，六时起床。内子病未愈，整理需时，到社已八时半。

九时，举行社务会议，各部门报告一月份工作总结后的主要情况。又为政府调来人员做鉴定及调整机构人事等，至十二时一刻始毕。

下午，二时半到社。

为天寒家中重装火炉。

傍晚，六时半归家。

祝鸿仪君在雪地滑跌折骨，足见行路之难。

三月五日，星期六，阴

晨，六时起床。八时到社。

十一时半，往前孙公园 14 号楼上看祝鸿仪跌伤，似颇严重。

下午，经国会街新华社访徐文同志，托带交悟女小旅行袋一只。

一时三刻到社，参加秘书科科务会议，宣布文书部分五同志调社长室文书组，又朱公垂调出版部校对科，朱通舟兼秘书科等事。

傍晚，剃头后归家。

夜，信予兄来读。

三月六日，星期日，小雪

晨，七时起床。

上午，做清洁和整理工作。

朱通舟兄来谈。

下午，汤儿自沈阳来。

三时，往大栅栏及廊房头条购物。

五时半，同内子先往耳朵眼胡同取交洗衣服。六时半，至中央看《一场风波》电影，加演《解放大陈岛》，至八时半毕。归途到孝翁家一转，取白菜两枝归。

三月七日，星期一，阴

晨，六时半起床。八时到社。

侣女下午自沈带利南来京。

傍晚，往廊房头条合作社购玻璃板归家。

三月八日，星期二，晴

晨，六时半起床。八时到社。

傍晚，到大栅栏买汤圆及杂件。

三月九日，星期三，晴

晨，六时半起床。

八时到社。九时，纪易同志作关于检定工作动员报告，至十时半毕。

下午，李敬永同志作《联共党史》十二章引言报告，又阅读文件。

濂侄夫妇傍晚来，夜饭后去。

三月十日，星期四，晴

晨，六时半起床。八时到社。

傍晚，回家夜饭后，同内子赴北京剧场看《雷雨》话剧，汤儿亦去。七时一刻开演，至十一时半毕。归家已十二时。

《雷雨》做的还认真，但与时代不很适合。

吴度均兄与伊世兄同来辞行，谓今晚还沪。

三月十一日，星期五，雪，阴

晨，六时一刻起床。八时到社。

傍晚，至大栅栏、廊房头条一转。

接毓松函，据称全家于今日离宁赴沪，办公地址为北宝兴路321号中央公安学院上海分院云。

三月十二日，星期六，阴，大风

晨，六时 15 分起床。八时到社。

傍晚，六时即归家。

永儿来家。

三月十三日，星期日，晴

晨，六时半起床，做清洁工作。塘侄来。

十时，经半壁街看计宜初兄病，又至绒线胡同 83 号许季芸兄家。据今日是他母亲的忌辰，素食一天，邀余午饭。饭后，往六部口乘电车至东单及王府井，买《地理知识》未得。又至同仁医院看祝鸿仪，须三时进去。三时半出来，即归家。

糜文溶兄夫妇及若梦来。

濂侄、瑞和侄女、美平来。

五时半，挈利南至中央看《六亿人民的意旨》，不甚感兴趣。六时二十分开演，七时半做完。

三月十四日，星期一，晴

晨，六时起床。八时到社。

中午，为内子陪大妹往五棵松陆军医院联系，带小胖同去，我回家自烧面吃。

傍晚回家。据内子言，曾往五妹[1]，适五妹和丁妈都中煤毒，幸已出险云。

夜饭后，同汤儿往珠市口清华池洗澡。因人太多，转至柳树井澡塘，亦患人多，盖适在夜饭后。洗毕即回家。

三月十五日，星期二，阴晴

晨，六时一刻起床。八时到社。

内子上午往西郊农场。据五妹已上工，丁妈亦已愈，至为欣慰！

傍晚，往琉人行取款，又至延寿寺街人行立折存款，以谋支取便利。

托许静购来《地理知识》一月号一本，寄苏联张元士之子。

---

〔1〕 此处疑漏“家”字。

三月十六日，星期三，晴

晨，六时起床。八时到社。

午饭后，往前门大街33号人行交去折实公债，可在月底领款。二时到社。

傍晚，往骡马市大街人行为内子换折并代取款十五元。七时回家。

夜，汤儿回沈，十时离家。

三月十七日，星期四，阴，大风

晨，六时廿分起床。八时到社。

傍晚，写复小妹信及致倪正和居士和朱颂盘兄各一信，为认交金刚道场福田愿事，故归家已近七时。

保姆藤姓，苏州人，今日来工作。系糜家介绍。

三月十八日，星期五，晴

晨，六时廿分起床。

七时半，到社练太极拳，同练者周世杰、余景贤、钟宝成三人。

傍晚，六时半归家。

夜，缮写所拟本社公司章程稿，至十时余始毕。

三月十九日，星期六，昨夜雪，阴

晨，六时起床。七时半到社。

上午，举行第十四次社务会议，为报告侨委举行海外出版发行工作事。

夜，向合作社购挂面。

糜宅介绍保姆，年轻的一个昨回糜宅，年老的一个有言语不诚实之处，夜间辞退。

三月二十日，星期日，阴晴

晨，六时半起床。

三妹、弟弟先后来家。

唐慕汾居士来，知能海上师已到京，住新侨饭店376号，约25日出国参加亚洲国家会议云。

孙如松兄来谈。

下午，塘侄来。

宣信予兄来谈。

傍晚，挈利南往中央看《在前进的道路上》电影。六时35分起，八时半毕。回家后夜饭。

三月二十一日，星期一，晴

晨，四时闻大妹肚痛，当即起身，往派出所（西河沿）打电话35007大生车行叫来汽车，陪同大妹往五棵松军委直属机关医院。到院已逾五时，办好手续。六时出，乘公共汽车。七时到前门，尚系头班车，人甚拥挤。回家早饭后赴社。

八时五分到社。

下午，据医院电话知大妹已在二时四十分分娩，产一男孩。傍晚，写信给国璠告知，并赴车站邮局寄挂号信。

三月二十二日，星期二，上午雪，下午晴

晨，六时起床。

七时出门，往新侨饭店376号访能海上师，适伊去早餐，待至八时余始来。唐慕汾居士亦来访，共谈至九时余回社。

十时，与梁、唐谈唐赴澳事，当写致张子宏君信，请他在四月五日前去澳。

中午，为内子与利南往五棵松医院大妹处去，余到家自烧面吃。

下午，一时五十分由琉璃厂乘高教部借来大汽车至出版总署。二时半起，听王子野传达苏联出版社印刷工作人员会议情况，至六时余始毕。回家已七时余。

香港知定法师寄来虚云老和尚《禅七开示录》21本，除留一本外，其余即转寄江西老和尚收。

三月二十三日，星期三，晴

晨，六时起床。七时半到社练拳，只我一人。

下午，往东总布胡同听王子野继续报告苏联出版印刷工作会议情况，至六时毕。归家已七时

三月二十四日，星期四，晴

晨，六时起床。七时半到社，一人练拳一套。

傍晚，至银行取款，往邮局寄岳母保价信。六时三刻到家。

菊公来信询《唐人写经》。查53年信，已售与文化部。当复信告知。

函告虚云老和尚寄去《禅七开示录》事。

三月二十五日，星期五，晴

晨六时起床。七时半到社练拳。

上午，同陆廷珏兄往大六部口及皇城根看房子。十一时余回社。

五妹昨说今日休息，可以回家，结果未来。

傍晚剃头，归已七时。

三月二十六日，星期六，晴

晨，六时起床。七时半到社练拳。

九时，开第十五次社务会议。

中午，先回家一转，至西长安街全聚德饭馆由社中请袁翰青午饭。因他将于月底离社，赴中国科学院工作也！

下午，二时到社。

大妹原定明日出院，今来电话谓因婴孩脐带未脱，拟迟三四天出来云。

傍晚，过东琉璃厂，遇魏永生君。他住姚江会馆西屋，到他家一坐。归已六时半。

三月二十七日，星期日，上午雨，下午阴

晨，七时起床。

上午，擦东、西房玻璃窗，至十二时始毕。

午后，永儿来，四时回校。

下午，三时三刻步行往中央看《银灰色的粉末》电影。四时20分开演，至六时20分毕。与内子乘电车至前门，归已七时。

三月二十八日，星期一，晴

晨，六时起床。七时半到社练拳，在外吃早点。

上午,接大妹电话,谓今日可出医院云。

十一时,武社长约孝侯、泽炎同志等共谈旧书重版的稿酬问题,至十二时毕。

午饭后,同内子携大妹衣服至琉璃厂。为接洽社中新汽车(司机老于),由内子乘往五棵松军委直属机关医院接大妹归家。

国璠来信,为婴孩取名"又新",因其姊名"日新"也!

下午,四时集会,为袁翰青先生将离社举行谈话。为提意见,至六时25分毕。

归家夜饭后,同内子往大众剧场看新凤霞演评剧《祥林嫂》。七时一刻开演,至十时半演完。归家入睡已近十二时。

三月二十九日,星期二,晴

晨,六时起床。七时半到社练拳。

中午,邀涂子英、宣信予两兄在家午饭。子英兄系昨日下午到京者。

下午,邀经理部各科长会谈,准备做第一季总结和第二季计划。

四时起,举行欢送袁翰青大会。四时起,至六时毕。

夜,写致汤儿及二、三、六女信,又复国璠信。

三月三十日,星期三,晴

晨,六时起床。七时半到社练拳。

上午,与涛然同志谈盈余分配等问题。

午饭后,袁翰青同志来家一谈。

下午,三时起药元林同志传达《联共(布)党史》第十二章的报告,四时半毕。

接六女来信,当再复一信,午后寄出。

中午,同廷珏、通舟二兄至东琉璃厂37号看房子及旧家具。

三月三十一日,星期四,晴

晨,六时起床。七时廿分到社练拳。

十一时,郑璧成居士同张澍霖君来谈。

下午,四时社长报告本年工作要点及高教部对本社的决定,至六时始毕。

归途到延寿寺街人行储蓄所办存款手续。

四月

四月一日,星期五,晴

晨,六时起床。七时半到社练拳。

八时,同涛然同志谈盈余分配方案。

午饭,往骡马市大街卫生所照X光,未拍照。三时回社。

傍晚,至延寿寺街合作社购物。七时归家。

接四妹信,知吉中午夜到京。于十一时赴前门车站,十一时五十分沪来十八车准时到达。吉中带小玲同来。当雇车归家,睡已近一时。

四月二日,星期六,晴

晨,六时起床。七时三刻到社。

下午,讨论高教部对社的决定,我参加计划财务科部门,至六时毕。

归家后,泊如兄挈敏敏来,夜饭后去。

夜,韦士霖兄夫妇来。承来看大妹并送食品。

弟弟来家。

四月三日,星期日,晴

晨,六时起床。

八时,同吉中、永儿并挈利南、小玲乘三七路车至西郊公园游览。十二时去颐和园,至下午四时半出门。再乘直达车至西郊公园,转三七路车至前门。再雇三轮车,回家已七时半。

弟弟径返校。

闻下午企棠、三妹曾来家。

四月四日,星期一,晴

晨,六时起床。

七时一刻,往东四头条文化部访郑振铎副部长。又至人民文学出版社晤许觉民同志，谈印古典书籍事。回社已九时半。

中午，永儿曾来家，因他们已放春假。

傍晚，至邮局汇袁明雄君十万元，又至延寿寺街人行为内子定期转期事。

四月五日，星期二，清明，晴

晨，六时起床。七时半到社练拳。

上午，曾参加秘书科讨论总结和计划事。

午后，往高教部听李宗文传达胡绳关于批判胡适、胡风的思想报告，至五时一刻毕。

五时三刻，径归家。

四月六日，星期三，晴

晨，六时起床。七时半到社练拳。

下午，讨论《联共（布）党史》第十二章，与校对科、业务计划科合并讨论。

傍晚，回家后同吉中往鲜鱼口兴华园洗澡。归已八时。

四月七日，星期四，晴

晨，六时起床。七时半到社练拳。

终日做股东统计。

下午，二时十分到高教部听读电报，有“严肃私生活”及“给学生以品性教育”“财经工作人员要注重政策学习”等。三时三刻回社。

四月八日，星期五，晴

晨，六时起床。七时半到社练拳。

上午，做股东统计。

下午，往出版事务管理局听黄洛峰同志作 1954 年工作总结及 1955 年方针任务的报告，至六时半始毕。

乘社中汽车至西河沿，归家。

知内子同吉中往吉祥看戏，为我留票子，当即夜饭后往东安市场。计七时廿分戏已开场，计京剧《嘉兴府》和《秦香莲》，颇认真。至十一时半毕，归家已十二时。

四月九日，星期六，晴

晨，六时起床。七时半到社练拳。

上、下午均做股东统计。

中午，至延寿寺人民银行结账及取款。

傍晚，归家夜饭后，再至琉璃厂为邓应生与吕耀华结婚茶会，参加至八时归家。

永儿回家。

四月十日，星期日，晴

晨，六时一刻起床。

八时，同吉中挈小胖、小玲往中山公园及故宫游览。回家已下午二时。

许季翁夫妇来家。

傍晚，往东单祥泰义购黄油等。

夜，朱通舟夫妇来家。

四月十一日，星期一，晴

晨，六时起床。七时半到社练拳。

下午，四时一刻听王耀先传达前门区工会代表大会情况。

傍晚，回家后送周吉中带小玲至前门车站。他们乘七时十分开的 17 次车。

四月十二日，星期二，晴

晨，五时半起床。

六时半出门，至师大乘四路公共汽车至西四，乘西颐公共汽车至清华大学，几经交涉获校方许可至三号楼 421 室看到鳌哥孙女美珥。因鳌哥来函谓美珥患病，嘱去探视。知已痊愈，上星期四起已上课云。当仍乘西颐及四路公共汽车回至琉璃厂，到已十时半矣！

傍晚，至 199 号一看，即归家。

四月十三日，星期三，晴

晨，五时三刻起床。

原拟在家草第一季总结和第二季计划，因材料不全，仍于七时半到社，在社草拟。

下午,为今日是学习阅读,乃在家继续草拟和誊写总结、计划。至夜十时余,因纸张不够中止。

四月十四日,星期四,晴,夜小雨

晨,五时半起床。

六时三刻,到社赶写总结、计划,至九时半完成。

上午,再抄盈余分配方案和私股认购公债办法。

中午,至延寿寺街人民银行一转,取内子完期单及支家用款。

傍晚,到延寿寺街合作社购物,归。

夜,信予兄来谈。

四月十五日,星期五,阴雨

晨,六时起床。七时半到社。

傍晚,至东琉璃厂 37 号凃子英兄寓所一转。

四月十六日,星期六,雨

晨,六时起床。七时半到社。

上午,约洎如兄来商做上年财务统计事。

中午,至新中国购明日电影票,再转至家。

傍晚,剃头后归家。

四月十七日,星期日,晴

晨,六时一刻起床。

七时半,挈小胖往苏联展览馆,先参观捷克斯洛伐克十年社会主义建设成就展览会,又参观第二届全国美术展览会。回家已逾下午二时。

五妹夫妇和永儿均来家。

下午,四时半往新中国看《绑架》电影,六时半毕。又至大观楼购明日《小淘气》电影票,归。

四月十八日,星期一,晴

晨,六时起床。七时半到社练拳。

小胖发高热,午前由大妹和瑞和同去协和医院诊治。十二时余回家。

傍晚,六时归家夜饭后,同大妹往大观楼看《小淘气》电影。六时五十分开演,至八时三刻毕。归家已九时。

闻俞明岳君今日因父丧赴沪云。

四月十九日,星期二,晴

晨,六时起床。七时一刻到社练拳。

小胖高热未退,上午仍由大妹、瑞和挈往协和诊视。下午三时接内子电话,谓小胖实患胃出血,当往三共找金奉三医生,未遇。即回家后雇汽车(大生车行35007)送至协和医院。俟诊毕,回家已八时矣!

四月二十日,星期三,晴

晨,五时三刻起床。七时一刻到社练拳。

上午,寰老来社谈私股、盈余分配等案。

中午,至前外大街中国医药公司购葡萄糖针药,为准备给小胖用。

下午学习,曾讨论十二章四节,又阅读第九章一段。

傍晚,六时半归家。

四月二十一日,星期四,晴

晨,六时三刻起床。七时半到社练拳。

中午回家。大妹请在苏联红十字医院的儿科医生来家为小胖注射葡萄糖,午饭后去。

傍晚,径归家。

夜,写致小妹信。

四月二十二日,星期五,晴

晨,五时三刻起床。七时半到社练拳。

中午,至琉璃厂37号。陆廷珏兄眷今日到京,适外出午饭,未遇。

中午,沈锺英同志再来给小胖注射葡萄糖,午饭后去。

下午,转余家胡同36号看沈尚志,因他亦于今天同伊母到京。他往高志鸿家,未遇。

傍晚，径归家。

四月二十三日，星期六，晴

晨，五时半起床。七时到社练拳。

下午，同志们赴苏联展览馆参观捷克十年成就展览。

上午，王古农教授来谈了三小时。

傍晚，同孝翁至东琉璃厂37号看陆廷珏，又至余家胡同看朱通舟。七时始回家。

永儿来宿家中。

四月二十四日，星期日，晴

晨，五时三刻起床。

七时半起，做大扫除，大妹参加，内子和瑞和都帮忙，至十时半毕。

塘侄、濂侄先后来家。永儿晨返校。

下午，往什刹海北河沿2号访唐慕汾居士。因彼来函称病甚，知贫血确剧。经劝慰后，转北海公园，归已逾五时。信予兄来谈。

夜饭后，往兴华园洗澡。

毓松来信，知六妹于十九日离沪，预计今日或可到。乃于十一时半往前门车站，结果未来。回家已十二时半。

四月二十五日，星期一，晴

晨，五时三刻起床。七时半到社练拳。

唐泽霖同志到社。据系上星期六夜到京。

傍晚回家后，因大妹代购新中国《山间铃响马帮来》电影票，与内子同往观看。八时半回家夜饭。

夜，十一时半再往前门车站接六妹，仍未接着。十二时半归家。

四月二十六日，星期二，晴

晨，六时十分起床。七时三刻到社。

接毓松，知今晚同友人前公安局韩处长到京。又接六妹自安徽巢县来信，谓廿六左右可到云云。

夜，十一点半往车站接着毓松和其友韩同志，乘另一友人汽车至家。稍缓，六妹自乘三轮来。

四月二十七日，星期三，晴

晨，六时一刻起床。八时到社。

上午，开社务会议，至十二时毕。

下午，学习讨论第九章《联共(布)党史》。

傍晚，六时半归家。

黄霭农君下午来访。

毓松回家夜饭后，韩同志来邀往公安部参加晚会。据拟宿公安学院校中云。

四月二十八日，星期四，晴

晨，六时起床。七时半到社练拳。

傍晚，五时至六时举行大扫除。

六时，往东安市场购物。七时半归家。

毓松来家宿。

四月二十九日，星期五，晴

晨，五时起床。今日用抽水厕所。

七时半，同毓松外出。他往木樨地，我赴社练拳。

中午回家。午饭后，午睡至二时20分始醒，到社已近三时矣！

傍晚，略吃饼点。六时20分，乘所雇公共车往苏联展览馆招待所听中宣部熊同志作时事报告。原汽车回，已近十二时矣！

四月三十日，星期六，晴

晨，五时半起床。

七时一刻，往东琉璃厂37号访陆廷珏，嘱雇工搬三眼井门前垃圾。又至绒线胡同70号李根源宅访黄霭农君。谈至八时一刻，往首都参加本社一年纪念会，观《愤怒的火焰》电影。内子和六女同去，十二时回家。

下午，二时到社。

傍晚归家。毓松来,谓已取得明日右台观礼券。夜饭后,回公安学院。

五妹夫妇与丁妈挈美强来。

五月

五月一日,星期日,晴

今日为国际劳动节。

晨,六时起床。

八时,步行往天安门南一台。至九时余,因身体实觉不舒,即步行回家,改听广播。

下午,同毓松及韩同志往天坛游览。五时半归家。

潘松泉来。据甫于昨日由哈回来云。

今晚,因毓松、耀华、大妹、五妹、六妹、弟弟等都在家,故有十个大人和三个小孩在家住宿。

五月二日,星期一,晴

晨,五时半起床。

五妹全家和耀华回西郊去。

上午,八时往琉璃厂一走。归途在东琉璃厂大隆办事遇见童国华,略谈片刻。

过人民银行代大妹取款。

归家整理箱子。

塘侄、三妹先后来。

下午,朱公垂兄夫妇来谈。

傍晚,毓松回来。

五月三日,星期二,晴

晨,五时三刻起床。

毓松七时赴公安学院。

七时半,到社请假一天,陪大妹、六妹游览。

八时半，到三共医院约六妹。又候大妹，九时半始来。同至西长安街邮局寄沈阳信，乘电车至西直门换公共汽车至颐和园。三妹亦来，同在人民食堂午饭。

下午，四时出园，至苏联展览馆售品处购物。到家已五时半。

五月四日，星期三，晴

晨，五时半起床。七时半到社练拳。

傍晚，同毓松往内联升购鞋，又为整理行李等。韩同志亦来宿家中。

五月五日，星期四，晴

晨，四时五十分起床。

六时，陪韩同志、毓松和六妹到火车站，内子亦同去。他们乘15车京沪快车，六时五十分开。我代大妹做沈阳行李票。

七时，径往琉璃厂练拳。

午饭后，送大妹挈小胖、又新至火车站，内子亦去送。她们乘1次国际列车赴沈阳，车于二时20分开。我径回琉璃厂。

傍晚，径归家，整理物件。

五月六日，星期五，晴

晨，五时半起床。七时半到社练拳。

下午，涛然同志作劳动规则纲要学习动员报告，开全体大会。三时起，至五时三刻毕。

傍晚，至大栅栏百货公司购帽，又至兴华园洗澡。八时归家。

五月七日，星期六，晴

晨，五时半起床。

七时半，到社起草调整资本定额方案。

下午，往高教部听人民大学马列教研室主任谢韬同志讲《联共（布）党史》九至十二章基本问题、经济规律和阶级斗争规律。至六时毕，乘电车归家。

永儿来，夜饭后返校。

五月八日，星期日，晴

晨，六时半起床。

七时一刻外出，乘五路公共汽车至得胜门，步行至西黄寺访候能海上师。归途在五路公共汽车中付给卖票人一元，应找 0.89，未曾找回。到前门时间为十时 52 分左右，当向该公司前门办事处报告，未曾联系着。当告以电话，听明日有无消息。为此耽延近一小时。

十一时三刻到家。

下午，一时同内子往天桥剧场看中央实验歌剧院的音乐、舞蹈、戏曲演出。归家已六时。

张雄翁之女国瑜在演出舞蹈。

五月九日，星期一，晴，夜有雨

晨，五时半起床。

七时一刻到社。中午，同廷珏至大隆访童国华君。

下午，邀王泊如兄来谈京沪两厂成本比较事。

公私合营银行来查六哥八·一三前在上海代史衎正向新华银行借款作保事，允函姚询问再答。

夜，六时半举行学习劳动规则纲要讨论会，并阅读。至八时半归家。

濂侄来电话，知萃芳已返京，其母于上月廿日去世云。

五月十日，星期二，上午雨，下午阴

晨，五时半起床，搬炊具至东夹弄。

七时半到社。

中午，回家午饭后，往前门公共汽车办事处取星期日乘五路车漏未找回之八角九分。

二时到社。

傍晚，六时半到大观楼看《同志的荣誉》电影，内子亦去。八时毕，同回家。

五月十一日，星期三，晴

晨，五时半起床。

七时到社，为本日下午讨论《联共(布)党史》第十章作准备。

八时半，乘高教部团体车先至部，再往飞机厂参观教练机与滑翔机的飞行表演。自十时半开始,至十一时三刻毕。乘原车回至西河沿下车,到家已十二时半。

下午,三时起讨论《联共党史》十章各题。六时归家。

五月十二日,星期四,晴

晨,五时起床。七时,到社练拳半小时。

下午,一时半往高教部听读电报。二时半起,至三时三刻止。报告的为初中、高小毕业生劳动教育问题、上海精简机构报告和一般法则与特殊法则等。回社已四时半。

傍晚,六时半回家。

瑞和挈美平上午来,濂侄夫妇傍晚来,均夜饭后去。

永儿下午曾来家。据为拍出国护照用的照片。

五月十三日,星期五,晴

晨,五时一刻起床。七时到社练拳。

傍晚,六时即回家。

五月十四日,星期六,晴

晨,五时十分起床。六时三刻到社练拳。

连日为准备董事会的财务报告,尚无头绪。

下午,学习劳动纪律规制纲要,先阅读,四时后讨论,至五时三刻毕。

六时归家。

夜,永儿回家宿。

五月十五日,星期日,晴

晨,五时三刻起床。

上午,整理厨房杂件及安置火炉等,又略做清洁工作。

下午,同内子往劳动文化宫,与社中同事集体参观解放台湾展览会。三时进去,至五时始出来。归途至大观楼买电影票后,回家夜饭。

潘天缘(松泉)表侄已在,夜饭后去。

六时廿分,到大观楼看《淮上人家》电影。八时一刻演毕,即归。

五月十六日，星期一，晴，昨夜有雨

晨，五时一刻起床。七时到社练拳。

终日查核上年决算等。

傍晚，六时半学习劳动规则纲要，先阅读，后漫谈，至八时半毕。归家已九时。

五月十七日，星期二，晴

晨，五时一刻起床。

为今日社中将来喷射杀虫药水为做准备工作，故八时始到社。

终日草拟财务报告。

午饭后，因家中喷射药水未能昼寝，一时即到社，在沙发休息。

傍晚，过延寿寺街为大妹存五十元入内子折中。

夜，准备明日学习讨论资料。

五月十八日，星期三，晴，下午雨

晨，五时十分起床。七时到社练拳。

上午，草拟财务报告。

下午，三时半往高教部听张建同志作《什么是唯物主义？什么是唯心主义？》的报告，至六时毕。

归途遇雨，幸尚不大。

内子今日打针后往展览馆参观捷克展览会，并购物品。因此，中午由我自烧面吃。

五月十九日，星期四，晨雨，后晴

晨，五时起床。七时半到社，因天雨未练拳。

下午，四时涛然同志作第二次学习劳动规则纲要的报告，至五时半毕。

傍晚，回家后往纸巷子 19 号通盛洗染厂取衣服，为了他们弄错跑了两次。顺道至大观楼购明晚六时半《不能忘记这件事》电影票两张。

五月二十日，星期五，晴，大风

晨，五时廿分起床。七时十分到社练拳。

傍晚，往大观楼看《不能忘记这件事》电影。六时半开演，八时半毕。此项电影讲演太多，表情不很明晰。

五月二十一日，星期六，晴

晨，五时一刻起床。

七时动身，往高教部听刘皑风副部长作周总理在人民代表大会的亚非会议报告的传达报告。八时开始，十时毕。回社已十时半。

下午，四时十分在财务科学习劳动纪律纲要，至六时毕。回家。

夜，永儿归家。

五月二十二日，星期日，晴

晨，五时半起床。

八时半，往琉璃厂抄财务报告一部分。

十时，至珠市口民主剧场购北京市评剧团演出《草原之歌》票三张，归家。

下午，十二时半同内子、永儿往民主看张筠青主演《草原之歌》。一时开演，四时一刻演毕，即步行回家。

永儿因内子嘱往五妹处一转，提前夜饭后回去。

五月二十三日，星期一，晴

晨，五时一刻起床。七时一刻到社练拳。

傍晚，六时半起学习劳动规则纲要，至九时始回家。

五月二十四日，星期二，晴

晨，五时一刻起床。七时一刻到社练拳。

今日下午有朝鲜教育视察团来社参观京华厂并坐谈，共来十余人，至六时始去。承赠金日成元帅纪念章每人一枚。

六时三刻归家。

五月二十五日，星期三，晴

晨，五时一刻起床。

七时一刻到社。为今天下午须讨论《联共(布)党史》第十一章，略为准备。

下午，三时开始讨论，至五时半毕。

六时半归家。

夜，听《春香传》广播录音，至十一点半。

五月二十六日，星期四，阴雨

晨，五时一刻起床。七时一刻到社，因天雨未练拳。

九时，同唐、陆往松树胡同及国会街、香炉营等处看房子。

下午，上海万启盈同志来谈。据到京开会已十余日云。

傍晚，为赶缮财务报告，归家已逾七时。

五月二十七日，星期五，雨

晨，五时一刻起床。七时半到社。

财务报告初稿已缮就分送。

傍晚，剃头后归家。

五月二十八日，星期六，晴

晨，五时一刻起床。七时半到社。

下午，四时十分学习劳动纲要。

六时半归家。

夜，往中央看《混血儿》电影。八时 25 分开演，至十时 15 分始毕。回家已近十一时。永儿同去。

五月二十九日，星期日，晴

晨，五时半起床。

八时半，到新中国同永儿看《一定要解放台湾》电影。九时半，到延寿寺街人行取零用款。回家做清洁工作。

午饭后，午睡至三时。同内子往中山公园并吃茶，至六时半始出，到通盛洗衣厂取所洗永儿皮衣。

夜，写复毓松及占元侄信各一封。

五月三十日，星期一，晴

晨，五时一刻起床。七时到社练拳。

傍晚，六时半参加劳动规则纲要学习。回家已九时余。

五月三十一日，星期二，晴，时有小雨

晨，五时起床。七时到社练拳。

傍晚，复致菊公一信后，归家已七时。

今日抄好财务报告末节"海外资产"。

六月

六月一日，星期三，晴，傍晚小雨

晨，五时一刻起床。七时一刻到社练拳。

上午，汤儿自沈阳来。

下午，学习讨论《联共党史》第十二章。

傍晚，七时到家。

今日起，工作时间改为上午8~12时，下午$2\frac{1}{2}$~$6\frac{1}{2}$。归家夜饭后，往大观楼买电影票，又回家同内子、汤儿往观《祖国的花朵》电影。八时35分开演，至十时余始毕。

六月二日，星期四，晴，下午阵雨

晨，五时一刻起床。七时半到社练拳。

午后，二时往高教部听读电报，自二时40分起，至三时半止。回社已四时。

傍晚回家。夜，做修正财务报告，至十一时余始睡。

六月三日，星期五，晴

晨，五时起床。

七时到社，赶修正财务报告稿。

傍晚，写致二舅嫂汇款信后归家。

六月四日，星期六，晴，夜雨

晨，五时一刻起床。七时半到社练拳。

中午，至琉璃厂邮局汇寄岳母款20万元。

下午，四时十分起劳动规则纲要学习，至六时半毕。

夜，永儿来家。

六月五日，星期日，晴

晨，五时 20 分起床。

七时半，同内子及汤儿、永儿至前门乘电车至西直门，换乘香山直达车往碧云寺。在途适遇三妹上车，即同往游览。十二时半出寺，乘公共汽车至颐和园。午饭后，至五时出园。再乘公共汽车至西直门换电车至前门，到家已六时半矣！

六月六日，星期一，晴

晨，五时一刻起床。做洗地板清洁工作。

七时半到社，改正财务报告。

中午，因内子往西郊农场看五妹，我自烧面吃。

傍晚，学习劳动纪律纲要，归家已九时半。吃粥，入睡已十时半矣！

六月七日，星期二，晴，傍晚雨

晨，五时起床。七时到社练拳。

上午，九时开社务会议，讨论董事会报告。

傍晚，原拟往华兴园洗澡，因起风下雨，即归家。

六月八日，星期三，晴

晨，五时一刻起床。七时一刻到社练拳。

下午，三时到高教部听刘子载副部长作胡风问题的报告，五时毕。五时三刻回社。

六时半后，往兴华园洗澡。归家已八时余。

六月九日，星期二，晴

晨，五时起床。七时到社。

上午，由 170 号迁移至 159 号办公。

下午，四时半起讨论胡风问题并看文件。傍晚，七时归家。

六月十日，星期五，晴，傍晚有雨

晨，五时一刻起床。七时半到社，做了一些清洁工作。

傍晚，往廊房头条、西河沿等处觅购坐垫未得，只买了两个罗宋面包。

夜，韦士霖、张子明两兄来谈。

六月十一日，星期六，晴

晨，五时起床。七时一刻到社。

下午，四时四十分学习劳动规则。

六时半，往大栅栏及前门大街购物。七时半归。丁妈已挈美翔来家。

五妹夫妇及弟弟都来家。

六月十二日，星期日，晴

晨，五时半起床。

八时三刻，同耀华往大观楼看《沙家店粮站》电影，汤儿、五妹亦来。九时开演，至十时半毕。董明达世兄来。据拟于七月初校中放暑假回沪云。

塘侄来，午饭后去。

傍晚，弟弟、耀华都回去。

糜文溶、宣信予二兄来谈。

陆廷珏兄来，为催宋姓业主迁移云。

六月十三日，星期一，晴，夜有雨

晨，五时起床。七时一刻到社。

五妹下午回农场。

傍晚，参加财务科劳动规则学习。八时半归家。

六月十四日，星期二，阴，下午大雨

晨，五时半起床。七时半到社。

瑞和侄女挈美平来家。傍晚，濂侄夫妇亦来，夜饭后去。

六月十五日，星期三，晴，夜有雨

晨，五时一刻起床。七时半到社。

中午，汤、永二儿都在家午饭。

下午，学习胡风问题三批材料。

六时半，往大观楼看《万家灯火》电影。归家已八时半。

夜饭后，送汤儿至车站，乘33次10时10分开的火车赴沈阳。归家入睡已十一时。

六月十六日，星期四，忽晴急雨

晨，五时起床。七时半赴社，因大雨稍迟。

傍晚，往大栅栏百货公司买玻璃杯一只，又买套鞋、布鞋各一双。归家已七时半。

唐慕汾君来，谓能海上师已返京，后日迁广济寺住云。

六月十七日，星期五，晨有雨，后即晴

晨，五时起床。七时往社。

上午，十一时往前孙公园16号视祝鸿义足伤，又往臧家桥八号看房子，在斯福康君家一坐。十二时回家。

傍晚，剃头后至西河沿。因零售公司已关门，转至大栅栏百货公司买面包归。内子往同乐看电影，我先夜饭。她至九时归。

六月十八日，星期六，晴

晨，五时半起床。七时到社练拳。

下午，四时半学习反对胡风集团。

六时半，往兴华园洗澡。八时归家。

永儿下午来家。

六月十九日，星期日，晴，下午有阵雨

晨，五时廿分起床。

七时，陆廷珏兄来，约下午再谈。

七时，往广济寺访能海上师，遇仁敬、仁定、宽德师及赵朴初居士、法尊法师等。九时出，至六部口糜文溶兄家，丁晓先君亦在。谈至九时半，往首都看《不能忘记这件事》电影，系公司为学习胡风问题请看者。归家已十二时。

塘侄及潘松泉侄、永儿等来。

下午，三时往琉璃厂与陆廷珏兄谈，至六时余归家。

六月二十日，星期一，晴

晨，五时一刻起床。七时一刻到社练拳。

下午，四时半学习，漫谈胡风问题。

六时半，参加财务科工会活动，至七时转大栅栏购面包后归家。

六月二十一日，星期二，晴

晨，四时半起床。

五时半，往西四居士林听能海上师讲《华严经》。六时半开讲，七时半出，八时到社。

傍晚，鳌哥来谈，至九时余去。

六月二十二日，星期三，晴

晨，四时半起床。

五时五十分出门，六时15分到居士林听能海上师讲经。八时到社。

傍晚，往大栅栏百货公司购饼，至李铁拐斜街留香饭店即中行宿舍访久鳌、久芬二兄。他们乘八时五分车赴沪，我即归寓。

夜，韦士霖兄来谈。

六月二十三日，星期四，晴

晨，四时三刻起床。

五时三刻出门，乘四路头班公共汽车往居士林听能海上师讲《华严经·十无尽藏品》。八时，回至琉璃厂。

中午，到延寿寺街人行存款。

下午，四时到高教部听杨秀峰部长作总结胡风问题的报告。六时，乘社车归家。

六月二十四日（瑞午节），星期五，晴，下午有雨

晨，四时半起床。

今日因须携粽子去供养上师，提前于五时半出门，五十分即到居士林。

听经后，八时到社。

九时，听武社长总结胡风问题的报告，至十时毕。

傍晚归家。

夜，廷珏来谈。

六月二十五日，星期六，晴

晨，四时半起床。

五时半出门，六时到居士林听能海上师讲经。八时回到社。

夜饭后，因内子昨日买来大观楼电影票三张备给五妹等看，今五妹没有来，我于八时半前往大观楼售去影票两张，余一张由我自看。自九时五分起，至十一时止。演《乌沙科夫海军上将》，很好。归已十一时余。

永儿回家住宿。

六月二十六日，星期日，晴

晨，四时半起床。

五时三十分外出，六时到居士林听经。

八时半，至琉璃厂取报纸。九时回家。

下午，美韶来。据后日南返，拟明日来我家云。

六月二十七日，星期一，晴

晨，四时半起床。

五时卅五分出门，到居士林已六时余。听经后，八时到社。

美韶下午来家。因明晨须去沪，即住我家中。

濂侄来夜饭。

六月二十八日，星期二，晴

为了美韶须乘六时 40 分车赴沪，我于四时起床，送美韶出门后五时半赴居士林听经。八时回社。

夜，陆廷珏兄来谈。

六月二十九日，星期三，晴，热

晨，四时半起床。

六时，到居士林听经。八时回社。

下午，学习胡风问题，前两小时看文件，后两小时讨论。

七时，至延寿寺人民银行取款后即归家。

六月三十日,星期四,晴

晨,四时半起床。

六时十分到居士林。今日能海上师讲《华严经·十无尽藏品》圆满。

八时一刻,到东四南小街袁翰青君家,谈至九时半出。至中国书店,尚未开门。又至演乐胡同新华古典科访赵向阁君,未晤。十时回社。

傍晚,至大栅栏购物后归。

七月

七月一日,星期五,晨雨,后晴

晨,四时半起床。因雨,迟至七时半始赴社。

下午,三时武剑西社长为胡风问题作第二次报告,至六时半毕。

七时,到新中国同内子看《土地》电影。至九时归家。

七月二日,星期六,晴,下午雨

晨,四时三刻起床。六时三刻到社练拳。

下午,讨论胡风问题暴露和批判思想,至六时半毕。

归途至东琉璃厂37号涂子英、陆廷珏兄处一转。

中午,取吕振鸿汇来款50元,是由琉璃厂邮局兑付的。

七月三日,星期日,晴

晨,五时起床,做清洁工作。

九时,往琉璃厂取报。

永儿、塘侄、松泉及五妹夫妇先后来家,下午各回去。

傍晚,同内子往中央看六点五十分开演的《为祖国服务》电影,至八时五分即毕。回家已近九时。

七月四日,星期一,晴,夜雨

晨,五时起床。七时到社练拳。

整理第二季总结,并带回家中续做。

内子为姚心吾师母代购长安上海芳华越剧团演《宝玉与黛玉》的戏票。夜饭后去,回家已十一时半,且适逢大雨,衣鞋均湿。

为黄荫普汇款接济蔡公椿夫人款由我转交事,询之唐泽霖同志,据无妨碍云。

七月五日,星期二,晴,下午阵雨

晨,五时十分起床。七时一刻到社练拳。

下午,开大组胡风问题学习讨论会。

六时半剃头后,至大栅栏购物后归。

夜,陆廷珏兄来谈。

七月六日,星期三,晴

晨,五时起床。七时到社练拳。

今日原有的学习时间正常工作,明日下午讨论肃清胡风问题。

傍晚,往新中国购明日的电影票,又至大栅栏买汗衫,至兴华园洗澡。八时半回家。

七月七日,星期四,晴

晨,五时起床。七时到社练拳。

下午,开出版、经理两部扩大小组会,批评陆廷珏君,至六时半散。

七时,到新中国与内子看《乌沙科夫海军上将》下集,至八时三刻毕。回家已九时余。

七月八日,星期五,晴,午后有阵雨

晨,四时三刻起床。七时到社练拳。

傍晚,至合作社购西瓜半个及面包归。

七月九日,星期六,雨,午时更大

晨,五时起床。七时到社练拳。

中午回家,大雨倾盆,衣履尽湿。

下午,在琉璃厂170号三楼开学习讨论会,批评陆廷珏思想,至六时半毕。归家。

七月十日,星期日,晴,夜雨

晨,五时半起床。

三妹和杜企棠先后来,午饭后去。

九时半，到社取报，至159号与韦士霖等略谈。至邮局汇寄蔡惠民托送陆渊雷奠仪款。至大栅栏西河沿购物，十一时余归家。

下午，五妹夫妇、松泉、塘侄先后来。

夜饭后，内子同五妹夫妇往青年宫看《种橘的人们》话剧。至十时半归。

七月十一日，星期一，雨，阴

晨，五时一刻起床。七时往社。

下午，三时开大会，刘子载副部长亲来讲话，批判顾执中、陆廷珏二人，陆停职反省，至七时始毕。

至杨梅斜街聚兴华号买藤椅一把，计十一元。

七月十二日，星期二，晴

晨，五时起床，做清洁工作。七时三刻至社。

傍晚，至大栅栏购物后归家。

夜，复胡省初兄信，为劝彼服从组织调配事。

七月十三日，星期三，晴

晨，五时起床。七时到社练拳。

下午学习，讨论肃清胡风反革命集团及一切暗藏反革命分子，仍谈陆廷珏问题。

六时半归家。

七时半，同内子至前门小剧场看皮影戏，至十时半毕。归家。

七月十四日，星期四，晴

晨，五时一刻起床。七时到社练拳。

永儿放暑假回家。

瑞和挈美平上午来，濂侄夫妇傍晚来，夜饭后去。

夜，编54年国家决算和55年国家预算简明表，至十时半睡。

七月十五日，星期五，晴，午有雨

晨，五时起床。

七时，到社完成所编54年国家决算和55年国家预算简明表。

下午，秘书科小组讨论肃清反革命、揭露陆廷珏问题。

七时归家。

内子同永儿往西单看皮影戏，十一时余始归。

七月十六日，星期六，晴，傍晚雨

晨，五时起床。七时到社练拳。

中午，内子同永儿往游故宫及景山公园，余自烧泡饭吃。

傍晚，往兴华园洗澡。归途遇雨，幸十余分钟即止，未淋湿。

夜，五妹来家。

七月十七日，星期日，晴

晨，五时一刻起床。

七时半，往广济寺谒能海上师。

往东黄城根35号访公椿夫人何希秀女士，交给黄荫普汇来五十元。

往东栓马椿六号农公家与伊夫人一谈。

又至琉璃厂取报纸后归家。

塘侄来。

下午，松泉来。

下午，三时往同仁医院视农公病，谈至五时。回家途中购西瓜半只，很好，价八角。

下午，五时半到孝翁家，知杨守翁外出须夜饭后始回。适孙豫寿君在，送给多余的中央电影票一张。六时半到中央，内子已先在。看《流浪艺人》电影，至八时毕。归家。

七月十八日，星期一，晴，热

晨，五时起床。七时到社练拳。

傍晚，往后王公厂濂侄家夜饭，内子和永儿先在。至九时始归。

今日起，在社吃国营北京牛奶公司牛奶半P〔1〕。

---

〔1〕“P”，概为“磅”的单位符号。

七月十九日，星期二，晴

晨，五时起床。七时到社练拳。

张世良来，与永儿作伴，夜饭后去。

下午，往高教部听报告，五人小组宣布反动隐藏分子，计高教部与高教社各一人。五时四十分毕，往西单一转，归家。

宣信予兄来谈。

七月二十日，星期三，晴

晨，五时起床。七时到社练拳。

下午，参加出版部讨论会。

夜，戴康生陪杨守仁兄来，谈至十时去。

七月二十一日，星期四，晴，热，室内94度

晨，五时十分起床。为做清洁工作，未往社练拳。八时到社。

上午，十时开全体大会，由武剑西社长作报告，为肃清反革命分子做坦白检举动员。

下午，三时半参加秘书科讨论会。

七月二十二日，星期五，晴，室内95度

晨，五时起床。七时到社练拳。

下午，二时半参加出版、经理两部讨论会，由朱公垂继续检讨。至五时半，因天气太热散会。

六时半，到延寿寺街人行取永儿存折及支款。

七月二十三日，星期六，晴

晨，五时起床。七时到社练拳。

下午，因天气大热，办公楼上到105度，暂移楼下工作。

夜，同内子往首都看《胜利之兵》上集电影，自八时50分开始，至十时半毕。回家已十一时。

七月二十四日，星期日，晴

晨，五时起床，做揩窗清洁工作。

塘侄、永儿来。

上午，往琉璃厂领牛奶、取报，又至合作社买竹椅。

今日更热，下午温度如下：

室内（窗门紧闭）	94 度
室外廊下	100 度
室外廊前日光下	112 度

夜，六时四十分同内子到中央看《胜利之兵》下集，至八时半回家。

七月二十五日，星期一，晴

晨，五时十分起床。

杨守仁兄来，拟借款赴哈，允借给四十元。

七月二十六日，星期二，晴，下午阴

晨，五时十分起床。七时到社练拳。

上午，九时同韦士霖兄往北纬旅馆，又至李铁拐斜街 50 号、38 号，百顺胡同 26 号一转。十时回社。

中午，陈时中来。据为伊次子赴苏来送行的，住司法部招待所，因其长子陈秉华在司法部任职云。午饭后去。

傍晚，剃头后回家。

七月二十七日，星期三，晴

晨，五时起床。

七时，往头发胡同 33 号叔老家，谈至八时余，步行到社。

中午回。因内子受暑，往大栅栏购十滴水归家。

社中奉命分配每人洋芋九斤，傍晚携归。

七月二十八日，星期四，晴阴不一，有雨

晨，五时起床。

七时到社。中午，曾同涛然同志谈孝翁事。

下午，参加出版部集会，为戴孝翁检讨及同志们提意见，至六时半毕。

夜，八时半往西河沿孝翁家，谈至十时。到琉璃厂同梁涛然、唐泽霖二同志去车站接沪来徐凤石、陈夙之、俞明时、沈季湘四君,又陪同至北纬旅社。十二时回家,睡已一时。

七月二十九日,星期五,晴

晨,五时半起床。七时半到社。

上午,沈季翁去车站接包闻天君。八时半来,陪见社长。又徐凤老、陈夙老、俞明翁等来,艾大炎司长亦来,与社长等谈。十二时回北纬。

下午,参加出版、编审两部大组会,仍为孝翁检讨事,形势不甚好。

七月三十日,星期六,晴

晨,五时起床。七时往社。

八时,到北纬旅馆与诸董事讨论董会提案。中午归家。

下午,再往北纬,同徐、陈、沈、俞四君往北海。六时,往中山公园夜饭后,至俞寰老家,谈至十一时归。

内子与永儿去看电影。

七月三十一日,星期日,晴,间有雨

晨,五时半起床。

七时,到社饮牛奶后,乘汽车至北纬旅馆,同徐凤石、陈夙之、俞明时、沈季湘及明岳之子同车往香山碧云寺。因车坏,步行数百步。又待至十一时余,始到颐和园。下午,二时半归。途至东城门外,车又坏。乃同凤、夙二老改乘二路公共汽车。余至东安市场换三路公共汽车归家。

同内子、永儿往西河沿远东照相馆拍照。

往兴华园洗澡后归家。

八月

八月一日,星期一,晴

晨,五时半起床。七时一刻到社。

傍晚,归家夜饭后,即往高教部听杨秀峰部长作继续肃清反革命分子的报告,自七时半起,至八时四十分止。

归途过西单合作社购西瓜一个,归家已九时余。

八月二日,星期二,晴

晨,五时一刻起床。

七时,往北纬路旅馆访徐、陈、俞、沈诸君,又宣节、王泊如二兄来谈。至九时同出,余即回社。

下午,季翁来社,同拟修正董会提案。

六时半,在社中浴室洗澡后归家。

五妹来家。

今日下午,出版、经理部开会,为周莲轩君检讨。余因事情忙未参加,闻结果尚好。

八月三日,星期三,晴

晨,五时一刻起床。五妹晨回农场。

七时,往北纬旅馆。九时半,同沈季翁到社。

下午,出版、经理二部开会,为朱公垂君第三次检讨。余于四时半后始去旁听。

傍晚,沈季湘、余明时二君来家,谈至九时去。

八月四日,星期四,晴

晨,五时一刻起床。

七时到社。乘汽车至北纬,同徐、陈、俞、沈四君至头发胡同叔老家。谈至八时半,送徐等回北纬,余即返社。

下午,三时再往北纬。四时回社,参加出版、经理部检讨朱公垂的会,很热烈。

傍晚,七时至琉璃厂邮局汇岳母八、九月零用款十元。

五妹因体亏来家休息。

八月五日,星期五,雨,下午晴

晨,五时一刻起床。

七时赴社。走到东琉璃厂,忽大雨,即至38号避雨,借涂子英兄套鞋至社。

八时半，乘汽车往垂露胡同接俞寰老到北纬旅馆。

九时，在北纬会议室举行董事会第二次会议，到艾大炎、金灿然、武剑西、俞寰澄、徐凤石、陈夙之、俞明时，列席梁涛然、纪昌，沈季湘、宣节、戴孝侯、李佳才（交行）及余共14人。明日续开。

傍晚，在社的浴室内洗澡后归家。

八月六日，星期六，晴

晨，五时一刻起床。

七时到社。八时，往北纬。九时起，续开董事会，直至午一时始毕。

到煤市街丰泽楼午饭，计两桌，费83元余。午后，二时半回社。

夜，永儿与耀华均来家。

八月七日，星期日，晴

晨，五时三刻起床。

八时半，往琉璃厂吃牛奶。电话北纬，知凤老等均出门，即至远东照相馆照片。又为水岐侄托购副肾组织液，往中国医药公司第四、第二门市部询购，均称无货。回家已十时余。

今日，除五妹夫妇、永儿外，塘侄、瑞和、美平、濂侄夫妇及松泉都来家。

下午，三时十分到大观楼看《哈森与加米拉》电影，至五时毕。

夜饭后，往车站送凤老、夙老、明翁乘八点五分开的17次火车回沪。八时半归家。天气虽变，但并不下雨。

八月八日，立秋，星期一，晴，傍晚雷雨

晨，五时一刻起床。

七時到社。七時半，到北纬旅馆。九时，同沈季湘君回社。

傍晚，洗澡后归家。

夜有大雷，停电一小时余。

八月九日，星期二，晴，下午阴，有风

晨，五时起床。七时到社。

与沈季翁谈沪事。

中午，至邮局寄水岐保价信。

傍晚，径归家，写复毓松及四妹信。

夜，同内子往大观楼看九时开演的《人民歌手江布尔》电影，至十时三刻归家。

八月十日，星期三，晴

晨，五时起床。七时到社练拳。

上午，十一时同武剑西、俞寰澄、沈季湘诸君往太平桥报院胡同 4 号看房子。十二时，回琉璃厂后归家。

傍晚，在社洗澡后归家。

夜，写复大妹信。

八月十一日，星期四，晴

晨，五时 10 分起床。七时到社练拳。

下午，社中开经理、出版两部大会，闻为朱蔚伯同志的检讨。我为有事和沈季翁联系，未参加。当同季翁至家长谈。

夜饭后，送季翁至车站上车（八时五分开 17 次车）后归家。

写复国璠信。

八月十二日，星期五，晴

晨，五时起床。七时到社练拳。

下午，经理、出版两部大会，为朱蔚伯同志提意见，至六时止。

六时归家。夜饭后，往中央看七时开演的《伟大的公民》上、下集，至十一时毕。步行回家，睡已十二时半。

八月十三日，星期六，雨

晨，五时半起床。七时到社。

傍晚，径归。

弟弟来家。据出国期约在下星期云。

八月十四日，星期日，上午阴，下午晴

晨，五时三刻起床，做清洁工作。

八时三刻，到中山公园参加社中集体参观北京市粮食节约展览。十时，转往劳动文化宫参观胡风漫画。十一时，到琉璃厂吃牛奶、取报纸。十二时回家。

下午，在家未出门。

永儿傍晚回西郊。

八月十五日，星期一，雨

晨，五时半起床。七时到社练拳。

傍晚，到大栅栏大观楼看《游击队的姑娘》朝鲜电影。七时五分开演，至九时始毕。与内子同归。

八月十六日，星期二，雨

晨，五时半起床。七时半到社。

今日大雨连绵。

傍晚，洗澡后归。至延寿寺街人行取款及托收大妹、三妹汇来邮局款。

写致汤儿及大妹、三妹信。

八月十七日，星期三，雨

晨，五时半起床。七时三刻到社。

傍晚，往大栅栏买饼干等归家。

八月十八日，星期四，上午雨，下午阴

晨，五时半起床。七时半到社。

上午，接方子藩君十五日信，知来京参加中国佛教协会开会，住永安饭店120号。中午及下午又两次来电话。

傍晚归家。夜饭后，往永安饭店，适二埋法师亦来。又同郑颂英、陈海量、李行孝三君至家。少顷，方子藩、钟吉宇二君亦来，谈至九时三刻去。

八月十九日，星期五，晴

晨，五时三刻起床。七时半到社

中午，弟弟归家。谓留学生管理司宣布高中毕业生本届赴苏联者只三分之二，余留待明年出国，并以一部分配到北大、清华习特种工业。他为留待明年出国云云。

傍晚,洗澡后归家。内子往润身洗澡,故迟归。夜,写致小妹信。

八月二十日,星期六,晴

晨,五时半起床。七时半到社练拳。

下午,参加经理、出版二部开会,由戴孝侯作第三次检讨,至七时始毕。

当雇三轮赶往新中国看电影。因已逾时十分,内子不及等候已将票售去。当同内子归家。

永儿来。据校中又通知他将在国内大学读书云。夜,写致小妹信,因情况又有变更故。

上午,同朱通舟、韦士霖二君至前门房管所。又同朱君至房管局公用科晤马椿□[1]君,谈租房事。

八月二十一日,星期日,晴

晨,五时起床,写致大妹信。

七时,至琉璃厂吃牛奶。

七时半,到永安饭店找方子藩君等。八时,同方子藩、郑颂英、游有维、陈海量、李行孝、钟慧成诸君至大栅栏吃点心,再往:

(1) 雍和宫;

(2) 通教寺(当家通愿师,在针线胡同);

(3) 西郊公园(即北京动物园);

(4) 安养精舍(手帕胡同),谒慈舟法师;

(5) 苏联展览馆,参观全国少年儿童科学技术和工艺作品展览会。是时,游、陈、钟三君先回旅馆,只与方、郑、李三君同行。

(6) 回永安饭店后,再同方、郑、李三君游天坛,归已逾九时。

八月二十二日,星期一,晴

晨,五时半起床。七时半到社练拳。

傍晚,到新中国与内子同看《瑞典火柴》电影。自七时起,至八时半止。

---

[1] 原文该处缺字。

八月二十三日，星期二，晴

晨，五时一刻起床。七时半到社练拳。

下午，六时半洗澡，至延寿寺街人民银行取款。回家夜饭后，往永安饭店访方子藩君，谈至十时半回家。

五妹来家宿。

八月二十四日，星期三，晴

晨，五时一刻起床。

五妹赴南郊农场开会，七时去。据旬日可回。弟弟上午返校。

七时半到社练拳。

下午学习，阅读《肃清一切暗藏反革命分子》的文件。六时半归家。

八月二十五日，星期四，晴

晨，五时一刻起床。七时半到社练拳。

今日向合作社买了四斤挂面，中午带回家发觉发霉，下午带回退去。

傍晚，洗澡后归家。

弟弟今日归家。

八月二十六日，星期五，上午晴，下午阴有小雨

晨，五时一刻起床。七时半到社练拳。

傍晚，到大观楼一转，七时余回家。

夜，往新中国看电影《休假日杂技表演》。九时起，至十时三刻止。回家已十一时。

八月二十七日，星期六，雨

晨，五时半起床。七时半到社练拳。

下午学习，参加秘书、财务两组合开肃反讨论。六时半归家。

与方子藩君通电话，知中国佛教协会尚须迟一、二天闭会云。

八月二十八日，星期日，晴

晨，五时半起床。

七时三刻，往大栅栏庆乐戏园参加前门区卫生运动奖惩及动员大会。七时三刻才开始，至九时三刻完毕。同张子明君往包头章胡同21号访穆怀德君，未遇。回至琉璃厂取报纸及饮牛奶。十一时回家，适穆君已来，谈片刻去。

下午二点，金钟灵君来访，研究太极拳，三时半去。又裁缝来为永儿量衣。

下午，四时同内子、塘侄、永儿往陶然亭游览。归已七时余。

八月二十九日，星期一，晴

晨，五时一刻起床。七时半到社。

傍晚，洗澡后归家。

夜饭后，往永安访方子藩君。据去看电影，未遇。至大栅栏一转，又去购罐头食物。

八月三十日，星期二，晴

晨，五时一刻起床。七时一刻到社练拳。

午饭后，一时半再往永安访方子藩君，谈至二时半到社。

傍晚，到延寿寺街人民银行取款后归家。

八月三十一日，星期三，晴

晨，五时一刻起床。七时一刻到社练拳。

傍晚，剃头后到车站寄给四妹航空信，为内子准备九月二日动身，嘱吉中于九月三日傍晚到车站去接。

又往大栅栏购罐头。

九月

九月一日，星期四，晴

晨，五时一刻起床。七时一刻到社练拳。

午饭后，往东安市场买牛油，托内子带沪给悟女等。四时到社。

傍晚归家，濂侄来。

夜饭后，忽找不到日间购来的车票，当往社，遗在办公室。取归时，至通舟兄家询行李是否交带，据作罢论。

同永儿、濂侄送行李一件至车站，做京沪行李票。归已九时余。

九月二日，星期五，晴，下午阴，夜有雨

晨，四时起床。

内子今晨乘京沪15次快车赴沪，车于六时四十分开，我和永儿于五时半陪同赴站。上车后，我和永儿即归。到家一转，七时到社练拳。

今日起，中午在社搭伙，尚有滋味。饭后，回家午睡。二时半返社。回家途中，曾到琉璃厂邮局取杨守仁汇来款20元。

傍晚，归家时转延寿寺街人民银行存款。归家后，同永儿共进夜饭，并煮明日要吃的粥。

九月三日，星期六，晨雨，下午晴

晨，五时一刻起床。七时半到社。

中午，饭后回家一转。五妹已来。

方子藩君来电话，谓今日16次夜车动身返沪云。

傍晚，往中央看《游击队之子》电影。六时45分开演，至八时10分毕。

耀华与美强等亦来家。

九月四日，星期日，晴，傍晚雨

晨，五时半起床。

八时，到琉璃厂取报纸及牛奶归家。

九时一刻，同耀华、永儿往大华看《为了十四条生命》的电影。自十时开演，至十一时半毕。归家已十二时。

潘松泉侄来家午饭。

下午未出门。

九月五日，星期一，晴

晨，五时一刻起床。七时到社练拳。

五妹全家今晨各回去。

四妹来信，内子于上星期六傍晚到沪，为所携行李超过八公斤罚了四元钱云。

傍晚，洗澡后归家。今日起，下午改为2~6时。

夜，宣信予兄来谈。

塘侄谓拟于十时往车站接叶圣陶，来家一转。

九月六日，星期二，晴

晨，五时一刻起床。七时到社练拳。

上午，九时半往同仁医院看牙齿，约星期六再去看，拍了两只牙齿的X光。

归途到六部口下车，去83号看韦敬群，据旧疾复发云。又至许季芸夫人处一转。十一时返社。

下午，人民银行来问关于管体乾情况。

傍晚，往合作社购挂面，未得。又至前门人行预交1954年建设公债，再至大栅栏买面包后回家。烧粥与永儿同餐。

九月七日，星期三，雨

晨，五时半起床。七时到社练拳，因雨未推手。

傍晚，洗澡后归家。

夜发寒热，后半夜始清快。

九月八日，星期四，晴

晨，五时半起床。七时三刻到社，不及练拳。

上午，九时半同士霖兄往西单法院人民接待室为新建路11号楼建英房客事，又至西单房管所亦为新建路万姓业主配屋事。回至琉璃厂已十二时余。

傍晚，到延寿寺街及大栅栏购物后归。永儿已得俄语学院通知，嘱于十至十二日前去报到入学。

九月九日，星期五，晴

晨，五时半起床。七时半到社练拳。

同涛然同志谈为上海印刷厂事函沪问题。中午，回家午睡，取浴巾返社。

复周吉中信，中午付邮。

傍晚，洗澡后归家。

九月十日，星期六，晨阴雨

晨，五时三刻起床。

七时一刻出门，往同仁医院看牙，拔了一只臼牙。九时半返社。中午，为拔牙关系吃面包。

傍晚，径归家。

原购《激流之歌》电影票，因雨大送金寿峰拳教师去看。

九月十一日，星期日，阴雨

晨，五时半起床。

七时一刻，往首都看八时十分开演的《激流之歌》电影，至八时半毕。

往新建胡同11号看房子，并访问楼建英房客及万姓旧业主。

十一时，至琉璃厂取报、吃牛奶，并与韦士霖君谈。十二时回家。

下午，松泉侄来。又五妹来家宿。

夜饭后，往中央看《九月英雄》电影。六时半开演，至八时半毕。步行归家。

九月十二日，星期一，晴

晨，五时半起床。七时半到社练拳，余景贤亦来参加。

傍晚，洗澡后归家。

五妹晨去农场，永儿上午亦赴鲍家街向校报到。今晚一人宿家中。

九月十三日，星期二，晴，夜有雨

晨，五时半起床。

七时到社，因粥已吃完，购油条、大饼二付充饥。

傍晚，购挂面后径归家。

永儿来过。留条称已编入校部96班二年级，住石驸马大街18号303室，不久要搬西郊云。

夜，煮粥吃。

九月十四日，星期三，晴

晨，五时半起床。

吃粥后，七时半到社练拳。今日又加斯福康。

傍晚，洗澡后归家。

九月十五日,星期四,晴

晨,五时半起床。七时半到社练拳。

下午,参加计划统计组为校对科统计表事的讨论会。

六时,购挂面后回家。

永儿来,当夜回校。据明日迁西郊云。

九月十六日,星期五,雨,傍晚晴

晨,五时半起床。

七时,冒雨往新建胡同11号找楼建英为房子事,未遇。又至全国总工会谈片刻,到社已八时半。

下午,参加出版部出版科讨论统计事,至六时未完,预备明日续谈。

六时后,洗澡后归家。夜,煮面吃。

九月十七日,星期六,晴

晨,五时半起床。七时到社练拳。

午饭后,同韦士霖、舒仲则二君往顺德馆夹道看房子。

下午,继续参加出版科讨论统计事。因裁缝送来衣服,又须于六时半往首都看电影,故提早一刻回家。

六时半,到首都看《没落之家》电影,至八时一刻毕。回家,永儿已煮好稀饭。

九月十八日,星期日,晴

晨,五时三刻起床。

七时半,往琉璃厂吃牛奶、取报纸。

九时,到南小街204号访俞明岳君,为俞明时来信事,谈至十时回家。

松泉侄及董明达来,都在家午饭。

永儿和松泉夜饭后去。

九月十九日,星期一,晴

晨,五时三刻起床。七时三刻到社,未及练拳。

傍晚,洗澡后归家。

接吉中航函，知四妹于十六日晨零时41分产一女孩。

夜，宣信予兄来谈。彼发明中文长条铸字法，作合理化建议云。

九月二十日，星期二，晴

晨，五时半起床。七时一刻到社练拳。

傍晚，往包头章胡同德森服装店托量大衣尺寸，又至大众理发，乘一路公共汽车回家。

写复周吉中信。

九月二十一日，星期三，晴，下午雨

晨，五时半起床。七时半到社练拳。

复三媛信。

傍晚，洗澡后归家。

夜，烧面吃。

上午，十一时到同仁医院看牙。据医生说，右首坏牙已动摇不能医治，约定廿四日去拔掉。

下午，收到文化部公函，批准董事会协议各案。

九月二十二日，星期四，晴

晨，五时半起床。

七时，在延寿寺街早点。

七时一刻到社练拳。

傍晚，同宣信予兄往绒线胡同83号许季翁家吃面，今日为季翁六十岁生日。谈至九时归家。

九月二十三日，星期五，晴

晨，五时三刻起床。

七时，到延寿寺吃豆浆、油条、烧饼。

七时一刻到社练拳。

傍晚，洗澡后至延寿寺人行取款，归家。

夜，煮粥吃。

九月二十四日,星期六,晴

晨,五时半起床。

七时半,往同仁医院拔牙。九时回社。

上午,因拔牙关系吃面。

傍晚,往中央看六时廿分开演的《秦香莲》电影。八时演毕,归家。

九月二十五日,星期日,阴晴

晨,六时起床。做清洁工作,至十时余。

往琉璃厂吃牛奶、取报纸。十一时半,回家烧挂面吃。

午后略睡,往延寿寺街合作社买油。

永儿来,同往东安市场,到百货大楼买袜子、牙刷及食物等。归已五时余。

翠芳送小菜来,未遇到。

永儿夜饭后回校。

九月二十六日,星期一,上午阴,下午晴

晨,五时三刻起床。七时三刻到社。

傍晚,因身体有些不舒,未经洗澡即归家。

濂侄来谈,并取回昨送来的菜盒。

夜,冲热水袋烘腰部。

九月二十七日,星期二,晴

晨,五时三刻起床。

七时三刻到社,因腰不舒未练拳。

傍晚,汇给岳母十、十一月零用十元。

今日社中提前发十月份薪水。

接汤儿来信,谓将赴沪开会,月底来京云。

九月二十八日,星期三,晴

晨,五时三刻起床。七时三刻到社,未练拳。

中午,至琉璃厂邮局汇给周吉中转内子一百元整。下午,四时起做大扫除工作。

傍晚，洗澡后归家。

九月二十九日，星期四，晴

晨，五时三刻起床。在延寿寺街吃点心。

七时半到社练拳。

傍晚，径归家。

五妹来电话，谈明午归家云。

九月三十日，中秋节，星期五，晴

晨，五时半起床。七时三刻到社。

以电话询医药局供销科（31127），知汤儿由沈直接去沪。又用长途电话至沈（52611）与汤儿谈，知今日34次车离沈，明晨四时11分到津转车云。我定今日下午送公债票赴津，交他带沪。

十时，回家一转，将公债带至前门人行领取支票款，又至延寿寺及琉璃厂人行办存支手续，再至合作社买油。十二时返社。

午后，两时半回家整理行装。三时，雇车到站乘3时35分开53次车，6时19分到津，即住中华栈38号。夜，七时半即睡。

五妹全家来家。

十月

十月一日，国庆节，星期六，晴

晨，三时起床，至车站大便。

四时11分，汤儿与同伴等乘34次车到津，在中华栈略息，将公债交给带沪。他们乘九时余17次车赴沪，余乘九时51分开的12次车，于十一时半返京。雇三轮由天桥转归家。

王泊如兄夫妇及宣信予兄父子先后来。

蒋振廷兄之子鸿升在清华习机械制造，由其堂兄陪来。据夜间拟于参加天安门晚会后，借宿一宵，当允之。夜，九时即来。

十月二日，星期日，上午阴雨，下午阴

晨，六时起床。

蒋鸿升早点后去。

八时，往琉璃厂，知牛奶已为高乐赓兄取去。至北椿树胡同甲三号访唐泽霖同志后即归。

九时，同塘侄往至清观崇文区工人俱乐部看《魔椅》电影。自七时起，至十一时一刻止。到家已逾十二时。

松泉来，夜饭后去。

耀华与塘侄下午去看工人运动会。

六时，往中央看六时半开演的《深山探宝》电影，至八时半毕。

十月三日，星期一，雨

晨，六时起床。

八时半，往琉璃厂取牛奶，报尚未来。

五妹和弟弟午饭后回西郊。

四时，往延寿寺街购酱油等，又至琉璃厂邮局买报。

五时半吃夜饭。六时一刻，往中央看六时五十分开演的《友谊花朵处处开》电影，至八时二十分毕。归家已八时三刻。

今日社中补放昨日的星期假一天。

十月四日，星期二，晴

晨，五时三刻起床。八时到社。

傍晚，径归家。

十月五日，星期三，晴

晨，五时三刻起床。七时半到社练拳。

傍晚，洗澡后往中央看七时开演的《不可分离的朋友》电影，至八时三刻毕。步行归家。

十月六日，星期四，晨雨，后晴

晨，五时三刻起床。七时半到社，因雨未练拳。

下午，六时归家。吃点心后，往中山公园音乐堂看解放军文工团的歌舞杂技。七时半开始，至十时半毕。步行归家。

四妹之女取名周建华云。

十月七日，星期五，晴

晨，五时三刻起床。七时半到社练拳。

下午，二时半同高乐赓兄往骡马市大街结核病防治所透视肺部，嘱半年后再去检查。

傍晚，径归家，因天寒未洗澡。

十月八日，星期六，晴

晨，五时三刻起床。七时半到社练拳。

傍晚，径归家。永儿已来。

十月九日，星期日，晴

晨，六时起床。

八时半，到琉璃厂瑞丰理发，又至社看报、吃牛奶。

十时二十分，到同乐与永儿同看《秘密客》电影。至十二时回家。

中午，烧面吃。

午后，永儿回西郊。

我午睡后，三时去故宫参观全国陶瓷展览及敦煌艺术展览，至五时余出。

六时30分，到中央看《危险的货物》电影。八时半归家。

十月十日，星期一，晴

晨，五时三刻起床。七时半到社练拳。

傍晚，洗澡后归家。

吉中来信，说内子预定十五日返姚，月底来京，并附还粮票10斤。

十月十一日，星期二，晴

晨，五时三刻起床。七时一刻到社练拳。

接吉中信，知内子准备月底来京，即复信告以旧业主即将搬走，能早来很好。又复大妹一信。

傍晚，至车站投信后归家。

十月十二日，星期三，上午阴，下午雨

晨，四时起床。四时五十分出门。五时十分，到劳动文化宫门口准备购买日本歌舞剧戏票。至七时，见《北京日报》载本日票已售完，不再另售，只得回社，已七时三刻。

傍晚，径归家。

十月十三日，星期四，晴

晨，五时起床。六时出门。六时一刻，到劳动人民文化宫买日本戏票，排第卅名。至十时开始售票，买到三角券两张。到社已十时半。

午饭后回家取望远镜，又至孝翁家约他同观日剧。

六时放工后，即同孝翁到赵登禹路丰盛胡同口政治协商会议礼堂观日本歌舞伎剧团演出，至十一时毕。归家已近十二时。

松泉来电话，谓彼明日往官厅水库，星期日返京。约我们亦于星期晨前往，可以同归云。当允之，并函李耀华与永儿，约共往。不知天气如何？能如愿否？

日本歌舞伎剧是《双蝶道成寺（蛇精）》《倾城返魂香（口吃的又平）》《劝进帐（化缘簿）》三句[1]。

十月十四日，星期五，晴

晨，六时半起床。八时十分到社。

傍晚，洗澡后归家。

十月十五日，星期六，晴

晨，五时半起床。七时半到社练拳。

下午，六时即往中央看六时四十分开演的《英雄号开往马尔托》影片，加映《废品的报复》及新闻片，至八时半毕。

永儿来家，购自行车外胎一只，换掉颇费事。睡已十一时。

---

〔1〕“句”疑为“出”。

十月十六日，星期日，晴

晨，五时三刻起床。六时出门乘电车，七时到西直门。至西直门车站购赴官厅车票。永儿至七时廿分始到。搭231次七点35分开的车，于十一点47分到官厅拦河堤，潘松泉侄已在迎候。当在水库及电站外貌参观。

午后，乘二时48分开的232次车，于七时到西直门站，换乘电车八时到家。永儿径回校。

夜，煮面吃。

十月十七日，星期一，晴

晨，五时三刻起床。

因和西屋房客谈话片刻，故迟五分钟到社。

傍晚，往中央看《印度的艺术与建设》。原定六时四十分开，俟因前场未完，迟至七时多始开演，八点廿五分毕。回家已九时，烧面吃。

十月十八日，星期二，晴

晨，六时起床。煤炉有熄灭危险，径烧柴若干。

八时一刻出门，往财经社访常紫钟同志，谈新加坡事。归途由宣武门转，十一时回社。

傍晚，径归家，煮粥吃。

十月十九日，星期三，晴

晨，五时三刻起床。七时一刻到社练拳。

傍晚，洗澡后归家。

十月二十日，星期四，晴

晨，五时三刻起床。七时一刻到社练拳。

下午，五时半离社，先到富兴买米、面，再回家煮粥。又往手工业合作社买炉盘，因没有大的，未买。

十月二十一日，星期五，晴

晨，五时三刻起床。

七时，携面粉10斤往宣内大街打挂面。到社已八时。

八时半，同通舟兄往视韦士霖兄病，又往房地产管理局为联系与燕京换房事。归已十一时。

傍晚，往中央看《暴风雨》印度电影，演员技术很高。六时五十分开演，至八时半毕。步行归家，已近九时。

十月二十二日，星期六，晴

晨，五时三刻起床。为做清洁工作，八时始到社。

上午，十时半往王府井《人民日报》谈预约书登记广告事，又至百货公司一转，购食物数事。回家安放后，过延寿寺街人行取款，再回社午饭。

傍晚，至中央看六时四十分开演的印度电影片《两亩地》，很感满意。至八时五十分始毕。

永儿回家。

十月二十三日，星期日，晴

晨，六时一刻起床，购豆浆等与永儿同吃。

八时，往车站看内子有无到京，结果未来。

往东黄城根访何希秀，交给吕振鸿汇来 40 元。又往宣内大街取所打挂面，再到琉璃厂取报纸及吃牛奶。十一点回家。

三妹、召棠及松泉先后来。中午，煮新打来的挂面吃。

下午未出门，做些清洁工作。

今日，旧业主宋姓搬往西安门光明殿五号去。

十月二十四日（重阳节），星期一，上午雨，后晴

晨，五时三刻起床。因宋家搬走，我去扫街。

七时半到社，天雨未练拳。

傍晚，归家煮稀饭吃。丰盛送来煤球。

接觉民信，知显光于本月廿日因患肝癌症病故。总角旧交又少一个，至为痛悼！当函显光嫂慰唁。

十月二十五日，星期二，晴

晨，五时三刻起床。七时半到社早餐。

上午,十时往西单房管所为新建胡同十一号楼姓房子事,又至楼姓家一转。十一时半返社。

下午,四时为崔仲远要电港购治癌药(阿簭)(英文名 Azan)(日本药),代去医药公司探询。又顺道至百货公司购食物,并去修表。六时半归家。

十月二十六日,星期三,昨夜雷雨,晨阴,嗣晴

晨,五时三刻起床。七时半到社练拳。

傍晚,洗澡后归家。

十月二十七日,星期四,晨阴,嗣雨

晨,五时三刻起床。七时半到社练拳。

九时半,同韦士霖兄往太仆寺街 29 号看房子。十时半回社。

傍晚,径归家。

永儿来家。

接毓松信,知内子将于 29 日星期六晚到京云。

十月二十八日,星期五,晴

晨,五时三刻起床。七时三刻到社。

傍晚,先至新中国购明晚电影票。因中央影戏较远,来不及去车站接内子,故改在新中国购票。

夜,拖地板,做清洁工作。

十月二十九日,星期六,晴

晨,五时三刻起床。八时到社。

傍晚,六时回家。夜饭后,往新中国看《流浪者》印度电影。上集自 7 时 20 分至 8 时 40 分,下集自 8 时 50 分至 10 时 25 分。

往车站,同永儿接沪来 10 时 55 分 16 次车,因内子乘该次车来京。准时到站,步行回家,已逾十一时。午夜后,一时始入睡。

十月三十日,星期日,晴

晨,六时一刻起床。

九时,往车站取过磅行李。

十时半，往琉璃厂吃牛奶、取报纸。

十一时半回家。塘侄来，午饭后去。

下午，去购米及油。

写致上海望铣弟及毓松、吉中等信。

十月三十一日，星期一，晴

晨，五时三刻起床。

永儿今晨返校

八时到社。

上午，为崔仲远向港购针药事，先到高教部访崔君，又到邮局与海关办事处联系。过十二时始回社。

傍晚，剃头后归家。

夜饭后，往廊房头条手工业合作社买炉盘与烟筒。

十一月

十一月一日，星期二，晴

晨，六时起床。

七时半出门，到新华街搭四路公共汽车到西四，换西颐 31 路公共汽车到颐和园，再换颐温私营木炭汽车，于九时 45 分到温泉疗养院访韦敬群君。谈至十一时 15 分出，仍乘颐温车回颐和园，改乘 32 路直达西直门，换搭电车至前门回家，适一点 45 分。如是来去，各费二小时半。

在家午饭后，二时半到社。

傍晚，洗澡后归家。内子去看《暴风雨》。

十一月二日，星期三，晴

晨，六时起床。七时半到社练拳。

下午，二时到前门区政府参加每月定量供应粮食问题的报告。五时回社。

傍晚，径归家。

濂侄全家来，夜饭后去。

十一月三日，星期四，晴

晨，五时半起床。七时半到社练拳。

十时，往对外贸易部。因未携介绍信，即回社。

傍晚，径归家。

夜，杨守仁兄来谈。

十一月四日，星期五，晴

晨，五时半起床。七时半到社练拳。

八时，往东长安街对外贸易部进口局化计处谈 Azan 进口事。十时回社。

傍晚，过延寿寺街合作社一转，归家。

十一月五日，星期六，晴

晨，五时半起床。

七时，往后王公厂濂侄家，叫瑞和侄女来家帮忙盐菜。八时到社。

为粮食定量供应事，上、下午集会讨论。

瑞和侄女在家宿。

夜，永儿归家。

十一月六日，星期日，晴

晨，六时一刻起床。

八时，往琉璃厂取牛奶后即归家，因报纸尚未来也！

三妹同一女友来。

五妹下午来。

在家准备粮食定量工作报告。

下午，洋铁店来装火炉。

下午，五时三刻往琉璃厂放奶瓶及取报纸，至 159 号一转。

六时 50 分，到新中国看苏联片《培养勇敢精神》。归家已九时。

十一月七日，星期一，晴

晨，五时半三刻起床。七时半到社练拳。

上午，十时十分开全体大会，为粮食定量供应事。我做传达报告，至十一时三刻毕。

下午,三时40分开各小组长会议并分别试评,至五时半毕。

十一月八日,星期二,晴

晨,五时半起床。七时半到社练拳。

十时,同崔仲远主任先往邮局,再赴宣外范家胡同公共卫生局,为提取港来Azan针药事。十二时回社。

下午,三时开评粮小组长会。

傍晚,洗澡后归家。

十一月九日,星期三,晴

晨,五时半起床。七时半到社练拳。

上午,十时包闻天君传达出版局计划布置。

崔仲远主任来结针药账。

下午,开评粮小组会。

三时半,开财务计划研究座谈会,至五时半毕。

傍晚,径归家。

十一月十日,星期四,晴

晨,五时三刻起床。七时半到社练拳。

上午,开粮食定量评议会,至十二时始毕。当回家午饭。

下午,往宣内大街打挂面。一时三刻到社。

三时半,开经理出版部和编辑行政室一部分人员大会,由唐泽霖同志报告曹久芗情况,至五时半毕。

傍晚,径归家。

十一月十一日,星期五,晴

晨,五时三刻起床。七时三刻到社练拳。

上午,十时开评粮会。

中午,回家午饭后,同内子去百货大楼做大衣。又至《人民日报》广告科谈预约书登记广告事。二时半回社。

三时半以后，秘书、财务科小组会讨论曹久芗过去反动案事。傍晚，径回家。

夜，信予兄来谈。

接韵甥信，知少垣哥于农历九月廿四日（即十一月四日）下午二时升西，临终安详，毫无痛苦云。

十一月十二日，星期六，晴

晨，五时三刻起床。

七时赴社，在食堂早餐之后练拳。

药元林同志自沪带来衣服等。

傍晚回家。夜饭后，往中央看《忠实的朋友》电影。自六时半开映，至八时廿分毕。归已九时。

弟弟回家。

十一月十三日，星期日，晴

晨，六时一刻起床。

八时一刻，往王府井百货商店送大衣皮，又至宣内大街取所打挂面，再到琉璃厂拿报纸、吃牛奶。归家已十一时。

下午，在家做些清洁工作，未出门。

松泉来，傍晚回去。

永儿下午五时返校。

十一月十四日，星期一，雨

晨，五时三刻起床。七时，往社早餐。

上午，九时半往《人民日报》广告科接洽预约书展期登记启事事。十一时返社。

傍晚，径归家。

十一月十五日，星期二，晴

晨，五时三刻起床。八时到社。

九时半，往同仁医院镶牙，等待至十一时半始看。据该院谓，因设备关系，不能装固定的,须往口腔医院镶补云。十二时回家。

下午,一时半到社开财务计划管理费用讨论会,至五时始毕。

傍晚,洗澡后归家。

夜饭后,同内子往大观楼看《玛利娜的命运》电影。自七时起,至八时半毕。

十一月十六日,星期三,晴

晨,六时起床。七时三刻到社。

下午,与上海印刷厂李筱亭通电话。又参加财务科计划准备谈话会。

傍晚,径归家。

夜,往大栅栏一走,为永儿洗棉帽。

十一月十七日,星期四,晴

晨,六时起床。

八时到社。上午,寰老来,谓拟本月廿一日回南视察云。

傍晚,径归家。

夜饭后,往米市街取染件。

十一月十八日,星期五,晴

晨,五时三刻起床。七时一刻到社早餐。

八时,赴王府井,先至锡拉胡同口腔医院看牙,再至百货大楼穿大衣样。据尚未送来,约下午再去。十时回社。

为钥匙弃在家中,十一时半回家去取。

下午,开财务计划编制准备会议。

傍晚归家。夜饭后,再往百货大楼穿大衣样。归已九时。

十一月十九日,星期六,晴

晨,五时三刻起床。八时到社。

傍晚,径归家。

永儿回家。

十一月二十日,星期日,晴

晨,七时起床。

八时半，往琉璃厂吃牛奶、取报纸。十时回家。塘侄与美韶侄孙来，午饭后去。

下午，做些清洁工作，未再出门。

内子往泊如兄家去了一次。

永儿傍晚返校。

十一月二十一日，星期一，晴

晨，五时三刻起床。

七时一刻到琉璃厂吃早点，又练拳。

傍晚，径归家。

十一月二十二日，星期二，晴

晨，五时三刻起床。

七时一刻到社早餐，又练拳。

上午，九时半往国际书店晤杨明同志，谈至十时半回社。

傍晚，洗澡后归家。

夜，为草拟、缮写致许寄南信稿，工作至十时。

十一月二十三日，星期三，晴

晨，五时三刻起床。

七时一刻到社早餐，又练拳。

上午，为评粮事举行小组长会议。

傍晚，理发后归家。

唐泽霖同志来条，为石晓田同志借望远镜。

十一月二十四日，星期四，晴

晨，五时三刻起床。

七时一刻，到社早餐并练拳。

傍晚，径归家。

十一月二十五日，星期五，上午阴，下午雨

晨，五时三刻起床。

七时一刻,到社早餐并练拳。

中午,西屋原房客袁姓来看霍家胡同房屋,曾陪同前往。

傍晚,原拟往王府井百货公司取大衣,因天雨未去。散班后即归。

十一月二十六日,星期六,晴

晨,五时三刻起床。

七时一刻,到社早餐并练拳。

傍晚,往王府井百货公司取大衣,并购食物后归家。

永儿回家。

十一月二十七日,星期日,晴

晨,六时半起床。

八时,往琉璃厂取报纸、吃牛奶。十时半回家,过延寿寺街人民银行为利南转定期存款。

中午,塘侄来。

午饭后,同内子及塘侄、永儿往大观楼看《天罗地网》电影。自一时起,至二时35分止。

永儿夜饭后回校。

写致四妹信。

夜,做清洁工作。

十一月二十八日,星期一,晴

晨,五时三刻起床。

七时一刻,到社早餐及练拳。

下午,曾同士霖、通舟二君往东椿树胡同看房子。写致朱颂盘及四妹信。

傍晚,塘侄来,为询友人皮衣要否购买,婉却之。

十一月二十九日,星期二,晴

晨,五时三刻起床。

七时一刻,到社早餐及练拳。

写致张雄飞兄信。

傍晚，洗澡后归家。

瑞和侄女因与弟妇口角来家。夜，濂侄来接去。

十一月三十日，星期三，晴

晨，五时三刻起床。

七时，到社早餐并练拳。

下午，往高教部听红星农场主席俞某及晨光农业生产合作社副主任刘宝忠报告，自二时至六时。

同孝翁到桂香村吃元宵一客，再到高教部听教育部董纯才副部长传达毛主席"农业合作化""工商业改造"和"知识分子"三问题，自七时半起至十时毕。回家已十一时。

十二月

十二月一日，星期四，晴

晨，六时半起床。

汤儿自沈阳来。

八时，往八面槽口腔医院，至十一时半始看毕，预约本月九日再去。

十二时，回家午饭后，一时半到社。

傍晚，径归家。

十二月二日，星期五，晴

晨，五时三刻起床。

在家中早饭后，八时到社。

傍晚，至人民银行存款，又至邮局汇给岳母款。

李汉周同志来借望远镜。

闻五妹中午曾归家，带去火炉。

汤儿在家宿。

十二月三日，星期六，晴

晨，六时起床。八时到社。

下午,三时四十分为统计工作事,由武社长作报告开大会,至五时半。

傍晚,径归家。

永儿归家。

十二月四日,星期日,晴

晨,六时起床。

八时半,往王府井百货大楼购物。九时半,到东长安街中国青年艺术剧院购今晚话剧票。十时半,到琉璃厂饮牛奶及取报。十一时归家。

下午,做清洁工作。

傍晚,六时再往王府井购物。

七时半,到青年剧院看《时刻警惕着》《两个心眼》《刘莲英》话剧,至十时毕。与内子、汤儿同归,到家已近十一时。

十二月五日,星期一,晴

晨,六时起床。八时到社。

傍晚,至大栅栏一转,回家。

夜,吃面,为内子明日寿。

十二月六日,星期二,晴

晨,六时起床。八时到社。

傍晚,洗澡后归家。

夜,吃饺子。

十二月七日,星期三,晴

晨,六时起床。

七时五十分,步行往东华门参观治理黄河展览。自八时半起,至十时毕。回家取饭菜,十一时半到社。

傍晚归家。夜饭后,同内子、汤儿往大观楼看《运动场上的新手》。自七时开演,至八时半毕。

十二月八日,星期四,晴

晨,六时起床。八时到社。

午饭后,往高教部听读文件,由崔仲远主任读《逐步废除干部子弟学校》《提倡社会主义道德》《怎样读经典著作》等,至三时毕。

回社后,听梁涛然报告实物工资制度,至五时毕。

傍晚,至西北园视韦士霖病。

十二月九日,星期五,晴

晨,六时一刻起床。

八时出门,往口腔医院。原挂号为八点半,误记为九点,致迟到廿分钟。装牙并补牙、拍X光,完毕已十二时。回家午饭后,一时半到社。

傍晚,往手工业合作社购衣箱一只,给美德用,交汤儿带去。

塘侄夜饭后来,十时去车站。据接叶圣陶云。

十二月十日,星期六,晴

晨,六时起床。八时到社。

为敬群神经不正常事,韦士霖兄同其妻来商,并约于夜间到许季翁家商谈。

傍晚,到绒线胡同季翁家谈,至七时归。

永儿来家。

十二月十一日,星期日,晴

晨,六时半起床。今日起,早晨扫街。

汤儿至西郊看五妹,午后回。

塘侄来,午饭后去。

九时半,往社取报纸、吃牛奶,并与士霖兄谈敬群事。十一时归家。

下午未出门。

永儿傍晚回校。

袁姓今日迁往三里河。

十二月十二日,星期一,晴

晨,五时三刻起床,扫街。七时三刻到社。

傍晚,径归家。

戴孝翁来,谈至九时始去。

十二月十三日，星期二，晴

晨，五时三刻起床，扫街。

七时三刻到社，与梁涛然同志谈话。

傍晚，洗澡后归家，做清洁工作。

汤儿今日下午五时余乘车返沈阳。

十二月十四日，星期三，晴，阴

晨，五时三刻起床，扫街。

七时，往社早餐、练拳。

下午学习，农业合作化讨论。

傍晚归家，知五妹今日曾进城检查身体，并来家一转。

夜，同内子往大观楼看《短剑》电影。七时起，至八时半止。

十二月十五日，星期四，晴

晨，五时三刻起床，扫街。

七时一刻，去社早餐。

八时，与涛然同志谈旧存书处理问题事。

傍晚，径归家。

十二月十六日，星期五，晴

晨，五时三刻起床。七时一刻，去社早餐、练拳。

上午，十时同通舟兄往前门大街41号看陆廷珏整理书籍工作。十一时半回社。

傍晚，径归家，知翠芳、瑞和等曾来家。

十二月十七日，星期六，晴

晨，五时三刻起床。七时，往社早餐、练拳。

傍晚，径归家。

夜，同内子往大观楼看《战胜黑夜》电影。自八时五十五分开演，至十时半毕。归家已十一时。

十二月十八日，星期日，阴，晨、晚飞雪

晨，五时三刻起床。

八时，往大观楼买电影票。归家后，与永儿同去做[1]《马戏春秋》。自九时开演，至十时半毕。至同济堂为内子购药，又至琉璃厂取报、吃牛奶，再至人行支款，归家已近十二时。

下午，午睡后同永儿量房子尺寸。

三时半，同内子往首都，先看四时十分开演的《猛河的黎明》，接着再看六时十分开演的《广场奇遇》，演毕已近七时三刻。雇三轮到家，已逾八时。

十二月十九日，星期一，阴，昨夜雪

晨，六时半起床。

七时半，往锡拉胡同口腔医院保全科治牙。八时半开始，至九时二十分毕。归途过大栅栏，为内子往同济堂取药。又回家，带小菜至社。

傍晚，剃头后归家。

十二月二十日，星期二，晴

晨，六时半起床。七时三刻到社早餐。

傍晚，洗澡后归家。

夜饭后，做清洁工作。

十二月二十一日，星期三，晴

晨，六时半起床。为昨晚睡得不好，因此人较疲倦。又为整理煤球等，早餐后迟至九时始到社。

下午，参加学习讨论会。

傍晚，至邮局取望铣弟寄来包裹，又至大栅栏购灯泡，未得。

十二月二十二日，星期四，晴

晨，五时半起床。

七时半到社早餐，并与涛然同志谈话。

---

〔1〕“做”当作“看”。

下午，一时 40 分到高教部听崔仲远主任读电报，为全国教育工会副主席郎某（女）隐瞒力[1]史被开除党籍；高教部、教育部党组在七中六次会后的检查报告；苏联杂志登载文教工作人员不宜劳动竞赛等。

三时，过西单购电灯泡后回社。

傍晚，径归家。夜饭后，往石头胡同店员工会听前门区李副区长“对资本主义工商业进行社会主义改造问题”的报告，十时始毕。

十二月二十三日，星期五，晴

晨，六时起床。七时半，到社早餐、练拳。

傍晚，为讨论昨晚所听李区长的报告，七时半始归家。

往大观楼购明晚七时《炼印》电影票三张。

十二月二十四日，星期六，晴

晨，六时起床。七时半到社早餐。

上午，八时同韦士霖到二龙路人民法院接待室。适今日星期六不办公，乃转至新建胡同与楼姓、范姓谈。回社已十一时。

傍晚，至人行支款后径归家。

夜饭后，同内子、永儿往大观楼看《炼印》电影。七时开演，八时廿分毕。

十二月二十五日，星期日，晴

晨，七时起床。

塘侄来。

九时，往琉璃厂吃牛奶、取报。

十时半，回家做清洁工作。

下午，往延寿寺合作社买油。

夜，韦士霖兄来谈敬群事。

十二月二十六日，星期一，阴

晨，六时起床。七时半去社早餐。

---

〔1〕“力”当为“历”。

八时，同韦士霖去二龙路人民法院接待室，询对中国医药公司背阴胡同房屋纠纷托调解事。十时回社。

下午，三时梁涛然传达杨部长报告，至五时半毕。径归家。

潘松泉侄自沪回，带来望铣弟交带诸物。

十二月二十七日，星期二，晴

晨，六时起床。七时半到社早餐。

上午，十时听高教部来人报告《兵役法》。

傍晚，洗澡后归家。

夜，宣信予兄来谈。

十二月二十八日，星期三，阴

晨，六时起床。

七时三刻出门，到锡拉胡同口腔医院已八时十分，至八时半看牙。九时半，回家取饭菜。十时到社。

下午学习，农业合作化问题讨论。

傍晚，至延寿寺街人行取款后归家。

夜饭后，因内子已代购电影票，往新中国看《驯虎女郎》电影。六时五十分开演，至八时半毕。

十二月二十九日，星期四，阴

晨，五时五十分起床。七时半到社早餐、练拳。

傍晚，径归家。

夜饭后，同内子往东琉璃厂文化馆为社中举行联欢会，看快班[1]及京剧《法门寺》《三叉口》《鸿鸾禧》三只，已逾十时，即归家，未看节目尚多。

十二月三十日，星期五，晴

晨，五时三刻起床。七时半到社早餐。

傍晚，径归家。

---

〔1〕“班”当为“板”。

中午，为领到一月份薪水，曾往琉人行存款。

夜饭后，做清洁工作。

七时半，收听北京电台广播彭真市长在政协大厦讲话之广播录音，至九时半毕。

十二月三十一日，星期六，晴

晨，六时起床。七时半到社早餐。

中午，到宣武门内取所做挂面，只取到二斤多，尚有七斤待下月五日再取。当乘三路公共汽车至前门。归家午饭后，到社前，到大观楼买明日影票。

下午，在社做清洁工作。四时洗澡，又至大栅栏买元宵后回家。

五妹全家来。

商务印书馆同仁日记丛书

史久芸日记

下

史久芸 著

创于1897 商务印书馆 The Commercial Press

1956 年

一月

一月一日，星期日，晴

上午未出门。下午，到琉璃厂一转，访郭农山，未遇。到糜文溶家与其夫人略谈，知文溶住局反省已逾四月云。

到首都看六时十分开演的《平原游击队》电影，八时卅五分毕。

今日，定女全家、应女与企棠、永儿及塘侄、濂侄夫妇、松泉等都来家。

王泊如兄下午来谈。

我在余姚义井巷42号的房屋想无代价献给政府，曾与塘侄谈过。今日发给余姚阳明区人民委员会一信，请其批准并指示手续。

一月二日，星期一，晴

上午，九时半在赴琉璃厂途中遇郭农山君，同至社闲谈。

十时三刻，同韦士霖兄往温泉疗养院视静群病。到院已午后一时，谈至三时。由于他神经不正常，未得结果，但总应该有些好影响。

归途在苏联展览馆参观罗马尼亚民间艺术展览会，物品不少，似精品不多。到家已六时半。

应女昨晚宿家中，今日回机关工作。

永儿、耀华也都于下午回去。

一月三日，星期二，晴

今日上班。

高教部、教育部业余政治学校明日开学。今晚六时，由班长周连芳召集学员集会讨论，至七时毕。

归途到人民银行延寿寺街储蓄所一转。

一月四日，星期三，晴，有风

俞寰老年底返京，今日到社，略谈上海情况。

午饭后，往高教部参加业余政治学校开学典礼。先由教育部柳副部长及高教部刘子载副部长先后致辞，勉励同学认真而虚心学习，并且坚持下去，勿骄勿惰，保证完成学习任务云云。

继由苏联顾问德普金同志讲课，大要讲：政治经济学是有阶级性和党性的科学，学习政治经济学应联系实际等问题，至五时毕。

一月五日，星期四，晴阴

接四妹来信，附建华百天照片，已很像样。信中说毓松常多病，不免挂念。

傍晚，洗澡后回家。本年起，洗澡已改为星期一、四矣！

一月六日，星期五，晴

昨晚降温较剧。今晨室内摄氏九度，室外廊前零下八度。

内子汇25元给汤儿，嘱买人参为备函寄去。

复四妹一信。

与俞寰老谈新加坡分馆来信事。

一月七日，星期六，晴

晨，往口腔医院治牙。原约九时，我八时四十分就到。九时五分开始，至九时三刻完毕。询据医生言，尚须诊治多次云。

归途到宣内大街取挂面。回家已十一时半，午饭后去社。

一月八日，星期日，晴

为了星期休息，早晨迟一小时至近七时始起床。

九时，为应永儿之请先到新中国购电影票，再到社取报及吃牛奶，又做《政治经济学》笔记一小时。

到西河沿派出所取本月份油票。

十一时半午餐后，同内子、永儿往新中国看《顽皮的两个小朋友》。自十一时五十分，至一时十分毕。

下午，又做了《政治经济学》笔记两小时。

一月九日，星期一，晴

今日公事不多，以一部分时间做《政治经济学》笔记。

毓松来信，他为扁桃腺炎，又悟女为阑尾炎，先后进华东医院诊治。悟女施手术尚算及时，进步很快云云。经复信嘱注意。

一月十日，星期二，晴

为了锡拉胡同口腔医院预约今日复查一个月所镶金钩牙两只，乃于七时三刻出门，八时一刻到达。八时半复查，稍稍整理，尚舒适。九时一刻毕，回家后十时到社。

下午，往高教部听崔仲远主任读报，计：① 陶孟和向科学院报告调整各地和各大学图书馆解放前存书事；② 苏联批评对和平共处问题的右倾思想；③ 苏联批判发展重工业宣传不够问题；④ 苏联批评不够重视思想问题；⑤ 关于少数民族的文字改革问题；⑥ 青年团报告扫盲运动问题等。三时回社。沿途见庆祝公私合营的群众游行很热闹。

汤儿来信询我的家庭成分，去信复之。

一月十一日，星期三，晴

上午，同韦士霖兄往房地产管理局，为和燕京饭店交换房屋及李铁拐斜街 38 号售给李姓事与公用科马椿荃联系，适彼假出，乃与姜姓接洽，复与产权组崔姓洽谈，前者无问题，后者须上级证明云。

下午，到高教部在食堂听《政治经济学》讲课，系解释问题，至五时半毕。

一月十二日，星期四，晴

上午，草拟为出让李铁拐斜街 38 号房屋与李曾华事致出版局函稿。

下午，一时同韦章士霖兄往西单人民法院应审与中国医药公司北京市公司为背阴胡同 19 号房屋纠纷事，一时半开始，至三时余毕。约明日上午续审。

傍晚，剃须、洗澡。

夜，金钟灵君因上海佛教界反革命案事来谈，借给近两期《弘化》月刊，至九时去。

一月十三日，星期五，晴

上午，九时半同韦士霖兄再到西单人民法院与中国医药公司交涉，由代理审判员刘长林同志（女）问话。医药公司答复仍空洞无诚意，审判员嘱医药公司考虑具体办法，于下星期一决定。

下午，为秘书科检查思想参加开会，至五时半止。

侣女来信，寄来人民币一百二十元，给我和他母亲各五十元，五妹、弟弟各十元云。

接余姚阳明区人民委员会复信，允许我捐献在余姚的房屋。

一月十四日，星期六，晴

晨，与梁涛然同志商广州印刷厂开董事会要否前去出席事，结果决定请示出版局再说。如果要去，因会期在一月卅日，则廿三、四即须前往，并由沪转，以便联系。

下午，秘书科继续开检查思想会议。余参加至五时半后，去前门邮局取侣女汇来款。

一月十五日，星期日

上午，九时余先到延寿寺街和琉璃厂人民银行交存侣女汇来款的一部份。

到社草拟为背阴胡同房子事致法院续呈稿，并阅报、饮牛奶。

十二时 20 分，到首都看《夏天的故事》电影。二时毕，步行归家。同看者内子、永儿和瑞和侄女。

回家午饭。

潘松泉侄来，夜饭后去。

一月十六日，星期一，晴

晨，与梁涛然同志谈和中国医药公司涉讼事。

九时半，与社长及寰老谈广州印刷厂事，社长意我可不去穗云。

中国医药公司王富美午后来谈，未得结果。

一月十七日，星期二，阴，有微雪

晨，七时三刻出门。八时十分，到锡拉胡同口腔医院，仍由许大夫治牙取神经。八时半起，至九时半止。约本月二十七日再来。

归途在东交民巷下车，往中国银行国外业务局询新加坡贷款事。转至西交民巷该行国外处与江靖同志联系，谈至十一时余，归家午饭。

下午，一时一刻到社。

四时，中药公司王富美来谈，仍未获结果。

一月十八日，星期三，晴

晨，与梁、唐两君谈背阴胡同房子及新加坡要款事。十时，又与武、俞谈。

下午，到教育部逸仙堂听课，讲《政治经济学》第一至三章。综合讲三题，为：

1. 原始公社、奴隶占有制、封建制度三个生产方式的基本经济规律；

2. 商品交换与商品生产的产生和后果；

3. 资本的原始积累。

至五时讲毕。到西单一转，购物后归家。

闻今日五妹为检查身体回家一转云。

一月十九日，星期四，晴

为背阴胡同房屋事，今日又交涉一次，尚未得结果。

小妹来信，据已出医院云。

傍晚，洗澡后归家，做清洁工作。

今日天气转冷，夜饭后室内14度，室外零下五度。

一月二十日，星期五，晴

晨，和涛然同志谈广州印刷厂召开董事会事，决请丁英翁前去参加。

与中国医药公司的房产纠纷未能达成协议，只能听西单法院的判决。

傍晚，到半壁街轻工业部医药局供销科找界焕明同志取汤儿带来人参。

夜，吃腊八粥。

一月二十一日，星期六，晴

晨，为昨夜腊八粥有剩余，在家早点。

为出版局嘱复江武子为地图纠纷事的处理办法，下午与戴孝翁、吴泽炎商谈。

泽霖同志来谈，拟整饬杂工纪律及京沪会计部份移调人员事。

傍晚归家，永儿已回来了。

写致三妹信，询她的婚事。

写致二妹信，问身体情况。

写致汤儿信，告以人参收到事。

一月二十二日，星期日，晴

晨，迟半小时于六时一刻起床。

八时半工作始毕。因自来水管冰冻，用火烧，化了不少功夫。

同内子、永儿往新中国看《打金枝》电影。九时开始，先演第3号新闻片，至十时四十分毕。

往虎坊桥视黄竞生君病。他割治胃疾，甫于前天出同仁医院。

到琉璃厂饮奶、取报纸，并与士霖兄谈敬群事，很可虑。因神经病不易有转机，且难于应付。

下午，在家未出门。

应女、塘侄上午来。午饭后，塘侄为叶圣陶病先行，应女和永儿傍晚回去。

应女购新衣服，很有结婚迹象，但据组织上尚未批准云。

一月二十三日，星期一，晴

晨，和涛然同志谈穗厂董事会事及新华寄销书、江武子地图等事。

社中杂工张高义为不守纪律被开除出社。

傍晚，回家夜饭后，同内子往中国青年艺术剧院看《万尼亚舅舅》话剧。七时半开始，至十时三刻毕。回家已逾十一时，洗脚入睡已十二时。

一月二十四日，星期二，晴

为新馆拟往吉隆坡分设支馆寄来章程草案进行修改工作。

傍晚，径归家。永儿来家宿。

无线电报告，夜十时半有重要新闻报告。届时收听，知为外交部发言人驳斥美帝21日声明的声明。

一月二十五日，星期三，晴

上午，修改吉隆坡支馆章程。

下午，自修《政治经济学》第三章“封建主义的生产方式”。

傍晚，归家夜饭后，同内子、永儿往大观楼看《世界摔跤冠军》电影。七时开始，八时半毕。

一月二十六日，星期四，晴

徐凤老昨来明片，谓参加政协会议（列席代表）来京，住新侨饭店 523 号房间。乃于晨八时往访，因彼即须开会去，略谈数语即返。

下午，梁涛然同志为出版部（戴、周、朱、朱四人）有宗派情绪和宗派活动事做总结报告，至五时半毕。洗澡后归家。

火炉烟囱塞住，叫人通了一次。

闻瑞和侄女来家帮做清洁工作。

今日为汤儿生日，夜吃炒面。

一月二十七日，星期五，晴

晨，七时三刻往锡拉胡同口腔医院，八时一刻到达。八时半，在保存科续治，至九时换药毕。十时回社。

午后，一时同韦士霖兄往西单法院为与医药公司背阴胡同房屋事涉讼开审，调解无结果，听候判决。

三时，到新侨饭店 523 号与徐凤老谈至六时半归家。

一月二十八日，星期六，晴

晨，与涛然同志谈昨日法院调解医药公司房屋问题情况及与凤老谈话情形。

上午，九时半凤老来社访梁、唐，略谈。武社长外出未遇。

下午工间操后，秘书、财务二科联合座谈前天梁涛然同志所做出版部宗派情绪和活动的检查总结报告，至五时半始毕。

汤儿托同事蔡恒明带来粗绒线衫一件，谓系将华编结送我的。

一月二十九日，星期日，晴

全日做大扫除工作（晨八时半起，午后一时止）。

应女和企棠来，知他们于昨日结婚。企棠妹水芳亦来，午饭后去。

塘侄来，午后去。

永儿过午始来,据上午在学习云。

企棠买来大观楼《深山虎影》电影票,夜饭后去看。

一月三十日,星期一,晴

为准备与新华总店会谈旧存货事,约财经陆高谊、奚兆燊二君来交换意见,有戴孝侯、黄维汉二君在座。

永儿买来青年艺术剧院演话剧《刘胡兰》票两张。夜饭后,由我与内子同去。七时半开演,至十时半毕。剧情似不够紧张。

一月三十一日,星期二,晴

为收听周总理昨在政协的政治报告,自晨七时起,至八时35分在家收听无线电。因此在家早餐,到社已九时。

与梁涛然同志联系后,拟打长途电话给丁英桂,由杨明或黄秉桓转。自上午九时半挂接,直至下午散班尚未接通,可见使用长途电话尚不方便。

下午,列席秘书科的科务会议。

社中准备调黄维汉回沪,上午与黄君谈。据称:虽有小困难,当服从组织云。

二月

二月一日,星期三,晴

晨,为给广州办事处杨明同志挂长途电话,托转告丁英桂君向工业局建议"广州印刷厂愿意定息,定息数字一、二厘均可",于七时一刻到社。惜广州尚无人接,至八时半始打通。

午后,到高教部在逸仙堂听《政治经济学》第四章讲课。一时半起,至五时半止。

归途在西单买些蜜饯,为托涂子英兄带沪之用。到家,涂兄已在,约明晨送去。

二月二日,星期四,晴

写致二舅嫂及仲扈信。汇去岳母二、三月零用10元。

写致华姑信并汇给微款。

傍晚洗澡后，归途在邮局汇款，又在延寿寺人行存“零存整付”款五元，以一年为期，备本年年终特种支用。

二月三日，星期五，晴

晨，为托涂子英兄带沪物，于四时半起床，五时半往车站。到车上始找到并代觅得一坐位，六时 40 分开车。

夜，为须往高教部听课，在社夜饭。饭后，到逸仙堂听讲《政治经济学》第四章末段，至八时三刻毕。到家已九时半。

二月四日，星期六，晴

写致张国英甥女一信，问她近况，寄香港九龙金马伦道。不知她有没有迁居？这信收得到否？

夜，永儿往北京剧场去看话剧《海滨激战》。

二月五日，星期日，晴

继续做大扫除工作，上午揩窗，下午拖地板。

夜饭后，往琉璃厂吃牛奶。六时半，往首都看《罗密欧与朱丽叶》电影。七时开演，八时 35 分毕。回家已逾九时。

夜，松泉来，未遇。

二月六日，星期一，晴

晨，为丁英桂来信事及郑振铎向徐凤老谈起拟调他去文学社事，与梁涛然同志略谈。

下午，二时新华唐泽强及财经奚兆燊来谈原商务、中华两家旧书移转事，并有戴孝侯、黄维汉两君同谈，至四时毕。仅作初步交换意见，未得结论。

望铣弟托左共华同志带来笋尖二篓，冬菇一包，昨承送到琉璃厂 159 号。

永儿傍晚来社，谓五妹到医院检查，已被留下，大约即须分娩云。

夜，耀华来宿家中。

二月七日，星期二，晴

晨，为昨和新华谈话事与梁涛然同志谈。

耀华清晨返农场。

下午，为讨论成本计划，约编辑、出版及各有关部门集会。自一时半起，至五时半始毕。由财务科孙如松同志作说明。

傍晚，在文明理发店理发。

丁妈和美强来家。

闻五妹住院尚未分娩。

二月八日，星期三，雪，嗣晴

为商应付江武子事，晨与梁涛然同志谈。

下午，准备《政治经济学》第一次课堂讨论答案。

徐凤老今日返沪。傍晚，往新侨饭店去送行，承在该饭店招待晚餐。至八时，送登赴车站汽车后回家。

五妹在医院因尚未分娩，今日回家。

二月九日，星期四，晴

晨，七时三刻出门。八时十分，到锡拉胡同口腔医院。原定八时半诊治，被护士所误，延至九时始诊治。换药毕，又拍X光，回家已十时半。路过观音寺稻香村买年糕，据已售完，须明晨九时再售云。

张子明兄明晨返沪，托带角豆、黄豆、赤豆及枣子给毓松和四妹。

傍晚，洗澡后归家。

夜，写复望铣弟一信。

二月十日，星期五，晴

上午，寰老来社，与谈定息、董会、股会及认购公债等事。

十一时，同韦士霖兄往东文昌阁派出所听西单法院为背阴胡同房屋事与中国医药公司的涉讼判决。十二时，回家午饭。

下午，写复泽侄信。并向邮局取广州吕振鸿代黄荫普君汇来托转何希秀女士款40元。

在社夜饭。六时，为《政治经济学》第四章课堂讨论，至八时一刻毕。

塘侄夜来，闻送来鸡云。

二月十一日，星期六，大除夕，晴

晨，为昨日西单法院判决与中国医药公司房间纠纷事，和涛然同志谈。

中午，为书籍定价事开座谈会，参加讨论，至十二时毕。

中午，社中聚餐，因系荤食，我回家午饭。

下午，到社中做清洁工作。三时半即回家。

写致倪正和及六妹信各一封。

耀华、三妹先后来家。

邀高乐赓兄来家夜饭。

二月十二日（丙申年元旦），星期日，晴

三妹及五妹全家昨住家中。企棠、塘侄、濂侄全家、松泉、美韶等均来贺春节。

王学争、伊佳恩、宣信予诸君来贺年。

下午，三时半往琉璃厂取报纸、牛奶。

今年厂甸似特别热闹。

夜，八时四十分到新中国看《大家庭》即《茹尔宾一家》电影，至十时十分毕。

应女给我二十元，叫我自买东西作为她送的寿礼。我无所需，给 15 元为补贴内子春节格外费用。

二月十三日，星期一，晴

晨，七时半早餐毕，出门至新中国电影院，有人出让八时开演《神秘的伴侣》电影票，当买了一张，占很好的坐位。先有《天仙配》样片及第七号新闻纪录片。至九时三刻毕。

乘一路公共汽车至宽街，至山老胡同九号访孙乾三君。他精神很好，谈至十时半别，并送他苹果一包。

顺道至皇城根 35 号访何希秀女士，交给吕振鸿汇来托转的 40 元。据称，公椿已判决为徒刑十五年云。

归家已逾十二时。

下午，塘侄送来磁寿星一尊，为祝余寿云。这种装饰品实是浪费。

三时半，往琉璃厂取报纸及牛奶。

闻上午计宜初兄曾来拜年，未遇。

二月十四日，星期二，晴

上午，八时三刻往垂露胡同 4 号访俞寰老。谈至十时，到大观楼看《春节大联欢》电影，至十一时三刻毕。

永儿和耀华下午俱回西郊。

夜，同内子往吉祥看《刘毅传书》越剧。至十一时，乘一路公共汽车回家。

闻美珥兄妹上午来贺年。下午，李敬永来。夜，闻王泊如兄来。

泽侄、锦女寄来桂圆等，今日收到，下午向邮局取来。

下午，到琉璃厂取报纸及牛奶。今日，周玲与瞿丕洁值班。

二月十五日，星期三，晴

上午，同内子、定女往大观楼看《天仙配》电影。八时 35 分开演，十时 20 分毕。

往松树胡同 62 号访武剑西社长，又至半壁街 17 号访计宜初兄。十二时回家。

下午，二时半往直属第三医院外科 45 号访李善棠亲家。他肝结石复发，据日内须施手术云。

又至绒线胡同 82 号访韦敬群及许季芸兄，在季芸兄处吃炒面。又至琉璃厂吃牛奶、取报纸。今日，沙必时与田汉德值班。

接汤儿信。他被选为 1955 年先进工作者，至感欣慰！

二月十六日，星期四，晴

今日照常工作。

傍晚，洗澡后归家。中途至东琉璃厂 37 号凃子英兄处取上海带来皮包。因他昨晚由沪来，是望铣弟托他带来的。

复锦潮及望铣弟各信。

二月十七日，星期五，晴

晨，为张子宏来信及股份事和梁涛然同志谈话。

十时，与寰老谈股票等事，又交来他的孙女（仁胜）履历。

夜，王泊如兄夫妇和其女王欣来。据王欣明日返沈，将托她带东西给大妹。

为将余姚祖遗房子呈献政府事，写复阳明区人民政府信，并准备另印寄去分书一册作证明。

又函平甫，一方为父母亲坟墓迁葬，一方告以呈献房子请予协助。

接悟女信，知托凃子英、张子明二兄带去各物都已收到。

二月十八日，星期六，晴

晨，为寰老孙女俞仁胜履历事与梁涛然君谈。

中午，回家午饭。路过邮局，寄余姚阳明区政府“分书”一册。

午饭后，往南横街王泊如兄家托伊女王欣带给大妹边尖年糕、卤菜等物。又过朱皎如兄家一坐，回社已三时。

夜，写致二、四妹信一封。永儿回家。

二月十九日，星期日，晴

晨，四时闻五妹有腰堕现象，恐将分娩。提早起床，早餐后雇三轮车送她到养蜂夹道北京市产院住院。等了一时余，取回衣服回家。

十时，往东北园129号先访李敬永君夫妇，均不在。又访顾执中君，谈片刻。又往琉璃厂取报纸及吃牛奶。十一时回家。

十二时，同永儿往新中国看《河上灯火》电影，一时三刻毕。回家时大便甚急，到家已染污裤子，恐系上午牛奶有问题。当睡两小时。

下午，四时凃子英兄来，夜饭后去。

接汤儿信，知曾于年初三乘卡车与火车相撞，幸只轻伤，未肇巨祸云。

二月二十日，星期一，晴

晨，与唐泽霖同志谈港事。

下午，五时半电话市产院（22574），知定女已生一女。归家后，据定女又来电话要吃的东西，当送饼和橘子至院。回家已七时半。

二月二十一日，星期二，晴

晨，为昨电张子宏事与梁涛然谈，彼意太仓促，应去长途电话重新通知。经于八时廿分挂广州（17155）黄秉桓和杨明的电话，直至夜七时始接通，知子宏已于今晨去港云。

夜，六时举行《政治经济[1]》教科书第四章讨论会，至八时十分毕，归家。戴孝侯夫人与其幼子同来，在家夜饭云。

内子去北京市产院视五女。据系前夜（初八夜）十时45分生产的。

上午，十时三刻至十二时参加财务科座谈纸款迟付被罚事。

二月二十二日，星期三，晴

晨，为昨与黄秉桓兄通电话事与梁涛然同志谈。

下午，到高教部听《政治经济学》教科书第五、六章讲课。今日讲师易王子琪（？）同志，讲至五时三刻毕。

归家后正将夜饭，刘炳铎送来高教部欢送调职工作人员联欢晚会入场券一张，地点在西养马营西单区工人俱乐部。当雇三轮车前往。先有人讲话，至七时三刻演京剧，由尚小云剧团演出，戏目为《樊江关》和《王昭君》。十时一刻，未待演完即出。到家已逾十一时。

二月二十三日，星期四，晴

晨，写致汤儿并附给美德信。

九时一刻，往锡拉胡同口腔医院补牙，至十时三刻毕。到百货公司买纽扣及元宵，到家已十一时半。为牙甫补好，须过二小时始能进食，故延至一时始吃面一大碗。

下午，一时半到社。

为中国医药公司北京市公司不服西单区人民法院判决背阴胡同19号腾房事，接通知须拟答辩状，当拟至傍晚七时始完。

洗澡后归家。

---

[1] 此当漏“学”字。

今日午后到社时，牛奶已没有了，想被他人遗忘交瓶的取去。经通知经手人（吴湘云）须加改善办法。

二月二十四日，星期五，大雪

昨夜起大雪，因春暖未能积起，随时融化。

上午，写致张子宏信。

傍晚，径归家。

接四妹和吉中来信，附来建华的照片。

二月二十五日，星期六，大雪

今天雪虽大而春暖如故。

下午，助录房屋调查表（税局需要）。

五妹今天上午出医院来家。婴儿颇清秀。

大妹来信，谓托王欣带去各物都已收到云。

二月二十六日，元宵，星期日，雪

上午，八时同李耀华到大观楼看《脚印》电影，加演新闻片《文化团访缅甸》，至九时毕。到琉璃厂吃牛奶、取报纸，又拟致人民法院更正稿一纸。

塘侄来午饭。下午，许季翁来送我锦绣面贴相簿一本，又同出往大栅栏九号看前门区商品展览。三时半归。

在商品展览中看到观音寺110号稻香村的小元宵，又于五时向购两斤（每斤0.44），携归给永儿吃后返校。

二月二十七日，星期一，昨夜大雪，阴晴

晨，为黄秉桓来信报告为向港厂内调机件事与黄玲联系情况，和梁涛然同志谈话。

午饭后，陈云同志来电话，谓接陈竹平信怕减薪，询问商务情况，并嘱变更薪工须慎重云。

傍晚，六时学习小组集会，由蔡大白讲“价值和价格的关系”，又由班长周连方报告，六时四十分毕。

接平甫信，为父母坟墓迁移事，谓往小洞岙神钟山公墓探询情况，附来公墓简章及样片。

二月二十八日，星期二，晴

晨，为昨午陈云同志来电话事告梁涛然同志。

张子明同志昨晚由沪到京。

写给二、四妹信，告以再三天是我的六十虚度，为了给祖父母迁葬需款。如果要送我生日礼的话，请不拘多寡，汇钱给平甫收。如不便，即作罢。

二月二十九日，星期三，晴

晨，预写致平甫信，为先父母坟墓迁葬事，拟明日薪水领到先汇去百元。又写致德基信，因他寄来邮汇票六元为我祝寿。

午饭后，往高教部业余政治经济学校上课，讲第七章，至五时三刻始毕。

往东华门23号首都汽车公司，取内子上星期五接五妹时遗在车上的布袋、头巾，归已近七时。

三月

三月一日，星期四，晴

午饭后，往琉璃厂邮局寄给平甫信，汇去人民币一百元。又乘公共汽车至宣武门内做挂面，约下星期三去取。步行回社。

傍晚，洗澡归家。

夜饭后，同内子往天桥剧场看第一届全国话剧观摩演出会上海人民艺术剧院演出《永开的花朵》话剧。七时半开始，至十时一刻毕。归家已十一时。

三月二日，星期五，雪

今天是我的母难日。

内子为祝我的生日，晨备莲子桂圆并煮面吃，故未去社早餐。

上午，八时半为背阴胡同房租事往香炉营四条22号医药公司同王富美一谈，未得结果。

中午，至人行取款。傍晚，到瑞丰剃头，又至延寿寺人行存零存款后归家。

附录：正月二十日为我的六十虚度(实五十九岁)，亲友儿女来礼(以送来先后为序)：

韵甥，棉、夹鞋各一双；

濂侄，绒线袜三双；

汤儿，人参两支；

将华，绒线衫一件；

侣女，人民币50元；

应女，人民币20元；

塘侄，磁寿星一尊；

永儿，矿石无线电一座；

泽侄，桂圆肉一箱；

锦女，冬菇、桂圆、莲子、茶叶，合一大箱；

定女，茶杯一对；

许季芸兄，锦面贴相簿一本；

邵德基外孙，人民币6元；

李耀华婿，鲜番茄、蜂糕、寿桃；

潘松泉侄，罐头两个；

瑞和侄女，蜜枣一包；

岳母、二舅嫂(包括给永儿)，人民币10元、4元；

戴孝侯兄，素菜+□[1]菜一盘；

悟女，人民币40元；

曼女，人民币20元；

张国英甥，绣花贺寿片一张；

朱颂盘、韦傅卿、张雄飞、俞明时、穆华生、沈季湘，衣料一块，糖一盒。

---

〔1〕 日记原文该字不清晰。

三月三日，星期六，晴

上午，八时半为财务计划草案完成向各有关部门汇报开会，至十二时止。

中午，社中食堂吃肉包子，我买了三只馒头自吃。

下午，曾同朱通舟、韦士霖二兄至北京书店看房子。

傍晚，径归家。永儿已来。

三月四日，星期日，下雪，时下时止

今日，儿女们来吃我虚度六十的寿面，内子忙了一天。来者除三妹、五妹夫妇及永儿外，计濂侄全家、塘侄、松泉等。

上午，去琉璃厂一行。下午未出门，电影票交永儿、松泉去看。

韦士霖、宣信予二兄傍晚先后来，均享以面食。

三月五日，星期一，上午雪，下午阴晴

晨，为医药公司背阴胡同19号房租租价事，往东文昌阁派出所访西单区人民法院刘长林同志。九时半返社。

岳母寄来10元，二舅嫂寄来4元，为我和弟弟的生日礼。据二舅嫂来信，岳母还为我看《金刚经》及供佛。老人爱心充满，真可感激！

前为父母亲迁坟需款，函悟、曼二女嘱将送我寿礼折钱径寄余姚。今日，由周吉清同志带来一信并现款60元，谓不便径汇云云，言亦成理。

三月六日，星期二，晴

晨，为张子宏兄来函提及港厂房地处理事，与梁涛然同志谈。

上午，唐泽林同志来谈医药费待遇事。

复致二舅嫂信，为收到汇款事。

三月七日，星期三，晴

上午，为港房地及沪来函报告张振声事与俞寰老商谈。

午后，往高教部上《政治经济学》课，讲第八章，因讲师比较讲得快，至四时讲毕。

往绒线胡同口取所打挂面，雇三轮车回家。

夜饭后，先往公安街邮局取驿亭路汇票，再往长安戏院与内子同看南京市实验越剧团演出的《南冠草》。自七时半开演,至十一时演毕。

回家洗脚入睡,已逾十二时。

三月八日,星期四,晴

拟为港地产事向出版事业管理局请示信,又通知上海办事处征求私股董事意见事。

傍晚,洗澡后归。

夜,宣信予兄来谈:他今日被北京市第一工业局任命为市印刷专业公司副经理云。

三月九日,星期五,晴

晨,为信予事与涛然同志谈,并告泽霖同志。又和武社长一谈。

上午,十时半同包闻天、孙如松二君向社长汇报上年财务计划执行及本年财务计划编造情况,至十二时毕。

傍晚,归家后往大观楼购电影票。

夜,九时同内子往大观楼看《姊妹俩》电影,加演第12号新闻片。归家已逾十一时。

三月十日,星期六,上午阴有小雪,下午晴

与黄维汉君谈他回申工作的经济要求事。

写致汤儿信,复以我明年是否继续工作或养老退休,要看企业的需要和自己体力的可能,决不勉强云云。

夜饭后,往大观楼看七时10分开演的《蜻蜓姑娘》电影。活泼热烈,既富风趣,又有意义,确是佳片。仍加演12号新闻纪录片,八时50分毕。

三月十一日,星期日,晴

今日起,轮值清洁,晨扫街。

九时,赴社取报及吃牛奶。

十时,至小六部口糜宅前见若梦,询知其父未归,母去听报告云。又至农公家,谈至十一时,到合作社购物及前门小剧场购戏票。十二时归。

下午,四时往打磨厂91号公安部招待所访周吉清同志,据未住该处。归途过大观楼,为五妹买十六日《董存瑞》电影票回家。

夜饭后,同内子往前门小剧场看群立越剧团做《宝玉与黛玉》。七时开演,至十时三刻演毕。归家已十一时。

弟弟下午来,据上午在集体义务劳动。傍晚回校。

宣信予兄来谈。

三月十二日,星期一,晴

上午,原约定八时半到口腔医院检查补牙,惟今日九时西单区人民法院传讯,只得向口腔医院声明不去。

八时半,同韦士霖兄往东文昌阁派出所,由刘长林审判员问话,医药公司王富美坚执不肯照152元付背阴胡同租金,审判员嘱补具理由送中级法院并案办理。

傍晚归家后,去大观楼买下星期日早场《怒海轻骑》影票四张。

三月十三日,星期二,晴

晨,七时一刻出门,往东四头条文化部见郑振铎部长,谈续印《戏曲丛刊》事。八时半出,九时半回社。

中午,为社中吃肉包子,我回家午饭。饭后略睡,一时半到社。

傍晚,径归家。夜,准备明日《政治经济学》讨论提纲。

三月十四日,星期三,晴

晨,为前日往东文昌阁与医药公司房租纠纷事经法院讯问情况和昨晨与郑部长振铎谈《曲丛》四集情况,向涛然同志汇报。

九时半,同武社长及戴孝侯、吴泽炎二同志往出版局见金灿然局长,谈商务旧书审查问题。至十一时半回社。

下午,学习《政治经济学》,讨论第七章。自一时半开始,至五时半毕。

傍晚,到大观楼买十七日星期六彩色片电影票四张,归家。

三月十五日,星期四,雨

上午,十一时召集大会,由工会陈德昭报告义务劳动和捕鼠工作。

傍晚,洗澡后至新中国一转,归家。

夜,周吉清同志来。据明晨返沪,当托带去物一袋,并信一封给毓松。

无线电报告建设公债中签号码如下:

1954 年,17,28,41,77,86。

1955 年,22,30,83,95,99。

自九月卅日起还本并付息。

三月十六日,星期五,晴

下午,为人民银行不肯贷款嘱向新华收款而新华又拒不肯付,乃由孙如松兄前往交涉。余数电万国钧同志未在。与该店经理室争论许久,尚无结果。

夜饭后,往大观楼看《水乡的春天》电影。七时开始,至八时五十五分毕。

三月十七日,星期六,晴

写复大妹信一封。

新华货款今日收来。由于他们基本不合取消信用放款的政策,因此就不得不迁就我们。

永儿傍晚来家。

夜饭后,同内子、永儿往大观楼看《董存瑞》电影。原做木偶风景片,临时改变,故五妹半途折回未去。七时开演,八时三刻毕。

往延寿寺人行储蓄所支 5 元作零用。

三月十八日,星期日,晴

晨,八时 40 分同内子、五妹、永儿往大观楼看《怒海轻骑》电影,似较《董存瑞》又别有一种紧张状态和意义,至十时 20 分演毕。

经琉璃厂取报及吃牛奶。

午饭后,正拟午睡,闻田福春等来看房子,又为西屋钥匙与南屋掉错,开不来,乃起身为之改正,就不再睡。

街道来查有无备捕鼠器。我家无鼠,如必须备捕鼠器,流于形式,反成浪费,是或即所谓“矫枉过正”欤!

下午,二时往手帕胡同甲 33 号访梁思成君,拟向商琉璃厂大楼加盖第四层事,据未进城云。

往劳动文化宫参观北京市手工业[1]手工业品种展览会，未全看，因觉疲累即归。

夜，往新中国看《南岛风云》电影。七时开演，八时五十分毕。同内子、五妹归家。

三月十九日，星期一，晴

上午，八时半新华总店唐泽强和财经奚兆燊来，约孝侯共谈商、中旧存书移转问题，至十时余散。

下午，拟为旧书事致上海办事处信。

傍晚，径归家。

夜饭后，内子和五妹往新中国去看《水乡的春天》电影。耀华续到亦去，余因已看过未去。

三月二十日，星期二，晴

晨，为新华旧书问题及定息等事与涛然同志谈。

为拟整理甲类旧书办法同戴孝侯、吴泽炎二君谈商。

傍晚，回家时途遇万国钧同志，立谈片刻。又过延寿寺街人行储蓄所存今日开始的活期有奖储蓄，我和内子各存两元。

五妹全家今日下午回西郊农场。

三月二十一日，星期三，晴

晨，为许寄南将来港事同涛然同志一谈。

十时，同寰老谈港事。

下午，二时往高教部在逸仙堂听讲《政治经济学》教科书第九章课，至五时四十分毕。回家已逾六时。

三月二十二日，星期四，阴

上午，八时同韦士霖兄往司法部后街中级法院为中国医药公司房屋纠纷上诉事传审。审判员讲大道理很动听，结果双方允在外再行协商。

---

〔1〕“手工业”三字重复，当为衍文。

下午，为新馆许寄南将于下月二日到港，拟致张子宏信稿未完，夜带家续拟。

傍晚，洗澡后归。

三月二十三日，星期五，晴

上午，与寰老谈俞明时来信拟提前召开董事会事。

下午，三时半财务科为黄维汉调沪开鉴定会，五时半毕。接开财务、秘书两科及文书组的欢送会，由财务科同志备茶点，至七时十分毕。

三月二十四日，星期六，晴

为了许寄南君将于下月二日由新到港，缮函寄张子宏兄转交。

傍晚，径归家。

永儿六时半回家。

倡女托何同志来取年糕干，谓将在行前来取云云。

三月二十五日，星期日，阴晴

晨，五时起床。六时出门，到社中食堂早餐。

六时三刻集合出发，步行往广安门外永定河引水工程工地，参加我社第一次义务劳动。今日参加者不满百人，分作两班，第一班工作时间为8～9、10～11时，第二班是9～10、11～12时。我参加第一班。工地很热闹，也不觉什么疲劳。工毕，乘一路公共汽车回家，已近十二时。又赴延寿寺人行提款。

塘侄与松泉先后来，夜饭后去。

下午，社中短工小王与小唐来整理西屋。

三月二十六日，星期一，晨下雪，嗣转晴

上午，涛然同志约我与孝侯谈武社长将于下月脱产学习两个月，肃反将结束，拟安排工作待遇及远景规划等事。

又与寰老谈董事会事。

下午，医药公司王富美同志来谈背阴胡同房屋事。

新华地图出版社金擎宇君来谈由半社会主义进入全社会主义问题。

宣信予兄来谈厂事。

写复平甫信，为迁坟事。

傍晚，途过延寿寺人行，将昨支款中移50元存活期有奖储蓄户。

夜，做学习笔记。

三月二十七日，星期二，阴晴

晨，在家早餐后，听无线电收音讲《政治经济学》，自六点45分至7点30分止。

往头发胡同33号访陈叔老。八时半到社。

为港售屋事与梁涛然一洽。

中午，回家午饭。饭后略睡，往东总布胡同出版事业管理局听“推广普通话，促进汉语规范化”讲习会第一讲，由张志忠讲“概论”，至五时半毕。回家已逾六时。

夜，为准备明日讨论《政治经济学》第九章，至十一时始睡。

三月二十八日，星期三，晴

上午，为筹备远景计划同朱通舟、孙如松一谈。

下午，为《政治经济学》教科书第九章讨论“资本主义积累的一般规律及其后果”，至五时半始毕。

傍晚，理发后归家。

往新中国看《梅兰芳舞台艺术上集》电影。自六时五十分起，至八时五十分止。

三月二十九日，星期四，初阴嗣晴

傍晚洗澡。

归家时，为侣女带信来、将带去物件的陆军医院同志何助理员已来。夜饭后，至八时半去车站回沈。

接孟宪良夫人张文卿来信，据代表宜昌市女工商业者来京参加全国女工商业者代表大会云。当复函表示欢迎。

三月三十日，星期五，晴

上午，与俞寰老谈海外资产事。

中午，社中食堂吃包子，我吃馒头充饥。

夜，七时一刻听广播《政治经济学》第十章。

内子今日起至四号南屋上识字课，为夜 7~9 时。

三月三十一日，星期六，雨夹雪

上午，同韦士霖兄往香炉营四条中国医药公司。据因开会无暇，只得折回。

傍晚，到邮局汇寄岳母款（我 10 元，内子 5 元，共 15 元），又到延寿寺人民银行存款及转定存款。

永儿归家。

四月

四月一日，星期日，大雪

三媛在大雪中于八时半来家。下午，四时同永儿一道回西郊。

下午，四时往琉璃厂取报及饮牛奶。归途至大栅栏及前门大街新华书店一转。

四月二日，星期一，晴

今日社中食堂备豆浆，但不很好，或系第一天之故。

代陈叔老购《孙过庭书谱序》晒片一册，代垫款 16.00。（后作赠送）

傍晚，举行体育协会全体大会，自六时半至七时半。归家已八时。

五妹为检查身体来家。

晨，与涛然同志谈定息事，彼允争取在本星期内向出版局取得指示。

四月三日，星期二，晴

为昨晚参加社中体育协会社员大会，回家较迟，未收听《政治经济学》广播，乃于今晨六时 45 分收听，至七时半毕。讲“资本周转”，很清楚。

下午，同朱通舟、韦士霖二君为北京市特种工叶[1]公司要想换东琉璃厂 37 号房子事，往苕帚胡同 20 号及东南园看房子。

---

〔1〕“叶”当作“业”。

傍晚，径归家。

五妹今日赴北京市产院检查身体后回西郊农场。

四月四日，星期三，晴

为广州印刷厂想再从港厂内运来列机一部事和梁涛然商讨，结果不予同意。

今日，原须赴高教部听业余政治学校讲课，嗣据部中大礼堂另有集会，暂停讲课，改期举行。社中下午照常办公。

永儿为校中放假，傍晚回家。

夜，宜昌孟宪良之妻张文卿（参加全国工商业家属及女工商业者大会来京）同大妹婿陈福谦（在沈阳马路湾沈阳电业管理局基建处）来家，至九时半内子上学回来后才回西郊（孟宪良住宜昌解放路65号艺文书局，家在学院街149号云）。

四月五日，星期四，今日清明，晴

晨，为许季芸兄要捐献股票事与涛然同志一谈。

下午，医药公司的王富美来谈，仍无结果。

夜，洗澡后归家。中途至延寿寺街人民银行办内子定存到期续存手续。

夜饭后，送带给四妹的赤豆等往车站托唐泽霖同志带沪。今日，黄维汉回沪，刘尚勇与郑文桢亦去沪工作。至八时五分车开后回家。

平甫来信，知父母亲柩已送神钟山公墓，当复信嘱即进行安葬。

四月六日，星期五，阴晴，晨有小雨

下午，往高教部业余政治学校上课，讲第十章及十一章上段，至六时讲毕。归家已七时。

四月七日，星期六，晴

晨，餐后曾至琉璃厂170号屋顶共练太极拳。

为处理港厂房地产事，拟至张子宏君信。

傍晚归家。永儿为我买今晚和明晨的电影票。柴根弟来，夜饭后同至新中国看《游手好闲的女人》。八时55分开演，至十时35分演毕。

四月八日，星期日，晴

晨，为永儿代买来新中国八时20分开演电影，故仍于五时半起床。早点后，八时赴新中国看印度电影《旅行者》。影片表现反抗英人垄断资本的压迫，很深刻动人，远较昨看的《游手好闲的女人》为优。加演18号新闻简报，至十时毕。

往琉璃厂看报。十一时午饭，饭后略息。十一时五十分，步行到虎坊桥，乘一路公共汽车到广安门外参加第二次义务劳动。计一时至二时，又三时至四时，工作两小时。归家已五时矣！

企棠、三妹今日来过，我未遇见。闻三妹已有孕云。

永儿下午返校。

闻今日下午金钟灵君来，谓由沪返京已将两月，还来《弘化》月刊两本。

四月九日，星期一，晴

上午，寰老到社，与谈港房地产事，又涉及董事会事，恐开会期再须二、三月云。

今日起，徐德俊君开始学太极拳。

傍晚，过延寿寺人民银行为内子到期定存款转期一年。

归家夜饭后，同内子往东长安街中国青年艺术剧院看《西望长安》话剧。自七时半开始，至十时三刻毕。回家收拾入睡已十二时。（《西望长安》，即骗子李万铭故事编成，做的尚有精彩。）

四月十日，星期二，晴

上午，八时起开大会，由梁涛然同志传达肃反政策，即反革命分子及坏分子的区别和具体处理办法，至十时十分毕。下午，四时十分分组讨论，经理部在财务科开会，至六时毕。

夜，药元林夫妇来看房子。

内子今日起逢星期二、四、六上课、

四月十一日，星期三，晴

下午，往高教部上《政治经济学》课，至五时半毕。到西单购零物，乘电车归家。

又往纸巷子通盛洗染厂付洗夹大衣及棉袄裤共三件，约一星期可取。

四月十二日，星期四，晴

下午，工间操后继续讨论肃反政策，至六时毕，仍由药元林主持。

傍晚，洗澡后归家。

四月十三日，星期五，晴

晨，在家吃汤圆，未往社中食堂早点。

上午，先同涛然同志谈香港问题。十时，开社务会议（扩大），为武社长将去学习，由涛然同志代行社长职务。至十二时余毕。

午后，二时往骡马市大街结核病防治所检验肺部，半年后再去检验。

傍晚归家。知周吉中今日到京，据约有两月勾留，住东堂子胡同20号，日间在公安部12局1处办事云。夜饭后去。

四月十四日，星期六，晴

拟关于海外机构情况的报告，尚未完。

下午，工间操后原可读《关于无产阶级专政的历史经验》，因拟稿未阅。

傍晚，径归家。永儿已归家。

接平甫信，知父母亲坟准迁神钟山公墓，葬第四种，四哥葬在一起，于本月十六日安葬云。

四月十五日，星期日，晴

上午，做清洁工作。吉中来，也做了不少清洁工作。

十时半，赴社吃牛奶、取报纸。

下午，二时同内子、吉中、永儿赴团城及北海一游，五时归。潘松泉侄来过，未遇。

傍晚，宣信予兄来，夜饭后去。

四月十六日，星期一，晴

上午，十时开全体大会，为选举先进工作者全国会议的候选人，至十时五十分毕，即接开工会小组会议，我参加秘书科的一组。本组预选郭寿铎、胡丽芬两人。

下午，二时开党政工团会议，在各小组所选出人员中推出三人，作同志们明日选举的候选人，计郭寿铎、周玲、周连芳三人。

郭慕汾老居士来谈，为五台山募捐事。

傍晚，六时后又开小组会讨论候选人问题，至七时毕。

夜，归家后听《政治经济学》讲座，讲第十一章下半段，自七时 15 分至八时。

四月十七日，星期二，晴

昨日《北京日报》登了一篇苏联医生和中国医生合写的称赞太极拳的文章，所以鼓励了一部分人学太极拳。这几天徐德俊、韦士霖也都在学，今天吴长明也加入，陈震也恢复了，不过能否持久是一问题。

上午，十一时开全体大会，实行报票选举先进生产者全国代表大会的候选人，提出的郭寿铎、周玲、周连芳三位，由邓应生、朱蔚伯、钟宝成先后做了说明。报票结果，郭寿铎当选。

终日拟海外报告，夜携归家中续做。

闻唐泽霖同志已自沪归。

接黄荫普信，知在穗藏书献给广州市图书馆，至代欣喜。

四月十八日，星期三，晴

上午，唐泽霖同志来谈。他是昨日返京的，据约月底再去沪两月云。

下午，原为《政治经济学》自学第十二、十三章，我因拟海外报告，未曾自学。

傍晚，过延寿寺人行取款 10 元，又往纸市街取所洗大衣及棉袄裤。

夜，续拟海外报告稿。

四月十九日，星期四，晴，大风

上午，九时参加编辑部碰头会，为梁涛然谈核稿签发事。

上午，十时在财务科再和高教部候选人正式选举代表，我仍选郭寿铎。

今日腾[1]清海外报告，直至下午八时始毕。洗澡归家，已近九时。

四月二十日，星期五，晴

上午，把海外报告交给梁涛然同志。

---

〔1〕“腾”当为“誊”。

寰老来，与谈沪购公债事。

下午，涛然同志约谈除为宣信予君饯别事外，并对上星期五我在社务会议上所谈调来干部类多病号一节，提出批评。我常常从直觉的来发言，没有考虑到所受影响，的确太不应该。

傍晚，为候同泽霖同志谈话，迟半小时归家。

夜，听广播《政治经济学》讲座第十一、十二章。

四月二十一日，星期六，晴，下午雨

终日忙于事务。

傍晚，吉中、永儿都来家。

夜，永儿往前门小剧场看《雷雨》，我和吉中往大观楼看七时开演的《战斗的青年一代》电影，八时半毕。再往新中国看《台尔曼传》电影。九时十分开演，至十一时20分始毕。

四月二十二日，星期日，上午阴晴，下午雨

晨，购豆浆、油条等与家人共进早点。

上午，到社取报纸、吃牛奶。

午饭后，同内子、吉中、永儿往天桥剧场看《杨恩思》话剧。自一时半开幕，至五时毕。天雨，乘电车和雇三轮归。

傍晚，塘侄来，并交我人民币50元，为他祖父母迁坟费用云云，我坚却之。后交给内人，乃准备另与存储，备不时之需。

四月二十三日，星期一，晴，有大风

为宣信予兄被北京市第一工业局调任为市印刷工业公司副经理，乃邀来社，去丰泽园午餐。同席者除宣君外，为王汉英、王泊如、杭福全、俞寰澄、梁涛然、唐泽霖、于卓、郑雪樵、药元林和我共十一人，计费40.16，不算便宜。饭后，我回家略睡，二时到社。

傍晚，过延寿寺街人行为晓风把昨来50元存活期有奖储蓄，折号406。

又送呢制服去干洗。

今日，复余姚阳明区人民政府一信，为赠献义井巷42号祖遗房屋事。

四月二十四日，星期二，阴晴

陈叔老昨函，谓这次归国途中飞机遇大风，至不能忍受达两小时云云。今晨前往探视，人确憔悴些，据已出去开会数次云。我送他八十足寿的延光室《孙过庭书谱序》晒片一册。九时辞出，顺道打挂面十斤，约明晚去取。

中午，回家午饭。午睡后，二时到社。

函耆箴侄告以献房事，并询神钟山公墓情况。

四月二十五日，星期三，阴晴，夜风

下午，往高教部上《政治经济学》课，讲第十三章，至五时半毕。

往宣武门内取昨日所打挂面，雇三轮车回家。

夜饭后，同内子往大观楼看《水火之间》电影。是香港龙马公司出品，很风趣，且对"家和万事兴"很有教育意义。加做21号新闻纪录片，七时起，至九时三刻毕。

四月二十六日，星期四，晴

今日起，准备董事会的1955年年结报告。

傍晚，因社中今晚在琉璃厂文化宫开第二周年纪念联欢晚会，洗澡停止一天，故径行归家。我又为内子今日须上扫盲班的课，未去文化宫观看。

为眼部日渐衰退写信给墀哥询问应注意事项。

四月二十七日，星期五，晴

张子宏兄来信，谓参加港九工商业五一回国观礼团，将于四月廿四日离港来京云云。如是，明后日就可到京了。

中午，因社中吃牛肉包子，我回家午饭。

傍晚，洗澡后归家。

七时15分起，听广播讲《政治经济学》第十二章完。

四月二十八日，星期六，晴

中午，回家午饭后，同内子往中山公园中山堂看"侵入我国领空的美国军事侦查气球展览会"，排队一小时余，看看不过半小时，回社已三时半。展览会很清楚的揭露美帝有意挑衅行为。

今天提前发放五月份工资。

傍晚，至延寿寺街人行存零存整取款。

永儿归家。

社中内部处理化学试验用玻璃器皿，我未购买。

四月二十九日，星期日，晴

永儿在家，同吃早点。

前日派出所送来本日美国气球参观券三张，因永儿须赴校无用处，乃送还派出所。

前日戴孝侯夫人送来吉祥戏院今日下午开演浙江昆苏剧团《十五贯》戏票两张，因今日社中照常办公（和五月二日对掉），只得仍去送还。内子准备永儿带来戏票，到首都剧场去看《在那一边》话剧。

午饭后，往高教部听讲《政治经济学》课第十四章“国民收入”，至三时三刻毕。回家自习。

五时三刻夜饭后，往首都电影院看《我们好像见过面》电影。六时半开演，至八时十分毕。

四月三十日，星期一，阴，傍晚雨

上午，张子宏兄来。因他是昨晚到京的，据住东四旅馆。中午，同俞寰老、梁涛然同志赔[1]子宏兄往丰泽园午饭。饭后，回琉璃厂159号。

下午，三时再同子宏兄回家，谈至夜饭后，送他至车站上电车。

吉中、五妹全家及企棠先后来家。

企棠谓彼将于六日（五月）南返一次。彼家住杭州岳王路32号，他的父亲名“杜延陵”云。

附录：

本年五一劳动节的观礼证，据梁涛然同志见告，出版局只送来两张，分给武社长和于卓同志云。

---

〔1〕“赔”当为“陪”。

我自 1950 年为参加全国出版第一次会议时起，每逢五一劳动节和十一国庆节，除因时离京外，都被邀参加。兹回忆分列如下：

	五一节	国庆节
50 年	尚未来京	左台
51 年	左台	左台
52 年	为搞五反在沪	右台
53 年	南一台	右台
54 年	右台	南二台
55 年	南一台（侣女代）	因公赴津

六年来，除离京外，我都在参加。自思于社会于人民毫无贡献，受此特殊待遇，实甚惭汗。嗣后即使有参加机会，也应尽量让给别人去参加。

五月

五月一日，星期二，晴

上午，五时起床，买豆腐蒸包子与企棠同吃。

内子六时即参加里弄妇女往府前街观游行队伍。企棠往西四购六日赴沪车票。

九时，往琉璃厂吃牛奶，并购《北京报》[1]一份。

十时起，听无线电广播五一节游行实况，至下午二时始毕。

下午，同吉中步行往北海。又出北海后门乘三路公共汽车至北池子，再到景山公园一游，步行归家。估计约行 20 里。

夜，张子宏兄来，承赠冬菇，又带来黄访书君见赠剃须刀一把，至感不安。

五月二日，星期三，晴，下午雨

上午，八时半往琉璃厂饮牛奶、看报。又往东安市场吉祥戏院买五日星期六晚上海市艺华沪剧团演《庵堂相会》票两张，又至百货大楼购黄油等。十一时归。

---

〔1〕 疑为《北京日报》。

五妹全家上午回西郊农场。

下午，松泉侄来。

做《政治经济学》第十四章笔记。

宣信予兄来谈。

五月三日，星期四，晴

上午，寰老来社，子宏兄亦来，谈至十二时。

我同子宏兄回家午饭。下午，午睡后再同他谈港、新事，夜饭后去。

王姓堂侄女自青海来京。据不日赴津、沪及余姚等。

夜饭后，去社还牛奶瓶及洗澡，九时归。

吉中于早餐后赴公安部办公。

五月四日，星期五，雨

上午，十时开社务会议，讨论学习周总理关于知识分子的报告，决定在本月十九日以前学习完毕。

午饭后，回家午睡。因天寒换呢制服，三时到社。四时半，同涛然同志往北京饭店旧七楼应文化部沈雁冰部长邀夜饭。主客是港澳工商界回国五一节观礼团，同席者为张致祥副部长、黄洛峰局长、金灿然副局长、王志莘、俞寰澄及客人张子宏、吴长茂又其他两人，素菜极丰盛。五时开席，六时半毕。有粤剧名演员马师曾、红线女参加。

五月五日，星期六，晴

内子前天所买广和《十五贯》戏票两张，送给戴孝翁。因坐位太远，借给望远镜。早晨忘未带给，乃电话内子托为送交。

今日，涂子英兄调秘书科办事。

接出版局通知，约港澳观礼团于下星期一去局茶会（出版界人士），嘱为参加云。

傍晚归家。永儿、吉中来，又濂侄全家来。

夜饭后，往东安市场吉祥戏院看《庵堂相会》。七时半开始，至十时半毕。做得不错。原购戏票两张，因内子适逢扫盲班考试，经赠给张子明兄。归家已十一时。

遇糜文焕君,据伊兄已归家云。

五月六日,星期日,晴

上午,三妹、企棠同来。三妹下午回西郊,企棠准备今晚南归。为写致美钟信托带交。

十时,到琉璃厂取报、吃牛奶。十一时,到小六部口访糜文溶兄,他于上星期日归家。谈至十二时余始辞出。若梦在医院割治盲肠炎云。

归途过前门,顺道到肉市广和剧场看浙江昆苏剧团公演《十五贯》有无购票机会,适有人退票,买得两张。当即归家,与内子同去。一时开演,至四时半毕,甚为满意。

五月七日,星期一,晴

晨,到社过早,食堂稀饭未熟,购馒头两只,预备热牛奶吃。不意奶瓶在热水中炸裂,损失牛奶,且须赔瓶,可称不幸。奶瓶除盖赔了二角五分。

八时半,同涛然同志先至垂露胡同约寰老共往出版局,参加该局欢迎港澳出版界茶话会,至十二时始毕。雇三轮车回家。

午后,两时到社。傍晚径归。

内子约赴大观楼看电影《动荡的青年时代》。七时开演,八时 40 分演毕。归家夜饭。

接汤儿来信,于七日动身,明日可到京。将华挈美新同来,将赴上海云。

五月八日,星期二,阴晴

上午,约张子宏兄来社,与梁涛然、唐泽霖同志和我谈香港具体问题,至十二时毕。

中午,因财经请客延期,乃归家午饭。汤儿携美新已到,据将华为车票问题留津云。

下午,二时到社。傍晚,购零物归家。将华已到。

五月九日,星期三,阴,雨

晨,在家早餐。

上午，九时侨委洪丝丝、林凤二同志来，九时余寰老和张子宏兄亦到，再同梁涛然、唐泽霖同志共谈港事，至十二时毕。

赴前门外肉市全聚德午餐，系与财经合请张子宏、吴长茂、黄茅及出版局、侨委诸人。我社去者为武剑西、俞寰澄、梁涛然、唐泽霖、于卓、戴孝侯、郑雪樵和我。共吃三桌。

傍晚，回家夜饭后，往吉祥戏院看燕鸣京剧团演出《英雄义》《红娘》二出。赵燕侠做得还活泼。七时半开演，至十时三刻毕。

五月十日，星期四，晴

上午，九时半科级以上人员往高教部听刘恺凤副部长传达周恩来总理"十条政策"的报告，中午十二时半毕。幸来去由部的卡车接送，尚算方便。

午后，二时同梁涛然同志往东四旅馆，约张子宏、吴长茂二同志乘常紫钟同志汽车往东四头条文化部，由张致祥副部长、黄洛峰局长约谈，在坐还有邵公文、王益、杨明、王志莘诸位，至六时毕。同涛然同志回琉璃厂，洗澡后归家。

五月十一日，星期五，晴

上午，九时开扩大社务会议，由涛然同志报告知识分子问题的学习讨论事项，至十二时。未完部分，须明日上午工间操后继续开会。

下午，二时张子宏兄来。二时三刻，同他到天坛游玩。四时一刻，送他上电车，我回琉璃厂。

下午，五时半乘三轮车去车站送张子宏兄乘三棵树六点25分车赴津。送行者有侨委林凤、林芳声，财经常紫钟、陆高谊、蔡世惠、肖枫诸人，因吴长茂亦同车赴津也！

夜，周吉中来，又韦士霖兄携二小孩同来。

五月十二日，星期六，晴

上午，继续讨论昨日提出的知识分子问题学习事项，至十二时廿分毕。

傍晚，径归家。永儿来家。

五月十三日，星期日，晴

晨，六时汤儿、将华挈美新和永儿往北海公园，我往琉璃厂吃牛奶、取报。八时半,到护国寺人民剧场买粤剧票,至十时始开始,买了明晚《搜书院》票三张。归家已十时 40 分。

塘侄、应女、濂侄全家及吉中均来午饭。

下午,五时到西河沿约周莲轩兄同往六部口首都看《钢城两父子》电影。六时开演,至七时 40 分毕。八时半归家。

夜,十时同汤儿陪将华挈美新去车站。送上火车后,归家已近十二时。火车是十一时 52 分开,所坐硬席人甚挤,幸带小孩先上车,否则很难抢到座位。

五月十四日,星期一,晴

晨,与涛然同志谈港转穗来许寄南君信,授权书中无借款规定,要求设法云云。拟即函张子宏兄一并在港代借解决。

下午开大会,由涛然同志报告知识分子问题动员讨论。二时起,至五时三刻止。

在社夜饭。饭后,径往护国寺,候内子、汤儿同在人民剧场看广东粤剧团公演《搜书院》。七时半开演,至十一时毕。

五月十五日,星期二,晴

上午,九时起讨论知识分子问题,至十二时毕。

傍晚,理发后归家。

三媛休假回家。她的同事许同志因买到明日赴常州票,今日寄宿我家。

五月十六日,星期三,晴

草拟张子宏君来京的总结报告。

今日照规定应听政治学习讲课,改至明日举行,今日照常办公。

接平甫信,谓父母亲迁坟已完毕,开来细账,只用一百八十八元余,我出一百元,余由泽侄负担。

五月十七日,星期四,晴

晨,在家早餐。

继续草拟张子宏来京总结。

下午,往长安戏院听北大苏联专家讲《政治经济学》第十五章课,至五时毕。

仍回社工作。六时，洗澡后归家。中途遇应女，同往新中国看《湖上的斗争》电影。七时开演，至八时五十分演毕。

吉中因病回家住。

李崇贞晨赴同仁医院，闻产一男云。

五月十八日，星期五，晴

邵宏博今日来159号练拳。

午饭后，往长安戏院购星期晚越剧票，又往打挂面。一时半，步行回社。

傍晚，至延寿寺街人民银行取款。

周吉中因身体不适，昨起来家休息。

五月十九日，星期六，晴

晨，六时十分赴社。七时，同韦士霖兄往中国医药公司谈房屋涉讼事，由单科长与王富美接谈。至十时半回社。

下午，为知识分子问题续开讨论会，至六时毕。

夜饭吃馒头后，往新街口北大街小铜井解放军总政治部文艺工作团看戏剧学校演出，计舞蹈三出：《友谊舞》、《拔萝卜》、不知名；又京剧三出：《钟□[1]嫁妹》《三不愿意》《雁荡山》。未终场，先和内子同归。永儿后出，但先到家。

企棠今日北返，八时余抵京。

五月二十日，星期日，上午阴，下午有雨

晨，略做清洁工作。

上午，九时往琉璃厂取报、吃牛奶，又往西单取所打挂面，因未干约明日再去取。

往杨梅竹斜街薛□□[2]斋购叶织雯致张子宏兄信要买的保赤散五盒，每盒三角。

十一时，送昨日企棠带来鲜豆至戴孝翁家。

夜饭后，同内子、汤儿、应女、吉中往长安戏院看《孔雀胆》越剧。七时半开

---

〔1〕 原文空缺，当为“馗”字。
〔2〕 原文空缺，疑为“雅观”二字。

演，至十时半毕。做得似乎不够紧凑。

五月二十一日，星期一，晴

晨，为沐绍良发胃肠炎病往视。

应女下午回西郊，吉中病愈至公安部工作。

傍晚，至西单西聚增取挂面，雇三轮归家。

夜，送汤儿至车站。他乘33次车赴沈，韦士霖兄的岳母和他同行。

五月二十二日，星期二，晴

写致墀哥、将华、望铣各一信。致望铣信中为三楼成姓欠租耍无赖事有所商榷。

下午，六时原拟在社夜饭，因所带小菜坏了，只吃些零食，即往高教部逸仙堂听《政治经济学》第十六章补课，至八时三刻毕。归家已逾九时。

内子扫盲班教师洪老师由内子邀来家。据其夫患中风，尚在危险期中云。

五月二十三日，星期三，晨雨，嗣晴

上午，写致季翁信，附致子宏兄信，寄去商谈纪要。

下午，自学《政治经济学》第十六章，并准备讨论提纲。

因昨日气温突降，腰部不舒，今日仍未全愈。

傍晚，松泉侄和金如侄女先后来家，金如宿我家中。她原暂住前英子胡同邮电招待所29号（电话66784），用"李幼英"名。

五月二十四日，星期四，阴雨

晨，松泉早点后回西郊，余亦在家早餐。

中午，社中吃包子，余吃三角饺。

傍晚，洗澡后回家。写致泽侄、平甫、耆箓信。

夜饭后，同金如往大观楼原拟看七点廿分开演的《绝代佳人》，因票已售完，乃买九点十五分的票。回家休息后，九点再去。因加演《怒海轻骑》样片及新闻简报，至十一时一刻始毕。金如仍住我家。

五月二十五日，星期五，晴

下午，三时开社务会议，由梁涛然同志报告学习知识分子问题初步总结。

晚，七时《政治经济学》课堂讨论。九时归家。

三妹回西郊，约明日再来。

五月二十六日，星期六，晴

上午，九时到北京市工商管理局对私营资本主义工商业改造办公室召开的中央级公私合营企业坐谈会，为报告私股、华侨投资及历年股息数字，又定息问题等。十二时回社。

下午，涛然同志做知识分子问题学习总结报告。六时归家。

金如、松泉来家，谈至九时半去。

九时，同永儿往大观楼看《球队远征记》电影。十一时归。

晨，收听广播《政治经济学》讲座。

五月二十七日，星期日，晴

上午，做些清洁工作。九时，往琉璃厂吃牛奶、取报，又改正叔老诗印稿，十二时归。

下午，松泉、金如同瑶瑶及其夫黄平章，又金如的同事蒋同志来谈，一小时半后去。

宣信予、糜文溶二兄先后来谈。

三妹、弟弟傍晚先后回去，吉中宿家中。

五月二十八日，星期一，晴

上午，曾往后孙公园一号看集体宿舍，觉甚整齐，亦宽畅，备建平房将来为病号室亦适宜。

下午，四时同士霖兄往市法院应审为中国医药公司腾房事，仍无结果。六时一刻归家。

代内子向大观楼购7：20开演《绝代佳人》电影票一张。

五月二十九日，星期二，下午雨

写致二舅嫂及国英甥信，傍晚过邮局寄出。今日发觉右卵肿，不知何故？

五月三十日，星期三，晴

上午，往高教部上《政治经济学》课，由教育部民族教育司司长李舜琴讲第十七章“帝国主义”,至五时一刻毕。归家已六时。

右卵肿晨稍瘥。据友人谓,系小肠气云云。

张太太来望内子,夜饭后去。

五月三十一日,星期四,晴

写致六妹及小玲信各一封。

傍晚,洗澡后归家。

社中给我六两油票,归家后往延寿寺街去买。

夜,金如来,十时余回去。

附录:

父母亲的坟迁至镇海县神钟山公墓 4 种 2 区 21、22、23 号(连四哥)。

神钟山公墓慈城联络处设:慈城镇解放路 67 号穗芳南货号内(出北门沿汽车路向东北角去,约十五里路)

费用如下:

运柩三具	28.00
地价、工料	154.70
旧茔坟	1.00
秋华工资	1.00
旧坟赔麦	1.80
照相费	2.11
共计	188.61

我出 100 元,余由泽侄担负。

平甫 56/5/12 来信报告。

六月

六月一日,星期五,雷雨

晨,同泽霖同志谈各科在学习知识分子问题后的工作方针,约明晨邀各科长一谈。

傍晚，到邮局汇给陈裕良转岳母六、七月零用 20 元，又到延寿寺街人民银行存零存整付 5 元，又至大观楼购星期晨电影票。

七时一刻，听广播《政治经济学》第 14 章“国民收入”。

今日起值扫街工作。

六月二日，星期六，雷雨

上午，与泽霖同志同孙如松、陈德昭、朱通舟、涂传杰四君谈学习知识分子问题后应行措施各事及业务学习等项。

下午，前二小时学习苏联 20 次代表会议指出个人崇拜问题文件，后二小时做清洁工作。

写致菊公函，告以黄荫普捐赠图书事。

傍晚归家。在延寿寺街人行代内子存款。

国璠之侄日新中国医大毕业，分配保定工作，今午到京。夜，其同学来，出去游玩，约明午再来。

六月三日，星期日，雨

上午，九时 20 分到大观楼看《罗马十一点钟》电影，至十时五十分毕。往护国寺人民剧场买八日晚场滇剧票，适遇沈亚秀，她为我代买。回家已一时。

下午略睡。吉中来，住家中。

下午，二时半陪程日新往故宫游览，至国际友谊馆、三大殿、东路、御花园、钟表陈列室等处。归家已七时。

六月四日，星期一，晴

今日社中变更工作时间，自晨七时半至十二时，下午二时半至六时，而以上午九时四十五分至十时，下午五时三刻至六时为工间和工后操时间。

晨，同涛然同志谈新华接受旧书事。

叔老出国诗前为油印，涛然同志认为不能满意，乃托京华去排。今日接叔老信坚决不要，经仍以油印送去。京华排件将另作处置。

傍晚，参加体协大会，又剪发后归家。

听广播第15章“资本主义再生产”。

六月五日，星期二，晴，夜雨

晨，六时三刻出门，七时半到高教部，先打电话给京厂于侃同志，告以托排诗稿请拆版作罢。

八时，听刘子载副部长作审干报告，十时毕。回社十时半。

中午，因社中吃包子，乃回家午饭。

傍晚，练拳后归家。

六月六日，星期三，晴

晨，与涛然同志谈公事。

上午，写致季翁信，附去致胡尔寿君信为证明非商务资方代理人事。

下午，到高教部听业余政治学习，李舜琴司长续讲第十七章《政治经济学》，至五时一刻毕。归家已六时。

夜，金如来，与内子同往中山公园一游。九时半归家。

六月七日，星期四，晴，下午有雨

傍晚归家时，过东琉璃厂遇魏永生君，在新开的信远斋吃酸梅汤。

六月八日，星期五，晴

上午，九时半梁涛然同志传达陆定一部长所作《百花齐放，百家争鸣》的报告，又唐泽霖同志报告学习事，至十二时始毕。

中午，五妹携美强来家，带来菜花，因此回家午饭。下午，午睡后至大观楼购电影票。二时半回社。

傍晚，在社夜饭。饭后，赴护国寺人民剧场看滇剧《烤火下山》《打瓜招亲》《荷花配》三句。内子、金如同观。归已逾十二时。

六月九日，星期六，晴

晨，补听广播政治讲课至七时止。早餐，到社已过七时半。

下午，学习苏联共产党第20次代表大会批判个人崇拜的历史教训。从三时半起讨论，至五时三刻。运动至六时一刻回家。

夜饭后，同金如到大观楼看七时廿分开演的《围城春晓》电影，至八时五十五分止。送金如至电车站，归。

吉中、永儿来家。

六月十日，星期日，阴，下午有雨

晨，七时廿分同内子、金如往大观楼看电影《牛虻》，至八时五十分毕。

九时，到同乐看电影《危险的恋爱》，至十时半毕。

十一时，到琉璃厂吃牛奶、取报纸。十一时三刻回家。

瑶瑶挈女来家，午饭后因雨即回去。塘侄亦于午饭后回去。

午后，同金如、松泉及内子往天坛游玩，归已五时半。金如和松泉各自回去。

吉中去看部中的运动会，下午回，夜宿家中。

六月十一日，星期一，晴

上午，俞寰老来社，据称是上星期六返京云。谈关于董事会、定息、发股票等事。闻菊老和傅翁都安好为慰！

下午，写复望铣信为成姓房客事。又写复国英甥信，她已于上月底由港返沪。

傍晚，洗澡（今日起，社中改每星期一、三、五洗澡）后，至延寿寺街人民银行代内子取款。

夜，听《政治经济学》广播“社会资本的再生产”完。

六月十二日，星期二，晴，傍晚阵雨

上午，陈文经君来访朱通舟兄，曾谈一时余。

下午，张小华（图片出版社）来，与韦士霖兄同去房管所办琉璃厂105号房屋产权移转手续。

傍晚，往延寿寺街人民银行取内子定存款四百元，复至邮局汇给望铣弟备解决三楼房租之用。

六月十三日（端午节），星期三，晴

晨，在家吃粽子。

下午，《政治经济学》学习，自学看书。

傍晚，径归家。金如来，九时余回去。

六月十四日，星期四，晴

晨，在家吃粽子。

中午，回家午饭。午后略睡，往王府井国际书店代沈季湘君购俄文文学书，据已售完。二时半回社。

傍晚，至延寿寺人行支款后归家。

六月十五日，星期五，雨

上午，涛然同志传达吴有训、竺可桢、严济慈等关于我国科学工作情况的报告，自八时起，至十一时半毕。

为了今晚要往高教部听报告，午饭后回家通知。午睡后，至大观楼购电影票。二时半到社。

夜，在社吃馒头。往高教部逸仙堂听政治学校教师作关于教科书第 15～17 章提纲的解答，七时起，至八时半止。雨甚大，全身皆湿。

永儿傍晚回家。

六月十六日，星期六，雨

晨，听无线电广播《政治经济学》讲座，到社迟了十五分钟。

下午，原为业务学习时间，秘书科开会我参加，至五时半毕。

傍晚，径归家。

吉中、永儿均在家。

六月十七日，星期日，阴，偶雨

上午，七时 50 分起，同吉中、金如、内子往大观楼看《夜店》上、下集电影，至十一时毕。到小剧场购今晚木偶戏票，又至洗染店取衣归家。

三妹，五妹夫妇都来，下午先后回去。吉中亦回宿舍。

下午，四时半往琉璃厂取报纸、饮牛奶。六时归。

夜，同内子、永儿往前门小剧场看闽南傀儡戏。自八时演起，至十时三刻止。余票一张送药元林同志同去。傀儡戏有些技术，但只能给小孩看。

六月十八日，星期一，阴晴

晨，六时三刻出门，往广济寺访能海上师。谈至八时半辞出，九时到社。能海上师来京参加全国人民代表大会，似乎体力不很强，但仍健谈。

下午，移至楼上办公。因肃反已将结束，楼上人少。

傍晚，洗澡后归家。

金如来。夜饭后，八时往新中国看《两条道路》，连33号新闻纪录片《光辉的事业》即先进生产工作者纪录片、美国气球侵犯我国领[1]摄影展览等，合计不过三刻钟。出来送金如至虎坊桥汽车站，归已九时半。

接望铣来信，知三楼成姓退租事已由居民委员会作证解决云云。

昨接余姚阳明区人民政府来信，说我的赠献祖遗房屋业已接收云云，至以为慰！

永儿下午回校。

六月十九日，星期二，昨夜雨，阴晴

上午，九时同纪昌、戴孝侯往嘉兴寺吊袁翰青夫人的丧。

金如来电话，谓买好明晚长安湖南戏票，要我和内子明晚七点一刻到达长安云。

中午，社中吃包子，我吃馒头。傍晚，为《政治经济学》考试，自七时起，至八时半止，共做五题。

六月二十日，星期三，晴

晨，和梁涛然同志谈海外资产移转事。

午饭后略睡，往高教部上《政治经济学》第十八、十九章课，至五时半毕。

赴西单商场一走，该商场整理后尚第一次去。

六时一刻，访许季芸兄，即在伊家吃面。

七时一刻，到长安戏院，金如请看湖南辰河戏《破窑记》，唱调和音乐都较简单。十时三刻演毕，归家已近十二时。

永儿归家。

上午，上海书局的王叔旸来谈。

---

[1] 疑漏“空”字。

六月二十一日，星期四，雨

晨，在家早餐。

拟海外资产处理方案，未完。

下午，市医药公司王富美来谈。

傍晚，径归家。中午亦在家午餐。

永儿今日在家中。

六月二十二日，星期五，晴

晨，赴社早餐。

海外资产处理方案拟成。

中午，食堂吃面，我吃馒头四只。

下午，四时同韦士霖兄到司法部后街中级人民法院应审市医药公司上诉交房事，当庭判决维持西单区法院的原判，即判决确定后一年半内交房。五时半回社。

傍晚，洗澡后归家。

永儿今日下午回校。

六月二十三日，星期六，晴

晨，和梁涛然同志谈重审甲类书事。

下午，业务学习，我阅读《政治经济学》教科书。

傍晚，至人民银行取款后归家。

吉中、永儿回家。金如来，夜饭后去。据明日她要参加邮电部集体去十三陵云。

六月二十四日，星期日，阴，下午有小雨

晨，七时半出门，到和平门外吃点心。乘公共汽车至西四，到广济寺见能海上师，谈至九时半辞出。到魏家胡同35号温平同志家访王叔旸君，谈至十时半乘电车回家。

余瑞莘老居士（余广生之父）来，带来周有祉兄送能海法师和我的糖果，午饭后去。

美韶来，午饭后去。

下午，五时去琉璃厂吃牛奶、取报纸，与梁涛然同志闲谈。

六月二十五日，星期一，晨雨，嗣阴晴

吉中、永儿今晨回去。永儿夜来家。

吉中昨日买来大众评剧筱白玉霜《杜十娘》戏票两张。我今须预备功课，电话通知金如来家与内子同去。夜，金如宿我家中。

傍晚，剃头、洗澡后归家。

六月二十六日，星期二，雨

上午，八时半同涛然同志乘汽车接武剑西、俞寰澄二社长到出版局，谈“百花齐放，百家争鸣”及海外业务和海外资产移转问题。中华方面到舒新城、刘靖基、常紫钟、王志莘、郭农山、俞明岳、卢文迪等，局方为黄洛峰、金灿然二局长，戴孝侯兄亦到。谈至十二时，到西单全聚德午餐。下午，二时半回社。

傍晚，径归家。

六月二十七日，星期三，晴

费范九君来信并寄赠扇子、立轴，情殊可感！

下午学习，四时起讨论“资本主义的历史地位”，至六时毕。

夜饭后，同内子往大观楼看《战火中的妇女》电影。七时廿分开演，至八时五十分演毕。

六月二十八日，星期四，雨，阴

晨，六时半出门，往宣武门内去打挂面。因该店修屋，只得暂缓。

往头发胡同 33 号陈叔老家，谈至八时，转至国会街九号一看。九时余到社。

同唐泽霖、朱通舟二君至荣宝斋谈房子事。

中午，回家午饭，买来南方豆腐。瑞和、美平、翠芳来。夜，濂侄亦来。夜饭后去。

夜，听广播周恩来总理本日在人代会中的发言。

六月二十九日，星期五，雨，阴

晨，到社早餐。同涛然同志谈郑振铎副部长续印古本戏曲事。

写致悟女、若露、傅翁、费范九君及季翁各一封。

傍晚，洗澡后归家。

夜饭后，同内子、金如往大观楼看《没有太阳的街》电影。七时一刻起，至九时廿分毕。

又陪内子至前门大街零售商店购物后归家。

六月三十日，星期六，阴晴

晨，为听广播《政治经济学》讲座至七时毕。早餐后，到社已七时半。

中午，回家午饭。

下午学习，自看《政治经济学》教科书，并抄笔记。

傍晚，径归家。

金如来，夜饭后去看电影。

向延寿寺街人行取款 10 元（塘侄名下借用）。

定女夫妇携小燕来家。

七月

七月一日，星期日，晴

今日为共产党三十五周年的诞日。

永儿生于 1937 年七月二日，即丁丑五月廿四日，今日提前一天。定女、耀华、濂侄全家、松泉、吉中都来吃面。塘侄傍晚才来，因我们去看电影，即回去。

晨，往广济寺谒能海上师，供养赵城金藏《楞严经》全部十卷，又周有祉兄带来什锦糖一盒，又周君送我的一盒，我亦转为供养。又郑璧成君来，谈至十时辞出。

往王府井国际问《俄罗斯文学》，未买到。

回家后，知涛然同志见招，当赴社为查 1950 年底人数事。又计宜初、宣信予两君来访。十二时一刻回家。

傍晚，同内子往中央看《虎穴追踪》，至八时半毕。归途过信远斋冷饮。

七月二日，星期一，阴

晨，在家早餐。中午，亦回家午饭。傍晚，洗澡后归家。

金如来电话，谓昨日大约受了热，今日身体不舒，有些高温，不来我家云云。

傍晚，七时一刻听广播《帝国主义的第二个特征》，至八时毕。

七月三日，星期二，阴，傍晚小雨

晨，赴社早餐。与涛然同志商海外资产移转事。

中午，回家午饭。永儿来家。

傍晚径归。今日社中发薪，下月将延至六日。

七月四日，星期三，雨

晨，赴社早餐。

上午，寰老来社，谈盈余分配和海外资产移转办法。

下午，学习《政治经济学》教科书第二十、二十一章，未去高教部听课，在社自学。

傍晚，至邮局购邮票及延寿寺人行代内子存款。

金如来，夜饭后去。

接糜师母（冯旭寰）回信，为我们邀她来京时至我家居住，她说已得文定信将住在他家，并谓本月中旬来京云。

七月五日，星期四，晴

晨，到社早餐。中午，亦在社午饭。傍晚，径归家。

接汤儿信，知将华携美新由沪乘直达车于六月廿三日回到沈阳。又谓利新又在发热，在看中医，究不知何病云。

七月六日，星期五，晴

上午，同通舟、士霖二君往后孙公园看新落成房子，尚整洁。

下午，四时举行社务会议，讨论下半年工作要点。

傍晚，洗澡后归家。

金如来家，夜饭后去。

七月七日,星期六,晴

下午,业务学习,阅读《政治经济学》教科书第20、21章。

傍晚,径归家。

社中团体购天桥剧场延边朝鲜族歌舞团票三张,给吉中、金如与永儿去看。

韦士霖兄来谈。

七月八日,星期日,晴阴

今日,社中为欢迎55年以来的新进干部,在西郊动物园举行茶会。我和内子、吉中于六时三刻出门,乘七路公共汽车于七时三刻到动物园,循导游图游览,见猛兽室和长颈鹿、斑马等的兽室,均系新建。至牡丹亭为茶会地点。九时开始,先由武剑西社长讲话,杨珍代表新进干部答词,再有唱歌、快书、戏法等余兴,十一时毕。再至其余部分一走,出园,乘西直门至永定路公共汽车(32路)去彰化站,到西郊农场五妹家。即在彼家午饭。饭后,一时半返城。

到琉璃厂吃牛奶、取《人民日报》后归家。

吉中乘今夜11点45分开第15次直快车回沪。

夜十时后……〔1〕

七月九日,星期一,阴晴

中午,回家午饭。

午睡后,寄复望铣弟信。因彼七日来信称:三楼房子已租给在上海市监察局做事的朱鹤亭,月租四十元,预付金八个月(至明年二月),并汇来人民币三百元。又到公安街邮局取款。

往王府井国际购沈季湘之子明德托买俄文文学书未得,到社已三时。

唐泽霖同志今晚赴沪,主持肃反工作。

七月十日,星期二,晴,下午五时左右降大阵雨

晨,到社早餐。

终日草拟董事会财务报告,未完。

---

〔1〕 日记原文缺载。

傍晚归家。夜,糜文溶兄携若梦来谈。

永儿回来,去购赴沪车票。

七月十一日,星期三,晴

下午,学习《政治经济学》教科书第廿一章,做笔记。

永儿晨去崇文门购得十五日赴沪车票。

中午,至新中国买今晚电影票,又回家午睡。二时半到社。

傍晚归家。夜饭后,同内子、金如往新中国看《一年之计》电影。七时 25 分起,至九时一刻止。

又去前门大街一转,归。张世良为买车票,住我家中。

七月十二日,星期四,晴

晨,到社早餐。

七时半,假荣宝斋会场开全体大会,由工会做二年来工作总结及财务报告,至十时半毕。

傍晚,参加工会小组讨论总结报告及初选基层委员和经济审查委员候选人。自六时半起,至九时始毕。

七月十三日,星期五,晴,傍晚阵雨有冰

中午,回家午饭。傍晚,洗澡后归家。金如来夜饭。

今日,全日准备董事会财务报告稿。

七月十四日,星期六,晴,傍晚有风

上午,完成准备董事会财务报告稿。

中午,回家午饭。

夜,往大观楼购得明日《假情假意的人》及《马兰花开》电影票。

李惟乾来宿家中。

七月十五日,星期日,晴

上午,陪惟乾先往天坛,再往故宫并到钟表陈列所参观。回家已中午十二时半。

下午,午睡后往大观楼看《马兰花开》,尚有意义。三时开演,至四时半毕。

永儿乘五时五十二分开直达上海车赴沪，我赴站送他上车。

七月十六日，星期一，晴

上午，完成上半年工作小结及下半年工作要点的汇总工作。

下午，五时工会改选基层委员，我是非会员，故不参加。傍晚，剃头、洗澡后归家。

夜，惟乾来宿我家。

七月十七日，星期二，晴，下午雨

今日，为惟乾即须于明日返申，乃向社请假一天，陪他游玩。六时半，同内子及惟乾往前门乘三路公共汽车至西直门，换乘 32 路公司汽车至颐和园，再换乘公私合营汽车队木炭汽车到卧佛寺，再到周家花园（现名樱桃花园），又至碧云寺，吃茶后再至颐和园。内子先乘 31 路公共汽车回西四，我和惟乾乘雨畅游，直五、六时天色初霁始离园。乘 32 路车至西直门，换乘 7 路车至前门，回家已近七时。惟乾夜饭后赴前门乘公共汽车回永定路招待所，因他明日尚须□□[1]作专业参观苏联原子展览，明晚即须返沪也！

七月十八日，星期三，上午阴有小雨，下午晴

晨，到社早餐。

上午，十时同朱通舟、韦士霖二君往新建胡同十一号看拟新造房子的地盘。十一时半回社。

下午学习，三时半起课堂讨论，题为“为什么说现阶段的民族独立和解放运动是世界无产阶级革命的一部分”，至六时毕。

夜，金如来谈，为部里要她在蔡鸿钧未来以前先赴石家庄事。夜，和内子去看《马兰花开》电影，宿我家中。

七月十九日，星期四，晴，夜有雨

晨，到社早餐。

上午，八时半同士霖兄往二龙路 33 号西单区法院为中国医药公司北京市公

---

〔1〕 原文模糊，似“等待”二字。

司背阴胡同房租事再次涉讼，今日当庭判决着医药公司照每月152元付租。十一时返社。

下午，涛然同志谈吴叔同君来京事，并谓我社董事会将于月底初召开，经函季翁嘱预向各董事打一招呼。

接永儿沪来函，知他于十七日上午到沪，则途中不过两夜，还算快的。

糜文溶夫人来，据昨日到京，夜饭后去。

七月二十日，星期五，晴，傍晚小雨

晨，在家早餐。七时廿分出门，到头发胡同33号正八时，与叔老谈为祝菊公九十寿事。归途至国会街九号看到乐赓子女，又与唐泽霖母略谈。回社已九时余。

中午，回家午饭。

为书橱取书，不慎倾跌伤手，故今日未洗澡。

为广州印刷厂汇来董事酬劳125元，往人行储蓄处，据须至西河沿营业部取款，只得明日前往。

七月二十一日，星期六，晴

晨，在家早餐。

上午，十时同朱通舟兄往按院胡同4号看房子。十一时半，到西河沿人民银行营业部领广州印刷厂汇来款，又至延寿寺街人行存款。十二时十分归家午餐。

下午，二时半到社。得俞明岳君电话，谓吴叔同君将于三时25分到达，当同戴孝翁乘自己汽车往飞机场去接，到机场时吴君与李某(李士杰)已到。后常紫钟、卢文迪、李国钧、陆高谊、俞明岳、肖枫、黄洛峰、金灿然、华昌泗等先后来到。五时，同到新侨饭店，王志莘君亦来。谈至六时，即在该饭店夜饭。七时半归家。

往大栅栏购DDT及大观楼明日电影票，备三妹等来时用。

七月二十二日，星期日，晴

晨，七时一刻出门，乘七路公共汽车。八时一刻到展览馆，参观原子能展览，又观电影,至十一时三刻毕。乘二路车至西四,换四路车至琉璃厂吃牛奶、取报纸。回家已十二时半。

午睡后,往大观楼看三点廿分开演的《街头五少年》电影,五时十分毕。

应女夫妇及金如、松泉来,塘侄下午来。信予兄夜来谈。

七月二十三日,星期一,晴

晨,在家早餐。

上午,八时开社务会议为工资改革事,至十一时毕。

下午,四时回家一转,剃胡子,往新侨饭店230号访吴叔同君,常紫钟、陆高谊及李君都在。六时半,出至东栓马椿六号访郭农山君。

七时半到车站,原拟接黄荫普兄由汉口乘20次车应于八时到达。嗣闻广播知昨日应到的快车尚未到,只得归家。

夜半,大雨倾盆。

七月二十四日,星期二,晴,夜雨

晨,在家听《政治经济学》讲座。

七时半到社。

上午,接黄荫翁电话知他已到京,住西郊宾馆1421号云。

上午,为工资改革事约各科长谈话。

下午,吴叔同、李君及陆高谊三君来访。

四时,举行经理部评级排队会议。

六时半,同梁涛然、戴孝侯二君至丰泽园,由陈克寒副部长请吴叔同君作陪。到夏衍副部长及出版局各首长,又财经方面多人,计两桌。回家已十时。

七月二十五日,星期三,晴,傍晚雨

晨,六时三刻到社,整理工资改革排队名单。

上午,九时召集本部科级商排队问题。

黄荫普兄与其女小琬来。中午,同到丰泽园午饭,请戴孝翁作陪。

下午,三时到东总布胡同出版局参加欢迎吴叔同君的茶话座谈会,至五时十分毕。当雇三轮车,幸在阵雨前到家。

唐泽霖同志来，据昨晚由沪到京云。

夜，吉中自沪到，宿家中。

七月二十六日，星期四，晴，下午有小阵雨

晨，到社早点。与涛然同志谈请吴叔同吃饭事。

上午，八时开全体大会，由涛然同志作动员，报告工资改革事。

下午，三时余接通知赴出版局参加黄局长和吴叔同君等讨论海外业务，至六时毕。归途至东单华新食品店购物归。

七月二十七日，星期五，晴

晨，在家早点，七时到社。

上午，开工资改革评议会，又与武、俞二社长谈商务旧书编审问题。

下午，同唐泽霖同志往出版局参加黄局长和吴叔同等讨论海外业务问题。七时归家。写寄致永儿及毓松信。

七月二十八日，星期六，晴

上午，开改革工资评议会，九时起，至十二时一刻止。

下午，一般讨论工资改革关于梁涛然同志的报告。

傍晚，同涂子英兄往打磨厂长巷二条50号五华客店15号访广州印刷厂的李参、袁容秋、卫永□[1]三同志，未遇，留条归家。

吉中、金如均来。金如夜饭后去，吉中宿家中。

七月二十九日，星期日，晴，夜阵雨

上午，往琉璃厂吃牛奶、取报纸。归途转前门大街零售公司买西瓜两只携归。

中午，松泉来。据金如因病已住入二龙路邮电医院二楼五号治疗云云。

下午，内子往邮电医院视金如。

下午，四时黄荫普君来家。谈至五时一刻，同往谭家菜由社中请客，到吴叔同、李士杰、黄洛峰、金灿然、常紫钟、陆高谊及黄荫普，社中为武剑西、俞寰澄、梁

---

〔1〕 日记原文缺字。

涛然、唐泽霖、戴孝侯与我,纪昌未到。至八时余,大雨倾盆,直至十时始乘汽车先送黄荫普至西郊宾馆,再分送诸人。因此,回家已近十一时,洗澡,入睡已午夜矣!

七月三十日,星期一,晴阴,上午有雨

上午,九时半假荣宝斋开全体大会,由涛然同志报告工资改革评委会初步评议经过及若干问题的说明,至十时五十分毕。

中午,回家午饭。下午,因黄荫普君昨送来哈密瓜(?)有剩余,送给戴孝翁。二时半到社。

下午,四时半同韦士霖兄至东单北京饭店看房间,因明日各董事将到。六时,至王府井购物,又至二龙路邮电医院探视金如,知她已于昨晚施手术并输血400cc,今日尚略有热度云。七时三刻出来,至麟阁路乘七路公共汽车至前门归家。

七月三十一日,星期二,晴阴、夜八时起有大阵雨

晨,在家听《政治经济学》广播。七时,往前门寄墀哥航空信,告以金如病状。七时半,到社与涛然同志谈上海董事来京事,又与涛然、泽霖同志商沪处评薪方案。

写致汤儿及美德等信,又复德基信及致企棠、三妹信各一封。

中午,回家午饭。二时,到琉璃厂剃头。

下午,四时三刻离社,往八面槽萃华楼菜馆应华侨图书编辑委员会招夜饭,主客为吴叔同君。

八时,到车站接沪来各董事。八时 28 分车到,来者为徐凤石、陈夙之、韦傅卿、俞明时、沈季湘五位。时适大雨,乘汽车至东单米市大街北方饭店,住 108、109、110 号(电话 50132)。十时,同梁涛然、韦士霖诸君归。

八月

八月一日,星期三,阴,有雨

晨,六时三刻往西河沿孝翁家,同他乘 4 路及 10 路公共汽车至北方饭店,已七时三刻，略吃早点，即在饭店同各董事会谈。俞寰老亦来，在北方餐厅午饭。

下午，同沪来五人往陈叔老家，谈20分钟。回至中山公园，约黄荫普君同饮茶。

四时半，同傅翁、荫翁回家。嗣荫翁因西郊宾馆来电话促归先去，傅翁与沈季翁、韦士霖兄同在家夜饭，饭后回去。

夜，往车站接蔡鸿钧，瑶瑶和王平章亦来，余即归家。

八月二日，星期四，雨

晨，七时半到社，和涛然同志谈董会事。

九时半，徐凤老、陈夙老、韦傅翁、俞明时诸君来，并陪同至荣宝斋一走。

下午，沈季翁来谈。

傍晚，至邮局付汇岳母八、九月月费20元。

八月三日，星期五，雨

晨，七时半往北方饭店与各董事及沈季翁谈至十二时，即在该饭店午餐。同膳者还有舒新城、俞明岳二君。饭后回至社。

黄荫普君来电话，谓今日下午五时将离京赴东北云。

傍晚，径归家。

八月四日，星期六，雨

晨，七时到社，与涛然同志谈董事会事。

上午，季翁来谈。

下午，举行工资改革评议会，至六时半毕。

归家夜饭后，同内子往大众剧场看评剧《十五贯》。自七时半起，至十一时止，做得尚精彩。

吉中来，因无钥匙坐等我们回来。

七月卅一日给应女信被邮局误投退回，向之交涉，颇无礼貌，明日当再往询问。

八月五日，星期日，雨

晨，八时去北方饭店见到汤季宏处长，他是昨日乘飞机由沪来京的。又和诸董事一谈，十时半到社。算海外三机构营业损益帐。十二时回家。

金如夫妇及松泉来家午饭。

下午，二时一刻到社。三时起，在社长室举行董事会，至七时毕。共赴丰泽园夜饭，计二桌。散席回家已九时半。

财经在新侨饭店举行文娱晚会，因时晏未去。

八月六日，星期一，晴

晨，八时到社。

九时起，继续举行董事会，至十二时半止。全体往丰泽园午餐。

下午，二时到社。四时，往北方饭店送陈夙之君赴车站乘五时开五次车去沪。再回社与沈翁商董会记录事。洗澡后归。

接六嫂信，六哥已到灯尽油干地步，她于七月廿七日又吐积血，经汇去廿元接济。

接汤儿信，知美德姐弟三人将于八日晨到京云。

八月七日，星期二，晴

晨，七时半到社。九时整，继续举行董事会，至十二时完全结束。

中午，回家午餐。金如夫妇来。

下午，往北方饭店与夙老、傅翁、明翁等谈至六时始出。往王府井东安市场和百货大楼购物，归已八时余。

今日热极，室内达九十度。原拟陪傅翁等游西郊，亦因此作罢。

八月八日，星期三，晴，上午有雨

晨，往车站接美德等。车于六时40分准时到达，当接回家中。

八时到社，天气转变。季翁来谈。

中午，回家午饭。下午，社中小组讨论工资改革。傍晚，同戴孝翁往北方饭店，夜饭后谈至九时归家。因略有感冒，夙老、傅翁、明翁、季翁都催归也！

上午，接姚电“父逝转告塘”，想系耆钱所发，当电话告知塘侄。午后，她[1]

---

〔1〕“她”当为“他”。

来电说已汇款百元云云。

八月九日，星期四，上午晴，下午雨

晨，七时半到社，突悉傅翁昨晚因心悸头晕，未曾上车去沪。九时，陪同琉璃厂诊疗所郭大夫往北方饭店视傅翁，知血压为100至210。十一时，回琉璃厂取药后返社。

中午，在社午饭。

下午，徐启堂、周家凤二君来谈。他们是民进开会来参加的，住新侨饭店云。

六时，同涛然同志接社长赴西单全聚德应财经邀夜饭。又遇大雨，十时始归。

张世良自沪回，因雨大宿我家。

美德等由内子陪赴西郊公园游玩。

八月十日，星期五，晴

晨，七时往北方饭店109号看傅翁，知精神尚佳。九时回社，开工资改革评议会，至下午一时始毕。

中午，回家午饭。金如夫妇来。饭后，内子同金如夫妇及小孩等往天坛游览。余于三时到社。

傍晚，往前门大街购乐口福等归家。

夜，糜文溶兄来谈。

八月十一日，星期六，晴

晨，七时半往北方饭店视傅翁，文溶兄已在，谈至八时半回社。

上午，九时举行扩大社务会议，由涛然同志报告工资评议经过并通过三评结果，十一时毕。

十一时半，往丰泽园为唐泽霖（调港）、郑雪樵（进马列学院新闻系）、蔡大白（进马列学院理学教师班）饯行聚餐，共两桌。二时回社。

傍晚，往广济寺访能海上师。谈至八时，到邮电招待所看金如和蔡鸿钧，瑶瑶及王平章亦来，谈至九时半归家。吉中来宿家中。

闻墀哥孙女鹦哥与松泉弟妹同来京，在我家午饭，由松泉接去他宿舍中住云。

八月十二日，星期日，晴

晨，七时同内子、吉中及三孙儿女乘7路公共汽车至西直门，换32路郊区车赴颐和园。由于在西直门守候过久，到园已九时廿分。至长廊遇企棠及金如夫妇，找不到三妹，耽搁近一小时，始获找到。游至下午三时出园，金如夫妇自去，我和吉中及三小孩乘32路车至西直门换电车径归。美洁在西直门呕吐，当由内子陪回家中，殊一憾事。

八月十三日，星期一，晴

晨，因时晏未及赴北方饭店，八时到社。

中午，回家午饭，并先往前门大街邮局取侣女汇来款五十元。

傍晚，往北方饭店视傅翁。八时归。

陈将弘来视美德等。

八月十四日，星期二，阴晴，下午有小雨

晨，四时一刻起床。五时，同药元林同志往西河沿乘涛然、纪昌二同志乘来的汽车赴北京机场。今日赴穗者为黄洛峰、常紫钟、陆高谊、华昌泗、林某、吴叔同、李士杰、唐泽霖等八人。飞机于六时半起飞，过郑州、汉口须各停一次云。七时一刻回社早点。中午，回家午饭。

下午，五时往北方饭店与傅翁清谈，又至新华日品〔1〕商店买黄油后归家。

金如夫妇来，八时半去。

久鳌哥长孙美琅带来行李两件寄存我家。

八月十五日，星期三，阴雨

晨，七时一刻到社，与涛然同志谈私股董事告各股东书事。

中午，回家午饭。松泉弟妹及鹦歌来家。

午后，二时半往北方饭店。四时一刻，陪傅翁和士霖兄至车站，他们乘五次特快车，五时开。我再至邮电局拍电告季翁并转韦府，使他们明晚可到站相接。

---

〔1〕 当漏一“用”字。

五时半归家。

金如夫妇、濂侄均来家夜饭。

夜，金如夫妇挈小孩等去北海，至十一时始由鸿钧伴回。

鹦歌住我家。

八月十六日，星期四，晴

晨，七时半到社。

中午，回家午饭。

下午，二时半到社。写复沈季湘关于致股东通知稿。

接韵贞甥女信，知她和玉山娘、启沅嫂已变更地主成分，至代欣慰。

傍晚，洗澡后归家。

金如夫妇来家夜饭。

八月十七日，星期五，晴

晨，七时十分到社练拳。

上午，开社务会议讨论旧书重版的稿费事，至十一时半毕。与寰老谈股东信稿事。

中午，至37号陪凃师母及其外孙到家午饭。饭后，二时半回社。

傍晚，往宣武门内打挂面20斤，付款6元。归家已近七时。

松泉弟妹及凃师母等均在家夜饭。

八月十八日，星期六，晴

晨，七时半到社。

闻涛然同志言，高教部允社中六人可脱产学习哲学三个月，我亦在内（其余五人为梁、纪及李敬永、钟兆琥、顾执中），惟我的学习期将排在明年下半年云。

下午，复习《政治经济学》。

傍晚，洗澡后吃花卷三只，往中央看六时45分开演的电影《春》，至九时又续演《秋》，至十一时毕。步行归家。

闻五妹曾归家一次。

八月十九日，星期日，晴

上午，同吉中絜美德及鹦歌等往陶然亭公园游玩。十一时半归家。

下午，午睡后四时外出，先后访戴孝侯、宣节、许季芸、杨静盦诸君，前两人外出未遇。

吉中昨晚来，塘侄中午来。

三妹昨日归家，企棠今日来，均下午回去。

八月二十日，星期一，晴有雨

晨，七时20分到社。吉中回公安部。

傍晚，往西单取挂面，因未全部干透，未取，即乘七路公共汽车至前门归家。

八月二十一日，星期二，晴

晨，七时半到社。

上午，九时开社务会议讨论工资改革总结事。

中午，往大观楼为孙儿等买明日电影票，再回家午饭。

下午，二时半到社。

傍晚，往西单取挂面，雇三轮车回家。

夜，宣信予、糜文溶二兄来谈。

八月二十二日，星期三，阴晴，夜雨

晨，五时三刻往车站接永儿自沪乘16次车六时16分到站，七时回家，到社已八时。

下午自学，复习《政治经济学》。

傍晚，洗澡后归家。

吉中来家宿。

八月二十三日，星期四，晴，夜有雨

晨，七时一刻到社，与涛然同志谈发预约客户广告事。

中午，在社午饭。下午，二时半开肃反总结大会，由梁涛然同志报告，至四时半毕。再小组讨论，至五时三刻止。

上午，九时三刻同韦士霖同志往新建胡同看新建屋基。

今晨大便又出血,不知何故?

八月二十四日,星期五,晴

晨,七时一刻到社,和涛然同志谈港来电应即复事。

中午,在社午饭。傍晚,洗澡后归家。

八月二十五日,星期六,晴

晨,七时一刻到社,和涛然同志谈沪厂基建及子宏来信事。

下午自学,《政治经济学》复习课。

傍晚,至延人行取存款。

金如夫妇来,夜饭后去。

李佩芬(即鹦歌)今晚乘15次车回沪。

傍晚,周家凤兄来谈,据今晚返沪云。

八月二十六日,星期日,阴雨

晨,八时原同永儿、美洁往大观楼看电影,因客满未成。我往广济寺访能海法师,在座有居士三人,并知内赵姓一人不久前皈依,上师又为孙姓说皈依。谈至十时半辞出。

回家后,瑞和、济濂在家,据为家务口角,前来申诉云。瑞和午后回去。

同美德往车站送鸿钧、金如赴石家庄,同去者共有六人,瑶瑶和王平章亦来送行。归家已近一时。

下午,四时余送瑞和抱美平至西河沿,又至大观楼看《新局长到来之前》电影,这是喜剧,惜稍短。六时归家,中途取洗染衣服。

八月二十七日,星期一,晴

晨,七时半到社。

中午,回家午饭。饭后,同内子、吉中、永儿和美德、美洁、美锋往前门大街中原照像馆拍照。二时半回社。

傍晚,洗澡后至琉璃厂人行取款,又至延寿寺人行存款。六时三刻到家。

夜,美德等乘33次直达快车赴沈。九时五十分,由吉中、永儿陪赴车站,车于十时四十分开。

八月二十八日，星期二，阴晴

晨，到社早餐并练拳。

上午，为新馆需要新董事住址、职业事，经上级决定，仍以旧董事名单进行注册，乃急电港方转电新馆洽办。

中午，至东琉璃厂邮局取倪正和汇来款。在社午饭。

下午，四时半往广济寺访能海上师，面呈倪正和供养款。适有日本客人来，我即辞出，至西单商场一转，往高教部看某拳师教太极拳。七时出，归家已八时。

八月二十九日，星期三，晴

晨，六时半到社早餐并练拳。

下午，二时半至四时半听梁涛然作传达金灿然关于出版工作百家争鸣问题的发言。

傍晚，洗澡后归家夜饭。六时 50 分，往北海公园。今日社中工会欢送入大学的贺仁江、调教育部的王英、又留职学习的郑雪樵、蔡大白、顾执中、李敬永等，备了茶点，又有余兴节目。我来参加划船。归家途中，在零售公司买面包等，到家已九时。

八月三十日，星期四，阴，雨

晨，六时半去社早餐、练拳。

下午，二时同王耀先、王学争、杨珍三同志往棉花九条、七条、头条去访问各家属宿舍，至五时半始毕。

夜，九时听今日中级法院公审李万铭政治诈骗案的录音。

八月三十一日，星期五，晴

晨，六时半去社早餐、练拳。

下午，二时半同王耀先、王学争、杨珍往南堂子胡同及铁门胡同 40 号、浸河□□[1]7 号访问，至六时毕。归家已七时。

---

〔1〕 原文空缺。当为“胡同”二字。

夜饭后,同内子往广和剧场看李万春演《落马湖》,先有《春香闹学》,这种京剧似不甚有味。演完已十时三刻。

蔡鸿钧昨来电话,谓前晚到京开会,约下月十日左右返保云。

企棠来电话,约明日傍晚六时永儿去他家。

九月

九月一日,星期六,晴

晨,六时半去社早餐、练拳。

上午,九时为讨论开展先进工作者运动办法举行党政工团、民主团体联合会议,至十二时一刻毕。

中午,回家午饭。下午,二时半到社。

傍晚,即归家。

六妹托韩洪棣同志带来蜜饯等。韩君在人民大学新闻系读书云。

吉中傍晚来家。

九月二日,星期日,晴

上午,做清洁工作,吉中帮做。

孝翁幼子中午做菜来,午饭后去。

下午,午睡后同内子、吉中往大观楼看四时开演《王朝末日》影片,六时毕。往劝业场购物归。

夜,蔡鸿钧来谈,至九时回去。

九月三日,星期一,晴

晨,在家早饭。七时,到社练拳。今日社中办公时改为上午八至十二时,下午二至六时。

下午,二时听药元林同志作普选动员报告,二时三刻即毕。

傍晚,洗澡后归。

吉中因伤风,下午在家休息。

夜,往五号听街道普选动员报告。

九月四日，星期二，晨大雨，嗣晴

晨，在家早餐，八时到社。

上午，删改上海办事处拟来复童姓海外股东稿。

下午，二时同王耀先、王学争、杨珍访职工家属，到背阴胡同、新建胡同、盔头作、护国寺等处。归家已六时。

吉中因伤风在家休息。

九月五日，星期三，晴

晨，七时去社早餐、练拳。

下午，自学《政治经济学》复习[1]。

傍晚，洗澡后归家。往中原照相馆取所拍照片。

丁妈来。据明晚返常州，约一月后回沪云。

吉中今日仍在家休息。

九月六日，星期四，晴

晨，在家早餐。七时一刻出门，至前门乘七路公共汽车到头发胡同33号访叔老，回社已八时半。

中午，回家午饭。下午，二时到社。

傍晚，六时半开工会小组会，至八时毕，为讨论开展先进工作者运动事。

吉中今晨去部办公。

丁妈昨宿其表弟家，今晨来，下午仍去表弟家，今夜乘火车南下云。

九月七日，星期五，晴

晨，六时三刻往广济寺访能海上师，为倪正和拟来京工作事托与赵朴初一洽。八时半到社。

中午，先至延寿寺存款，后回家午饭。

傍晚，洗澡后至延寿寺代内子存款，又至观音寺98号登记公债。七时半到家。

---

〔1〕 此当漏一“题”字。

上午，与寰老及涛然同志谈商务旧书出版充实人手事。

九月八日，星期六，晴

晨，在家早餐后到社，在170屋顶练拳。

上午，为响应“百家争鸣”、商务加强出版另组编辑室事，由涛然同志邀工具书组和纪、卓、戴诸同志商谈，至十二时十分毕。

下午事忙，很少读《政治经济学》。

傍晚，过邮局定《北京日报》至月底止。

吉中、永儿归家。

九月九日，星期日，晴

晨，教吉中练太极拳。

五时五十分，往车站接包闻天眷属。六时三刻回家。

九时，同吉中、洪钧、塘侄、永儿往雍和宫参观。归家已近十二时。

下午，一时先至孝翁家一转，往首都看保加利亚电影《春回大地》。一时廿分开演，三时十分毕。往东单新华食品店买黄油、面包。四时归家。

松泉来，夜饭后同洪钧同时回去。永儿据有夜课，亦早走。

夜，同内子至中原照相馆补拍三寸照片，约下星期日取。

九月十日，星期一，晴

晨，教吉中练拳。早餐后，到社已七时三刻。与涛然同志谈与荣宝斋合办食堂事。

港馆黄俊基君参加新华先进工作者会议来京已旬日，今日来琉璃厂。中午，约戴孝侯、凃子英、吴泽炎三君陪往丰泽园同进午餐。

下午，二时到社。傍晚，为梁涛然下午病未到社，往北椿树胡同□[1]号去问候，见门上锁，乃回社。洗澡时，见到涛然同志，知去看医云。

九月十一日，星期二，晴

晨，听广播政治讲座。七时半，到社练拳。

---

〔1〕 原文缺载。

下午，回家吃年糕。午后，吉中来。据决定本月十六日返沪云。

傍晚，往绒线胡同许季翁家，并预约内子同去祝寿，即在彼家吃面。八时归家。

吉中搬来家宿。

九月十二日，星期三，晴

晨，教吉中练拳。七时三刻到社。

下午，自学《政治经济学》复习题。

傍晚，剃发、洗澡后归家。

蔡洪钧来，据后日赴保定云。

九月十三日，星期四，晴

晨，教吉中练拳。七时一刻，到社并练拳。

中午，涂传杰夫人在我家午餐，累老涂因找不到人而着急。

下午，黄俊基兄来谈。放工后到我家，夜饭后回崇内旅馆去。

内子夜往文化宫参加文娱晚会。

九月十四日，星期五，晴

晨，教吉中练拳。早餐后，七时三刻到社。

中午，在社午饭后，往中和戏园购今晚戏票三张。回家午睡，三时到社。

上午，寰老来社，招谈黄荫普君事。

傍晚，洗澡后归家。

夜七时半，同内子、吉中到中和看山西忻县专区北路梆子戏曲，由黑头董福、青衣贾桂林演《巴州》和《哭殿》二折，尚称满意。十时半演毕。

九月十五日，星期六，雨

晨，教吉中练拳。七时三刻到社。

上午，黄俊基君兄来。谈至十一时半，同梁涛然、纪昌、于卓、戴孝侯诸同志往丰泽园午饭。饭后回社。

下午，自学《政治经济学》。四时起，大扫除。

傍晚，径归家。

今日下午曾下雹，很大。

九月十六日，星期日，阴晴

晨，教吉中练拳。七时半，往车[1]送黄俊基君乘八时五分开京汉车赴汉返港，同行者共五人。

往国会街访包闻天同志及唐泽霖同志家。

往广济寺访能海法师，供养月饼聊表敬意。闻今日为圆瑛法师逝世三周年，广济寺为打普佛。

十一时到琉璃厂，闻今日旅行八达岭，因火车有问题未成行云。又至信远斋及大栅栏一转，归家。三妹已来。

下午，五时陪三妹至前门，她乘三路车回去。余至同乐看《这决不是小事情》电影。

八时，到车站接沈季湘、钟达轩由沪乘十六次车来。

夜，十时半陪吉中到站，他乘十一时45分开的第15次车赴沪。归家已十一时半。

九月十七日，星期一，晴

晨，擦地板。早饭后，八时到社。

唐泽霖君来电话，知他于昨日回京。

今日社中补发4~9月加薪，计一百五十余元。

傍晚，洗澡后至延寿寺人行存定期一百元。

夜，到五号为普选事开会并领选民证。

九月十八日，星期二，上午阴，下午雨

晨，早饭后到社练拳。

今日社中党政工团联合慰问有病同志。我和药元林、王耀先、郑文桢去八大处工人疗养院探视李汉洲同志。回社已逾十二时。

下午，再同药、郑及陈德昭往后孙公园访徐敦复及新来的曾姓，又至东琉璃

---

〔1〕 此当漏一“站”字。

厂访赵玉涵,西安门访孙岗。五时回社。

六时,往东单新华食品店买牛油、面包。七时半归家。

泊如夫妇来访,夜饭后去。

九月十九日,星期三,晴

晨,携牛油、面包等往琉璃厂 199 号,和沈季湘、钟达轩共进早餐。

七时一刻,同沈季湘兄往叔老家,八时半回社。中途曾定打挂面。

下午,二时再同沈季湘兄到新华总店与刘子章经理、唐泽强同志及钟达轩、奚兆燊等谈移转旧存书事,已成立协议。五时回社。

傍晚,洗澡后回家。

九月二十日,星期四,晴

晨,在家早点后,至琉璃厂 37 号代内子送物给涂师母,再到馆练拳。

傍晚,同沈季翁午餐。餐后,往护国寺人民剧场看上海京剧院演《雁荡山》《拾玉镯》《盗仙草》《萧何月下追韩信》。其中,自以末剧周信芳所演最热烈,但比之日前所看山西北路梆子贾桂林所演者,其引人入胜,觉得此不如彼。归家已十二时半。

九月二十一日,星期五,晴

晨,到社已八时。

上午,九时商讨京厂三厂长职务问题。

十时,开扩大社务会议讨论劳动规则,至十二时结束。

傍晚,洗澡后归家。同沈季湘兄回来吃饺子,夜饭后去。

夜,八时 40 分到大观楼看《为了和平》电影,做得不错。归家已近十一时。

九月二十二日,星期六,晴

晨,早餐后七时半到社练拳。

上午,九时续开扩大社务会议,讨论劳动规则事,至十二时毕。

下午,自学《政治经济学》复习题。

傍晚,至前门购物后归家。

九月二十三日,星期日,晴

上午,做清洁和家具修整工作。

下午,四时往宣武门内取挂面。

夜,七时半为普选传达候选人事在五号开会,由药元林同志报告,至九时始毕。

九月二十四日,星期一,晴

晨,做清洁工作。早餐后,到社已近八时。

上午,陪季翁同寰老谈公事。

中午,在丰泽园请沈季湘、唐泽霖二同志,有梁、纪、于、戴等。餐毕,回社已近二时。

傍晚,洗澡后归家。

夜,在我们院中开普选候选人讨论会。

张镜清兄来。据住校场车子营27号云。

九月二十五日,星期二,晴

晨,整理寒衣,到社已近八时。

上午,陆高谊君来,同季翁、孝翁共谈海外部事。

下午,拟与新华总店订协议书。

傍晚,同季翁回家吃面。

夜,往车站接港来参观团,有黄访书君同吴心田、陆元福、黄绍华、林满堂、郑持平六人。他们住西苑饭店。归家已九时,又电话陈叔老,请其明晨勿来。

九月二十六日,星期三,晴

晨,六时三刻到社。七时半,同梁涛然、王耀先、沈季湘三君雇汽车往西苑旅社视黄访书、黄绍华同志等。九时,乘公共汽车回社。

中午,回家午饭。下午,二时到社。为联系接待港来友人事,下午没有学习。

傍晚,洗澡后至王府井买送人抽刀等。归家已九时。

九月二十七日，星期四，晴

晨，六时40分到社。交代琐事后，同沈季翁往文化部见郑振铎副部长，谈《画史》毛边纸问题。王益局长和王仿之同志亦来，至九时辞出。我往东安市场购物，到社已十时矣！

十时三刻，乘四路公共汽车至西四，换乘二路车至二里沟，到西苑旅社候黄访书君。至十一时三刻，黄君回旅社，遂同乘社中汽车至琉璃厂。又同梁、唐、纪、于、戴等到丰泽园午饭。饭后，同访翁到家休息。

下午，四时往车站送沈季翁乘五时开五次车赴沪，钟达轩君亦同车返沪。

五时半，同访翁到前外肉市全聚德夜饭，这是商务、中华公请香港回国观礼的两家职工，至七时一刻毕。至前门大街购食物归家。

今日社中借文化馆举行文娱晚会，我因内子脚伤未去。

九月二十八日，星期五，晴

晨，早餐后到社已近八时。先与涛然同志谈新华移转旧书协议事。

十时，开党政工团、民主党派联席会议，第二次讨论开展先进生产者运动办法，至十二时十分毕。

中午，回家午饭。饭后，拆视门锁，携至社中修理。

傍晚，洗澡后往邮局汇寄岳母生活补助费（十、十一月份）20元。

今日收到商务股息14.76，又内子名下22.80，及公债票10元。

九月二十九日，星期六，晴，夜雨

晨，做清洁工作。八时前到社。

中午，在社午饭。

傍晚，往延寿寺街人行存公债本息及取款，又往大观楼购明晚电影票后归家。

永儿来家。

九月三十日，星期日，晨阴，嗣晴

今日社中照常工作，预备下月三日补假一天。

晨，七时三刻到社。

为参加欢迎印度尼西亚苏加诺总统，于上午十时半午饭，十一时一刻由社出发至师大附中一转，十二时前到六部口。直待至四时，始由毛主席陪同苏加诺总统经过西长安街。回社已五时。

六时，洗澡后归家。

夜饭后，往大观楼看七时廿分开演的《一江春水向东流》电影。上集至九时毕，下集九时十分至十时三刻毕。

五妹夫妇挈二小孩来。五妹称她已被批准入党，至为欣慰！

十月

十月一日，星期一，雨

晨，公安部吉中同事张同志于五时来接内子赴该部观游行队伍，永儿同去。

今日上午，我去社总值班，于七时半到社。十二时离社，至西单一转后归家。

今日雨，尤其于阅兵开始时很大。闻机械部队减少，飞机亦未出动。又儿童被雨淋颇多吃不消，正是天公不做美。

十月二日，星期二，晴

晨，早餐后七时半出门，到琉璃厂接洽汽车未成，乘四路公共汽车到西四，转二路车至二里沟，到西苑旅社视黄访书。适广东省长陶铸来和观光团谈话，候至十一时始毕。当同访翁到莫斯科餐厅午饭。饭后，因公共汽车不到颐和园（后闻为招待苏加诺总统云），乃即在动物园游览，至五时出。我因公共汽车太挤，电车亦患人满，到家已逾八时。

五妹夫妇今日携小孩回去，三妹来家。

十月三日，星期三，晴阴

上午，往琉璃厂一转，往车子营 27 号访张镜清君。又至新华街剪发，并向社取报纸，归家。

企棠和其妹来，午饭后去。企棠同三妹四时余回去，永儿五时半回校。

夜饭后，同内子往大观楼看《洛神》电影。七时开演，曾加演《齐白石》电影，至八时三刻毕。

十月四日，星期四，晴

晨，做清洁工作。七时三刻到社，与涛然同志谈招待港职工事。

下午，二时一刻同涛然同志往出版局参加华侨及港澳出版家茶会，至六时毕，搭刘子章同志汽车归家。

十月五日，星期五，阴晴，夜微雨

晨，七时半到社练拳。

下午，五时半同涛然同志往东安市场东来顺为国际书店请海外出版家作陪，至九时毕。在市场中遇吴心田等，约明日会谈事。归家已十时。

十月六日，星期六，晴

晨，七时到社练拳。和涛然同志商招待港职工事。

上午，九时半黄访书君等来荣宝斋参观，当和涛然同志往视，并同访翁来社与武、俞两社长会谈。十二时，再同涛然同志往西苑旅社接黄绍华等至故宫游览。五时半出，到丰泽园夜饭，计两桌。七时半归家。

永儿下午来，企棠来宿家中。

十月七日，星期日，雨

上午，八时四十分至大观楼看电影《花木兰》，常香玉演，确有精神，和前看舞台戏又有不同。

十一时，至延寿寺人行取款，往东安市场买抽刀备赠港职工用。随即乘二路车往西苑旅社，与黄绍华等谈至三时半出。再至百货大楼代黄绍华买骆驼毛，未得。归家已近九时，因又至大栅栏一转也！

夜饭后，再往东安市场买骆驼毛，仍未买到。八时，到车站送黄绍华等五人去汉转穗返港，是九时开的专车。回家已九时半。

内子和永儿往广和剧场看黄梅戏《天仙配》。

十月八日，星期一，晴

晨，七时半到社练拳。

草拟与香港职工谈话记录。

傍晚，洗澡后归家。

夜，王平章、李瑶夫妇来谈，为用保姆事，九时去。

内子言阮伯康和春英曾来我家云。

十月九日，星期二，晴

晨，六时半出门，往西苑旅社访港厂工人吴葆良（参加足球队）。归途至广济寺访能海法师，未遇。回社已九时。

中午，回家午饭，并至广和剧场购黄梅戏票二张。

傍晚，径归家。夜饭后，同内子至广和看黄梅戏《夫妻观灯》《打猪草》《拾棉花》《砂子岗》及《路遇》等，十时十分散场。

十月十日，星期三，晴

晨，七时半到社，即电话西苑和新侨联系。

中午午餐后，至西单长安戏院购得十二日夜戏票两张。又至西苑旅社坐等吴葆良，至三时半始由颐和园来。因他在四时一刻即须赴蔡廷锴约，无暇别游，我即回城。过广济寺访能海上师，知他即须回五台山。又至新侨视黄访翁，未遇，留条后回家。

十月十一日，星期四，晴

晨，七时出门，七时半到新侨饭店561号同黄访翁谈话，并送去赠品。九时，回家一转后到社。

傍晚，径归家。

十月十二日，星期五，晴

晨，七时去车站为黄访翁送行，车于八时五分开。再回家取饭菜，九时到社。

九时，同朱通舟兄往阜外大街城市建筑部民用设计院接洽明年基本建设事。十一时返社。

写致张子翁信稿。

傍晚，洗澡后在社吃饭，步行至长安戏院与内子同看《琵琶记》越剧，十时三刻毕。归家已逾十一时。

十月十三日，星期六，晴

晨，七时半到社，与涛然同志谈欢送退休人员事。

上午，写致望铣信，为应付胡姓房客事。

下午学习，读中共八大文件(毛主席开幕词，刘少奇政治报告一半)。

傍晚，到丰泽园请退休者程选公、汪和友及借调者钟怀琼，计两桌，至八时半毕。

往劝业场购饼干、面包、果酱等归家。

永儿来家，张世良亦宿家中。

十月十四日，星期日，晴

晨，七时一刻往展览馆看日本商品展览，又看日本炼钢电影。九时十分进去参观，十时半转至电影场，十一点一刻至公共汽车站，乘快车十二时到前门，再步行回家，计十二时一刻。

当晚餐后，同内子、企棠及水芳往长安戏院看越剧《玉堂春》。水芳之友陈鸿苏亦来。至四时演毕，回家已五时。

塘侄、濂侄妇、瑞和、美平等来家。

阮伯康和春英来，我未遇见。

闻金钟灵君亦来，谓将调沪工作云。

永儿、应女均在家宿。

十月十五日，星期一，晴

晨，七时半到社练拳。

下午，听梁涛然、王耀先作先进工作者运动动员报告，自二时起至四时。又和涛然同志谈至四时四十分。

四时三刻离社，想赶到车站托金云峰带菊公寿诗给沈季翁。当雇三轮，奈到站已近五时，开车铃长鸣，已来不及了。

在车站邮局代三妹汇给五妹款，并寄印刷品。

夜，在家做清洁工作。

糜文溶兄挈子来，为商务股息遗失印鉴事，略谈即去。

十月十六日，星期二，晴

晨，七时半到社练拳。

八时，同涂子英兄往朝阳门内机关房屋管理局联系1957年基本建设事，未得结果。

归途到后海李广桥东街16号访张姓，遇郑诵先君谈片刻辞出，又遇唐慕汾老居士。回社已近十二时。

闻新华书店北京分店于前日（星期日）有四部卡车往游八达岭，内一部翻车，已死八人，尚有数人未脱险境。全车六十七人，只有小孩未伤，亦云惨矣！

下午，为沪租房事函往铣并复致胡爱莲一信。

十月十七日，星期三，晴

晨，七时20分到社，写致望铣信补昨信的不足。

下午学习，漫谈读八大文件的体会。

傍晚，洗澡后往大中国购到九时电影票两张。回家后，才知内子已去上课，乃夜饭后一人往新中国看《仙笛》影片，至十时五十分毕。

十月十八日，星期四，大风，晴

晨，七时一刻出门。因早餐右末上第二大牙受损，拟往新华街口腔诊疗所看视，据已撤销，须往兴隆街前门医院云云。即到社未去。

上午，九时开扩大社务会议，讨论社内组织机构调整事。

傍晚，径归家。

十月十九日，星期五，晴

为大牙受损往锡拉胡同口腔医院诊视，先由原保存科许大夫看，后转至修复科。据须做铁套，约下月九日再去。出来已近十二时，到东安市场稻香春购物后，乘一路车至大栅栏，再至大观楼购明晚戏票二张归。

下午，二时到社。傍晚，径归家。

十月二十日，星期六，晴

晨，七时四十分到社，与涛然同志谈港事。

下午，业务学习。余写信，看杂件。

傍晚，出版科欢送汪和友光荣退休。我于七时早退回家，往大观楼看《生活的一课》电影，和王学争同志同去。九时毕，归家夜饭。

永儿回家。

十月二十一日，星期日，晴

上午，九时同松泉、永儿先至正阳门大街零售店买饼干、水果备送瑶瑶女儿之用。随至前门车场，因内子为往嘉兴寺吊某街道人员之丧迟到，嘱松泉、永儿先乘42路公共汽车至瑶瑶家。我等至十时余，同内子亦乘42路车至十里铺下车，到国营棉纺一厂宿舍6之一西门604号室王平章和瑶瑶家。午饭后，松泉、永儿先走，我和内子于二时仍乘42路到前门，至大栅栏购零物后，到大观楼看三时二十分开演的《生活的一课》电影，至四时三刻毕。回家。

美韶与其友人来家。

十月二十二日，星期一，晴

上午，七时半到社练拳。

傍晚，洗澡后归家，做清洁工作，计一小时半。

十月二十三日，星期二，晴

晨，七时半到社练拳。

上午，郭农山君陪陈某来，为寄存前沈阳分馆《四库全书》珍本事。武社长来谈。

下午，宣信予兄来谈。

傍晚归家，至延寿寺街人行取款10元。

十月二十四日，星期三，晴

晨，七时一刻到社。与涛然同志谈后，八时同季湘通长途电话，为告股东书须修改文字事。

下午学习，看八大关于发展国民经济的第五个计划。

傍晚，剃头、洗澡后归家。

接金如信，明日将来京小住数日云。

三妹午前来城，去协和检验。因内子去展览馆，上午即回去。

十月二十五日，星期四，晴，下午有雨

晨，七时半到社练拳。

金如自石家庄来，赴瑶瑶处。十时归，宿我家中。

十月二十六日，星期五，晴

晨，到馆近八时。

上午，上海人民出版社来人访问，并有本市卫生、统计、水利、机械等出版社亦同来参加，由孝翁主持，连芳、心吾、公垂、闻天诸同志作报告，至一时始毕。

傍晚，先至大观楼购电影票。归家夜饭后，同内子、金如往民主剧场看《阿Q正传》电影（是北京市实验话剧团演出）。十一时回家。

十月二十七日，星期六，晴

晨，七时一刻往头发胡同叔老家谈菊公寿辰和他要印诗文事。八时到他家，回社已逾九时。

今日，有朝鲜文教团体来访，余未参加接待。

下午，寄给菊公寿诗，诗是费范九君代作寄来。自恨字质太差，虽尽力之所及，仍觉不能满意。

傍晚，吃面包、点心，往中央电影院看《没有留下地址》法国电影。七时开演，至九时半毕。步行归家，已近十时。电影摄制和演出技术很好。

三妹托四妹在沪雇用的保姆李菊萍于清晨由沪到京。

十月二十八日，星期日，阴，夜雨

上午，做清洁工作。

金如乘115次车返石家庄，我和永儿及王平章去送上车。十二时半开车后回家。

汤儿晨由沈到京。塘侄及平章、瑶瑶等都午饭后去。三妹午后返西郊。

下午，四时同李菊萍往西河沿派出所报临时户口。又去南官坊口31号访唐慕汾居士，谈至六时辞出，至西单商场购零物后到首都电影院。今日欢迎法国电影代表团计五人，演出《北极企鹅》短片和《四海之内皆兄弟》长片，直至十时半始毕。回家夜饭，洗脚入睡已近十二时。

十月二十九日，星期一，晴

晨，到社已近八时，与涛然同志谈电贺菊公九十生辰事。

为私股座谈会第六次会议及关于领息凭证及留存印鉴事写致沪处函稿。

傍晚，洗澡后归家。

夜饭后，同汤儿往大观楼看七时点40分开演的《勇士的奇遇》电影，至九时一刻毕。似较《没有留下地址》为差。

中午，曾往琉璃厂邮局寄给六妹干菜一包。

今天起，社中办公时间上午仍八至十二时，下午改为一时半至五时半。

十月三十日，星期二，晴

晨，七时半到社练拳。

上午，十时同涛然、元林、孝侯三同志会商调整机构问题，至至十二时毕。

傍晚，放工后往丰泽园为项维同志调中国科学院饯行，同席为武剑西、梁涛然、纪昌、于卓、钟兆琥、郭寿铎、戴孝侯、薛洲善等共十人。至七时半回家。

十月三十一日，星期三，晴

今天是张菊生先生九十生辰，我不能赴沪祝寿，至为怅憾！

晨，七时半到社练拳。上午，寰老来社谈些公事。

寄悟女《新闻与出版》半月刊的创刊号，并代定三个月。复望铣信。

傍晚，归家后往大栅栏等处一走。

十一月

十一月一日，星期四，晴

晨，七时半到社，往后孙公园宿舍访汪龢友君，因他今晚乘15次车返沪，托他带去菊公寿文给沈季湘也！又便看徐敦复同志，他尚在休养中。

傍晚，径归家。夜，八时廿分往新中国看《祝福》电影，比原作有所改进。

十一月二日，星期五，晴

晨，七时半到社练拳。

八时半，往中国银行先和国外处江靖同志谈新、港厂馆同人持有股票的付息问题,复由江同志介绍至非贸易处与林德华同志谈,结果由该处考虑后再行作复。

傍晚,洗澡后往新华食品店购物,为了今日群众示威游行反对英法侵略埃及,公共汽车停止通行,只得步行由东交民巷经前门回家。

汤儿今日乘33次车返沈。

十一月三日,星期六,晴

晨,七时三刻到社。

今日,下午二时在天安门开群众大会反对英法侵略埃及,社中去三十人参加高教部队伍。

下午,自行看书。

傍晚,购电灯泡后归家。

永儿和三妹来家。

十一月四日,星期日,晴

晨,做些清洁工作。

十时,为三妹的保姆李菊平户口事往西河沿派出所,因需机关证明,未办好。

往国会街访唐泽霖同志未遇,适泽强同志来,十一时归家。

平章、瑶瑶来,午饭后同塘侄去看《祝福》和《没有留下地址》电影。

杜水芳送来苏联马戏团票,我和永儿同去。归途人挤,走了许多路。

十一月五日,星期一,晴

晨,往车站接大妹和国璠带利新、保姆来京。车于六时四十分准时到站,当同归家。

八时到社。傍晚,洗澡后归家。

夜饭后,同国璠、大妹往乡村饭店,国璠住26号房间。

十一月六日,星期二,晴

晨,七时一刻出门,往高教部听办公厅徐副主任作时事问题传达报告,八时开始,至九时三刻毕。归家取饭菜,到社已十时余矣!

下午，工间操后学习，自阅《关于几个历史问题的决议》。

傍晚，先到邮局汇给耆筏50元（即塘侄存款），又至延寿寺街人行一转，归家。

三妹下午来家，弟弟亦来。

十一月七日，星期三，晴

晨，往锡拉胡同口腔医院看牙，付款十三元，八时半看至九时一刻毕。到东安市场购物后，回至社时已近十一时。

下午学习，看《毛选》三集。

傍晚，往首都看《不称心的女婿》，至九时到家。曾在劝业场购吊袜带。

十一月八日，星期四，晴

晨，七时半到社练拳。

下午，三时到高教部听杨雪峰部长做学习八大文件的报告，至八[1]时半毕，归家已六时。过劝业场买罐头笋一罐。

十一月九日，星期五，阴晴

晨，七时半到社练拳。陆廷珏昨起来同练。

上午，八时半到骡马市大街结核病防治所检查肺病，结果正常。自上年二月一日检查，共计检查五次，第一次批"三月查"，第二、三、四次各批"半年查"，这次始归正常。

下午，新华赵向阁同高、张二君来谈移转前门大街41号所存图书事。

傍晚，洗澡后径归家。

十一月十日，星期六，晨下小雪，阴

晨，到社已近八时。

出版部一部分今日搬至北京书店原址。

下午，看党章说明和米高扬在八大讲词。

傍晚，往首都看六时15分开演的电影《母亲》，至八时五十分毕。乘电车

---

[1] "八"当为"五"。

归家。

十一月十一日，星期日，晴

晨，理家务。早餐后，往大观楼看八时半开演的《没有说完的故事》电影，至十时十分毕。

回家后，用纸糊窗缝。

五妹夫妇及企棠等来，看电影及午饭后先后回去。

松泉来，夜饭后去。

十一月十二日，星期一，晴

晨，七时到社练拳。

上午，九时开社务会议讨论变更组织及人员分配问题。

下午，一时半梁涛然同志向全体社员作变更组织及调整人手的报告，二时半毕。

傍晚，洗澡后归家。

夜饭后，往大栅栏原拟买大观楼八点五十分开映电影票，因已客满，改买明日票归家。

今日社中工具书组、文史组(即新设四编)和编辑行政科搬场。

十一月十三日，星期二，晴

晨，七时半到社练拳。

今日，文书科迁至170号办公。

下午，原定工间操后学习，我忘记了。

傍晚，至延寿寺人行取款后归家。

夜，八时五十分到大观楼看《伊凡从军记》电影。

十一月十四日，星期三，晴

晨，七时半到社练拳。和涛然同志谈翟家胡同三号房屋事。

上午，九时同韦士霖兄往炭儿胡同法律顾问处询问翟家胡同房屋租赁纠纷事，由周勤中君接谈。十时回社。

下午学习，先一小时漫谈学习方式，后三小时阅读文件。

傍晚，往百货大楼买物，七时半归家。

十一月十五日，星期四，晴

晨，七时半到社练拳。

下午，涛然同志传达关于学习的报告，我初未知，至三时始往听。以后对于黑板公布文字切须注意。

傍晚，回家夜饭后，同内子、侣、应二女和国璠同往鲜鱼口大众剧场看北京市评剧团一队演出《荆钗记》。七时开演，至十时半毕。归家已十一时，睡已近十二时矣！

十一月十六日，星期五，晴

晨，七时半到社练拳。

九时半，先至总工会访楼建英拟与谈房屋事，据适外出，恐系推托之辞。即至天安门乘一路公共汽车到王府井亨得利修新买的闹钟。

十时半到口腔医院，看牙毕已十二时。到东安市场吃牛奶、面包，乘二路车到西四，转四路车到商场，再步行至高教部，由崔钟远主任传达十月卅一日周总理在高级干部座谈会上的讲话，至二时半毕。回社已三时。

傍晚，径归家。

内子同应女往首都剧场看话剧。

十一月十七日，星期六，雪

晨起见飞雪，大约已下几小时矣！

八时到社。

下午阅文件。傍晚，去松树胡同62号访武社长，他于今晚十一时三刻乘15次车赴沪。又至钟佐华（住东屋）、黄英（住西屋）家一转，再步行归家。

企棠为看马戏，夜宿我家。

十一月十八日，星期日，晴

上午，往大众剧场售票处买马戏票备内子去看。整理书橱，贴广播歌谱。

十一月十九日，星期一，晴

晨，七时半到社练拳。

傍晚，剃头、洗澡后归家。

十一月二十日，星期二，晨阴，晌雨雪

晨，八时出门，八时半到高教部五楼听田家英同志讲八大文件学习问题，至十二时回家。下午，二时半起续讲，至五时止。

至西单商场买面粉未得，到绒线胡同口做挂面。又至桂香春吃点心，六时半再到高教部五楼听杨秀峰部长续讲对八大的体会，至十时始毕。归家已近十一时矣！

十一月二十一日，星期三，昨夜雪，今晴

晨，到社已近八时。

寰老来社，谓将于24日赴杭视察云。

下午学习，先两小时阅文件，后两小时小组漫谈，至五时半毕。径归家。

十一月二十二日，星期四，晴

晨，七时半到社练拳。

傍晚，径归家。

夜饭后，国璠买来新中国《光荣的特征》电影票，同内子、大妹、三妹、国璠等同往。七时开演，至九时毕回家。

夜，十一时十分三妹有“破水”现象，当往派出所（西河沿）打电话给首都汽车公司要汽车（57661），弄久无人接。又往车站则车亭已无人，再打电话谓须十二时廿分始有车，又谓不能开进三眼井云云。只得雇三轮车二部，回三眼井送三妹去协和医院。到已十二时半，办住院手续已一时。我携换下衣服乘三轮回家已二时矣！

十一月二十三日，星期五，晴

晨，到社已近八时。

下午，纪昌同志传达时事报告。

傍晚，径归家。三妹尚未有生产消息。

所购苏联马戏团票请涂子英兄和内子去看。

十一月二十四日，星期六，晴

晨，到社已近八时。

九时，开社务会议，我因须治牙未能参加。

九时一刻，乘四路、十路和一路公共汽车往王府井锡拉胡同口腔医院治牙，先试金套，后再看病牙，至十一时余。又至亨得利取闹钟，归家已逾十二时。

下午到社，自阅《毛选》三集《论联合政府》一部分。

唐泽霖同志准备后日赴沪转穗，来谈片刻。

三妹今晨六时十分生一女。内子下午往协和医院探视，知大小平安云。

十一月二十五日，星期日，晴

晨，做清洁工作。

八时五十分，往新中国看《冲破黎明前的黑暗》电影，至十时二十分毕。

下午，一时半同大妹往协和医院视三妹。先由我进去，再换大妹进去，三妹产后还平安。回来后，至美术协会观法国画及赵某等赴埃及的写生。

四时，到宣内大街取挂面。五时回家。

夜饭后，往虎坊桥北京市俱乐部看《第二次爱情》话剧，同去者为内子、大妹夫妇、塘侄、永儿。所演为苏联戏，风格不同，觉得引不起兴趣。归家已逾十一时。

十一月二十六日，星期一，晴

晨，往锡拉胡同口腔医院固定所制金套，至十时始动手，十时半毕，到社已十一时后。

接张子宏函称：港移民局调查泽霖同志履历。乃于午饭后往国会街晤泽霖同志，再同至社内，准备请出版局朱光暄同志与外交部联系。泽霖同志今日五次车赴沪。

徐致一夫妇来家，内子电话通知，乃归家聚谈，并伴同至琉璃厂一走。

傍晚，洗澡后归家。

十一月二十七日，星期二，晴

晨，七时半到社练拳。

八时，为泽霖同志今晚到沪，打长途电话给季湘同志准备宿所。

下午，后两小时阅读学习文件。

傍晚，至延寿寺人行为取利南存款及代大妹存活期，又到中原取照片。

十一月二十八日，星期三，晴

晨，七时半到社练拳。

下午学习，讨论：① 民主集中制；② 我国人民民主专政的性质和任务；③ 反对大国思想。至五时廿分毕。

傍晚，至延寿寺人行为内子存款。

夜饭后，同内子和国璠、大妹往前门小剧场观看曲艺和《槐荫分别》（《天仙配》一折）。七时开演，至九时五十分毕。

十一月二十九日，星期四，晴

晨，七时半到社练拳。

上午，参加为举办托儿所的讨论。

傍晚，径归家。

夜饭后，同内子、国璠、大妹往大观楼看南斯拉夫电影《他俩》。七时开演，至八时廿五分毕。

十一月三十日，星期五，晴

晨，七时半到社练拳。

下午三时，沪厂沈绥南、叶祖崧两君来社座谈，至五时五十分毕。当往丰泽园请沈、叶二君夜饭，同席者为梁涛然、纪昌、戴孝侯、王汉英、乔福江、王泊如等，至七时半散。

三妹今日上午出协和医院归家。

十二月

十二月一日，星期六，晴

晨，五时起床，赴车站接毓松自上海乘16次车来，于六时廿分（原定十六分）到。回家早餐后，去社已八时。

下午，一时半开扩大社务会议，科长以上均出席，讨论 1957 年出版计划，至五时毕。

夜饭后，同毓松往中国青年艺术剧院看《家》话剧，各种角色都很能刻划个性，至感满意。七时一刻开演，至十一时半始毕。归途送毓松到打磨厂 92 号公安部招待所，归家已逾十二时。

十二月二日，星期日，晴

晨，同国璠、毓松、永儿往游北京动物园，在莫斯科餐厅午饭，由国璠付款。

下午，二时乘 36 路公共汽车往彰化农场五妹家，由她陪同参观暖房菜窖等。四时离五妹家，再乘公共汽车至西直门，转电车至前门回家，已六时十分。

许大夫夫妇及女儿来访侣女。

夜，七时半同永儿至大观楼看南斯拉夫电影《当机立断》，还好，演毕适九时。

企棠昨晚来，今日下午回去。

三妹奶水不足，颇幸〔1〕苦。

十二月三日，星期一，晴

晨，到社已八时。

中午，回家午饭。午睡后，往锡拉胡同口腔医院治牙。回社已逾三时。

曾至东安市场丰盛公买奶捲，滋味不果尔尔。

傍晚，洗澡后归家。

王雨楼兄的女和婿送来点心一盒。

十二月四日，星期二，晴

晨，八时到社，和涛然同志谈时代王泰雷昨日来谈事。

十时十分，约经理部各科谈话，为对出版计划意见及先进工作者事，十二时毕。

下午，后两小时阅读《毛选》三集。

---

〔1〕“幸”当为“辛”。

归家夜饭后，国播买来电影票，同内子、大妹等往新中国看《旧账新仇》电影。七时开演，至八时半毕。

十二月五日，星期三，晴

晨，七时半到社练拳。

下午学习，讨论“七大以后政治路线和组织路线的正确性及其主要表演[1]在哪里？”自二时半至五时半止。

傍晚，径归家。

十二月六日，星期四，晴

晨，七时三刻到社练拳。

上午，沪厂沈绥南、叶祖崧二人来谈，他们后天返沪云。

傍晚，参加总务科小组会，至七时毕。

往王府井修钟、购物，归已八时半。

十二月七日，星期五，晴

晨，七时到社。

中午，回家午饭。饭后，和毓松闲谈至二时，同往琉璃厂一走。毓松托国际旅行社韩祥林同志代购今日五次车返申。

傍晚，归家夜饭后，往虎坊桥前门饭店访方子藩君。他为工商联开会来京，住359号（饭店电话30931）。谈至九时余归家。

十二月八日，星期六，晴

晨，七时半到社练拳。

下午，看了些《监察通讯》《税务公报》等。傍晚，径归家。

夜，永儿、企棠来家宿。

十二月九日，星期日，晴

晨，做清洁工作。

十时五十分，到新中国看《夜半歌声》电影，对反封建固然强烈，但技术究较

---

[1] “演”当为“现”。

差。开演足两小时，至十二时五十分毕。

五妹挈美强来，下午回去。

十二月十日，星期一，晴

晨，七时三刻到社练拳。

傍晚，洗澡后归家。

今日领到商务本年第三季股息，计内子名下6.40，我名下2.88。

十二月十一日，星期二，晴

晨，七时半到社练拳。

下午，梁、戴、药和我同商成立香港办事处事，并拟呈出版局文。

傍晚归家，中途至邮局退永儿重定杂志款。

十二月十二日，星期三，晴

晨，七时三刻往东总布胡同出版局礼堂听出版界访问苏联的回国报告。自八时半开始，至十一时半毕。

到王府井亨得利取所修闹钟，又买零物后归家，已逾十二时矣！

下午，二时半到社。沈季湘兄今晨由沪到京，和他谈了半天。

穆华生兄托季翁带来手帕半打，想因我送了他六十寿之故，至感不安！

十二月十三日，星期四，晴

晨，到社已近八时。上午，包闻天、孙如松、邹根泉来汇报出版局谈编制财务计划事。

下午三时，梁、戴、药及沈季翁同谈沪处事。

傍晚，径归家。

夜饭后，往大众剧场看《小借年》《棒打薄情郎》评剧，国璠、大妹和内子同往。散戏归家已十一时。

十二月十四日，星期五，晴

晨，到社近八时。

上午，十时会同出版部召集科级干部谈登记表事。

傍晚，至大栅栏买面包后归家。

十二月十五日，星期六，晴

晨，到社近八时，练快拳一套。

较多时间同季翁谈话。

傍晚，剃头后归家。

托涂子英兄代买明日下午二时十分的电影票五张。

和李瑶通电话，知她已迁3之2，325号二楼居住云。

夜饭后，国璠买了电影票，同内子、国璠、大妹、永儿去新中国看《葛麻》舞台剧。八时十分始开演，先演66号新闻简报，至八时半即毕，正戏只演一小时。这是喜剧，总有些不协调处。

十二月十六日，星期日，晴

晨，八时半同沈季湘兄往北京动物园游览，归家已近十二时。今日天寒风大，故游人较少，来去车辆亦较空。

方子藩、涂子英二兄和沈季湘兄均在我家午饭。饭后，往新中国看二时十分开演《生的权利》影片，很有意义，至四时演毕。方、沈、涂均各归去。

潘松泉侄来，夜饭后去。

利新昨夜呕吐，今日发热，但人尚活泼。

十二月十七日，星期一，晴

晨，七时三刻往锡拉胡同口腔医院看牙，经诊视并拍X光，于十时出。回家取菜，十一时到社。

下午，一时半听纪昌同志作科学进军的报告，至三时毕。

傍晚，洗澡后归家。

今日，余办公室装了一只小火炉，有些太热，如不装又嫌冷。

十二月十八日，星期二，晴

晨，七时廿分到社练拳。和涛然同志谈唐泽霖赴港事。

下午，金振宇君来谈。

今日多与沈季翁谈公事。傍晚，径归家。

十二月十九日，星期三，晴

晨，七时半到社练拳。电话袁翰青家中未通。

工间操后，为学习八大文件检查工作事，与经理部各科长商谈。

下午学习，讨论“领导问题”。

傍晚，径归家。

夜饭后，同内子及国璠、大妹往中和剧院看艺林京剧团演《十三妹》。自七时起，至十时半止，演得平平。

回家后，洗脚、记日记并修改《文书工作暂行办法》，睡已逾十二时。

十二月二十日，星期四，晴

晨，八时到社。与梁涛然、唐泽霖同志谈。

十时，先进工作运动八人小组开会，由涛然同志报运动开展情况及优缺点和推进办法，至十一时半毕。

傍晚，径归家。

十二月二十一日，星期五，晴

晨，八时到社。

九时，开社务会议，报告1957年出版计划编制经过、新调入干部准备工作、香港设立办事处、沪处调整机构及人事等。

中午，约沈季湘、唐泽霖及梁涛然、纪昌、戴孝侯等在丰泽园午饭。饭后，回家一转，二时半到社。

下午，四时陪季翁到车站，他乘五次车赴沪。与士霖兄同去送行。

十二月二十二日，星期六，晴

晨，七时三刻到社。

上午，胥以恒君来谈。他是代表太原工商联来参加会议的。

中午，回家午饭。企棠已在。下午，二时应女同企棠、菊萍挈小应雇汽车往西郊。

傍晚，至邮局汇给耆镁款，又至人行取款后归家。写致六妹、汤儿等信。

弟弟同国璠、大妹去民主看《阿Q正传》。

十二月二十三日，星期日，晴

上午，八时半出门，往绒线胡同83号许季翁处闲谈，奚锦章君亦来，谈至十时半辞出。到琉璃厂写致德基和泽侄信，并至东琉璃厂邮局寄保价信，附人民币八元为德基元旦结婚贺礼。

中午，塘侄来午饭。接六妹一信，谓拟往沪生产，并将留小孩在沪云云。当复信嘱从长考虑。

十二月二十四日，星期一，晴

晨，七时半至大栅栏乘五路车至苏联医院下车，到前门饭店539号看方子藩君，送他红枣三斤，谈至八时回社。

傍晚，洗澡后归家。

夜，草拟《谈谈勤俭办社》备应黑板报征稿之用。

十二月二十五日，星期二，晴

晨，七时半到社练拳。

上午，十时开社务会议，研究学习八大文件、酝酿检查工作问题，至十二时一刻始毕。

下午，三时召集科级及学习小组长传达上午会议情况。

陆廷珏君来谈小孩无人照顾困难事。

涂子英兄今晚返沪，请他带去绿豆粉。

十二月二十六日，星期三，晴

晨，七时半到社。

八时半，往锡拉胡同口腔医院治牙，至十一时回社。

下午，去文书科领导酝酿检查工作提问题，至四时半毕。

傍晚，至大栅栏一转，归家。

十二月二十七日，星期四，晴

晨，到社已近八时。

老药家保姆昨夜蜂窝煤球炉上盘未盖好，中了煤气，幸尚浅，未酿巨祸。

傍晚，径归家。夜饭后，同内子、大妹、国璠往天桥剧场看歌剧《茶花女》，至十时演毕，未感满意。

十二月二十八日，星期五，晴

晨，七时三刻到社。

十时一刻，往锡拉胡同口腔医院治牙，至十二时毕。回家午饭后，一时三刻到社。二时，涛然同志召集会议讨论学习八大文件情况，至五时毕。

傍晚归家时，带土箱一只。

三妹今日来家。

十二月二十九日，星期六，晴

晨，往口腔医院治牙。九时回社。

下午，学习《再论无产阶级专政的历史经验》。

傍晚，径归家。

三妹上午回西郊。

十二月三十日，星期日，晴

今日社中照常工作，为市府规定明日放假，和今日交换。

七时卅分到社，和涛然同志谈阳历年后拟返沪一行事。

十时半，同戴孝侯、伊见思两君往黄化门 17 号郑振铎副部长家午饭，同席者为章锡琛、陈乃乾等共主客十一人。下午，三时回社。

下午，三时半做清洁工作。傍晚，洗澡后归家。

十二月三十一日，星期一，晴

晨，八时往大观楼看《水银湖上的魔影》电影，至九时五十分毕。

往琉璃厂取报纸，再往小六部口糜文溶兄家，送交股息 58.40，又公债 20 元。再往农公家，未遇，留交傅翁来信。十一时半归家。

下午，五妹全家来。

往新中国看四时十分开演的《锦绣前程》电影，至五时三刻毕。永儿同去。

夜饭后，往琉璃厂食堂一转，因今天在举行联欢会。又至 159 号取漱口药水后归家。

附录：本年购买戏票记录(不包括电影票)

1/23	万乃亚舅舅	2张	话剧
30	刘胡兰	2张	话剧
2/14	柳毅传书	2张	越剧
3/1	永开的花朵	2张	话剧
7	南冠草	2张	越剧
11	宝玉与黛玉	2张	越剧
4/9	西望长安	2张	话剧
22	杨恩思	4张	话剧
5/6	十五贯	2张	昆剧
14	搜书院	3张	粤剧
5	庙堂相会	2张	沪剧
19	友谊舞、钟馗嫁妹等	6张	歌舞　京剧
20	孔雀胆	5张	越剧
6/8	烤火下山等	3张	滇剧
17	水漫金山等	4张	闽南傀儡戏
20	破窑记		湖南辰河戏(金如请)
25	杜十娘	2张	评剧(吉中买)
7/7	延边朝鲜族歌舞团	3张	
8/5	十五贯(评剧)	2张	评剧
31	落马湖、春香闹学	2张	京剧
9/14	巴州、哭殿	3张	山西北路梆子
20	雁荡山、拾玉镯等	2张	京剧
10/9	夫妻观灯、打猪草等	2张	黄梅戏
12	琵琶记	2张	越剧
14	玉堂春	2张	越剧(杜请)
27	阿Q正传	3张	话剧

11/15	荆钗记	5 张	评剧
25	第二次爱情	6 张	话剧
28	曲艺、槐荫分别	4 张	曲剧(国播买)
12/1	家	2 张	话剧(涂送)
13	小借年、棒打薄情郎	4 张	评剧(国播买)
19	十三妹	4 张	京剧(国播买)
27	茶花女	4 张	歌剧(国播买)

1957年

一月

一月一日，星期二，晴

上午，八点四十分到大观楼看《牧女的志愿》电影，尚可观。

下午，三时往山老胡同9号访孙乾三君。伊子振六甫自长春归，被禁十五个月，根本无罪，精神、经济受损至巨云。

五妹全家下午回西郊。

潘松泉下午来家，夜饭后去。据明日将往汉口公干云。

一月二日，星期三，晴

晨，八时到社练拳。因今日起改八时半上班，中午休息一小时。

上午，十一时口腔医院预约，准时前往，至十一时三刻始诊视，并由许大夫陪至外科，谓须拔牙，约7日再往，并预约十六日再看内科。

下午，照常工作，并定明日下午开全体大会报告检查工作。

写致金如信。傍晚，过信远斋吃牛奶。

一月三日，星期四，上午雪，嗣晴

晨，七时来到社练拳。

中午，至信远斋吃牛奶。

下午，涛然同志作关于八大文件学习和检查工作的报告，在食堂开大会，至五时半始毕。

傍晚，参加工会小组生活，至七时毕。

往校场头条32号宣信予兄家，适他来我家，致未相遇。迨我返家，又谈至九时始别。他为接济其弟，向我借50元。

朱通舟兄血压高至200度，不免担忧。

一月四日，星期五，晴

晨，七时半出门，先至余家胡同36号看朱通舟兄。八时一刻到社。

上午,十时十分召集经理部各科长谈检查工作讨论事,至十二时十分毕。

下午,参加总务科检查工作讨论会,至五时十分毕。

傍晚,径归家。

黄竞生往乐平会馆移南堂子胡同事已予解决。

一月五日,星期六,晴

晨,八时到社。

上午,新华总店业务处曾露初和隋申功二同志来谈商务过去关于发行教科书情况,至十一时去。

下午,参加秘书科检查工作会议,

傍晚,径归家。

国璠、大妹和永儿往民主看《西望长安》话剧。

一月六日,星期日,晴

晨,九时往垂露胡同4号访俞寰老,他于上星期五返京。谈至十时,便道至中山公园一游,参观"预防煤气展览会"。回家已近中午。

大妹在沈阳同事许大夫夫妇及女儿来家,午饭后去。

一月七日,星期一,晴

晨,八时到社,同涛然同志谈公事。

八时五十分,雇三轮车往锡拉胡同,九时半到口腔医院,拔牙一只,十一时竣事。十一时半回家。

下午,三时到社,先后同各科长了解检查工作情况。

凃子英兄来信,谓凃师母和阿三都病,拟延长假期。因通舟病假,去电嘱尽可能早返。

傍晚洗澡,并至延寿寺人行一转,归家。

一月八日,星期二,晨晴,嗣有雪

晨,七时三刻到社,托各科检查工作小结。

傍晚,回家吃腊八粥。

夜,同内子和国璠、大妹去大众剧场看夏青主演的评剧《闹严府》,还紧凑可观。七时开演，十时一刻毕。归家已十一时。

一月九日，星期三，晴

晨，七时三刻出门，先到前门售票处一转，八时半到口腔医院。看牙毕只九时弱，到社为九时三刻。

十时，开扩大社务会议，至十二时余始毕。

十二时半，回家午饭。三妹带菊萍、婴孩来，饭后去协和医院。

傍晚，剃头后归家。

为我春节前不能往沪事，写信给金如。

一月十日，星期四，晴

晨，八时到社练拳。

上午，九时同梁、纪、戴、吴、药诸君往百万庄时代出版社访郭俊、王泰雷二君，并和即将调来我社的廿余位同志见面。十二时一刻辞出，返社已一时。

下午，中国集邮公司经理王安国和国际科吴凤冈二君来谈香港分馆代销邮票事。

傍晚，往高教部听时事报告，六时半起，至八时半止。归家已逾九时。

一月十一日，星期五，晴

晨，七时三刻到社练拳。和涛然同志谈港馆代售邮票事。

上午，十时俞寰老来谈一时余。

傍晚，径归家。

夜，由国璠购大众评剧票，去看《王少安赶船》和《凤还巢》，至十时半演毕。归家已十一时。

一月十二日，星期六，晴

晨，八时十分到社。

下午，听梁涛然同志讲国际时事问题，二时起，至五时止。

傍晚，径归家。

一月十三日，星期日，晴，夜雪

晨，九时到社照料时代搬来家具，王泰雷、张洪达等来。至十二时回家。

美韶来家，午饭后去。

夜饭后，往北京工人俱乐部看话剧《日出》，同去者为内子、大妹、国璠和弟弟等。演出旧社会恶劣情状，尚称逼真。十一时一刻演毕，归家已十二时。

一月十四日，星期一，小雪

晨，四时起床，四时三刻到车站售票处买金如十七日赴沪硬席卧铺票。八时开始，只剩一张上铺，只得买来再说。回家取菜，到社已九时。

傍晚，洗澡后归家。

夜，同内子往车站接涂子英兄全家自沪乘六次车来，八时28分准时到达。

夜，五妹和其同学（温姓）来家宿。

一月十五日，星期二，晴

晨，八时到社。

下午，三时开迎新大会，欢迎时代出版社转来同事32人，至五时毕。

夜，至邮局汇给岳母款。

夜饭后，往车站接金如侄女自石家庄乘京汉20次车来京，于七时五十分准时到达，同归家中。

一月十六日，星期三，晴

晨，七时十分到社。

八时三刻，同韦士霖兄往西单法院接待室与刘长林同志联系医药公司背阴胡同腾房事。十时回社。

下午，为总结经理部检查工作，与各科长会谈，至五时毕。

傍晚，径归家。金如今日宿瑶瑶家。

一月十七日，星期四，晴

晨，八时到社练拳。

上午，抄经理部检查工作总结，又通舟、士霖和吴凡辉来商按院胡同修房事。

午饭后，乘社中汽车往高教部听邓小平同志一月十一日在清华大学讲《再论无产阶级专政历史经验》的录音。一时廿分开始，至六时半始毕。归家后，往大观楼看《庵堂相会》《庵堂认母》电影，至九时完。回家夜饭。

夜，十时送金如至车站做行李票并送上车。归家已近十二时。

一月十八日，星期五，晴

晨，八时廿分到社。

傍晚，到邮局汇给华姑款，写致华姑及四妹、六妹信。

夜饭后，往西河沿195号戴孝侯兄家。今晚戴师母乘15次车返乡。

一月十九日，星期六，晴

晨，八时到社练拳。

上午，十时开社务会议，讨论：① 时代来高级干部分工问题；② 商务出版书的方针任务问题；③ 先进工作者评选问题；④ 节约粮食问题。至十二时毕。

下午，三时半召开节约粮食评议委员会座谈，至五时毕。

夜，至延寿寺人行取款后归家。

一月二十日，星期日，晴

上午，家中大扫除。

下午四时，锦女汇来30元，往前门邮局去取。

五时，同内子往大观楼看《边塞擒谍》电影。七时回家，见大妹留条，知他们往华北戏院看燕声京剧团，并留票两张，当和内子同去。演《蟠桃会》《能仁寺》和《斩黄袍》三戏，还可听。演毕已十时一刻，归家夜饭已十一时。

一月二十一日，星期一，晴

晨，八时到社练拳

午后，一时开大会报告节约粮食事，至二时毕。

傍晚，洗澡后归家。

永儿回家。

一月二十二日，星期二，晴

晨，八时一刻到社练拳

下午，三时半开研究商务出版方针任务会议，至五时半毕。

夜饭后，同内子及王登兰往琉璃厂文化馆看本社同志自演的话剧《两个心眼》及京剧《女起解》《凤还巢》。回家已十一时。

一月二十三日,星期三,晴

晨,八时到社练拳。

上午,九时开党政工团联合会,讨论评选先进工作者事,至十二时廿分始毕。

下午学习,我理什事。

傍晚,径归家。

下午,同韦士霖兄往茶儿胡同法律顾问处和智律师讨论翟家胡同涉讼事。

一月二十四日,星期四,晴

晨,八时一刻到社练拳。

下午,公安派出所专管节约粮食的刘同志来谈,对我们节粮数字不满,当召集评粮会商谈,归家已逾六时。

夜,做节粮统计工作,至十一时始告段落。

一月二十五日,星期五,晴

晨,八时到社练拳。

上午,为处理节约粮食,很忙。

中午,回家午饭。

下午,一时去朝阳门大街文化部为出版局印管处召集各直属厂布置增产节约事,至六时始毕。

归途至王府井一转,又至北站邮局写致汤儿和四妹信,寄给押岁钱。回家已近八时。

郑雪樵同志来家探望,未遇。

一月二十六日,星期六,晴

晨,八时一刻到社,和涛然同志谈昨日文化部开会情况。

下午,我理节约粮食事,未学习。

傍晚,到大栅栏前门小剧场买正月初四日场《杨乃武与小白菜》曲剧戏票后归家。

一月二十七日，星期日，晴

晨，五时三刻起床，六时一刻出门，六时三刻到东安市场，在吉祥戏院排队买正月初三日白天越剧票。至八时开始买票，我排至二十人左右，为每人限制三张，不能多买。随至百货公司买肥皂、小巾等。

九时，往护国寺望金玉琦同志，他病已痊可。又到新建胡同看涂师母及住居各同志。再到糜文溶兄家交给商务第四季股息14.40。回家已十二时。

夜饭后，往新中国看《神花宝剑》电影。自七时半起，至九时三刻止。

一月二十八日，星期一，雪

晨起，见大雪已积数寸，知昨后半夜所下的。

上午，八时到社。

终日忙于汇集1956年各科总结。

傍晚，洗澡后归家。

一月二十九日，星期二，晴

晨，八时廿分到社。

下午，三时开大会，由涛然同志报告评奖及选举先进工作者事项，至五时半毕。

傍晚，归途至观音寺购饼干后归家。

夜，宣信予兄来谈。

一月三十日，大除夕，星期三，晴

晨，八时十分到社。

上午，十时往锡拉胡同口腔医院看牙。据许大夫说，下右末第二个大牙有洞须补，约二月廿一日再去诊治。

归家已十二时一刻，午饭后略睡。

一时到社。听纪昌同志作关于农村自由市场的报告，至二时一刻毕。

做清洁工作后，五时归家。曾至大栅栏一转，购曲剧票一张。

一月三十一日（丁酉年元旦），星期四，晴

晨，八时一刻到社。九时起，在食堂举行团拜，自九时起我讲话十分钟。

往永光寺三号、国会街九号、头发胡同 33 号、绒线胡同 83 号贺年。在许季芸兄家遇钱心煌、吉锦顺、薄梓梁三君，谈至十二时，回琉璃厂买馒头三只作午餐。

下午，在琉璃厂 159 号值班，至六时归家。

三妹夫妇来，宿家中。

二月

二月一日，星期五

晨，九时出门。先到余家胡同 36 号，再到东北园 129 号、半壁街 17 号、旧簾子胡同 51 号、北椿树胡[1]三号、车子营 27 号等处拜年。归家已逾十二时。

中午，塘侄、国璠、三妹、五妹夫妇及美珥、美廊妻等在家午饭。

下午，松泉、许季翁夫妇来。

下午，看大观楼映《45 号地区》及《上甘岭》电影。三时十分开演，至六时五十分毕。

侣女昨晚由国璠送协和医院，今晨五时三十八分产一男。其母下午前往探视，据大小平安云。

二月二日，星期六，雪（昨夜起）

因雪上午在家。郭寿铎同志来。

下午，同内子、国璠、永儿往吉祥剧场看越剧《白罗衫》，是天津越剧团演出。一时半开演，至四时半毕。剧中，演徐继祖的小生筱少卿做得最好。

闻方乐天、糜文溶诸君来，因外出未遇。

定潮下午回农场。

二月三日，星期日，阴

上午，原拟往琉璃厂剃头，因太挤仅取报纸后归。

今日上午，薛洲善同志及孙如松夫妇来贺年。下午，韩智彬、郭海泉两同志来贺年，又王泊如夫妇及张镜清夫妇、两女来，均因外出未遇。

---

〔1〕 此当漏一“同”字。

下午,一时半往协和医院视侣女,已起床,面色甚好。据下星期三可以出院云。

瑶瑶夫妇来家午饭。饭后,同内子、国璠、永儿往前门小剧场看曲剧《杨乃武与小白菜》。

二月四日,星期一,晴

晨,八时廿分到社。

上午,郭敬同志来读两小时。

下午,理卷。

傍晚,洗澡后归家夜饭。饭后,即往前门小剧场看《杨乃武与小白菜》曲剧。七时开演,至十一时始毕。

二月五日,星期二,晴

晨,八时来到社。

上午,工间操后召集经理部各科长商谈评奖工作事,至十二时毕。

下午,为节约粮食事派出所刘同志来谈。又和邹根泉同志谈了一个半小时。

傍晚,至信远斋购橘子后径归家。

永儿来电话,谓在钢铁学院,将宿张世良姑父家云。

二月六日,星期三,晴

晨,八时半到社。

下午学习,温课。

傍晚,剃头后归家。

二月七日,星期四,晴

晨,八时十分到社练拳。

午后,一时十分到高等教育部听崔仲远主任读报,计① 关于学校教育;② 戏剧问题;③ 毛主席在工商联代表座谈会上的谈话记录。至二时半毕。

至西单商场为凤老买《时事手册》,允明日送来。返社已三时。

傍晚,径归家。

永儿同学张世良来家宿。

夜，同内子往同乐看《秋翁遇仙记》电影。八时四十分开演，观毕回家已十时半。

二月八日，星期五，晴

晨，八时十分到社练拳。

和涛然同志谈寰老介绍其戚、拟函泽霖同志等事。

傍晚，径归家。

国璠来，知大妹今日出院云。

二月九日，星期六，晴

晨，八时半到社。内子今晨赴乡村饭店洗澡，并准备往大观楼观电影及民主剧场话剧《秋海棠》。

午后，参加财务科评奖讨论。

傍晚，径归家。

二月十日，星期日，晴

晨，八时往新中国[1]八时十分开演评剧《刘巧儿》电影，购得退票一张，观至十时十分始毕。

往乡村饭店26号视大妹及其幼子利北，又往西河沿访戴孝侯兄，谈至十二时归家。

下午，糜文溶兄来。

三妹、塘侄来，午饭后去。

夜饭后，同内子往长安戏院看川剧《春灯谜》。七时开演，至十时一刻毕。归家已十一时。

二月十一日，星期一，晴

晨，八时半到社。

傍晚，洗澡后归家。

---

〔1〕 此处当漏一“看”字。

二月十二日，星期二，晴

晨，吉中来。谓昨晚到来京，住打磨厂公安部宿舍云。

八时半到社，同涛然同志谈港事。下午，二时开社务会议，讨论1956年总结、成立香港办事处、以李汉周为总务科第二付科长及四编室各组长事，至五时半毕。

傍晚归家。内子往大观楼看电影，吉中来。

二月十三日，星期三，晴

晨，八时一刻到社。

拟为成立香港办事处事致各方函稿。

下午学习，复习《政治经济学》，亦为拟稿而作罢。

夜，原购《虎符》话剧票，后拟看昆剧，仍由内子和国璠去看话剧，我和吉中往大众看北方昆剧代表团演《单刀会》《断桥》《昭君出塞》《钟馗嫁妹》四出。以白云生、李淑君、侯玉山等为可观。七时开始，至十时半毕。

吉中回打磨厂招待所宿。

二月十四日元宵，星期四，晴

晨，八时一刻到社。

上午，十时总务课开评奖会，我列席参加。

下午，涛然同志报告56年总结和57年工作要点，至五时半始毕。

夜饭后，往大观楼看《恭贺新禧》电影。归途至新华买元宵，归已十时。

二月十五日，星期五，晴

晨，八时一刻到社练拳。

下午，一时开经理部科级评奖会，到者七人（朱通舟君因病缺席），自一时起至五时三刻毕。当选包闻天、陈德昭、药元林三人。

午前，前门区法院来了解翟家胡同房客事。

汤儿自沈阳来，在家宿。

二月十六日，星期六，晴

晨，八时廿分到社。

为申请港汇事拟至出版局函。

傍晚,径归家。

永儿回家。

二月十七日,星期日,晴,昨夜雪

为了后天是我六十足岁生日(照农历),儿婿辈来家吃面,计汤、永二儿,侣女,国璠、吉中两婿及利新等。

王平章来取吉中送来的眼镜壳。

下午,松泉来。

李果同其子来,夜饭后去。询知韦泽良住砖塔胡同18号云。

终日在家,未出门。

二月十八日,星期一,晴

晨,八时一刻到社,和涛然同志谈港汇事及会报与邹根泉谈话事,又赠彼汤儿带来内蒙奶油两小包。

上午,九时开先进工作评议委员会,至十二时半始毕。

傍晚,洗澡后归家。

二月十九日,星期二,晴

今天是我六十岁(照农历足岁)生日。

汤儿乘九时余车赴津转沈。

上午,同朱通舟、李汉洲、韦士霖诸君往李铁拐斜街88号祥记大药房看房子。

下午,工间操后召开节约粮食评议会,邀伙委会参加。

傍晚,径归家。

国璠、吉中来家夜饭。吉中乘今晚15次车返沪。

二月二十日,星期三,晴

晨,八时15分到社练拳后,与涛然同志谈话,他同意我三月上旬请假回南一行。

午饭后,往高教部听讲《政治经济学》第二册"由资本主义过渡到社会主义"

的课。归途到西单商场及西车站一转。

夜，士霖兄来家谈翟家胡同房客涉讼明日开审事。

二月二十一日，星期四，晴

晨，八时十分到社练拳。

上午，工间操后开会，研究防病防伤措施。

下午，一时十分到高教部听读电报，计有（1）报刊发行工作的中央批示；（2）对干部等在农村家属的照顾；（3）《再论无产阶级历史经验》的各方反映；（4）苏拉瓦底谈访华印象；（5）柏林市警察乐队访华感想。

二时，往口腔医院补牙，至四时毕，仍回社。

傍晚，至琉璃厂邮局取凤老还款。

汤儿自天津来信，谓今晨可到家。

二月二十二日，星期五，晴

晨，八时一刻到社。

午后，孙如松同志来会报昨日参加出版局召集财务负责人的会议情况。

傍晚，径归家。

二月二十三日，星期六

晨小雪，终日未停，但气候和暖。

上午，九时起开先进工作评议委员会，至十二时廿分始毕。

回家午餐后，往文化部出版局参加各厂会报增产节约事，会报者计外文、美术、新华三厂，并由领导指示，至六时十分毕。

归途往万明路乡村饭店送明晨电影票给大妹。

耀华、五妹来家。

二月二十四日，星期日，雪，下午转晴

晨，同内子往市工人俱乐部看《马路天使》电影。八时五十分开演，至十时半毕。陪内子到珠市口合作社买带，又往大栅栏买灯泡，十时余归家。

五妹同学四人和五妹、耀华来家午饭。

下午，未出门。

永儿昨曾来电话称本星期日不归家。

二月二十五日，星期一，晴

晨，八时廿分到社。

今日大部分时间拟为琉璃厂167号房屋事致房地产管理局函。

傍晚，洗澡后归家。

永儿今日归家，当夜返校。

夜，拟致房管局信稿，为琉璃厂167号房屋事。

二月二十六日，星期二。晴

晨，八时20分到社。

上午，九时参加计划统计科的科务会议，报告二月工作、三月工作要点和科的职责范围等。

沈季湘来长途电话，为发放股息手续问题争论，我曲从之。

傍晚，至劝业场购物后归。

二月二十七日，星期三，晴

晨，八时十分到社。与涛然同志谈琉璃厂167号房屋事。

上午，九时举行第三次先进工作者评议委员会，至十二时一刻毕。

下午学习，自学《政治经济学》第22章。

傍晚，往前孙公园16号视陈德昭君。他将于明日上午乘京汉车赴穗，托带致黄秉桓君信和油茶面四斤。

二月二十八日，星期四，阴，有小雪

晨，七时半往高教部原为杨部长传达周总理访问亚洲各国报告，行至大木仓口遇祝世华称：杨部长另有要公，报告改期云云。当回至社，适八时半。

中午，回家午饭。内子外出，吃金果粉及面包。一时返社。

下午，三时半涛然同志报告选举先进生产者评议经过，并实行选举。

傍晚，径归家。

三月

三月一日，星期五，小雪

晨，八时20分到社。

涛然同志同意我六日请假赴沪，托张子明同志电话洽购五次硬席卧铺票。

傍晚，到延寿寺人行取款后归家。

三月二日，星期六，上午小雪，下午晴

晨，八时一刻到社。

今日买来六日下午五时开的五次赴沪车硬席卧铺票，价44.22。

傍晚，径归家。

三妹携小应来，为小应耳疾由菊萍同赴301医院诊治。

夜，企棠亦来。

三月三日，星期日，晴

今天是外孙程利北的满月期，大妹、三妹全家都来。下午及晚饭后，先后回去。

为返申整理些用件。

下午，同国璠、永儿往大观楼看《飞行员事件》电影。一时40分钟开，至三时半毕。

三月四日，星期一，晴

晨，八时20分到社。

九时，开先进工作者评议委员会，至十二时毕。

下午，三时由涛然同志传达毛主席在扩大最高国务会议讲话，至五时毕。

傍晚，剃发、洗澡，又往松树胡同62号找武剑西太太，告以我将赴沪，询其要否带信。

今日起，社中午饭后休息一时半。

三月五日，星期二，晴

晨，八时往头发胡同叔老家，他出未遇，乃留一条。又至后王公厂濂侄家与瑞和谈片刻。又至永光寺三号一转，视新盖房屋情形。回社已九时三刻。

十一时，开党政工团会，讨论认购57年公债事，至十二时毕。

下午，一时半开部门先进工作者选举大会，至二时毕。

二时半，往垂露胡同寰老家商私股股东认购公债办法。四时返社。

五时，开先进工作者评议会，至六时毕。

归家夜饭后，应国璠邀同内子往天桥剧场看《小二黑结婚》歌剧。七时一刻开演，十时演毕。

三月六日，星期三，晴

晨，因听周总理在全国政协报告广播，到社已八时三刻。

塘侄来家午饭。

下午，理行装。二时，往王府井代方子藩太太买书未得，又至东单买面包等归家。国璠、大妹送我车站上车，第五次车于下午五时开。夜，在餐车吃素面，七时半即睡。

三月七日，星期四，雨，上海

晨，五时起身大便。

早、夜吃面包，中午吃面。

夜，九时十九分车准时到站。为取行李延迟几逾半小时，乘三轮车到家已十时半。

夜失眠，至午夜后二时左右始入睡。

三月八日，星期五，晴

晨，六时起床。

八时，到岳阳路195弄七号悟女家电话沈季湘、韦傅卿及金如、周吉中等。十时，到上方花园24号访菊老，谈至十一时归家。

午饭后，毓松挈小玲来。四时一刻，往第四市立医院，沈季翁、丁英翁已先在，同往访朱颂盘兄，谈至五时半（他患气管出血症）。同沈、丁回家同夜饭，俞明时君亦来，八、九时先后离去。

三月九日，星期六

晨，杨福贵弟、穆华生君及四妹夫妇均来，知建华痢疾已瘥云。

二妹夫妇来，同整理四楼旧书。下午，又整理箱子间箱子。

旧书售去一部分，计十七元。

惟乾来，据下星期二即须回宁工作。

久鳌哥同其媳济芳嫂来。

夜饭后，往新闸路傅翁家，并约雄翁畅谈，归家已近十时。

三月十日，星期日，晴，夜微雨

晨，胡省初、张鸿钧二兄来帮搬四楼物件，至十时始别去。

吉中、毓松先后来帮忙，今日并雇短工两人，为将四楼书籍等迁至三楼小亭子间，并将三楼箱子间整理一过。

四妹挈建华来。

下午，三时半先往南京西路锦镁眼镜号配眼镜一付。

到怡和里看姜姊，知儒声哥在墀哥家。五时半去，途中遇见，外貌还好。

夜，在墀哥家吃饭，屋身亦来，四妹、吉中挈建华亦来。

夜，九时去浴德池洗澡，十时毕。归家已近十一时。

十一时半动身，往北车站排队，乘一时27分117次车赴姚。

三月十一日，星期一，雨，余姚

晨，过杭，追到姚正十时九分。到公共汽车站一转，至李姊家，和姊及启沅嫂、华姑晤谈，即在他家午饭。

饭后，至义井巷先看二姊，再看六嫂，又找青、铭二弟妇及往视珍嫂、瑜嫂，在六嫂家夜饭。

七时到李宅，八时安睡。

三月十二日，星期二，上午阴，下午下雪子

晨，六时起床，六时三刻出门。七时，到侯青门外公共汽车站购往周东（即三角站）车票（计三角）。七时50分开车，八时半到周东，步行至驿亭路已九时半。岳母于初七日跌伤，甚痛苦。午饭后，同二舅嫂并雇芸香并另一人用藤椅抬往周行联合诊所诊视。据系年老伤筋并引起风痛之故。诊毕，我往周行公共汽车站乘二时余车回姚，至李姊家。

瑜哥来谈。

同阮伯康往政协访姜枝先，谈至五时半，由华甥促归。

夜，仍宿李甥家。

三月十三日，星期三，雪，下午阴

晨，六时起床，七时早餐。

八时，六嫂同元侄来，姜枝先兄亦来谈片刻，并承送绍戏票两张。

九时，同元侄往胜归山第一公墓为六哥扫墓。归义井巷六嫂家已十一时。

耆筏妇亦来，二姊亦同午饭。饭后回李宅，同韵甥先到龙山书院，继至姚江大戏院看绍兴戏为《战长沙》《观画》《后珠砂》三出。

五时，同升鳌、周清泉先生到升鳌先生家，谈至六时回李宅。

今日购套鞋一双。

胜归山第一公墓由义井巷去，安步缓行不过一小时，如走水道则从“城北木器社”河边上岸，也很方便。

三月十四日，星期四。晴，慈城

晨，六时起床。

九时廿分，由李宅动身去火车站买117次赴慈城票。昨日原定由占元来送，他来迟，已由李宅雇人代拿包裹去车站。十时十一分车到，登车甚空，于十一时十一分到慈城。先到解放路117号穗芳南货店，因宋春华在脱产学习，乃先找旅馆，再吃中饭(吃面)。十二时，动身往神钟山，至二时半到达。当看父母亲坟(第四种二区二十排21~23号)，前排有问题，当向傅姓说明，容再嘱平甫去函交涉。

下午，三时半由神钟山动身，六时回到慈城。夜晚后，归旅社宿，并写致平甫信。

三月十五日，星期五，阴，上海

晨，五时起床，六时赴慈城车站乘六时28分开到的118次车，于同日下午五时到沪。毓松来站接，允其明日到他家午饭。当即回重庆南路家中。

过余姚站时，曾托服务员寄给平甫一信。

三月十六日，星期六，阴

晨，五时起床。七时半，电话季翁联系。早饭后，往十三层楼国际旅行社 904 号访武剑西社长。九时，同往上方花园访菊公，又至高等教育管理局访曹未风同志。我至南华新邨视张姊，谈至十一时半出，步行至侣女家午饭。

下午，回家整理磁器。

渊侄、福贵弟、穆华生兄先后来谈。

夜，福贵弟请在红都(百乐门)戏院看爱华沪剧团演出的《同甘共苦》。归家已近十二时矣!

三月十七日，星期日，阴晴，昨夜有雨

晨，八时半到国际旅行社 904 号武社长处，昨晚由京来的戴孝侯、王耀先、邓应生、杨珍和沈季湘、丁英桂诸君均先在。十时，同戴等到家。十一时，又同至复兴公园一转，往功德林素菜馆，午饭计两桌，内有徐凤老、陈夙之、汪农清、俞明时、韦傅卿、张雄飞、陶公择等。

饭后，同各董事谈购 57 年公债搭发股息及扣互助金事。

下午，三时往姜姊家与儒声哥谈至五时，去大新一转，归家。

胡省初兄晨来。毓松、小玲、四妹、建华上午来。先佑夫妇及糜师母夜来。

三月十八日，星期一，晴

晨，六时起床。六时半出门，乘二路电车往余庆路四妹家。周有祉亦来，一同早餐。

九时，同有祉亲家回家，福贵弟来约夜饭，不得已允之。陈夙之先生来访。同有祉整理箱子间。

中午，有祉邀至春风松月梅午餐。下午，至河南路办事处。

五时，往贻思里五号有祉家，又同往百乐新邨福贵弟家夜饭。饭后，到平安里访黄仲明兄，未遇。九时半归家。

朱颂盘师母来，谈至十时余始去。

三月十九日，星期二，晴

晨，携手提箱往车站做行李，回至聚源斋早点。八时半，至河南路办事处。

十时,同沈绥南等往天通庵路厂,至各车间一走。十二时离厂,过集友银行视蕴华及其夫傅大业,一时回家。

午饭后,同望铣、福贵、毓松至车站,韦傅卿、张雄飞、丁英桂、穆华生、方桂生、沈绥南、曹祖荫、胡尔寿及四妹都来站送行。车于四时十一分开。

车中不供应素面,乃于常州车站买面包充饥。

三月二十日,星期三,晴,北京

在车上以《清人创作小说选》消遣。

夜,八时26分到京站。国璠和涂子英兄来接,当即归家。

三月二十一日,星期四,晴阴

晨,五时三刻起床。

八时十分到社,与涛然同志谈沪联系事项。

午后,一时40分到高教部听读电报。今日读"印度国会代表团与前日本军人代表团的访华观感""港报对台湾的评论""中共中央监委会报告""中共中央抄发江苏区委书记会议关于合作社的报告"等。二时半毕,回社。

傍晚,剃头并到延寿寺街人行存款后归家。

三月二十二日,星期五,阴晴

晨,七时三刻往头发胡同33号陈叔老家,略谈即出。八时三刻到社。

上午,前门区工商联毛姓来谈代私股股东认购57年公债事。

傍晚,往乡村饭店视侣女,感冒已愈,惟又新在发高烧。

今日写致季湘、绥南公函,又致望铣、二舅嫂及毓松、吉中等函各一封。

三月二十三日,星期六,晴,昨夜雪

晨,八时到社练拳。

下午,二时召开部务会议,讨论增产节约计划,至四时半毕。

傍晚,径归家。

永儿来家。

柴辅卿陪万兴发来社,据约两星期后回沪云。

三月二十四日，星期日，晴

上午，看九时五十分开演的《盗名窃誉》电影，是苏联片，不很看得懂。回家已十一时半。

上午，唐慕汾居士来家未遇，留条见告谓海公上师已于十八日来京云。

下午，三时往广济寺访海公上师，据由仁敬、长全诸师陪来，并遇妙贞、净如诸师，都是为开佛教协会而来。出来后，到慕汾居士家一谈，五时归家。

取皮大衣往普兰德干洗，需费4.50，约两星期后取。

为凤老及方子藩往西单商场觅旧书，未得。

永儿傍晚回校。

三月二十五日，星期一，晴

晨，七时三刻出门，至丰泽园一转，八时一刻到社。

张镜清兄来谈天津新华对他的退休金事。

吴叔同君夫妇和李士杰、李青、陆高谊诸君来访，并陪至社长室一谈。

傍晚，至丰泽园请吴叔同夫妇等，至九时余回家。

三月二十六日，星期二，晴

晨，八时二十分到社。

上午，十时开扩大社务会议，至十一时半毕。

中午，因社中吃肉包子，我往馒头铺购饼及糖三角当午餐。

下午，四时同韦士霖兄往永光寺3号看新盖房子五间。

傍晚，径归家。内子感冒又染，夜饭后为向同仁堂取药。

张公绪世兄来取雄翁托带给食物。

三月二十七日，星期三，晴

内子复发重感冒，昨夜高热达40度，又有剧咳，终夜不安。

晨，五时起床，为内子煎药。量内子热度，高仍近40度。

八时十分到社，又往乡村饭店嘱侣女回家为其母打退热针。

下午，原为政治学习（讨论），我因内子病倒，回家看《政治经济学》教科书。

大妹两次来家视母。

三月二十八日，星期四，晴

晨，五时三刻起床。八时十分，往垂露胡同寰老家，郭敬同志已先在，当同往金鱼胡同和平宾馆709号访吴叔同君，谈至十时半辞出。十一时回家，在家和大妹共午饭，饭后赴社。

傍晚，径归家。大妹又来为母注射药针。

三月二十九日，星期五，晴

晨，八时往前门大街永安堂为内子看中医挂号，至八时半开门，挂第七号。再回家一转，九时到社。

上午，十时开社务会议，讨论布置增产节约事，十二时毕。

午饭后，回家陪内子往永安堂姚大夫诊视，购药后回家，煎药毕返社。

傍晚，购物后回家。国璠在家为做夜饭后去。

三月三十日，星期六，晴

晨，八时往前门大街永安堂为内子看姚五达大夫挂号，至八时半开门，挂第15号。仍回家一转，九时到社。

下午，三时开大会，由郭敬同志作开展增产节约运动报告。

三月三十一日，星期日，晴

三妹来，下午回去。大妹、国璠亦都来午饭。

下午，二时陪内子至永安堂姚五达大夫处看治（晨去挂9号），取药后归。

宣信予兄下午来，未遇。

四月

四月一日，星期一，晴

晨，五时半起床。今天起，社中改为早晨七时半上工。

七时半，到永安堂为内子挂姚五达大夫号。挂号后回家一转，到社已九时。

上午，十时一刻到社长室汇报工作。

傍晚，径归家。濂侄夫妇来谈。

夜饭后，往大观楼看《国庆十点钟》电影。七时五十分开演，至九时卅分毕。

四月二日，星期二，晴

晨，五时半起床，做家常零活，到社已八时十分。张镜清兄来谈。

下午三时，赵向阁同中国书店两科长来谈旧存书移交事。

宣信予兄来谈。

傍晚，径归家。

夜，七时四十分看大观楼演出《暴风中的雄鹰》电影，至九时廿五分毕。

四月三日，星期三，晴

晨，七时半往前门大街永安堂为内子挂姚五达大夫号。再回家一转，到社已九时。郭社长谈上海厂的隶属问题。

下午学习，是自学，我携书归家，陪内子去永安堂看医。

原由国璠买来大观楼《铁道游击队》票，因体倦未去看。

四月四日，星期四，晴

晨，八时半到高教部听杨秀峰部长讲增产节约事，至十时毕。

往广济寺视能海上师，正在开会，与仁敬师略谈辞出。又至护国寺西巷丙22号访施剑翘女士，为方子藩、倪正和二君托事，谈至十一时辞出。

中午，在西单商场吃点心。一时四十分在高教部听读报，二时三刻回社。

傍晚，径归家。

下午，张镜清、许季芸二君来谈。

四月五日，清明，星期五，晴

晨，七时半到社。

上午，为托儿所事开会，我参加片刻。

糜文溶兄来访。

傍晚，径归家。

四月六日，星期六，晴

晨，七时半到馆练拳。

上午，十时一刻召开经理部各科长碰头会，至十二时毕。

下午，一时半开大会，先由郭敬社长传达毛主席在最高国务会议上的十二个问题，继由纪昌同志传达周总理在政协闭幕会上的总结发言，至五时半毕。

回家过东琉璃厂买南豆腐四块。

王泊如兄来谈。

夜，准备明日赴八达岭事项。

四月七日，星期日，晴阴

晨，四时半起床。五时半，国璠、大妹和糜君来。早餐后（五时三刻），即动身赴西直门车站。今日社中团体往游八达岭者共 123 人，我的名下共十三人（中华八人加宣信予兄）。七时廿八分开车，十时到青龙桥站，步行至八达岭，登最高城墙，又从南山下来。在岭上吃面包等充饥。下午，四时六分由青龙桥开车，七时十五分始回到西直门站，因沿途停留时间较多也！

四月八日，星期一，雨

晨，七时三刻到社。

上午，在社长室会报。

傍晚，洗澡并至东琉璃厂邮局汇给岳母款后归家。

四月九日，星期二，大雪

晨，七时三刻到社。

今日转冷，颇有寒意。

傍晚，到延寿寺街人行代内子存款。

夜饭后，往前门小剧场看《彩楼记》（即《评雪辨踪》），系新都评剧团演出，尚可观。由国璠之友老糜请客，和大妹同去。七时开演，十时半演毕。

四月十日，星期三，晨雪，嗣晴

晨，八时到社。

下午学习，自读文件。

傍晚，至延寿寺街人行一转，归家。

夜饭后，往前门车站。

社中由中宣部调来李侃同志，闻任副主任秘书云。

四月十一日，星期四，晴

晨，七时廿分到社练拳。

涛然同志昨晚回京，晨谈[1]与谈话。

下午，拟复房管局信，又致出版局，自请处分为琉璃厂 167 号房被无偿接管事。

下午，四时三刻往前门大街 41 号看移交新华旧存书情况。

至大栅栏中央洗染店取皮大衣归家。

夜饭后，同国璠往吉祥看安徽泗州戏，做《夜访》《思盼》《打干棒》三出，均小戏。以《思盼》（王二英思盼未婚夫）一人独唱达一小时之久为做的最好。演毕已十时半。

四月十二日，星期五，晴

晨，七时五十分到社。

傍晚，径归家。

夜饭后，往纸巷子通盛厂送洗棉制服。

四月十三日，星期六，晴

晨，七时半到社练拳。

上午，工间操后举行经理部各科长碰头会，至十二时十分毕。

下午，一般学习，讨论增产节约。我整理什件。

梁涛然同志来谈。他下星期一起脱职学习云云。

傍晚，在社夜饭后，往松树胡同 26 号看修理房子，又至半壁街 17 号访计宜初兄，交给黄荫普嘱转诗。

七时廿分，到中央看《家》电影，至九时半毕。归家已十时。

四月十四日，星期日，晴

上午，做清洁工作，并拆掉火炉。

下午，接沪电为股息搭发公债事，当至垂露胡同与寰老商谈，并至邮局发复

---

〔1〕 此"谈"概为衍字。

电，转大栅栏购物归家。

三妹昨晚来，午后回去。

五妹上午来。据将于本月十八日赴东西[1]公干，约二十天左右可回云。

松泉侄和未婚妻来，适我外出未遇。

四月十五日，星期一，晴

晨，七时半到社练拳。

上午，到社长室会报工作。

下午，十二时三刻（午饭提前半小时）同志们集队（计一百五十人）往前门大街欢迎苏联苏维埃主席团主席伏罗希洛夫元帅，至近五时才由毛主席陪乘汽车驰过。归家已逾六时。

夜饭后，往延寿寺街人行存款，又到社洗澡后归家。

四月十六日，星期二，晴

晨，七时半到社，至大楼屋顶练拳。

上午，为与新华订立订货合同事，由出版局通知下午到新华总店商谈，先和出版部交换意见，自十时一刻起至十二时止。

傍晚，径归家。

四月十七日，星期三，晴

晨，七时半动身，到前门乘 38 路公共汽车到公主坟看海军展览会。自九时半起，看至十二时半，仍 38 路车回前门，到家已一时。

下午，二时半到社。学习，自学。

夜饭后，同内子、国璠至民主剧场看《原野》话剧。七时开演，至十时半毕。似乎剧情不很丰富。

四月十八日，星期四，晴，夜有雨

晨，七时半到社，在 170 号大楼屋顶练拳。

午后，往高教部听读电报，计：

---

〔1〕“西”疑为“北”字。

① 中共中央关于 1957 年开展增产节约运动的指示；

② 为了发挥积极因素就要消除消极因素的社论；

③ 山西长治监委报告。

至二时四十分读毕，三时回社。

傍晚，径归家。

夜饭后，往纸巷子送取衣服，并剃头后归家。

四月十九日，星期五，晴

晨，八时到西交民巷公私合营银行总管理处访王伟才处长，谈香港贷款事。九时回家取午饭菜后到社。

写致唐泽霖、张子宏、黄荫普、黄守寰、潘锡澍等信。

下午，听纪昌同志传达时事报告，至三时半毕。

傍晚，径归家。

四月二十日，星期六，晴

晨，七时半到社，在 170 号屋顶练拳。

上午，工间操后开经理部各科长碰头会，至十二时廿分毕。

下午学习，我整理什件。

傍晚，径归家。

送夹大衣到普兰达去洗，约五月十二日取。

到大观楼买八点五十五分开演电影，计《春暖花开迎嘉宾》，即欢迎伏罗希洛夫主席情况，又加演苏联各种运动和原子能发电站等。演放不足一小时，票价一角，至九时四十分演毕。

四月二十一日，星期日，晴

上午，做清洁工作，并助内子整理煤球。

午后，企棠来。

接二舅嫂信，知岳母伤虽愈，已届灯尽油干之际，至为焦虑。

下午，一时半先到远东照相馆为李姊照相放大 6 寸一张。又乘七路车往苏联展览馆参观农业展览，其中气象馆最感兴趣。惟为时间所限，如水产馆等未及去看。五时一刻乘七路公共汽车，适有前门直达汽车，只 25 分钟就到。

四月二十二日，星期一，晨雨，嗣晴

晨，七时半去社。

上午，工间操后开碰头会。

傍晚，洗澡后即在社夜饭。

下午[1]，七时到虎坊桥乘一路公共汽车往灯市口首都剧场看北京人民艺术剧院演出《虎符》话剧。自七时半开演，至十一时十分始毕。

四月二十三日，星期二，晴

晨，八时到社。

今日领到商务领息凭证和第一季股息。

傍晚，径归家。

闻国璠将于下月十日赴宁。

四月二十四日，星期三，阴雨

晨，七时三刻到社。

下午学习，做测验题。

傍晚，径归家。续做学习测验题。

糜文溶兄来谈印刷技术书出版事。

四月二十五日，星期四，晴

晨，七时半到社练拳。

傍晚，到延寿寺街人行代内子取存款后归家。

四月二十六日，星期五，晴

晨，七时半到社练拳。

傍晚，在社夜饭。饭后，去高教部逸仙堂听李教师传达康生同志对毛主席在宣传会议上的发言如何学习的讲话。又陆定一部长在宣传会议的总结发言。七时开始，至九时一刻讲毕。回家已逾十时。

---

〔1〕“下午”概误，当为“傍晚”。

四月二十七日,星期六,晴

晨,七时半到社练拳。

上午,财务科长会报人事安排。

下午学习,缮写测验答题。

傍晚,在社夜饭后,往绒线胡同 83 号访许季芸兄。六时五十分到中央看《306 号案件》电影,至八时卅分毕。

永儿回家。今夜晒照片。

四月二十八日,星期日,晴

晨,七时半到社练拳。

上午,工间操后开碰头会,谈至十二时十分毕。

下午,三时半大扫除。

傍晚,到纸巷子取昨洗呢制服,又到远东取放大李姊等照片后归。

四月二十九日,星期一,阴晴

晨,七时半到社练拳。

傍晚,洗澡后归家。

夜饭后,同内子及国璠、大妹往中国青年艺术剧院看《上海屋檐下》话剧。七时半开演,十时十分毕。只做二小时多些,似略嫌短。人物表现还可观。

四月三十日,星期二,晴

晨,七时半到社练拳。傍晚,径归家。

夜饭后,往前门车站接武剑西社长和戴孝翁,郭敬同志和梁涛然夫妇及韦士霖兄(携其女)均来。武社长与其夫人、子女雇汽车回家,我等到天安门游览一周,回家已九时。(武汉车于八时十一分到站。)

永儿和耀华全家(除五妹出差东北外)来家。

五月

五月一日,星期三,上午阴,下午间有小雨

在家听五一国际劳动节游行实况广播,终日未出门。

国璠、耀华、大妹、三妹和诸小孩都来家。

五月二日，星期四，阴，上午有小雨，下午晴

永儿参加学校旅行八达岭。

上午，往虎坊桥北京市工人俱乐部看九时四十分开演的《山城春色》电影，结构还好，至十一时十分演毕。回家已十一时半。

下午，松泉夫妇（爱人名应雪芬）及王平章、李瑶夫妇（携锦锦）先后来，夜饭后去。

耀华、丁妈挈两小孩早饭后回去。三妹、菊萍挈小应午饭后回去。宣信予兄来谈。

夜饭后，同国璠、大妹及内子往首都剧场看《风雪夜归人》话剧，至十一时廿五分始毕。此剧结局不很令人满意。

五月三日，星期五，晴

晨，七时五十分到社。

十时，往金鱼胡同和平宾馆626号访吴叔同君，谈至十二时一刻辞出。至东安市场一转，乘一路公共汽车至大栅栏，购物后回家已近一时。

午饭后略睡，到社已近二时半。

傍晚，洗澡后归家。

夜饭后，同内子往大观楼看电影《铁道游击队》。七点半开演，至九点演毕。

五月四日，星期六，晴

晨，七时半到社练拳。

今日五四青年节。

下午，读《关于人民内部矛盾问题》的学习资料。

傍晚，径归家。

济濂夫妇挈美平来，夜饭后去。

夜，七时先至大观楼为五妹购明日电影票。同内子、国璠、大妹至广和剧场看潮洲戏《陈三五娘》，很有精彩。七时半开演，至十一时欠十分演毕。

五月五日，星期日，晴

上午，八时半到大观楼看《跟踪》电影，至九时五十五分演毕，还好看。

五妹前日由东北返京，下午来家，夜饭后去。

上、下午都做清洁工作。

五月六日，星期一，晴

晨，七时半到社练拳。傍晚，径归家。

今天领到薪水，一派而光。

五月七日，星期二，晴

今日风沙很大。

晨，七时一刻到社练拳。

傍晚，径归家。

夜饭后，往天桥剧场看泰国艺术团的演出，异国情调，看一次以广见闻而已。七时半开演，至十时一刻止。

接艳英四月九日来信，说在京住复兴门外，通信处为64号信箱201分箱其女洪慧芬家云（婿名项运）。

五月八日，星期三，晴

晨，到社已近八时。

下午学习，阅读整风文件。

傍晚，剃头后归家。

五月九日，星期四，晴，夜有雷雨

晨，七时半到社练拳。

午后，往高教部听读电报，是读比利时经济访华团所谈观感及日本访华团与周总理谈话问答。一时四十分开始，至二时五十分毕。

傍晚，听工会举行报告会。归家已逾八时。

代冯家奶妈交琉璃厂邮局汇款去溧阳。

五月十日，星期五，晴

晨，七时半到社练拳。今日大便有血。

傍晚，径归家。

夜饭后，同国璠往北京市工人俱乐部看河南安阳市豫剧团演《桃花庵》。自七时十五分开始，至十时四十分毕，尚可观。

永儿来。据校中团体往天桥剧场观歌剧《茶花女》云。

五月十一日，星期六，晴

晨，七时一刻到社练拳。

上午，工间操后举行经理部各科碰头会，至十二时十分毕。

下午，三时到高教部听杨秀峰部长作整风动员报告，至五时毕。

往按院胡同四号看修建房屋情形。归途到邮政总局取倪正和汇来供养能海上师款。

夜，写致三妹信，为彼又怀孕闻颇忧虑，特函慰之。

五月十二日，星期日，晴

上午，七时余往广济寺访能海上师，据寺中门房称已回五台山。当赴居士林，适郑壁成居士出来，即同至他房间一坐。倪正和带来供养上师的佛像和《大般若经》，就放在郑居士处。据他说，上师系往太原开山西政协会议，约半月后返京云。九时半归家。

许大夫夫妇和女儿来，午饭后去。

艳英和其女慧芬及外孙下午来家，同往大观楼看三时半开演的《教育诗篇》彩色电影，至五时一刻演毕。艳英等于夜饭后回去。

五月十三日，星期一，晴

晨，七时半到社练拳。

上午，工间操后至社长室汇报工作。

傍晚，至信远斋购物后归家。

夜饭后，同内子往戴孝翁家，嗣吉锦顺、薄梓樑二君亦来，谈至九时归。

接三妹自五棵松医院来电话，谓住院中，尚在检查，明日或须施行人工流产手术云。经嘱格外审慎，并尽可能保留。

五月十四日,星期二　晴

晨,七时十分到社练拳。

中午,回家午饭。

下午,内子同大妹往五棵松医院视三妹。

我往东四朝阳门大街出版局参加座谈会,有八人发言,自二时半起至六时止,约明日上午续开。我声明明日上午有社务会议,请戴孝翁一人去参加。今天发言的八人是:张静庐、卢文迪、丁孝先、曾世英(地图社副总编)、陆联棠,赵晓恩、章雪琛、史枚。

五月十五日,星期三,晴

昨、今两天早晨大便都出血。

晨,七时往孝翁家,交给文化部座谈会发言稿。七时五十分到社。

八时起,举行社务会议,至十二时十分毕。

下午学习,看整风文件。

傍晚,至信远斋购物后归家。

夜,写致望铣信,为楼下房客要求减租事。

五月十六日,星期四,晴

今日大便又出血。八时,到琉璃厂联合诊所去诊视,据医生言有些发炎,给我吃的丸药和涂的药膏。

晨,七时25分到社练拳。

下午,四时半到南柳巷六号访孙如松兄,谈至四时25分出。

四时半,在食堂开行政科级以上及各小组长谈话会,由党支报告整风学习事项,五时半毕,即归家。

五月十七日,星期五,晴

晨,七时到社练拳。

上午,《中国青年报》两同志来采访关于陈云副总理前在商务情况,约张子明君与谈。

下午,二时到高教部参加座谈会,由刘子载副部长主席,杨秀峰部长下半时出席，余亦发言，六时毕。归途过前门车站邮局，汇给岳母购零物款十元（内子嘱汇）。

夜饭后，国璠邀去大众剧坊看琼剧《张文秀》，比潮剧《陈三五娘》为差。

五月十八日，星期六，晴

晨，七时半到社练拳。

八时，参加为商务方针任务草案的商务老同人座谈会，至十一时半始散。

下午，一时半听武剑西社长作整风运动学习动员报告，至三时毕。学习时间，自看文件。

归途至大栅栏口对过买糖，遇大妹夫妇。

永儿与张世良来。夜，洗晒照片。

王湘璞同志的爱人名尹南轩，与国璠同级同军衔，月内亦须往南京炮兵学院云。

五月十九日，星期日，晴

晨，七时二十分到大观楼看《第六纵队》电影，至九时演毕，尚好。

塘侄自三月廿日随叶圣陶副部长南行，前晚返京，今日来家代内子买皮箱一只（计价 24.50），代我买短袖汗衫两件（计价 12.94），实在汗衫买的太好了。午饭后，同汤儿去看电影。

汤儿上午自沈阳来，五妹中午亦来，均宿家中。

下午，徐德俊、奚锦章、罗重庆三君来谈。

傍晚，往三府园澡堂洗澡。

夜，写致悟女明片，告以伊母定 21 日同侣女等赴南京，何日来沪到南京后会另函通知。当送车站邮局，惟今日据已不能寄出云云。

今晨大便仍有血，但不多。

五月二十日，星期一，晴

晨，七时半到社。见涛然同志回社工作，与谈半小时，未练拳。

傍晚，径归家。

五月二十一日，星期二，晴

晨，七时半到社。因糜文溶兄来，未去练拳。

下午，社中开第一次座谈会，由武剑西社长主持，我也提出矛盾情况，至五时半止。

夜饭时，塘侄来，夜饭后去。

内子先到乡村饭店，再同国璠、大妹等乘 15 次车去南京。我和汤儿都未去送上车。

五月二十二日，星期三，阴，傍晚小雨

晨，为等候牛奶（乡村饭店大妹处转来），迟至八时一刻始去社，牛奶仍未等着。

中午，在社午饭后，归家吃牛奶，午睡半小时去社。因今日起办公时间除上午仍为八至十二时外，下午改为二时至六时，故较宽裕。

傍晚，径归家。（下午四时后参加座谈。）

五月二十三日，星期四，晴

晨，七时半到社练拳。

下午，参加民主党派座谈会。

傍晚，径归家。

往大观楼购得明晚影票两张，备同汤儿去看。

五月二十四日，星期五，晴

晨，七时半出门，先到后王公厂六号访股东方毓惠，据住国会街 12 号，当去国会街，外出未遇。往祖家街后纱络胡同一号访谢姓，知系钱经宇之妻。再经酒醋局 42 号访李忻伯，均为要求免扣生活互助金及减少公债事。回社已十二时一刻矣！

午饭后，归家吃牛奶并午睡片刻，二时到社。

傍晚归家。

夜饭后，同汤儿往大观楼看《不拘小节的人》。电影是讽刺剧，惜太短，净演不足一小时。

五月二十五日，星期六，晴

晨，七时一刻到社练拳。

上午，九时起续开 21 日举行的整风座谈会，至十二时止。

午饭后（在社中），归家吃牛奶并休息片刻，二时回社。

下午，参加涛然同志主持的各科级整风座谈会，至五时半止。

六时，买馒头六只携回家作夜饭。永儿归家。

夜，应女介绍两同志来家住宿。（朱毅和杨宝初）

五月二十六日，星期日，晴

三妹介绍来的两同志今晨吃早粥后回去。

同汤、永两儿往大观楼看八时四十分开演的《宋景诗》电影，至十时五十分始演毕。

今天整理了两只橱。

下午，松泉夫妇来。

接侣女信，知已到南京，住石钟路 24 号一平 12 号，须半月后赴沪云。夜，写复信一封。

五月二十七日，星期一，晴，傍晚有雨

晨，七时一刻到社练拳。

上午，工间操后举行各科长汇报会，至十二时毕。今日起牛奶嘱送琉璃厂，午饭后吃。

傍晚，往新华食品店买面包等，准备给汤儿带沈。

五月二十八日，星期二，晴

晨，七时一刻到社练拳。

张镜清兄来谈。

傍晚，径归家。

汤儿今晚九时廿分乘三次车赴沈。

为接二舅嫂信提及岳母病重，乃第二次函侣女嘱告其母。

五月二十九日，星期三，晴，下午有雨意

晨，七时十分到社练拳。

上午，旁听各民主党派座谈。

下午，自阅文件。

傍晚，至观音寺购物后归家。

五月三十日，星期四，晨有雨，嗣晴

晨，七时出门，往高教部听读报。自八时十分起，至九时十分止。

到石驸马大街卢克捷医师处，见病人太多，拟改日再往。

到增聚盛做掛面15斤，先付三元，约星期日去取。

十时回社。

傍晚，径归家。

接怀堂信，知锦女于本月廿三日夜二时生一女孩。（即24日晨二时35分生产。）

五月三十一日，星期五，晴

晨，七时到社练拳。

午饭后，往东琉璃厂邮局汇给锦女25元（内5元送怀堂母）。

傍晚，至延寿寺街人民提前支存款一百元。归家一转，又往王府井百货大楼购黄油、面包，再至大栅栏购电影票及粽子等归家。

六月

六月一日，星期六，晴

晨，七时一刻到社练拳。

下午，参加财务科科务会议。

傍晚归家。夜饭后，往东安市场吉祥戏园看西安市狮吼剧团豫剧《汉江女》。七时半开演，至十时四十时分演毕，尚可观。系涂子英兄请客。

六月二日，星期日，晴

晨，七时半戴孝侯兄来，同往后门黄化门17号郑振铎副部长家，自八时半谈至十时（为商务古籍书出版事）。出至骑河楼吴泽炎同志家，又到章熊同志家一坐，十一时一刻出。我到十里堡国棉一厂宿舍三之二南门 325 号瑶瑶家午饭，松泉夫妇及永儿已先在。饭后，至虎坊桥工人俱乐部看《两个小足球队》电影，自二时四十分起，至四时毕。

往广济寺看能海法师，知未来。又至居士林看郑壁成居士，再到宣武门内取挂面后归家。

今日端午，药元林、王学争、戴孝侯诸君均有粽子送来。

六月三日，星期一，晴

晨，七时半到社练拳。

傍晚，到琉璃厂邮局汇寄五台山台营乡邮电局转清凉桥吉祥寺能海法师人民币五十元，是倪正和居士托转的供养款。

夜，在家做清洁工作。

在瑞丰剃头。

六月四日，星期二，雨

晨，七时以前补做些清洁工作。七时三刻到社，因今天雨未能练拳也！

下午，三时举行商务旧同人座谈会，至六时尚完，据武社长称改日续开云。

散班后，到鲜鱼口买糖未得，往大众剧场购得明晚越剧票两张，备以一张赠凃子英兄，以报一日吉祥豫剧之约。

六月五日，星期三，雨

晨，七时三刻到社。

傍晚，回家夜饭后，往大众剧场看武汉市越剧团演《沉香扇》。七时半开演，至十时廿五分毕，尚好。与子英兄同看。

六月六日，星期四，晴，间有小雨

晨，七时三刻到社。

下午，二时至四时听武剑西社长作整风运动继续深入展开的报告。

午至琉璃厂邮局汇给望铣弟七十元，嘱交内子。

傍晚，至延寿寺街人民银行存零存整付款。

六月七日，星期五，晴

晨，七时到社练拳。

上午，八时半京厂王汉英、乔富江、王泊如、于侃、朱建白、杨文富等来开座谈会，至十二时毕。

下午，四时为整风中解决问题组成十一人小组，计有梁涛然，马长山、戴孝侯、王继麟、周家骝、包闻天、沈丙麟、陈毓汉、朱通舟、朱蔚伯及我，由梁召集开会，谈至六时。

傍晚，洗澡后到大煤市街人行为内子购本月份公债十元，又至大众购星期日戏票后归家。

六月八日，星期六，晴，夜大雨

晨，七时一刻到社练拳。

上午，到社长室参加四编商谈出书事。又俞寰老来谈片刻。

王耀先同志来谈托儿所事。

下午，三时续开商务旧同志座谈会，至六时毕。

傍晚，至鲜鱼口、大栅栏购物归。

弟弟、三妹先后回家。

六月九日，星期日，雨

晨，七时半往视唐慕汾居士，适他来我家，致相左未遇。

归途先至琉璃厂取报、吃牛奶。再至余家胡同朱通舟兄处一转，送他大观楼电影票两张。再至延寿街人行取款，到家已十时余。

中午，三妹、弟弟煮面吃，我烧饭。

下午，四时余三妹回去。塘侄六时余来一谈。

夜，七时半同永儿往大众剧场看西安狮吼豫剧《女贞花》，至十时五十分演毕。这确是一出好戏。

六月十日，星期日，晴

晨，七时半到社。闻广州印刷厂黄玲、丁宝森、袁容秋三人昨晚到京，宿琉璃厂199号，往视已外出。九时来谈。

十时一刻，参加托儿所筹委会。

傍晚，洗澡后回家。浴室出水不灵，须重研究。

回家后拖地板。

六月十一日，星期二，晴

晨，七时半到社练拳。

唐慕汾、郑壁成两居士来谈。

下午，参加出版部召开的生产会议，自三五时至六时。

傍晚，至大观楼购了明天的电影票一张。

六月十二日，星期三，晴

晨，七时十分到社练拳。

下午，参加总务科小组学习，讨论整风中的反动言论。

傍晚，径归家。

夜饭后，往大观楼看《雪地追踪》电影，尚好。七时 35 分开演，连加演新闻片至九时 5 分毕。

六月十三日，星期四，晴

晨，七时一刻到社练拳。

上午，唐泽霖同志来。据系昨晚到京，带来子宏兄代购的汗衫三件，真是价廉物美。

下午，二时往高教部听读报，是科学技术方面人士整风意见及公部部对人代常委会所作 1956 年工作情况及 1957 年工作要点的报告，四时一刻毕。去北大医院访潘达人君，谈至五时出。去黄城根蔡宅，知已迁居，未遇。

永儿回家。

六月十四日，星期五，雨

晨，七时十分往文化部参加出版局召开的海外出版事业座谈会。除中、商两家及国际人员外，有侨委萧林司长、费振东副司长及王益局长等。十一时三刻毕，同郭敬、唐泽林同志乘汽车回琉璃厂午饭。

傍晚，至纸巷子一转，购物归。

六月十五日，星期六，晴

晨，七时一刻出门。八时，到文化部继续参加海外出版发行工作座谈会，由费司长主持，至十二时毕。雇三轮回琉璃厂，已十二时三刻矣！

下午，三时参加经理部旧商务人员座谈会。

傍晚，径归家。濂侄夫妇来谈。

六月十六日，星期日，晴

晨，做些清洁工作。

九时，五妹来，夜饭后回去。

上午，十时往琉璃厂取报、吃牛奶，又至零售商店购物后归。

夜饭后，往车站接丁英翁乘六次车自沪来，八时34分到。同接者为戴孝侯、朱通舟两兄，由通舟兄陪往后孙公园宿舍住宿。

下午，李汉舟同志来谈片刻。

六月十七日，星期一，晴

晨，七时十分赴朝阳门大街，八时到文化部出版局参加海外出版发行座谈会。

中午，回琉璃厂午饭。下午，二时半再到出版局继续开会。傍晚归家。

夜，八时半戴孝侯、丁英桂二兄来谈，至七时去。

英桂兄带来干菜及衬衫三件。

六月十八日，星期二，晴，傍晚雨

晨，七时十分出门，八时到出版局继续参加海外出版发行座谈会。

中午，回琉璃厂午饭。下午，再去继续开会，至六时止。

永儿昨日去校，今日回家。

六月十九日，星期三，晴

晨，七时十分到社，与涛然同志略谈过去四天参加出版局海外出版发行座谈会情况，并练拳。

上午，十时开十人小组关于安排调整工作的小组会，由梁涛然召集，尚有王继麟，马长山共四人。

下午，黄玲、丁宝森二同志来谈，丁英翁亦在座。

夜饭后，往青年艺术剧院看话剧《桃花扇》，请丁英翁同去。做得还好，但不够刺激。七时半开演，演毕已十一时余。

六月二十日，星期四，晴

晨，拖地板，喷六六六药水，到社已近八时。

郭农山兄来谈。

张镜清兄来，向商唐慕汾居士所托公债易现款、捐助五台建筑藏经房事。

下午，三时举行广州印刷厂董事会，出席董事只黄玲、丁英桂和我三人，列席郭敬、丁宝森、袁容秋、涂传杰四人。夜，请他们在丰泽园便饭，并有武剑西、俞寰澄及涛然同志参加。九时回家。

六月二十一日，星期五，晴，晨有小雨，下午有雷

晨，在灶间打六六六药水。八时到社。

接毓松和大妹信，知内子于十七日又同大妹去南京，约一月后回沪。毓松信中并说她等八月底小妹生产后，拟再去南平看六妹云。

下午，六时后同武社长及涛然、英桂、宝森诸君往新侨饭店大同酒家，系黄玲同志回请夜饭，八时半饭毕。归途过三府菜园，至三兴池浴堂洗澡（剪发、擦背），归家已十时。

今天起临值清洁工作，晨扫街。

六月二十二日，星期六，晴

晨，七时半到社练拳。

下午，黄玲、丁宝森、袁容秋三君来社辞行，他们定今日 15 次夜十一时三刻开的车动身赴沪云。

傍晚，去延寿寺人行取零用款后归家。永儿买来电影票，夜饭后去大观楼看电影《李士珍》。七时廿分开演，九时五分演毕，做得不错。

六月二十三日，星期日，晴

晨，七时半孝侯、英桂二兄来，同往黄化门 17 号郑振铎部长家。八时半到达，谈至十时半出。再经帽儿胡同访戴亮吉君未遇，同回至孝翁家午饭，永儿被邀亦来。

下午,二时余同英翁先至信远斋吃酸梅汤,又往百顺胡同26号访陈忠杰君,又至郑雪樵,刘淼二同志家一坐,回家已四时。

到延寿寺街买油。

潘松泉侄来,夜饭后去。永儿亦返校。

六月二十四日,星期一,晴

晨,七时到社练拳。

上午,十时一刻举行十人小组中四人小组关于安排工作的会谈。

中午,往西单买昆曲廿八日戏票,又顺道至长安购明晚豫剧票。回社午饭,已十二时三刻。

下午,二时至王泰雷同志处商购手工和机制连史事。

今日下午社中全体往透视肺部,我未去。

夜,归家后拖地板,做清洁工作。

六月二十五日,星期二,晴

晨,七时半到社练拳。

中午,同英翁到食堂午饭。

下午,四时一刻开十人小组会,至六时余始毕。

赵向阁君来谈甲类书移转事。

傍晚,往西单长安戏院看河北省豫剧团演《三拂袖》,由陈素贞主演。七时半开始,至十时三刻毕。归家已十一时半。

六月二十六日,星期一,晴

晨,七时半到后孙公园宿舍访丁英翁。八时,在社打上海长途电话给沈季湘兄,为本月底前汇款事。

下午学习,读毛主席《处理人民内部矛盾问题》的文件。

今日写给汤儿、应女、侣女、曼女、毓松、望铣弟、二舅嫂信各一封。

岳母已于本月十八日下午二时逝世,至为悲戚!

傍晚,至大栅栏购物后归家。

六月二十七日，星期日，晴

晨，七时廿分出门，到正阳门大街 41 号和高乐赓君斟酌新华甲类书事。九时回社。

上午，九时举行十人小组会，讨论整风中提出各项问题。

下午，二时四十分到高教部听读报，回社已四时半。闻出版局为海外事开会来电话通知出席，因为时已迟，不及前往。

夜饭后，往新中国看《百货商店的秘密》电影。七时廿分开演，九时毕。

六月二十八日，星期五，晴

晨，七时一刻到社练拳。

上午，十时往锡拉胡同口腔医院治牙，当承许大夫补好。十二时到西单长安戏院买明晚汉剧票一张，一时回社。因补牙后须过两小时始能吃饭，故至二时才吃馒头三只。

傍晚，洗澡并在食堂夜饭后，往西单剧场同丁英桂兄看北方昆曲剧院建院公演《牡丹亭》，计闹学、游园、惊梦、拾画、叫画五折。白云生演得不错，韩世昌总觉太老了。十时半演毕，归家。

六月二十九日，星期六，晴

晨，七时半到社，未练拳。

上午，八时半为丁英桂君来京后联系工作会报，由郭敬同志主席，谈至十二时余。

陈公哲君来，取去旧版税。

下午，参加计划科与人事科学习。

傍晚，往长安戏院看武汉市汉剧团陈伯华主演的《二度梅》。七时半开演，至十一时十分演毕。

三妹，五妹，耀华，弟弟均已在家。睡已逾午夜一时。

六月三十日，星期日，晴

晨，五时前即起床。

七时半，往琉璃厂取报、吃牛奶，并送望远镜给张子明兄，因昨购话剧票我在六排，他在十七排。九时，到琉璃厂人行取零用款后归家。

下午略睡，一时15分往东单青年艺术剧院看上海通俗话剧《珍珠塔》。自二时演起，至五时半毕，尚可观。永儿同去。

三妹、五妹先后回去。耀华和永儿今晚往音乐堂看曲剧《啼笑因缘》，耀华将于看后径返西郊。

七月

七月一日，星期一，阴，有雨

晨，七时半到社，因雨未练拳。

上午，九时同药元林、王耀先、李汉周往按院胡同四号，因托儿所今日开始收托儿童。十时，至国会街九号访唐泽霖君，知他已去琉璃厂，当即回社。

十时一刻，在社长室听唐泽霖同志汇报，至十二时毕。

下午，二时半再同唐至社长室谈至四时半。

今日四时起社中做大扫除工作。

傍晚，洗澡后归家，做清洁工作，拖地板。

七月二日，星期二，晴

晨，七时三刻到社。因在家略理案卷，故较晏，未练拳。

上午，拟为港地产事致出版局函。十一时，唐泽霖同志来谈。

下午，三时开十一人小组会，逾六时始散。

回家后，见有杏子置案头，大约永儿已来过。

洗衣妇来借洗衣款，允明日借给二元。

写致大妹、六妹信各一封。

七月三日，星期三，晴

晨，七时一刻到社练拳。

下午，学习反右派斗争文件。

丁英桂兄今日下午四时55分乘五次车回沪，我托带酸梅糕十盒，并送给两盒，又去车站送行。车开后就归家。

在车站买西瓜一只，备永儿来同吃。

七月四日，星期四，晴

晨，七时一刻到社练拳。

傍晚，参加总务科生活小组会，至八时半往大栅栏购食品后归家。

三妹同事朱毅因休假往天津，来寄存自行车一部。

购明晚电影票（大观楼）一张。

七月五日，星期五，晴

晨，七时半到社练拳。

上午，八时半参加编辑部举行讨论稿酬会议，至十二时始毕，但尚未完结。

傍晚，洗澡后往大观楼看《长夜的秘密》电影。七时廿分开演，至八时三刻始毕。并购得星期日晨电影票两张。

闻曹祖荫、张家昌二君将于今晚到京，由涂子英兄去车站迎接。

七月六日，星期六，晴，有小雨，傍晚大雨

晨，七时半往西交民巷公私合营银行访王伟才同志，谈港新华贷款事。又往王府井集邮公司，因未开门，只得仍返琉璃厂。

上午，曹祖荫、张家昌二兄来谈。

下午，约唐泽霖同志来谈。

傍晚，到人民银行存款及购公债等。

七月七日，星期日，晴

晨，七时四十分同永儿在大观楼看日本电影《缩影》，至九时卅五分始毕。

去乡村饭店赵树林同志处取来大妹牛奶余款2.80，又到琉璃厂取报纸、吃牛奶。再往西河沿派出所办王登兰和利新、利北三人户口迁往南京（马标四区十三楼第三号门二楼东）事，因忘带购粮证，再回家取来办毕。

下午，未出门，写致汤儿、大妹及金如侄女信各一封。

下午，五时潘达人君来访，谈至七时去。

七月八日，星期一，晨大雨，嗣晴，夜雨

晨，七时一刻永儿出门，大雨倾盆，颇为担心，当写一明信片询问。

七时三刻到社。

上午,十一时出版部、计划科来共商本年用纸减低计划事。

下午,参加生产会议。傍晚,洗澡后归家,做拖地板清洁工作。

七月九日,星期二,阴晴,夜有雨

晨,七时半到社,因地湿未练拳。

写致六妹信一封。

傍晚剃头,并至延寿寺街人民银行为内子定存转期。

七月十日,星期三,阴,傍晚雨

晨七时半到社。

上午唐泽霖同志来,已由总务科代他买赴穗车票。

储玫中君来谈,知他于静坐方面(即气功疗法)有些经验。

下午,为斯福康交代右倾思想问题,由出版、经理二部在食堂开大会,至六时十分始散。

洗澡及吃点心后,往大观楼看《逃亡者》电影。七时 20 分开演,至九时 10 分始毕。

七月十一日,星期四,上午阴,下午晴

晨,七时半到社。

午后,搭社中汽车往政协礼堂参加社会主义学院、新闻工作者协会、九三学社及我社联合举办大会,揭发顾执中右派活动事,至六时三刻仍搭原车回至南新华街归家。

七月十二日,星期五,阴晴,半夜大雨

晨,七时半到社。

上午,九时伴曹祖荫、张家昌二君至社长室汇报工作,至十时三刻毕。

下午,人民银行来殷、陈二同志来谈第三季度贷款事,孙如松、包闻天二君同谈。

傍晚,洗澡后至中和购得戏票一张,当回家一转后往看,是山西蒲州梆子赴京演出团做《朝房》《三家店》《卖水》三出,做工很好。自七时半起,至十时 35 分演完。

七月十三日,星期六,晴

晨,七时到社练拳。

下午,经理部、出版部在前门区工会开大会揭发斯福康右派思想及恶劣作风事,我至四时半离开。

往国会街访唐泽霖同志,交给送子宏兄麻菇一包,又公函二封,并谈银行贷款事。

五时半,往东栓马椿访郭农山君,未遇。路过和平门合作社买西瓜一只。

七月十四日,星期日,晴

上午,在家晒衣服。

下午,三时出门,先到琉璃厂吃牛奶、取报纸。昨知涂传杰兄病,乃过和平门买西瓜一个,往新建胡同11号。因涂君去车站接他三女儿,乃与涂师母谈片刻。

又往东单新华食品店买黄油、果酱、面包等,即归家。

夜饭后,整理今日晒过衣服,颇费工夫。

今日同永儿晨吃粥,中午吃饭,夜吃面,过得不错。

七月十五日,星期一,晴

晨,七时半到社。

下午,二时同武、郭二社长及纪昌同志乘车往文化部开批判人民出版社副社长曾彦修大会,至六时始毕。会由张致祥副部长主持。

同孝翁往隆福寺人民市场一走。

归途至劝业场购物后归。

写致汤儿、六妹信各一封。

七月十六日,星期二,晴阴,夜有雨

晨,七时半到社。

午饭前,往中和购明晚戏票备曹祖荫、张家昌二君用。

下午,二时半到文化部开反出版界右派斗争座谈会,由张致祥副部长主持,传达文艺界座谈会上周总理和陆定一、康生、周扬诸同志谈话,至六时半始毕。

七时半,赶到琉璃厂参加欢送陈忠杰养老退休会,至近九时始回家夜饭。

七月十七日,星期三,晴

晨,七时半出门,八时一刻到文化部参加第二次批判曾彦修座谈会。八时半开始,至十二时毕。搭乘社中汽车回琉璃厂。

下午,六时同张家昌兄回家,曹祖荫兄亦即来家,同烧面吃。

夜,七时半同张、曹二兄往中和戏院看蒲州梆子《赠绨袍》《杀狗》两剧,十时半散戏。

三妹同事朱毅寄存自行车今日取去。

七月十八日,星期四,晴

晨,七时三刻到社。

上午,俞寰老来谈港事。

傍晚,径归家。

三妹、李菊萍和小应来家,为小应肚泻准备明日看医云。

七月十九日,星期五,晴

晨,杜企棠来。早饭后,企棠回去,三妹同菊萍挈小应去儿童医院看病。后闻三妹径回西郊,小应未看医,仍由菊萍带回家中。

我七时半出门,八时余到文化部。今日上午仍继续批判曾彦修,并涉及蓝钰、萧乾等人。十二时回琉璃厂,归途在六部口邮局代菊萍汇扬州款20元,到社已近一时。

下午,三时举行整风专门十一人小组。

傍晚,接汤儿信,知利南定廿一日托沪友蔡照才径带南京,不再转京云云。

洗澡后,至延寿街人行及大栅栏一走。

七月二十日,星期六,晴

晨,七时出门,八时一刻到高教部听黄副部长作反右派分子的报告,至十时半始毕。搭汽车回琉璃厂。

下午，正常工作。

傍晚，径归家。

企棠、三妹、永儿先后来。

夜，宣信予兄来谈。

七月二十一日，星期日，晴

晨，八时往琉璃厂取报、吃牛奶。九时十分到大观楼看《白菜主任》电影，至十时35分毕。往长安戏院购后晚票一张，归途购西瓜及奶粉、面包等。

中午，五妹亦来。

下午，企棠与五妹去首都看宽银幕，永儿往先农坛看球赛，票子都是企棠向大妹要来的。

下午，三时到前门车站退代利南购赴南京票，计损失六角。

七月二十二日，星期一，晴

晨，三妹、菊萍携小应往五棵松301医院看病，看后回遗光寺。永儿亦返校。

晨，七时三刻到锡拉胡同口腔医院镶牙。据郭大夫意，以移转煤市街口腔医院为宜。当即到煤市街口腔，候至十时半始看。据大夫说可以做桥牙，须费五十元，当先交十元。十一时返琉璃厂。

傍晚，洗澡后归家。

夜，做拖地板清洁工作。

七月二十三日，星期二，阴晴，中午有雨

晨，七时半出门，到文化部开反右派座谈会，至十二时一刻毕，到社已一时。

下午，四时半到前门区煤市街联合口腔保健站，由姚大夫磨牙，因屡次停电，至六时半始毕。

夜，七时半到长安戏院看汉剧团演《凤仪亭》《未央宫》《贵妃醉酒》，至十时半演毕。

到车站送曹祖荫、张家昌二兄赴沪，子英兄也去送，回家已逾十时。

侣女自沪来信，谓内子已购好廿七日车票返京，廿八夜可到云。

七月二十四日，星期三，阴，下午雨

晨，七时半到社。

上午，为英企鹅出版公司将于星期五访问商务，由郭敬、戴孝侯、吴泽炎诸同志会商招待事宜。

下午学习，我自读文件。

傍晚，洗澡后至大栅栏购物后归家。

永儿来家。据明晨将往首都看宽银幕云。

七月二十五日，星期四，晴

晨，永儿去首都看宽银幕电影，我七时半到社。

下午，二时40分到高教部听读报，计贾拓夫关于公私合工业企业管理问题和人民银行关于信用合作社问题对中共中央报告两篇及其批示，三时半读毕。

社中给二十八日（星期日）下午六时半的首都宽银幕电影票，因是日内子抵京，无暇前往，乃至后王公厂九号送给瑞和侄女，四时半回社。

傍晚，接侣女信知利南已于23晨到南京云。函告三妹其母返京期。

回家煮稀饭。七时20分，到大观楼看《蝴蝶杯》电影，归家近九时半矣！

七月二十六日，星期五，晴

晨，七时半出门，八时十分到文化部参加反右派座谈会，至十二时半毕，搭社中汽车返琉璃厂。

下午，二时半英国企鹅出版公司总经理莱恩来访，由曹建飞同志陪来，带译员一人，又国际出口科一人。我社由郭敬副社长、戴孝侯、吴泽炎、章熊、马清槐和我招待，谈至四时半去。

傍晚，洗澡后到大栅栏一转，购物后归家。

七月二十七日，星期六，晴

晨，七时三刻到社。

下午，民进开会为戴孝翁在整风中有反党、反社会主义言论事，由励刚主席，梁涛然同志列席指导，至六时始毕。

三媛来电话，谓须下一个星期日回家。

傍晚，至延寿寺人行取款后归家。

七月二十八日，星期日，晴

晨，候五妹未来，嗣来电话谓农场中曾有火灾，因此不能脱身云。

上午，九时十分同永儿往大观楼看《影子》电影，至十时四十分毕。

往琉璃厂吃牛奶、取报纸，再往珠市口粮店买小站米 20 斤（籼米没有），雇三轮回家。又往延寿寺街买油。

下午，三时一刻出门，先往菊儿胡同 53 号甲访沈丙麟君，谈片刻。又往小菊儿胡同 35 号访俞明岳君，未遇，稍坐即出。再往官帽胡同 15 号访潘达人君，谈至六时余辞出。至新华食品店购物后归。

为内人将于今日返京，晨收拾灶间零物。夜饭后，同永儿去车站接内子自沪乘六次车来，八时 34 分准时到，九时到家。

七月二十九日，星期一，晴

晨，七时半到社。

傍晚，径归家，做拖地板清洁工作。

七月三十日，星期二，晴

晨，七时半到社。

上午，外文出版社总务科长来谈房子事。

下午，四时开十一人小组会，至六时毕。戴孝侯同志已退出。

傍晚，剃头后归家。

夜，塘侄来谈。

七月三十一日，星期三，晴，午后有阵雨

晨，七时半到社。

午饭后，往文化部开反右派座谈会，至六时余毕。去时遇雨，幸有郭寿铎同志携伞，未过淋湿。

夜，在家洗澡。

八月

八月一日,星期四,晴

晨,七时半到社

下午,出版、经理两部开反右派(斯福康)大会,我为准备批判曾彦修等文件,未去参加。

傍晚,径归家。

蔡洪钧与金如今午由石家庄来京,住我家中。

八月二日,星期五,晴,夜雨

晨,八时到煤市街口腔保健站,治牙至十一时始毕。当回琉璃厂。

下午,四时由民进邀请一部分人员谈为戴孝侯右派言行事,至六时毕。

傍晚,洗澡后归家。

夜,瑶瑶携女来家视金如。

八月三日,星期六,晴

晨,七时半到社。

上午,八时半开样书整理会议。

十时半,听涛然同志传达周总理在文艺座谈会讲话。

下午,参加总务科讨论周总理讲话。

傍晚,径归家。

永儿、三妹都来家。

八月四日,星期日,晨雨,嗣晴

晨,九时往琉璃厂吃牛奶、取报。

洪钧、金如今日往瑶瑶家,夜饭后始归。

下午,松泉夫妇来家访金如未遇,夜饭后去。五妹则下午四时即返西郊。

夜,同内子、永儿往民主剧场看上海大众滑稽剧团演《三毛学生意》,八时起,至十一时毕。

三妹女友两人为看宽银幕,夜宿我家。

八月五日，星期一，晴，夜阵雨

晨，三妹女友五时起身，即回去。

七时三刻到社。

傍晚，洗澡后往高教部听周总理在俄语学院讲话的录音，自七时半起，至十一时始毕。归家已近十二时。

八月六日，星期二，晴，夜雨

晨，七时半动身，八时半到文化部开反右派座谈会。今日，我第二人发言，题为从[1]“从商务印书馆立场，批判曾彦修、蓝钰等的谬论”。十二时一刻乘社中汽车回琉璃厂。

傍晚吃面包。七时半，到虎坊桥工人俱乐部看空军政治部文工团歌舞，至十时半毕。同往者除内子外，为洪钧、金如、瑶瑶三人。

八月七日，星期三，晴，夜雨

晨，七时半到社。

下午，四时参加经理、出版两部批判斯福康右派问题大会，药元林同志报告后即改由各小组开会讨论。

傍晚，洗澡后归家。夜，做擦地板工作。

蔡洪钧同金如今日乘五次车回沪。

八月八日，星期四，晴

晨，七时出门，八时到锡拉胡同口腔医院，因人多，只挂号，十二日再去诊视。

八时三刻到社。九时，开十人小组会，至十一时半毕。

下午，二时四十分在高教部听读电报，四时一刻返社。

傍晚，六时半参加总务科工会生活小组，八时先退出归家。

八月九日，星期五，晴，夜有雨

晨，八时到煤市街口腔保健站装所镶金牙。

九时一刻，到文化部参加反右派座谈会，十二时回家。顺道至广和购得今晚

---

〔1〕“从”当为衍字。

豫剧团两张。

午饭后,在家略睡,到社已二时一刻。

下午,参加经理、出版两部批判斯福康大会,至六时始毕。

傍晚,洗澡后到广和先售去戏票两张(内子重购)。七时半开演《卷席筒》豫剧,至十时40分毕。上座只约40%。

八月十日,星期六,晴,傍晚雨

晨,七时三刻到社。

下午,参加经理、出版两部对斯福康批判大会。

戴孝侯兄之子女见在社中由梁涛然、励刚同志谈话。

傍晚,径归家。

五妹挈美强来,耀华亦到。夜饭后,美强旧病突发(抽风),当请牛仲明大夫来诊视,打针及开方后去。

八月十一日,星期日,晴,夜有阵雨

晨,八时同耀华、五妹到大观楼看《青年先锋》电影,至九时三刻毕。去琉璃厂取报后归家。

为永儿昨夜未回家,今日上午还不见来,亦无电话,内子不免着急,我亦有些不安。至下午三时始来,谓在校中开会之故。

下午,四时同内子、五妹、永儿往大观楼看《马歇尔欢迎你》电影,五时半毕。

五妹、耀华挈美强夜饭后回去。

八月十二日,星期一,晴阴

晨,七时半到社。

八时半,往锡拉胡同口腔医院许大夫复看所补之齿。十一时回社。

下午,给沈季湘兄为汇款事通一长途电话。

下午,五时到煤市街牙科保健站为镶牙做固定手续。六时回家。

夜,做拖地板清洁工作。

八月十三日,星期二,晴,傍晚雨

晨,七时半到社练拳。

八时半，为流动资金问题约出版部等有关部门商谈，至十时半毕。

下午，写致沈季翁航空信，即为流动资金事。

傍晚，径归家。

夜饭后，同内子往首都看宽银幕电影，九时开演，十一时毕。演的是《五一节》和《革命的前奏》。

八月十四日，星期三，晨雨，嗣晴

晨，七时半往文化部参加反右派座谈会，为批判张友松事。八时半开始，至十二时毕。回琉璃厂已逾一时。

下午学习，我自阅文件。

傍晚，洗澡后归。

三妹今日归家，谓休假至本月廿五日云。

八月十五日，星期四，晴

晨，七时到社练拳。

上午，为流动资金问题，文化部、出版局和交通银行（熊杰）均派人来了解社中情况。

下午，四时与四编室、出版部等商明年预定机制和手工连史纸事。

傍晚，径归家。

为内子买好十九日五次车去沪车票。

扁桃腺发炎，痛甚。

八月十六日，星期五，晴，晨有雨，夜有阵雨

晨，七时半动身往文化部开反右派斗争座谈会，自八时半起，至十二时余始毕，回社已一时。今日仍为批判张友松。

傍晚洗澡。夜饭后，乘一路公共汽车往首都剧场看话剧《名媛之死》和《潘金莲》，十时半毕。同五妹、永儿去看。

八月十七日，星期六，晴，傍晚有雨点

晨，七时三刻到社。

下午学习，自读文件。

傍晚，径归家。

企棠来家宿，其弟妹（召棠、水芳）夜饭后来。

八月十八日，星期日，上午阵雨晴

晨，九时往琉璃厂吃牛奶、看报纸，又理发后到大观楼看《风山疑案》电影，自十一时四十分开演，至一时十五分毕。归家后午饭。

濂侄携美平来，下午回去。

企棠和弟妹及内子、三妹、弟弟、濂侄、美平等由企棠邀至全聚德午餐云。

下午，四时往车站看五次车车厢座位（73）号（内子所购票号）是否靠窗，结果凡是0、3、7、9都是靠窗的座位。

夜，召棠仍来家宿。

八月十九日，星期一，晴

晨，七时半到社。

接沪函知菊公前月患阑尾炎，十五日起又患肺炎，九一高龄，至为可虑。当函仲木兄慰问。

下午，二时半回家。四时，同三妹、弟弟和杜召棠送内子至车站，她乘五次车返沪。

五时半返社。六时，洗澡后归家，做拖地板清洁工作。

接汤儿信，知美洁考取高中，至以为慰。利南二十二日（星期四）晚可到京，系国璠来信。

夜，九时廿分到大观楼看《罗汉钱》沪剧电影，至十一点演毕。

八月二十日，星期二，晴，晨有阵雨

晨，杜召棠来练拳。

七时半到社。

傍晚，至观音寺购食物后归家。

三妹、永儿今日各回去。

上午，十时一刻参加出版部召集的生产会议。

八月二十一日，星期三，晴

晨，召棠来习拳。

七时三刻到社，与涛然同志谈京厂需要宿舍事。

午饭后，搭汽车赴文化部开反右派座谈会，有山东师范学院来揭发张友松反党事件，至六时毕。

六时半到琉璃厂，洗澡后归家。

接国璠信，知小胖须24日到京。

八月二十二日，星期四，晴，傍晚小雨

晨，召棠来学拳。

七时三刻到社。

下午，二时40分起在高教部听读报（周总理七月七日对民主党派负责人和无党派民主人士的谈话，未完）。四时三刻回社。

傍晚，至大栅栏购零物后归家。

接侣女信，知内子已于20日下午过宁，稍感疲累及腰背痛云云。

八月二十三日，星期五，晴，晨雨

晨，召棠来学拳。

七时三刻到社。

傍晚，洗澡后归家。

据西屋奶婶言，今日有邮局送来信要盖章云，当至琉璃厂询问。据已下班，须明日送社云。

七时半，去北海广宵楼观本社家属联欢会，九时先归。

八月二十四日，星期六，晴，晨有雨

晨，召棠来学拳。

八时半，到口腔医院补牙。九时半，到医药局访田文斌科长，又晤马承志主任技师，谈小胖随他去沈事。回社已十时半。

十一时，去社长室谈参加反右派外文社冯亦代事。

下午，二时搭汽车到文化部开批判冯亦代座谈会，至六时半始毕。

三妹、弟弟先后回家。

夜，小胖乘六次车于八时半到京，我去站接来家。

八月二十五日，星期日，雨

上午，八时半赴琉璃厂吃牛奶、取报纸，路过邮局取望铣弟汇来内子给弟弟买箱子用款卅元。

九时40分到大观楼看《攻城计》电影，十一时10分演毕归家。

下午，三时半挈小胖到大观楼看《火》电影，至六时回家。

三妹、弟弟下午先后回去。

八月二十六日，星期一，雨

上午，七时半挈利南往琉璃厂，让利南看小人书，中午并带她到食堂吃饭。傍晚洗澡后，仍携利南回家。

接田文斌科长电话，知马承志同志明晚乘3次车赴沈，已代利南买好车票及卧铺票云云。

八月二十七日，星期二，晴

晨，八时到社，小胖留在家中。

为批判冯亦代（贻德）事，约糜文溶兄来谈。

八时起，社中举行全体大会，由涛然同志报告反右派斗争经过，再由同志们批判戴孝侯，至十二时半始毕。

下午，二时搭社车赴文化部参加批判冯亦代座谈会，至六时毕。

到东单新华食品店买面包等。归家后，往纸巷子化工部招待所马承志同志处取利南车票。回家夜饭后，挈利南往车站乘九时20分开三次车同马同志赴沈。

今日上午永儿来家陪利南，夜饭后回校。

八月二十八日，星期三，晨有雨，嗣晴

晨，七时一刻到社练拳。

上午，接沈季湘长途电话，为上海下月初要开办出版工作展览会事。

下午，续开批判戴孝侯大会。

傍晚，洗澡后往新中国购电影票后归家。

八月二十九日，星期四，雨

晨，八时到社。

糜文溶兄来谈，为准备后日文化部批判冯亦代座谈会发言之用。

傍晚，径归家，并为侣女寄去《中华放射学》杂志一册。

八月三十日，星期五，晴

晨，七时半到社练拳。

上午，缮写明日文化部批判冯亦代发言稿，并送交出版局欧建新同志。

下午，社中开全体大会，批判戴孝侯反党、反社会主义言论。

傍晚，洗澡后至大观楼购明晚电影票后归家。

永儿来家。

八月三十一日，星期六，晴

晨，八时半到文化部参加批判冯亦代座谈会，吴晗副市长亦到会发言。我的发言因时间不及，只将稿交去。此会今日结束。

下午，二时社中郭敬同志传达陆定一对北京市理论教员的报告，至四时毕。

傍晚，径归家。

夜，同永儿到大观楼看《如此多情》电影，十时回家。

九月

九月一日，星期日，晴

上午，七时到中央电影院同永儿看亚洲电影周印度尼西亚故事片《查雅布拉纳》。自七时 40 分开演，至九时 30 分毕。

同徐德俊、邹根泉两君往绒线胡同 83 号，许季芸不在，奚锦章已全家返沪，在许宅略坐，并看到韦敬群。又到旧簾子胡同 51 号访杨实夫，见到高一飞，未遇沈志刚。

十一时，到琉璃厂吃牛奶、取报纸，归家。

下午，五妹来。杜召棠来学拳片刻。

夜饭后,去大观楼看苏联故事片《鲁勉柴夫》电影。自六时10分开演,至七时50分演毕。

写致汤儿及韵甥信各一封。

九月二日,星期一,晴

晨,七时一刻到社,召棠爽约未来练拳。

傍晚,洗澡后回家。到富兴米庄取粮油票,又至新中国一转。

夜饭后,拖地板做清洁工作。

写致望铣信,附去布票20尺。

九月三日,星期二,晴,夜雨

晨,七时三刻到社。

上午,八时半在社长室会商出版局指示嗣后改善发行工作事,至十时一刻再在我办公室商港印书版税事。

傍晚径归,永儿已回家。

夜饭后,往新中国看亚洲电影周日本电影《米》和越南纪录片。自六时50分起,至九时20分始毕。

九月四日,星期三,雨

晨,七时三刻赴社。

永儿今日来社午饭。

下午,举行批判戴孝侯大会。

写致四妹信。

傍晚,径归家。

九月五日,星期四,晴

晨,七时半到社,与涛然同志谈公事。上午,许季翁来谈。十时余,往高教部听读报(台湾情况,彭德怀与日本前军人代表团谈话),自十一时起至十二时止。回社已十二时半。

傍晚,径归家。

夜饭后,往中央一走,因不易购得退票,即归。

永儿往长安看越剧《柳毅传书》，十一时始回。

九月六日，星期五，晴，傍晚有雨

晨，七时半到社练拳。

上午，沈复初君来。据住百万庄其子家，准备住两月云。

下午，二时到高教部逸仙堂听批判曾昭伦大会，至五时一刻毕，回社已五时半。洗澡并吃馒头后，径往新中国看亚洲电影周新加坡电影《阴云》。自六时 50 分开演，至八时 45 分毕。

九月七日，星期六，晴

晨，七时半到社练拳。

下午学习，自读文件。

傍晚，径归家。

三妹全家来。

九月八日，中秋节，星期日，晴

晨，七时 20 分同三妹、菊萍、永儿至大观楼看《桃李劫》电影，至九时五分毕。

往东单新华食品店购物，又至琉璃厂一转，归家已十一时半。

下午，往大观楼看五时 50 分开演之《椰林曲》电影，至七时半毕。

上午，曾在首都买到宽银幕电影票二张，给三妹、菊萍去看（夜九时 20 分开演）。

九月九日，星期一，晴

晨，七时半到社练拳。

上午，参加托儿所管理委员会。

傍晚，径归家。夜，做拖地板清洁工作。

永儿今日回校。

召棠、三妹晨六时余即返西郊，菊萍挈小应八时余回去。

九月十日，星期二，晴

晨，七时半到社练拳。

今日大部分时间准备反右派总结讲话资料。

上午，同蔚伯、廷珏往琉璃厂37号看样书间的布置。

傍晚，剃头后归家。

九月十一日，星期三，晴

晨，七时半到社练拳。

上午，广州印刷厂黄玲介绍广州文化局两同志来谈。

下午学习，我仍作反右派准备资料工作。傍晚，去珠市口购米后归家。

永儿今晚去看《上海屋檐下》话剧。

九月十二日，星期四，晴

晨，七时半往锡拉胡同口腔医院复查补牙，许医生认为可以告一段落。归途过百货公司买干汽司一块，九时一刻回社。

下午，准备反右派资料。

傍晚，至煤市街购物后归家。

九月十三日，星期五，晴

晨，七时半到社练拳。

上、下午均准备反右派资料。

傍晚，洗澡后归家。

夜饭后，和永儿往中和戏院看河南豫剧团常香玉演《游龟山》，至十时半毕，归家。

九月十四日，星期六，晴，夜有雨

晨，七时半到社练拳。

终日查旧案，准备反右派资料。

傍晚，至观音寺购物后即回家。

沈季湘兄之子明德来，谓分配至复兴门外广播事业局云。

九月十五日，星期日，晴

晨，永儿同学张世良（昨晚到东站去接其妹，曾在我家夜饭）五时由东站来，卧两小时，早餐后回西郊去。

上午，做客堂间打扫清洁工作。

塘侄中午来，午饭后去。

永儿下午二时赴校。

永儿为我买好七时 50 分大观楼电影票《沙皇与木匠》，夜饭后去看，九时半回。

下午，三时往琉璃厂吃牛奶、取报纸，又往宣武门内做挂面 10 斤，约星期二去取。

九月十六日，星期一，晴

晨，七时三刻到社。

上午，储致中来交阅关于气功的著作，要求由商务出版，恐不易接受，姑允代达。

傍晚，洗澡后吃些面包。七时半，同张子明兄往虎坊桥北京市工人俱乐部看河南豫剧团演《断桥》《雁荡山》《拷红》三出，做的认真。至十时三刻毕，归家已十一时。

九月十七日，星期二，晴

晨，到社已近八时。

傍晚，往宣武门内取挂面后雇三轮回家。

夜半，听到天安门方面很热闹，想系国庆游行的预习。

九月十八日，星期三，晴

晨，七时一刻往西河沿周莲轩兄家，因闻其夫人患肠病送前门医院，故去慰问。据要否施手术，须今日前去探询云。

八时到社。八时半，在社长室为 1958 年出版计划月底前须上报事集会，至十一时毕。又为第四季收支不能平衡约有关部门会商，至十二时十分。

下午学习，我仍续草拟发言稿。

傍晚，至大观楼看六时开演的《反右派斗争》，连加演新闻纪录片共只 35 分钟

夜，草拟发言稿。

九月十九日，星期四，阴，早、晚雨

晨，七时半到社。与郭敬同志谈吴泽炎草拟的商务优良传统发言稿事，又与梁涛然同志谈商务公私合营发言稿事。

上午，十时一刻往高教部听读报，读周总理接见日本前军人访华团谈话，又关于手工业合作社事，至十二时毕。

傍晚，径归家。往富兴和买面粉及酱油。

九月二十日，星期五，晴

晨，大妹全家乘16次车到京。

到社已近八时。

傍晚，至延寿寺人行一转，归家。

王湘璞同志来家与大妹等谈（她的爱人尹南轩现亦在宣化）。

菊萍带小应来家。

九月二十一日，星期六，晴，夜雨

晨，七时半出门，往文化部参加批判章锡琛、卢文迪、陆高谊右派分子座谈会，八时半起，至十二时半止。乘汽车回琉璃厂已近一时。

下午，续草发言稿。傍晚，至观音寺购食物回家。

企棠、三妹来家。企棠为参加夜半国庆检阅演习十时半去，据径返西郊去。

耀华、五妹携美强来家。

九月二十二日，星期日，晴

上午，八时往琉璃厂吃牛奶、取报纸，又往东单新华食品店买黄油、面包。十时半回家。

下午，三妹、五妹、弟弟先后回去。

九月二十三日，星期一，晨有雨，嗣晴

晨，五时起床。七时，陪大妹、国璠挈利新、利北同王登兰赴车站，他们乘八时十分开25次车赴宣化。我回家一转，到社已九时。

傍晚归家后，邻居送来军属国庆晚会戏剧券，在东城根空军司令部礼堂。七时半开演（实际延至八时），大约是票友演出，我只看《黄鹤楼》《拾玉镯》两出，还有《红羊洞》未看，归家已逾十时。

九月二十四日，星期二，晴

晨，在灶间做清洁工作，并将木架搬入，因此八时始出门，到社迟一刻钟。

下午，一时三刻去文化部，二时半开会批判章锡琛、卢文迪、陆高谊右派言论，涛然同志曾发言，至六时半毕。搭社中汽车回家。

夜，整理衣物。

九月二十五日，星期三，晴

晨，在廊前略做扫尘工作。

七时半，到社练拳。

下午，参加经理、出版二部大会，由王裕泉交代，斯福康检查，再由周延富发言，至五时半毕。

傍晚，至人行取款，再至观音寺购物后归家。

九月二十六日，星期四，晴

晨，做后弄清洁工作，到社已近八时。

上午，开全体大会，先由罗光洪检讨，继由李侃同志作“如何联系群众”的发言，至十二时毕。

下午，我未参加经理、出版二部批判王裕泉、斯福康大会。三时半，同武、郭二社长、纪昌、梁涛然、李侃同志等赴京厂观黑板报，大都是经济问题（如评薪、奖金、补助、家属生产等），或党员作风问题。五时半回琉璃厂一转，又至信远斋购物后归家。

今日，黄荫普君到京。

九月二十七日，星期五，晴

晨，到文化部开反右派斗争结束座谈会，至十二时毕。回琉璃厂已近一时。

下午，三时半起做清洁工作。六时，洗澡后径归。永儿已在家。

八时，同永儿往车站接内子。六次车准八时34分到站，即雇车回家。

九月二十八日，星期六，晴

晨，七时半先到东站提沪来大床，并托站代送。

八时，到劳动文化宫参观反革命罪行展览，至十二时回琉璃厂。

下午，准备发言稿。

傍晚，径归家。

接大妹信，需要咸菜、挂面等。夜饭后，向六必居购酱瓜、萝卜，并取挂面送至东北园王湘璞处，她适外出，经托刘尚勇转交，托为明日带宣化。

九月二十九日，星期日，晴，傍晚有微雨

上午，糜文溶及黄荫普夫妻来谈。

十时，做清洁工作（揩窗）至一时。

下午，三时往琉璃厂吃牛奶并草拟发言资料，至六时回家。

夜饭后，同内子、永儿往新中国看七时一刻开演的埃及电影《我们美好的日子》，至九时五分毕，归家。

三妹来家。

九月三十日，星期一，晴

晨，七时三刻到社。

上午，十时黄荫普兄来，在社长室汇报，谈至十二时毕。

中午，至丰泽园请黄荫普午饭，武剑西、郭敬、俞寰澄、梁涛然、李侃、于卓、钟兆琥、王泰雷在座。下午，二时回社。

傍晚，径归家。

永儿赴校，准备明天到天安门去做标兵。企棠来，夜同三妹往贺水芳结婚，仍回家宿。

十月

十月一日，星期二，晴

上午，整理西间。企棠帮忙后，八时半回西郊。听国庆游行广播。

下午，二时半往琉璃厂，归途至大栅栏一转，并到前门大街买送黄荫普夫人物。

夜饭后，往大观楼看六时40分开演《情长谊深》电影，八时20分毕。

三妹下午回西郊，五妹夫妇来家宿。

十月二日，星期三，晴

晨，七时半出门。八时半，到西郊宾馆访黄访书夫妇，其女小畹亦在。又会见中华汪伯奇君。他们今天都去香山游览。

去印度展览会参观，又至节约用煤展览参观，十二时回家。

下午，四时到琉璃厂吃牛奶，又写信给儿女们为明年退休事，分寄宣化、沈阳、上海三处，回家并交五妹一份。

十月三日，星期四，晴

晨，七时半到社练拳。

十时一刻赴高教部，十一时起听读报，计读① 自由市场问题；② 周总理接见埃及代表团谈话；③ 毛主席接见保加利亚军事代表团谈话。

傍晚，剃头后回家。

五妹夫妇今日已回农场去。

十月四日，星期五，晴

晨，八时到社。

十时，往邮局寄望铣弟旧绒线一包。

十二时，往首都买下午 4 时 10 分的宽银幕票两张，备送黄荫普君，并请朱通舟兄作陪，因他也未看过也！

下午，二时半黄荫普君来，与郭社长一谈。四时，由通舟兄陪往首都。

夜饭后，往大栅栏购星期日的电影票。

汤儿托同事曹贺民同志带来红元帅苹果一包。

十月五日，星期六，晴

晨，七时半出门，去高教部参加肃反辩论大会，由三人报告，至十一时半毕，当返琉璃厂。

下午学习，我自阅文件。

傍晚，到观音寺购物后即归。

十月六日，星期日，晴

晨，七时三刻到社，打电话给黄荫普。据明晨乘7次车(7:30分开)赴汉口，约届时去送别。

同内子、永儿到大观楼看9时15分开演的《寂静的山林》电影，至10时45分毕。

下午，张启平甥来。他已在航空学院肄业，据其兄启裕尚在家休养云。

松泉夫妇来坐片刻，永儿夜饭前返校。

夜饭后，同内子往前门小剧场看湖南皮影木偶艺术剧团的皮影戏，九时半毕。

王湘璞同志自宣化回京，带来大妹的信及葡萄等。

十月七日，星期一，晴

晨，六时半赴车站，遇常紫钟夫妇及潘达人君，送黄荫普、汪伯奇乘七次车赴汉口。该车七时半开，我再回家一转，到社适八时。

同涛然同志谈发言稿事。

下午，修正发言稿。

傍晚，洗澡后归家。

十月八日，星期二，晴

今日上午，原须往高教部听肃反辩论继续大会，我因须修改发言稿未去，仍到社工作。

下午，二时同涂传杰、张兆魁至香炉营四条派出所参加节约粮食谈话会，四时半返社。

傍晚，径归家。

十月九日，星期三，晴

晨，七时半到社，交涛然同志准备发言稿。

下午，学习时间仍处理公务。

傍晚，径归家。

十月十日，星期四，晴

晨，七时半到社，在170号门前看到苏联人造卫星？今日上午原须到高教部去听肃反辩论，因为琉璃厂167房屋事须做节略，故未去。

下午，一时去武社长家，同武社长往西长安街大栅栏内访李续刚副秘书长，谈琉璃厂167号房事。

下午，开全体大会，由戴孝侯做检查，又由励刚、吴泽炎讲话，最后由我谈节约用煤及节约粮食两事。

傍晚，径归家。夜饭后，同内子往佘家胡同36号访朱通舟兄，因其妻今日施手术割治子宫瘤。又顺便访沈尚志兄，因他在割痔疾。

十月十一日，星期五，晴

晨，七时半到社练拳。

上午，八时成立节约粮食办公室，以药元林为主任，我为副主任，沈西麟任秘书。九时半，接开小组长会议，交代今晚开生活小组应谈问题。

中午，曾为沪厂函新加坡商会事，以长途电话致沈绥南询问。

下午，开全体大会，先由我报告商务改造经过，计两小时，下两小时由涛然同志报告。

傍晚，径归家。

夜饭后，同内子往庆乐园看新兴京剧团演三本《封神榜》，至十时四十分毕。

十月十二日，星期六，晴

晨，七时半到社练拳。

下午，开大会，听涛然同志报告立场问题。

傍晚，洗澡后径归家。

十月十三日，星期日，晴

晨，永儿回家。

上午，九时半建筑工程部设计总局技术处的史久恒来看我，商翻译函授理科书事，谈至十一时半午饭，饭后去。

十二时十分，到虎坊桥工人俱乐部看《为了苏维埃政权而斗争》电影，至一时

50分毕。到琉璃厂吃牛奶、取报纸后回家。

永儿夜饭后去。

夜，写致望铣弟及韵甥、六妹各一信。

十月十四日，星期一，晴

晨，七时半到社练拳。

上午，工间操后往东琉璃厂37号看整理样书情况。

傍晚，洗澡后径归家。

十月十五日，星期二，晴

晨，七时三刻到社。

十时一刻，往棉花九条访问朱蔚伯兄病况。十一时返社。

下午，二时到高教部听肃反辩论大会，至五时半毕，乘社中汽车回。归途至劝业场买布鞋一双，计三元，适今日领到商务股息2.88抵用。

十月十六日，星期三，晴

晨，七时三刻到社。

下午学习，自读文件。

傍晚，径归家。

十月十七日，星期四，晴

晨，七时三刻到社。

十时一刻，往邮局取大妹汇来款25元（内子20元，永儿5元）。

傍晚，径归家。

十月十八日，星期五，晴

晨，七时半到社练拳。

上午，九时开审查节约粮食小组会，至十二时。下午，一时续开，至二时毕。

午间三妹来电话，谓明日或仍来家云。

内子以藤篮一只、绒线帽一顶托朱通舟之女（名子琦，在上海高阳路、东余杭路627号华东纺织医院工作）带沪给望铣弟，她明晚动身云。

傍晚，洗澡后归家。

夜，往新中国看九点十分开演的电影《拜月记》，至十点五十分演毕。是湖南戏，做的还好。

十月十九日，星期六，晴

晨，七时三刻到社。

午后一时，召集各小组长为谈节约粮食事。

下午，读《人民日报》邓小平报告《关于整风运动的报告》。

傍晚，径归家。

菊萍带小应上午来家，三妹于晚七点一刻到。

十月二十日，星期日，晴

晨，七时半到社，同内子、永儿乘社中所雇大汽车（共三部，乘百余人）往周口店。八时一刻出发，至十时半到达，参观陈列所及各猿人洞口，即在该处午点，至下午一点半原车回城。经过卢沟桥，为七七事变发源地，停车一游。四点到琉璃厂，我即在社吃牛奶并休息。又往西北园 13 号访韦士霖兄，因他患膝关节炎卧床休养。

傍晚，在社中食堂夜饭。饭后，往市工人俱乐部同内子看中国京剧院二团演出《钓金龟》与《酒丐》两剧。《钓金龟》唱的不错，《酒丐》由张春华主演，技术还好，惜少情节。至十时 40 分毕，步行归家。

十月二十一日，星期一，晴

晨，七时三刻到社练拳。

终日为节约粮食做记录工作。

傍晚，洗澡后归家。

涂子英兄见赠首都剧场《骆驼祥子》话剧票两张，同内子往看。七时一刻开演，至十时 40 分毕。归家已十一时半。

十月二十二日，星期二，晴

晨，四时三刻到社。与郭敬同志接洽，请去电话新华张文松交涉琉璃厂 95~96 号修建屋事。

今日，出版、经理二部开大会批判右派小集团斯福康、支持华，王裕泉、朱剑安、徐敦复等，我于上午十时一刻去听，直至下午五时余。

中午，与沈丙麟谈节约粮食事。

傍晚，径归家。夜饭后，至稻香村购糖。

十月二十三日，星期三，晴

晨，七时三刻到社。

今日，上、下午开大会批判右派分子杨任元，农工民主党和时代出版社亦均派人前来参加。

中午，三妹来电话，谓代永儿买好星期日话剧《骆驼祥子》票，她于星期六回家云。

傍晚，径归家。

夜饭后，同内子往大观楼看香港电影《新寡》。七时十分开演，至九时演毕，尚好。

十月二十四日，星期四，晴

晨，七时一刻出门，往东单青年艺术剧院听张致祥副部长作反右派座谈会总结报告。自八时开始，十二时半始毕。

过新华食品店买黄油半斤。

回社途中，在14路公共汽车失落布袋，当往虎坊桥站，幸获璧还。

到社已一时，吃饭后未得午睡。

傍晚，径归家。

塘侄来谈。

十月二十五日，星期五，晴

晨，七时三刻到社。

下午，二时半为昨日张致祥部长报告开漫谈会，至五时半毕。

傍晚，往珠市口清华园洗澡（为扦脚故去澡堂）。七时半归家，中途至大观楼买星期日上午电影票。

十月二十六日，星期六，晴

晨，七时三刻到社。

上午，八时半出版、编辑部商第四季出书及香港纸型事。

下午，参加总务科学习。

傍晚，至人民银行一转，回家。

夜，永儿、三妹回家。

十月二十七日，星期日，晴

晨，八时赴民主剧场听钱俊瑞为庆祝苏联十月革命讲话录音。自九时开始，至十一时三刻毕。

濂侄全家今日来，夜饭后回去。

宣信予兄下午来谈。

下午，为换睡床，未往琉璃厂。

三妹、永儿下午去看话剧《骆驼祥子》。永儿回家夜饭后返西郊，三妹径归去。

汤儿同事曹贺民同志傍晚来，带去给汤儿杂物一蒲包。

今晨大便有血。

十月二十八日，星期一，晴

晨，七时三刻到社练拳。

下午，原拟讨论张致祥部长反右派斗争总结，以人数未齐改于明日上午举行。

傍晚，洗澡后归家。

十月二十九日，星期二，晴

晨，七时五十分到社。

上午，八时继续谈张致祥部长报告第二整改部分，至十时毕。

下午，开全体大会，由李敬永同志报告"加强党的领导"问题，又杨慕之同志报告"共产党与民主党派的关系"问题。

傍晚，径归家。

濂侄夫妇来谈。

夜饭后，同内子往新中国看意大利电影周《苦难情侣》。七时开演，八时五十分毕。

十月三十日，星期三，晴

晨，七时五十分到社。

下午学习，预写致社长为养老退休问题的信。

自阅邓小平同志的“关于整风运动的报告”。

包闻天同志为黑板报刊载庆祝十月社会主义革命40周年纪念索稿，为草拟《我对于十月社会主义革命的感想》一文。

傍晚，径归家。

七时，往新中国看意大利电影周电影《为此人生》(包含“马拉姑娘”“弃儿”“夕阳无限好”“生不如死”“高拉蒂大爷”五出)、《警察与小偷》，至十时三刻毕。归家已十一时。

十月三十一日，星期四，晴

晨，七时五十分到社。

上午，十时十五分往高教部听读报，十时五十分到达。据读报临时取消，不得已仍回琉璃厂。

下午，二时乘社中汽车再去高教部听刘子载副部长作整风运动进入第三阶段的报告，四时余即毕。当仍乘社中汽车返社。

傍晚，往校场头条32号宣信予兄家，因其夫人施割子宫手续出院不久，故去探视。内子已先在。七时，同内子回家。

十一月

十一月一日，星期五，晴

晨，四时三刻起床。六时，同冯玉文出门，先到大栅栏乘电车到天桥，再换乘41路公共汽车去南苑。七时半人齐后，步行至槐房乡高级农业合作社。八时半起，开始体力劳动。计分三队，我队42人，做收集稻把工作。这是轻劳动，但上午尚有劲，至下午觉疲累，我就做得很少。至四时半止，再步行至南苑，乘41路公共汽车回天桥。我雇三轮到西琉璃厂社中洗澡，回家已七时。

槐房乡合作社据称有千余户，有稻田3600亩，菜田2400亩。今天我队42人所做的工作，如该社自己搞，只要20个劳动力云。

十一月二日，星期六，晴阴，下午雨

昨日参加体力劳动后，晚间前半夜腿部疲痛，后半夜稍好，日间仍腿重非常。

晨，八时到社。

上午，十一时原须去高教部听读报，因腿疲未去。

下午学习，参加总务科讨论刘子载部长报告。

为我的退休问题，今日发出致三社长信，请涛然同志阅转。又抄寄私股董事，请沈季湘、英桂同志阅转。再分函上海、沈阳、宣化、南平诸儿女及通知韦傅翁。

傍晚，剃发后归家。

今晨大便又出血。

十一月三日，星期日，晴

上午，八时半往西河沿戴孝翁家。九时半，去绒线胡同许季翁家。十一时，往新建胡同访凃子英兄，未遇，顺访陈文桢、余宗甫、于卓诸同志。回家已逾十二时。

下午，美韶来。

永儿傍晚返校。

下午，六时五分到同乐看《长江大桥》，加演《三八线》，至六时五十分毕。

写致望铣弟信，为楼下房租纠纷事。

十一月四日，星期一，晴

今晨痔疮又出血，而且较多。

上午，八时到社。

下午，一时半到高教部逸仙堂听苏联专家作庆祝十月社会主义革命四十周年纪念报告。二时开始，三时即完。

赴石驸马大街找卢医师，知已改在报子街81号联合诊所应诊，当再转往，谓星期一休息云云。因腿部疲痛，即回家休息。

十一月五日，星期二，晴

晨，大便又出血，且相当多。乃于七时一刻往西单报子街联合诊所，八时挂号，至九时由卢克捷大夫诊视。谓系过去遗皮作祟，今日先注射一些药，将来如严重可将遗皮割去云云。经注射后，回社。中途过宣内大街取挂面，因钱不足，经向三轮车夫借五角，还欠制面店一角。

下午，一时半在食堂开小组长和部室主任以上人员会议，由武社长报告第三阶段鸣放程序及动员加紧“大鸣大放”等项，至三时十分毕。

下午，工间操后大扫除，我因痔疾仅做轻便工作。

傍晚，洗澡后归家。

十一月六日，星期三，晴

晨，大便继续出血。八时到社。

下午，参加总务科学习。

傍晚，至延寿寺中行一转，归家。

三妹、企棠来家，永儿亦归。

十一月七日，星期四，晴

今日休假，与十日的星期对掉，为庆祝十月社会主义革命四十周年纪念。

上午，九时半往大栅栏及王府井购物，归已十一时余。

下午，四时半同内子步行往大栅栏转往天安门。因晚会人多，沿西长安街到长安戏院购得戏票二张，至大地餐厅吃饭，在长安看川剧《焚香记》。七时开演，十时一刻演毕。归家已近十一时。

大妹自宣化来。

十一月八日，星期五，晴

晨，为大便出血，未敢畅撒，至午饭前在社补便，又出血了。下午，至琉璃厂诊所取服药及搽药。

上午，八时到社，并先至东琉璃厂 37 号及 95 号一转，为样书整理事。

傍晚，吃馒头三个，往高教部听周总理六日在北大讲话录音，自六时半至九时毕。乘社中汽车归家。

夜饭后，已逾十时。

十一月九日，星期六，晴

今晨大便未出血，大约昨日搽药之故。

晨，八时到社。

下午学习，参加总务科讨论“大鸣大放”事。

傍晚，往大观楼看苏联电影周电影《天职》，是培养孤儿为音乐家的故事，很好。六时开演，至七时半毕。

十一月十日，星期日，晴

今日星期日和七日对掉，故正常工作。

晨，八时到社。

下午，一时半在食堂开全体会议，听李侃同志传达柯华报告“叙利亚”问题，计一小时。

二时半，到社长室开第一专门小组会，至三时半。在我办公室续开第一小组内的企业经营会议，至五时半毕。

洗澡后归家。

夜饭后，往同乐看七时半开演的《第一颗人造卫星》电影，至八时十五分演毕。

十一月十一日，星期一，晴

晨，八时到社。

傍晚，归家夜饭后，同内子、大妹往青年艺术剧院看话剧《沙恭达罗》，至九时三刻即演毕。归家已十时半。

十一月十二日，星期二，晴

晨，五时半起床，为大妹今晨须乘七时车赴津，故为料理一切。

上午，七时半到社练拳。

傍晚，至大栅栏及鲜鱼口购物后归。

大妹七时半自津回家。

上午，曾同高乐赓君往琉璃厂199号看汉魏冢墓遗失残页订本。

十一月十三日，星期三，晴

晨，八时到社。

下午，参加总务科学习。

傍晚，径赴大观楼看六时开演的苏联电影周电影《仇恨的旋风》，至七时35分毕。

十一月十四日，星期四，晴

晨，七时半动身，往东总布胡同10号出版局旧礼堂听文字改革委员会胡愈之副主编讲文字改革方案和拼音及简化字等问题。自八时半起，至十时半止。回社已逾十一时。

下午，举行整风第一专门小组中的企业管理小组会议，至三时毕。

傍晚，径归家。

夜饭后，同内子、大妹往同乐看《庆祝十月革命四十年纪念》，加演《刘介梅忘本回头》。七时十分开演，八时演毕。

十一月十五日，星期五，晴

晨，八时到社，与梁涛然同志谈经济问题。

十时15分，往高教部听报告，自十一时起，至十二时毕。随包闻天同志至他家吃饭。饭后，又同包君到高教部听航空学院苏联专家讲火箭和人造地球卫星，自二时起，至五时半毕。乘社中汽车回家。

十一月十六日，星期六，晴

晨，八时到社。

今日社中同志又往南苑槐房乡农业社去体力劳动，仅少数劳弱和孕妇留社工作，我亦在留社之列。

傍晚，洗澡后归家。

弟弟、三妹先后回家。

汤儿来信十八、九来京云。

十一月十七日，星期日，晴

晨，六时十五分起床。

上午，九时同三妹往王府井，并至美术馆看苏联板画展览。十二时回家。

下午，五时 45 分同五妹挈美强往大观楼看苏联电影周电影《雪地激战》，至七时 40 分始毕。

三妹、弟弟下午先后回去。

十一月十八日，星期一，晴

晨，八时到社。

九时一刻，雇三轮回家，陪大妹赴车站，她乘 25 次车去宣化。车须十时廿分开，我送上车后即回社。

五妹今日去北京市产院检查身体，下午三时余挈美强返农场。

傍晚，径归家。

内子买好庆乐戏票，看新兴京剧团演头本《西游记》。七时开演，十时十分毕。

十一月十九日，星期二，晴

晨，汤儿自沈阳来。

上午，八时到社。下午，涛然同志来谈我退休问题，为时间所限，未尽欲言。

下午，二时开整改小组的小组会，至三时毕。

傍晚，在社夜饭后，往首都看《唐吉诃德》宽银幕电影，无甚意义。看毕，与汤儿同回家。

十一月二十日，星期三，晴

晨，八时到社。

下午，参加总务科小组学习。

傍晚，去新华食品店购物后回家。

永儿回家夜饭。

十一月二十一日，星期四，晴，夜有小雨

晨，八时到社。

上午,参加计划科科务会议,讨论方针任务事。

下午,参加第一专门小组会议。

傍晚,径归家。

夜饭后,同内子往中和剧场看石家庄丝弦剧团演《调寇》和《赶女婿》两折,做的很逼真。涂师母挈孙亦来。至十时半散场。

十一月二十二日,星期五,阴,有雨

晨,八时到社。

为沪寓楼下房租纠纷事写致望铣一信。

傍晚,洗澡后归家。

十一月二十三日,星期六,雪

晨,八时到社。

下午,工间操前参加财务科和计划科讨论两科合并问题。

整理节约粮食材料。

傍晚,径归家。

永儿来家。

十一月二十四日,星期日,阴

上午,九时半同汤儿往虎坊桥北京市工人俱乐部看电影《保尔·柯察金》。自十时开演,至十一时卅五分毕。

下午,在家中做了一些清洁工作。

永儿夜饭后回校。

十一月二十五日,星期一,阴

晨,八时到社。

下午,二时起开整改第一专门小组会议,至五时半止。

傍晚,剃头后归家。

十一月二十六日,星期二,阴

晨,八时到社。

上午,伊见思君来谈《曲丛》事。

下午,赵向阁君来谈售给旧书事。

傍晚,径归家。

十一月二十七日,星期三,晴

晨,八时到社。

上午,九时同王泰雷、沈尚志、李汉周三同志往背阴胡同 19 号看房子。又便道至同路 12 号北大医学院宿舍 193 号访蔡公椿夫人何希秀女士,适外出,与蔡孟深夫人略谈。十时回社。

下午,参加总务科学习。

傍晚,至大观楼购电影票后回家。

夜饭后,同内子往大观楼看匈牙利电影《十块美金》。自六时五十分开演,至八时卅分毕。

十一月二十八日,星期四,晴

晨,八时到社。

上午,工间操后到高教部听读报,读上海工会积积极分子会议报告和周总理十月下旬召集各国领事谈在德里开国际红十字会议、关于美帝制造两个中国事,至十二时返社。

下午,许季翁来谈,我送他《汉魏六朝冢墓遗文》一部。

傍晚,径归家。

夜饭后,往大观楼看《十字街头》电影,与内子、汤儿同去。八时 20 分开演,至十时 5 分毕,归家。

李崇贞父母今日乘 15 次车赴沪。

十一月二十九日,星期五,晴

晨,赴社途中过东琉璃厂 37 号看样书,到社已八时半。

午饭后,往琉璃厂 37 号出售样书复本,我化三角券买了三册。

傍晚,洗澡后径归家。

十一月三十日,星期六,晴

晨,八时到社。

午饭后，先往新华食品店买面包，再往西单商场寻商务旧版《综合英汉词典》未得。回至家中，以所购面包准备交汤儿带沈给诸孙吃，因汤儿今日乘五时33次车返沈也！

下午，三时回社参加总务科学习，讨论福利问题。

夜，径归家。

十二月

十二月一日，星期日，晴

上午，同永儿糊窗缝纸，张世良来帮忙。

午后，企棠来，三时回西郊。

下午，三时20分同内子往大观楼看电影山东吕剧《李二嫂改嫁》，至五时十分毕。

十二月二日，星期一，晴

晨，八时到社。永儿七时回校。

下午，为精简机构经理部各科长座谈，自二时起，至四时三刻止。

写致大妹信，并请王湘璞同志托人带去《放射学杂志》第四号一册。

傍晚，径归家。

今日起，社中工作时间改为上午八时至十二时，下午一时至五时，但一般中央机关上午八时半至十二时半，下午一时半至五时半。就我个人讲，上午八时上班，没有练拳机会，比较不方便。

十二月三日，星期二，晴

晨，八时到社。

下午，四时到高教部逸仙堂听杨部长报告整风第三阶段情况和传达周总理十一月廿九日在国务院会议上关于干部下放劳动锻炼问题的讲话，至六时毕。

归家中途，至鲜鱼口零售店买醉乳腐和糖归。

十二月四日，星期三，晴

晨，七时50分到社。先和涛然同志谈泽霖同志来京住宿问题和我的退休问题。

下午,参加总务科学习,讨论昨日杨部长报告。我也透露些已申请退休消息。

傍晚,径归家。

十二月五日,星期四,晴

晨,八时到社。

糜文溶兄来访,谓商印刷技术书归商务出版事,又同华昌泗同志来商纸型移转问题。

傍晚,往长安一转,归家已近六时。

十二月六日,星期五,晴

晨,八时到社。

傍晚洗澡,吃馒头四只。七时,到长安戏院与内子同观石家庄丝弦戏,至十时一刻毕。归家已十一时。

去长安戏院前到西单购零物。

今日写致儿女们信为退休可望批准,嘱各自认贴补母亲零用事。

十二月七日,星期六,晴

晨,国璠来。据系昨晚抵京,因我们去看戏,往宿旅馆,今日下午即须赴沈阳公干云云。

去社时,至琉璃厂 37 号一转,到社已八时半。

下午,自阅文件,未参加集体学习。

傍晚,到延寿寺人行存款。

永儿来家。发致汤儿及二、四、六妹信。

十二月八日,星期日,晴

上午,九时到琉璃厂 37 号看样书复本,与永儿买了七本书,又取报纸后归。

下午,二时同内子到虎坊桥工人俱乐部看话剧《百丑图》,至五时毕。永儿亦同去。归途至观音寺购物后归。

发致大、三、五妹信。

永儿傍晚回校。

十二月九日，星期一，晴

晨，八时到社。

下午，一时听涛然同志作关于福利问题整改的报告，至四时余毕。

傍晚，径归家。

十二月十日，星期二，晴

晨，八时到社。

上午，郭敬同志来谈商务出书计划，并称后日上午须同他和吴泽炎往金灿然同志处去商量云云。

傍晚，往中央医[1]院看六时十分开演的《章西女皇》电影，至八时毕。归家已八时廿分。内子往前门文化馆听里弄所作报告。

闻五妹曾来家，允每月贴母10元云。

国璠来信，已抵沈阳，住和平区太原街三段十一里二号三楼316号云。

十二月十一日，星期三，晴

晨，八时到社。

下午，参加总务科学习，讨论各项福利问题。

写复悟女信，附去粮票10斤。

傍晚归家后，又为国璠托往鲜鱼口元亨利缝纫机器厂预定缝纫机，据须至十五日后再行联系云。该号电话为72892。

三妹来信，谓每月贴母10元。

十二月十二日，星期四，晴

晨，八时一刻动身，往朝阳门文化部，九时到达。与郭敬、吴泽炎同志同访金灿然副局长，谈商务出书情况，至十时余毕。当和吴泽炎同志到古典门市部一转，十一时半回社。

傍晚，糜文溶兄来谈。

---

〔1〕“医”当为“剧”。

大妹来信说每月给母 20 元。

大妹通信处为：炮兵学院 26 号楼 302 号。

十二月十三日，星期五，晴

晨，七时半到社练拳。

傍晚，洗澡后至大栅栏购水果并为内子买明日下午四时 30 分的《章西女皇》大观楼电影票一张。

十二月十四日，星期六，晴

晨，七时半到社练拳。

下午，参加总务科学习，讨论福利问题。

傍晚，往半步桥戏曲学校买明日晚场票四张。回家已近六时半。

永儿傍晚归家。

十二月十五日，星期日，晴

昨晚觉得不很舒适，乃吃阿司匹林一片于临睡前，后半夜稍好，大约是感受些伤风之故。

上午，八时半为内子昨代永儿买 8 时 40 分的《章西女皇》电影票他已看过，乃去大观楼卖去。因这是“学生成人场”，成人票不容易有人要。不意售票人认得我，为我收回，真是奇遇。而我记忆力弱，竟想不起这是那一个了。

上午，十时同永儿到新中国看《风云儿女》旧电影，至十一时半毕。旧社会有此电影，还算不错。

往鲜鱼口元亨利询知，缝纫机于本月十七日下午二时在南孝顺胡同 34 号办登记手续。

傍晚，五时夜饭。五时半，同内子往大栅栏乘五路公共汽车到半步桥戏曲学校看《四进士》京剧。六时 45 分开演，至十时演〔1〕，仍乘五路车回家。

十二月十六日，星期一，晴

晨，七时半到社练拳。

---

〔1〕 疑漏一“毕”字。

傍晚,径归家。

接新华朱君来电话,谓从广州来,大约是秉桓的侄婿,谓拟明日来我家云。

十二月十七日,星期二,晴

昨夜大风,今日仍继续,气候顿冷。

晨,七时三刻出门。八时半,到高教部听丁华同志传达周总理报告,至九时半即毕。十时回到社。

午饭后,代国璠往南孝顺胡同34号登记缝纫机,不意110台的额子早已被捷足者占去,乃回至家中一转,至一时三刻回社。

傍晚,至西河沿戴宅一转,归家。

黄秉桓兄侄婿朱人宜来谈,他是新华书店到京开会来的。

写致国璠信,告他定不到缝纫机情况。

十二月十八日,星期三,晴

晨,七时三刻到社练拳。

下午,参加总务科学习,讨论改革编制问题和东郊农村义务劳动问题。

傍晚,至信远斋购物后即归家。

写复大妹信一封。

十二月十九日,星期四,晴

晨,七时三刻到社练拳。

上午,武、郭两社长约谈高教部已同意文化部将商务独立,和高教社分家事。

傍晚,在社吃了馒头,往高教部听周总理在外交部所作干部下乡动员报告的录音。自六时半起,至八时止。

归途过大观楼买明日电影票备给内子,又到新中国看八时卅分的吕剧电影《借年》,加演40年革命纪念,至十时毕。

十二月二十日,星期五,晴

晨,到社已近八时。

傍晚,剃头、洗澡,又到延寿寺街人行代内子取款后归家。

函涛然同志,建议安排沈季湘在京工作。

上午,沈明德来。据决定调合肥师范学校任助教,将于下星期一动身前往云。

十二月二十一日,星期六,晴

晨,七时半出门,到头发胡同 33 号正八时。与陈叔老谈,八时半出。八时 50 分回社。

上午,九时开扩大社务会议,谈高教和商务各成立独立出版社事,至十一时 40 分毕。

下午,一时开大会,武社长作高教、商务分立的报告,至二时半毕。随即小组讨论,我参加总务科的讨论。

傍晚,径归家。大妹今晚自宣化来。

十二月二十二日,星期日,晴

晨,八时同沈明德世兄往天坛游览,又转至故宫(今日开放中西路),并参观钟表陈列。再乘五路车回家,已午后二时半。曾在御花园前用点心,再到家午饭。

十二月二十三日,星期一,晴

晨,七时 50 分到社。

傍晚,往新中国食品店,适该店盘货,营业至四时止,乃至东单购黄油饼备给大妹之用。

写复汤儿信一封。

十二月二十四日,星期二,晴

晨,五时大妹的同事自宣化来。我七时半到社练拳。

下午,五时做大扫除工作,至六时半止。归家途中,到延寿寺街人行代内子存取款项。写致汤儿信。

十二月二十五日,星期三,晴

晨,大妹和她的同事去买车票,乘九时 55 分车赴宣化。

八时到社。

下午，一时听郭敬社长作高教、商务组织机构的报告，至二时毕。随即小组讨论，参加总务科组。

傍晚，至栅栏购蜜饯归家。

五妹挈美强来家。

十二月二十六日，星期四，晴

晨，八时到社。

傍晚，过邮局订明年第一季的星期北京报和广播报。

上午，财经出版社赵琪同志来与朱蔚伯同志共同商谈港造货事。

十二月二十七日，星期五，晴

晨，五时半起床，六时半去车站接利南。她乘沈阳来 34 次车，于六时 51 分准时到站，即同归家中。

八时到社。

夜，写致国璠、大妹各一信。

十二月二十八日，星期六，晴

晨，四时闻五妹有些不能安睡，知已将坐蓐。我于四时半起床，至六时早餐毕，陪她往养蜂夹道北京市产院。待手续办竣回家，到社正八时。

电话耀华知他有病，乃于下午请假半天。回家略睡后，送美强回家，见耀华发流行性感冒甚重。归家已六时。

夜，三妹全家来。

夜，做大扫除清洁工作，有企棠及其保姆、三妹等帮做，十时余完成。

十二月二十九日，星期日，晴

晨，五时三刻起床，续做清洁工作。十时，往延寿寺街人行存、取款及买油，再往观音寺买菜及饼干等。

下午，一时半动身往养蜂夹道市产院视五妹，见很好。据昨日下午四时产一女云云。又往南官房访唐慕汾居士未遇，即归家。

宣信予兄来谈。

十二月三十日，星期一，晴

晨，七时三刻到社练拳。

下午，学习《农业纲要》，我未参加，写复悟女信一封。

傍晚，至大观楼买元旦电影票后归家。

十二月三十一日，星期二，晴

晨，七时三刻到社练拳。

下午，开全体社员大会，报告高教与商务分配名单，随即小组讨论。我先后参加财务科和总务科。

傍晚，径归家。社中开联欢晚会，我未去参加。

1958年

一月

一月一日，星期三，晴

晨，六时听了广播新闻后起床。

上午，同内子、永儿、利南往大观楼看《三毛流浪记》电影。九时45分开演，十时55分演毕。

塘侄来，午饭后去。

下午，去前门区中国医药公司买预防流感药片，据无货，改买“复方阿司匹灵”一盒，计价0.26。

1957年添了三个外孙儿女，即二、五、六妹各一个。这样，我们的家有如下丁口：

子二、女六、媳一、婿六，计十五人；

孙一、孙女三、外孙三、外孙女八，计亦十五人；

连我两老合共三十二人。

一月二日，星期四，晴

晨，永儿返校。我八时到社。

傍晚，径归家。

戴孝侯兄进中医院治痔，前日治愈出院，今日到社工作。

内子在百货公司买来流行性感冒预防药“钙克斯片”，大家准备明日起服用（每日三片，服三日）。

一月三日，星期五，晴

晨，大便又出血，不知何故？

八时到社。

午后，往北京市产院视五妹，并看婴孩，都很好。适耀华亦来。请假七十分钟。

傍晚洗澡后，六时起学习汉语拼音。今日开始上课，教师张姓，至八时毕。

复四妹信一封。

一月四日，星期六，晴

晨，八时到社。

下午，二时到高教部听刘子载副部长作下放干部动员报告，至四时半毕。搭社中汽车至西河沿，到家近五时。

夜，永儿和他的同学张世良来家晒照相，即住家中。

一月五日，星期日，晴，暖

上午，九时往延寿寺人民银行取零用款。

往大观楼买今晚电影票，又为利南要看评剧，去鲜鱼口大众买后晚评剧票三张。

过元亨利缝纫机行看见又有预订缝纫机1080台的通告，等候登记者如长蛇阵。我因国璠来信已在沪、沈各登记一部，故不再去凑热闹。

夜饭后，七时廿分同内子、利南往大观楼看电影《女篮五号》，至八时五十分毕。

韦士霖兄来谈。

我和内子及利南昨、今两天服预防流行性感冒的钙克斯片，惟未服苏打片，觉得人累及影响胃欲，拟明日停服。

一月六日，星期一，晴

连续两天又大便出血，昨晚又搽黑药膏，且看效果如何？

晨，七时半赴社，途中遇丁英翁。据今晨由沪乘四日开的16次车到京，住后孙公园集体宿舍。

今日下午二时起，各小组讨论上星期六刘副部长报告，并再度报名下放。

傍晚，五时半第二次上汉语拼音课，至七时半毕。归家已八时。

一月七日，星期二，晴，暖

晨，七时半到后孙公园看丁英翁，谈至九时半到社。他为其女患病事来京，昨曾赴中央工艺美术学院联系，拟今日下午去医院探访云。中午，我请他在社中食堂午饭。

傍晚，径归家。今晚高教部播清华大学争辩“红与专”的录音，我觉身体不舒未去。

国璠今日自沈阳来，今晚所购大众评剧《御和桥》票三张由内子、国璠、小胖去看。

今晨大便又出血，且量多。

一月八日，星期三，晴

晨，七时三刻到社。

上午，杨国范兄来谈。

上午九时，郭敬社长找商务科级人员谈下放名单事。十时，开全社大会，宣布下放第一批，计高教 34 人，商务 15 人。

下午，参加总务科学习。

下午五时半，上汉语拼音第二[1]课，至七时散课。

往王府井购物，归已近九时。

今日，李崇贞携子赴沪转闽。

一月九日，星期四，晴，大风

晨，国璠来。他今天上午十时余将乘车回宣化，带利南同去。

八时到社。

午饭后，去高教部听读电报，听周总理和陈毅副总理接见日本团体的谈话。自一时四十分起，至三时止。又顺道至西单商场买书及饼干，三时半回社。

傍晚，径归家。

一月十日，星期五，晴，暖

两天早晨没有大便出血，今晨又出血甚多。

七时半，先去后孙公园访丁英桂兄，他尚未起床，即到社。与梁涛然同志谈体弱同人提前退休事。

---

〔1〕“二”概为“三”。

上午，与丁英桂兄谈公事。十一时，往西单诊疗所，到已十一时半，不料他们挂号至十一时止，只得仍回社。

下午，包闻天、孙如松来谈高教、商务分家手续。又招金玉琦、谢瑞森谈提前退休事。

傍晚洗澡后，五时半起上汉语拼音第四课，至七时半课毕归家。

一月十一日，星期六，阴，上午小雪

今晨大便未出血。

八时到社，与涛然同志谈金、谢两人退休事。

九时，在出版部参加和丁英桂同志座谈会。十一时，又同丁君与寰老谈话。

下午，参加总务科对吴长明下放前的鉴定会。

傍晚，过礼拜寺街时剃头后归家。

一月十二日，星期日，晨小雪，阴晴

晨，七时半出门，三刻到后孙公园宿舍，据丁英桂兄已出外。当至琉璃厂 199 号，并找到丁君，同乘车至头发胡同，与叔老谈至九时。再往黄化门 17 号郑振铎副部长家，据其家人称为招待也门皇太子已早外出云云，只得回来。我过西单报子街诊疗所治痔疾。十一时，去绒线胡同 162 号甲访杨国范君，谈至十二时归家。

下午，四时电话郑部长，嘱与丁君同往。当往后孙公园，知他外出未回，又到社中等候。下午，五时丁君回来，再同乘车至黄花〔1〕门与郑部长谈至七时半。归家夜饭已近八时。

冯至文、盛素娟夫妇挈小孩赴山东原籍。

一月十三日，星期一，雪

晨，八时到社。

丁英翁上、下午都来谈。下午，并同至郭敬社长处汇报。

三时，去琉璃厂联合诊所打针并取药。

---

〔1〕“花”当为“化”。

傍晚，五时半上汉语拼音第五课，至七时半毕。归家已逾八时。

一月十四日，星期二，雪，冷

晨，八时到社。

八时半，到琉璃厂联合诊所作肛门注射。

下午，一时社中开大会，涛然同志作反右派斗争总结报告，并右派 15 人（尚有一人未决定）的处理方案，至三时一刻止。随即各小组讨论，我参加总务科的小组。

商务旧同人被列入右派者五人，计：

戴孝侯，降三级；

周莲轩，降一级，取消保留工资；

王裕泉，降二级，取消保留工资；

朱剑安，降一级，取消保留工资；

斯福康，开除公职，劳动教养。

一月十五日，星期三，晴

今晨廊下摄氏零下 13 度。

上午，同丁英翁谈公事。他今晚乘 15 次车赴沪。

下午，参加总务科学习，继续讨论右派处分问题。

五时半，学习汉语拼音第六课，至七时半止。

复望铣弟一信。

晨，继续肛门注射。

一月十六日，星期四，晴

晨，八时到社。八时半，到联合诊所肛门注射。

为下月初将举行董事会作准备工作。

傍晚回家后，企棠来宿家中。

夜饭后，同内子往北京剧场看天津市越剧团演出《麒麟带》，十时半毕。归家已逾十一时。

一月十七日，星期五，晴

晨，八时到社。

上午十时，郭敬社长招商务方面负责人谈文化部对商务独立后的安排，至十二时毕。

下午，同王泰雷同志往文化部出版局开上海方面排印事务交换意见的会议，有上海出版局人员参加，至三时半毕。

夜，上汉语拼音第七课，归家已八时。

一月十八日，星期六，晴

晨，八时到社。

下午，参加总务科学习，又写致汤儿、六妹各一信。

傍晚，五点半参加计划、财务、人事三科欢送下放同志药元林、蔡大白、陈震、乌维杭、陈今是（冯至文、陈文桢未到）等，至七时半毕。

夜，王泊如夫妇挈其外孙女来家，夜饭后去。

三妹、弟弟先后归家。

一月十九日，星期日，晴

晨，早餐后八时 50 分出门。九时 40 分到天文馆。先参观，再自十时起看《到宇宙去旅行》表演，至十时三刻毕。当乘七路公共汽车回家，已十一时半。

塘侄与其昨日结婚的爱人沈同豫（父名沈景范，住松树胡同 46 号云）来，午饭后去。弟弟和三妹夫妇亦先后回去。

下午，四时往华新洗澡，五时半归。

夜饭后，往大观楼看《乌鸦与麻雀》电影。八时廿分开演，至十时十分演毕。

一月二十日，星期一，阴

晨，八时到社。

琉璃厂居民委员会对高教社的清洁卫生工作贴大字报提意见。下午五时后，普遍做清洁工作一小时。

六时归家，顺道至延寿寺街人民银行取款，把活期存折取消了。

因做清洁工作，今晚未上汉语拼音课。

一月二十一日，星期二，阴

晨，八时到社。

下午，三时往中央电影院看《匈牙利事件》电影，至四时毕，仍回社。

五时后，购馒头四个作夜餐。

六时，去糜文溶兄家，知若梦盲肠又发炎。又至许季芸兄家，谈至七时。

七时 20 分，到首都看《祖国颂》宽银幕电影，至八时 15 分毕，同内子归家。

一月二十二日，星期三，晴

晨，八时到社。

下午，参加总务科学习，讨论反浪费事。

夜，五时半上汉语拼音第八课，也是末一课，下次将考试了。

七时半，至信远斋购水果后归家。

一月二十三日，星期四，阴

晨，八时到社。

上午，十一时到高教部听读报。今日读国家 1958 年的计划布置，又周总理对日本社会党友好访华团的谈话，至十二时毕。

下午，中国书店赵绍贤等两人来谈旧书售给事。

傍晚，径归家。

一月二十四日，星期五，晴

晨，七时三刻到社，与涛然同志谈电函沪处为二月一日举行董事会事。

傍晚，原为汉语拼音课测试，因多数人要开会，只得停止。

张镜清兄昨曾来社闲谈。

接唐慕汾居士信，知上师已到京，住西郊宾馆第三号楼二楼 51 号云。

下午，五时归家后，再往延寿寺路人行为内子存王怀堂汇来款。

写致毓松和大妹、六妹各一信。

一月二十五日，星期六，晴

晨，七时 20 分出门，40 分到中央电影院。今日，我社假该院举行欢送干部下放大会，并欢送年老退休的杨静盦、方乐天、唐桂文三人。自八时半开始，郭敬社长主席，武剑西社长致欢送词，再由李忠漪代表下放干部，钟兆琥代表留社干部讲话，还有陈玉珍的母亲和欧阳敏的婆婆讲话。最后，放映新闻纪录片《下放专号》和苏联片《荒地之春》，至十一时半毕。回社午饭。

下午，一时到文化宫集体参观刘介梅今昔生活对比展览会。至三时三刻出，去新华食品店一转，四时半回家。

永儿傍晚归家。

一月二十六日，星期日，晴

晨，做些清洁工作。

八时半出门，往西郊宾馆访能海上师，知他为全国人民代表大会迁至前门饭店。当即乘 2 路换乘 14 路公共汽车至虎坊桥，到前门饭店 615 号礼能海上师，供养人民币十元。郑壁成居士在谈西山建塔事，至十二时辞出。到琉璃厂社中取昨、今两天报纸，回家已十二时半。

下午，松泉夫妇来，谈片刻即去。

一月二十七日，星期一，晴

晨，七时 50 分到社。

下午，二时半同韦士霖兄到西单区人民法院为背阴胡同房屋请求执行迁让事。医药公司仍由王富美出席，尚未得结果，约明日上午十时半再去。出来已四时四十分，当电话涛然同志联系后径归家。

夜，塘侄夫妇来吃腊八粥。

一月二十八日，星期二，晴阴

晨，七时三刻分到社。

接沪电知徐凤石、陈夙之、汪褰清、俞明时、韦傅卿五董事将由方桂生陪同，于 29 日乘 16 次车，可于 31 日晨六时到京云。

十时，同韦士霖兄往西单法院为中国医药公司交房事，作执行决定。回社已过午时。

傍晚，径归家。

一月二十九日，星期三，晴

晨，七时三刻到社。

下午，总务科学习反浪费，我未参加。

傍晚，径归家。

接望铣弟函，知上海家中楼下房客纠纷事法院已判决：契约期内租金照每月原订额 65 元算，约满后应改为 29.28。讼费 45.45，我们担任 34.88，收回房屋则驳回云。为此判决尚称公平，复函不再上诉。

李旭升来电话，谓杨实夫今晨去世云。

夜，九时三刻同刘尚勇和药元林夫妇往车站送商务下放干部十三人上车，车于十一时廿分开行。归家已近十二时。

一月三十日，星期四，晴

晨，八时往廊房二条买花圈未得，回家包了四元钱作代花圈送杨实夫的奠礼。乘电车赴天坛医院，先后遇韦敬群、斯其和李旭升、万国钧等，实夫夫人及儿女亦来。成殓后，送往八宝山公墓安葬。我搭新华汽车回社。

下午，同韦士霖往前门饭店看所定为徐凤老住的房间。

傍晚，参加汉语拼音测试，恐多错误。至六时半毕。

归途过邮局汇给恩锡嫂十元，系内子嘱汇。

一月三十一日，星期五，晴

晨，四时半起床，五时三刻出门，六时到车站。上海来 16 次车原系六时七分到，今日误点 23 分钟。徐凤石、陈夙之、汪寰清、俞明时、韦傅卿诸君由方桂生兄陪来。当先到前门饭店徐凤石住 341 号，再到北纬旅馆其余四位住 219、220 号，方桂生兄住后孙公园宿舍。九时，再同郭敬、梁涛然同志往两处访问。

傍晚，同方桂生往高教部参加欢送干部下放大会。十时半同方君返，十一时半始到家。

二月

二月一日，星期六，晴

晨，七时三刻到社。

八时，同武剑西社长先往前门饭店，因徐凤老已赴北纬，当往北纬，至十二时回社。

下午，四时往北纬，谈至五时半归家。

蔡洪钧之弟“陆弟”由石家庄来，在家夜饭。

先祝甥同徐守愚君来，谓今晨到京云。

濂侄夫妇来，夜饭后去。

五妹挈幼女来家。耀华来，亦住家中。

夜，永儿归家。

二月二日，星期日，晴

晨，八时一刻赴琉璃厂。九时，乘汽车往前门饭店，同徐凤老、陈凤老到北纬旅馆，再加雇汽车一部同各董事和方桂生、韦士霖去西郊天文馆。他们看《星际旅行》，我去看齐白石画展。回家已十二时半。

下午，二时郭敬社长来，叫我不要退休。二时半，同去北纬开座谈会，至五时毕。归途，买一部分金如托购物。

夜，〔1〕

二月三日，星期一，晴

晨，八时到社。

八时10分，同梁涛然步行至北纬旅馆。九时起，举行高教社第四次董事会。到公方董事艾大炎、崔仲远、金灿然、武剑西，私方董事徐凤石、俞寰澄、陈夙之、汪寰清、韦傅卿、俞明时，共十人。列席郭敬、陈翰伯、梁涛然和我四人，至十二时毕。

中午，回社午饭。

下午，三时武社长在大会作反浪费动员报告，至四时半毕。

傍晚，往新华食品店为金如购食品。回家夜饭后，助陆弟收拾装置，直至八时余。

先祝来家夜饭。

二月四日，星期二，晴

晨，七时半陪药元林夫妇、冯至文、尹佳恩赴车站，下放34人，于九时开车。

---

〔1〕 原文无内容。

我和郭敬、梁涛然同志往北纬旅社续开董事会。今日王益同志来主持，十时开始，至十二一刻毕。回琉璃厂午饭。

下午，草拟董事会记录及致菊公慰问函。

傍晚，往丰泽园请全体董事夜饭。饭后归家，已近九时。

二月五日，星期三，晴

晨，八时到社，先和方桂生兄一谈。

上午，九时各董事来社。先与编辑、出版二部同志谈，至十一时往荣宝斋一转，参观资料科和样书间，至十二时归社。

下午写信。傍晚，归家夜饭后，去高教部听杨雪峰作毛主席在国务最高会议上报告的传达。归家已九时廿分。

二月六日，星期四，晴

晨，八时到社。

今日，江泽垓被公安机关逮捕。十一时，开全体会议，由郭敬、李侃同志报告江的过去情况。

下午，一时半到高教部听崔仲远主任读电报，内有陈毅副总理接见泰国新闻工作者代表团讲话记录，和北京市粮食情况等，至二时半毕。顺便问杨克生病状。

三时，至北纬与韦、陈、汪谈至五时。

到琉璃厂邮局汇款，再至延寿寺街人行存款，五时三刻到家。

夜饭后略睡，至十时半出门，往车站送陈夙之、汪寰清两董事乘15次赴沪。十一时廿分车开后回家，已近十二时。

二月七日，星期五，晴

晨，八时到社。

上午，十时由郭敬同志召集科级以上（商务）谈话，至十一时半毕。

下午，三时往北纬旅馆与徐、韦、俞谈至四时半，又至延寿寺街人行处理本日到期的零存整取款。五时回社，当做大扫除工作。六时，剃头、洗澡，归家已逾七时。

夜，十时赴车站送徐凤石、韦傅卿、俞明时、方桂生四君乘 15 次赴沪，韦士霖兄亦同去送行。回家已近十二时。

二月八日，星期六，晴

晨，八时到社。

十时，梁涛然同志谈成立经理部推动反浪费、鸣放专门小组事。十一时，召集刘尚勇、王湘璞、包闻天、孙如松、朱通舟、李汉周成立小组，谈至十二时毕。

下午，二时半到高教部听刘恺风副部长作反浪费动员报告，至四时半毕。

去西单商场一转，购食物归家。周云青兄强以糖果相赠，至感为难！

对 54~57 年国家建设公债中签，我中 70 元，内子中 90 元。

二月九日，星期日，晴

全日做清洁工作，很感疲劳。

下午，三时半到琉璃厂邮局寄六妹饼干等。夜，写给她信。

二月十日，星期一，晴

晨，八时到社。

下午，曾草拟为反浪费的大字报一张。

傍晚，往大栅栏购物。

夜，先祝来，据明日五次车返沪，谈至九时余辞出。

二月十一日，星期二，晴，大风

晨，八时到社。

下午，金如和洪钧来。因内子外出，曾打电话给我。傍晚归家，知他们往瑶瑶家，明晨再来云。

写致望铣和毓松各一信，为沪寓房客纠纷事。

夜，六时 45 分到大观楼看《柳堡的故事》电影，至八时 15 分毕。

二月十二日，星期三，晴

晨，八时到社。

上午，时代金长佑和朱同志来，在出版部谈本年计划要否调整并合并编制上报事，至十一时毕。

下午学习，自阅文件。

傍晚，至信远斋购物后归家。

金如、洪钧曾来午饭，据仍回瑶瑶家云。

社中去十三陵义务劳动22人，约十日返社。

二月十三日，星期四，晴

晨，八时到社。

上午，糜文溶兄来，略谈，他向四编联系。

傍晚，过信远斋购物，又去大栅栏买电影票后归家。

夜饭后，同内子往大观楼看《舞台前后》电影。六时三刻开演，至八时廿分毕。

弟弟夜回家，他的同学张世良今晚赴沪。

二月十四日，星期五，晴

晨，八时到社。

下午，三时在社长室讨论商务、高教后的利润上缴事，至四时三刻毕。

傍晚，洗澡后归家。

金如、洪钧来，夜饭后仍回瑶瑶家。

二月十五日，星期六，晴

晨，八时到社。

宣化孟大夫来，带来大妹托带零物。

上午，十时为反浪费事约七人小组会谈。

下午，三时同通舟兄往东总布胡同看原人民出版社房子，并量了尺寸。归途，至王府井购物后归。

金如坚约至全聚德夜饭。平章、瑶瑶挈锦锦同来，内子、永儿亦同去。归已九时。

二月十六日，星期日，晴

晨，八时出门，到总布胡同10号适八时40分。先访问糜文溶兄，再到图书馆刘玲同志处开房屋分配会。由出版局劳祖德同志主持，并和郭敬、通舟及时代两人看原人民出版社房子。回琉璃厂已十一时半。

傍晚，径归家。

二月十七日，大除夕，星期一，晴

晨，七时四十分到大观楼看《芦笙恋歌》电影，至九时廿分毕。

往后孙公园集体宿舍访周云青君，送他小点心一盒。十时，到琉璃厂159号，适时代潘君来，谈东总布胡同房子事。十一时半归家。

下午午睡后，往西河沿访戴孝侯兄，谈至四时半，往宣武门内取挂面。因尚未称包，故等至六时始取得。

三妹全家来。

夜间入睡后，觉肚腹不舒，直至翌晨未复原。

二月十八日（戊戌年元旦），星期二，晴

晨，八时到社值班。今日上午值班者159号为包闻天、韦士霖，170号为沙必时等。十二时半回家，过厂甸买玩具纸事。

今日，濂侄全家、瑞和侄女、美韶等来，午饭后回去，企棠亦回西郊。

涂子英、宣信予、计宜初诸兄来贺年。

金如夫妇下午来。

夜饭后，同内子往北京市工人俱乐部看张君秋主演《珍妃》。自七时半开始，至十时四十分毕。归家已十一时。余票一张送信予兄。

夜饭时，唐泽霖同志来谈，他于今晨到沪〔1〕。

二月十九日，星期三，晴

终日未出门，剪贴汉语拼音材料。

金如、瑶瑶、松泉三对夫妇来家午饭。

三妹下午挈小应回去，保姆上午自往亲戚家去了。

乐赓夫妇、泊如夫妇来贺年。孙振六来贺年。

下午，龙大均来谈。

---

〔1〕“沪”当为“京”。

夜，同内子、永儿往大观楼看《百花争艳》电影。七时廿五分开演，加新闻片，至八时四十分毕。

二月二十日，星期四，晴

晨，七时半到社练拳。

上午，唐泽霖同志来谈片刻。

傍晚，至厂甸一转，归家。

金如夫妇今晚往首都剧场看话剧《金鹰》，回来宿我家，明日上午回石家庄云。

二月二十一日，星期五，晴

晨，到社已近八时。

傍晚，到延寿寺街人民银行为内子存款后归家。

戴师母同康生、建中在家，稍谈后去。

二月二十二日，星期六，晴

晨，七时三刻到社练拳。

上午，十一时开全社大会，由涛然同志报告处理右派问题，至十一时三刻止。

下午，参加总务科学习，讨论处理右派分子问题。

傍晚，洗澡后径归家。

二月二十三日，星期日，晴，上午曾有雪花

晨，八时往府会街访唐泽霖同志，谈至十时出。又往山老胡同访孙乾三兄。十二时回家。

下午稍睡。三时，往棉花头条视徐德俊兄病，再至钟宝成家一转。

又往厂甸巡视一周。

夜饭后，同内子往大观楼看《护士日记》电影。七时十分开演，至九时演毕。

二月二十四日，星期一，晴

晨，七时三刻动身练拳。

上午，九时陈翰伯同志约谈，至十时半。

下午,参加总务科学习,讨论右派分子处理问题。

傍晚,径归家。

二月二十五日,星期二,晴

晨,八时到社。

上午,梁涛然同志来谈反浪费事项。

下午,二时开反浪费七人小组会,至三时半毕。

张乃栋夫人来。据自沈阳来京,因其女下放,特来一面云云。

下午,四时半往高教部参加欢送周建人副部长赴浙江新任(省长)大会,至五时半毕。搭社中汽车去回。

二月二十六日,星期三,晴

晨,八时到社。

上午,唐泽霖同志来谈。

下午,参加总务科讨论反浪费事项。

傍晚,径归家。

二月二十七日,星期四,晴

晨,八时到社。

上午,十一时到高教部听读报,读薄一波在建设委员会报告我国 1957 年经济建设成就和第二个五年计划的前景等,至十二时毕。

下午,参加总务科讨论反浪费事项。

傍晚,径归家。

二月二十八日,星期五,晴

晨,八时到社。

上午,唐泽霖同志来谈。他准备明晨乘飞机赴穗。

午饭后,往国会街访唐泽霖君,谈至二时回社。

下午,参加总务科讨论反浪费事项。

傍晚,洗澡后归家。

永儿今日赴校。

三月

三月一日，星期六，晴，大风

晨，八时到社。

下午，一时半同王耀先、李汉周、谢瑞森诸同志往大将坊胡同二号吊贺豫恒之丧。他是昨晨在北大第二医院去世的。

参加总务科讨论反浪费事项。

傍晚，径归家。

渊侄妇到京，美韶去车站接至我家中。夜饭后，陪至前门大街上电车。据拟至西四换乘31路公共汽车赴钢铁学院云。

三月二日，星期日，晴

晨，七时始起床，比平日迟一小时半。

十时，往东琉璃厂37号。今日内部发售样书复本，随便买了七本文学书。又至西琉璃厂取报纸，十一时半回家。

下午，二时张乃栋夫人与其女张诚洁来访（张诚洁在西郊西直门外紫竹院水利学校力学学科）。

永儿上午来，下午回校。据将去西郊农场一转云。

三月三日，星期一，晴

晨，七时四十分到社练拳。

今日起社中下午一时半上班，五时半散班，上午仍为八至十二时。

傍晚，六时武社长在大会报告出版局索跃进指标及各兄弟出版社的挑战，当于七时散会后各小组继续开会。我参加财务科，又到总务科，至九时半始毕。归家夜饭已十时矣！

写致望铣信。

三月四日（元宵），星期二，晴

晨，八时到社。

上午，写大字报两张。

午饭后，至涛然同志处谈跃进指标事，至二时毕。

下午，二时半同王泰雷同志赴人民出版社看大字报及浪费展览，至五时出来。中途在大栅栏买些水果，归家已逾六时。

三月五日，星期三，晴

晨，八时到社。

下午，一时半郭社长约李侃、王泰雷、吴泽炎、章熊、马清槐和我谈检查工作及去沪问题，至四时毕。

写大字报一纸。

五时，到财务科商讨应战上海出版社提出的挑战书问题，至六时毕。

六时半归家。

为了前晚社中开会至九时半，昨日午饭后没有休息，下午又往人民出版社参观，不免稍感劳累，今晨肛门又出血，足见体力之衰退。

三月六日，星期四，昨夜雪，阴

八时到社。

今日上、下午为四编和文史组问题全体开会，由纪昌、郭敬同志分别报告，高教部刘子载副部长和徐主任等都来参加。

傍晚，剃头并至人行存款后归家。

三月七日，星期五，晴

晨，七时 50 分到社。

上午，十时开全体大会，由梁涛然同志报告本社作出跃进指标，至十一时各小组讨论，我参加财务科小组。

下午，一时半为调橡胶厂五人举行欢送会，至三时毕。

写大字报（5、6）两张。致大妹一信。

傍晚，洗澡后往首都看宽银幕《马戏团演员》电影。七时一刻开演，至八时半毕。拍的不容易，但易头眩。

三月八日，星期六，晴

晨，七时三刻到社练拳。

上午,中华书局来送挑战书。原约十一时可到,嗣至十一时半才来,经双方谈话后,已十二时矣!

下午,写大字报三张,并参加总务科学习。

三月九日,星期日,晴

今天是我的母难日。回忆母亲于1943年去世,忽忽已十五年矣!

今日星期,为讨论各人规划,照常到社。参加总务、财务两科讨论,并写大字报(10号)一张。

傍晚,去松树胡同62号视武剑西社长病,六时余归。

夜吃炒面。

永儿昨晚来,五妹午前来,均已回去。

夜,通舟兄陪丁英桂兄来谈,九时余去。英兄今日下午由沪乘六次车来,准备接其女(患病)于十一日返沪云。

三月十日,星期一,晴

晨,八时到社。

上午,十时约各科级谈典型报告事。

下午,三时半开全体大会,由涛然同志报告双反情况,又由章熊、马清槐、孙如松、周莲芳、崔永中等报告各部门所订规划或奋斗纲要,六时始毕。

七时,在出版部与丁英桂兄谈"廿四史"、《曲丛》、《册府元龟》等印件事。归已十时。

三月十一日,星期二,晴

晨,七时三刻到社练拳。

今日写了一张大字报(11号)。

今日起,出版部门增加工作时间一小时,晨七时半起,晚六时止,中午仍休息一小时半。经理部下午已有仿行,明日亦将同样实现。

傍晚,至延寿寺人行一转,归家。

三月十二日,星期三,上午雨,下午阴

晨,七时半到社。

下午，参加财务科讨论规划问题。

今日写大字报一纸（12 号），又订了个人的规划。

傍晚，径归家。

三月十三日，星期四，晴，大风

晨，七时半到社。

上午，十时到文化部 529 室计划财务处劳祖德同志处，与中华一并谈京厂的领导问题，至十一时半毕。同王汉英回来，到社已逾十二时。

下午，写复药元林、冯至文信。

傍晚，径归家。

三月十四日，星期五，晴

晨，七时半到社。

上午，十一时开全体大会，由涛然同志作双反、大争大辩的报告，至十二时毕。

下午，写致张国英及渊侄各一信。

订“个人奋斗纲领五条”，但似太草率简单。

十三陵义务劳动第三批今日回来，第四批出发。

傍晚，洗澡后归家。

永儿来家。夜饭后，同内子、永儿往大观楼看《五支歌》电影。八时 55 分开演，至十时 35 分毕。

三月十五日，星期六，晴

晨，七时半到社练拳。

下午，参加财务科学习。

傍晚，至信远斋购物后归家。

夜，塘侄来谈耆箓来信事。

三月十六日，星期日，小雨

上午，做清洁工作。

下午，永儿归家。

夜饭后，同内子往大观楼看《希望号战舰》电影。七时起，至八时50分毕。

三月十七日，星期一，雪，有时阴

晨，七时一刻到社练拳。

写致耆镂长信一封，并以副页寄塘侄。

傍晚吃馒头后，参加财务科讨论整改问题，至九时毕。归家已近十时。

三月十八日，星期二，阴

晨，七时半到社。

郭敬同志和包闻天今日下午由上海乘六次车返京。

傍晚，往高教部听赵秀山同志报告下放应山干部情况。自七时起，至九时一刻止。回家已十时。

三月十九日，星期三，阴

晨，七时半到社。

午后，一时半开全体大会，由郭敬同志传达上海举行全国出版工作跃进会议情况及钱俊瑞副部长、上海市罗出版局长及上海市委宣传部长讲话，至五时余毕。

傍晚，同徐德俊、陆元洪在公共食堂吃饼。

六时起，参加财务科讨论钱部长提出八项问题。

为丁志祥扭击李汉周事，在总务科讨论，至九时半归家。

三月二十日，星期四，阴晴

晨，七时一刻到后孙公园视李汉周同志。因他昨被丁志祥殴打，故去慰问。

七时半到社，写大字报（13号）一张，题为《一件痛心事》，即指丁志祥殴人事件。

写复姜枝先信一封。

午后，十二点半列席社的党支会议，讨论丁志祥事件，至一时余始毕。

傍晚，同徐德俊兄仍至公共食堂吃饼和馒头。

六时，参加财务科继续讨论钱俊瑞部长提出八条，至九时散。

三月二十一日，星期五，阴晴

晨，七时半到社。

上午，九时半同高乐赓、吴泽炎、朱蔚伯、陆廷珏、张贵荣诸君到正阳大街 42 号检视箱存杂件，至十二时始归。

傍晚，同包闻天、徐德俊君到公共食堂吃家常饼和馒头。

夜，参加文书科讨论钱俊瑞部长提出的八条，归家已九时余。

永儿来电话，谓搞双反，本星期或不回家云。

三月二十二日，星期六，晴

晨，七时半到社。

上午，在出版部谈第二季度进纸及和新华交涉订货事。

下午，一时半开大会，由郭敬同志报告上海所开出版工作跃进会议上陈克寒副部长所做总结，再由涛然同志报告右派分子处理办法及新处分坏分子数人。

傍晚，洗澡后归家。

夜，永儿归家。塘侄来谈。

三月二十三日，星期日，阴

上午，八时半往绒线胡同 83 号访许季芸兄，谈至九时半出。

往大观楼看十时起演的《牧人之子》电影，先加演《长江大桥是怎样建成的》，至十二时演毕。

因内子去做街道工作，中午自烧面吃。

下午，草大字报稿数纸。

企棠上午来，适我们去看电影未回，他留条而去。

三月二十四日，星期一，晴

晨，七时半到社。

午饭后，至郭敬同志处与王泰雷同志共商人事问题。

三时三刻，至 37 号与陆廷珏君一谈。

傍晚，至公共食堂吃饼。

六时，参加财务处讨论。九时余始回家。

今晨肛门又出血，讨厌之至。

三月二十五日，星期二，晴

晨，七时半到社。

上午，十时半为学习问题，招集财务、总务两科负责人谈，至十一时十分毕。

下午，涛然同志来谈。

傍晚，径归家。

往大栅栏买年糕、塘、冰糖、面包等，又至大观楼买电影票二张。

夜，八点十分同内子到大观楼看《洞箫横吹》电影，加演《老英雄蒋维平》，至十时毕。

今晨肛门出血比昨更甚。上午，到琉璃厂诊所看痔疾，取得丸药一包。

三月二十六日，星期三，晴

晨，七时三刻到社。

下午，工间操前参加文书科学习，工间操后参加总务科学习。

傍晚，在公共食堂吃家常饼。

六时起，开财务、出版联席座谈会，至九时十分毕，即归家。

三月二十七日，星期四，晴

晨，七时三刻到社。

上午，九时陈翰伯同志作去沪开会事项的报告，至十一时毕。

傍晚，径归家。

三月二十八日，星期五，晴

晨，七时半到社。

上午，九时郭敬同志报告向出版局联系商务迁移事，决定仍迁西总布胡同10号。

十一时，到教育部听崔仲远主任读报（毛主席在最高国务会议两次谈话摘要和康生同志对教育问题谈话摘要）。归已十二时半。

傍晚，至公共食堂夜饭。饭后，六时在财务科开与出版部联席座谈会，至九时半始毕。归家已逾十时。

三月二十九日，星期六，晴

晨，七时半到社。

下午，音乐出版社经出版局介绍来看琉璃厂 170 号房子。

傍晚，做一小时清洁工作，洗澡后归。

三妹中午来电话，谓近来甚忙，明日不归家云。

傍晚，永儿来家。

三月三十日，星期日，晴

上午，七时半出门，到前门乘电车到西四，再换 31 路公共汽车到清华学校南门，找到照澜院五号徐致一先生夫妇时已逾九时。谈至十时半，仍循原路回家，到家已逾十二时矣！

下午，原拟同内子到北海公园游览，至西河沿遇三妹回家，乃仍同返。

许季芸兄夫妇来，吃点心后回去。

三妹、永儿都于五时许返西郊。

三月三十一日，星期一，晴

晨，七时半到社。

上午，十时同朱通舟兄往背阴胡同看修房子工程，十一时半回社。

下午一时，同王泰雷、吴泽炎、朱通舟、朱公垂、沈尚志、朱蔚伯、张贵荣、姚心吾、孙如松诸君往东总布胡同十号看房子。归已五时。

五时半，在公共食堂夜饭。六时起，在财务科开与出版部门联席会议，至九时一刻毕。归家已将十时。

四月

四月一日，星期二，晴

晨，七时半到社。与涛然同志谈搬家事。

上午，八时半开生产会议，由涛然同志主持，至十二时一刻毕。

下午一时半，郭敬同志找王泰雷、李侃、吴泽炎及我开搬家准备会议，至四时毕。四时半，又由郭敬同志召开各组科长会，谈搬迁事项。

了理杂事,归家已逾七时。

闻毓松来京,约三、四天即须返沪云。

四月二日,星期三,晴

晨,七时半到社。

中午,毓松自西郊宾馆来电话(住第一楼三楼30号),谓二三天后即须回沪云。

傍晚,至人民银行一转,即归家。

夜,毓松来,谈至九时半回西郊。

四月三日,星期四,晴

晨,七时半到社。

为准备迁移,联系事项较多。

夜,在食堂夜饭。

六时半,听涛然同志传达彭真讲话,至八时半止。归家已近九时。

四月四日,星期五,晴阴

晨,七时半到社。

上午,八时半涛然同志约包闻天、孙如松、周莲芳等来谈财务划分事项。

下午,三时同郭敬、朱通舟同志先接寰老,再往沟沿头33号音乐出版社看房子,再到东总布胡同。归途至王府井购物,为毓松明日返沪作准备。

四月五日,星期六,阴雨

晨,七时半到社。

上午,十时十分到食堂听纪昌同志作大字报资料结集报告。因与我关系较少,未听完即退。

傍晚,径归家,中途至人行存款。

夜饭后,往大栅栏想去剃头,因每家都很挤,未能剃成。过前门小剧场,入内观看半小时,计费六分。人甚杂,且多吸烟者,不甚可观。

四月六日,星期日,晴

上午,九时往前门乘六路公共汽车至外交部街,再到东总布胡同10号与商务同志看房子。归家已逾十二时。

瑶瑶来,午饭后去。

下午,原拟去剃头,因为太挤未果。往承恩寺七号看高教房子,又顺道至后王公厂濂侄家一转,五时归家。

夜饭后,同内子、永儿往大观楼看《红颜劫》电影。六时50分开演,至八时半毕。往劝业场购钢笔归。

四月七日,星期一,晴

晨,七时半到社。

终日为准备搬场事忙碌。

傍晚,剃头后归家。

四月八日,星期二,晴

晨,七时廿分出门,到前门内搭二路无轨电车到商场,王泰雷同志等在宣武门上车,同车到达,即同至时代出版社。九时,举行商务、时代会合第一次行政会议。至十一时半动身,十二时半回到琉璃厂。

傍晚,为接洽出售样书和资料整理事,归家已近七时。

下午,郭敬、泰雷同志来,并约如松、通舟同谈搬家事。

四月九日,星期三,晴

晨,七时半到社。

下午,出版局介绍纸张供应处来看琉璃厂102、103、95、96、166、168、199和铁路膊2号房子。

傍晚,为商处理样书复本事,归家已七时。

四月十日,星期四,晴

晨,七时20分到社。

为内部发售样书复本事忙了许多。

出版局介绍印刷技术研究所和音乐出版社先后来看房子。

傍晚,相帮内部发行复本样书工作,至七时三刻才归家。

为喉痛曾两次联合诊所求诊,第一次谓大夫去吃饭,第二次人挤,均未看成。

四月十一日，星期五，晴

晨，七时20分到社。

多抽工夫做准备搬家工作。

傍晚，洗澡并去延寿寺人行为利南存款转期。

夜，塘侄来谈。

四月十二日，星期六，晴

晨，七时往东总布胡同10号看房子，回社已逾九时。

下午，一时半开全社联欢大会，由涛然同志主席，郭敬同志致辞，并有李敬永、吴泽炎、陈翰伯，及农大、北大新来同志讲话，兼欢送提前退休的叶富琦、韦士霖、金玉琦三同志。余兴有邵宏博的胡琴独奏和高子鸿的魔术，至四时散。

郭敬同志召开五人小组商搬家具体问题，五时半毕。

因赶理案卷，延至七时归家。

五妹中午来过，因我们都不在家，留条而去。内子中午去西郊到她家去，彼此相左。

四月十三日，星期日，晴

今日须整理物件，准备明日搬迁。晨，七时半到琉璃厂，忙了一天。下午，五时多才事毕归家。

永儿昨来电话，谓今日校中不放假，故不回家云。

四月十四日，星期一，晴

今日，商务由琉璃厂搬至东总布胡同十号。我七时出门，七时四十分到东总布胡同。终日忙于搬场，直至夜八时始把个人物件理毕。到家已八时三刻矣！

四月十五日，星期二，晴

晨，七时五分出门，七时四十三分到馆。

上午，同郭敬、陈翰伯、王泰雷、吴泽炎诸君先后访中华（金灿然、刘子章、王乃夫、徐调孚）、人民美术（邵宇、张朝同、张惠通）、版本图书社（刘林、吕朗）、印刷技术研究所（徐仲文）等邻居。至十一时始毕。

下午，五时到西总布胡同访潘达人、俞明岳君，又到大栅栏新华访王金亭君。归家已八时。

四月十六日，星期三，晴

晨，七时四分出门，四十二分到馆，练了一套拳。

今天，时代出版社全部搬到东总布胡同，与我同房办公的金长佑同志亦来。

傍晚，先到北京剧场买本星期晚越剧票三张，归已六时半。

四月十七日，星期四，晴

晨，七时半出门，八时十分到公安部大礼堂听钱俊瑞部长作时事报告转播，至十一时半毕。因十路车挤，到馆已逾十二时。

傍晚，洗澡后归家。

四月十八日，星期五，晴

晨，七时往琉璃厂为新华派人在 159 号划样书复本价值，又同通舟兄到背阴胡同 19 号看修房子工作。十二时一刻回馆。

下午，二时开第二次行政会议，至三时半毕。

夜，六时半开联欢会，至九时毕。回家已近十时。

闻韦士霖、姚裕才两君都曾来看我，大约为保留工资和退休问题。

四月十九日，星期六，晨雨，午晴

今日全市围剿麻雀，晨三时起即有人声。我仍五时一刻起床，七时十分出门，三刻到馆。

上午，八时半开经理部第一次部务会议，至十时毕。

下午，在财务科参加学习，至工间操后即因捕雀关系人不齐，未再继续。

五时半后归家。

夜，九时往东珠市口沟尾巴胡同景和客栈找王顺婉同志，托她带给大妹物一包，内有豆线粉、肉松、蛋卷、糖、木耳、饼干、酱油精等八种，并取来大妹给母 105 元。

归途至大栅栏新华书店一转，与王金泉同志联系旧书事。

四月二十日，星期日，晴，傍晚有雨

晨，七时半往琉璃厂与音乐出版社曹道祥通电话，将170号房子初步交与该社住101号的王良生接管。九时半，往京厂与王汉英等谈房子事。十时，往东总布胡同。回家已十二时半。

东总布胡同牛奶今日开始。

下午，往延寿寺街人行代内子存侣潮带来款。

夜饭后，同内子往北京剧场看杭州越剧团演出《双贵图》，尚可观。十时一刻演毕，归家已近十一时。

四月二十一日，星期一，晴

晨，七时10分出门，三刻到馆。

上午，俞寰老来。十时一刻开碰头会(包括总经理、总编辑和经理)，至十一时三刻毕。

下午，原为学习时间，因财务科为剿雀人手不齐，未曾学习，仍赶工作。

傍晚，径归家。

四月二十二日，星期二，阴晴

晨，六时五十分出门，七时半到馆。

上午，潘达人君来谈。

夜，六时郭敬同志召开科级以上人员谈整风运动事，至八时毕。为答复门前大字报，迟至八时半回家，到家已逾九时。

夜，姚裕才君来，为托代设法缓和退休事，实则无可为力，谈至十时去。

四月二十三日，星期三，晴

晨，七时往承恩寺七号高教社访问，由于卓同志陪至各部门一走。至九时半回馆，到馆已近十时。

王秉夷君送其子王天一欠款500元来。

下午，一时半开全体大会，由郭敬同志报告整风第三阶段补课布置，至二时半毕。再由他传达钱俊瑞部长报告，我因听过未听。

工间操后参加财务科学习。

傍晚，径归家。

夜，宣信予兄来谈。

四月二十四日，星期四，雨

晨，七时半往琉璃厂。九时半，携带拆下电话机至东总布胡同，十时十分始到达。

下午，二时半洪影同志主持开小组长会，谈整风学习事，至四时毕。

往访潘达人、张朝同二同志谈公事。

傍晚，洗澡后参加财务科学习，自六时至八时十分止。归家已近九时。

今天又发见裤裆有血迹，这是第二次，不知血究从何来？

四月二十五日，星期五，晴

晨，七时一刻到馆练拳。

上午，九时往中华与潘达人君谈。

下午，二时开经理部科级座谈会。

夜，六时续开科级整风讨论会，至八时半毕。归家已近九时。

四月二十六日，星期六，晴

晨，七时十分到馆练拳。

上午，郭敬、王泰雷、朱通舟和我四人巡视馆中各地。

下午，由洪影同志主持开经理部科级继续座谈虚务，至五时半止。

傍晚，到东单邮局取余姚谢福基（大约是二姊）寄来干菜，又至西单长安戏院买明日日场戏票两张。再至大栅栏，到大观楼看六时45分开演的电影《羊城暗哨》，至八时半毕。

往新华书店访王金泉，谈寄销书事。

永儿傍晚来家。

四月二十七日，星期日，晴

晨，七时半起做清洁工作。

韦士霖兄来，知许季翁病，住天坛医院云。

午饭后，同内子往长安戏院看浙江绍剧团演《卖后宰门》《孙悟空大破平顶山》,均做得不错。一时开演,演毕近四时。

往绒线胡同许宅探询,未得要领。当雇三轮径至天坛医院,找到内科第二病室六号,见季翁在输氧气,神气很好,许师母陪侍。

归途至延寿寺街人民银行取零用款十元。

四月二十八日,星期一,晴

晨,七时一刻到馆练拳。

下午,一时半开大会,由洪影同志作掀起谈虚高潮的报告,至三时毕。参加财务科讨论会,至五时半去洗澡。六时起继续开会,至八时一刻毕。归家已九时,在家夜饭。

四月二十九日,星期二,晴

晨,七时一刻到馆练拳。

上午,杨纪堂同志来,向之汇报琉璃厂交房情况。

下午,参加财务科谈虚学习。夜间续谈二小时,至八时一刻止。归家已逾九时。

四月三十日,星期三,晴

晨,七时半去琉璃厂看各处房子。九时半到馆。

下午,参加财务科学习。

傍晚,参加陆孝修同志和他的向姓同学结婚礼。归家已逾八时。

永儿回家。

五月

五月一日,星期四,晴

晨,六时起床,教盛素媛学太极拳。

九时,往天安门在右台观五一节游行,遇到梁涛然、钟兆琥、沈颖、薛迪畅等。游行十时开始,至下午二时许毕。毛主席未出席,想在广州未返京之故。

下午,五时40分同内子到大观楼看《海燕》电影,至七时20分毕。

企棠上午挈小应来,下午回去。

三妹下午来，五妹挈美强来已逾八时。

五月二日，星期五，阴晴

晨，五时半起床，七时半往琉璃厂。先至西北园13号访韦士霖兄，第一次去他未起床，第二次又去，谈片刻辞去。

九时余到东琉璃厂，吃昨天的牛奶。又往苏联展览馆看罗马尼亚经济展览会，因人多车挤，回家已十二时半。

五妹挈美强上午回去，三妹同小应和保姆下午四时余回去，杜水芳来家午饭。闻松泉夫妇和塘侄上午均来过云。

接汤儿来信，谈他被选为沈阳市人民代表，将华原为铁西区人民代表，均使人高兴事。

五月三日，星期六，晴，中午有小雨

晨，七时十分到馆练拳。

下午，大家务虚或写大字报。我为琉璃厂房屋事乱忙一阵，找音乐出版社卢俊同志来交代契据、房租等件。

傍晚，七时半离馆，八时半到家。

五月四日，星期日，晴，有时有小雨

由于二日休息，故今日照常工作。

晨，七时余往西四敬胜胡同甲13号伊见思君家，同时[1]南长街土地庙一号田汉德同志家访问。九时半到馆。

下午，各部门自由学习。

傍晚，径归家。

夜饭后，往八号参加普选、鸣放第二次会议，我曾发言。归家已九时半。

五月五日，星期一，晴阴

晨，七时到馆练拳。今日同练者孙兴凡君。

下午，举行全体大会，会上向党交心者有金长佑、郝光炎、崔伯阜、章熊、孙兴

---

〔1〕“同时”当为“同至”或“同往”。

凡、秦森杰、顾云程七人,至五时半毕。

洗澡后归家。

五月六日,星期二,晴

晨,七时十分到馆练拳。

今日发薪,曾去财务科帮忙。又金玉琦、程勉之、程选公、叶富纯诸君均来领养老金。

下午,参加财务科讨论昨日交心会,至五时半毕。

归家后,去延寿寺街人民银行办储蓄手续。

五月七日,星期三,晴

晨,七时廿分到馆练拳。

下午,开第二次交心大会。

傍晚,至新华食品店买面包为明日内子带宣化之用。

五月八日,星期四,晴

晨,为内子整理带宣化物件。八时一刻,雇车送内子至火车站,于九时一刻进站,车上有座位。我送上车后即回馆,在东总布胡同理发。到馆已近十一时。

下午,参加财务科讨论昨天交心大会情况,至五时半毕。

傍晚,洗澡后至天桥剧场,七时一刻起看绍剧团演《龙虎斗》,至十时半毕。上座只一二成,戏还演得认真。

五月九日,星期五,雨

晨,七时半到馆练拳。

写致田汉德信一封。

傍晚,在社夜饭后径归家。

五月十日,星期六,上午雨,下午阴晴

晨,七时出门,七时35分到承恩寺七号高教社。八时起,同王泰雷、孙如松两同志与郑雪樵、包闻天、周连芳同志等谈关于上海办事处的财务、出版等事项,至十时毕。到馆已十一时。

下午,一时半大会,听郭敬同志作整风报告,三时参加财务科小组讨论,至五时半毕。

为发上海关于百衲本廿四史的电报,曾协助文书科核对。到家已近七时。

永儿留条,知他曾于中午来过。

久鳌哥媳陈挺秀来,留条并送来苹果一篓。(济芳妻)

五月十一日,星期日,晴

晨,八时济芳嫂同美珥及其媳等来,谈至八时半去。

陈兆福同志和其爱人刘同志来,据今日搬入西屋云。

九时,到头发胡同33号访陈叔老,谈至九时半出。

十时到馆,即在馆午饭。饭后,写交心稿至下午二时完毕,当送给郭敬同志。

三时,到东安市场购送济芳嫂物。四时回家。

四时半,往天坛医院访许季翁,见已大好,至慰!敬群亦在,谈至五时余辞出。

到南纬路福长街六条十号访济芳嫂,送给食物。六时半回家。

永儿已来。

夜饭后,同永儿往大观楼看《小鸽子姑娘》电影。九时十分开演,至十一时毕。

五月十二日,星期一,晴

晨,七时20分到馆练拳。

上午,十时由郭敬同志召集各小组长谈学习事。

下午,二时半开扩大整风领导小组会,讨论至五时半。夜饭后续开,至八时毕。

夜饭后洗澡。

内子今日由宣化归来。

五月十三日,星期二,晴

晨,七时10分到馆练拳。

下午,参加一编室的讨论学习。

夜，听李忠潞同志报告下放高邮干部三月来经过情况，又听郭敬同志传达南斯拉夫批判事，至八时15分毕。

归家已逾九时。

五月十四日，星期三，晴

晨，七时10分到馆练拳。

下午，参加整风领导小组讨论开门办社和改变面貌等问题，至五时半毕。

因觉疲累，未参加夜间讨论。

归途至门前邮局寄给耆钱书两本。

回家知内子有病，大约是伤风感冒之故，体温达38.5度，脉搏86。

五月十五日，星期四，晴

晨，为内子量体温仍有38度。七时半，到前门区煤市街联合诊所挂号。八时后，雇三轮车回家接内子至诊所，候至诊毕取药回家，再赴馆已十时余矣！

下午，参加财务科学习，讨论古籍出版事项，五时半毕。未参加夜间学习，即归家。

五月十六日，星期五，晴

晨，七时20分到馆练拳。今天加入高崧同志习拳。

上午，十一时半洪影同志报告文化部要求高级干部汇报双反时大字报鸣放对本人提出意见情况。

下午，三时陈翰伯同志报告馆中讨论"以世界名著为主""开门办社""编辑为主""业余工作"等四个问题，至五时半毕。

夜饭后，往三眼井八号开居民会为选举事。八时开始，至九时止。

五月十七日，星期六，晴

晨，七时一刻到馆练拳。

下午，为讨论古籍出版事，开整风领导小组扩大会议，至五时半毕。

傍晚，至垂露胡同4号看俞寰老。因他受皮肤病影响，曾发高热，今已退热云。

归途过大栅栏购食物。

五月十八日，星期日，晴，傍晚有小雨

上午，八时同内子往五丰斋小学投选举票。今日为北京市普选区代表日期。

九时，同内子去天安门参观人民英雄纪念碑。

十时，到东总布胡同吃牛奶、取报。十一时半归家。

企棠来，午饭后去。据称三妹又怀孕云。

下午，整理夏衣。四时，往大栅栏买了一些食品，往天坛医院访许季翁，谈至五时半出。

乘17路公共汽车至给孤寺买绿豆，六时半归家。

五月十九日，星期一，晴，夜有雷雨

晨，七时20分到馆练拳。

上午，张静庐来找金长佑，据拟谒伊父金毓黼谈话云。又潘达人来谈海外课本联合编刊社事。

下午，参加财务科讨论订三年规划事。

傍晚，洗澡后归家。

五月二十日，星期二，晴，傍晚雨

晨，七时20分到馆练拳。

八时半，同朱通舟兄往人美社参加座谈会，十二时始毕。

下午，为上海办事处电索纸款事，与孙如松兄紧张的商讨，并即电复。又为演乐胡同房屋拟以背阴胡同交换事，洪影同志来谈。

傍晚，径归家。

汤儿今日自沈阳来。据宿化工部宿舍，因夜间要开会云。

永儿亦来家，夜饭后去。

五月二十一日，星期三，阴晴，傍晚阵雨

晨，七时半到馆练拳。

九时，开生产会议，至十二时十分始毕。

下午，一时半开全体会，由洪影同志传达刘子明副部长关于整风第四阶段的报告，至三时毕。随在财务科讨论，至四时半。

傍晚，径归家。

六时 50 分，到大观楼看香港电影《垃圾千金》滑稽剧。归家已九时。

五月二十二日，星期四，晴

晨，七时廿分到馆练拳。

为与高教划分资金事，向郭敬同志汇报，并由如松向出版局请示，包闻天亦来电话争论。

傍晚洗澡后，写完《双反运动中的感受》文，再读整风文件一小时。归家已逾八时。

五月二十三日，星期五，晴

晨，七时廿分到馆练拳。

上午，十一时三刻陈翰伯同志谈整改第三阶段总结讨论事项。

下午，先读总结稿，三时参加财务科讨论，至四时半毕。

为了孙如松兄须于下星期二赴沪公干事，四时半至五时半在财务科谈准备工作。

傍晚，径归家。

五月二十四日，星期六，晴

晨，七时十分到馆练拳。

八时余，包闻天同志同杨纪堂同志来，约王泰雷、孙如松同志共谈高教分家的流动资金问题，至十一时半始毕。

下午，与出版科、财务科谈第三季进纸问题，至三时半毕。

三时半后，阅读整风文件。

傍晚，径归家。去延寿寺街人民银行交本月份电费。

五月二十五日，星期日，晴，傍晚有阵雨

晨，七时一刻去琉璃厂与高乐赓兄同看 170 号大楼地下室存账簿情况。又至南柳巷 6 号访孙如松兄，托带给四妹罐头一只，谈至九时半归家。

瑞和侄女率美平、美燕来京〔1〕，午饭后去。

---

〔1〕“京”疑为“家”。

美韶来，午饭后去。

午后，同内子、汤儿至首都剧场（永儿自校来）看《智取威虎山》话剧，至四时四十分毕。

去馆吃牛奶、取报纸。

四妹挈小应下午来，六时回去。

已连接成基致国英信两封，且谓国英原定十八日北上云云，何以至今未到？念念！

五月二十六日，星期一，晴，热

晨，七时廿分到馆练拳。

高教沈尚志同志来谈上海存纸分配事。

下午，一时到劳动文化宫看安徽省下放干部生产成果展览和经济资源利用展览，至三时半回馆。

陈翰伯同志报告全馆整风总结修改情况。

傍晚，洗澡后归家。

五月二十七日，星期二，晴

晨，七时十分到馆练拳。

上午，出版局张永同志和沪来张姓（经理）等来谈上海印制工作事，并邀高教郑雪樵同志参加，至十时半毕。

孙如松兄今日赴沪，财务科事须多照顾。

下午，工间操后谈五年出版计划事。

傍晚，开全体会，由陈翰伯同志讲报出版局的整风三阶段总结，至八时毕。归家已八时半。

里弄在我家开会。

五月二十八日，星期三，晴

晨，七时廿分到馆练拳。

下午学习，自读文件。

傍晚，径归家。

夜饭后，王家送来长安戏院票两张，与内子同往，做评剧《布谷鸟又叫了》。因座位远听不清楚，九时许即归家。

五月二十九日，星期四，晴

晨，七时二分到馆练拳。

傍晚洗澡后，学习一小时，即归家。

五月三十日，星期五，时有阵雨

晨，七时10分到馆练拳。

傍晚，做清洁工作至七时，又到东总布胡同西口人民银行储蓄所取款10元。

夜，汤儿来家。

五月三十一日，星期六，晴

晨，七时十分到馆练拳。

下午，在财务科学习。今日该科与总务、文书、人事三科合并，洪影同志亦参加。

傍晚，径归家。

三妹、弟弟先后回家，汤儿亦归家宿。

六月

六月一日，星期日，晴

上午，企棠挈小应来，下午与三妹同回去。

弟弟上午返校。

汤儿上午赴津公干，据明后日回来。

五妹挈美强、燕燕下午来，她买了一辆自行车，夜饭后回去。

潘松泉夫妇下午来，傍晚回去。

上午，韦士霖兄来，谓孙乾三君因其子振六又被捕，态度消极，拟酌借本月生活费云。我允明日到馆代商预支秋季顾问费。

接上海渊侄复信，知国英甥女已回港。下午，写致吴成基与国甥一信。

上午，十时往馆吃牛奶、取报纸，并至东安市场百货大楼买玩具给小应。十二时归家。

六月二日，星期一，晴，昨夜雨

晨，七时半到馆，因地湿未练拳。

今日接唐泽霖君来信，嘱于本月底前到穗，下月初赴港云云。当复信询要否照片。

下午学习，自拟思想总结稿。

据俞明岳君见告，伊兄明时在五月中旬患中风，经住医院一星期始略痊可云云。当去信慰问。

傍晚，去人民银行取款后回家。

夜，汤儿自津回。

六月三日，星期二，晴

晨，七时廿到馆练拳。

韦士霖兄来谈孙乾三君需款事，嘱上午到馆商谈。

糜文焕君上年[1]为使用印杂志色纸机事来谈。

傍晚，参加财务、总务、文书、人事四科联合讨论会，至八时三刻始毕。归家已九时半。

六月四日，星期三，晴

晨，七时廿分到馆练拳。

下午，参加财务、总务、文书、人事等科联合小组学习。

三妹、五妹所要小床、小桌等托常寿山之弟以三轮板车送来。

傍晚，至新华买面包给汤儿，因汤儿乘八时半车返沈。

夜饭后，同内子往天桥剧场观歌剧《蝴蝶夫人》，归家已十一时。这歌剧情节简单，也没有什么意义，不甚足观。

六月五日，星期四，晴

晨，七时廿分到馆练拳。

---

〔1〕“年”当为“午”。

八时,往护国寺人民剧场听文化部刘子明副部长传达八大二次全会精神,九时起,至十一时半毕。回馆已十二时半。

下午,一时半开全体大会,由陈翰伯同志报告整风第四阶段情况,号召苦战15天,争取全胜,至三时毕。随即开小组会,至五时半毕。

归途至新华食品店买面包。

六月六日,星期五,晴

晨,七时廿分到馆练拳。

上午,在财务科帮忙发薪。

下午,一时半开交心大会,直至晚九时余止。交心者计有励刚、马清槐、陆孝修、张景明、何家政、林衡、巫白慧、姚心吾、季元、吴泽炎十人。

傍晚曾洗澡。

六月七日,星期六,晴

晨,七时廿分到馆练拳。

上午,广播刘子明副部长前天在人民剧场的讲话,我因已听过,未再听。

朱皎如兄来取养老金,略谈。

下午,一时半续开交心大会。至三时往图书馆大礼堂听齐燕铭讲"厚今薄古"问题,至五时半毕。

夜,六时一刻续开交心大会,至九时半毕。归家已十时半,夜饭,洗脚,入睡已十一时半矣!

永儿来家。

今日交心者为朱公垂、刘华云、凃子英、陈羽纶四人,又章熊、马清槐两人谈周云清和顾云程问题。

六月八日,星期日,晴

晨,八时到琉璃厂同高乐赓、周贵整理170号地下室,至十二时始毕。

到延寿寺路人民银行存款及代内子买国债,又剃头,归家已一时。

午饭后略睡。下午,二时半往东总布胡同取报、吃牛奶。五时,到头发胡同33号陈叔老家陪黄仲明兄夜饭。饭后,谈至八时半归家。

黄仲明兄住荣宝斋(侯恺)处云。

六月九日,星期一,晴,下午雨

晨,七时廿分到馆练拳。

下午,一时半续开交心大会。我第一个发言,谈① 思考改造过程;② 资本家代理人问题;③ 退休问题。又谈香港职工情况。举行交心及检举周云清和顾云程者为司葆光、王锦弟、王勋、蒋锡瑾、赵守俨、孙岗等人。

夜,为批判涂传杰前晚交心发言敌我不分事,在总务科开会,至十时始毕。

六月十日,星期二,晴,午后有雨

晨,七时廿分到馆练拳。

下午,一时半续开交心大会。交心者有章雄、范仲雄、高崧、王焕仁等,又马清槐批判涂传杰上星期六发言阶级不分事,至五时40分毕。

傍晚,到食品[1]看大字报。

七时半出,至大北拍报名照,归家已九时余。

王怀堂寄来款30元给内子。

六月十一日,星期三,晴

晨,七时廿分到馆练拳。

上午,八时半召开重版书会议,至十时十分毕。

下午,参加财务科小组讨论交心会和大字报,至五时半毕。

傍晚,至大北取照相。

黄仲明兄来我家夜饭,谈至十时去。

夜,里弄在我家开会。

六月十二日,星期四,晴,夜有阵雨

晨,七时廿分到馆练拳。

上午,孙如松兄来,系昨日返京云。

下午,参加批判涂传杰错误发言,由民进主持在一编室集会,至五时一

---

〔1〕“品”疑为“堂”。

刻毕。

六时五分，到大华看《在总路线的光辉照耀下》，至七时半毕。

八时，再到馆学习到九时。归家已九时三刻。

六月十三日，星期五，晴

晨，七时廿分到馆练拳。

下午，续开交心大会。今日交心者有洪影、饶钦珩、黄子祥、陈金生、王毓祥、阮敬英等，又批判王焕仁者为王式周、张景明、李侃、章熊、黄子祥等。除夜饭三刻钟外，直至九时为止。

夜饭时间内洗澡一次。

六月十四日，星期六，晴，午后有小阵雨

晨，七时廿分到馆练拳。

上午，为编制57年决算寄港事较忙。

下午，开继续交心大会，交心者有王勋、陈翰伯、王泰雷、郭敬、汪君乐等。又有金长佑批判司葆光，至五时半毕。

夜，各小组开会。我因填造寄港用57年年结报告，未参加。做至九时，归家已近十时。

永儿来家。

六月十五日，星期日，晴

晨，八时出门，八时三刻到永定门车站。大妹原定乘京包108次车九时14分到京，不料误点直至十一时10分始到，当同回家。我至亨得利一转，代修表。

三妹挈小应来，下午回去。

下午，至馆吃牛奶、取报，并做报港57年年结报告工作，至五时毕。归途至俞寰老家一转，他适外出，未遇。

夜饭后，同内子、大妹往大众剧场看沪剧《母亲》，做得很好，至十时三刻演毕。

归家后，大妹去永定门车站乘十二时45分107次车回宣化。

六月十六日，星期一，晴

晨，七时廿分到馆练拳。

下午，续开全体会。今日交心者计：易定山、李新我、吴子婴、郭一民、杜露、高子鸿、沈觐巽、李文禄、王殿选九人。夜，各小组讨论。我参加财务科，至七时半先走，去百货商场看特种工艺品，未有适当者。

归途至观音寺晋昌访黄仲翁未遇，归家已九时余。

傍晚洗澡。

六月十七日，星期二，晴

晨，七时廿分到馆练拳。

八时起至夜九时一刻止，续开交心大会。今日交心者有如下诸人：赵守俨、张伯刚、王丕烈、陈与釜、张造勋、曾钟其、沈国芬、李侃、薛连山、刘长有、汪兴平、路宝玉、朱谱萱、朱蔚伯、徐树英、周玲、施其南、钟準、陈兆福，共 19 人。

下午，三时半曾至琉璃厂荣宝斋为看送张子宏纪念品事。

夜，再往晋昌访黄仲翁商买纪念品事，约明晨再去。

六月十八日，星期三，晴

晨，七时一刻去兴[1]昌旅馆与黄仲翁谈至八时半，同往荣宝斋看书画，回馆已近十一时矣！

今日全天续开交心大会，发言者计：赵玉涵、南致善、高乐赓、王新民、沈其逵、朱通舟(以上六人讲话我未听到)、王式周、李广惠、常晓帆、姜燕(以上上午)、刘华云(二次)、王秉龙、欧积斌、常凤德、李志明，计 15 人。

夜饭后，参加四科小组会，至九时毕。归已逾十时。

傍晚曾洗澡。

今日泥木工来开北窗，未完工。

六月十九日，星期四，晴，傍晚有雨

晨，七时廿分到馆练拳。

---

〔1〕“兴”疑为“晋”。

八时起续开交心大会，交心者计有陈建堂（谈红专问题）、谢开志、江炯如、涂传杰（二次）、励刚（民进批判）、司葆光（二次），尤宗尧等。

下午，参加财务科小组讨论红专问题。

夜，我至七时一刻即出，中途过新华购面包归。

六月二十日，星期五，晴

晨，七时廿分到馆练拳。

下午，开交心大会。发言者有陆廷珏、林寅、张贵荣、高维申、张伯健五人。交心告一段落。据报告，全馆136人，报名交心者116人，发言者103人云。继由陈汉[1]伯同志作一小结。

傍晚洗澡。

夜，续开大会谈红专规划，发言者有沈颖、尚永清、高崧、章熊、林衡、唐次德、潘荆璞、李志明、王勋、尤宗尧、李侃、汪君乐十二人，至九时毕。

六月二十一日，星期六，晴，有小雨

晨，八时半先到西河沿周莲轩家告以不便带港物。又到琉璃厂邮局定第三季《新观察》《广播周报》及《星期北京》等。

又到西北园访韦士霖兄，适他已赴公园习拳。九时，到荣宝斋裱致子宏兄的字幅，又买信封纸备送黄荫普兄用。再到观音寺中国书店和大栅栏新华特价部。再至大众剧场买明晚戏票，回馆已近十一时。

下午，整理未办了事项，备出门前交代用。

傍晚，径归家。韦士霖兄和濂侄夫妇来谈。

吉中之妹来宿家中。永儿夜始来。

六月二十二日，星期日，晴

晨，做清洁工作。吉中妹慧芳早点后即去，据乘下午三时车赴包头云。

瑶瑶挈晶晶来，午饭前即去。

黄仲明兄来，午饭后去。

---

〔1〕“汉”当为“翰”。

永儿下午返校，据今日须去劳动云。

下午，二时半往东总布胡同吃牛奶、取报，并草拟红专规划，至五时出。到琉璃厂取送子宏兄铜邮，归已逾六时。

夜饭后，同内子往大众看福建闽剧实验剧团演《陈若霖斩皇子》，至十时三刻毕。并请黄仲翁同观。

六月二十三日，星期一，晴

晨，七时一刻到馆练拳。

下午，参加财务科讨论思想总结和红专规划问题。

傍晚，洗澡并缮写红专规划。七时半归。

六月二十四日，星期二，晴

晨，七时 15 分到馆练拳。

下午，参加财务科思想总结评论会。至三时半后，往琉璃厂荣宝斋取所裱送张子宏字幅，又结算《三家画集》帐。因该号尚待查对，即归家。

夜，内子往大众看沪剧《罗汉钱》，我整理行装。

六月二十五日，星期三，晴

晨，七时 10 分到馆练拳。

上午，重行修正思想总结。下午，写致儿女等信七封。傍晚，洗澡后过大栅栏购物，即归家。

沈同豫傍晚来家。

韦士霖兄傍晚来家。

集邮公司吴凤岗下午来谈港代售邮票事。

永儿傍晚归家。

六月二十六日，星期四，晴，傍晚有小雨

晨，六时半先到国会街看唐泽霖君父母。谈至七时往承恩街高教社访梁涛然君，谈至八时返馆。往中华访潘达人君。

今日写思想总结，直至下午四时半止。

四时半离馆，中途至新华食品店买面包，到家已逾五时。

在家洗澡后，夜饭毕，八时半由永儿伴我去车站乘7次直达广州车，于九时半开。

凃子英兄来车站送行。

六月二十七日，星期五，晴，有时阴

在京广车中。

中午，在餐车吃午饭，肯烧素菜，惟价贵些。夜吃素面。

热渐盛，与在京究有不同。

过武汉时，不知何故车停留很久，明天到广恐要误点。

武汉大桥因在晚间（九时余），只能依电灯看些轮廓而已。

六月二十八日，星期六，沿途多晴，到广时雨，广州

中午，仍在餐车吃饭。

今日原应在五点零五分到广，奈进站时已逾七点半，误点两小时半以上。再因误点关系，三轮车供应困难，挨至八点多始排得。恐时晏，又为满身汗污，往广州办事处不便，乃径赴东亚住424房间。又至天津馆吃面后，归寓洗澡、安睡，已十一时矣！

六月二十九日，星期日，晴，略有小雨

晨，吃牛奶、面包后，至永汉北路广州办事处遇冯姓职员。因杨明同志赴港未回，见负责人彭可涛同志，殷勤接待。八时半辞出，至黄秉翁家，与黄师母谈至九时半出。往东亚搬取行李，至办事处住宿。

为张子宏进馆50年纪念品，托彭君先为带交唐泽霖同志。

中午，办事处为我远道向菜根香买饭，很不安心。

下午，午睡后往邮局寄信，步行至六榕寺一游。又至菜根香夜饭，生意兴隆，风格仍旧，似四年来没有变化。夜饭后，步行回办事处。

夜热甚。八时半上床，十时半始入睡。

六月三十日，星期一，晴，夜大阵雨

昨夜相当热。

晨，五时起床，七时外出，步行至回龙路，知黄玲已下放，由丁宝森陪见新厂长冯同志，谈半小时。又同丁往黄玲寓所，未遇。

九时，到中央公园，游玩至十一时回办事处。

据食堂包饭须明日起，乃再外出。

至新华宽银幕电影院看苏联片《三勇士》。十二时半开演，至二时一刻演毕。

往省人民银行访吕越祥，未遇。

至百货大楼及文化宫观科普展览。

六时到菜根香，有大阵雨。吃饭后即归。

夜，彭可涛君来谈，谓彼拟明日赴港云。

七月

七月一日，星期二，晴

晨，五时起床，大便、洗脸。早点后往中央公园，遇打吴派太极拳的王、梁两君练了两套。七时半归。

中午，到永汉北路249号食堂午餐，颇狭小，菜有异味，勉吃一餐。因已定就，夜饭亦如此。

今天买到《红旗》第三期一册。

七月二日，星期三，晴

晨，至中央公园看练拳并阅书报。

中餐、晚餐仍到食堂，菜味如旧，但似稍习惯些。

上午，丁宝森兄来访，谈两小时。

傍晚，吴长茂君自港来，据系接陆君两人去，又向我取去港身份证。彼等将于后日晨乘公共汽车赴澳转港云。

七月三日，星期四，晴

晨，六时出门，搭二路公共汽车至东山，再雇三轮车至中行宿舍访吕越祥。彼于六月份起退休养老，直谈至十时半辞出回寓。据张启明早已退休，不知现住何处云。

下午,应丁宝森、庞培生、戴芳梓三君邀,于六时半到菜根香夜饭。九时,返办事处。

七月四日,星期五,晴

晨,送两位陆先生动身赴澳。

六时,到中央公园练拳,并看书报。

八时半回寓后,再往中山五路人民银行买存单,计:

① 50 元一张,(2)113290 号;

② 10 元十张,(8)128707—16 号;

③ 5 元六张,(4)179512—7 号;

④ 房屋有奖储蓄 20 元一张, 135750 号。

共计两百元,以存箱未用款暂予存储,似亦符合政策之举。

上午,黄秉桓嫂来访。

下午,在文明路剃头。

傍晚,夜饭后取所洗衣。

往德政中路宝安里 44 号二楼访宝森兄,未归,与其妻略谈。归已八时余。

七月五日,星期六,晴

晨,到中央公园练拳,又遇新拳友盛姓、吴姓、萧姓诸人。至八时半回寓。

今、明两天为广州大灭蚊蝇日期。我所住的小房间于上午十一时烧六〇六药粉,我出外再至中央公园一转,到食堂午饭。

下午,二时 45 分到永汉电影院看《五更寒》电影,至四时半毕,回寓。

下午,五时半陈沅江君自港来,谈片刻。他参加集体往新会参观的,据今晚即动身云。

夜饭后,往拍照相为寄港用。又送洗衣服。

七月六日,星期日,晨阵雨下午亦有雨,晴

晨,六时半到菜根香请戴芳梓、庞培生、丁宝森三人吃茶点,陆续前来,惟原约宝森妻女未到。至八时出,同丁、戴乘二路公共汽车至文德路,又乘十一路公共汽车至沙河。误乘瘦狗岭车,仍退回改乘白灰场车,至鸡头坑下车,转往白云山明珠楼，步行约十里左右。该处风景还好，游玩至十二时，循原路返，至沙河镇吃河粉作午膳，尚称意。二时，至动物园，各种蛇甚多，为北方所罕见。回寓已四时余。

五时半，蓝同志叫余同志去食堂晚餐，知星期日食两次，晚餐提早。今日菜中有“淡菜”，拟明日商李瑞芝君停止搭伙。

七月七日，星期一，晴，有阵雨

晨，到公园练拳，又遇许多同道，甚欢。八时余回寓。

上午，十一时半往星海照相馆取昨晚所拍照，交姜同志寄港。

晚饭后，至时新洗衣作取衣。

六时五十分，到新华看《渔民恨》电影，至八时半毕。电影平平。

七月八日，星期二，晴

晨，到公园练拳，又遇冯姓、张姓等同道。

九时，到六榕寺看书并登花塔，计九层一百八十级。

十二时，到菜根香午餐，因今日起已不在办事处食堂寄膳。

下午未出门。夜以面包代餐。

七月九日，星期三，晴

晨，至中央公园练拳。初与王姓同练，后有张姓、黄姓二人要跟我练，遂又教了几手。八时半回寓。

复六妹（三日来信）和永儿（六日来信）各一信。

十一时半，到菜根香午饭。饭后回寓，归途买面包备作晚餐。此间咸面包似较京为贵。

下午，彭可涛君自港回。据吴长茂君尚未到港（他是四日动身和两位陆君转澳门去），因托他带去身份证，不免挂念。

七月十日，星期四，晴

晨，至中央公园练拳。七时半归寓早点。

中午，到老乡亲午饭。素什锦需五角，连饭要六角，比菜根香贵，似不合算。

晚餐仍吃面包。

写读报笔记“所望于日本人民者”稿。

下午，陈沅江兄来，谓昨从新会归，明晨乘七时十分火车转深圳返港云。

夜，送衣服至时新洗衣局。

七月十一日，星期五，晴

晨，至中央公园练拳，归寓近九时。

中午，至菜根香午饭。

把读报笔记（一）“所望于日本人民者”誊清寄北京孙如松同志，因他是学习小组长，符合我的红专规划也！

七月十二日，星期六，晴

晨，至公园练拳。九时许出，为学拳人黄君邀同冯恭源君至某点心铺。我因已吃过，饮豆浆两杯及小饼一块。

中午，至菜根香吃饭。

下午，陈德昭自港来，又黄访书与伍晋文（中华）亦来，他们都是集体来参观者。德昭今晚赴新会。访书等系昨日到，住爱群酒店，据明日赴新会云。谈片刻辞去。

夜，以面包代晚餐。

七月十三日，星期日，晴

晨，到中央公园练拳。九时回寓。

中午，至菜根香午饭。

下午，三时黄访书兄来，谈至四时去。据今晚集体赴新会参观云。

向时新取所洗衣服。（恤衫每件0.12，布长裤0.26，绸裤0.35）

傍晚，至老乡亲吃面，再往公园一走。

七月十四日，星期一，晴，下午微雨

晨，至中央公园练拳。

九时，至永汉电影院看《林冲》电影。九时半开演，十一时演毕。出来后，察觉公园月券遗失，或系将入港之预兆欤！

十一时廿分，到菜根香午饭。饭后，径归寓。

下午有雨未外出，以面包充晚餐。

七月十五日，星期二，晴

晨，到中央公园练拳。八时三刻回寓。

中午，至菜根香午饭。

下午未出门，以面包作晚餐。

夜，送时新洗衣，又吃西瓜后归寓。

七月十六日，星期三，晴，夜雷雨

晨，至公园练拳。

八时半，乘五路公共汽车往中苏友好大厦参观广州市技术革新展览会，花样不少，而且参观者不多，可尽量听讲解。惜足力不济，至下午一时即出。

到菜根香吃午饭。

下午，陈德昭来，谓今晨自新会返。当约至菜根香夜饭，八时回寓。

七月十七日，星期四，阴，晨、晚雨

晨，因雨未往公园。

做读报笔记（二）"读《要在劳动中毕业》（《人民日报》7/11 社论）有感"。写致永儿第三封信（第一封 6/29 发，第二封 7/9 发），并将笔记附去，嘱阅后送孙如松君。

上午，伍晋文君来谈。他明日返港云。

下午，五时往菜根香夜饭后，取时新洗衣归寓。

七月十八日，星期五，上午阴，下午雨

晨，至公园练拳。

八时半，同张姓出，被邀至菜根香吃茶，并吃面。十一时余出，径回寓。

清晨，陈德昭来辞行，谓今晨与集团同由深圳返港云。

黄访书兄留片未遇，闻他将于明日返港。

七月十九日，星期六，阴，雨

晨，至公园练拳。黄姓学生向我学拳，今天架子盘完，前后不过十天，可谓速成。又教了他些推手。又王姓向我学推手，也颇有进步。

中午，至菜根香午饭。

下午，接张子宏兄港来长途电话，谓手续已办好，日内即由陈沅江或陈德昭来接我，嘱即办出境手续云云。我商之彭可涛君，据必须弄清楚是否走深圳或走澳门，我因电话未问明，乃再电话港厂找子宏兄，询知走澳门，即取照相两张，托彭君去办。后来思想，我去港事在港厂应尚守密，我用长途电话径达港厂，不免使子宏兄为难，心甚不安，未知有大碍否也？

七月二十日，星期日，晴

晨，到公园练拳。

中午，至菜根香午饭。

闲看《八年抗战》（《金陵春梦》第三集），不知何人所作，很有意思。

七月二十一日，星期一，晴

晨，到公园练拳。黄姓学生临别时竟送我若干钞票，当严词拒绝。青年人不识轻重，却也难怪。

中午，先去邮局寄张子宏兄信，内附在港接洽文件，计：

① 编辑部要买书名单两纸；

② 俞寰老托买药名单一纸；

③ 唐泽霖君往来账单一纸；

④ 沪厂托购零件单一纸；

⑤ 在沪学习徒工情况一纸；

⑥ 新馆账单一纸；

⑦ 集邮公司联系事项摘录一纸。

到菜根香午餐。

预计今日港方来人一定可到，下午等候不免焦急。至近七时，陈德昭君果到，因他从澳门来，故较晏。经探询，明日去澳公共汽车票已售完，决定明日改买船票，预计后日晨到澳，当晚可抵港。

七时半，同德昭兄往菜根香夜饭。归已九时。

七月二十二日，星期二，晴

晨，同德昭兄往外吃点心。

又往游越秀公园，参观博物馆。

闻李瑞芝同志代买明日赴澳船票，恐太迟，乃再同德昭兄往汽车站购明晨赴澳车票（明晨六时10分开车）。

十二时半，到菜根香午饭。夜亦如之。

夜饭后，往视黄秉桓师母。

今夜热极，时交中伏，自应如此。

七月二十三日，星期三，晴

今日去港。

在港留住至1958年10月31日即戊戌九月十九日返穗。在留港期间，另有小日记本记载。又为避免入境时检查麻烦，小日记本记至十月廿九日止内寄。因此，本日记自10月卅日续记。

十月

十月三十日，星期四，晴，在港

晨，黄荫翁来，谈至九时半去。

十时到厂，到各部门一走，藉以告别。

下午，二时半先到新华银行代子宏兄存定活两便款，并与唐君一谈。

下午，三时到宝丰保险公司晤夏筱芳君，谈至六时出。

七时，到燕云楼由馆中同人为我饯行。回寓已十时。重理行装，睡时已近十二时。

十月三十一日，星期五，晴，广州

晨，四时起床。

六时一刻动身，乘小汽车与子宏兄夫妇过海。七时，到尖沙嘴车站。国英母女亦来。到站来送行者有：祚甥夫妇和学恕（送至离罗河一站再乘车返）、唐泽霖、郁厚培、黄荫普、黄访书夫妇、徐礼川、席旅平、黄俊基、张沾卿、侯相鳌、吴成基。

车于七时44分开，八时半到罗河，过界到深圳，检查行李，由旅行社招呼便利不少。行李纳税者，计三件：

（1）祚甥托带围巾一条，税24.80；

（2）侯相鳌托带小汽车，税3.05；

（3）张沾卿托带眼镜，税1.95，共计29.90。

在深圳车站午饭。

深圳车于下午一时20分开，四时到广州。

先至办事处。因我们有子宏夫妇及国英母女同来，未有空房，乃转至爱群旅社，住524、526房间。夜九时（内地时间）即睡。

唐棠同志来联系明日游览事。

十一月

十一月一日，星期六，晴

晨，五时起床。

七时往外，吃点心并至沙面观光。

八时半，彭可涛同志来陪往出口交易会参观，直至十二时余。又同志[1]华侨大厦饭所午饭。

饭后，我同国英至惠爱东路351号大地公司看她朋友所托带款收受人，又至越华路看黄秉桓嫂。子宏兄等由彭可涛陪同看烈士公园和动物园。我到办事处理箱子，又至人民银行取款。

回爱群托买十一月五日赴沪车票。

再至百货公司一转。去菜根香应彭可涛、唐塘[2]二同志招夜饭。饭后，回爱群已逾九时。

---

〔1〕“志”应为“至”。
〔2〕“塘”似为“棠”。

十一月二日，星期日，晴，佛山

晨，八时唐棠同志絜其女来。八时半，同子宏兄夫妇、国英母女乘轮渡至石围塘，改乘广三铁路去佛山。到已十一时，住佛山大酒店。中午，在新世界午餐。

下午，三时到市府，由邓市长（市委书记兼）和王副市长接谈，并在人民食堂招待夜饭，很丰盛。夜，复由王副市长及接待处罗主任陪往钢铁厂参观炼钢。九时余回店。

十一月三日，星期一，晴，广州

晨，六时起床，七时半早饭（仍在新世界）。八时半，由朱、蒲（女）两同志及罗主任陪同去石湾看陶瓷美术厂和耐酸陶瓷厂，又参观祖庙。十一时半回新世界午饭。

下午，二时至红领巾铁工厂参观。三时半到车站，乘4点20分车回石围塘，再过江到广州已近六时。

夜，七时由办事处招待至东乐戏院看越剧《北地王》。十时回爱群旅社，改住517号房。

十一月四日，星期二，晴

晨，五时起床，写致美德、锦女及望铣弟各一信。七时，陪张子宏君夫妇至广九车站，车于八时半开。

往解放中路云台里25号江大伟处取林尔蔚父亲（林伯务）的行李，再送往车站存入寄存处，以免往返之劳。但即此已费了很大气力。

十时，到广州印刷厂看到戴芳梓、陈安庆、潘东发等，并以电话约丁宝森夜间来谈。

十一时半，到菜根香午饭。饭后，步行至爱群休息。

下午，二时去办事处重整行李，直至五时始毕。

夜，在爱群夜饭。

夜，八时丁宝森兄来，谈至九时半，并托他代为解决明日把永汉北路行李运至爱群的问题。

十一月五日，星期三，晴

晨，同国英母女至十一楼早餐，下楼时见丁宝森兄已将永汉北路行李大小五件取来，解决一桩困难问题，至为心感！

九时，同国英母女往五路车往越秀公园游览。归途我至中山五路百货公司购国璠托买的羊毛衫一件。至菜根香午饭，饭后回爱群。

张大钧来视国英，很像启明。

下午，四时电车站来接行李，久等未来，于五时半先赴车站，行李于六时始来。当即做行李行票，同丽樟上硬席卧铺，国英送至车上，车于六时半开。夜，开罐头、买白饭与丽樟同食。八时半睡。

十一月六日，星期四，晴，在沪粤车中

晨，至餐车早饭。

中午，仍买白饭、开罐头与丽樟同食。夜，到餐车进餐。

永儿于上午十时余到萍乡车站来晤，见颇健康，至以为慰。交来手提包，取去手提箱及给予各物。

夜，八时即睡。

十一月七日，星期五，晴、阴，上海

车原定上午六时四分到，迟至七时十分始抵沪站。丽焕、三姑、丽樟同学来接，我当自雇三轮回重庆南路家中。食面后，再赴车站以行李票托为代送。

十时，到四马路办事处。谈访各友后，同丁英桂、丁振邦、任永长、孙丕烈诸君至锦江514号访俞寰老，又上十四楼午餐，餐毕回家。

下午，四时到锦江与寰老同往华东医院看张菊生先生和徐永祚先生，再往泰安路12弄5号访徐凤老未遇，留条后，六时归家。

夜，四妹、吉中、二妹、毓松先后来，毓松谈至九时始去。

十一月八日，星期六，阴晴，夜雨

晨，胡省初兄来访。写致美德信一封。

上午，九时往黄河路访树声哥，知嫂嫂于上月底去姚。谈至十时半出。

到新闻路访韦傅卿兄，嗣张雄飞兄与李中庸医师来，即在傅兄家午饭。

下午，一时半往黄蔼农君家，他患中风，已渐痊。嗣丁英桂兄亦来，稍坐即辞出。

乘24路无轨电车至重庆南路下车，顺道参观复兴公园菊展。至福寿坊8号访俞明时君，中风，左手足瘫痪，但已略痊。

又至淮海中路436号访陈稼轩君，谈至五时出。

到旧货商店参观。

往人民银行换港币，归已六时半。

十一月九日，星期日，晴

晨，李炳生君来，取张子宏君托带的物件，计大小三件，当即交讫。

徐凤老来，谈片刻去。

方桂生君同往北车站，转至鸿兴路乘78路公共汽车至宜川路王家巷九号侯相鳌君家中访问，并交给带来汽车玩具一部。

十二时，到岳阳路195弄7号悟女家中午饭，糜师母亦在座。

下午，一时半回家，休息至三时，到复兴中路1315弄又一村14号访扆哥，谈至五时。至锦江访俞寰老未遇，将伤风药留在514号房。

到平安里访黄仲翁未遇，与黄嫂略谈。

六时，到淡水路访穆华生兄，谈至七时归家。

夜，济恩来谈。

十一月十日，星期一，晴

晨，七时半出门，八时到办事处。途遇后邻严君。

九时，往旧书店，找到刘廷枚君，为出售《频伽藏》事。

十二时，到松月楼午饭（吃盖浇饭，计三角）。

下午，先到车站探询购票手续。于一时到天通庵路厂中，与沈绥南、苏京山谈厂事，又参观新盖厂房及炼钢炉。四时辞出。

到金陵东路买车票未成。六时归家。

理出《频伽藏》备明日旧书店来取。

夜，渊侄、济宏侄妇及其子美唐来访。

八时，同穆华生兄乘24路车往新开河沪南电影院看《党的女儿》电影。自八时半开演，至九时半毕。归家已逾十时。

丁振邦同志希望顾静仪不再调京。又称明春调中华者将为丁英桂、胡文楷、徐益之、周世杰四人云。

十一月十一日，星期二，晴，阴

晨，六时始起床。

八时，到金陵东路铁路售票厅，八时半开门，买得下星期一即十一月十七日第六次车票一张。九时半回家。

上午，上海旧书店王兆文同志来点收《频伽藏》全部，并交来书款三百元整。

十时半，往淡水路访苏继卿君，谈至十一时半归家午饭。饭后，往洁而精访问诸老友，谈至三时始散。

往宝康里访赵寿郇拳师。往西门路访余伯贤君未遇，与其夫人谈片刻。

四时半，往淮海中路购帽子及信封等。

三妹来函，谓已接弟弟信，知我到沪云。

在洁而精会见的退休老友计：梁明铨65岁、叶范孙62岁、穆华生62、叶祖沐62、张屏翰64、费范九72、俞明时52、吴度均65、苏继卿65、朱颂盘66、俞镜清65（夫人同来，63岁）、陈炳泉68、朱菊生69、史久芸62。所注年岁为老法计算的虚龄。

夜饭后，六时半往三马路大舞台看上海京剧院演出《樊江关》《太白醉写》《桑园会》《狮吼记》等剧。末出《泗州城》，因时已十一点，未看完即归。

十一月十二日，星期三，阴，小雨

晨，黄仲明兄来，又祝甥来谈。

七时半出门，往上海大厦1102号房看昨由北京来沪之易定山、朱谦萱、黄子祥三君，谈至十一时出。

到金陵东路带瑶瑶女仆购十七日六次车坐票一张。

到人民路访蕴华，托代探陕侄岳家内地消息。十二时归家。

下午，午睡后理存书。

夜，四妹来，同夜饭。

夜饭后，往沈季湘君家，谈至九时半归。

十一月十三日，星期四，阴，小雨

晨，七时半出门，八时到办事处。与丁英桂兄谈公事，并与易定山、朱谦萱同志通电话。

代易定山买火炉铁丝，遍觅未得。到儒声哥抄治痔药方，又到墀哥家谈至十一时半，雇三轮赴垕哥家午饭。有余伯贤君同席。

下午，四时往永嘉路 310 弄 1 号访久鳌哥，健谈甚。夜饭后归，到家已近九时。

旧书店王兆文君来，只要《佛学大辞典》（16 元）、《法相辞典》（5 元）各一部，书橱只 48 元，已允售给。

向树声哥处抄来治舌菌药方如下：红色硇砂五钱、人中白五钱、瓦上青苔、瓦松、溏鸡粪各四钱。用银罐两个对覆装好，以盐泥封固。烙成后，以顶上冰片三钱，射[1]香三钱，共研末搽用，再以蒲黄末盖之。内服二陈汤。

林尔蔚托由广州带来被包，今日始来取。据尚须清洗，嘱于星期六以前送来，以便带京。

十一月十四日，星期五，雨，阴

晨，七时半出门，八时到上海大厦。知易定山同志等已于七时半外出，致未晤见。

到北火车站探询接取行李手续。

到办事处联系徐凤老于本星期六（十六日）请俞寰老午饭事。

到陈稼轩君[2]询问初中历史地图事。

到徐重道买三妹所要犀黄，归家已十二时。

下午，午睡后再次整理存书。

傍晚丁英翁来，谓办事处招待易、朱、黄三君在上海大厦一楼餐厅夜饭，邀我

---

〔1〕“射”当为“麝”。
〔2〕此处当漏一“处”字。

同往。当即与丁君前去,同饭者除易君等三人及英翁与我外,有丁振邦、任永长、方桂生诸君。归已九时。

十一月十五日,星期六,晴

今日未出门。

上午理书,旧书店王兆文把售给书箱车去。

穆华生兄来,代购草绳未得。

写致彭可涛、唐棠、唐泽霖、张子宏、席旅平信各一封。

下午,继续理书。

陈稼轩君为交还地图稿事来谈。

夜饭后,往黄浦剧场看话剧《烈火红心》。原请易定山、朱谦萱、黄子祥三人,因朱、黄二人要看望家属未到,由丁英桂、丁振邦二同志来看。戏做得认真,七时15分开演,十时半演毕。归家已逾十一时。

整理行装,睡已近一时。

十一月十六日,星期日,晴

上午,黄仲明、屋身哥(带松江人)、久鳌哥与济芳嫂,又毓松、悟女絜小玲、海玲等来。毓松取去独角圆台,再送来方桌。

十一时,往文化俱乐部应徐凤老招午饭,计有俞寰老、韦傅卿、张雄飞、丁英桂诸君。

午饭后,同韦、张、丁往黄仲翁家,谈一小时,交给《陈老莲花鸟册》,价50元。

往南华新邨七号视丽樟,看到成基的二姊、三妹及丽焕、丽樟。

往襄阳南路看济宏嫂,也见到济恩嫂。

往花园坊访张鸿钧夫人。

夜饭后,四妹挈建华来,谈至八时去。

拟访姚伯南君,走错了路,还找不到,真是怪事。时已九点,乃剃头后归家。

十一月十七日,星期一,阴

晨,曹祖荫君来访,并赠饼干。又毓松来谈。

行李八时前包扎就绪，九时车站前来接取，至感便利。

十时，往访鲍庆林太太，因爱妹伤足在家校对，故往视之。不图鲍太太特别客气，坚欲送衣料给内子，无可推却，心至不安。

访陈夙之君未遇，与陈太太谈陈纲情况。

访费范九居士，谈片刻即出。

访徐百齐君，略谈。

下午，陈夙之君来回看，谈片刻去。

潘孔音弟来，谈至二时一刻，送我上北火车站与松江人会晤，并做好行李，四时始上车。穆华生、丁英桂二君亦来送行。

六次车于四时 24 分开。在车上夜饭后，八时即入睡。

十一月十八日，星期二，阴、晴，北京

火车沿途常临时停车，为让货运车支援钢铁之故，到京站已逾下午八时（原定四时 52 分）。朱通舟兄和王泰雷、金长佑两同志均来接，至为可感。黄平章亦来，接松江人去。

十一月十九日，星期三，晴

上午，在家理抽斗，并等行李，结果行李仍未送到。

午饭后，往东总布胡同乘九路公共汽车，一时一刻到馆。与陈翰伯、王泰雷、陈锋诸同志谈。二时，开下放同志归来座谈会，由陈翰伯同志作十个月来馆务报告，并由阮敬英、王泰雷二同志作补充，至五时毕。

五时三刻离馆，乘九路车因人挤，至六时 35 分始到家。

国璠于七时半由宣化到京。据系来京开会，昨赴宣化，今日回来的。

十一月二十日，星期四，晴

上午，在家整理行李。

下午到馆。傍晚，径归家。

在美德给大妹、汤儿信中，写了几句话。

夜，整理衣箱。

十一月二十一日,星期五,晴

晨,七时半出门,八时到六部口北京市文化局(现分文化局、出版局、电影局三机构,市文协亦在一处)。适在门口遇见郭敬同志,当向汇报去港情况,并谈至九时余始出。归家乘22路公共汽车到大栅栏。

在中和医院[1]看陕剧戏票,无好座位,未购。

到同仁堂购国英托买银翘解毒丸十二盒,备寄港。回家已近十一时。

继续整理行李。

下午,一时一刻到馆。伊见思君来谈。与王泰雷君谈馆事。

五时半回家。

十一月二十二日,星期六,晴

晨,八时到承恩寺高教社,先后与梁涛然、武剑西、于卓、钟兆琥、张子明、邹根泉、祝鸿仪等诸同志长谈,至十时辞出。

到后孙公园一号访俞寰老,谈至十二时半归家。

下午,整理箱子。四时往鲜鱼口兴华园洗澡,归途至人民银行兑中签公债票。七时归家。

十一月二十三日,星期日,晴

上午,杜企棠、三妹携小应来,国璠来。

下午,濂侄全家来,松泉、雪芬来。

陆廷珏君来谈。

夜饭后,同内子、国璠、美德往同乐戏园看《地下宫殿》电影,连新闻片只一小时。八时即归家。

十一月二十四日,星期一,晴

晨,七时出门,到前门乘九路车。七时四十五分到馆,与张伯健君同练太极拳一套。

中午,在馆买饭,自带饭菜。

[1] "医"当为"戏"。

傍晚，为整理旅费单据，至七时始离馆，八时到家。

接曹姓来电话，谓可带东西给六妹，住打磨厂义顺客店云云。拟明日上午将东西送去。

十一月二十五日，星期二，晴，阴

晨，八时去打磨厂找到义成客店曹希佺同志，把纸包、洋铁盒各一只（内给建秀棉大衣一件，夏威夷衫一件，皮裤带一条，剃须刀一盒和饼干、白糖、香港糖、上海糖等），托为带给福建三明列东徐碧村三明冶金矿山机械筹备处锦女收。

九时回家取中饭菜，十时到馆。

上午，十时半五十年代印刷厂郭振铎、□□□[1]等来汇报工作，至十一时半毕。

下午，四时三刻离馆，到国会街唐泽霖同志父母处，谈至六时半归家。

写致锦女信一封。

十一月二十六日，星期三，晴

晨，写致四妹、五妹明信片各一纸。

到馆逾八时，未练拳。在工间操练拳。

下午学习，参加财务、资料、编辑行政三科合并小组，小组长为励刚和孙如松，讨论“纸老虎”。

去港旅费今日报销。计离京四个月又廿三天，共用二百七十余元，应还六百五十余元（代唐泽霖带家用港币300元还不在内）。除还现二百五十余元外，尚缺四百元，下月在薪水中扣160元，明年一至四月各扣60元。

傍晚，径归家。在西河沿人民银行存售去经书款320元整。

十一月二十七日，星期四，晴

晨，到馆已逾八时十分。

写致唐泽霖信由广办转。

下午，为明年出版计划事，由王泰雷同志招集王毓祥、朱蔚伯、汪君乐、孙如

---

〔1〕 原文空缺。

松、高子鸿等会谈。

傍晚，往王府井为永儿买俄文日历，又至百货大楼及商场一转，无物可购，搭四路无轨电车回家。

夜，大妹自宣化来，为囡囡明日去胸科医院事。国璠得电话后亦来家宿。

十一月二十八日，星期五，晴

晨，八时十分到馆。

大妹今日陪美德赴胸科医院看瘤，拟今晚回宣化云。

夜，为王焕仁事小组开会讨论。我参加至八时半，归家已九时余矣！

十一月二十九日，星期六，晴

晨，八时到馆。

上午，纪昌同志来。据他现已调任哈尔滨黑龙江大学历史系主任，这次来京开会云。

傍晚，至邮政总局寄港张国英犸银翘解毒丸一木盒，付邮资七角二分。

十一月三十日，星期日，晴

晨，八时到馆，做清洁工作，至十一时回家。

瑞和挈美平来，午饭后去。

下午，写致国英、韵贞、金如各一信。

十二月

十二月一日，星期一，晴

晨，到车站接丁英桂君。丁君乘十六次车自沪来，原于八时25分到，后误点30分钟，大致已近九时。王泰雷、朱通舟二君同来接。当乘中华汽车到馆。

下午，为王焕仁事开大会。糜文溶兄来访。

夜，在馆晚饭。饭后，阅读学习文件，至七时半归家。

十二月二日，星期二，晴

晨，八时廿分到馆。

上午，往中华找张静庐谈托丁英桂兄函沪索取菊老早年照片事。途遇香港新民主陈君,据新从港来云。

刘炳堃君今日自上海来,住中华云。

下午,为安全运动由陈翰伯同志作动员报告。

下午三时,为港事向领导小组作汇报,至五时三刻毕。

企棠下午乘16次车赴杭。

夜,塘侄来。

十二月三日,星期三,晴

今日为内子生日,晚间吃面。

晨,八时一刻到馆。

下午,一时半听王式周君传达陈毅副总理对民进代表大会的报告,至三时一刻止。

下午工间操后,小组讨论"人民公社问题",至五时半毕。

归途至劝业场一转,无物可购。

十二月四日,星期四,晴

晨,八时一刻到馆。

上午,丁英桂君与出版科会谈,我亦旁听。又为伊见思君事及请其到沪问清心女中事与丁君联系。

夜,六时参加小组讨论安全问题,至八时毕。归家已将九时。

刘玉珍来谈陈兆福之弟事。

十二月五日,星期五,晴

晨,七时出门,陪美德赴阜外医院拍胸肺生瘤部的断层X光,并由医生检查。据医生言不值得施行手术切除,经开了一纸证明。归家已十二时半。

下午,一时半到馆。

傍晚,洗澡后看《参考消息》。归已七时半。

泰雷同志见告,领导决定我可迟一小时(即上午九时)到馆云。

十二月六日,星期六,阴晴

晨,八时十分到馆。

伊见思君下月起由中华继续请其做联系古籍工作，下午招来一谈，以安其心。

傍晚，先到延寿寺街人民银行存零存整付款，七时半归家。

国璠来，据拟八日返宣化。夜饭后去。

十二月七日，星期日，雨转晴

晨起见下雨，耽心馆中煤球受淋，奈电话总务科未通。幸九时余即放晴，稍微宽慰。

八时，到头发胡同33号陈叔老家，谈至九时余出。

到绒线胡同83号访许季芸君，谈一小时。

到校场头条32号访宣节君，未遇，与宣夫人谈片刻。

到校场四条14号访张镜清君，未遇，与其夫人谈至十一时出。

三妹来家，午饭后去。

下午，许季芸兄来，并送来上午遗在彼家的洋伞一把。

张鸿钧兄与信予兄先后来，夜饭后去。

药元林、李崇贞夫妇今日来整理房子，据前晚回京云。尹佳恩亦归来。

十二月八日，星期一，晴

晨，八时20分到馆。

傍晚，参加欢送下放搞文化工作及他调人员大会，至七时先行归家，因约好计、周两君来谈也！

七时半到家，计宜初兄已来。候至八时，周家凤兄来，谈至十时半始去。

十二月九日，星期二，晴

晨，八时20分到馆。

上午，十时一刻到总编室听丁英桂同志汇报沪处情况等，至十二时止。

下午，一时半到南新华街教育学院看“教育与生产劳动相结合展览会”，但只看到山东、山西、宁夏、福建、上海五馆，已近五时，其余只得俟以后有机会再看。

十二月十日，星期三，晴

晨，八时到车站，送丁英桂兄乘八时 55 分第五次车赴沪。适遇方学武同志亦同车去沪，与谈沪处事。

高维申销假，与朱通舟兄同乘馆中车去馆。

下午，总务、文书、财务、行政、人事各科联合学习安全问题。

夜，企棠来。据今晨到京，带来弟、妹各一人，住水芳处云。

十二月十一日，星期四，晴

晨，九时到大众剧场听刘芝明副部长作明年出版界放卫星的报告，至十一时毕。鲜鱼口购水果后归家。

下午，一时半到馆。

三时，陈锋同志处谈总务科各人检查安全事项。

四时，陈翰伯同志向大会作传达报告中共中央六中全会通过毛泽东主席下次不作中华人民共和国主席候选人，只担任中共中央主席云云，当即由小组讨论，至五时半毕。

夜，至王府井一转，买些蜜饯为明日送刘炳坤之用。

十二月十二日，星期五，晴

晨，八时一刻到前门车站送刘炳坤君乘五次车赴沪，托他带去衣物一包，内计给建华、海玲棉大衣各一件，又大妹给建华、小玲棉鞋各一双。托交办事处丁英桂或孙丕烈君留交小妹来取。

下午，一时半参加总务、财务等科对潘荆璞的安全运动检查提意见，至五时半毕。

洗澡后即归家，未参加学习讨论。

夜，写致小妹信，嘱去办事处取包。又写致望铣问伤腿情况，并寄赠狗皮膏一枚。

十二月十三日，星期六，阴晴

晨，八时廿分到馆。

上午，十时一刻召集经理部各科级人员开酝酿做今年总结的座谈会，至十二时毕。

下午，一时开全体会，由各编室负责人报告本年出版物质量检查情况，至四时半毕。

傍晚，径归家。

十二月十四日，星期日，晴

上午，张镜清兄来，谈至中午。午饭后，同内子等三人往大观楼看《渡江探险》电影，至一时毕。

同内子往抄手胡同二号濂侄家，坐至三时归。

午睡一小时，做清洁工作“揩窗”。

十二月十五日，星期一，晴

晨，八时十分到馆。

中午，王秉夷君来，为其子天一还欠账。

下午，为处理海外机构往来账，代财务科开账单。

傍晚，至七时半始归家。

为想吃牛奶，姑写致东单牛奶站信一封。

十二月十六日，星期二，晴

晨，八时半到馆。

为港处账务处理，为开单写信。今日孙如松请病假半天。

傍晚，于归途中想剃头，奈走了许多理发店都有人等着，只得隔日再说。

十二月十七日，星期三，雪

晨，八时十分到馆。

下午学习，前两个半小时读文件，后两小时讨论经济法则问题。

在馆夜饭。六时，在二编室开总结工作初步会议，至八时毕。归家已九时。

十二月十八日，星期四，阴晴

晨，八时 25 分到馆。

下午，一时半为了经理部门归易定山领导，因此同计划财务、总务两科全体至易房间开会，谈至三时始散。

下午，四时半开全体大会，先由陈锋报告安全运动情况，继由陈翰伯作总结启发报告。

下午，六时半步行至东单，再至前门，又至炭儿胡同剃头后归家。

十二月十九日，星期五，晴

晨，八时10分到馆。

寰老来，与谈片刻。

傍晚洗澡，并至琉璃厂邮局代内子取王怀堂汇来款。

二妹来信，谓托刘炳堃带去小孩大衣、棉鞋都已收到云。

写致怀堂信，又致丁英桂信托访问张蓉珍事，又复黄荫普信复收到贺年信事。

十二月二十日，星期六，晴

晨，八时20分到馆。

孙如松君改良记账办法，创造单据代账法，我为他复写抄了五份。

因今日是星期六，夜间回家公共汽车特挤，故八时始到家。

十二月二十一日，星期日，晴

晨，八时同内子往苏联展览馆看“全国工业交通展览会”。八时半到达，至十二时半出来，到家已一时一刻。

下午，五妹来，夜饭后去。

傍晚，王泊如兄来，夜饭后去。

十二月二十二日，星期一，晴

晨，为牛奶事写致五妹一信，到车站邮局购邮票寄出。到馆已八时25分。

上午，经理部各科级开会，商总结事。

下午，写大字报一张，题为“总结应该重视技术革新的商榷”。

夜，五时半至七时半学习中共第八届中央委员会第六次全体会议决议文件。到家已逾八时。

夜，濂侄来。据将于后天第五次车赴沪云。

十二月二十三日，星期二，晴

晨，八时十分到馆。

叔老托写印诗稿，由高乐赓兄完成，今日连同《姚芒文遗著》等一并送去。

傍晚，因无电，五时半即归家。归途过新华食品店，无物可购。

糜文溶兄来，谓查强民将来看我云。

十二月二十四日，星期三，晴

晨，八时一刻到馆。

下午学习，前两小时阅读八届六中全会文件，后两小时讨论关于公社问题的决议。

夜，六时参加对汪家熔批判小组会，至九时始毕。归家已九时半。

十二月二十五日，星期四，晴

晨，八时十分到馆。

写致三妹和弟弟各一信。

傍晚，七时归家。

据内子言：得企棠电话，应潮已于昨晚（十一时25分）产一男孩，大小平安云。

十二月二十六日，星期五，晴

晨，八时半到馆。

写致黄荫普信，附去叔老诗一份。

内子和美德往遗光寺看望三妹。

夜洗澡。六时起学习，至八时半毕。并曾讨论汪家熔贪污案处分事。

十二月二十七日，星期六，晴

晨，八时20分到馆。

总结稿总务科今日交来，财务科尚在缮写中。

傍晚，至东总布胡同西口储蓄所取款，又至新华食品店买面包和糖。归家已七时。

大妹今日由宣化来，据明日将去保定云。

十二月二十八日，星期日，晴

晨，七时三刻出门，先乘七路公共汽车至西直门，再乘 32 路车至颐和园，换 33 路车至遗光寺，看三妹精神还好。据肚痛致胃口减退，医谓是子宫收缩关系云云。

上午，十一时半离遗光寺，到动物园转车至甘家口商场，参观全国工业交通展览会第二部，计有铁道、交通、建筑等。至四时出，乘二路无轨电车至前门，换四路无轨电车至王府井，至东安市场一转（空无一物），去锡拉胡同口腔医院视李崇贞同志。她甫于昨日动手术去下颚骨而易以肋骨，施行手术至五小时之久云。

归家已五时。

大妹今午去保定。

夜，塘侄来，并送我鲜麻姑[1]一包。

十二月二十九日，星期一，晴

晨，八时廿分到馆。

写致丁英桂君一信，为菊公日记商能否由商务出版事。

夜学习，讨论八届六中全会文件，至八时毕。归家已九时。

接汤儿廿七日信及永儿廿六日信各一封。

十二月三十日，星期二，晴

晨，八时廿分到馆。

塘侄要我为其子命名，我今日函告取名如下：

① 光化，破晓来风之后，应该光天化日；

② 光和，风光霁月，豫悦和谐；又寓光荣劳动，保卫和平的期望。

嘱任择其一，如另有较好者也可作废。

为郭敬同志辞总经理，馆事由陈翰伯同志负领导责任事，发致海外机构通告，备函寄唐泽霖君转致。

---

〔1〕“麻姑”概为“蘑菇”。

夜，在馆夜饭。六时半，到大礼堂看公社游艺会，至八时出。八时三刻到家。

大妹由保定回。

晨，发致企棠信，附去粮票、面票各五斤。

十二月三十一日，星期三，晴

晨，五时起床。今日大妹赴宣化，六时半去车站送她上车，车于七时35分开。

八时5分到馆。

下午，一时开全体大会，由顺义区回来同志作报告。

二时，王泰雷同志嘱高维申来接去京华书局参加总结评奖大会。夜饭后，同陈翰伯、易定山、王泰雷诸君乘汽车径回家。

原由馆中送看《火焰驹》电影是六时50分开演，因时晏未去。

美德为清华同学邀请，赴校过年。

据耀华来电话谓五妹又晕倒云，不知真相如何，不免焦念。

本年七月廿三日至十月廿九日为了旅居香港，已另用小日记本。因此本日记用余甚多，乃继续作为1959年的日记。

1959年

一月

一月一日，星期四，晴

上午，八时半出门，先到王府井购物，再到馆取昨遗留的布袋及本日《人民日报》。

十时，到全国青年社会主义建设展览会，至十一时半出。回家已逾十二时。

下午，二时半同内子往中山公园，途遇松泉夫妇，遂同往。归家已五时。归途在中原照相馆交洗软片，约明日看样。

夜，徐德俊兄来，谈片刻后去。

一月二日，星期五，昨夜雪，上午雪，下午阴

晨，八时半到馆。

徐德俊兄来馆，处理版税客户事。

傍晚洗澡后，在财务科学习，讨论八届六中全会关于人民公社决议第二段，至八时十分毕。归家已九时。

汤儿自沈阳来，宿家中。

一月三日，星期六，晴

晨，八时十分到馆。

五妹常患突然晕倒，今日来家，预备明日赴医院检查云。

上午，郭农山君来，谈一小时余始去。

傍晚，至新华食品店买面包，又至中原照相馆看所晒照片。

夜，塘侄来谈，他男孩的名字拟取“光和”云。

汤儿夜饭后去化工部招待所宿。

耀华来宿家中。

一月四日，星期日，晴

晨，五妹与耀华同往医院诊查五妹屡次昏晕原因。

八时半，往王府井百货公司购得黄油半斤，遇瑶瑶知平章出差未归。又往山老胡同访孙乾三君，送去一至三月顾问费一百元，又送给少许水果，谈至十一时辞出。归家已近十二时。

做糊北窗及清洁工作。

下午未出门。

一月五日，星期一，晴

晨，八时20分到馆。

下午，二时半在易定山君室开经理部科长会议，谈58年总结工作，听取了出版、校对、财务、资料四科汇报，已五时半。

六时起学习，在财务科讨论八届六中全会决议，至八时一刻毕。到家已逾九时。

一月六日，星期二，晴

晨，八时25分到馆。

上午，帮财务科发薪点钞。

下午，在陈锋同志房中邀经理部各科谈人员调动问题。

下午，三时半有同事十余人同往人民文学出版社参观58年总结工作展览，计分编辑、出版、管理三室，至四点半回馆。

夜，参加财务、人事科为马金生调中华做鉴定开小组会，八时结束。归家已逾九时。

内子往庆乐看戏，归已近十一时。

一月七日，星期三，晴

晨，八时半到馆。

写致毓松、小妹信一封，嘱考虑四维新邨房子租地满期后的处理问题。

下午学习，讨论八届六中全会关于公社问题第三、四项。

傍晚，至新华食品店无物可买，又至中原取照相，至延寿寺街人民银行取零存整取款等。归已近八时。

一月八日，星期四，晴

晨，八时半到馆。

写致永儿信，问他买《俄汉新辞典》的封面颜色事。

写致张子宏、唐棠及国英甥信各一封，附去前在佛山祖庙所拍照片及底片等。

下午，开科级以上会议，由陈翰伯同志报告总结要点，并予讨论，至五时半始毕。

傍晚，径归家。

汤儿来夜饭后回招待所。

一月九日，星期五，晴

晨，八时25分到馆。

上午，药元林、刘尚勇来馆。

下午，接新加坡陈云卿寄来贺年片。

傍晚，洗澡后参加学习，讨论总结要点，八时半毕。归家已逾九时。

一月十日，星期六，晴

晨，八时10分到馆。

下午，往长安戏院听航空学院张同志作关于苏联宇宙火箭（即太阳卫星）的报告，并放映《星际旅行》影片，至五时始毕。

归途过大栅栏买元宵20个，备明晨吃。

接大妹及幼英各来信一封。

接永儿六日来信。

一月十一日，星期日，晴

晨，八时出门，乘四路无轨电车到王府井百货公司买面包。再乘三路车至东单，换乘十路车至东四九条，再换乘六路车去三里屯农业展览会参观。走马看花，绕行完毕，已经两时余。仍乘六路公共汽车至宽街，换一路车至大栅栏，到家已三时。

汤儿来，未晚即去招待所。

一月十二日，星期一，晴

晨，八时十分到馆。

上午，潘达人来谈公事。

夜，六时起陈翰伯同志报告八届六中全会公告和关于人民公社的决议的学习问题，至八时毕。归家已九时。今日报告在俱乐部作，中华书局和版本图书馆都来听讲。

一月十三日，星期二，晴

晨，八时到馆。

上午，郭敬同志来谈片刻。

傍晚，至新华食品店，无物可购。

至炭儿胡同剃头后归家。

一月十四日，星期三，晴

晨，八时25分到馆。

糜文溶兄来谈了一小时。他是送校好书稿给三编室来的。

下午学习，继续讨论八届二[1]中全会决议，至五时半毕。

归途过新华食品店，因无面包，买了一块咸肉回家。

一月十五日，星期四，晴

晨，八时半到馆。通舟今日迁四编办公。

今日起，研究搜集商务历史资料方法。

傍晚，乘十路车至东单，过新华食品店买咸面包两节归家。

一月十六日，星期五，晴

晨，八时半到馆。

夜，洗澡。六时，开总结文字研究会，由翰伯同志主持讨论初稿，至八时毕。

归家吃腊八粥。

写复永儿十二日来信，并另邮寄去《俄汉新辞典》下册一本。

---

〔1〕“二”当为“六”。

一月十七日，星期六，晴

晨，八时廿分到馆。

下午，三时半同王泰雷同志到炭儿胡同 28 号问俞寰老病，五时归家。

今天，通州区新潞河北梆子剧团在劝业场剧场做《南北合》，内子去买了两张票。夜饭后，我和她两人去看。自七时起，至十时止，做得还认真。

汤儿夜回家宿。

一月十八日，星期日，晴

晨，做扫街清洁工作。

八时三刻出门，先到王府井百货公司想买些黄油，没有发卖。排队很多，而非我所需。后至某零售店化二角六分买了半斤饼干。

归途至鲜鱼口买了两罐油焖笋，又至新华书店买了一本《红旗》二期和贺年片两张。

回家后，做了些整理杂件工作。午饭后，午睡很浓。

下午，三时余与内子共往前门大街买零物，再至濂侄家一转，濂侄去沪尚未返京。回家已五时。

一月十九日，星期一，晴

晨，八时半到馆。

上午，九时开科级以上人员会议，讨论总结文字，至十二时散，尚未讨论完毕。

夜，六时易定山同志传达市委关于物资紧张的报告，至七时毕，随即由学习小组座谈讨论，至八时散。

归家已近九时。

写致吉中、四妹信，为托朱子明带沪（22 日行）棉鞋及面粉事，又附复毓松一信。

写致永儿信，告以托汤儿同事王树滋带沪棉鞋及零物事。

一月二十日，星期二，晴

晨，为内子昨夜身痛，多做些家务工作，到馆已八时半。

写致金如信，附给陆弟贺年片表示慰问受伤之意。又给陈云卿寄贺片。

高级知识分子油票一斤半寄给企棠。

傍晚，至新华食品店无物可买，购文旦二只，又过大栅栏买菱角和图片归家。

一月二十一日，星期三，晴

晨，八时半到馆。

傍晚，至西单剧场买明晚湖南戏票三张。

汤儿来家夜饭后回招待所去。

一月二十二日，星期四，晴

晨，八时10分到馆。

上午，十时一刻陈翰伯同志作总结（二稿）报告。下午，又继续一小时。报告后，随即小组讨论，至四时半毕。

在馆夜饭后，到东总布胡同西口人行取款及汇姚六嫂（张福萱）和韵甥款。

七时，到西单剧场看湖南戏曲艺术团演祁阳戏《昭君出塞》和湖南花鼓戏《生死牌》，至十时一刻毕。归家已十一时。内子与囡囡同去。

一月二十三日，星期五，晴

晨，八时十分到馆。

写致陈肇援亲翁，又六嫂、韵甥各一信，因昨汇六嫂20元和韵甥30元。

傍晚洗澡后，在出版科看电视。八时归家。

一月二十四日，星期六，晴

晨，八时一刻到馆。

接国英甥女十八日寄收到照片的复函。

傍晚，至新华食品店一转，无物可买，即归。

丁妈昨来家。据拟南归一行，拟后日动身云。夜饭后，送丁妈去李铁拐斜路其表弟处。

一月二十五日，星期日，晴

晨，八时半往王府井百货公司购得黄油数两，又拟购丝绵，已被捷足者买完，五妹要棉絮亦无货。再往广播服务部一转，询据电视机还有售，一次付款 413 元，须机关介绍云云。我因用处不大，拟从缓。十时归家。

做清洁工作。汤儿赴三妹家。

汤儿下午乘三次车返沈，我和囡囡送至车站，车于六时 55 分开。

瑞和今日来帮忙，做清洁工作。

一月二十六日，星期一，晴

晨，八时 20 分到馆。

上午，易定山同志招孙如松、朱蔚伯、汪君乐、姜燕诸人商修正全年出版计划事。

下午，修改财务科 58 年决算说明。

傍晚学习，阅读《斯大林论经济问题》第三节，至七时三刻归家，到家已八点半。

接六妹信，谓寄母 30 元，并拟赴沪生产，但物资紧张，恐仍不便云。与内子商拟嘱考虑，如无他碍，可来京生产。

一月二十七日，星期二，晴

晨，八时去炭儿胡同 28 号访俞寰老，交阅为寰老辞副总经理职致各董事函稿，九时辞出。至南新华街乘 14 路公共汽车至长安街，换 10 路车至外交部街到馆。

写致三妹、二妹、弟弟各一信，二妹信附入弟弟信中寄沪寓。

托潘多福兄带沪给弟弟白糖二斤，又送他月历表一份。还有红枣一包，交老药带给张子明兄托为带沪，是给海玲煮粥的。

一月二十八日，星期三，晴

晨，八时廿分到馆。

下午学习，讨论古巴民族民主革命运动和刚果民族独立运动。

夜，韦士霖兄来谈。

三妹今日归家。

一月二十九日，星期四，晴

晨，八时廿分到馆。

写复张子宏、陈稼轩、丁振邦各一信。又致六女信，告以寄来30元收到，如体力许可和组织批准，可来京生产云。

傍晚，过新华食品店，无物可购。

一月三十日，星期五，晴

晨，八时廿分到馆。

写复黄荫普信，为罗原觉藏画此间不拟承受事，又致唐泽霖君信，将黄君信附去。

下午，京华、五十年代两厂正副厂长来馆，在易定山同志房开会，有王泰雷、朱蔚伯、王毓祥、汪君乐、张洪达等同志参加，自二时起至六时止。

夜，洗澡后归家。

一月三十一日，星期六，晴

晨，八时半到馆。

写致大妹、六妹各一信，附去小孩压岁钱。

下午，俞明岳君来谈半小时。

写致彭可涛、唐棠信，附去泰雷同志致唐泽霖信托为转去，或请妥人将内容转达。

下午，五时放工，即回家。

六时夜饭。饭后，往大众剧场看评剧《苦菜花》。七时开演，至十时十分止。今日系馆中请本馆同人往京华、五十年代联工联欢。内子由刘玉珍送给一张票，我另买一张给囡囡同去观看。戏于七时开始，先由陈翰伯同志简单致辞云。

二月

二月一日，星期日，晴

晨，七时三刻出门，往王府井百货公司，内子亦去。见无物可购，乃回至大栅栏食品公司排队。从九时起，直至下午一时始买了一些饼干、面包和水果糖归家。

大妹处的通讯员今天来，据因东西未买齐，须明日赴宣。又托他将刚买来的水果糖带去。

夜，七时25分在大观楼同内子、囡囡看电影《古刹钟声》，是抗战时期破获间谍故事片，尚紧张。九时演毕归家。

二月二日，星期一，晴

今日起，奉领导小组指示，所有约稿和出版合同都由我盖章，编辑行政科江炯如君调财务科工作。

下午，助财务科计算新书出版计划的各项约计工作。

下午，三时起至五时做大扫除工作。

下午，五时半至七时半讨论全民积肥问题，归家已逾八时。

接永儿一月廿九日信，知彼系廿五离萍乡，中途留杭两天，廿八日到沪云。

二月三日，星期二，晴

晨，八时一刻到馆。

下午，助财务科计算新书出版计划工作。

写复永儿信一封。

夜，财务科为明日提早发薪而延长工作。

二月四日，星期三，晴

晨，八时十分到馆。

上午，帮财务科分配薪工。

下午学习，集体读一日《人民日报》"赫鲁晓夫在苏联共产党21次大会上的报告"，自十二时半至五时，尚未读完。

五时即归家，拟剃头因人多未果。

二月五日，星期四，晴

晨，八时一刻到馆。

傍晚，至新华食品店一转，即归家。

写复国英甥女信一封。

二月六日，星期五，晴

晨，八时20分到馆。

今晚，全馆同人聚餐，计22桌，出版局和京华、五十年代两厂负责干部被邀参加，甚为热闹。

夜饭后洗澡。

汽车送俞寰老回家，并有出版局□□□[1]，京厂乔福江、王泊如搭乘。我亦同车归家。

二月七日（大除夕），星期六，晴

晨，八时20分到馆。

帮江炯如同志做稿酬合同准备工作。

下午一时，在陈翰伯同志房间开科级以上会议，谈过春节后掀起大跃进、重订红专规划等问题。

四时半，同林尔蔚同志回家。

张鸿钧兄与药元林、林尔蔚三君在家年夜饭。

二月八日（己亥年元旦），星期日，晴

晨，九时余到馆，举行团拜，他们饮酒、吃鱼（昨天下午解放军送来的），甚热闹。

十一时，去头发胡同叔老家贺年，并询问他想印黄宾虹遗作事。归家已十二时。

濂侄全家来，午饭后去。

闻上午塘侄曾来，我未碰到。

三妹、企棠挈小应来家。

下午，三时半往西河沿视戴孝侯君，戴君患肠胃病，据明日将续假一天，后日返工作地点云（他下放郊区劳动及做文化工作）。

又到松树胡同访武剑西君，彼外出未遇。在钟佐华君家一坐。

---

〔1〕 原文空缺。

闻王湘璞同志夫妇来过，未遇见。

到松树胡同46号看塘侄夫妇，适塘侄未在，与其岳父略谈，又见塘侄之子甚茁壮。

松泉夫妇来，夜饭后去。

朱通舟夫妇来，我未遇见。

闻宣信予兄来，我未在家。

二月九日，星期一，晴

上、下午均在家。

昨有些感冒，声带受损，今日失音。傍晚，吃“胖大汉”（中药）一杯。

王平章、瑶瑶同松江人挈景景来，午饭后去。

企棠上午回西郊去。

美韶与其母来。

陆廷珏、韦士霖、涂传杰、王泊如诸兄先后来。武剑西社长上午来。

夜饭后，往虎坊桥市工人俱乐部看京戏《白水滩》《贺后骂殿》《串龙珠》三句。七时起至十时半止，归家已近十一时。

二月十日，星期二，晴

上午，九时送给大妹水果、面包等托王湘璞之夫尹同志带去，送至东北园129号，顺道至薛洲善、吴湘芸、李敬永、朱自纯、刘尚勇、宋健、方乐天、顾执中等处拜年。

又至炭儿胡同俞寰老家，未遇。

理发铺太忙，未能挤进。

顾执中、方乐天来回拜。

下午，杜水芳、陈鸿苏及企棠二妹、弟来。

五妹、耀华挈和平、小燕来住家中。

傍晚，到孝侯家送中央电影票两张给康生、建中，又至潘国富、周莲轩家一转。

二月十一日，星期三，上午九时左右微雪，即晴

上午，八时一刻去观音寺街理发所理发。八时半开门，我是“男3号”，九时10分理毕。

至虎坊桥乘一路公共汽车到王府井，换三路车到护国寺，望金寿峰君病，并留赠人民币十元。

至南官房访唐慕汾居士，未遇，与唐太太谈片刻。又知郑壁成居士已于去年中煤毒去世云。

归途至厂甸一转，买磁缸一个，计一元五角。又至邮局取费祥根汇来款五元。又至延寿寺街人行索本月中签单归家。

闻张镜清兄及薛洲善、吴湘云同志等曾来，未遇。

糜文溶兄及戴师母和康生下午来。

石家庄孟文章同志来为金如带去糖五斤。

三妹、五妹等上午都各自回去。

蔡洪钧夜八时余由沪来，宿我家中。

二月十二日，星期四，晴，傍晚下雪

晨，八时20分到馆。

写致张子宏君信为分配港库存机器事，又致黄用明君一信，为叔老托协助石印黄宾虹遗著事。

协助填制出版卡及合同等。

下午，四时开全体大会，由陈锋和陈翰伯同志报告动员重订红专规划事，至五时半毕。

傍晚，径归家。

洪钧今日往瑶瑶家，夜九时半始归。

二月十三日，星期五，阴，下午有微雨

晨，八时25分到馆。

写致杨明同志信一封，寄广州办事处。

上午，十时一刻在王泰雷同志处会商发行问题，至十一时半始散。

傍晚,洗澡后归家。

洪钧今日下午乘车赴石家庄。

二月十四日,星期六,晴

晨,八时半到馆。

囡囡今日去遗光寺三妹处,晨为整理给小应食物等。

下午,一时到总编辑房里谈计划出版工作,有王泰雷、汪君乐、孙如松等。

在陈锋同志房与经理部各科级谈大跃进问题。

下午,四时在俱乐部开大会,由朱谱萱同志作苏联 21 次大会决议七年计划具体内容及精神的传达报告,至五时 40 分毕。

归途至新华食品店购些水果回家。

二月十五日,星期日,晴

晨,八时出门,到王府井百货公司一转,无物可买。换乘三路无轨电车至西四,到广济寺谒能海法师,谈至十时出。再乘三路无轨到崇文门,在国际友人服务部买些杏仁饼和奶粉归家。

汤儿由沈阳来。

午饭后,内子往民主剧场观《我的一家》话剧,是招待军属的。我去首都剧场看《百炼成钢》话剧,由新文化报社招待,至五时毕。

六时,到十里堡国棉一厂宿舍三之二南门二楼 325 号瑶瑶家,内子和美德已先在,同在她家夜饭。

饭后,同平章、瑶瑶往"新一楼"二楼九号访朱文韬(耀堂)夫妇,谈至九时余辞出。乘二路车至红庙,换九路车至前门,归家已十一时。

闻许季芸、宣节二兄曾来家,因我外出均未遇。

二月十六日,星期一,晴

晨,八时半到馆。

夜学习,读赫鲁晓夫报告第四、五节。八时归。

为内子购喉痛药,往大栅栏一行。

二月十七日,星期二,晴

晨,八时25分到馆。

写复国璠信一封。

潘多福君自沪来,送我五香豆和酱黄瓜。

傍晚,径归家。

内子言,朱文韬夫人下午曾来我家。

夜,戴师母来,说孝侯母亲已于正月初四日在原籍扬州去世,拟暂不告知孝侯,俟他下放回来,再南归奔丧云云。

高子鸿来谈过去历史问题未交代清楚,当鼓励其立刻切实的尽情交代。

二月十八日,星期三,晴

晨,八时去长安戏院听熊复同志作苏共21次大会及七年计划的报告。惜是录音转播,不太清楚。我至十一时即归家。

午饭后,一时到馆。

三时三刻,陈翰伯同志作大跃进报告,并由王泰雷同志报告58年四季度和59年一季度的各编辑室发稿情况,再由孙如松同志报告上年决算情况,至六时始毕。

二月十九日,星期四,晴

晨,八时半到馆。

写致望铣弟一信,为沪房子事。

上午,九时半在陈锋同志房内召开经理部各科长会议,至十一时半散。

写致陈稼轩、江武子信一封。

二月二十日,星期五,晴

晨,八时半到馆。

写复永儿信一封。

傍晚洗澡。

七时,到国会街唐泽霖君家。据伊父言,得唐自广州发信,谓开会至月底,下月初将同其妻女北返云。

八时归家。

二月二十一日，星期六，晴

晨，八时 20 分到馆。

今日接唐泽霖同志十八日广州发信，谓于十四日到穗，下月初同鸿儒、小军来京云。当电话梁涛然同志为之安排在国会街九号的住处。

写复唐泽霖信，与王泰雷同志共同具名。

傍晚，径归家。

二月二十二日（己亥元宵），星期日，晴

晨，做些杂件整理工作。

上午，宣化通讯员小何自石家庄来，据今日下午回宣。带来大妹信及给母款 100 元，永车找款 30 元（退运费及捐 4 元），又黄油、松子糖等。当嘱在我家午饭，托带去伊拉克蜜枣、小红枣、饼干、果子糖、冬笋、山楂糕、苹果、芋奶等，并复一信。

到延寿寺街人民银行托收 2 月 26 日到期的上海永嘉路储蓄所存单 600 元。

到炭儿胡同 28 号访俞寰老，仍未遇。

下午，三时往劳动文化宫及中山公园参观全国爱国卫生运动展览会，至四时余出。

到校场头条 32 号访宣节兄，又到四条 14 号访张镜清兄。归家已六时半。

汤儿来，夜饭后去。据拟 25 日返沈，下月初将再来京云。

二月二十三日，星期一，晴阴

晨，八时 20 分到馆。

上午，开经理部科级会议，报告上星期工作成绩和本星期工作指标，至十一时毕。

下午，同王泰雷、孙如松、朱蔚伯、汪君乐诸君在易定山君房中商本年修订出版计划。

傍晚，吃点心后，五时半开中心学习小组，嗣自读苏共 21 次会议赫鲁晓夫报告第四节和决议一部分，至七时四十分离馆，八时半到家。

二月二十四日,星期二,阴,下午雪

晨,八时20分到馆。

为解决著作人稿酬事,写致景才瑞一信。又与文化部出版局王益同志和北京市出版局郭敬同志联系,印数稿酬的百分比仍照原订不减事。又写致梁思成信,为转去罗原觉所藏书画影片事。

傍晚,至西单商场买麻油一瓶,归已七时余。

汤儿来,夜饭后去。

接望铣来信,谈房子事。

二月二十五日,星期三,大雪

晨,八时三刻到馆。因公共汽车人挤,以致迟到。

午饭后,曾参加南门扫雪。

下午学习,阅读文件,看二月五日、八日《人民日报》社会[1]关于苏共21次大会事。

傍晚,到东安市场一转,买了些素菜归家。

写致张子宏信,托买《金陵春梦》和《侍卫官杂记》,径寄宣化国璠收。

二月二十六日,星期四,阴晴

晨,八时半到馆。路上积雪和冰冻不易行走,尤其在前门内外和建国门内越过马路处。我在前门内排队时跌了一跤,大约因衣服穿得多,没有痛楚。

写致三妹信,告以丁妈返京,恐仍须留五妹处工作。

下午,王泰雷、陈锋、汪君乐、张兴周四同志来谈房屋调配事。

夜,归途过西河沿人行取黄荫普君汇来港币15元,合¥6.41,为托购银珠款。

二月二十七日,星期五,晴

晨,八时到王府井吉祥戏院见已在售票,当购三月一日星期日戏票三张。内子来时,我已出东安市场,当同乘三路车至东单。内子至菜场买菜,我转十路车

---

〔1〕“会”当为“论”。

去外交部街，八时 25 分到馆。

上午，在易定山同志房中由孙如松同志报告出版局布置基建和财务计划事，又王泰雷、乌维杭同志在座。

傍晚洗澡后，吃了夜饭，赴红星戏院看《我们永远忠于党》电影，是工会送票。七时开始，八时即毕。归家已八时半。

汤儿来家宿，据明日返沈。

丁妈来帮洗衣被，宿家中。

今日是我的母难纪念日，怀念母亲，深悔过去未能尽供养之责。

二月二十八日，星期六，阴

晨，八时 20 分到馆。

上午，十时半参加财务科检查本周工作和计划下周工作事。

下午，二时半开生产工作会议，由易定山同志主席，京华乔福江、五十年代郭振铎两厂长亦来参加，最后由陈翰伯同志作总结发言，会至六时止。

傍晚，径归家。

汤儿在我未返家前乘六时 55 分车赴沈。

丁妈今日帮洗衣被，仍宿家中。

得东单牛奶站通知，明日起供应我每日半 P 之牛奶。

三月

三月一日，星期日，晴

晨，九时到馆，牛奶始于十时送来，吃后并取报。十时三刻，到琉璃厂庆云堂代黄荫普君买银珠一锭，计价五元。

到延寿寺街人民银行取内子由沪转来存款的新存单。

十一时半午饭。饭后，我先往王府井东安市场换票，与内子、囡囡一同入场。一时开演，是天津市越剧团演《孟丽君》，至四时半毕。归家已近六时。

丁妈午饭后赴矿业学院。

接吉中二月廿七日来信，知四妹已于是日晨产一男孩云。（阴历正月二十日晨3时11分寅时生。)

三月二日,星期一,晴

晨,八时20分到馆。

午后,在人事科召集经理部各科会报,至四时半始毕。

夜学习,自作发言提纲,至七时半毕。

八时归家,塘侄来取港购药针发票去。

写致黄时济信,询问黄仲明兄病况。

写复周吉中信。

三月三日,星期二,晴

晨,先至车站看广州来车到站时刻,因唐泽霖同志日内将至京也!

八时半到馆。

上午,工间操时间帮助院内扫雪。

下午,四时半开全体会议,由陈翰伯同志说明一、二月发稿太少,三、四月须苦战。再由易定山同志报告一、二月发稿出书具体情况,至五时半毕。

六时半,到国会街九号访唐老太爷,知泽霖同志将于明日下午四时五分乘穗来8次特快车到京。又探视陈毓汉同志,因他昨夜中煤气毒,幸无大碍云。

三月四日,星期三,晴

晨,八时20分到馆。

下午,学习《赫鲁晓夫报告》,讨论第一、二题。

四时,同王泰雷同志乘车至前门车站,接唐泽霖同志自粤乘八次特快来。车原应于四时七分到,误点近一小时。又送唐君夫妇、小孩至国会街九号,回家已六时。

接永儿一日来信。

三月五日,星期四,晴,晨有雨

晨,八时半到馆。

下午,在人事科开经理部各科级会议。

夜,六时起参加财务科、资料科工会小组生活,至八时毕。

归途过大观楼看《情探》电影，至十时半始毕。归家已近十一时。

三月六日，星期五，晴

晨，八时 20 分到馆。

下午，为高子鸿事开会半天。

唐泽霖同志来，在总编室汇报港新馆厂情况。

写致永儿及美韶信各一封。

三月七日，星期六，晴

晨，八时 20 分到馆。

上午，钟履坚君来谈，据下星期二晚拟来我家长谈云。

糜文溶来访。

下午，四时一刻往萃华楼，为馆中请唐泽霖同志夫妇夜饭。作陪者为郭敬、陈翰伯、易定山、陈锋、陈建堂、王泰雷、吴泽炎诸同志，至七时余餐毕。归家已逾八时。

韦士霖兄来家未遇。

三月八日，星期日，晴

上午，在家做清洁工作。

美韶来谈其父来信，为其外祖父母坟墓事，午饭后去。

汤儿自沈阳来。

下午，三时半往馆中吃牛奶、取报纸，又为内子预定本月十四日赴沪 5 次车票。再往西四北京人民医院探视陈叔老，到达时询知不在该院，系在东单北京医院云云，不知是否为同仁医院？

张启凡同其女、婿等来访，惜我不在家。

三月九日，星期一，大雪

晨，八时 20 分到馆。

昨代内子定赴沪车票，傍晚送来计三月十四日上午八时 50 分开第五次车 5 车厢 13 床下铺，计价 44.17（内送力 0.15）。

写复渊侄一信。

夜学习，阅读文件。至八时始归，到家已逾八时半。

三月十日，星期二，晴

晨，八时20分到馆。

写复四妹一信。

上午，在人事科开经理部各科科级会议，至十一时半毕。

下午，四时离馆，往东单北京医院看陈叔通先生，询知他停止会客，留条而出。

接黄仲明兄幼子时监来信，知仲兄脑瘤已于二日动手术，医言一周后将再施放射性治疗云云，似情况甚严重。

五妹夫妇为其母将赴沪，来夜饭后去。

夜，钟履坚同志来谈，九时余去。

三月十一日，星期三，晴

晨，八时20分到馆。

下午，馆中同人往东郊三里屯参观全国农业展览会，我因已看过，即在馆中阅览学习文件。

唐泽霖君来谈，据约二十日后南返云。

傍晚，径归家。

夜，整理杂件。写复毓松一信。

三月十二日，星期四，晴

晨，八时半到馆。

上午，唐泽霖同志来，他所买字帖、墨砚等由东四人民市场送来。

下午，为批判高子鸿在财务科开会，至五时半始毕。

傍晚，归途过东单购面包、牛油送给美德，因她明日将返沈也！

三月十三日，星期五，晴

晨，八时半到馆。

写致三妹及韵甥信各一封。

下午，财务科又为高子鸿检讨批判继续开会。

下午，三时曾往王府井及东总布胡同东口人民银行取款，为给唐泽霖同志借支之用。

傍晚，洗澡后归家。途经前门车站曾视美德，因有汤儿陪送，我即回家。

张子明、张鸿钧两君来谈。

为内子整理行装。

汤儿宿家中。

三月十四日，星期六，晴

晨，七时三刻同汤儿送内子到前门车站。内子乘八时 55 分开第五次特快车赴沪，买的是硬席卧铺，尚舒适。我到馆已九时 20 分。闻唐泽霖君来过，未遇。唐君所购书画、墨砚、图章、条幅、对联等，助高乐庚兄为之装箱。

下午，陈翰伯同志原拟约泽霖同志谈话，因他外出未在家，致未谈。

傍晚，径归家。

三月十五日，星期日，晴

上午，整理剩煤，收拾后弄小间，自七时半起，直至十一时始毕。

中午，自烧面吃。

下午午睡后，一时半往东总布胡同吃牛奶、取报纸。

归途至琉璃厂取送给将华所刻牙章。

又过延寿寺街理发店理发，回家已近六时。

自烧粥，因整理碗橱，多了一些时间，有些焦了。

晨，瑞和来，取去洗衣及零星蔬菜和一些残食，又把笋和干菜托为代烧。

三月十六日，星期一，晴

晨，七时三刻到国会街九号访唐泽霖同志，知彼已外出，乘 10 路车八时三刻到馆。

午后，泽霖同志来谈片刻。

夜学习，阅读。事后知小组在讨论，我因陈建堂小组长说过星期三讨论，致未注意。中、午[1]饭今日均在馆中食堂吃。

---

〔1〕“午”或为“晚”。

归途至中和购明晚戏票一张。

三月十七日，星期二，晴

晨，八时半到馆。

中、午[1]饭均在馆吃。

今日做香港上报总馆决算。

傍晚，七时到中和戏院看河北梆子剧团演出《杨八姐游春》，至十时毕。

汤儿下午五时曾来，留条一纸。

小妹来信，知内子已于15日上午九时到沪，由望铣弟与吉中去接云。

托瑞和洗衣及烧菜，均已送来。

三月十八日，星期三，晴阴

晨，八时20分到馆。

上午，唐泽霖同志来与翰伯谈。后据泰雷同志见告，将在七月初再要我去港一次云。

下午学习，讨论"量变与质变""社会主义国家大致同时进入共产主义"等问题。

傍晚，径归家。

接美德、永儿信各一封。

写致望铣、永儿信各一封。

三月十九日，星期四，阴小雨

晨，八时20分到馆。

丁英桂兄昨自沪来，住中华宿舍。

香港需要《译报》的总馆上年资产负债表和损益表，今日做好发出。

写致张子宏、黄荫普各一信。

又写致二、六妹信各一封。

傍晚，径归家。

夜，周莲轩夫人送来素菜一饭盒。

---

[1] "午"或为"晚"。

三月二十日，星期五，雨

晨，八时十分到京华印书局晤王汉英、乔福江、杭福全等商基本建设事，又至五十年代厂亦谈同样事件。到馆已十时。

下午，乔福江亦来馆续商基建事。

接韵甥来信一封。

傍晚，洗澡后径归家。

夜，在家拖地板，做清洁工作。

三月二十一日，星期六，上午阴，下午晴

晨，八时往珠市口，随乘一路公共汽车至前门换十路车，八时三刻到馆。

唐泽霖同志上午来联系公事。

上午，曾参加王泰雷召开出版、校队两科碰头会。

下午，四时参加财务科例会。

因人事科给我中国青年艺术剧院演出的《白鹭》话剧戏票一张，故散班后即归家吃粥，并取望远镜。七时半开演，至十时毕。归家已逾十时半。

复美德信一封，致张启凡信。

夜，汤儿来，我仍未遇到。

三月二十二日，星期日，晴

晨，做清洁工作，至十时半始毕。

丁英桂兄应约来家，中午同吃面，饭后辞去。据他说，陈少荪、成衡才诸君均于今年去世云。

瑞和晨来，濂侄挈美平来，送来素菜两式。

下午，一时出去，先到观音寺寄卖所，把前由上海带来门锁三把交与寄售，每把估 5 元云。

又至东总布胡同馆中取报纸、吃牛奶。因找不到钥匙，在四编、二编各坐片刻，至四时回。

又到西河沿粮食店，据粮票尚未能领。又至延寿寺街人民银行办存款转期及代内子存款手续，到家已逾五时。

三月二十三日,星期一,晴

晨,八时一刻到馆。

接韦傅卿兄十九日来信,谓黄仲明兄脑瘤据医生说只割去三分二,尚须放射性治疗,仍在危险中云。又称杨守仁兄去沪治腿伤,用塑料换折骨,可有奇效云。

夜,在馆夜饭、学习,准备作文两小时,到家已九时。

三月二十四日,星期二,晴

晨,八时十分到馆。

今核对海外资金账和往来账,往来账尚未对清。

下午,唐泽霖君来谈,代购30日车票未得。

傍晚,至王府井。为四妹来信,内子要买些肉类罐头寄给六妹,没有找到。

顺道至北京剧场买得退票,七时20分起看四川戏《谭记儿》,至十时10分演毕,做得很细致。唐泽霖夫人亦在看,同乘电车归。

三月二十五日,星期三,晴

晨,七时50分到馆。

为唐泽霖同志定南下火车票,几乎打了一个钟头的电话,始打通买好了31日15次车票两张。

下午学习,作文未完结。

夜,临时学习时事"阿联与伊拉克事件",至八时半。归家已近九时。

三月二十六日,星期四,晴

晨,八时到馆。

为了王泰雷同志将于本星期日往文化学院学习,连日接洽的事件较多。

为对准港处往来账,今天写致港处信。

接松泉来电话,知其母已于上星期日到京云。

傍晚,径归家。

三月二十七日,星期五,阴、晴

晨,八时到馆。

为学习作文须于明日交卷，今日偷闲拟稿。

傍晚洗澡后，先至北京剧场想看川戏，因坐位太远，又至吉祥戏院，适有第一排中座退票，当买来。系天津越剧团演《西厢记》，至十时 20 分演毕。归家已十一时。

接二、六妹信各一封。

三月二十八日，星期六，晴

晨，八时十分到馆。

《参考消息》载藏地叛乱外国通讯，至晚间中央电台亦已广播。此项叛乱已于 23 日平定，惟达赖还被劫持，似尚未完全消灭。

下午，北京影片厂来谈《电影创作》出版事项。

参加王泰雷同志召开出版、校对、资料三科碰头会。

下午，三时半做大扫除工作。

傍晚，往骑河楼视吴泽炎君病，归家已逾七时。

三月二十九日，星期日，晴

上午，往西河沿领粮、油、肉票，又至东总布胡同补写学习作文，写完交给小组长陈建堂同志。并在馆午饭及吃牛奶，又取报归。

到西河沿视孝侯夫人病。

又到粮店买本月所余粮票，计机米三斤。

又去寄卖所取回门锁三把，因未售出。

下午，三时张启凡甥来，谈至五时去，送给《汉魏墓志铭》一部。

夜饭后无事，去西单剧场，见有四排七座的退票遂买了。七时起，演山西长治红旗剧团上党乐子戏《十二寡妇征西》，至十时毕。归家已近十一时。

三月三十日，星期一，晴

晨，八时十分到馆。

今日起，因王泰雷同志去文化学院学习，由我代理他的职务，因此比较忙些。

午饭后，为了拟送唐泽霖同志买些企司饼，先至东安市场，没有买到，只得到观音寺街稻香村分店去买，放在家中。故回馆已逾两时。

夜，六至八时小组会讨论西藏叛匪问题。归家近九时。

五妹与耀华已在家等候，即宿家中。

三月三十一日，星期二，晴

晨，七时出门，七时 20 分到国会街九号唐泽林同志家，谈至八时辞出。乘 10 路车八时三刻到馆。

上午，伊见思君送来北京图书馆代拍巩珍著《西洋番国志》胶片，当以一份送唐君。

九时三刻，在易定山同志房中由经理部各科级会谈，决定成立小组督促计划执行。

下午，陈锋同志与出版科谈工作支配。

傍晚，至东单购物及买四月份汽车票，径归。

夜，汤儿来，九时去北纬旅馆宿。

五妹与耀华晨吃面后回去。

四月

四月一日，星期三，晴，下午有雨

晨，八时十分到馆。今日起清洁值日，每晨扫街。

下午，阅高级知识分子七人的入党感想文。

毓松来信，知悟女已于三月廿七日上午十一时生产，又生一女。当复信一封。

松泉来电话，知雪芬已于上星期六（廿八日）生了一子。

夜，在馆夜饭后，在出版科开高级分子入党发表文章的讨论会，至九时散会。归家已近十时。

四月二日，星期四，晴

晨，八时 5 分到馆。

接永儿三月廿九日来信，谓须往湘东发电厂帮助基建劳动二周云。

在馆夜饭。

夜,六时起开欢迎下放三月的文化工作队回来,又欢迎即须下放南苑公社劳动一年左右的干部七人,住西屋的刘玉珍亦在内,至九时半始毕。归家已逾十时。

四月三日,星期五,阴、夜有雨

晨,八时5分到馆。

上午,易定山同志招出版科全体人员开会,至十二时始毕。

下午,五时半放工后洗澡,又买了三个甜馒头作夜餐。七时一刻,到大华电影院看苏联片《烽火的里程》电影,至八时三刻毕。归家已逾九时。

四月四日,星期六,上午阴,下午晴

晨,八时到馆。为明日有旅行,今日提前发薪。

傍晚,至东单购杂物,径归家。

夜,三妹絜小应来家。

汤儿来家,谈至十时始去。

四月五日,清明,星期日,晴

晨,八时去馆取报、吃牛奶,又至东单购水果,至大栅栏观音寺购饼再回家。

汤儿、企棠中午先后来。午饭后,企棠与三妹带小应回去,汤儿亦回旅馆。

下午,四时去抄手胡同2号濂侄家,送还上午瑞芳送来蔬菜的空碗。又至天桥一转,五时半回家。整理历年购存的公债票。

夜,韦士霖兄来谈。

四月六日,星期一,晴

晨,八时到馆。写复四妹信。

下午,同汪君乐同志往六部口北京市出版局商谈发行社会科学用书事,计到有新华北京发行所、新华东城区、西城区、海甸区书店代表等,至四时半始毕。回馆已逾五时。

夜,在馆夜饭、学习,阅读《政治经济学》下册。我至七时半离馆,到家已逾八时。

四月七日，星期二，晴

晨，八时到馆。

今天出版科的事务较多。

傍晚，到广和买了后天（九日）晚间的戏票一张。

汤儿今日下午6时55分乘三次车回沈，来家时我还未归，留有一条。

夜，整理衣箱。

四月八日，星期三，阴，上午有小雨

晨，八时到馆。

上午，工间操后为出版、校对两科开碰头会，至十二时始毕。

下午学习，在资料科讨论《政治经济[1]》教科书第24章一部分，自三时三刻至五时半，在这以前曾阅读两小时。

傍晚，先到王府井买永儿在外文书店所定《摄影艺术》，又至文艺书店买《鲁迅全集》第六册（尚缺第七册未买到）。又至天桥和大栅栏一转，归家。

四月九日，星期四，晴

晨，七时三刻到馆。上午，包闻天来谈查帐事。

夜，在馆夜饭，到大栅栏买些水果、面包等。七时，到广和剧场看河南安阳市豫剧院演《蝴蝶盃》（"见公婆"一段）及崔兰田演《陈三两爬堂》，演的很不差。张镜清兄夫妇亦在。至十时演毕。

四月十日，星期五，晴

晨，八时五分到馆。

储致中君上午来访，他是领定息来的。

下午，糜文溶兄来访，谈近来漏送印技研究所样书事。

傍晚，径归家。因准备拆火炉未洗澡。

原约周贵夜饭后来家帮助拆火炉。他于七时始来，当即拆好火炉，并承初步搞好烟筒，扫煤。

---

〔1〕疑漏一"学"字。

四月十一日,星期六,晴

晨,为了昨晚拆去炉子做些清洁工作,到馆已八时 20 分。

上午,在总编室开会讨论计划未能完成的研究问题,计有陈锋、汪君乐、张宏达、乌维杭、张兴周、沈世英、黄素芬等参加,约两小时散。

下午,工间操后开大会,由易定山传达西藏问题,朱谱萱传达国际关系问题,至六时毕。

夜,在家拖地板,做清洁工作。

四月十二日,星期日,晴,大风

晨,继续做清洁工作。

瑞和来叫我去吃午饭,允之。

九时,先至观音寺街理发,过稻香村买黄油饼备给美平等。又至炭儿胡同派出所换领购物证,到大宏庙零售店买肥皂、碱、白糖、麻酱等,仍回家。

十一时半,去濂侄家午饭。饭后,因有小菜带来,再归家。

下午,一时去馆吃牛奶、取报纸。

周莲轩兄又送来小菜。因建中送来时我不在,乃将菜盒送还,并送还濂侄家菜盒。

张鸿钧、潘多福两君来访,谈一小时辞去。

四月十三日,星期一,晴

晨,八时到馆。

今晚有两小时学习,所以即住宿馆中。借了两条被一垫一盖,还暖和。

陈锋约王毓祥谈给校对科分组,以吕浩、何闺锦为外文组正、副组长,以林衡、沈丙麟为中文组正、副组长,并召集会谈一次。

有人来了解胡君薇事,尽所知告之。

夜宿馆中。

四月十四日,星期二,晴,夜有雨

晨,五时即起床,练了一套太极拳。七时早餐。住在馆中不必奔波,比较方便。

夜饭后，到广和剧场看中国京剧院青年剧团建团演出。七时15分开演，计有《扈家庄》《罢宴》《春香闹学》《二进宫》《挑滑车》等。我至《挑滑车》开场即归，到家已近十时半。戏做得很认真。

到家后，见蜂窝炉将灭，只得听之。

接大妹、永儿各一信。

四月十五日，星期三，晴

晨，八时到馆。

写复大妹、六妹各一信。

下午学习，阅读、讨论各两小时。

夜，宿在馆中。

四月十六日，星期四，晴

晨，五时半起床。七时早餐，有藕粉、馒头等，很好。

上午，方学武同志来看出国展览书籍。

上午，工间操后参加校对科科务会议，为分两组工作，并每组指定组长正、副各一人事。

京厂派人来谈为积铅太多，要求校样定型事。

邹根泉君来查旧账，为张子明贪污事。

夜，仍宿馆中。

四月十七日，星期五，晴

晨，五时半起床，练拳。七时早餐。

今日包闻天、邹根泉同来查帐。

上午，同志们去透视肺部，我未去。

陈翰伯同志昨日由沪飞京，今日到馆，下午略谈。

夜饭、洗澡后，至大观楼看《笑笑笑》电影。七时开演，至九时止。九时一刻回家，即宿家中。

四月十八日，星期六，晴

晨，五时起床。

六时半外出，乘 22 路车去西直门车站送下放劳动八人（励刚、沈其圭、姜燕、刘玉珍、王焕仁、周秉和、□一民、□□□[1]）。车于八时四十分开，回馆已近十时。

下午，三时起放电视并播送周总理在第二届全国人民代表大会第一次会议所作政治报告，至六时始毕。

夜饭后，到菜市口信托商店寄售门锁，又至长安戏院买明天日戏戏票一张。归家已八时，宿家中。

四月十九日，星期日，晴

晨，八时往濂侄家一转。濂侄给我看渠侄信，询抗战初期在沪时，他要赴甬参加抗日工作，我未允许事，我已记忆不起来了。

九时半，到馆早餐、看报、吃牛奶。

十二时，到帅府园看出国书籍展览，至一时半出。出国书籍陈列不少，也有很适宜于出国的，惟装帧多半有毛病，虽上海出品比较讲究，也不能免。

下午，二时到长安戏院看河南安阳豫剧团崔兰玉主演《麻疯女》，很认真，五时半演毕。

到绒线胡同许季翁家，吃了五个甜、卤包子，当作夜饭。

八时回馆，又看电视《四进士》，十时毕。

宿馆中。

四月二十日，星期一，阴，夜有大风

上午，在翰伯同志房中听他谈赴沪观感，内有周扬同志讲话的简单传达。

下午，举行大扫除。

夜宿馆中，风很大。

四月二十一日，星期二，晴

上午，工间操后在出版科开出版、校对两科碰头会，至十一时半毕。

下午，工间操后参加各编辑室主任集会，由汪君乐、张兴周、沈世英、陈与鉴

---

〔1〕 原文空缺。

诸君作访问北京市东城、西城、宣武、朝阳、海甸等区新华发行我馆出版各书情况报告,至六时止。

夜饭后,过大栅栏,在大观楼购《火焰山》电影票一张。七时半开演,九时毕。初演盆景艺术,还可观,后演动画片和木偶片无甚意义。

夜宿家中。

四月二十二日,星期三,晴

晨,七时10分到馆早餐。

上午,往[1]中华章锡琛君,据现已不来(在家工作)。当同徐寿龄君回馆看民国四年编译所的照片,只多认出二、三人。

下午学习,先阅读后讨论,各二小时。

夜饭后,至东安市场一转,无物可购,仍回馆宿。

四月二十三日,星期四,晴

晨,八时到口腔医院挂号治牙,直至十时余始诊治。回馆已逾十一时。

便道在吉祥购星期日下午皖剧票一张。

夜,参加领导会议(在总编室),谈《汉语成语词典》解决办法,又谈整理商务历史资料事,嘱我拟初步计划。

写复四妹信一封。

四月二十四日,星期五,晴

晨,五时半起床,七时早餐。

接张子宏君来信,知他夫妇俩于今日到穗,乘直达车来京云。当与陈锋同志商为他们准备住所,因内子未回京,我家无法招待也!

下午,五时开大会,中华也来参加,由陈翰伯同志报告下月大米需压缩事。

夜饭后回家,途过东单买了些水果。

四月二十五日,星期六,晴

晨,七时半出门。因为时尚早,先到护国寺看金寿峰(玉琦)病,似颇好转。

---

〔1〕 当漏"访"字。

八时半，到新街口北大街 45 号北京电影制片厂谈《电影创作》出版事，我馆参加者者尚有汪君乐、孙如松二君，该厂厂长韦明和编辑处鲁军及王姓会计科长等，谈至十二时余，尚未得圆满结果。由该厂招待午饭。饭后，参观该厂拍《青春之歌》，至三时余辞出。回馆已逾四时。

广州来电，知子宏兄夫妇明日下午可到京，馆中为代定西郊宾馆。

夜饭后，至王府井一转，购些蔬菜。仍回馆中宿。

四月二十六日，星期日，晴、大风

上午，七时半至外交部街 52 号丙，先至陈锋同志家，再至郭敬同志处一谈。又访潘多福、汪君乐、何家政、乌维杭诸同志。九时回馆，吃饭后归家。

去西河沿取下月粮票和油票（油票只我一人领得），再至大宏庙零售店买生油 33 两。

写致美德（附去全国粮票 32 斤）和三妹各一信。

下午，二时去车站，广州来 30 次车于二时半准时到站。子宏兄夫妇下车后同雇汽车至西郊宾馆，住 1109 号房间。四时半，再同乘无轨电车去东安市场，陈锋同志赶到同往。至六时半，子宏兄夫妇自回西郊宾馆，陈锋同志已先回去，我亦自归家。

四月二十七日，星期一，晴

晨，七时到馆早餐。

八时半，乘汽车赴西郊宾馆，接子宏兄夫妇来家。

胡愈之先生来馆作“回忆商务创办及五四前后情况和王云五作风”的报告，自九时开始，至十二时始毕。

下午，二时同陈翰伯、易定山、陈锋至西郊宾馆正式访问张子宏兄，郭敬、祝志澄两局长已先在，谈至三时三刻辞出。四时，赶到锡拉胡同口腔医院治牙，被医院耽误一小时，至六时余始毕。

在东安市场吃点心后，七时返馆。

参加中心小组对西藏问题的讨论。

夜宿馆中。

四月二十八日，星期二，晴

上午，八时一刻同阮敬英同志去西郊宾馆接子宏兄夫妇，先送阮陪子宏嫂到中山公园，我和子宏兄到馆。

九时起，由子宏兄向领导小组作海外情况的报告，并有吴泽炎、朱蔚伯二君在座。

十二时半，去森隆请子宏兄夫妇午饭，除会谈全体人员外，有郭敬同志参加，至二时毕。先送子宏夫妇至天文馆，回馆已三时。

下午，五时先往吉祥取出版局赠戏票，再乘无轨电车往西郊宾馆，同子宏兄夫妇同进夜饭后，至吉祥看安徽戏《水淹七军》（儿童班）和《女驸马》，至十时一刻演毕。

我回馆已十一时。

四月二十九日，星期三，晴

下午学习，阅读和讨论。

下午，四时接国务院陈云副总理办公室电话，知陈副总理已去西郊宾馆访子宏兄夫妇，并请吃夜饭，叫我去作陪。我于五时半到宾馆。至七时，陈夫人和他的小儿子（方方）亦来，遂同进晚餐，有周秘书在座，菜极丰美。至八时饭毕，又谈至九时，陈副总理辞去。我又谈至十时，回馆已十一时。

四月三十日，星期四，晴

为子宏兄夫妇明日观礼券、观礼车力及回沪车票等化了不少时间。

下午，接大妹电话，知她和国璠及利新已到京，住打磨厂 60 号 28 号房云。

夜饭后回家，大妹等已在家中，谈至九时回打磨厂去。

重装炉子及补记日记等，临睡亦已近十一时矣！

五月

五月一日，星期五，阴晴，有短雨

晨，做些清洁工作。

上午，九时半往天安门右台观礼，遇到宣节、钟兆琥、万国钧等人。子宏兄夫妇在西三台观礼，是陈云副总理办公室给他送来的。

今日五一游行自十点开始，比往年简短精彩，至十二时半即毕。

归家已一时，即煮面吃。

午睡后，三时半去打磨厂 60 号 28 号房视国璠等，他们已外出，乃至大栅栏买些食品归家。

下午，五时国璠带利新来，据大妹在购物。六时左右，转眼间利新不知去向，遍找无着，我去炭儿胡同派出所登记。后大妹来，她回招待所去寻，始知已由公安人员送回招待所。大妹再领来家中，夜九时回去。

韦士霖兄来托买广州侨光联合制药厂出品“撒烈痛片”，拟函托丁宝森兄去探寻。

塘侄来，交来人民币十一元，拟托张子宏兄再为其岳父买“因素林”七瓶云。

五月二日，星期六，阴，常有小雨

晨，七时到馆。

同陈锋同志乘汽车至西郊宾馆，与子宏兄夫妇同游卧佛寺、樱桃沟花园、碧云寺、香山公园等地，在香山公园内香山饭店午饭。

下午，二时回至颐和园游览。至四时出，回至西郊宾馆，谈片刻，同陈锋同志辞归。我在西四换乘 5 路无轨电车至前门，回家已逾六时。

国璠、大妹、利新均在家，八时回招待所。大妹拟明晨回宣化，国璠则拟四日赴青云。

写致四妹信，大妹亦附笔。

国璠向我学些太极拳开始几手。

今日馆中仍放假，明日则照常工作。

五月三日，星期日，晴

因昨日休假，故今日照常工作。

晨，七时半到馆。

午饭后，回家取单长衫，供尚永清今晚演话剧时用。又在车站广场买风景片两套，备赠张子宏的。

下午，二时祝志澄局长来馆讲长征故事，至四时半毕。

夜饭后，到西单天源买酱菜，备送子宏兄用。归馆已八时。

夜，馆中演话剧《火烧赵家楼》，我未看到。原约国璠夜间来家，只得留条却之。

夜宿馆中。

五月四日，星期一，晴

晨，五时起床，六时出门，七时到西郊宾馆，即在该处吃早饭。七时三刻，同子宏兄去王府井大街36号访陈叔老。九时，到国会街访唐泽霖君的父母，又至市出版局访郭、祝两局长，未遇。十一时回至馆中。

再陪子宏兄到中华访潘达人。

下午，二时同陈翰伯同志到车站送子宏夫妇，又郭、祝两局长亦来。车于四时35分开，是15次车，将于明日下午七时余抵沪云。

夜，国璠来，九时半去。我宿家中。

五月五日，星期二，晴

晨，七时三刻到馆。

接六妹来信，内子将于十日动身返京云。

为搜集、整理商务历史资料，草拟提纲和方案，今日缮就送陈翰伯同志。

傍晚归家，途过东单，见各家水果、点心几已一扫而空，无物可购。

在馆中零卖处买了五斤挂面，备带沪给六妹。

夜宿家中。

国璠今晚九时余车赴青岛云。

复六妹信一封。

五月六日，星期三，晴

晨，七时三刻到馆，因取口腔医院的治疗手册。

八时，到口腔医院，至十时诊毕。到义利买些点心，十一时回馆。

下午学习，讨论《人民日报》“西藏的革命、尼赫鲁的哲学”的文章。

傍晚，径归家。

夜饭后，往濂侄家一走，并在中和购得明晚戏票一张。

五月七日，星期四，晴

晨，六时起床，七时到崇文门原国际友人服务部买面包，至七时开[1]起买。

八时到口腔医院，九时诊毕。九时半到馆。

接永儿四日发来信。

傍晚，六时听吴泽炎同志报告关于《汉语成语小词典》出版经过，再由翰伯同志加说明，散会已近八时。

到中和已八时半，徽剧《快活林》已演过，正在演《巧姻缘》，后又演《淤泥河》，至十时半毕。演的不错。

归家已近十一时。

五月八日，星期五，晴

晨，七时半到馆。

填了一张军属调查表交文同志。

接小妹信，说内子已定十日六次车来家，十一日可到云。

接大妹信。

傍晚，洗澡后归家，途过大观楼买了一张电影票，是罗马尼亚故事片《幸福的磨坊》。七时起，至八时50分止，没有什么看头。

归家已逾九时。

五月九日，星期六，晴

晨，七时半到馆。

下午，二时招出版、校对两科开碰头会，至四时止。

傍晚，径归家。

蔡洪钧自石家庄来，九时半来宿我家中。

五月十日，星期日，阴有小雨

晨，同洪钧吃粥后，洪钧先去崇文门，我于七时亦去，只买到两块蛋糕。又同

---

〔1〕“开”疑为“半”。

洪钧乘三路公共汽车去王府井义利公司,等至九时买到面包两只,都交洪钧作送金如的。

十时到馆,取报纸及牛奶,又过东单代大妹买了些饼干,又买了两斤橘子。十一时半回家。

洪钧去约平章午饭,我自烧面吃。

下午,午睡后做清洁工作。

傍晚,洪钧、平章来,同烧面吃。平章陪洪钧去车站,他乘七时50分车回石家庄云。

夜,往粹华理发店理发,归家已九时。

五月十一日,星期一,晴

晨,八时到馆。

下午,易定山同志招集校对科同志讲话,为近来发现许多错误事。

内子自沪来,乘六次车,原应于四点52分到,误点达两小时,归家已逾七时矣!

五月十二日,星期二,晴

晨,七时三刻到馆。

傍晚,径归家。

鸿钧来,因行李未到,谈片刻后约改日再来。(十四日把由沪带来物件托李崇贞同志带去。)

俞寰老来,为翰伯同志曾去访问,探询原由。

夜,行李来,整理至十时半。

五月十三日,星期三,晴

晨,七时三刻到馆。

上午,工间操后陈锋同志招经理部各科长商成绩展览事。

下午,陈翰伯同志传达周总理五月三日对文艺工作人员谈话,又讲本馆出版物质量问题。

三时,学习周总理在全国人民代表大会所作政治报告。

傍晚归家，过东单买些水果。

夜，濂侄夫妇携二女来。

五月十四日，星期四，晴

晨，七时三刻到馆。

下午，陈锋同志招出版、校对二科谈校稿积压应急办法。

傍晚，径归家。

五月十五日，星期五，晴

晨，八时到锡拉胡同口腔医院补左首上牙，至九时半毕，约明晨再去。

到馆已十时。

俞寰老来，为回拜翰伯同志者，稍谈即去。

下午，二时到中山公园音乐堂听西藏来某同志作关于西藏问题的报告，至四时三刻毕。

到延寿寺街人民银行为内子和程利南办续存手续。

到大栅栏同乐戏院看六时 20 分开演的《平息西藏叛乱》电影，七时毕，即归家。

五月十六日，星期六，晴

晨，八时再到锡拉胡同口腔医院将昨日补牙磨光，并装上假牙。回馆已九时半。

下午，因陈锋同志送来先农坛入场券，二时离馆，先回家取望远镜。三时，到先农坛看给奖典礼，又儿童操、少女操、1600 尺接力赛跑、机器脚踏车特技表演及八一队和北京队的手球比赛等。七时回家。

夜，企棠、应潮挈小应来家。

五月十七日，星期日，晴

上午，九时往东总布胡同馆中饮牛奶及取报纸，归途到东单一转，无物可买。

瑞和携美平、美燕来，帮洗衣服。傍晚，濂侄夫妇来，夜饭后去。

三妹、企棠挈小应下午回西郊去。

下午，四时半往西河沿221号访宋树棠家，谈至六时归。

闻张启凡甥曾来过，并送来花生酱四瓶，惜未遇见。

五月十八日，星期一，晴

晨，七时50分到馆。

傍晚学习，阅读周总理政治报告，至七时半提前（原应八时）归家。

途过东单，送夹大衣至大明染坊洗涤。

小妹十五日来信，称六妹已于十四日夜十二时正产一女孩，大小平安云。此孩子照六妹过去来信说过，将取名"明秀"云。

五月十九日，星期二，晴

晨，八时到馆。

上午，与陈锋同志略谈基本建设事。

下午，为安排几种字典出版工作，在陈锋同志处由一、二编室与出版、校对、财务各科及京厂、五十年代厂负责人会谈，直至五时一刻始散。

傍晚，径归家。

五月二十日，星期三，阴，下午雨

晨，七时50分到馆。

下午学习，先讨论周总理政治报告。至四点一刻开大会，由王式周传达周总理在政协学习会所作关于西藏问题的报告。

傍晚，洗澡后径归家。

写致小妹、六妹各一信。

五月二十一日，星期四，晴

晨，八时到馆。

上午，八时半在会议室开科室以上负责人会议，市出版局陈秉文局长和孙亨利同志亦来参加，由陈翰伯同志主席，谈变更出版计划和及紧抓质量事，至十二事毕。

下午，工间操后在财务科谈计划，并由孙如松传达上午情况。

傍晚，至东安市场一转，归家。

在东总布胡同西口邮局汇给平甫人民币十四元，嘱交二姊和六嫂，因此原是公家物也！

五月二十二日，星期五，晴

晨，七时 50 分到馆。

上午，为纸张事曾与汪君乐一谈。

下午，为校对的质量与数量，由陈锋同志约校对科负责人谈两小时。

傍晚，径归家。

夜，做些清洁工作。

五月二十三日，星期六，晴

晨，八时到馆。

上午，为计划和房子事在陈锋同志处与如松、君乐、兴周诸君谈。

傍晚，在馆夜饭并洗足。

夜，七时半到东安市场吉祥戏院，与内子及潘多福兄同观西安越剧团演《红梅记》，至十一时演毕。演得很精彩。归家已近十二时。

五月二十四日，星期日，晴

晨，大便又出血，这是一年多以前出过血以后的第一次。找不出出血原因，或者为(1) 近两星期没有水果吃；(2) 吃粗粮后大便软化。昨日曾大解三次，有些关系。

上午，送呢制服两套至大明洗染店，又至馆取报纸及牛奶。十时余归家。

孔音夫人、松泉夫妇携儿子（取名潘京）同来家午饭。

下午，三时 20 分到大观楼看《可尊敬的妓女》电影，归家已近六时。松泉等于看电影后即返六铺炕。（六铺炕水电设计院家属宿舍九号楼五号门四号）

五月二十五日，星期一，晴

晨，七时半到馆。

汤儿今晨自沈阳来，住商业部招待所。因他来家时，我与内子均外出，未遇。下午仅来电话联系。

夜学习，讨论周总理政治工作报告第二节，八时毕。归家已近九时。

带些咸菜给张静庐同志。

五月二十六日，星期二，晴

晨，八时到馆。

傍晚，往北京市第三医院视张宏达同志。他患疟疾，住院已近一星期，大约再几天始能出院。

夜，汤儿来家，九时后回商业部招待所（该所电话64146—209室）。

五月二十七日，星期三，晴

晨，七时三刻到馆。

下午，一时半陈翰伯同志作传达文化部召开京沪两地出版社座谈会情况和钱俊瑞部长总结报告，又谈周扬同志五月三日谈话，至四时毕。

傍晚，洗澡后往白塔寺（报子胡同）翠花街内高义伯胡同六号访王毓祥同志病，谈片刻。归家已逾八时。

五月二十八日，星期四，晴

晨，七时半到馆。

傍晚，至东四人民市场（隆福寺）探询墨砚装箱事项，归家已近八时。

接四妹来信，并附来建德二个月时照片一张。又六妹信一纸。

五月二十九日，星期五，晴

晨，八时到馆。

下午，三时吴晗副市长来做“曹操问题”的报告，至五时毕。

傍晚，径归家。

国璠来，汤儿亦来，同夜饭，并宿家中。

穆华生兄之子穆琨率两侄女来，谈至九时回东郊其兄住所，约星期日晚在吉祥看戏后同归。

写致四、六妹信各一封，并寄四妹。

复唐泽霖信，告以如无其他事故，当于七月半前南下云云。

傍晚，至东总布邮局汇还广州丁宝森兄代垫韦士霖兄药款4.10元，汇费一角。

五月三十日，星期六，晴

晨，往崇内大街大明洗染厂取所洗夹大衣，据未烫好。傍晚再去取，仍未送来，只得以后再取。又送洗哔叽制服一套及内子夹衫一件。

到馆已八时半。

国璠下午回宣。汤儿夜宿家中。

夜，韦士霖兄来。

五月三十一日，星期日，晴

晨，高乐赓兄来，带来牛奶。在我家早饭后，他先去正阳门大街 41 号，我于八时半去。今日整理各件，计到吴泽炎、朱蔚伯、沈岳如、陆廷珏、张贵荣、高乐赓和勤杂周贵、萧克宽、金玉民等。上午自八时半至十二时，下午二时至五时，仅大致就绪。

傍晚，回家洗澡。夜饭后，往东安市场吉祥戏院看西安越剧团演《状元打更》，同观者内子、汤儿、瑞和及穆琨，十一时演毕。汤儿回招待所，穆琨宿我家。

六月

六月一日，星期一，晴，上午有点雨

晨，穆琨动身返宣。

七时三刻到馆。曾到大土地庙访 16 号访王秉夷君。

做昨日整理仓库记录。

夜学习，阅读周总理政治报告第三、四、五段。

今日起，馆中工作时间下午改为二至六时，学习自六时半起至八时半止，归家已逾九时。

六月二日，星期二，晴

晨，七时三刻到馆。

写致陈云副总理函，附去 1925 年上海发行所职工会执行委员照片复制品一纸。

傍晚，径归家。

去观音寺街萃华理发铺理发，等了一个多钟点。

六月三日，星期三，晴

晨，至王府井一转，八时到馆。

为陈翰伯、陈锋同志均将于明日起赴南苑劳动，在易定山同志处召开经理部科级以上同志座谈会，由陈锋同志交代问题。

下午学习，继续讨论周总理政治报告三、四段。

傍晚，至大明取所洗大衣及呢制服两套归家。

潘松泉来电话，谓今晚动身入川，约一年回来云。

六月四日，星期四，阴，夜有雨

晨，八时到馆。

下午，工间操后参加出版科的科务会议。

夜，参加财务科工会生活，讨论工作质量问题，至八时半毕。归家已近九时。

写致六妹信，又写致泽侄信。

六月五日，星期五，上午因，下午晴

晨，七时三刻到馆。

写致张子宏兄信一封。

写复永儿信一封。

下午，二时去中华听历史研究所汪俊同志讲西藏历史，至四时毕。

傍晚，往高义伯胡同6号问王毓翔病，归已逾八时。

夜，九时往新中国看电影《陈三五娘》。

六月六日，星期六，晴

晨，七时50分到馆。

写复徐益之一信。

傍晚，往东安市场吃点心后，至吉祥看江西古典戏曲演出团演《还魂记》，很好。内子同去，汤儿因今晚开会未去看。戏毕，归家已十一时半。

六月七日，星期日，晴

上午，五时半往车站接美德自沈阳乘30次车，六时零五分到。

上午,八时往林驸马胡同 12 号访王泰雷同志,谈一时余。又至朱通舟家一坐。十时,到馆取牛奶、报纸,又分赠粽子给童第德、高乐赓两君。

到总布胡同邮局汇给六妹 30 元,作本月房租及还垫款之用。

到中原照相馆取企棠所放大照片等。

又至大观楼买下午六时 40 分的电影票,归家已十二时余。汤儿来家。

三妹率小应来家,下午回去。

下午六时 40 分,同内子、美德去大观楼看电影《望江楼》,比《陈三五娘》好得多。八时 20 分演毕,归家。

上午,塘侄来,我未遇见。

下午,韦士霖兄来,还我代垫药款。

六月八日,星期一,晴,昨夜大阵雨

晨,七时三刻到馆。

下午,馆中接上级电话,除老、病、孕妇外,日内须全体出发抢收麦子云云。我因年龄关系,大家推我留守。

中午,去东总布邮局汇人民币 10 元给陈将颐,为伊父丧奠仪,并另备函致唁。

写复占元侄(济衎)一信。

写致悟女信,附去全国粮票 21 斤。

傍晚学习,读文件周总理政治报告第五节。归家已九时余。

六月九日,星期二,晨雨,下午晴

晨,八时到馆,在未去馆前做了些清洁工作。

傍晚,同吴泽炎君往袁翰青君家访问,赵守严君亦来,谈至七时半出。

去王府井一转,无物可购。归家已逾八时。

六月十日,星期三,晴

晨,七时三刻到馆。写致五妹信一封。

上午,为孙如松汇报昨日参加市出版局出版计划会议情况,在易定山同志房中约出版、财务各主管人会谈,至十一时毕。

下午学习,讨论周总理政府工作报告第五节。

工间操后,我请假至复兴门外儿童医院看李小星(医院中写“小青”),由丁妈陪看,人极廋。据主治大夫(李姓)言,病象已有好转,如无变化,可脱险境云。归途至崇文门一转,到大明取所洗衣服。又想买些苹果,无货。

汤儿乘夜八时50分车返沈。

六月十一日,星期四,上午阴,下午有雨

晨,先至崇文门一转,想买些苹果,无着。八时到馆。

中午,往王府井,仍买不到苹果,在吉祥买星期日白天戏票五张。回馆已一时半。

中午吃饭时,遇中华客人。初接触时他对我很熟,而我记不起。嗣查案卷,始知为前平版厂珂罗版间的刘英。

傍晚,径归家。

写复永儿一信,附去小应放大照片一张。

六月十二日,星期五,晴,下午有雨

晨,至崇文门一转,八时到馆。

去中德友谊社劳动的40人明晨动身,今日下午均在准备中云。

下午,六时洗澡,六时半往儿童医院,七时半到达。看小星已较好,带给苹果暂交护士收藏。回家已八时余。

夜,写致五妹信。

六月十三日,星期六,晴,昨夜有雨

晨,至崇文门一转,八时到馆。

八时半,馆中去中德友谊农场抢收麦子的40人乘卡车动身。中华有52人,同时前往。

傍晚,径归家。曾至劝业场一转,无物可买。

接大妹信,汇来30元,给我出门零用云。

夜,整理衣箱。工作不多而腰部已觉不舒,深叹衰朽。

六月十四日，星期日，晴

晨，八时同内子、美德往六铺坑石油工业部宿舍访潘松泉之母，又顺道访张启凡甥。十时半，同孔音弟妇及内子、美德至森隆午饭，并曾在义利买饼干。

下午，一时半到吉祥看锡剧《珍珠塔》，至五时演毕。送孔音弟妇至八路车站。

五时半，到东总布胡同10号看报纸、吃牛奶。六时半回家。

夜，在家洗澡。

韦士霖兄来，交来傅翁十二日信，知黄仲翁已于上月廿七日病故，至为悲戚！

夜，周游翔亲翁来，宿我家中。

六月十五日，星期一，晴，下午有小雨

晨，八时到馆。

陈锋、陈翰伯同志等今天都来馆。

傍晚，先至琉璃厂邮局取侣女汇来给我的30元，当即汇寄黄仲明兄奠敬10元，又汇给六嫂病后调养费20元。

归家知汤儿挈美新午前到家。夜，汤儿去北纬旅馆宿，美新住家中。

六月十六日，星期二，阴晴

晨，八时到馆。

往南乡劳动诸人今日都到馆工作。

上午，在陈锋同志房中召集经理部各科负责人谈增产节约事。

傍晚，先至东总布胡同西口邮局代内子汇给锦潮人民币15元。

六月十七日，星期三，晨有雨，嗣晴

晨，七时三刻到馆。

下午学习，先阅读《政治经济学》26章一小时半，继续讨论该章，至六时毕。

洗澡后，去崇文门一转，归家。

六月十八日，星期四，上午晴，下午雨

晨，七时半到天坛，集体参观西藏反动分子罪证展览。我因有单独入场证，得先进去。参观至九时即出，十时到馆。

傍晚，往复兴门外儿童医院看李小星，见已好多。归家已逾八时。

六月十九日，星期五，晴

晨，八时到馆。

傍晚洗澡后，七时半到红星看电影《康巴的新生》，是工会请客。其中多与昨日西藏罪证展览雷同，至八时一刻毕。归家已近九时。

六月二十日，星期六，晴，傍晚有雨

晨，因游翔亲翁与内子同往游颐和园，同至前门公共汽车总站。他们乘七路至西直门换车，我乘九路，七时三刻到馆。

下乡劳动割麦的同志今天都回来，计出去一星期。

为赴港准备手续，由人事科与派出所联系，并备函由我于傍晚放工后前往炭儿胡同派出所，再回家取户口簿办好手续。

汤儿夜宿家中。

六月二十一日，星期日，晨阵雨，下午晴

今日原约游翔亲翁赴西山游览，因雨未果，他去小新开路其本家处云。

上午，整理些行李。

下午，到林驸马胡同探王泰雷同志，病已痊愈。又至如松、通舟两君家一坐。

三时半，到馆饮牛奶及取报纸。五时归家，途过东单买了些点心。

夜，韦士霖兄来。据称孙振六被判十八年徒刑云。

六月二十二日，星期一，晴，傍晚有大阵雨

晨，七时半到馆。

大妹新由沪雇来女仆春香乘22次车于晨五时十五分到京。拟留京三、四天云。

傍晚学习，读《政治经济学》教科书第廿八章，至五时半毕。归家已逾九时。

六月二十三日，星期二，晴，夜有雨

晨，七时三刻同美德往清华大学，先后和教务处和医务处谈下学期入学事。

又至建筑系访梁思成主任，谈港罗原觉寄来书画影片事。

十时三刻离清华，十二时一刻到馆。

下午，看质量检查展览预展。

傍晚回家，即往大观楼看《珍珠托[1]》电影。七时半开演，归家已逾九时。

六月二十四日，星期三，晴

晨，四时三刻起床，五时半送春香到前门内公共汽车总车乘20路去永定门车站，备乘113次七时半开慢车往宣化大妹处工作。我亦搭20路公共汽车至琉璃厂下车，步行归家。

七时半到馆。

下午，二时乘10路公共汽车至王府井南口换4路无轨电车至地坛，集体参观劳动改造展览，有改造馆、农业馆和工业一、二馆等。至五时半出，到观音寺街萃华理发后归家已七时余。

在家洗澡。

六月二十五日，星期四，晴

晨，七时三刻到馆。

写致陈云信为张子明事已处理事。

电话定到七月一日13次去沪车票一张。

写致永儿、四妹、六妹、金如各一信。

写致唐泽霖同志信。

刘炳堃君自沪来，送我笋和水果罐头四个，很不好意思。

傍晚，径归家。

---

〔1〕“托”当为“塔”。

六月二十六日，星期五，晴，下午雨

晨，七时半到袁翰青君家，谈至八时到馆。

今日车票已送来，是七月一日上午九时开的京沪第13次特快车。

傍晚，往西北园13号访韦士霖兄，适他外出看戏，将丁宝森来信交他夫人收。

又往炭儿胡同28号访俞寰老，谈片时，归家已逾八时。

五妹挈和平、小燕来，宿家中。

六月二十七日，星期六，雨，傍晚晴

晨，七时三刻到馆。

下午，二时同吴泽炎兄往西郊民族学院历史研究所工作的潘光旦君[1]，他住在宿舍南二，二号，谈至五时半辞出，径往北海公园。

今日北海有游园晚会，我看了四出短锡剧场，归家已逾十一时。内子和周游翔亲翁同去，他们在看越剧，未遇见。

六月二十八日，星期日，晴

晨，八时到山老胡同九号访孙乾三君，交给七至九月顾问费100元，谈至九时半出。

十时，先至潘达人君家，因伊去局，与潘夫人略谈。

十时半到馆，饮奶、看报。再访潘达人，因他同丁英翁等正在开会，我即归家，已逾十二时。

下午，四时去王府井36号访陈叔老，他割治疝气，始于昨日出院云。取来《宾虹草堂玺印释文》与《宾虹诗草》各三部，备代联系出售之用。

到东安市场购蜜饯备带港送人，雇三轮归家。

汤儿、五妹来家午饭。

傍晚，潘达人君来谈。

六月二十九日，星期一，晴

晨，七时半陪周游翔亲翁赴车站，他乘13次特快车去沪，八时十分上车。我

---

〔1〕 当漏一“家”字。

即告别回馆，已近九时。

上午，十时集邮公司王安国经理同一胡姓同事来访，谈港馆经销邮票事。

下午，三时同陈锋同志至翰伯同志房中谈赴港事。四时半，又招陈建堂、施其南、吴泽炎、朱通舟、朱蔚伯、朱公垂等共谈商务历史编制事，至六时毕。

我未参加学习阅读，至王府井一转，归家已近八时。

六月三十日，星期二，晴

晨，四时半起床，七时到馆。

草搜集、整理馆史材料的前言。

由陈锋同志招集资料、出版、校对、财务各科负责人谈我离京后的工作安排。

下午，向各领导辞别。

三时，到古典门市找赵向阁谈叔老寄售书事，又至王府大街叔老家为办理寄售手续，复谈至五时出。

至市出版局访郭局长，谈至八时辞出，归家。

张鸿钧、韦士霖二兄来送行。

夜，整行李至十二时半始入睡。

七月

七月一日，星期三，晴

晨，五时起床，七时一刻雇车两部，由内子陪我去车站，汤儿亦来站相送。馆中王毓祥、金长佑、陈锋同志亦来送别。车于九时开。

同车者刘炳堃、张朝同君，刘英自天津上车。

中午，吃面很好。夜，盖饭只得拣吃而已。

七月二日，星期四，晴，上海

车于下午 2 时 11 分准时到沪。朱梅生在接丁英翁，帮提行李。三时到家，当洗澡。

四时半，到上海办事处由方桂生兄代购明晨飞机票。六时回家。

夜，韦傅翁、张雄翁来谈。

七月三日,星期五

今日去港。

在港留住至十一月十日始归,在港期间另有小日记本记载。又为日记于十一月九日径寄至京,因此,本日记自十一月九日起续记。

十一月

十一月九日,星期一,晴,香港

晨,八时半至港厂,发寄朱蔚伯君文件第四、五函。

十一时,到集古斋晤唐泽霖君。

承荫翁函,至雪园午餐。餐毕,至科达取照片后归寓。再往厂取实录,尚未打眼,即取一份归。

下午,四时一刻中旅社来取行李,计三件。

五时,成基来,托带药物,夜饭后去。

夜,陈景元来。又黄俊基送来电报,系沪处嘱将影写版残机运去云。

十一月十日,星期二,晴,广州

晨,五时起床,整理一切。早点后,承子宏兄夫妇伴同并与隔邻陶姓老太,雇的士至天星码头过海,七时10分到尖沙咀车站。唐泽霖兄夫妇和成基、国英都来送别。七时44分车开,九时到罗河进深圳,检查较严,纳税48.48,除糜文溶兄及美唐的计算尺外,我自己要纳27.12之多,殊出意外。

当搭乘十一点40分车,下午二点17分到广州。住南方大厦517号房。

下午,四时搭5路公共汽车往广州办事处,晤唐棠君,取寄存各物返南方。

五时半,拟在南方七楼夜饭。因无素菜,只得自开罐头,送来白饭糙极。

夜,丁宝森兄来谈,八时去。

发致永儿电一通,告以行期。

十一月十一日，星期三，晴

晨，吃港带来面包。

八时半，到沪[1]局寄北京美德信一封。

九时，去中央公园一转，未见到熟友。

十时，到广州办事处，与唐棠、张燕喜同去谈。十一时，承邀至大同酒家午餐，素菜很好。

下午，午睡后往百货公司巡视一过，去菜根香夜饭，菜味极劣。

八时，回南方，补整理行装。

九时半，由旅行社汽车送站。车于七时 55 分开，乘硬席下卧铺尚不算挤。这是广沪第 50 次直快车。

夜，气候加冷。

十一月十二日，星期四，阴，有雨

全日在广沪车中。

下午，四时余车抵萍乡，永儿来，交给各物。他也有给母廿元和补充存款四元交我带去。

今日早点仍吃港带面包。

午饭在某站购白饭而自开罐头，勉强下咽。

夜间吃些水果，不再吃饭。

夜间小便急，屡次不畅，颇感不适。

给永儿各物如下：塑料面活页册一本连纸两束；饼干一长方合；阿华田一罐；塑料杯一只；塑料罐一只内盛糖；牙刷一只；口香糖二包；苹果、橘子各一只。

十一月十三日，星期五，晴，上海

晨，在餐车吃面及牛奶、面包，饱甚。

50 次原定十二时 31 分到沪，误点一刻钟。陈沅江兄和毓松、吉中、二、四妹

---

〔1〕“沪”当为“邮”。

均来接，同四妹雇三轮回家。

下午，同小毛往派出所报户口。

整理行李，比较吃力，夜饭后即睡。

十一月十四日，星期六，晴

晨，六时半起床。

写致美德明信片及致王泰雷同志信一封。

八时半，到上海办事处，晤丁振邦君，又同用明、炳生诸君联系。

十一时，到协和里姜姊家。午饭后，同树声哥去明星戏院看绍剧，先做新戏，后做《冀洲城》《香罗带》，尚可观。五时演毕，即回家。

望铣弟今日自厂返。

夜，李炳生兄来取张子宏兄托带箱子，惜钥匙遗忘交彼，经托四妹回家后电话通知，不知能接到否？

四妹夜饭后来，谈至九时去。

夜，和望铣弟谈房子事，得结论如下：

（1）二楼全楼面归望铣弟住；

（2）二楼亭子间归我；

（3）二楼卫生设备间我与他两家公用。

以后如果我须来沪长住，则彼此可再熟商调整房屋。

我贴他每月房租十元，包括二楼亭子间全部及卫生设备间一部分租金，和我们短期留沪的水电费用。

十一月十五日，星期日，晴

晨，胡省初兄来，又周吉中来。

八时，同省初兄、望铣弟到复兴公园，拍照五张。九时，又同望铣乘54路公共汽车赴岳阳路到小妹家。糜师母及四妹都来同进午膳。

下午，又拍照数张，同四妹、建华往余庆路再拍照数张。

下午，四时回家一转，往韦傅翁家，即在彼家夜饭。张雄翁亦来，谈至八时归。

张雄翁拟下星期同伊夫人去京，往安定门内花园胡同 14 号西三楼四号其女张一诺处云。

接汤儿来信一封。

十一月十六日，星期一，晴

晨，八时出门，往淡水路 229 弄 3 号访穆华生兄。九时，到河南路馆中。

十时，到延平路访朱颂盘兄，他吐血新愈。十一时辞出。

到静安寺杨馥桂弟家，遇严成有君，即同午饭。饭后，径归家。

下午午睡后，三时半去河南路。四时半，汤季宏同志和何平同志来，我向汇报工作，至六时余毕。归家已逾七时。

夜，张启鹍甥来，取去国英托带的“克利西佛”“鱼肝油丸”及发夹等。

十一月十七日，星期二，晴

晨，五时起床，六时半出门，往上方花园 24 号访张树年君，谈至八时出。

往泰安路 120 弄 5 号访徐凤老，谈至十时。

往兴国路 360 号访高君珊君，谈至十一时。据七月份寄回的出版合同迄今尚未寄返云。

往环龙路福寿坊八号访俞明时君，谈至十二时归家。

下午，一时余到仁济医院看泌尿科。二时始开诊，我诊毕已三时。

买阴囊托带，至永安公司东首中国医药公司购得。

买夹帽一顶。

去北站买时刻表作去常准备。

今夜隔邻精美胶木电器厂停工，总算安静了一夜。

十一月十八日，星期三，晴

晨，胡省初兄来，送来“牛奶咖啡酪”两罐，实在觉得过意不去。

八时，穆华生兄来，又悟女亦来，送来面包。

写致内子信一封，告以寒衣足够，不必托人带沪以免北上时增加行李负担。不料傍晚接美德来信，谓已托济濂同事带出云云，真是多事。

八时半，同华生兄到下列各处：

（1）商邱路（旧元芳路）178 弄 7 号访陈云卿之父陈谒富，并赠给与云卿、子宏合摄照片一张。

（2）溧阳路 1208 弄 3 号 3 楼陈景元家。据底层住户孙姓称，他们全家外出云云。当将箱子连旧袜一束交给亭子间住户代收转交。

（3）溧阳路 929 弄 9 号许寄南之妹许敏家。据其母住其妹许萍家中，谈片刻即出。

（4）华山路 132 弄 10 号刘聪强之母张淑均家，因不在，约明日上午再去一走。

十二时回家午饭，饭后睡至三时。

三时半，往河南路办事处取菊公追悼会实况汇辑，又借皮带尺一支。

四时半，去集友银行傅大业，又同至人民路蕴华处，谈美钟婚事，至代担忧。五时半归家。

十一月十九日，星期四，阴，傍晚雨

晨，大便有血，大约没有吃水果之故。

八时，穆华生兄来，当同之外出。

去绍兴路中华编辑所看到丁英桂、姚伯南、吴铁声、金志澄诸君。

往大木桥日晖二村 48 号三楼 12 室许寄南三妹许萍处看到许寄南之母，送她寄南在港飞机场拍照一张。（许萍之夫为求新厂工程师张义举云。）

再往华山路 132 弄 10 号访刘聪强之母张淑均太太。范文玉住在他们楼下。（希望为刘秉正找事，住九龙北帝街 111 号关仔。）

往静安别墅访陈夙之君，未遇。鲍家亦拷门未应。

回家午膳已一时半。

下午，午睡后陈夙之君来访，谈彼夫妇去港事。

国际旅行社袁同志来访问。

夜，胡省初兄送来素菜，当回赠红花油、白树油各一瓶。

四妹挈建华来，给予果糖及红花、白树油等。

准备搬家具的计划。

写给美德信一份，交四妹附去。

往大吉路访张蓉珍校长。

十一月二十日，星期五，晴，夜雨

晨，七时一刻出门，先至建国西路 619 弄 28 号看到俞志广及其祖母。

往长乐路平安里十号黄仲明兄家，看到仲明嫂，由其媳吴家粹追述仲兄病中经过。我赠仲嫂 20 元，请其自购冬令补品。

至功德林定中午餐座。

去鹏飞坊六号访墀哥，谈至十一时一刻出。

再到功德林见张蓉珍校长，已同其弟妇（石麟太太）先在，膳毕又谈片刻。约星期日下午再见。

十二时半归家。午睡至三时，上三楼箱子间略观各屋，并翻阅鲍咸昌、张蟾芬哀挽录、高梦旦传等。

办事处送来京、港来信各一封。

夜，写致张子宏信，附致唐泽霖、彭可兆、陈云卿、许寄南信各一封。

北京带来棉袄裤，今日由美铙送来，因系濂侄托中国银行同事带沪者。（美铙电话 217466－145）

十一月二十一日，星期六，阴晴

晨，穆华生兄来，告以今晚凤老请客及明日下午赴虹桥公墓事。

九时，显光嫂由觉民陪来，谈至十一时去。

下午略睡。二时，往复兴中路 1315 弄又一村 14 号访屋身哥，谈至三时一刻出。

往永嘉路 310 弄一号访久鳌哥，谈至四时三刻出。

往静安别墅访鲍庆林太太及爱妹。

六时，到功德林应凤老邀夜饭。同席者为陈夙之、陶公择、韦傅卿、张雄飞、苏继庼、王雨楼、穆华生、方子藩、丁英桂等。

八时，散席归家。

十一月二十二日，星期日，上午阴，下午雨

晨，写致陈叔老信一封，又致美德明信片一张。

渊侄来谈家务纠纷事，很不快。嗣同出，约俟我由姚返沪，再与一谈。届时当通知他家(□□[1]路明月新邨九号)。

九时，到历史图书馆与顾启潜、丁英桂二君谈菊老遗著事。归为十时余。

今日约胡省初、穆华生、陈宝庆来家帮忙，将前楼和三楼箱子间家具迁至二楼亭子间。他们八时都来，至十一时始去。

下午，二时同穆华生兄往虹桥公墓找夏瑞芳先生墓，拍照三张。

四时，到华山路 882 号何林一君家，应张蓉珍之约。吃茶点后，归家已近六时。

厔哥来，送点心一合，并以一包药嘱带交启娘。

夜，整理存书，至九时。

十一月二十三日，星期一，阴转晴

晨，望铣弟已先赴厂(闵行)。

整理橱箱杂件，除出门及会客外，自上午七时至下午九时未尝稍息。

上午，十时半往办事处，路过裕兴隆买棉鞋一双，计 18 元。

丁振邦君言，星期三出版局有车往闵行参观，我愿同去。

中午，十二时到陈夙之君家，即在彼家午饭，菜很好。一时半，去该管派出所，与郑同志谈夙之先生夫妇拟去港未被批准事，陈纲君在港的工作情况。二时半出，再至夙之先生家一转，又至发行所一转，归家已四时余，未睡午觉。

夜，杨馥桂弟来，略谈后去。

十一月二十四日，星期二，雨

日间整理杂物，未出门。

穆华生兄上午来。

收购书者买去旧书，共 25.50。

---

[1] 原文空缺。

穆华生兄在大众剧场请看潮剧《陈三五娘》。七时半开演,至十时半毕。做的不错,比电影好。

重庆南路 169 弄 102 号二楼亭子间的布置大概

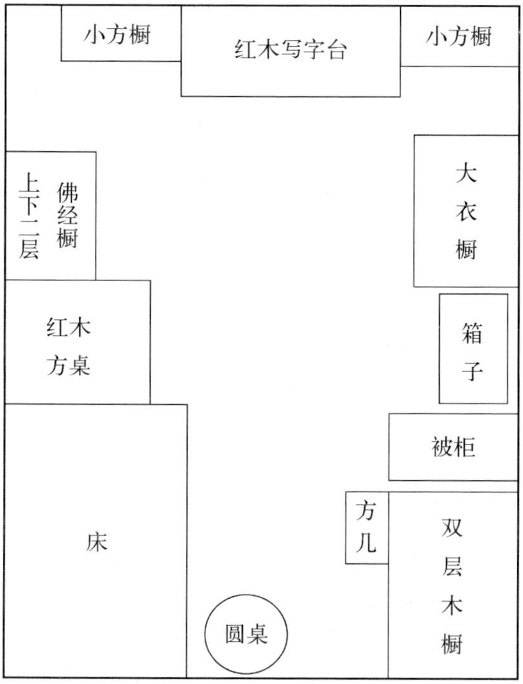

十一月二十五日,星期三,晴

上午,在家整理悬挂诸镜框。

十一时,提前午饭。十二时,去绍兴路出版局集体往闵行参观一条街及国营上海电机厂。该厂共有十二个车间,我们只参观三个车间。

又参观闵行市容和工人宿舍。四时半离闵,五时半归家。

应韦傅卿、陈夙之、苏继庼、穆华生、陶公择、王雨楼、方子藩诸君邀,在功德林夜饭。张雄飞君即将赴京,同作客,徐凤老作陪。六时半开始,七时半散席。因晚膳处所功德林职工须开会也!

同方子藩君往视赵云韶老居士,他患中风卧床,但精神很好。

上午，毓松来。

十一月二十六日，星期四，晴

晨，继续整理。

上午，十时往宝康里19号访赵寿郇老师，他患中风，已较痊。送给茶食一合。

去派出所，告以今晚赴姚，他们说可以自由。

黄仲明嫂和其媳吴家粹来，并交来带给叔老画册一本。

午后，二时到出版局与方学武同志谈至四时半辞出。

归家取行李往北车站买赴姚车票，并将旅行袋寄存小件行李暂存处。

到麦家圈双凤园洗澡，剃发连擦背、扦脚，共只1.15。

归家已九时。夜晚后权睡，十二时起床赴车站。

十一月二十七日，星期五，晴，余姚

晨，二时8分赴姚213次车开，尚不拥挤。六时余过杭州，十时半才到姚，误点约半小时。当到李姊家，华姑已让房给我。

午饭后睡二小时，去义井巷先后看二姊、六嫂、泽侄、瑜哥、珍嫂等等。五时半回李宅，途中遇平甫，约明晨再谈。

夜，八时睡。

十一月二十八日，星期六，晴

晨，六时余起床。

七时，平甫、启焜先后来谈，并拍照数张。

十时，到义井巷与二姊、六嫂、青弟妇、瑜哥、民弟等拍照数张。

中午，在六嫂家午饭，二姊亦在座。

下午，至平甫侄家一转。

四时，至龙泉山一游，回李姊家已近五时。

上午，曾同韵甥往视升鳌先生，并给照相。

夜，平甫、启钊、耆篯先后来，至八时去。

十一月二十九日，星期日，晴

晨，六时起床。

八时，同韵甥往新建路，又至方九记洋房政协会访姜枝先君，又同姜君至诸悬予家访叶友梅之女叶庆苏。归李宅已十一时。

闻锡恩嫂从驿亭路来，午饭后至义井巷六嫂家，同锡恩弟妇谈话，并拍照数张。二时，同她去姚江第一公墓，找到先岳父母及锡恩弟、望铣弟妇坟，又找到六家兄坟，各拍照留念。再送锡恩弟妇至公共汽车站，她准备乘四时半汽车回周巷转驿。我归李宅已近五时。

夜，谈至七时半，整理行装入睡。

十一月三十日，星期一，晴，上海

晨，五时起床，整理行装并早点毕，七时半赴车站。平甫来，送至站。华姑和启沅嫂到站后至车开始行。启裕送我上车，行李雇邻妇代挈，付力四角。

七时 24 分 214 次车自宁波来，30 分开，一路顺利。原拟过杭州下车往视娟侄女，因手边零星行李太多，只得作罢。原定下午四时 54 分到沪，误点 18 分钟，故雇三轮回家，已逾六时矣！

十二月

十二月一日，星期二，上午阴，下午雨

晨，毓松来谈，知小妹下部出血，在息养中。

屋哥女仆取去启烺托带的席子一条，食物一包。又交来小孩衣一包，托带交瑶瑶者。

八时半，往康绥公寓 11 号找张启麟夫人，交给韵甥托带来的猪肉两罐。

九时，到办事处，取款 150 元备用。

电话定购五日软席卧铺一张，因硬席和以前铺位都售完。

到中国医药公司买提睾带两合。

归途至旧货商店一看，到家已十二时。

下午午睡后，二时去姜姊家，送去韵甥托带的鸡蛋、豆豉等。

四时,到岳阳路视悟女。吃点心后,五时半归家。

夜,又整理物件。

渊侄来,谈至八时去(他住武定路明月新邨九号)。

写致美德和王泰雷同志信各一封。

十二月二日,星期三,阴

晨,八时半出门,到姜姊家补交华姑带来账目一包。

九时到北站,买赴常州 52 次车票。车于十时零八分开,下午一时七分到常。当雇三轮去青果巷 76 号第三进访马次立老先生,交给人民币 130 元,由其戚金璞如代开收据。事毕,回至车站还只二点半,惟 21 次快车已无座位,只得买 231 次慢车票。吃了些点心,于下午五时三刻登车,原应九时 56 分到沪,误点 15 分。乘五路电车归家,已逾十一时。

今日望铣归家,据为公事云。

十二月三日,星期四,晴

上午,为沙发凳子运京扎草绳,由叔康帮忙,化了三个多钟点。

下午,整理箱子。

三时,往派出所报告后日去京,并注销临时户口。

五时,往王开去冲晒照片。

五时半,到姜姊家夜饭。树声哥买好东风越剧团在丽都演出票。七时半,同树声哥和姊姊同去。做悲剧(剧名《芳梦怨》,大致为盲目婚姻和旧礼教而牺牲善良女子),至十时半毕。归家已逾十一时。

四妹明日将赴苏州公干,故夜饭后到姜姊家来一谈。

十二月四日,星期五,晴

晨,吉中来,并送来糖一包和磁杯、空箱等。

穆华生兄来。

电话汤季宏局长告以明日返京。

电话北站,知停止接行李业务,仅允介绍可靠三轮车来车行李云云。

九时,往陕西北路沈季湘家,适沈师母外出,留条而回。

到花园坊 85 号访张鸿钧嫂，谈至十一时半归。

下午一时，沈季湘师母来，并送来饼干两盒，至为不安。

下午二时余，三轮车两部来车行李，当同至北站，自做行李，共重 132 公斤之多，费 36.69。归已四时余。

夜，毓松来，送来食物及绒线款。当搭他车去岳阳路视悟潮，伊住院三天小产后，今日下午归家云。

回家时过徐百齐兄家一谈。

夜，应时来，惜我未遇。

写致潘光迥兄一信。

十二月五日，星期六，阴雨

上午，往北四川路 2022 弄 51 号视安甫，他适休假在家（他星期六休息），其妻亦在工厂工作，伊岳母暂来照顾云。谈一时许归。

往淡水路访苏继庼君，借得《骨董琐记全编》一本，备路上阅览之用。

下午，整理新近冲出底片（回国后第一卷），寄给香港北角渣华街 161 号地下科达影音公司汤养吾君，计底片 21 张，内放大两张，晒一张者 14 张，两张者 4 张，三张者 2 张，即共放大两张，晒印 28 张（内一张同时放大）。

下午，四时半望铣回家。夜饭后，因天雨雇车困难，历时很久，到站已只剩十余分钟。

上车后，稍息即睡。

原贴阿姨小菜资 20 元，望铣坚不肯受，只得作罢。

十二月六日，星期日，阴晴，北京

车上招呼很周到。午、夜饭都特烧冬笋炒白菜，甚可口。

同车有夏姓（交大）、冯姓（铁道部）及某军人家属，也很谈得来，不嫌寂寞。

下午[1]，原定十时 26 分到，火车提前于十时 20 分抵站。汤儿和美德来接。因汽车和三轮车太少，乘公共汽车人挤，到家已逾十一时，睡已十二时后矣！

---

〔1〕“下午”当笔误，概为“夜”。

内子已清健，至慰！

十二月七日，星期一，晴

上午，九时往杨梅竹斜街浴堂洗澡。

往炭儿胡同派出所报户口。

下午，二时往东总布胡同10号馆中，直至五时一刻归家。

到家吃夜饭后，同内子往长安戏院。因粹芳送来天津越剧团演《情探》戏票两张，同往观看。七时开演，十时半毕。演敫桂英的还认真，演王魁的似乎不很纯熟。

归途遇见寰老夫妇在广和看戏，戏毕回家云。

十二月八日，星期二，晴

整理带来行李及代人所带各物。

汤儿同美德今晚动身赴沈。

五妹来电话询我已返京否，当嘱有暇时或阳历新年挈小孩来家。

夜，韦士霖兄来谈。

写致三妹信一封。

十二月九日，星期三，晴

上午，九时往炭儿胡同28号俞寰澄君家，适伊夫妇均外出，乃留出王纪元托带的饼干和嘱买的伤风药及找款。

到延寿寺街人民银行存本年中签的公债款计95元（息在外，连息共102.60元），内子名下公债款80元，连息共86.40元。

十时一刻到馆，联系后于十二时10分回到家中。

下午，午睡后补行整理物件。

内子给悟女信，我加注数语。

十二月十日，星期四，小雨，雪

上午，九时到馆。

十时十分，向领导小组汇报赴港经过，计分：① 海外一般出版事业情况；② 新馆许寄南事件；③ 港馆徐、席不和事件。尚有菊老追悼会、港厂地基处理等事未及谈及，只得下次继续报告。

下午，一时半听陈翰伯同志报告作总结问题，至四时半。我听毕归家已近五时。

十二月十一日，星期五，阴晴

上午，八时半出门，九时前到王府大街36号陈叔老家，他适外出，复下车回屋一谈。交给黄仲明嫂托带画册及菊老追悼会实况汇辑一册。

九时半到馆。傍晚，径归家。

夜，塘侄来，濂侄夫妇挈两孩[1]，为拍照几张。

十二月十二日，星期六，晴

晨，八时半往国会街九号访唐泽霖同志的父母亲，又访任永长家。

九时，到高教社访问并与梁涛然同志长谈至十一时。

到馆已近十二时。

下午，二时为馆史资料事举行座谈会。五时半，同宣信予兄回家夜饭。

夜，糜文溶兄来谈，至九时半始与宣信予同去，并取去代购香云纱。

陈宣人之女培利来取伊兄带给的围巾一条和日记本。

十二月十三日，星期日，晴阴

上午，整理些杂件。

写致侣、悟、锦、永四人信各一封。

十时一刻出门，十一时到黄化门17号郑宅见高君珊女士，谈片刻辞出。

十一时半，去西珠市口34号访李书棠家属，见到他的夫人和一子一女。十二时一刻回家。

下午，戴孝翁陪张雄翁来，拍了几张照片。

瑞和侄女今日来帮做洗衣及清洁工作。

夜，写致泽侄信一封。

十二月十四日，星期一，晴

晨，八时半到馆。

---

〔1〕 疑漏“来”字。

下午，四时半往西便门外国务院宿舍33组462号访周旭初夫人，谈一时许。归家已逾七时。

张鸿钧兄来谈，九时后去。

周旭初夫人谈与亲家母同住，安居愉快，不思去港云。

十二月十五日，星期二，晴

晨，九时到馆。

写致赵叔诚信，附入致席旅平兄信中转去。

写致吴成基和国英信。

写致金如信，又写致周旭初信。

写致东单牛奶站信，要求恢复供奶。

下午，五时往绒线胡同访许季芸君，许师母旧病复发，甚痛苦云。

七时归家。

十二月十六日，星期三，晴

晨，八时半到馆。

今日起，金长佑同志为民建和工商联开代表大会前去参加，未曾到馆。

傍晚，至延寿寺街人民银行取款后归家。

十二月十七日，星期四，晴

晨，八时三刻到馆。

下午，十二时半起举行先进经验交流大会，直至六时始毕，发言者十余人。

五妹来家宿。

夜，拟去理发，以人多未果。

十二月十八日，星期五，雪

晨，四时五妹往中苏友好医院为我挂号。上午八时门诊，我当准时到达，在泌尿科诊视，开给两种药，大约是维他命B和K。

九时回家早餐后，到馆已十时半。

傍晚，洗澡后归家。

耀华来家宿。

十二月十九日，星期六，晴

晨，到馆已近九时。遇糜文溶兄，谈片刻。

下午，一时参加秘书、财务两科的讨论周总理本月十七日致印度总理尼赫鲁函件，至二时一刻散。

三时，在总编室集各部门负责人讨论练笔运动，由陈锋同志主持，至四时半散。

在馆夜饭。饭后，与沈季湘君略谈。

七时，到护国寺人民剧场，是耀华昨晚带来的副食品商业局蔬菜经营管理评比发奖大会的晚会票两张。由中国京剧院四团演出《天门阵》全本，做得不算坏，但没有精彩之处。十时半演毕，同内子回家已逾十一时。

十二月二十日，星期日，晴

晨，八时半到观音寺街粹华理发馆理发，又至大栅栏一转，归家。

午前略睡。

下午，一时往安定门内花园14号西三楼四号访张雄翁。据彼夫妇去看儿子，未遇。

三时，到王府大街36号叔老家，沈季湘兄已先在，谈菊老纪念事，四时半辞出。

到崇文门买了半斤饼干，五时归家。

七时半，往大观楼看《欢庆十年》电影，尚热闹，九时毕。

十二月二十一日，星期一，晴

晨，八点三刻到馆。

写致五妹信，为订牛奶事。

写致六妹信，附去日记册两本，给她和怀堂。

下午，开经理部门各科负责人碰头会，至五时半毕，由王泰雷同志主持。

夜，归途至新华食品店买糖，又至同仁堂买预防肝炎中药备内子吃。

十二月二十二日，星期二，晴

晨，九时到馆。

上午，五出版社财务工作联络会议（我馆和中华、农业、文字改革、北京出版社）在馆开会，由如松、维杭出席。

下午，四时半离馆归家。

夜饭后，往六部口市出版局访郭敬局长，七时到达，谈至八时半辞出。到家已九时余。

祝志澄局长据尚在沪，将唐君带件即托郭局长转交。

十二月二十三日，星期三，晴

昨夜咳甚。今晨写条给泰雷、陈锋同志，请假两天，准备静卧。

晨，大便后即睡，终日未离床。

写致大妹及美韶信各一封。

十二月二十四日，星期四，晴

继续卧床治疗感冒，尚有进步。

夜，糜文溶兄来，还代垫香云纱款。

十二月二十五日，星期五，晴

晨，九时半到馆。

下午，工间操后同励刚、陆廷珏谈馆史事。

傍晚，洗澡后回家。

写致永儿信一封。

写致汤儿信一封。

五妹夜饭后来家。据今日在海淀开会，故回家宿。拟明晨再去，开会要二、三天云。

十二月二十六日，星期六，晴

晨，九时到馆。

下午，一时半去人民大会堂听民建和工商联合办的张百发、时传祥报告。张百发是钢筋工人、青年突击队长、人大代表。二时半起，讲至四时半，讲得很动人。时传祥是清洁工人、全国群英会代表。我至五时半即出，六时半回到馆中。

今夜馆中聚餐，有二十桌之多。郭敬同志亦来。餐后还有舞蹈等余兴，我未参加即归。

五妹今日未来。

上午,往赵家楼门诊部看咳嗽,取来药水、药片等。

十二月二十七日,星期日,晴

晨,张镜清兄来,谈至九时半共同外出。

去山老胡同访孙乾三君,交给明年一季顾问费,谈至十一时出。

去背阴胡同访何希秀女士,到时见北大宿舍房屋已在折建,不知搬往何处。

十二时半回家。归途中在西单商场买了些东西。

下午未出门。

写给韵甥(附去照片放大二张,一般八张)、平甫(附去照片十张)、四妹(附去照片一般五张,小的一张)、胡省初(附去照片两张)各一信。

准备寄给六妹东西,计绒布两块、围诞一个、围巾一条、洋铁盒一只(内装香肠14条、饼干一盒、棒糖、白糖各若干)。

十二月二十八日,星期一,晴

晨,国璠的甥女世英由家乡来,今晚回宣化去。

九时到馆。

工间操后,往赵家楼门诊部续看咳病,又取了些药水、药片。

下午,一时半在泰雷同志处开商讨办公房屋会议,至三时毕。

下午,三时半举行大扫除,五时半归。

写致六妹信,告以寄去物件事。

十二月二十九日,星期二,晴

晨,九时十分到馆。

写致黄荫普信一封。

傍晚,径归家。

往廊房头条13号化工部招待所访东北制药厂派来人员,有费廷瑞同志洽谈。据回沈前当来家取物带给汤儿云。

闻毓松已来京,住公安部内云。

十二月三十日,星期三,晴

晨,九时先至长安戏院一转,买了一月二日(原买一日,不知为何给我的二日票)武汉市楚剧团票三张。九时半到馆。

下午,在馆史资料室开会,直至五时半毕。

傍晚,径归家。

十二月三十一日,星期四,晴

晨,九时到馆。

下午,听陈翰伯同志传达陈毅同志的国际形势报告,自一时半起,至四时半止。

傍晚,径归家。

夜,应潮挈小应来家。

1960 年

一月

一月一日，星期五，晴

上午，毓松来，早饭后去。

黄平章和瑶瑶挈晶晶来，稍坐即去。

企棠午间来，下午去其妹处。

美韶同其母下午来，傍晚去。

下午，去首都照相馆交洗照片一卷。

一月二日，星期六，晴

上午未出门。

企棠来，午饭后同三妹挈小应回去。

瑞和来帮洗衣服，午后同去看戏。

毓松早、晚来两次，据明日乘21次车回沪云。

午饭后，同内子及瑞和往长安戏院，看武汉楚剧团演出①《奇怪的脚印》；②《站花墙》；③《二堂审子》；④《赶会》，四出短剧，尚精彩。四时一刻演毕。

傍晚，王泊如夫妇来，稍坐即去。

塘侄留条已来过。

一月三日，星期日，晴

昨日休息，故今日照常工作。

晨，九时到馆。

下午，二时同吴泽炎君往西郊民族学院教师宿舍南二・二号访潘光旦君，交给潘光迥带来烟斗等，谈至五时辞出。六时半到家，归途在首都照相馆取所冲照片。

一月四日，星期一，晴

晨，九时到馆。

今日开始写“赴港工作报告”，预备为练笔交卷。

傍晚，郭农山君来馆，五时同出。我即归家。

夜，写致菊英一信（寄上海鄱阳路杨浦区中心医院小儿科）。

一月五日，星期二，晴

晨，八时半到西河沿居民医院看中医，由内子先去挂号，医生徐姓，看毕到馆已九时半。

上午，馆史资料室约退休同人座谈，到伊见思、朱皎如、程勉之、杨静盦、陈忠杰、程选公等。

傍晚，至大栅栏首都照相馆晒洗照片。

一月六日，星期三，晴

晨，九时到馆。

上午，市人委张、曹两同志来了解香港中懋公司事。

帮财务科分配工资。

傍晚，归途在西河沿人民银行代内子立活期存折一口[1]（帐号32275）。

写复汤儿信一封。

一月七日，星期四，阴

晨，八时三刻到馆。

上午，储致中君来谈。

写复大妹信一封，附去小孩押岁钱6元。

夜，写复六妹一信，附去小孩押岁钱4元。

一月八日，星期五，晴

晨，八时半到西河沿居民医院续看中医，仍由徐大夫诊视，再服药一贴。到馆已九时半。

---

〔1〕“口”有误，疑为“只”。

下午,提早半小时归家。

途过大栅栏,在首都照相馆取所晒照片。

利南今日由宣化来。

一月九日,星期六,晴

晨,九时一刻到馆。

下午,六时半李立恩同志在俱乐部结婚,我亦参加,至七时先退。到家已近八时。

一月十日,星期日,晴

上午,整理最近冲出底片12张,寄香港科达影音公司印晒20张(内六寸放大一张),并备函汤养浩,下午付邮。

瑞和今日来洗衣服。

下午,三时同瑞和、利南先到大栅栏修拉练[1]处,再同利南到延寿寺街买沙锅后归家。

接永儿信,知已于七日离沪,十三、四日可到京。

接毓松信,已于五日到沪,并将去广州公干,春节前返沪云。

一月十一日,星期一,晴

晨,九时到馆。

陈翰伯同志原约我下午三时半续谈香港事,嗣据又别有会议作罢。

下午,五时一刻回家。

接永儿九日合肥发信一封。

五妹来,住家中。

一月十二日,星期二,晴,夜有小雪

晨,九时到馆。

下午,为馆史资料室同志讲"商务几个时期的企业经营",一时半起,至五时止。

---

〔1〕"练"当为"链"。

五妹晨去市府农垦局开会，据中午曾来过，即回西郊农场云。

夜，永儿乘14次京沪特快车于十时26分到，到家已十一时。

一月十三日，星期三，晴

晨，九时半到馆。

中午，汤儿同事裴翼堂来电话，谓住远东饭店51号，带来大衣等嘱去取云。夜饭后，由永儿取回。

下午，一般学习，我写致美韶一信。

接平甫九日信，谓已进广慈医院准备割治“附睾结核”云。当复信并另函先佑嘱为照顾。

一月十四日，星期四，晴，夜雪

晨，八时余先由内子去宽街中医医院挂号，我到该处已近九时。由李卓吾大夫诊视，开了水药，由内子带去同仁堂代煎。我于九时三刻到馆。

下午，张雄飞兄来谈，至四时与他同出，归家已五时。

服药一剂。

一月十五日，星期五，雪

晨，九时半到馆。

中午，十二时一刻离馆，过西河沿人民银行办定期款转期手续，到馆[1]已逾一时。在家午饭。

下午，为服药便利，未再往馆。

夜，阅乌维杭作决算报表分析说明。

写致邵侄女信一封。

一月十六日，星期六，上午飞雪，下午阴晴

晨，九时半到馆。

中午，回家吃中药。

下午不再出门。

---

〔1〕“馆”当为“家”。

写致张子宏、叶织雯、席旅平各一信。

写致三妹信一封，告以弟弟已到家。

归途在大栅栏邮局汇寄水歧侄 10 元（寄余姚城南公社南庙苏家园）。

五妹夫妇来，宿家中。

一月十七日，星期日，雪

晨，八时出门，八时半到王府井大街 36 号陈叔通先生家。八时三刻，励刚、陆廷珏二同志亦到，请叔老讲回忆，直至十一时半始毕。

归途过百货大楼一转。

杜企棠来，午饭后去。

五妹夫妇仍宿家中。

写复大妹一信。

一月十八日，星期一，雪

晨，八时半到西河沿诊疗所徐大夫处诊治咳嗽，又开了一帖水药。

九时 20 分到馆。

馆中近在评比跃进奖金，下午工间操后大都在集会。我于四时离馆，过西河沿取药后回家。

五妹夫妇清晨回去。

一月十九日，星期二，雪

晨，在前门内等 9 路公共汽车至 20 分种之久，未见车来。乃改乘 20 路车至东单换 10 路车至外交部街，到馆已九时一刻。

上午，在易社长房由泰雷同志召集科级负责人讨论本馆 1959 年总结稿，至十一时半毕。

下午，再集科级人员评跃进奖金，至五时毕。

昨接丁英桂君函，谓凤老询及 59 年度董事酬劳云。经翰伯同志批准，函沪处分别致送。

归途至观音寺萃华理发，到家已近七时。

一月二十日，星期三，阴，转晴

晨，八时半到西河沿诊疗所请徐大夫复诊，再服水药一帖。

九时三刻到馆。

金玉琦君来领医药费，曾来一谈。

下午，二时离馆。三时，到北京展览馆参观全国工业交通展览会，至五时半出。回家途中在西河沿诊疗所取药，到家已近七时。

一月二十一日，星期四，晴

晨，九时一刻到馆。参加为评跃进奖的科级以上会议，至十一时半毕。

傍晚，于归家途中在劝业场买肥皂、牙膏等。六时半到家。

一月二十二日，星期五，晴

晨，九时一刻到馆。

下午，一时半起馆史资料室举行第三次座谈会，谈出版方面情况，到者宋家修、马清槐、高崧、吴泽炎、戴孝侯等，至五时一刻毕。

在馆夜饭。饭后，参加文娱会演，我练了一套太极拳。八时一刻离馆，九时一刻到家。

内子、永儿和利南去看《寒夜》电影，至十时余归。

馆中今日发跃进奖，我也得30元，存东总布胡同人行活期有奖储蓄。

一月二十三日，星期六，晴

晨，九时一刻到馆。

下午，工间操后做大扫除工作。

傍晚，王叔旸来访。据来京已数日，拟春节前回沪，住在魏家胡同35号温平家中云。

归家因车挤，至七时半始到家。

代汤儿买的东西，今晨刘明俊同志来家取去。据明日乘车返沈云。

一月二十四日，星期日，晴

晨，做些清洁工作。上午未出门。

下午，往实验剧场看话剧《伪君子》，是工会送票。一时半起，至四时半毕。

归家已逾五时。

一月二十五日，星期一，晴

晨，九时到馆。

往魏家胡同 35 号温平家访王叔旸君，适他出未遇。回馆已十时半。

今日抄赴港工作报告四张。

傍晚归家，金如已自石家庄来。夜，蔡洪钧亦到，宿我家中。

永儿买来电唱机。唱机片有：

（1）豫剧《花木兰》、评剧《秦香莲》、河北梆子《蝴蝶盃》、秦腔《白蛇传》，33 转；

（2）越剧《红楼梦》《情探》，16 转；

（3）粤剧《搜书院》《昭君出塞》，33 转；

（4）黄梅戏《女驸马》，33 转；

（5）沪剧《母亲》《罗汉钱》，16 转。

第二次续购载 8/31。

一月二十六日，星期二，晴

晨，九时到馆。

十时十分，参加出版、校对两科碰头会，至十二时毕。

今日抄赴港工作报告七页。

接平甫自沪来信，知他已在广慈施手术很好，并已出院。又谓树声哥舌癌续发云，至为系念。

一月二十七日，星期三，晴

晨，九时到馆。

续抄赴港工作报告 6 页，未完。

下午，工间操后参加陈锋同志召集的科室负责人讨论先进工作者提名事。

五时，径回家

一月二十八日（庚子年元旦），星期四，晴

上午，前去前门想去看看三妹带小应来，接她一下，等了半小时没有看到，就回来。

金长佑同志来,坐了片刻,同往炭儿胡同28号俞寰老家。十二时回家。

塘侄携光和来,闻濂侄全家来过,我未遇。

金如夫妇、瑶瑶夫妇携晶晶来,在家午饭。

韶侄孙来,午饭后去。

闻涂传杰兄来过,未遇。

三妹携小应于上午11时始到。

"赴港工作报告"今日抄缮完成。

一月二十九日,星期五,晴

昨夜右腹旁痛,内子、永儿陪我赴中苏友谊医院急症诊视后,认为不是盲肠炎,可能是胃炎或胆炎云。打了两针,又配了些药,归家已逾午夜矣!热度为38.2度。

今日全天在床休息。

来贺年者有:张鸿钧兄及其女、潘多福兄,午饭后去。张雄飞、宣信予、王泊如、糜文溶、朱皎如、方乐天、韦士霖、俞寰澄、朱通舟、穆琨、周莲轩、戴孝侯、康生父子、张镜清均先后来。

我的赴港工作报告托通舟兄带给泰雷同志一份。

一月三十日,星期六,晴

今天继续卧床静养。

来贺年者姚裕才、糜文定、许季芸、薛连山、王泰雷等诸人。

五妹、耀华携和平、小燕来,宿家中。

一月三十一日,星期日,晴

今天继续卧床静养。

三妹携小应上午回去。

张启凡甥同童弟老来,午饭后去。

塘侄闻我病,又来视一次。

陆廷珏来贺年。

我的近代祖先（五服）

高祖父　成学公

曾祖父　象占公

祖父　　笙和公

父　　子甄公（翊经）

二月

二月一日，星期一，晴

馆中今日春节开始办公。我因热未退净，胃口未动，仍在家休息。

五妹夫妇和两小孩今晨回去。

夜，濂侄夫妇来。

二月二日，星期二，晴

晨，永儿去中苏友谊医院代我挂内科号，挂九时诊视。

八时半，同内子出去，在西河沿雇到三轮车，九时到医院，由陈姓大夫诊视。经过量血压（80~130）、验血、验小便、肺部透视、购药等手续，回家已十一时。

朱蔚伯兄晨在西河沿遇到，傍晚又来，谓奉泰雷同志命来访也！

戴孝侯师母和建中下午来问病。

今日由濂侄处取来牛奶一大瓶。

二月三日，星期三，晴

晨，永儿陪利南赴永定门车站，乘141次车回宣化。据车上甚挤云。

上午，瑞和来，并带来牛奶一大瓶。

下午，程勉之、韦士霖两君来访。

夜半，内子又叫胸腹痛，幸冲热水壶后安静。

二月四日，星期四，晴

终日继续休养。

永儿今日下午五时50分乘15次车赴萍，由株洲转云。下午，三时半由内子陪赴车站。

伊见思君下午来访。

二月五日，星期五，晴

晨，七时半同内子往前门大街吃牛奶，至大栅栏一转归家。

下午，三时又同内子往厂甸一走，遇见启明甥，又代永儿寄武汉印刷品一包。

二月六日，星期六，晴

上午，朱皎如君来访，并送来橘子。

下午，五时往东升洗澡，归已七时半。

二月七日，星期日，阴晴

今日来访问友人较多，计有：朱公垂、唐慕汾、朱蔚伯、徐德俊、戴孝侯、俞明岳。

以上上午来者。下午有：王毓祥、张鸿钧、潘多福、宣信予（携幼子）。

晨，毓松友人谢元豪带来内子丝棉袄等。又据毓松来信，他明日可到京，小妹则在十日前后云。

写致大妹信一封。

瑞和来帮洗衣及做清洁工作。

二月八日，星期一，阴晴

晨，陆廷珏君来，我尚未起床。托将致广安门牛奶站信，即附去医生证明，请订饮牛奶者带去付邮。

下午，三时半同内子往大栅栏，吃了一杯牛奶。又至西河沿储蓄所立活期存折一个，又买零存整付8元。归已五时。

夜，五妹来家宿。

二月九日，星期二，晴

晨，八时五妹返西郊。

全日未出门。

接港科达公司寄回晒印照片，查原印20张（连6寸放大一张），今只收到19张，缺“我和企棠、美韶”一张。因非重要，姑置之。

接水歧之女美英一月25日来信，知水歧已于旧历十二月初五晚12点半病故，遗一妻三女（长14岁，次8次，三5岁），至为怅然！

接永儿来信，六日安抵萍乡，当复一信。

夜，毓松来。据系昨晚到京，住北京饭店531号（电话56531或57631），约一个月返沪云。

二月十日，星期三，晴

上午，写致三妹、五妹各一信，因小妹今晚可到京，预约本星期日来家团聚。

十时，内子去看牙，我为席旅平函托买药“复方胆碱”（天津市广辉制药厂出品），走遍前门、王府井四家大药店都说无货。回大栅栏买案头玻璃一块，归已十二时。

上午，张镜清兄夫妇来，因我家无人，留条而去。

下午，凃子英兄来访。

夜饭吃粥一碗，又吃了一个生西红柿，大概没有洗干净，睡后觉胃部不舒。又因无线电开得晚些，精神兴奋，竟至全夜不能入睡。至午夜后三时，吃了两片安宁丸，又因胃肠骚动，仍不入眠。次晨四时半去大便，完全水泻，九时再泻一次，始觉腹部稍空。

二月十一日，星期四，昨夜雪，阴晴

晨，七时悟女来。据昨夜准时抵京，住王府井《人民日报》社。早餐后，内子陪往前门乘四路无轨电车回王府井。

十时半，由内子陪同往中苏友谊医院复诊，仍由陈姓女大夫看。据称，上次透视、验血、验小便，只小便有些蛋白质，其他都没有什么不好现象。开了几种药回家。

下午，金长佑君来视，并承赠苹果六枚。

因昨夜失眠，下午睡得较熟。

夜，写致汤儿、大妹信各一封。

夜半，肚腹又作祟，翌晨一时半肚泻一次，至八时又泻一次。日间吃得少，又吃得简单，不应续泻，不知何故？而且由于今天的续泻，联想到昨天，也许并不关

"西红柿"事。

夜饭后,塘侄来。据下放河南遂平,明日即将动身云。

二月十二日,星期五,晴

为今晨续泻,想不出理由,精神不免受威胁。早餐只饮牛奶半杯和饼干两块,中午吃面,夜吃粥。

中午,谢瑞森来看我。

接四妹信,又大妹寄来花生米一罐。

为预防夜半腹泻,睡前大便一次。

二月十三日,星期六,晴

药元林的岳母今晨去上海。

晨吃粥,中午吃面,夜吃粥和麦饼。

刘玉珍带来练笔奖品,计金笔一枝、日记簿一本。按我的"赴港工作报告",本来是我份内要写的,因练笔运动,故即以此塞责。今获奖实感意外,也觉惭愧。

下午,韦士霖兄来看我。我因席旅平为叶织文[1]托买的"复方胆碱"在京无从买到,请他去张镜清兄家,托镜清兄转托天津友人购寄,一方面我先复席旅平信一封。

毓松、小妹来,小妹宿家中。

二月十四日,星期日,晴

毓松、五妹、三妹先后来。午饭时,有三女一婿在座,拍了几张照片。

下午,瑶瑶来,给予前拍照片五张。她送来抄干丝一合。

陆廷珏君来看我。

三妹下午回西郊。

毓松、小妹夜饭后去,据看话剧《智取威虎山》云。

五妹宿家中。

---

〔1〕"文"当为"雯"。

二月十五日，星期一，晴

晨，五妹回大牛房去。

上午，八时半同内子往前门大街吃鲜牛奶。

又至邮政总局寄给六妹小洋铁箱一只，内装饼干和方糖少许。

又至中山公园，遇郭农山君，步行一周，乘22路公共汽车归家，已近十二时。

下午，张镜清兄来，承代买到“复方胆碱”一瓶。

戴孝侯师母来看我。

糜文溶兄来看我。

写给大妹、六妹各一信。

二月十六日，星期二，晴

今天是我的生日，中午和晚上都吃面。

上午，同内子往前门大街吃牛奶。今天的牛奶是和豆浆混合，只售一角（原售一角七分）。

到邮政总局寄复方胆碱给香港席旅平君。复方胆碱药价12.20，木箱0.20，邮费0.75。

去大北照相馆冲照片，微粒冲洗，费用一元。

下午，写致席旅平兄信及姜儒声姊丈信各一封。前者告诉他药已寄出，并附去发票，后者慰问旧病（舌癌）复发情况。

傍晚，周莲轩夫妇来，夜饭后去。

二月十七日，星期三，晴

上午，在家早点。

十时外出，先至大北取所冲照片，再至西河沿人行代内子取款，再往观音寺街亨得利修表。又去延寿寺街人行，嘱划提存沪款两笔（300元），归已近十二时。

下午，再去大北交晒照片，又至前门大街吃了一瓶酸牛奶。

至萃华理发社理发。

朱蔚伯兄来。

夜,蔡洪钧来,宿家中。

二月十八日,星期四,晴

蔡洪钧早餐后离家,据今日即回石家庄云。

上午,金玉琦君来看我。

下午,四时半往大栅栏一走,并吃鲜奶一杯。

写致四妹及国英甥信各一封。

夜,潘达人君来看我。

二月十九日,星期五,晴

晨,八时一刻出门,九时十分到馆。今天第一次试步,还不过累。十二时一刻回家,到家已一时余。来回都乘 9 号公共汽车。

下午,四时同内子往前门大街买鲜奶和饮混合奶(有豆浆)一杯。至大栅栏一转,归家。

二月二十日,星期六,晴

晨,九时一刻到馆。

今日上午金长佑同志亦来馆。据民建、工商联代表大会将于明日闭幕云。

中午,十二时回家,到家已近一时。

下午,四时往前门大街买鲜奶一瓶。

下午,韦士霖兄来,我正午睡,他交来傅翁信一封。

夜,写致二舅嫂陈文蔚信,附去照片大、小各一张,又复亦男信一封。

二月二十一日,星期日,晴

晨,六时余悟女即来。七时三刻,同内子、悟女往前门大街饮奶、吃点心。

八时余,往王府井、崇文门等处巡视,只买到高价饼干一包(225 公分需 1.92)。归家已十一时余。

下午,写致永儿信,告以寄出《普通化学》四册。又致平甫、耆筏、占元信,附去耆筏照片大三张、小一张。

上午,张雄飞、戴孝侯二兄来看我。

二月二十二日，星期一，晴

晨，九时一刻到馆。

写致张子宏兄信一封，并附去药盒一只，托代买七支，径寄北京和内松树胡同 46 号沈景范收。

写复韵贞甥女信一封。

瑞和来家帮做清洁工作，美平、美燕同来，中饭后去。

夜，毓松来，谈至九时回北京饭店。

中午，至大北取所晒照片，又至西河沿人行代内子取款 20 元。

二月二十三日，星期二，晴

晨，九时 10 分到馆，金长佑同志已先在。

上午，王泰雷同志见告，说我的申请退休事，据翰伯同志意，不能批准。如身体不好，尽可迟到早退，或长期半天工作云云。如是，只能表示服从。

馆史资料室开会讨论展览事，我参加了一个时间。

听金长佑同志报告参加民建和工商联代表大会经过及心得。

中午回家。

下午，整理准备寄港放印的照片。

二月二十四日，星期三，晴

晨，九时到馆。

去中华看潘达人、俞明岳，又知梁涛然同志已去中华，先工作上午半天。在潘达人君处谈了一个多小时。

毓松来电话，知悟女今晨去津，预定后日（二十六日）返京，随即赴太原云。

下午，写致港科达汤养浩信，寄去第三次软片 45 张（内印 3 张的 3 张，印 2 张的 15 张，印 1 张的 27 张，即共印 66 张）。

内子去看电影《红叶》。

内子写致美德信，我附写几句。

二月二十五日，星期四，晴

晨，九时到馆。

写致水岐的女儿美英一信，并汇给10元，作我送水岐的丧礼。

中午，先至东总布胡同西口取款，并汇款、寄信，到家已逾一时。

毓松来家，略谈即去。

下午，四时往崇文门同仁医院，见布告探望病人须五时半开始，乃至王府井一转，再去同仁探望丁敏士君，丁师母亦在，稍谈并慰问眼疾。归已逾六时半。

二月二十六日，星期五，晴

晨，八时三刻到馆。

王泰雷同志今日负病到馆，曾力劝回家休息。

田汉德报告文化部出版局紧缩用纸指示，经金长佑、孙如松、乌维杭诸人共同讨论，至十二时始毕。下午我要回家，托金长佑同志继续主持处理。

下午，四时半去延寿寺街人行为内子定存到期办理手续。

下午，五时半同内子往北京站，接悟女六时40分由天津回来，迟十分才到。本日七时55分将径赴太原，因她有同伴，我与内子即乘20路公共汽车归家。

二月二十七日，星期六，晴

晨，九时到馆。

上午，糜文溶君来馆看我。

写复陈叔老信一封。

下午，七时毓松来。他有招待出席中央司法、检察、公安三个会议代表在人民大会堂举办联欢晚会的入场券两张。当于夜饭后同内子、毓松走往人民大会堂，有京剧、曲艺、杂技、歌舞、电影、木偶戏等等。至十时三刻出会场，步行到家已十一时半。毓松径回北京饭店。

二月二十八日，星期日，晴

上午，九时往林附马胡同访王泰雷、朱通舟、孙如松诸同志，他们都在病中。十一时，到王府井一转，归家已十二时半。

下午，五时往大栅栏一走，再至抄手胡同濂侄家看萃芳病，知肺部不很好，但没有空洞云。

夜，有毓松的友人章姓来，我已上床，未接待，与内子略谈即去。

夜,十一时五妹来,谓明日将赴海淀开会,宿家中。

二月二十九),星期一,晴

晨,九时到馆。中午回家时,过西河沿人行取了些存款,至劝业场买白衬衫一件。

下午,四时去琉璃厂邮局寄大妹食物一小包,写致国璠一信。

毓松来拍了几张照相,又同内子去北京饭店。夜饭后,九时内子始归。

悟女自太原来信,谓二十七日准时平安到达,将于三月四日离晋南下云。

五妹清晨赴海淀开会,夜十时余归家宿。

三月

三月一日,星期二,晴

晨,五妹回西郊农场去。

九时到馆。

今日起,我自买《人民日报》看。

写致张子宏兄信,询问59年总馆决算还需要否。

接永儿26日信,当给复信一封。

三月二日,星期三,晴

晨,八时三刻到馆。中午回家。

下午,四时往琉璃厂邮局取六妹寄来奶油、桂圆酱及豆腐棍等。当写复六妹一信。

写复黄访书君一信。

夜,李耀华来,宿家中。

三月三日,星期四,晴

晨,李耀华早点后去上班。

上午,九时到馆。下午,一时归家。

内子原买好《沙漠追匪记》的电影票,我因怕吃力,让她一人去看。

下午,五时热粥,五时半吃完夜饭。六时,到前门乘38路公共汽车到公主坟商场下车,至文化学院见到黄洛峰院长,谈至九时余辞出。到家已十时。

三月四日,星期五,上午阴,下午小雨

晨,先往西单,至长安戏院买到六日(星期日)日场湖南祁剧艺术团演出戏票三张。

乘10路车于九时半到馆。

中午,在馆中午饭。

下午,馆中举行“迎接五一和全国文教群英大会比武大会”,自下午一时起,至五时一刻为止,发言者二十余人。我参加后归家已六时余。

大、三、四妹各来一信,复三、四妹信各一封。

夜,济濂夫妇陪美锐来家。美锐明日返沪,内子装鸡蛋一洋铁箱托他带沪给予四妹。

三月五日,星期六,阴,下午晴

晨,九时到馆。

上午,帮财务科分配同人发薪。

中午,于归途中至西河沿人行为内子存款及购零存整取,又至劝业场买邮票,到家已逾一时。

写致水岐之妻洪凡珍信一封,叫他〔1〕千万不要寄东西来京。(信寄余姚城南公社南庙苏家园)

下午,韦士霖兄来看我。

三月六日,星期日,阴晴

上午,宣信予兄来,还借款40元。我前日所购长安戏票,除昨送戴孝侯兄一张外,今日再送信予兄一张。因内子拟往劳动文化宫看游园会也!

午后,往长安戏院看湖南祁剧,计三出:(1)《拦马》;(2)《牛皋毁旨》;(3)《昭君出塞》。以第一出做得最出色,第三出最平平,饰王昭君的不如李淑君。一时一刻开演,四时毕。

---

〔1〕“他”当为“她”。

同宣信予兄到前门大街吃了一杯混合奶,归家。

三月七日,星期一,阴晴,夜小雨

晨,九时到馆。金长佑同志今日上午未来。

中午,原拟在馆午饭,下午参加开会。嗣因食堂没有我吃的东西,而且听到下午不开会,乃即回家。

归途去石附马大街近西口,路南东太平街20号萧庭玉家,询问托养婴儿办法,归家已两时。

写信给三妹,告以许阿姨三月十三日第21次车赴沪转诸暨,车票已以电话定妥,明日可送到家。又告以收养婴儿的萧宅情况。

下午,马寅初幼女仰惠持其父信来,要《马寅初经济论文集》,允为设法。

傍晚,去西河沿米铺买米24.5斤。

夜,内子喉痛甚,睡眠不安。

三月八日,星期三,阴晴

晨,七时内子往协和医院看喉病。

八时三刻到馆。

中午回家时,九路公共汽车特别挤,知是三八节女工下午放假之故。

下午,四时往前门大街买牛奶,又过大栅栏排队买青罗服,自思亦可笑。

代三妹给许阿姨买的车票,今天送来,由京至诸暨坐票(包括京沪直快)计26.12。

三月九日,星期三,阴转晴

内子喉痛甚,晨未起床。

九时一刻到馆。中午,在馆午饭。

下午,一时离馆,先到菜市口,将疝气带交寄售商店,只肯标价5元,姑听之。

又至观音寺街亨得利取所修表。

回家后,再往买牛奶已售完。再至同仁堂为内子买喉痛片,回家已三时半。

写复大妹一信。

生殖器根边皮肤生一黄豆大的粒子,前几天还不很觉得,今天有些痛,还有破口,拟明日往中苏友谊医院诊治。

三月十日,星期五,晴

为去中苏友谊医院挂号,晨4时30分起床,大便及早点后,五时20分出门,到前门大街乘5号公共汽车,六时到医院领挂号券处。询知泌尿科要星期二、五才看,乃排外科,至六时半领到中午十二时的挂号券,乃先回家。途过头条外,买鲜奶一磅。

中午,十一时一刻再往友谊医院,待至一时始获诊视。据医称系不洁所致,尤其用托带后不够勤洗,但无“结核性”的迹象云。回家已逾二时。

夜,七时代内子往大栅栏同仁堂取药。因煎药误时,归已八时半。

今日家拆火炉,请邻妇帮做清洁工作。

夜,遵医嘱药水坐浴一刻钟。

三月十一日,星期三,晴,大风

晨,因药水坐浴,到馆已九时三刻。

糜文溶兄在,谈交我馆出版《印刷技术》书事。

中午回家。午后、夜间各坐浴一次。

傍晚,往同仁堂取内子服中药。

今晚馆中工会发票,请看中国青年艺术剧院话剧(上海人民艺术剧院演出《共产主义凯歌》),我因体弱,由内子去看。

2月24日寄港晒印的照片45种、66张,已由科达寄到,做了一些分配工作。

写复永儿一信。

三月十二日,星期六,晴

晨,坐浴后到馆已九时半。

写复国英信一封。

下午,企棠带小强来。因小强要许阿姨,又送到西四许阿姨寄住的亲戚处。

三妹挈小应来,五妹来,都宿家中。

中午、晚间各坐浴一次。

三月十三日，星期日，晴

今日继续坐浴三次。

企棠、三妹都去送许阿姨带小强至火车站，系乘一时 35 分第 21 次京沪直快去。二时后，企棠、三妹回家，三时挈小应回西郊。

五妹买来电影票。我去看二时 25 分的电影（大观楼）《金玉姬》，四时半归家。内子和五妹还要继续看《万紫千红总是春》。

写复六妹信，并附给怀堂信。因他胃病未愈，肺病又发，已去福州住院治疗云。

写复四妹及占元各一信。

下午，沈同豫来，还代向港所购针药款。

三月十四日，星期一，晴

今日，请邻居惠心娘帮做清洁工作一天。

上午，八时半到中苏友谊医院复诊，原约九时，至九时半才由杜姓大夫诊视。据所患部位与睾丸无关，没有问题云。

十时半到馆。

中午回家时，到东总布胡同西口人民银行存款（即宣君还款）。

下午，二时到前门大街买牛奶。

接汤儿信，当写复信一封。

三月十五日，星期二，晴

邻居惠心娘仍来继续帮做清洁工作。

上午，九时到馆，并在馆中午饭。饭后，与同志们练拳。

二时半，往高义伯胡同 6 号探望王毓翔病。归家已近五时。

把皮大衣交大栅栏龙福去洗，又至同仁堂取内子服药。

至中和预购 18 日戏票 2 张。

三月十六日，星期三，晴

晨，九时到馆。中午回家。

下午，三时半市人委张、曹两同志（一月六日曾来馆谈过）来我家了解香港旧同人事,大多谈及夏筱芳与李圣五。谈至五时半回去。

三月十七日,星期四,阴晴

晨,八时40分到馆。

写复张子宏君信,并附致叶织雯夫人和庆丰、庆奎世兄唁函,因织雯已于本月六日因肝癌去世。

中午,在馆午饭。饭后,练拳半小时。

下午,三时半往西什库北京市医学院附属医院第二部第十病房108室看潘达人君,他患青光眼,已渐痊可云。六时归家。

再往前门大街买牛奶。

三月十八日,星期五,晴

晨,八时三刻到馆。

中午,为教练拳,略迟至十二时三刻离馆,一时40分到家。

夜,七时往中和戏院看保定专区老调剧团演出《潘杨讼》。可惜我买的坐位看不到唱词,戏做得很认真,至十时半演毕。同内子过同仁堂取药后归家,已十一时半。

三月十九日,星期六,昨夜小雨,阴晴

晨,八时三刻到馆。

中午回家。原馆史资料室要在下午二时开会,我已允许参加。嗣泰雷同志认为我下午应该休息,会须改期云。

下午,至萃华理发,又至杨梅竹斜街洗澡。五时始归。

汤儿今日由沈阳来,据住西郊宾馆二号楼214号(电话890871,49号分机转)。夜饭后回去。

三月二十日,星期日,阴晴,傍晚有雨

终日在家,未出门。

写复韵甥信一封。

汤儿上午来,傍晚回西郊宾馆。

夜,汤儿因宾馆人挤,铺位让人,回家住宿。

今日起，夜饭后诵《金刚经》一卷以清心。

三月二十一日，星期一，晴

汤儿早餐后回西郊去。

八时半到馆。

馆中下午做清洁工作，我则十二时半教陈与纶拳后即归家。

夜，九时汤儿又来家宿。

三月二十二日，星期二，上午阴晴，下午有小雨

汤儿六时起床，即赴西郊。

九时到馆。

中午，在馆午饭，吃黑面。

午后，教陈与纶拳后即离馆，时为一时。到王府井一转，再至延寿寺街人民银行储蓄所续存定存事。归家近四时。

到家后，内子去庆乐看戏未在家。见有宣化带来物件，后来程国璠来，知系他来过。国璠住家中。

三月二十三日，星期三，晴

上午，八时三刻到馆。

中午，一时离馆，二时到家。内子同国璠去买东西，我自已煮面吃。

下午，四时半去前门大街吃了一杯酸牛奶。

傍晚，汤儿来，夜饭后回去。

下午，有派出所于姓警员来访，据刘姓警员在病中云。

三月二十四日，星期四，阴晴

晨，六时半往前门大街买牛奶，已有百余人排队，临到我时，鲜奶已完，只得买混合奶归家。

九时到馆。中午，在馆午餐，教陈与纶拳后归家，已近两时。

瑞和送馒头来，因内子同国璠去民族宫看戏，她们即回去。

夜，教国璠练太极拳。

三月二十五日，星期五，晴

清晨及下午都教国璠练太极拳。

晨，八时美德从沈阳来。据火车甚挤，几无立足地云。

九时到馆。知马寅初先生因馆中送她[1]一本《马寅初经济论文集》，昨日下午来面谢，因我不在留条而去。

中午，回家午饭。

下午，汤儿来，夜饭后去。

内子与国璠夜往大众看评剧。

三月二十六日，星期六，晴

晨，八时三刻到馆。

中午，在馆午饭，吃面。

清晨和下午都教国璠习拳。

里弄在我们院内开会，下午四时毕。

下午回家，至新华和稻香村分店买些零物回家。

三月二十七日，星期日，晴

上午，同内子、国璠、美德往游北海公园。九时出门，回家已近下午一时。

下午，四时往棉花头条访徐德俊，他是上星期五痔疮开刀的。便道至钟宝成家一转。又至九条看朱蔚伯病，他是痢疾复发。归已五时余。

汤儿来，夜饭后去。

三月二十八日，星期一，晴

晨，八时三刻到馆。

中午，在馆中吃饭。

下午，馆中大会，听林尔蔚、胡企林讲印度尼赫鲁问题。下面还有翟耀珍、金长佑的"风格问题"讲话，我未听，四时余离馆。

归途在新华买了七只苹果，又至东单买菠菜，归已逾五时。

---

〔1〕"她"当为"他"。

三月二十九日，星期二，晴阴

晨，因国璠返沈，原由美德陪送车站，我帮挈物至汽车站。适上车即开，遂即陪同到永定门车站，车于八时开。我和美德送上车后，即回家。归途在前门大街吃混合奶，再到家早餐。

九时到馆，中午回家。

写复悟女及金如信各一封，金如信附去照片一张。

写复永儿信一封，附去照片三张。

三月三十日，星期三，晴，大风

晨，八时半到馆。原拟赴广济寺谒能海法师，因风大未去。

中午回家。瑞和挈美平来帮洗衣服，午饭后去。

下午，听全国人民大会开幕及李富春副总理作 1960 年国民经济计划草案报告和李先念副总理 1959 年国家决算、1960 年国家预算草案两报告的实况转播。自三时起，至六时一刻止，中间休息半小时

三月三十一日，星期四，晴

晨，七时 40 分出门，往西四广济寺问能海法师住所，据在北京饭店云。

九时一刻到馆。十二时离馆，三刻到家。

写复马寅初先生信一封。

写复三妹信，告以寄来六两油票收到。又小强过沪有病，建议函催许阿姨提早回沪，并于过沪时再为小强检查身体。又企棠祖母据于 3 月 23 日去世云。

下午，整理几只衣箱。

李瑶昨来电话未接通，今日上午去电。据拟明日返沪（因公），约两星期回京云。

写复塘侄信一封。

四月

四月一日，星期五，晴

晨，八时半到馆。

今日起，王泰雷同志去参加一个月的短期劳动，他一部份工作将由我代理。

中午，在馆午饭(以后拟每天午饭后回家)。

上午，郭农山君来，谈了一小时。

傍晚，汤儿来家宿。

午后回家时，过长安买了星期日戏票4张。

四月二日，星期六，晴

晨，八时半到馆。

午饭后，一时离馆，往山老胡同访孙乾三君，送给商务第二季顾问费，谈至二时余辞出。

去花园14号访张雄飞君，见各房均加锁，只得回家。过前门牛奶供应站，据各奶类均售完云。

四月三日，星期日，晴

晨，八时到杨梅竹斜街东升洗澡，十时出。

到北京饭店访能海法师，据住前门饭店。再到前门饭店，因房内无人接电话，只得归家。

为了夜间须往长安戏院看河北邯郸市艺术剧院演平调落子戏，故午睡达三小时。

傍晚，五时半夜饭。饭后，同内子、美德先往绒线胡同83号许季翁家，谈至七时去长安戏院。七时半起，先做落子戏《借髢髢》，做得很活泼。后做平调《两狼山》，做尚认真，似乎唱少精彩，至十时三刻始演毕。回家已十一时余。

四月四日，星期一，晴

晨，八时20分到馆。

原定经理部各科碰头会，因金长佑君外出，拟明日再开。

午饭后归家，到家才一时半。

午睡后，阅过去所写“生平大事记”，拟着手继续写下去。

写复平甫一信，拟本月领薪后汇给百元，为三、五兄嫂旧坟迁公墓费用。因此事比较重要，故去信复写留底，备日后稽考。

四月五日，清明节，星期二，晴

晨，八时到李铁拐斜街留香饭店访潘久芬兄，略谈即出。八时半到馆。

午饭后，曾往王府井、崇文门等处一转，竟无一物可购，徒手而归。三时到家。

下午，包装寄永儿罐头食品和寄二舅嫂黄、白糖等。

四月六日，星期三，晴

晨，八时半到馆。

帮财务科分配工资。

下午，二时到留香店。三时，同潘久芬兄先到中山公园，饮茶后再到北海公园，略进茶点。六时，回到留香饭店。我于六时半归家。

四月七日，星期四，晴

晨，八时半到馆。

上午，工间操后召开经理部各科碰头会，至十二点十分毕。

午饭后，先至东总布胡同西口邮局汇给平甫一百元，即为三、五兄嫂改迁公墓款。

又至西河沿人行办存取款手续。

下午，送呢大衣和呢制服到大栅栏福龙去洗，又去亨得利修三妹的手表，均约十二日去取。

写复毓松、小妹一信。

汤儿来，夜饭后去西颐宾馆。

九时半，戴孝侯兄送来明日上午长安戏院听报告的入场券。

四月八日，星期五，晴

晨，七时半出门。八时，到长安戏院听电影学院鲁明同志作《实践论》的报告，至十二时半始毕。归家已逾一时。

写复六妹信。

写复惟乾信，寄南京军区总医院。

四月九日,星期六,晴,傍晚小阴雨

晨,八时半到馆。

伊见思、糜文溶兄先后来谈。

午饭后归家。

为寄永儿食品,锯木箱一只。

韦士霖兄来,谈一小时去。

写复怀堂信,寄福州结核病防治院三科楼上 20 号。

傍晚,五妹挈和平、小燕来,后耀华亦来,宿家中。

四月十日,星期日,晴

晨,去琉璃厂邮局寄给永儿的包裹,内装凤尾鱼、雪菜、笋各一罐,酱瓜一塑料合,肉松一包,以木箱盛装,重三公斤,寄费每公斤八角,外加手续费二角,共计三元六角。

在邮局门前遇到俞寰老,他等车赴人大开会也!

内子同五妹、耀华挈小孩赴动物园游玩,午后才归。

中午,自烧面吃。

写致永儿信一封。

美德接西郊中关村中国科学院生物物理所来信,同意她于本月十三日前去工作。

四月十一日,星期一,晴阴

晨,耀华、五妹带小孩回去,我亦同外出。八时半到馆。

上午,工间操后开经理部各科碰头会,至十二时毕。

午后回家,看资料室准备的工运材料。

四月十二日,星期二,晴,夜雨

晨,八时半到馆。

上午,工间操后参加陈锋同志为五一节拟开技术革新、改善工作方法、高质高产、献计献策、总结经验的小型展览会,召集各科室负责人谈话会,至十一时半毕。

午后，往东总部胡同淋浴室洗澡，又至大栅栏福龙洗染厂取所洗呢大衣、制服等，又至观音寺亨得利取所修三妹手表。归家已近三时。

整理衣箱，四时后睡一小时。

夜饭后，同内子、美德往首都剧场看话剧《同志，你走错了路！》，做得不错，十时半毕。归家已逾十一时。

四月十三日，星期三，晴，下午有雨

晨，八时三刻到馆。

中午，饭后即归家。

下午三时余，市人委曹宝玲同志以汽车来接，同至椿树下二条四号张永生同志家，谈至六时，即在他家夜饭，素菜丰盛。七时余，仍以汽车送我归家。

美德今日往西郊中关村中国科学院生物物理研究所报到，据明日起去正式工作云。

四月十四日，星期四，晴

晨，美德六时出门，往中国科学院生物物理研究所工作。

七时一刻出门，三刻到东安市场吉祥戏院。八时起，听电影学院党委宣传部长鲁明同志作《矛盾论》学习启发报告，至十二时毕。归家已近一时。

下午，赵仲榆君来谈。

五时，往萃华理发，去琉璃厂邮局取大妹汇来款，并至延寿寺街人民银行办存款手续。

傍晚，汤儿来。今日起可宿家中云。

写致大妹信一封。

四月十五日，星期五，晴

晨，八时 10 分到馆。

午饭后，同金长佑君去梁涛然同志屋内一坐。

一时半离馆，往广济寺访能海法师，谈至四时半出。

到菜市口结售去疝气带款。归家已六时。

四月十六日，星期六，晴

晨，八时10分到馆。

午饭后，往什刹海南官坊口31号访唐慕汾居士，再同往广济寺见能海法师，带去赠给仁正师信封、纸等，谈至四时余归家。中途在新华食品店买了些点心，准备明日去地下宫殿游玩午餐之用。

四月十七日，星期日，晴

晨，同内子于七时前到宣武门内乘本馆和五十年代所雇汽车（两家各一辆）先到定陵。九时到，定陵博物馆已整理一新。十时半，汽车开往长陵，十一时到，即在该处午点。下午，一时半再往十三陵水库，二时余到。三时半离水库，五时半到东单，改乘六路无轨电车回家。

拍好照片初拟交大北冲洗，因排队太长，改交中原去冲。

归家后，知三妹曾于上午来，下午去。

张镜清兄来访，未遇。

四月十八日，星期一，晴

晨，八时半到馆。午饭后回家。

陈兆福的父母、弟妹今天搬来，似颇热闹。

四月十九日，星期二，晴

晨，八时5分到馆。

上午，工间操后陈锋同志召集各科室以上负责人谈技术革新展览事，至十一时半毕。

写复施修梅信，俟明晨给叔老看过后再发。

午饭后，先至东总布胡同淋浴室洗澡，再至东安市场购些零物，归家已四时余。

夜半，陈兆福自下放地回，我为开门。

四月二十日，星期三，晴

晨，七时半出门，八时到王府井叔老家中，为代复施修梅拟创制华文排字机事，谈至九时辞出赴馆。

午饭后，先至东总布胡同人民银行取款，再至六必居买酱菜，到家已逾两时。

四月二十一日，星期四，晴

晨，八时半到馆。

午饭后即归家，曾整理衣箱。

下午，四时为内子送呢大衣、呢背心至福龙洗涤，约 28 日去取。

四月二十二日，星期五，晴

晨，八时一刻到馆。

午饭后，为须向侨委温平同志处探询港各界回国五一观礼团到京日期，要在二时后通电话，故迟至二时余始回家。

港观礼团本日离港，据须廿七日晚到京云。

汤儿取来照片，内有在定陵、长陵所拍几张，光线尚准，但底片似甚粗糙。

四月二十三日，星期六，晴

晨，八时到馆。

上午，集经理部各科负责人谈技术革新展览事，由林尔蔚来主持。

午后回家时，去车站购火车时间表，又至东安市场一转，再至西河沿人行储蓄所代内子支款。

四月二十四日，星期日，晴

上午，做清洁工作，汤儿亦帮我同做。

濂侄来，午饭后去。

下午，续做些清洁工作。

汤儿因其内弟今晚结婚，去贺喜。

复致永儿一信，复他 9 日和 21 日的信。

写致四妹一信，因永儿来信说素坤手骨跌断，建德暂寄舅舅家云，内子不很放心。

四月二十五日，星期一，晴

晨，往五大人胡同中国新闻社访温平同志，谈起陈景元为俞志广事，曾奉周旭初命来京住匝月云。听他谎言很多,所以不敢来见我,惜哉!

又同温平同志往华侨招待所访前印尼上海书局经理陈问樵先生,谈至十时辞出回馆。

午饭后,一时三刻归家。

四月二十六日,星期二,晴

晨,八时半到馆。

午饭后,到东总布淋浴室洗澡。

又往珠市口买高级油。归家已近三时。

下午,四时三刻与内子同陪汤儿赴车站,他乘5点45分车赴沈阳。我们回家已六点半。

姜儒声姊丈旧病复发,曾于2月16日函询,未得复,今再函先祝、先佑询问。

四月二十七日,星期三,晴

晨,七时半出门,先到猪市大街口华侨大厦询问香港各界来京参加五一庆祝到京时间。八时半到馆。

午饭后即回家。

下午,市人委曹宝玲同志送来"起司"牛油一大块,至为可感!

夜饭后,往车站接香港各界回国参加五一庆祝团,因有徐礼川兄和《新民立》陈祖霖同志同来。汉京38次直快原应8:58分到,嗣误点一小时余,到站已逾十时。林尔蔚代表陈锋去接。他们都去华侨大厦,我乘20路公共汽车,回家已逾十一时。

四月二十八日,星期四,晴

晨,七时半到华侨大厦与徐礼川兄略谈。八时半到馆。

午饭后即归家。今日,在天安门开大会支援南朝鲜人民,故路上难行。我乘九路公共汽车至东单换乘六路无轨电车至南前路,再至大栅栏购物后归。

夜饭后,往华侨大厦316号与徐礼川兄详谈,至九时半辞出。原拟过天安门拍几张高楼电灯装饰照相,因昨晚过此电炬通明,不图今日除路灯外均未燃着,只得扫兴而返。到家已逾十时。

四月二十九日，星期五，晴

晨，八时到馆。午饭后即归家，路过大栅栏至福龙代内子取所洗衣服。

今日美德八时余即归家，比较早些。

写致六妹信一封。

四月三十日，星期六，晴，大风

晨，七时与徐礼川通了一个电话。

八时一刻到馆。

王泰雷同志昨晚自旧宫回来，今日上午来馆一谈。

午饭后即归家。

原拟傍晚往华侨大厦，嗣接徐礼川兄电话知他们即须外出，遂中止未去。

写致大妹及王怀堂信各一封。

五月

五一国际劳动节，星期日，晴

美德晨赴西郊参加游行。

濂侄中午来家午饭。

三妹挈小应于中午到家。

三妹最近升了上尉一级，闻之欣然。

上午，去抄手胡同濂侄家取牛奶，并买菠菜一把。

下午，二时同内子往大观楼看电影评剧《三勘蝴蝶梦》，四时归家。

下午，吕姓警员来谈。

五月二日，星期一，晴

今日机关补假一天。

上午，九时外出，先至校场四条14号访张镜清兄，又同他去小六条新建楼中一楼一号访宣信予兄，告以徐礼川兄来京事。

十一时，到萃华楼看菜单，又到华侨大厦，候至十二时余礼川兄来，同至家中午饭。饭后，信予兄亦来，谈至四时，同去炭儿胡同28号访俞寰老。又至琉璃厂一转,再到寰老家。五时半,金长佑同志来,同乘车至萃华楼,我再往华侨接陈祖霖君。夜饭除主客陈祖霖、徐礼川外,其余为寰老、郭敬、陈翰伯、陈锋、王泰雷、朱谱萱、吴泽炎、金长佑和我共九人。八时饭毕。

归途过天安门,又拍了几张照片。

五月三日,星期二,晴

晨,八时到馆,本月下放劳动者正齐集乘车出发。

上午,九时起由梁涛然同志传达钱俊瑞部长在"通俗书和连环画问题座谈会"所作总结报告,至十二时毕。

午饭后,原拟至东总布胡同洗澡,因该处休息,即归家。

五月四日,星期三,晴

晨,八时10分到馆。

午饭后,在馆中洗澡后归。

午睡后,往观音寺亨得利修三妹手表。又至陶然亭,因该园停止开放,乃回至前门在人民英雄纪念碑拍了几张照。因觉得几天来照相卷片有异,乃回家在暗袋中将已拍部分剪开封固,未拍部分托照相馆去察看,不意已经拍完。再回家检查,方知这卷软片是20张不是36张的。则日前为徐礼川、宣信予共拍几张都成泡影,可惜亦复可笑!

写复永儿、大妹及树声哥各一信。

五月五日,星期四,晴

晨,八时一刻到馆。陈锋、朱谱萱、吴泽炎同志等今日去旧宫劳动。

午饭后归家,过中原照相馆取所冲片子,除头尾外21张都可用,即照原底大小晒21张,约10日取。

又至鲜鱼口零售店买苹果及送徐礼川的酒。

下午,五时接徐礼川电话,知从十三陵游罢归来,拟约集邮公司谈话。我去电集邮吴凤岗同志,据今日太局促拟改日再约云。内子买来长安沪剧票原拟请徐君同去,亦作罢。

写复钟侄孙信,因他昨日来电谓与赵士芸赴姚旅行结婚云。信寄平甫转,并便复平甫信。

写复美英(水岐女)一信。

夜饭后,同内子往长安戏院看沪剧《鸡毛飞上天》,系表演办民校事,丁是娥、石筱英都做得很好。七点半开演,十点半毕。回家已逾十一点。

五月六日,星期五,晴

晨,八时一刻到馆。曾为财务科发薪帮忙。

午后,至西河沿人行办存款手续。

下午,四时往华侨大厦,候至五时半徐礼川兄从参观国棉二厂回,送给酒四瓶,装一草篮。七时,同礼川兄至王府井百货大楼、东安市场等处一走。我归家已八时半。

写致汤儿一信,复他二日的来信。

五月七日,星期六,晴

晨,八时到馆。

八时半,乘馆中汽车往华侨大厦,访徐礼川兄,同他去① 集邮公司(找薛经理和吴凤岗科长);② 国际书店(找邵公文同志)及③ 市出版局(找郭敬局长)访问和辞行。十一时,回东总布胡同。

再同礼川兄往中华访潘达人、梁涛然、涂子英诸君。又在馆内访易定山、戴孝侯等。十一时三刻,同陈翰伯、王泰雷同志谈话,至十二时半毕。同在食堂午餐。

午饭后,续谈至一时半,徐君回华侨大厦参加集体参观农展会云。

我于三时回家。

夜饭后,同内子及学政母往长安戏院看豫剧《五姑娘》,做得很出色。七时半开演,至十时三刻毕。归家已十一时一刻。囡囡已回家,并已洗好衣服。

五月八日,星期日,晴

上午,八时去萃华理发馆先挂了号,回家一转,八时半又去,理发毕已九时余。

下午,二时接礼川兄电话,谓下午他不去参观民族文化宫,希望再来我家一次。我于二时一刻先到东四隆福寺一转，再至华侨大厦，同礼川兄至王府大街一走，到我家已五时。重拍了几张照片（因前次未拍成），并在家夜饭后，伴同至国会街九号看望泽霖同志的父母，又送至九路无轨电车站而别。

美德今天仍照常工作，总算早些回来。据薪水已发，每月31元云。她给祖母十元，这是内子第一次收到再下一代给的钱。

五月九日，星期一，晴

晨，八时三刻去大栅栏眼镜门市部为徐礼川兄取所修眼镜，因今天为支援日本人民反对《日美安全条约》，各店铺休业一天，经一再商量后，总算取出。由于交通车辆即须停驶，故即赴馆，到馆已近十时。

因各同人都要去参加天安门群众大会，提前十一时午饭。

下午，一时半步行到新车站，送徐礼川、陈祖霖两君乘二时50分开的59次京长直快赴长春。我步行回家，自三时走起，至四时半始到家。

濂侄今晚出差赴沪，据约月底回京云。

写复二舅嫂信一封，附去余姚公墓放大照片一张，并告以寄来干菜、笋已收到。

五月十日，星期二，晴

晨，八时10分到馆。

午饭后，二时到中原取所晒照相，又至牛奶店饮奶酪，再去琉璃厂买了一锭珠墨。归家已三时。

寄香港科达第四次底片16张，计晒印一张的13张，两张、七张、十八张的各一张，即共晒印四十张。

五月十一日，星期三，晴

晨，八时一刻到馆。

午饭后洗澡。二时归家。

夜饭后，同内子往民族文化宫看北京越剧团建团公演《劈山救母》，傅全香的华山圣母做得不错，陆锦花的刘彦昌平平而已，还是陈东文的沉香还有声色。七时半开演，十时一刻即毕，除休息时间外，只做两个半钟。

五月十二日，星期四，晴

晨，八时10分到馆。

午饭后即归家。

下午，三时国璠自宣化来，住家中。

写致韦傅翁一信，告以徐礼川君将于本月廿四日到沪事。

傍晚，教国璠练拳。

五月十三日，星期五，晴

晨，教国璠练拳后，八时半到馆。

午饭后径归家，教国璠练拳。

夜饭后，同国璠往民族文化宫，让他看越剧，我把余票售去后回家。

五月十四日，星期六，晴，上午、下午及傍晚有雨

晨，八时一刻到故宫北口神武门上看文化局布置的技术革新展览，我馆由沈岳如同志在布置。十时到馆。

午饭后径归家。

夜饭后，同内子、国璠往新中国看《陈三两》电影，是河南曲剧。八时半回家。

上午，电话李耀华。据昨日去沪，研究麻姑[1]育养法，约一星期回来云。连一个电话也不来告诉一声，实不近情理。

五月十五日，星期日，晴

晨，六时三刻出门，七时10分到永定门，同商务同人乘41路公共汽车赴东高地，步行往红星人民公社旧宫大队。

由彭书记和高队长（女）先后作报告。

十二时午点。

下午，先往商务经营地（副业基地）参观，又参观养鸡鸭、养牛、养猪（因防瘟未进去）、养马及菜蔬花卉暖房，又至塑料厂等参观。原道返回，已六时矣！

---

〔1〕“麻姑”概为“蘑菇”。

原下放旧宫同人由陈锋率领同来听报告和参观。

夜,韦士霖兄来谈,送他双喜香烟一包。

五月十六日,星期一,晴,傍晚雨

晨,往神武门看本馆技术革新陈列,后来王泰雷、金长佑、沈岳如、汪家熔、姜梁、何家政等一同回馆,已近十一时。

午饭后,写复永儿信一封。一时半归家。

五月十七日,星期二,阴晴

晨,八时10分到馆。

午饭后,至东总布胡同洗澡。归家已二时。

四时,往延寿寺街人行为内子及利南定存办转期手续。

写致黄秉桓兄信,祝他六十足寿(农历四月廿八日,用航空信寄。

五月十八日,星期三,晴

晨,同国璠练拳后,八时一刻到馆。

马寅初为搬北大书籍来借木箱三只,允之。并请其参观馆史资料展览。

午饭后,至大栅栏觅购《人民日报》未得。二时归家。

总馆旧同人黄兴生曾来谈。

五月十九日,星期四,晴,上午有小雨点

晨,八时一刻到馆。

工间操后,泰雷同志召集经理部各科负责人商讨技术革命朋比办法,至十二时散。

午饭后,先至王府井买了一些素菜,又至抄手胡同取牛奶,再至牛奶店饮奶酪。归已近四时。

内子同国璠晨往颐和园游览。

夜,韦士霖兄送来代购饼干二斤,拟带给六妹。

五月二十日,星期五,晴

晨,八点一刻到馆。

上午,十点半即开午饭。因今日为反对美帝国主义对苏联的侵略和挑衅在天安门开群众大会,馆中同志将全体参加也!

午饭后,在馆午睡。

五时半离馆,因公共车人挤,至七时半始到家。

无线电收音机坏。

国璠今日午夜赴永定门乘车返宣。

五月二十一日,星期六,晴

晨,八时一刻到馆。

今日开始缮写"香港若干人物情况报告"。

午饭后,至东总布胡同洗澡,又至西河沿粮店送给粮食本,归逾两时。

整理给锦女各物,准备明晨送西颐陈露西同志带去。

五月二十二日,星期日,晴

晨,四时起床,五时出门,到前门乘五时 20 分开的七路头班公共汽车,五时 50 分至西直门,换乘 32 路公共汽车到西颐宾馆(农业科学馆站),访问福建来住 18 单元 11 号的陈露西同志。托他带网线袋一只,内装园[1]洋铁罐一个(内有饼干二斤,炼奶一罐及糖少许)、小皮鞋一双。

六时三刻回到动物园,顺便在动物园参观一周。

九时,乘二路无轨电车到前门,顺道至观音寺一走。

为无线电收音机损坏,借文同志推车送往观音寺修理,须下月 15 日可取云。

写致六妹一信。

五月二十三日,星期一,晴

晨,五时半起床,因厕所坏,在尿罐大便,倒到公厕去。

七时三刻到馆。

午饭后,至王府井及大栅栏一转,为看看收音机情况。

五妹和耀华白天来过,夜饭时又来,宿家中。

---

〔1〕"园"疑为"圆"。

美德来电话谓今晚不回家云。

五月二十四日，星期二，晴

今晨不慎以肩部触痛内子肋部，深恐引起旧疾为虑。

八时到馆。午饭后径归。

下午，曹宝玲同志来询陈景元事，告以侨委要资料，今日已以陈景元资料寄温平同志云。

五月二十五日，星期三，晴

晨，四时起床，五时出门，往中苏友谊医院领为内子诊病的挂号券。因星期三下午学习，故挂号减半，神经科只 14 名，而等候者已二十余人；外科 15 名，我已排到 17 号，所以都没有领着券。六时半后，回至抄手胡同取牛奶归家。

八时半至馆，继续缮写“香港若干人的情况”，今日完毕。先以副页送请王泰雷同志核阅。

午饭后，二时回家。

五月二十六日，星期四，上午晴，下午阵雨

晨，四时起床，五时出门，再为内子往中苏友谊医院挂外科号，六时半领得挂号券。再往抄手胡同取牛奶后归家。八时半到馆。

午饭后，往东总布胡同洗澡。再往中关村中国科学院生物物理研究所看美德，因他[1]昨晚没有回家，并同该所人事部门周同志谈话。三时辞出，四时半到家。见内子尚未回来，再往中苏医院找寻，中途相左，回家已六时。

前天所买中和戏票（许昌豫剧团做《白莲花》）因精力不济，转售他人。

五月二十七日，星期五，上午有雨，下午晴

晨，八时一刻到馆。

午饭后归家。中途先往王府井集邮公司为永儿买金鱼首日封，再至西河沿人行支存款。

下午，曹宝玲同志来，将在港接触人物摘记交给她带去。

---

〔1〕“他”当为“她”。

写致汤儿、大妹、永儿各一信。

五月二十八日，星期六，晴

晨，七时三刻到馆。

午后，全馆同志都到东单去参加运动会。我往小雅宝胡同 31 号视励刚病，又往高义伯胡同六号视王毓祥病。于回家途中，又至西河沿粮店买面粉，内子来，我先归家，已将五时。

五月二十九日（庚子端午节），星期日，晴

上午，张雄飞兄来谈。

九时半，往给孤寺买脑力劳动补助油，又至抄手胡同取牛奶。

写致国英甥女信一封。

下午，一时往中和戏院买到 12 排中间票子，看河南许昌专区戏剧院豫剧一团演出《白莲花》，至四时毕，还做得不错。

傍晚，松泉与母、妻、子同来，据他是昨日由藏返京的。

美德上午回家，总算今日休息一天。

五月三十日，星期一，晴

晨，八时到馆。

午饭后，略做清洁工作，即回家。归途代美德向华孚钟表行取所修表。又拟理发，因各理发店人太多未果。

夜饭后，同内子往中和戏院看许昌豫剧一团演出《下陈州》。七时半开，十时三刻毕，做得认真。

美德仍是十一点多才到家。

五月三十一日，星期二，晴，夜雨

晨，八时到馆。

十时半，曾在馆中理发室（属十月人民公社）理发，计费二角五分。

午饭后，至东总布胡同洗澡。又至观音寺看修理的收音机，知已可取，乃即回家向文宅借木车前去车回。

第四次寄港放印照片今日收到。分给各被拍人的照片，大都满意。

写致韦傅翁信一封，拟托张雄翁带去。

六月

六月一日，星期三，晴，夜雨

晨，七时三刻到馆。

写致张雄翁一信，约明日下午去看他。

写致子宏兄信，慰问张师母切物伤指事。

午饭后，径归家。

萃芳、瑞和已于昨晚回京。下午，瑞和来谈家乡事，濂侄尚须再四、五天返京云。

杜企棠来。据小强已回京，代许阿姨来取行李云。

六月二日，星期四，晴

晨，八时半到馆。

午后两时离馆，往安定门内花园14号西三楼四号访张雄飞兄。我送他毛主席诗一本（港版），双喜香烟一包，又托他带给傅翁祝寿信，附猪肉一罐。谈至四时出。归途在前门大街吃酸牛奶，又至西河沿人行储蓄所代内子取款。

写致张子宏信，内除复公函外，并托买 Optalidon 心痛药一瓶，遇便带广寄京。

汤儿厂中同事王树滋来，带来汤儿信。我未遇。

六月三日，星期五，晴

晨，八时到馆。今天起，前门内总车站移至前门外旧车站前。

上午，有唐敬杲（旦初）及前广州厂副厂长李参来谈。

午饭后即归家。

今天肚腹不好，下午泻了两次。

六月四日，星期六，晴

由于昨天下午泻了两次，精神有些刺激，上午打了一个电话给金长佑同志不再去馆。

看《文史资料选辑》第三辑。

下午，拖地板做清洁工作。

韦士霖兄来探望内子。

美德今日七时就回家，据明日还要去做星期工云。

陈兆福同志今晚回家，据将休息三天云。

六月五日，星期日，晴

终日未出门。

下午，三妹来，留两小时即回去，送来小鸡两只。

下午，张鸿钧兄来谈。

接唐慕汾四日信，谓能海上师由太原来京，仍住广济寺云。

写致韵甥一信，谢她托瑞和带来的乳腐。

写复塘侄一信。

六月六日，星期一，晴，间有几点雨

晨，八时到馆。

上午，帮财务科分配工资。

午饭后即回家，归途过西河沿办存款手续。

夜饭[1]，同内子往北京市工人俱乐部看解放军文工团演出歌剧《红鹰》。七时半开演，至十时三刻毕。回家已逾十一时。

翠芳率两小孩来。

六月七日，星期二，晴，傍晚下雨

晨，八时三刻到馆。

写复曹冰严兄信一封。

下午，往东总布胡同洗澡。

三时，到广济寺访能海上师，谈至四时半归家。

同豫挈光和来，因天雨夜饭后去。

---

〔1〕 疑漏一"后"字。

六月八日，星期三，晴，阴

晨，八时半到馆。

午饭后，径归家。

下午，四时往廊房头条东口牛奶站吃混合奶，又买浇水壶一只。

写复永儿信一封。

六月九日，星期四，晴，下午有雨

晨，大便时肛门又出血，不知何故。查自上年5月24日大便出血，已一年有余未曾发过。想因近来水果少吃，不无关系。

八时一刻到馆。

午后，因有旧同人（徐行之"梅坤"、毛芝芬、毛品璋）来参观馆史资料展览，故迟至四时半始归家，并在前门牛奶站吃混合奶。

写致汤、侣、悟、曼信各一封。

上午，曾到赵家楼诊疗所去看外科。据须介绍至协和医院检查云，且明天再说。

六月十日，星期五，晨雨，阴晴

今晨大便未出血，故未往协和医院。

八时到馆。

午饭后，径归家。

锦女汇来30元给母亲。

俞寰老傍晚来家，为介绍某君写字及询问馆中馆史资料展览事。

六月十一日，星期六，阴晴，夜雨

晨，八时到馆。

午饭后，至东总布胡同洗澡，再至东单和王府井东安市场一转，归家已二时余。

知大妹今晨由宣化到家，和其母外出购物，并在外夜饭及买到实验剧场戏票云。夜，归已近十二时。

美德今日八时即回家，据明日可以休息云。

六月十二日，星期日，阴晴，间有小雨

上午，十时往炭儿胡同28号访寰老，谈至十一时半归家。

三妹上午带小应来，同大妹、美德及内子去便易坊午饭，我在家烧面吃。

下午，四时送三妹至七路公共汽车站，回至牛奶站吃酸牛奶。

韦士霖兄来家一谈。

六月十三日，星期一，晴

晨，八时一刻到馆。

午饭后归家。中途至大栅栏一转，并到龙福取所洗衣。据上装未烫好，仅取两条裤子（内子一条）回。

内子和大妹外出，煤炉将熄，急烧劈柴，几费两小时。

傍晚，往大众为大妹所购戏票来不及看，转卖出去。

夜，十时送大妹至永定门车站，她乘215次十一时20分开车返宣化。我归家已近十二时。

六月十四日，星期二，晴，夜雨

晨，八时20分到馆。

午饭后，先往王府井集邮公司买“猪”首日封一套给永儿，又在义利吃冰忌林，再至福龙取所洗上装，又内子裤子油渍未去，交再重洗。

归家见汤儿留条，知他今晨到京，午间去石家庄，约一星期后再转京返沈云。

六月十五日，星期三，晴

晨，八时20分到馆。

下午，参加学习，经理部门读文件两小时，后两小时各组讨论，我参加资料科组。

我五时半先退，至西裱背胡同李天楷医生住所一转。因金长佑同志介绍内子去针治，预先去一找也！

六月十六日，星期四，晴

晨，八时到社。

今日馆中有同志二十余人下放割麦，金长佑君亦在内，据为期十天云。

上午，十时十分开经理部科级会议，由泰雷同志主持，至十二时毕。

午饭后，略看书。一时半到东总部胡同洗澡，归家已二时半。

在家拖地板，做清洁工作。

糜文溶兄来谈，因今天是他的休息日。

六月十七日，星期五，晴

晨，七时半同内子往西裱背胡同2号李天楷大夫处看神经痛，用梅花针治的。到馆已经九时。

午饭后，先至古典门市部看赵向阁，未遇。又至中国书店问陈鸣一要卖旧书事。

又至东安市场及大栅栏一转，归家。

六月十八日，星期六，晴

晨，八时20分到馆。

上午，赵向阁同志同中国书店收购科李科长谈《戏曲丛刊》事。

午后，往西城宏庙胡同内豆芽菜胡同二号访陈鸣一同志，告以拟出售的旧书，可由中国书店派人前来联系。

归家已逾三时。

写复诸长尧信一封。

写致张雄飞足伤慰问信一封。

六月十九日，星期日，晴

上午未出门。

下午，四时同内子、瑞和往大栅栏吃冰忌林，又买了些杏子，再为应女拨正手表。五时半归家。

六月二十日，星期一，晴

晨，八时20分到馆。

写复永儿信，并借到《俄语最低限度词汇》一册，午饭后一并至东总布胡同西口付邮。

午饭后洗澡，径归家，过大栅栏时买茶杯等。

六月二十一日，星期二，晴，午后小阵雨

晨，八时 20 分到馆。

午饭后，径归家。

写致悟女一信，告以妈妈为她今年四十岁，要送香云纱料一件给她。为有熟友来京，望托带沪。

汤儿自石家庄乘 38 次列车来京，原定八点 58 分到京，嗣误点，到家已午夜十一点了。

六月二十二日，星期三，晴

晨，八时 20 分到馆。

午后，参加学习，在出版科讨论王任叔的反动思想。

四时，工间操后即归家。

过大栅栏福龙取重洗内子的裤，未找到，约后日再去。

六月二十三日，星期四，晴，天热

晨，八时半到馆。在理发室剃头。

下午，去东总布胡同淋雨浴。浴后，径归家。

汤儿昨夜腹泻，今日内子为之刮痧。

六月二十四日，星期五，晴，下午阵雨

晨，八时一刻到馆。

午饭后，径归家。

下午，三时半陪汤儿去新车站。他乘 5 点 45 分开第 11 次车返沈阳，5 点即上车。

我至大栅栏福龙取内子所洗毛裤，又至大街买牛奶一 P。归家已近七时。

六月二十五日，星期六，阴有小雨

晨，八时半到馆。

午饭后，径归家。

六月二十六日,星期日,晴

晨,八时半往西柳树井零售店买高级油未得,又去新华食品店买饼干。到东单菜场,据不卖高级油,顺便买了些鱼,即回家。

穆昆来,午饭后去。据今晚回宣化云。

瑞和、萃芳携平、燕两孩下午四时来,夜饭后回去。

五妹挈两孩傍晚来,宿家中。夜半,耀华亦来。

六月二十七日,星期一,晴,上午有雨

晨,八时半到馆。今晨大便肛门又出血,距上次 18 天,真莫名其妙。

午饭后洗澡。

一时半,往外交部街 52 号丙视乌维杭伤手,又至六必居买八宝瓜。

今日馆中工会送儿童影院夜八时 40 分的电影票,据为《亚洲风暴》。我因太晚,把票送给金长佑君。归途过大观楼,适于二时 55 分演《亚洲风暴》和《金玉姬》,即购票看至五点毕归家。《金玉姬》前曾看过。

五妹挈两孩下午回西郊。

瑞和下午曾来帮做清洁工作。

写致三妹信一封。

六月二十八日,星期二,昨夜雨,今晴

今日肛门未出血。

晨,八时到馆。

上午,九时开各科室负责人会议,由陈锋同志谈"人名字典""培养干部""提高质量"三个问题,至十一时半毕。

午饭后,一时离馆。先往宽街山老胡同九号访孙乾三君,送给第三季顾问费百元。二时,往地安门大街十四号 4 楼 87 号后明晖家,询问黄兴生近况。因黄兴生月前曾来我处,谓拟割治肺病云云,久未得到他的消息。今据后宅人云,黄君因医生认为不必施手术,仅以针药治疗,已于本月十二日返西安玻璃厂供职云。

三时半,到西城区门诊部(马相胡同下车经高井胡同往北桥子胡同 8 号)楼上第三休养室视王毓翔同志病,似比上次去他家探望时好了不少。

回家时，过前门牛奶站吃了两碗奶酪。

邵公文同志由广州带来电灯泡两只，药 Optalidon 一瓶，是泽霖同志带至广州，托为带来的。电灯泡是馆中技术革新用的。据泽霖同志信，彼将于十月间来京云。

六月二十九日，星期三，晴

晨，八时 15 分到馆。金长佑同志陪伊父去医院诊病迟到。大部分同人都往首都电影院去看上海海燕出品的两部反面影片《洞箫横吹》和《谁被遗弃》，直至近午始回来。

午饭后，往西柳树井买高级油，步行到家。

下午，四时同内子往西河沿粮店买米。

写致大妹、永儿各一信。

六月三十日，星期四，晴

晨，八时 10 分到馆。

午饭后，去东总布胡同洗澡，又至东安市场买素菜，放大照相及前门吃奶酪等，回家已近四时。

汤儿托朱隆法同志带来水壶一个，是给小胖的。

七月

七月一日，星期五，晴

晨，八时 10 分到馆。

见人事科通告：顾云程、高子鸿、王焕仁三人均受劳动监督处分。高子鸿并有大字报表示愿意接受云。

中午，径归家。因天热带菜不便，又馆中食堂只供二成米饭，故试在家中午餐。

写复四妹信一封。

七月二日，星期六，晴

晨，八时 10 分到馆。

写复陈鸣一君信，为他托介绍卖旧书事。

午刻归家。

下午，三时余张乃栋兄夫妇自沈阳来，宿我家中。张君系调沪工作的。

夜，戴孝侯兄为张乃栋兄过访，又陪他回来。略坐即去。

七月三日，星期日，晴

晨，八时10分到馆。

上午，乃栋兄夫妇早餐后去。据拟购京沪车赴津车票南下，因他们原买沈沪车票云。

上午，八时半同内子步行往中山公园并看郭农山君，与杨老师及诸拳友盘桓，还拍了不少照片。从东门出来到王府井，至大东交洗软片，回家已逾十二时。

下午，写致小妹信，告以香云纱一块托张乃栋夫人带沪，住南市区净土路24号，嘱有便去取。

张乃栋夫妇傍晚回来。据购就明午21次车票南下，故今夜仍宿我家。韦士霖兄夜来视乃栋。

美德今日与同事共游颐和园。内子嘱往看三妹，据在三妹处午饭，三妹病已全愈云。

七月四日，星期一，晴。夜有阵雨

张乃栋夫妇早餐后去车站。

我八时10分到馆。

午洗澡后，径归家。

下午，四时半往同仁堂代内子取药，又至鲜鱼口买西瓜一只。据系广东货，每斤三角，小小一只，化了一元六角。

七月五日，星期二，晴，夜雨

晨，八时5分到馆。

上午，退休同人来领养老金者为朱皎如、方乐天、伊见思、杨静盦、周莲轩等，曾过我〔1〕一谈。

---

〔1〕 当漏一“处”字。

午刻,径归家。

写复三妹信一封。

金长佑君今日起去市政协开会,据约须四五天云。

七月六日,星期三,阴,有雨

晨,七时周莲轩君来。原拟和内子同往针灸李天楷医师处,因天雨作罢。

八时十分到馆。上午,帮助财务科做分配工资工作。

中午回家。归途过西河沿人行存款,又至劝业场买邮票、信封若干。

七月七日,星期四,晴

晨,八点十分到馆。

中午,至东总布胡同洗澡。

又去新华食品店、百货大楼、东安市场等处购食物、肥皂等。

去大东取冲晒照相。

归途,再至六必居买八宝瓜。

七月八日,星期五,上午阴雨,下午晴

晨,八时十分到馆。

上午,十时半梁涛然同志在我馆俱乐部为商务、中华两家工作同志作报告,讲国际形势和节约粮食问题,至十一时五十分毕。

中午,径归家。

写致汤儿、永儿各一信。

刘玉珍(住西屋)昨夜九时产一女云。

七月九日,星期六,晴

晨,八时到王府大街 36 号访陈叔老,谈至八时半出。九时到馆。

写致徐礼川兄函,并写致张子宏君函,徐君函附入张君函中寄去。

附给子宏兄的,(一) 礼川兄在我家拍的照片三张半,托晒两份,以一份送礼川兄;(二)“人民大会堂的雄姿”底片三张,亦晒两份,一份赠子宏兄,一份寄来。如友人喜欢,亦请添印分赠云。

中午回家。

下午，三时半去前门牛奶站吃奶酪及鲜鱼口购西瓜、饼干归。

七月十日，星期日，晴

晨，七时半出门，至什刹海南官坊口31号访唐慕汾居士，前谈朝五台事，大致姻缘尚未成熟，恐须作罢。又他家住有李、陈两居士（系两夫妻），据最近朝五台回来云。

又至王府大街叔老家，告以他需要的夹贡纸已与中华说妥，可由我函黄用明领用（印姚茫文颖拓）。邵力子亦来谈。归家已逾十时。

濂侄夫妇挈两孩来，午前回去。

下午，同内子先往前门牛奶站吃酸牛奶，又至六必居及米铺购物。

西屋陈姓（兆福之父）今日挈第九儿南下赴福州云。

夜，周莲轩兄夫妇来谈，九时后去。

七月十一日，星期一，晴，傍晚有小雨

晨，八时十分到馆。

为叔老向中华分让五尺二层夹贡纸1350张事，写致黄用明君信，面交潘达人君托备取纸凭函寄出。

中午，洗澡后径归家。

下午，拖地板做清洁工作。

写致黄荫普君信一封。

七月十二日，星期二，晴，有小雨

晨，八时十分到馆。

中午归家，过大栅栏同仁堂为内子取药。

午饭并略睡后，二时先至邮局询寄港书手续事。

二时半，到历史博物馆南门，同人等集体参观技术革新展览。至五时十分开演电影，至六时半毕，径归家。

夜，九时金如来。据校中由书记领导，组织七人外出取经，昨日到京，约有几天耽搁，住邮电部招待所云。谈至十时回去。

七月十三日，星期三，晴

晨，八时十分到馆。

代叔老寄赠黄荫普君《百梅书屋诗存》四册，由馆中出证明（经出版科盖章证明），于中午回家时，至前门内市邮局寄出。

下午，洗衣服。

七月十四日，星期四，晴

晨，八时十分到馆。

中午，至东总布胡同淋浴室洗澡后归家。

下午，提灶间缸水。

下午，四时半往前门牛奶站吃奶酪，又至六必居买八宝瓜，再至同仁堂退药瓶，并为内子取药。

国璠自宣化来，五时半到家。

七月十五日，星期五，雨

晨，八时十分到馆。

十时，在馆中理发室剪发。

中午，径回家。

内子同国璠去王府井购物，我自煮面吃。

下午洗衣，又写复永儿信，明日寄出。

七月十六日，星期六，有雨，下午晴

晨，八时十分到馆。

中午，至东总布胡同洗澡后即归。

国璠今晚往中和看赵燕侠的戏。

下午，四时半同国璠至前门牛奶站吃奶酪，至同仁堂代内子取药，又至福龙洗裤子。

夜，三妹来，宿家中。

七月十七日，星期日，晴

晨，九时十分去中山公园，把前次拍照交郭农山兄，并与张、赵两同志略推手。十时半归,并至大栅栏一转。

国璠今日去看他老同学(在中共工业部任职云)。晨去,下午四时余回。

三妹午饭后回西郊去。

七月十八日,星期一,晴

晨,八时十分到馆。

中午,洗澡后归家。

下午,四时半去前门牛奶站吃奶酪,又至鲜鱼口买水果,再至同仁堂代内子取药,再至亨得利修表后回家。

朱隆法同志来取去草拖鞋两双,托带给汤儿。

夜,金如来,洗澡后回去。

七月十九日,星期二,上午晴,下午阵雨

晨,七时半出门,先乘10号无轨电车至崇文门,换八路公共汽车至黄寺,到石油工业部勘察设计院六号楼4001号访启凡嫂(该屋是启凡之女庆雯和其女婿童祖膜的宿舍),询问启凡病状。又同伊子(大濬)及其第三女(在武钢工作)去北京医学院第三附属医院外科九号病房访启凡,据精力尚好,拟后日施手术云。

十时半,至关厢乘14路公共汽车到六部口,换乘10路车,十一时半到馆。

中午,径回家。

傍晚,五妹来家一转,据在北纬旅馆开会云。

国璠今晚回宣化,九时半去永定门车站。

七月二十日,星期三,上午晴,下午阵雨

晨,八时十分到馆。

中午,径归家。过大栅栏代内子在同仁堂取药,又至福龙取所洗裤子。

七月二十一日,星期四,晴

晨,八时十分到馆。

中午,去东总布胡同洗澡后径归家。

汤儿来信称,将华挈美新于十四日转大连赴沪,将于八月十日左右来京转沈云。

为汪君乐介绍邢菁君托购西药,写致子宏兄函托转许寄南兄购寄,需款已由邢君径汇港币一百元云。

中午回家,中途至同仁堂为内子取药,并买小西瓜一只。

八月六日,星期六,晴,晨有小雨

晨,八时到琉璃厂,吴泽炎、朱蔚伯二兄亦来,看陆延珏整理沪来样书。十时到馆。

中午,去东总布胡同洗澡。洗毕后突发现肛门出血,不知何故。

归途在同仁堂为内子取药,到家已一时余。

下午,三时半至前门牛奶站吃羊奶一杯,在西河沿人民银行办存款。又过大栅栏吃绿豆汤一碗。

写复汤儿信一封。

八月七日日,立秋),星期日,晨雨,嗣晴,夜又雨

晨,拖地板,做清洁工作。

上午,九时半往大栅栏、王府井等处一走,买得苹果二斤和蛋糕一块,代内子向同仁堂取药。

下午,三时半又同内子出去,在前门牛奶站吃羊奶一杯,无物可买。

八月八日,星期一,晨雨,嗣晴

晨,八时 20 分到馆。

中午,洗澡后归家。今日肛门没有出血。

至王府井一转,又到西河沿人行登记 60 年到期公债,计我名下 89.60(内息 9.60),内子名下 44.00(内息 4 元),下月 15 日可转入活存云云。

下午,四时半到萃华理发馆登记理发。因须五时后可理,乃至同仁堂退药瓶,又至前门牛奶站吃羊奶一杯,再回萃华理发后,又去同仁堂为内子取药。

接永儿沪发信,知他四日离萍,五日到沪,已购好十一日 14 次车票,十二日夜九时 35 分可到京云。

听内子说,穆昆今日下午来过,因我去理发未遇。

八月九日,星期二,晴

晨,因须向银行取款,迟至八时半始出门,延寿寺街人行亦须九时开门,故径至西河沿人行取款后到馆已近十时。

叔老向中华商让纸张,计 331.16,来函(他在北戴河)嘱垫付,经凑集交给俞明岳君收账。

中午,径归家。过劝业场买些信封、邮票。

下午,三时半往前门牛奶站吃奶酪,又至大栅栏买了一瓶酸梅汁和鲜带鱼一元,又至六必居买酱油、麻酱,再为内子买明日下午六点 40 分开演的《战上海》电影票。

八月十日,星期三,阴晴

晨,八时十分到馆。

中午回家,过大栅栏代内子在同仁堂取药及继续预定。

八月十一日,星期四,阴晴

晨,先至火车站看去沈阳车子钟点,备为代购车票。

到馆已八时 20 分,同志们都去人民剧场听文代会传达报告。

上午,八时半起为代将华、美新买 17 日去沈阳 11 次特快车票,电话售票处(51131),直至十一时半始接通,据明日送票云。

中午,至东总布胡同淋浴室洗澡。归途在新华食品店买些蛋糕、饼干,到家已近两时。

下午,五时去延寿寺街人民银行取款,又至琉璃厂邮局代内子取大妹汇来款。

八月十二日,星期五

晨,八时十分到馆。

金长佑同志为我简述昨在人民剧场所听文化部赵同志作陈毅、李富春两人在文代会上报告的传达。

中午回家,过大栅栏在同仁堂代内子取药。

夜,八时半去火车站接将华、三妹、弟弟等,车迟到 10 分钟,于九时三刻到站。由于有小孩(美新、小应)和行李较多,而出租汽车排队很长,直等至十一点始雇到一车,由将华、应潮先挈小孩带行李到廊房头条西口,企棠送其妹美芳赴体委水芳处。我和永儿乘公共汽车至前门,雇三轮二部至廊房头条西口,再带行李到家,已近午夜矣!

八月十三日,星期六,晴

晨,八时一刻到馆。

中午,至东总布胡同洗澡后径归家。

三妹、企棠挈小应傍晚回西郊。

夜,濂侄全家来,十时去。

八月十四日,星期日,上午晴,下午小雨

晨,写致汤儿、六妹各一信。

下午,同内子及耀华、五妹、将华、永儿、小孩三人去陶然亭游览。归途至六必居买八宝瓜两只。

美德的王姓同学自内蒙古来,去沈阳,宿我家中。

为了今晨大便较硬,睡前吃通便药一丸。

八月十五日,星期一,晴

晨,过前门北京站售票处一转,八时半到馆。

九时半,开科室以上干部会议,由翰伯同志作整风(三反)动员报告。十时一刻,就经理部各科级干部开会,由陈锋同志主持,至十二时毕。

中午,洗澡后径归家。

五妹挈两小孩及耀华早晨回去。

傍晚,去探听45路公共汽车情况,知因路坏,只开沙河至十三陵一段,因此须先由西直门乘火车至沙河云。

今晨大便较软,下午又便一次。

八月十六日,星期二,晴,下午阴

晨,先到北京站售票处一转,八时廿分到馆。

上午,工间操后继续讨论“战争与和平”,至十二时毕。

中午，过前门售票站退前购沈阳车票两张，因将华和美新拟至22日回沈也！

过大栅栏代内子取药，又买得桃子二斤归。

下午又大便，痔疮再出血，足见我服通便药的不适当。

内子同将华、永儿、美新去动物园，傍晚归。

八月十七日，星期三，晨雨，嗣晴

晨，七时半到前门北京站售票处代将华买22日第11次去沈特快车票大人、小孩各一张。

八时，到长安戏院听市文化局传达周总理国内外形势报告，至十二时始毕。

在长安买了二十日（星期六）夜上海京昆淮青年剧团戏票三张，回来时过广和又买了同一剧团戏票四张。

八月十八日，星期四，阴晴

晨，八时一刻到馆。

上午，祝志澄副局长来谈拨绒线胡同修配厂房子给京华印书局作排字（包括铸字、纸型部分）车间，而以龙门装订一部分移京厂，平衡印装力量事。同谈者有王泰雷、汪君乐、张兴周等同志，至十时三刻毕。

中午，至东总布洗澡后径归。因内子与将华，永儿、美新等赴北海游览未归，我自烧面吃。

下午，周莲轩君夫妇来一坐。

八月十九日，星期五，上午阴晴，下午有雨

晨，八时一刻到馆。

中午，径至王府井百货大楼为美新买积木一盒，见各种点心价又上涨一大步，过去每斤二元多的，今要五元上下（4.80至5.40之间）。

在东安市场买香皂二块，每块只0.29元。

一时余到家，知将华、永儿、美新去军事博物馆参观。

下午，四时往前门牛奶站吃羊奶一杯，又至同仁堂退药瓶。至内联升为永儿换鞋，未得。过食品店，买得苹果二斤。

到观音寺亨得利修表，据无零件可配云。

写复陈夙之先生信。他来信为夫人去世（七月廿二日），拟赴港暂住，需要馆中代向公安派出所证明云云。经与泰雷同志商，嘱沪处丁振邦联系办理，故复告之。

八月二十日，星期六，晴

晨，八时一刻到馆。

上午，九时起秘书、财务、人事、资料各科联合学习整风（三反）。我参加至十一时半，提前归家，因午后须往西郊。

十二时10分至家。午饭后，到前门乘38路公共汽车至黄亭子参观军事博物馆。二时进馆，走马看花式的跑了第二次革命战争、第三次革命战争、抗美援朝、保卫社会主义建设、民兵、礼品、兵器各馆。五时出馆，到木樨地乘10路无轨电车到前门，六时到家。

夜，同内子、将华、美新去广和剧场看上海市京昆淮剧青年演出团演出《白水滩》（昆曲）、《罢宴》（京剧）、《双下山》（昆曲）、《女审》（淮剧）、《盗仙草》（昆曲）五折，都有可观。十时半毕。洗澡后入睡已逾十二时。

八月二十一日，星期日，阴雨

终日未出门。

企棠、三妹挈小应、小强上午来，傍晚回去。

养鸡生蛋。因患懒病，已停止近月，今日起白鸡又恢复生蛋。旧存蛋亦适于今日吃完。

美韶来，夜饭后九时回去。约下星期日同其母再来。

八月二十二日，星期一，晴

晨，八时十分到馆。今日金长佑同志没有来，据来电话称在工商联开会，须两天云。

中午，洗澡后径归家。

下午，将华挈美新返沈，乘17:45开的11次特别快车。我和永儿、美德及将弘送至车站，尚不甚挤云。

八月二十三日，星期二，晴

晨，为代永儿购南返票，先去火车站一转，故到馆已九时。

上午，为整风对领导提意见，由陈锋同志召集经理部各科室负责人开会，直至下午五时止。我在馆午饭，向潘多福兄借了一张饭票。归家已近六时。

夜，内子同永儿往大众剧场看评剧《无双传》。

八月二十四日，星期三，晴

晨，八时到馆。

为响应馆中整风运动，写了一张《向陈翰伯同志建议辞去外间兼职》的大字报。

中午，径归家。曾为永儿电话预计本月30日5次特快车赴株州的硬席卧铺，票卖萍乡，明日当可送来。

下午，同永儿去前门牛奶站，奶已售完，至六必居买八宝瓜归。

八月二十五日，星期四，晴

晨，八时到王府井叔老家，他前天才由北戴河返京。叔老还我纸款，又交我张树年寄来菊老日记六册。到馆已九时。

上午，十时一刻陈锋同志在食堂对全馆人员作深入整风报告及粮、钢生产报告，至十一时半毕。

中午，至东总布胡同洗澡，再至西河沿人行办存款手续后归家。

写致张国英甥信一封。

夜，韦士霖兄来访。

八月二十六日，星期五，晴

晨，八时一刻到馆。

今日起试摘菊公日记。

中午，径归家。

下午，四时先往西河沿粮店领粮票，又去绒线胡同83号访许季芸兄。因日前永儿去他家时，知他有病，故去问候，谈至五时半出。去长安买星期日山东梆子剧团戏票三张，又至西单商场一转，归家。

耀华来,据藏行决定作罢云。

八月二十七日,星期六,阴雨

晨,八时半到馆。

继续摘菊公日记至1912年底。

中午,至东总布胡同洗澡后径归家。

傍晚,同内子、永儿去北京剧场看北京越剧院演《小忽雷》。七时半开演,至十时半毕。到家已逾十一时。

八月二十八日,星期日,晴

上午,九时去东总布胡同馆中,核对张树年所抄摘的菊公日记,备明晨往与叔老商酌。又草拟大字报稿数张,十一时回家。

美韶来,午饭后去。

下午,同内子、永儿一时半到长安戏院,看山东鲁剧研究院山东梆子剧团演出现代剧《万家香》和小型喜剧《墙头记》,至四时半演毕。

八月二十九日,星期一,晴

晨,七时三刻到王府井36号叔老家,商量摘抄菊公日记事。八时一刻到馆。

中午,洗澡后径归家。

周伟芳来,据今日夜车赴包头云。

下午,四时往西珠市口买高级油。

五妹来,下午回西郊。她是来看弟弟的。

八月三十日,星期二,晴,下午阴,夜有阵雨

晨,八时十分到馆。

中午,径归家。

下午,四时半同内子往大栅栏首都照相馆,为内子拍二寸照,约下月五日可取。

写致张子宏兄信,为探询内子偕行事。

写致汤儿信,附入永儿给美锋"北京火车站"纪念邮票首日封内。

下午,六时半送永儿到火车站,他乘八时五分开的五次特快车赴株州转萍乡。美德也来送别。车开后归家已八时三刻。

耀华来送弟弟,到家已七点,未曾赶上。

八月三十一日,星期三,晴

晨,八时到馆。

中午,径归家。

下午,做揩气窗、拖地板等清洁工作。

写给大妹信一封。

馆中填节约粮食单,我准备节约两斤。

弟弟代买唱片(第二次)如下(第一次载一月二十五日):

(6)《长生殿》(昆剧)、《西厢记・酬韵》(越剧)、《玉簪记》(川剧)、《红楼梦・葬花》(锡剧),33 转;

(7)《北地王》(越剧),33 转;

(8)《星星之火》(沪剧),33 转;

(9)《梁山伯与祝英台》(小提琴协奏曲),33 转;

(10－12)《盘夫(一至六)》(越剧),78 转;

(13)《故乡》(独唱曲)、《诱银燕》(合唱曲),78 转;

(14)《太阳你再照照我》(歌剧《红霞》选曲)、《凤凰岭上祝红军》(同前),78 转。

九月

九月一日,星期四,阴,傍晚有雨

晨,八时到馆(本旬我家清洁值日)。

继续摘菊公日记。

中午,至东总布胡同洗澡,又过前门买本月月季车票。

今日带粮油供应证至馆,当即带回。

九月二日，星期五，晴

晨，八时十分到馆。

继续摘菊公日记。

中午，径归家。

下午，四时去前门牛奶站吃奶酪，至大栅栏庆乐戏剧院代内子买今晚戏票（做《牛郎织女》）一张。

去煤市街托运站代永儿结算运唱机账。

去琉璃厂邮寄六妹包裹一个，内装旧童胶鞋两双、鱼松一包。

写致永儿、六妹各一信。

九月三日，星期六，晴

晨，八时十分到馆。金长佑同志在外开会未到馆。

续摘菊公日记。

中午，又至东总布洗澡，又至新华食品店一转，无物可购，径归。

九月四日，星期日，晴

上午，八时往纸巷子南协康理发。

九时半，往六铺坑视张启凡甥，到已近十一时。他割治膀胱后，据输尿管有问题，现接橡皮管外流，须在家休养一个时期，再施手术云。谈至十一时半辞去，到家已十二时半。

下午，三时大妹自宣化来，匆忙的很，同其母外出夜饭后，当晚回宣。我未去送她。

往中原取所晒照片。原晒 24 张，取出检点，只有 23 张，嘱再检查，约后日再去取。

夜，松泉、雪芬夫妇来。

九月五日，星期一，晴

晨，八时十分到馆。

中午，本公社淋浴室修理停一星期，故径归家。过大栅栏代内子向首都照相馆取二寸半身照片四张。

近日痔疮有发炎迹象。

九月六日，星期二，晴

晨，八时十分到馆。

九时起，陈锋同志召集经理部各科级集会，讨论整风中各科级应进行事项。并以清理仓库嘱余负责，本星期内当至各处一走。

中午，至东总布胡同洗澡，又至中原取照片，仍只23张，缓日当再去查询。

至西河沿人民银行存款。

下午，沈同豫挈光和来，稍坐即去。伊劳动半月，昨甫回来云。

九月七日，星期三，晴

晨，八时十分到馆。

上午，工间操后由翰伯同志召集各科室负责人报告：今日起停止发稿、发排、付印和接受新稿，扩大检查质量工作，预备至本月24日结束云。

中午，径归家。

傍晚，往大栅栏买信封、邮票，又汇给美英款，又至新中国买明日电影票二张。

写致汤儿、大妹信各一封。

九月八日，星期四，晴

晨，八时十分到馆。

上午，九时同汪君乐同志先后视察门口存纸型零纸处、宣武门印刷学校内的存纸处、宣武门大街空屋、百万庄外文出版社内存纸处，归家刚十二时。

在百万庄时曾访《中国建设》糜文焕，因他出未遇。

下午，原买新中国三点半电影票，因停电改七点开演，实际开演已七点20分。越南艺术片《同一条江》，尚有意义，至八点五十分毕。归家吃粥、洗脚，入睡已逾十时。

九月九日，星期五，晴，夜有雷雨

晨，八时十分到馆。

继续摘菊公日记。

中午,径归家。

下午,三时去中原询缺少一张照片事,没有结果,足见几家照相馆的腐败。

至牛奶站吃奶酪。

原购新中国三时半的《杨门女将》电影票,和内子同去,又为停电不开演,只好退票回家。

写复怀堂信一封。

九月十日,星期六,阴晴

晨,八时五分到馆。

九时,同汪君乐同志往演乐胡同41号看北屋存物。十时回馆。

今日为几内亚总统塞古·杜尔到京,群众举行盛大欢迎,中午无法回家,故在馆午饭。

下午,一时半去东总布胡同洗澡,又至王府井买了些高级点心。因为时尚早,转至东单,直至五时余始乘六路无轨至前门,到家已逾六时。

九月十一日,星期日,晴

上午,七时半外出,八时至西总部胡同30号访冯文哲同志。她昨自宣化来,大妹托她带来黄油一罐,又人民币60元(内20元给母,20元还弟弟经手代购货款,又20元除金戒13元外余存母处)。当托她带去金戒一只,小孩袜一双,她明日返宣云。

八时半到馆。九时半,至东总布胡同邮局寄致张子宏君航信,询问今年国庆商、中两家有无人员参加观礼事。回家已逾十时。

下午,四时半三妹来,提前夜饭,同企棠回去。

瑶瑶挈晶晶和松江人来,谈至六时半回去。

九月十二日,星期一,晴阴,傍晚有雨

晨,八时一刻到馆。

往访潘达人君,还《文史参考资料》第五辑,他适在开会,未晤谈。

中午,馆中浴室仍未见开放,乃即归家。

下午,三时半送裤子往福龙洗涤。

至六必居无八宝瓜及麻酱，在零售店买酸梅汁一瓶归。

九月十三日，星期二，阴晴，下午有阵雨并雨雹

晨，八时十分到馆。金长佑君未来，想在外开会。

中午，因天气较凉，未往东总布洗澡，径归家。

下去，二时半往前门牛奶站吃奶酪，又至正阳门41号察看，李文禄和□□□[1]在整理杂件。

至钟表修理处修表（珠市口南）。

九月十四日，星期三，晴

晨，八时一刻到馆。

上午，工间操后泰雷同志招集经理部各科负责人继续汇报整风事，至十二时一刻始毕。

中午，径归家。

夜，耀华来，带来特大苹果四只，确属难得，又中的八只，蜂蜜一瓶。

九月十五日，星期四，晴

晨，八时一刻到馆。

工间操后，同金长佑君往高义伯胡同访王毓祥同志。他因生瘤，胸部充血水，压迫心脏。据医生言，须备后事云。病苦如此，殊为恻然。

十二时半归家。

下午，孝侯夫人来谈。

写复永儿信一封。

接国英信，据今年不拟内行云。又为内子入港嘱寄照片六张，今日姑向首都添印六张，备子宏兄信到后再定寄给与否？

九月十六日，星期五，晴

晨，八时一刻到馆。

金长佑同志又在外开会。

---

[1] 原文空缺。

中午，径归家。

下午，四时为寄宣化包裹往琉璃厂邮局，因酱菜须装木箱，只好退回。

夜，往民族文化宫看马连良、裘盛戎演《海瑞》，七时一刻开演，至十时半毕。归家已逾十一时。这是工会送票。

九月十七日，星期六，晴

晨，八时一刻到馆。

中午，至东总布胡同洗澡，回家已近两时。下午，写致大妹、国璠各一信。

为寄宣化包裹，整理物件如下：

① 木箱内装(木箱 1.20、邮费 0.80)：酱瓜二斤（0.96），装一洋铁罐；海蜇二斤（0.92）散装；糖一斤（3.99），装一洋铁罐；笋衣若干。

② 布包内装(邮费 0.35)：菜烘干、淡干菜、袜子三双（2.25）；剃须刷一只（0.81）。

另有饼干一斤半（5.55），因不能邮寄，暂存。

五妹夫妇来，住家中。

九月十八日，星期日，晴

上午，做清洁工作，五妹夫妇和美德均帮忙。

下午，五妹夫妇去西郊矿业学院其庶母处，转回农场。

宣信予兄来谈，并还来前借款余数 60 元。

九月十九日，星期一，晴

晨，八时廿分到馆。

中午，过大栅栏至福龙取所洗裤子，又至首都照相馆取添印照片六张，又买好新中国电影票归家。

内子清晨赴协和看病，过午未回，我自烧面吃。

午饭后，写复张子宏兄及国英甥各一信，将内子照片六张附给子宏兄，并请其与国英联系。

瑞和侄女来，因内子不在，稍坐即去。

下午，三时 50 分去新中国看《杨门女将》电影，至六时 40 分始毕，做的不错。

回家后，肛门又有些血，想因坐的太久之故。

九月二十日，星期二　晴

晨，八时十分到叔老家，谈半小时，到馆已近九时。

上午，集邮公司吴风岗同志陪薛副理来，谈香港分馆代售邮票事。

中午，至东总布胡同洗澡后，至珠市口（前门南大街4号）取所修的表，到家已一时三刻。

今晨肛门又出血，但量不太多。

写致广州吕越祥和丁宝森各一信，为内子赴穗预探情况。

九月二十一日，星期三，晴

晨，八时20分到馆。知王毓祥同志已于今晨一时逝世，当同泰雷同志及龚汝甲、何闺锦、萧克宽往高义伯胡同吊唁。至十时半，尸由东郊火葬场车去。我径归家。

写致济恩信，告以我十月间将南下。

写致张子宏信，告以我暂时假定下月二十日离京。

九月二十二日，星期四，晴

晨，八时20分到馆。

上午，为叔老嘱商中华再让纸张事与潘达人君谈，后承电话见告，可以照办。

中午，径归家。

下午，往王府井大街叔老家，适彼外出未遇，留条告知中华让纸事。

接子宏兄信，为内子入港办理手续事，并另汇来港币四笔，内三笔各20元，一笔为人民币10元。

九月二十三日，星期五，阴晴

内子为准备申请入港材料今日发第一封家信。

写致张子宏兄信一封。九时，去东交民巷中国银行兑去上年带进港币，故到社已九时半矣！

写致黄用明信,嘱向中华取连史线 13 令,备印叔老托印的《方兆鳌诗集》云。

十一时半,往科学出版社访李昌声,代将华买得《英汉化学化工术语》一本。十二时半归家。

下午,写复平甫信,为汇来还款 50 元事。又致五妹信一封。

傍晚,往琉璃厂邮局寄给汤儿(将华托买)书二本,又至荣宝斋买笔备送国英,再去士霖兄家一转。

九月二十四日,星期六,晴,夜雨

晨,八时半到馆。

写给汤儿、将华信一封,又寄内子第二封家信。

中午,至东总布洗澡后径归家。

下午,写复国璠、大妹信一封,内附内子第四、五封家信(第三封仍备京寄)。

四时,往中苏友谊医院拟挂外科。据牌告,本月十二日起已改定办法,当日挂号,当日诊治云。当往柳树井买高级油,归途在中和买明天日场戏票二张。

九月二十五日,星期日,阴雨

晨,四时半起床,大便后五时外出,到前门乘 5 路公共汽车,五时半到中苏友谊医院。七时,挂得八时 10 分的诊病号,请大夫开了一个本年门诊证明书,以备入港之用。归家已九时。

中午,濂侄夫妇挈小孩来。

下午,一时同内子往中和看河南南阳曲剧《荆钗记》,做的不错,至四时 40 分毕。

九月二十六日,星期一,阴雨

晨,八时半到馆。寄内子家信第三封。

中午,径归家。

接唐泽霖同志 16 日信,嘱我于下月中旬前动身去港云。

写致六妹及怀堂各一信。

写复塘侄一信,寄河南遂平玉山人民公社柴庄大队军张河生产队转下放干部史晚风收。

九月二十七日，星期二，阴晴

晨，八时去首都剧场买得29日日本话剧票四张，到馆已逾十时。

与陈锋同志谈去香港事。

中午，径归家。

下午，韦士霖兄来，托他往孙乾翁家送给顾问费。

写致唐泽霖、张子宏各一信，唐信附入张信中寄去。

下午，四时半去福龙洗毛巾被，又至邮局代美德取永儿汇款，再至延寿寺人行存款。

写复永儿信一封。

九月二十八日，星期三，雨

晨，八时半到馆。

吴叔同君今日由港到京，参加国庆观礼。上午，十时在中华会见，谈至十一时半。

中午，至劝业场为内子刻名章一个，约下月八日取。

下午，为内子整理行装。

九月二十九日，星期四，阴雨

晨，七时半到华侨大厦636号访吴叔同君，略谈片刻。出，过王府大街遇陈叔老出来，当立谈数语，交给黄荫普来信，为请做贺寿诗事。八时半到馆。

中午，径归家。

下午，为群众欢迎阿尔及利亚总理，恐往东城困难，先步到至王府井百货大楼，五时至东来顺，为我馆与中华合请吴叔同夜饭作陪。饭毕，已逾八时。当同金长佑君至首都剧场看日本话剧团话剧。内子和戴孝翁已先在，十时半演毕。归家已逾十一时。

九月三十日，星期五，阴晴

晨，去协康理发。

九时到馆。

中午，参加馆中聚餐，所备素菜尚好。

午饭后，一时为馆中举行国庆娱乐会，观至三时归家。

昨日与中华合宴吴叔同君出席者名单：

客人：吴叔同、吴君之叔父及婶婶。

中华方面：金灿然、梁涛然、王春、潘达人、俞明岳、陈乃乾、徐波、华昌泗。

商务方面：陈翰伯、陈锋、王泰雷、金长佑、李一凡、史久芸。

十月

十月一日，星期六，晴

晨，悬国旗，为庆祝建国十一周年国庆节。

听无线电广播，上午十时举行庆祝典礼，群众游行，至十二时毕。今年省去阅兵式，多了陈毅副总理的讲话，时间节省约一小时。

在家整理零星物件。

写致黄荫普信一封。附告叔老条幅，其诗句为：

老来依旧寄书丛，卅载前尘转瞬中。

海外驰笺劳慰问，情怀脉脉故相通。

争看三面大旗红，迟莫欣奉国运隆。

二十五年惭以长，飞觞有句付诗筒。

十月二日，星期日，晴

今日各机关、企业继续休息。

上午，八时到华侨大厦看吴叔同君，他临时须赴侨委举行座谈，稍谈即告别。

我原拟去北京展览馆看工业交通展览会，到后询知今日休息，只好回家。因人多拥挤，到家已逾十一时。

萃芳、瑞和挈小孩来家。

三妹挈小应来，在家宿。

下午，韦士霖兄来，带来孙乾三君四季顾问费的收据。

下午,穆昆来,据今晚返宣。当托带给大妹糕饼一箱、梨酱一瓶、咸鱼一条及三妹的苹果等。

十月三日,星期一,晴

今日各机关补假,我馆亦休息。

写致望铣弟、五妹、张子宏、丁宝森信各一封。

以公用电话定就九日15次京广特快车票硬席卧铺两张,明日上午送来。

上午,十时往炭儿胡同28号访俞寰老,还给《李根源年谱》一本,又交给我《庄跻开滇》稿一本,拟询商务或中华是否接受出版。

下午,二时陪三妹絜小应至前门乘二路无轨电车至动物园,再换乘32路公共汽车回去。我再乘二路无轨至礼士路转国务院宿舍33组462号访周旭初太太,见到四、五、六世兄,谈至五时出,再乘二路无轨归家。

夜,王泊如兄夫妇来访。

十月四日,星期二,晴

上午,为等候送车票人,并整理零物,未去馆中。

下午,一时往福龙取大毛巾,因未净,重洗,约七日去取。

又往珠市口修表,发条中断,换新条,费2.20,约七日取。

至珠市口34号访李书唐夫人,了解她家庭近况(长子已有妻子,长女亦已婚有孩子,次女在师范读书,三女在港,四女在国棉做学徒工,幼子读初中二)。

写致汤儿及二、四妹信各一封。

十月五日,星期三,晴

晨,八时半到馆。

上午,取到证明书,借到旅费二百元。

中午,径归家,过西河沿储蓄预办存款。

因内子往协和,中午自煮面吃。

午饭后,往苏联展览馆参观工业交通展览会。五时三刻,到新华书店取《毛选》四集。六时半,到萃华楼,吴叔同君请吃夜饭。回家已近十时。

十月六日，星期四，晴

晨，七时出门，七时半到北京站送吴叔同君。不意 7 时 55 分开的 13 次，8 时 15 分开 25 次，都未见到。后于回馆途中，遇潘达人、华昌泗两君，据吴君等参观北京站，将乘 9 时 50 分 91 次车去津云。

上午，帮财务科分配工资。

中午，至东总布胡同洗澡，又至王府井大街叔老家一谈。再往民族学院访潘光旦君，到已二时半，谈至五时辞出。承以面食招待。到家已近七时。

十月七日，星期五，晴

上午，整理厨房后弄及将衣橱搬至东房。十一时到馆，与陈翰伯同志谈话，至十二时一刻毕。

写致沈复初信一封，因他前天来我家，失于迎候，又为他住百万庄建工部宿舍，路远无暇前往，故专函道歉。

去中华晤梁涛然、潘达人、陈乃乾诸君，又访童第德托转致启凡未能往视。

下午，与王泰雷君谈，承传达刘仁副市长和周总理报告等。

五时，往国会街访唐泽霖君的父母，告以我日内赴港事。

至珠市口取表。

至福龙取所洗毛巾被。

至炭儿胡同派出所办回乡证签字及取消户口手续。

五妹上午来，下午回去。

耀华夜来，帮搬美德床铺至中间。

叔老为刘炳文（港观礼团）写字，今日送来。

十月八日，星期六，晴

晨，六时起床，终日做整理工作，为明日南下准备。

上、下午均去西河沿一次，为向人民银行补折，至劝业场取印章及粮店领全国粮票等事。

侨委温平同志上午去电话两次未通，下午来电话为俞志广事及教供社事。

夜，王泰雷同志亦来电话联系。

写致高乐赓信，为托领得油票寄韦士霖事。

写致韵甥信一封。

夜，朱蔚伯兄来，谓据新华北京发行所通知，许季芸兄已于今晨病故云，闻之怆然。

十月九日，星期日，晴

晨，四时50分起床，七时同内子往绒线胡同看许季芸师母，并予吊唁。八时，去北大医学院，因候至八时三刻，新华书店人尚未来，不及再候，即归家。濂侄全家已在。

下午一时，金长佑同志乘老高开汽车来接，我同内子及美德带行李赴北京站，乘15次京广特快，王泰雷同志亦赶来送行。至二时35分车开。

在车上食睡一切顺利。

十月十日，星期一，晴阴

和内子在京广车上一切顺利。

十月十一日，星期二，晴，夜雨，广州

上午，十时15分火车准时到达广州站，广州办事处唐棠、张燕喜、褟同志及丁宝森、徐礼川（前日来穗云）均来接。住新亚酒店202号房间，即在该店八重天午饭。饭后洗了一个澡。

写致美德一信，告以家中客堂门钥匙事。

夜，广州办事处在泮溪酒家设宴招待，归已逾八时。同席者为徐礼川父子、丁宝森，以我夫妇为主客，主人则唐棠、张燕喜、褟君三人。

十月十二日，星期三，晴阴

晨，六时起床，六时半早点。

上午，唐棠同志派陈易同志来，陪往参观出口商品展览会，甚可观，至十一时余始毕。惟今年谈贸易者，似比过去不甚热闹。

下午，三时半同内子往西堤百货商店及广州文化公园一游，五时半归。

午、夜饭均在八重天吃。

写致望铣弟一信，晨发。

夜，洗澡后入睡，甚疲累。

十月十三日,星期四,晴

晨,写致王泰雷、金长佑两同志信,报告到穗情况。

八时半,同内子乘九路公共汽车(在一德西路)至如意坊下车,到时敏路七号访吕越祥夫妇,谈至十一时,仍乘九路车回新亚。

下午,二时半同内子乘五路公共汽车至永汉路,换乘16路车直达动物园,参观至五时,再乘16路至解放路换8路车回新亚。

夜,洗澡后入睡。

十月十四日,星期五,晴

晨,写致汤儿、大妹、三妹各一信。

内子劳累,在旅店休息。我上午乘4路公共汽车去广九车站,了解情况。再至大南路五号买本月十七日晚11时25分开的50次硬席卧票,备内子去沪用。

步行至中山五路人行取房屋储款20元。

又至广州办事处晤唐棠同志,回新亚已十一时半。

下午,写给濂侄信,托代领港汇款事。

又写致二、四妹及永儿信各一封。

傍晚,同内子往惠爱西路菜根香吃素菜,回新亚已逾七时。

十月十五日,星期六,晴

晨,因无甜点,乃自冲奶粉和吃桃酥。

八时半,唐棠同志来,承陪往越秀公园游览。回至新亚已逾一时。

下午,写复泽侄信一封,为他的工龄问题事。又代由内子付邮第六封家信。

十月十六日,星期日,晴阴,夜雨

晨早点时,丁宝森兄来,同至华侨大厦探询中国旅行社事,未得要领,决计自己单行。

上午,陪内子到六榕寺一游,参观花塔(未上去)。

下午,买好后日赴深圳火车票,并整理行装。

夜饭后,去长堤模范美容院理发。

归后洗澡。

1961年

经常生活不载日记。

每星期三、五、日晨六时半去维多利亚公园练拳，八时归(6月30日停止)。

上午到办事处，下午到厂(6月30日起，非有特殊事故，下午不到厂)。

一月

一月一日，星期日，晴阴，香港

往祚甥家，在汉宫午饭，茹香斋夜饭。

在新华看《应召女郎》，在快乐看《同命鸳鸯》。

一月二日，星期一，阴，有微雨

上午，陪内子去唐泽霖君家（子翁同去），又顺道去杨明君家。

下午，成基、国英来。

一月三日，星期二，晴阴，下午有雨

上午，陪内子去黄访书君家。黄太留内子去散步，我到集古斋付戏票款，再至办事处候中华送来复周星衢稿。

下午，去厂取周星衢来信。

一月四日，星期三，晴

为复周星衢信事，先至中华，回至办事处，再往晤唐君，然后定稿。

下午，陪内子至国英家取衣。

一月五日，星期四，晴

写致俞寰老信。写复汤儿信。写复朱蔚伯信，又致童第德信附朱信中。

下午，四时应李纯新邀，先游港岛，至香港大酒店茶点，回至他家夜饭。十时归。

一月六日，星期五，晴

写复永儿信，附去年历二张。

下午，午睡逾时，不再外出。

夜，徐应昶夫妇来访。

一月七日，星期六，晴

下午，离厂后同张沾卿兄至文兴皮箱店买 32 寸皮箱一只。

一月八日，星期日，阴，有微雨

上午，陪内子分访席旅平、徐礼川家，礼川夫人已产一女在医院云。

十一时半到尖沙咀，与应昶夫妇同往牛池湾钻石山智莲净苑，由学政来接午饭。饭后，去学政家一转，归已五时。

一月九日，星期一，阴，有微雨

下午，五时过海到国英家。六时半，同内子到黄荫翁家夜饭。饭后，归已十时半。

一月十日，星期二，晴

上午，周旭初来厂，据已去京一次云。

写致望铣信，告以寄给猪油一听。

下午，参加港处与分馆集会，三时起至六时半毕。

赴祚甥家，夜饭后接内子归。

一月十一日，星期三，晴

写复王泰雷信（第五封）。

写复吉中、四妹信。

下午理发。

一月十二日，星期四，晴

写致韦士霖信并给三妹信，托加贴邮票付邮。

去国民行余寿廷处治牙，嘱下星期三再往。

下午，去国货公司买筷子二双。

一月十三日，星期五，晴

荫翁拍致陈叔老电唁鸣一丧，我同列名。

下午，四时半陪内子去乘登山电车，归逾七时。

有108人具名在太平洋酒店宴越剧团,我未去。

一月十四日,星期六,晴

写复韵甥信一封。

去集古斋与杨明谈一小时。

下午,接韵甥信知姊姊已于一月五日(农十一月十九日)晨四时安详逝世,悲欣交集。

与荫翁联名致叔老唁函。

一月十五日,星期日,晴

同子翁夫妇往游沙田,旭初因病未去,李书棠父女来接,在西林午餐。下午回至九龙后,同内子至先祚家,在粤都夜饭。回家已十一时。

今晨未往练拳。

一月十六日,星期一,晴

上午,到分馆看本版特价书。

写致韵甥及四妹信各一封。

下午,去养和视周旭初病。

访书夫人来,邀星期三在他家夜饭。

一月十七日,星期二,晴

上午,去集古斋晤唐泽霖君。他是上星期六回港的。

下午,往访许应昶君,承款茶点。

一月十八日,星期三,晴

上午,到办事处商建筑事,同张、侯至朱彬处一走。

下午,去养和视周旭初君。

应访翁邀到彼家夜饭,子翁、秉翁夫妇作陪。

一月十九日,星期四,晴

上午,同张、侯向唐君汇报。

至余寿廷医生处看牙,并付款百元。

送明日越剧戏票两张给王学政。

下午,向科达冲晒底片。

一月二十日,星期五,晴

下午,往保华访济樵。

张师母接维纲电拟于26日动身返沪,子翁伴行,阴历年前回港云。

一月二十一日,星期六,晴

上午,同张、侯向唐君汇报。

去余寿廷医生处看牙。

送23日越剧戏票二张给陈纲。

下午,至电气道访周旭初,又至英皇道访杨子麟未遇,与伊夫人谈片刻。

顾兆刚来访。

复兴皮鞋店送来内人鞋子。又我前做皮鞋交修带去。

一月二十二日,星期日,晴

同内子上午过海到国英家。

中饭后,同成基、国英到漆咸道拍照,在景星看《非洲奇观》。再同先祚一家茶点后,至快乐看《华灯初上》。

八时,至佛教图书馆,不讲经。至济樵家告春仙,回家逾12时。

夜,沅江夫妇来访。

一月二十三日,星期一,阴,有雨

写给汤、侣、曼、锦、永各一信。

写给望铣、六嫂、二舅嫂各一信。

一月二十四日,星期二,晴

内子去九龙,并同春仙、国英去牛池湾钻石山智莲禅院找三姑讲为韩德年做周年事。

夜饭请朱彬事务所饭,到客11人,陪客李瑞文。

一月二十五日,星期三,晴

上午,去唐君处汇报。

到余寿廷牙医处装牙完毕。

下午，周旭初来访，并送来点心二盒。

下午，六时三刻同内子过海到普庆看《西厢记》。归家已午夜十二时半。

一月二十六日，星期四，晴

晨，同内子伴子翁夫妇至尖沙咀车站送他们上车去沪。

下午，内子过海送戏票给祚甥。

去科达取所晒照片。

一月二十七日，星期五，晴

写给许寄南信。

在淘化大同寄汤儿、四妹物品。下午，写给信各一封。

再去科达取所晒照片。

一月二十八日，星期六，晴

上午，去唐君处汇报。

同相鳌去朱彬处一谈。

下午，五时半同内子去都城看《天伦泪》，七时半毕。

一月二十九日，星期日，晴

上午，同内子过海至先祚家。

下午，看电影《万花献媚》（乐宫）。

夜饭后，由红磡过海归。

一月三十日，星期一，晴

上午到厂，知阮玉莲与朱姓两女工友相打事，在宣布处分。

同侯往朱彬处一走。

换另下月电车月季票。

一月三十一日，星期二，晴

上午，去集古斋向唐君汇报。

吴叔同君来华人行一谈。

傍晚，张沾卿、侯相鳌、陈沅江、陈德昭来谈新厂房事，夜饭后九时散。

二月

二月一日，星期三，晴

上午，同侯去唐处汇报。

十时，又应吴叔同约至唐处，谈至十一时半。

去余寿廷处修牙。

下午，去金陵酒家参观灯花、书画展览。

二月二日，星期四，晴

上午，处会商出版事。

下午，三时到中华同吴公与方志勇谈。

访书太太来家与内子谈至下午四时去。

傍晚剃发。

二月三日，星期五，晴

上午，去集古斋向唐君汇报。

唐君来华人行商出版课本事。

傍晚，同内子往视陈沅江夫人。

应唐泽霖君邀，同内子往启超道老正兴馆夜饭。饭后，至国货公司购物。归已十时。

二月四日，星期六，晴

上午，同内子过海接周星衢夫妇和儿媳乘广东邮轮自新加坡来。

同侯相鳌至基泰晤谢君。

代韦士霖购维他命事托分馆寄出，并写给一信。

二月五日，星期日，晴

上午，秉桓夫妇来，午饭后去。

下午，礼川夫妇携小孩来。

周星衢夫妇来。

据陈景中电话谓，景元病殁玛丽医院云。

二月六日，星期一，晴

上午，同内子往电气道访周星衢君。

陪内子至黄雯医生处看眼疾。

下午，六时购酒和水果至新都城，与吴叔同合请周星衢夫妇、儿媳等。

二月七日，星期二，晴

上午，陪内子去华人行看眼疾。

去集古斋与唐谈，嗣吴公亦来。

下午，去香港殡仪馆吊陈景元丧。

下午，寄汤儿黄油。

夜，汪监泉来谈。

二月八日，星期三，晴

上午，去集古斋汇报。在办事处商出版教科事。

下午，寄孙如松黄油。写致汤儿、四妹及如松各一信。

内子往国英家。

二月九日，星期四，晴，有微雨

上午，同内子至黄雯处医眼。

同相鳌去基泰一转。

下午，同旅平至爱群药行询助听器。

二月十日，星期五，阴，晨有雨

写致姜枝先信，告以耳聋助听器事。

复华姑信一封。

傍晚，去书院道济樵家吃年夜饭，同内子归家已逾十一时。

二月十一日，星期六，晴

中午，同内子至世界出版社应周旭初君邀往长洲游览及夜饭，船过坪洲、梅窝（银矿湾）、芝麻湾监狱等处。回家已九时半。

二月十二日，星期日，阴

子翁夫妇由沪返港，于十二时半到九龙车站，一时半到家。

下午，侯相鳌、陈德昭、陈沅江来视子翁。

写复韦士霖信。

二月十三日，星期一，微雨，阴

上午，同子翁往唐君处一转。

写复许寄南兄信。

二月十四日（阴历除夕），星期二，阴晴，夜有小雨

写复许寄南兄、陈云卿信各一封。

下午，同内子过海至先祚家。夜饭后，往塘尾道年宵市场一走。归家已十二时。

二月十五日（辛丑元旦），星期三，阴晴

上午，往各处拜年（吴叔同、黄秉桓、钱次久三处）及到厂团拜。

下午，续拜年，又过海至九龙拜年。

内子在电车上跌跤，头部发肿。

二月十六日，星期四，小雨

上午，去唐泽霖、杨明、黄访书家拜年，同秉桓兄夫妇回家午饭。

下午，去吴长茂家拜年。

李中庸医师来。

写致永儿信一封。

二月十七日，星期五，阴雨

晨至公园，因雨即归。

上午，同内子去潘光迥家。

中午，同内子乘济樵夫妇汽车，并和国英过海，至国英家午饭。饭后，同先祚等至大华看《宝城福星》，又至普广看《袋袋平安》。在先祚家夜饭后，归已逾九时。

二月十八日，星期六，阴雨

上午，同子翁往交通、基泰等处拜年。

到办事处、分馆、支馆一走。

下午，同内子过年[1]去李中庸医师家，又至济樵家夜饭。归已近十二时。

二月十九日，星期日，阴雨，夜晴

上午至厂，去工场一转。

同内子过海至先祚家。午饭后，至景星看《西厢记》。在茹香斋夜饭。归家已逾九时。

二月二十日，星期一，雨

下午，三时半过海视黄荫翁病，又至国英家一转，六时归。

二月二十一日，星期二，阴雨

上午，在办事处阅分馆帐。

下午，去国货公司买金笔。

夜，顾兆刚来谈。

二月二十二日，星期三，雨

上午，往唐泽霖君处汇报。

夜，再约顾兆刚来谈。

二月二十三日，星期四，雨

晨，访唐泽霖君未遇。

下午剃发。

写给瑞和一信。

二月二十四日，星期五，阴晴

新春第一次赴公园练拳。

晨，往唐泽霖君处一转。

写致六妹、塘侄各一信。并向吕芬托为塘侄买针药。

二月二十五日，星期六，晴

上午，同子宏、相鳌二君至唐君处汇报。

十一时三刻，为牛池湾钻石山智莲净苑韩德年做周年，应春仙邀前往午餐。

---

〔1〕“年”疑为“海”。

下午,五时同内子至国英处一转,再至先祚家夜饭。归已逾九时。

二月二十六日,星期日,晴

上午,同内子过海至先祚家。

下午,往丽声看电影《乌龙王奇遇记》,又新华看《时势英雄》。到飞机场一游,并在美丽华茶点。夜饭在大上海菜馆。归近十二时。

二月二十七日,星期一,晴

上午,曾同老侯到电气道去看呢绒,因货少未看成。

下午,因第二次大便脱肛,未出门。

写致四妹、弟弟信,复写分寄。

写复大妹信一封。

二月二十八日,星期二,晴

下午,内子同张师母过海买皮鞋。

三月

三月一日,星期三,晴

晨,肛门出血。

上午,至唐君处一谈。

应唐君招,回家午饭后同内子并约成基夫妇至南方公司看电影《人民公社》《聂耳》《珠穆朗玛峰》《黄浦江的故事》,六时半毕。至国英家吃粥,归已近十时。

三月二日,星期四,晴

写复俞寰老信一封。

下午,在都城买五时半电影票,与子宏兄同看《王老虎抢亲》。内子和张师母早一场去看。

三月三日,星期五,晴

上午,同子宏、相鳌至唐君处汇报。

写致小妹信一封。

下午,寄汤儿起司二罐,写给汤儿信一封。

三月四日,星期六,晴

晨,往访周星衢,他往西贡未遇。至唐君处一谈。

三月五日,星期日,雨,阴

应周星衢君邀,同子翁夫妇九时去统一码头乘小轮至荃湾竹林寺午餐(主持融秋),游观音殿及东林念佛堂(主持定西,知客智开)。归途到先祚家,为我备蛋糕做生日。归已逾十时。

三月六日(正月二十日,我的母难日),星期一,阴雨

上午,陪内子买水果,她去望星衢太太病。

中午,在都城买电影票二张,为内子去九龙伴学恕来看用。

傍晚,送软片至科达洗晒。

三月七日,星期二,阴雨

上午,去唐君处,子宏、叔同二君亦来,谈下午与周星衢君会谈方针。

下午,三时到中和行605号与周星衢、方志勇等谈教供社事,六时始毕。

承余汉明大姐赠普庆粤剧《柳毅传书》票二张,与内子去国英家夜饭后前往,归已午夜。

三月八日,星期三,阴雨

写致韦士霖信一封,又复渊侄信四日写好,今日寄出。向科达取交洗印照片。

写复四妹、弟弟信一封。

三月九日,星期四,阴有小雨

晨,至唐君处,黄明已先在,谈至十一时出。

下午,三时同内子及张师母过海,至铁作轮(歌赋)送周星衢一家起星。五时,去国英家一坐,行乐宫陪朱彬、谢振文夫妇夜饭。归已十时。

送科达晒照片。

三月十日,星期五,晨晴,嗣阴雨

接唐侄来信,知伊岳父沈景范已于三月一日逝世,当复信唁慰。

傍晚,去淘化大同寄四妹猪油。途遇李北涛居士,据住北角大厦52号D

（？）云。

三月十一日，星期六，阴，有小雨

上午，去唐君处一谈。他下午将赴深圳，明日回港云。

中午，至科达取所晒照片。

下午，同内子往永安及国货公司购物。

三月十二日，星期日，阴晴

上午略睡，十一时半去祚甥家。

午饭后，先祚夫妇来，又邀国英夫妇同往丽声看电影《香城春恋》，再至大上海夜饭。归已逾十时。

三月十三日，星期一，阴晴

下午，去钟表展览会一看。

请陈圣本医生开方吃些开胃药。

夜，胡子腾君来谈，并给款廿元。

三月十四日，星期二，晴

上午，访唐君未遇。

下午，寄六妹猪油一听。

夜，写致六妹、韵甥各一信。

三月十五日，星期三，阴晴，有雨

上午，同子宏、相鳌访唐君汇报，又去万宜朱彬处谈。归家逾一时。

下午，寄怀堂猪油一听。

夜，夏裁缝取衣料去。

三月十六日，星期四，晴，有雨

上午，至唐君处，取来样裤二条，又承借二千元整。

下午，同内子往国货公司购衣料等。

写致俞寰老信一封。

三月十七日，星期五，晴

上午，邮寄寰老虾米一包。

下午，五时半购都城《南北和》电影票二张，同子宏兄去看。

下午剃头。

三月十八日，星期六，晴

上午，为表事同旅平兄至艺林一行。

寰老来信赴中行陈元直凭条一纸，当先复一信，取否未定。

子宏兄赴深圳观剧。唐君赴广州。

三月十九日，星期日，晴阴

上午，同内子并约旅平去爱群药行代姜枝先买耳机，又至北角宁广公司为内子配眼镜。归家逾十二时。

下午，同内子往国英家。

夜，在大上海夜饭，济樵夫妇等亦来。由红磡归，已逾十二时。

三月二十日，星期一，阴晴，有小雨

三月二十一日，星期二，阴晴，有小雨

写致姜枝先信，告以助听器已购寄。又复占元一信，附去给六嫂照片。

寄给永儿胶鞋，并去一信。又致国璠、大妹信一封。

三月二十二日，星期三，雨

写致王怀堂信一封。

三月二十三日，星期四，阴雨

上午，去中和行晤杨明君，又至中华访黄秉桓君。

下午，同内子往宁广公司取眼镜，又至豪华看电影《比比》，系子翁请客，不足观。

三月二十四日，星期五，阴雨

上午，陪内子去人事登记处照相。

去保华访济樵谈房子事。

下午，写致汤儿信，附给美德信连照片。写复四妹信一封。

三月二十五日，星期六，阴雨，下午晴

下午，八时同子翁往英京贺庄炳珠娶媳。饭后归来已近十二时。

三月二十六日，星期日，晴

上午，九时半往崇明大厦访潘光迥君，谈至十一时半辞出。到祚甥家，内子已先在。

下午，同祚甥夫妇往法国医院 228 号探归君病，又至太子道咖啡屋饭茶。

夜饭后，往普庆看《九霄惊魂》电影。过海回家，已逾十时。

三月二十七日，星期一，晴

下午，同子宏嫂、内子往都城看《敌后游击战》电影。七时半回家。

夜，汪监泉父子来。

三月二十八日，星期二，晴

上午，陪内子往余寿廷医生处看牙，又去瑞兴、永安等处一走。

下午，去宁广公司配眼镜，约四月二日去取。

三月二十九日，星期三，晴

傍晚，同沾卿兄往视德昭兄病。归途遇李纯新君，又谈请客事。

三月三十日，星期四，晴

上午，曾到中华百货公司买套鞋等。

下午，国英、济宏嫂来。

傍晚，同内子往崇明大厦访潘光迥君，承邀至七宝斋夜饭。归逾十时。

三月三十一日，星期五，晴

上午，同内子往红磡芜湖街 64 号庆余堂王政康中医诊病，国英已先在。归已十二时。

下午，访书太太来。

四月

四月一日，星期六，晴

上午，去中和行访杨明君。

夜，夏裁缝来送样，并取去梁裤二条。

汪监泉君来，因子宏兄不在，留其子求职信而去。

四月二日,星期日,晴

上午,同内子过海先到王政康医生处复诊,再去祚甥家。

下午,同祚甥、学恕至丽声看《错有错着》电影。夜饭后,归逾九时。

四月三日,星期一,晴

上午,去宁广眼镜公司取眼镜。

下午,国英来。据明日拟同内子往智莲净院祝观音诞云。

四月四日,星期二,晴

内子赴智莲净院吃素斋。

上午,同张、侯去基泰,据朱彬赴台云。

写复永儿信一封。

四月五日,星期三,晴,热

上午,去中和行及杨明处一转。

洪佐尧之友黄佐衡送来代枝先买耳聋助听机款539.90。

下午剃头。

四月六日,星期四,阴,小雨

上午,往上环买零物。

下午,送一新洗衣。

四月七日,星期五,阴晴

上午,去杨明处听唐君消息。据唐君约十五日左右返港云。

四月八日,星期六,晴

上午,往基泰访谢振文君,朱彬赴台未归。

下午,同内子往国货公司购物。

夜,夏裁缝送衣来,当将缝工付讫。

汪监泉为其子事来访子宏,未遇。

葛兴源晚突患中风死。

四月九日,星期日,阴雨

上午,同内子过海至祚甥家。夜饭后归,已十时。

在百老汇看《乱点鸳鸯谱》，在丽声看《罗马世运会》电影。

四月十日，星期一，晴

上午，往集古斋还张鸿儒样裱，又与杨明一谈。往中华与黄秉桓谈。

下午，寄汤儿、永儿邮包，复永儿信。

李纯新携如夫人来，并带来许多东西。

四月十一日，星期二，晴阴，有小雨

中午，同子翁往香港殡仪馆吊葛元兴丧。

下午，至科达送汤儿添印照片。

四月十二日，星期三，阴晴

上午，至中华访黄秉桓兄。下午，他到我家来看内子病。

下午，五时李纯新夫妇来约内子等往游海，至统一码头乘专轮绕港岛一周，八时半回，至老正兴夜饭。请子宏、沾卿夫妇，及相鳌、沅江、德昭等作陪，外客有孟某及虞某（大新副理）。归已近十二时。

四月十三日，星期四，阴，有雨

上午，吴叔同君到办事处来，谈至十二时半。

下午，访翁夫人来视内子病。

复韦士霖信一封。

四月十四日，星期五，晴

上午，唐泽霖君来办事处，据系昨日下午返港云。写给汤儿信，附去照片。

下午，七时同子翁往新都城，应程慕灏邀夜饭，归已十一时半。同席有王宽诚、吴性栽、王振宇、吴叔同、许某（新亚）、子宏、沾卿、丁熊照及主人贺仰先、邢某等。

四月十五日，星期六，晴

上午，至唐君处一转。

写给怀堂信，为寄给奶粉事。

四月十六日，星期日，晴，夜有雨

上午，往崇明大厦访潘光迥君，并送给《白石画集》及《四角字典》各一部。

午饭后，同内子往祚甥家。夜饭后，归已逾十时。

四月十七日，星期一，阴晴，夜雨

上午，为购药迟归。

下午，往视陈圣本医生，并购针药（Metaplex）。

四月十八日，星期二，雨

上午，陪内子往皇冠大厦看朱鹤皋医生，未去办事处。

午后去厂，请陈圣本医生打针。

四月十九日，星期三，雨，阴晴

上午，陪内子往看朱鹤皋，十二时往办事处，找济樵未得。

下午，请陈医续打针。

四月二十日，星期四，阴晴，午有大雨

上午，两次去唐泽霖君处。

下午，去厂续打针。

四月二十一日，星期五，雨，阴

下午，去厂续打针。

写致六妹信一封，为寄给绒线针事。

四月二十二日，星期六，晴

写致王泰雷信，为来港已半年的报告函。

下午，去厂续打针。

四月二十三日，星期日，上午晴，下午雨

上午，往盛和道访徐莲僧君，谈至近十二时始归。

下午，相鳌、沅江、旅平等在张宅手谈。

内子痢加剧，深为担忧。

四月二十四日，星期一，雨

上午去厂，为内子痢重，请陈圣本医生出诊。九时半他来家，诊毕并随同至伊诊所取药后归家。

下午，德昭夫人来视内子病。

四月二十五日，星期二，晴，夜雨

下午，去厂打针，又为内子索药续服。

去中国国货公司买毛巾被等。

秉桓夫妇来视内子病，并在张宅手谈至夜十一时。

四月二十六日，星期三，阴晴

上午，至陈圣本医师诊所，并至嘉龄药房购药。

下午去厂，并至周艺兴购短裤、袜子。

夜，写复四妹一信。祚甥夫妇来。

四月二十七日，星期四，晴

上午，去唐先生处一谈。

下午剃头。

写复俞明岳信一封。

四月二十八日，星期五，晴

写致永儿一信。

午后，陪内子至厂看陈圣本医生，又陪往领身份证，因人挤未果。至公园一转归。

为永儿寄奶粉。在吕芬托购药。

四月二十九日，星期六，晴

上午，同子翁往唐先生处一谈。

往爱群药行为枝先耳聋机事，并嘱径复。

下午，同内子至厂，请陈医打针。

至新都城看电影《萍花泪》及乒乓赛。

夜，为厂中庆祝五一聚餐，同子翁去参加。

四月三十日，星期日，晴

晨，在公园遇周旭初，谈片刻。

上午，同内子去祚甥家。下午，在快乐看电影《燕子盗》。夜饭后归。

闻午前成基夫妇携丽璋来，盖丽璋甫于今日由澳门来也！

五月

五月一日,星期一,晴

办事处与厂五一放假。

上午,访唐君,又至分馆购物。

下午,同内子至国货公司购物。

接大业信,知泽侄已批准退休,至慰!

五月二日,星期二,晴

上午,曾同张、侯赴基泰,未遇朱君。

写复姜枝先信。

写给汤儿信。

下午,同内子至厂打针。

五月三日,星期三,晴,傍晚雨

上午,访唐君并问病状。

同张、侯再访朱彬,仍未遇。

下午,内子至厂打针。

往国货公司送衣料做裤。

五月四日,星期四,晴

上午,同张、侯再访朱彬,谈半小时出。

下午,同内子去厂打针。

夜,十时周裁缝为内子做短大衣送来试样,据缺材料 1/4 码云。

五月五日,星期五,晴,晚细雨

上午,同张、侯访唐君未遇。

上午,至国货公司添衣料送至百加士街二号周裁缝处。归已十二时半。

下午,同内子往厂打针。

午夜,周裁缝徒弟送内子大衣来。

五月六日,星期六,雨

下午,同内子至厂打针。

去淘化大同寄汤、永云腿各二罐。

写复二舅嫂信一封。

写复国璠、永儿信各一封。

五月七日,星期日,晴

上午,同内子往宝翠园访黄访翁夫人病。

十二时,到祚甥家,知姜姊已在沪得许可来港云。

下午,与甥等至新华看《古国陆沉记》电影。夜饭后,归已逾十时。

五月八日,星期一,晴

晨,同子翁、相鳌往访唐泽霖君,谈至十一时出,去中华未晤吴叔同君。

下午,同内子至厂打针。

五月九日,星期二,晴

下午,同内子去厂打针后,往铜锣湾移民局领身份证,号码为 A079617。

五月十日,星期三,晴

上午,去唐君处一谈,又至中华访黄秉桓兄。

下午,至国货公司取所做袄子,又为丁宝森购内衣等。

五月十一日,星期四,晴,夜雨

午后,同内子去厂打针。

往周艺兴买袜子未得。

五月十二日,星期五,晴,晨雨

午后,往启德机场送潘光迥夫妇赴日转美。据定八月六日回港云。

去保华与济樵谈地基事。

写复俞寰老信一封。

五月十三日,星期六,雨

上午,往访唐泽霖君,嗣子宏兄亦来,谈至十一时。

下午,子宏兄请在利舞台看电影《风云群英会》。五时半起,归家已九时半。

写给汤儿信一封。

五月十四日，星期日，晨微雨，嗣晴

晨，至公园一转，又至厂与老侯略谈。

上午，同内子往先祚家。

下午，往景新看26届乒运下集及舞踏片《百凤朝阳》。散场时遇子翁夫妇，同至祚甥家夜饭。归已十一时。

五月十五日，星期一，晴

上午，往访杨明并遇唐先生，随报告朱彬事。

内子过海至国英家，又同她去济樵家夜饭后，归已十时余。

五月十六日，星期二，晴

上午，归途至国货公司买汗衫等。

下午，同沾卿兄至福和烟公司买烟斗和板烟。

五月十七日，星期三，晨阴，上、下午有雨

下午，同内子往宁广换眼镜，又至春秧街买孩鞋。

写复高乐赓信一封。

五月十八日，星期四，上午雨，下午晴

晨，肛门出血甚多。

上午，往访唐君未遇。

午后，去厂看陈圣本医师，商大便止血事。又剃头、饮橙汁，取洗衣改约星六。

写复永儿信一封。

五月十九日，星期五，大风雨

因台风终日在家，未出门。

厂中下午放工。

五月二十日，星期六，晴

上午，往访唐君未遇。

去新填地领取回港证。因下星期一是公众假期，怕急需也！

写致潘达人信，为荫翁托购书事。

五月二十一日，星期日，晴

晨，肛门又出血。

上午，同内子往九龙，济樵车至尖沙咀来接，在他家午饭。

下午，春仙请客至仙乐看《妖女何月姑》。又至先祚家，再去丽声看《糊涂虫嬉春》。夜饭后归已十时。

五月二十二日，星期一，雨，阴

上午，往访唐泽霖君，谈一时余。

下午，未出门。今日为公众假期。

五月二十三日，星期二，阴晴，有微雨

晨，肛门又出血不少。

上午，同子翁往唐先生处谈，又杨明来谈处理存货事。

下午，国英来谈，同内子至附近散步。

五月二十四日，星期三，阴，雨

上午，同子翁往访唐先生。

十时三时[1]去祚甥家。至九龙法庭宣誓。因我不能粤语，回至香港高等法院索空白单，请沾兄打字后备明日用。

下午，去厂看陈医。

写给五妹信一封。

五月二十五日，星期四，晴

上午，去中华看黄秉翁。

下午，至中国国货公司购毛巾被。

晨，至高等法院为姜姊来港事宣誓。

五月二十六日，星期五，晴

上午，访唐先生，子翁亦来。

---

〔1〕“时”疑为“刻”。

下午,同内子去厂一转,往永安购衣料,并顺访江承隆君。

上午,徐莲僧兄来访。

写致四妹信。

五月二十七日,星期六,晴

上午,同祚甥往中环人事登记处一走,约下星期二再往。

写复小妹及二舅嫂信各一封。

五月二十八日,星期日,晴

上午,十一时同内子过海至祚甥家。

下午,至新华看《异种恩仇》电影。夜饭后归已九时。

写复大妹信寄三眼井。

五月二十九日,星期一,晴

上午,往访唐君,相鳌已先在,荫普、子宏续来,谈至十一时半。

下午,未出门。

分馆张汉卿昨病故。

五月三十日,星期二,上午雨,下午晴

上午,九时半到中国联合银行六楼人事登记处为先祚申请其母来港事,未得要领。

下午,往西环送张汉卿丧。

写复吴志渊信一封。

五月三十一日,星期三,晴

唐先生昨日去穗。

写致王泰雷信一封,附致孙如松信,嘱付唐一千元。

写致永儿信一封。

六月

六月一日,星期四,晴

上午,约旅平兄至万成买衬衫。

六月二日，星期五，晴，有时雨

上午，同王某及祚甥至移民局一走，仍未办妥。

下午，黄访书太太来。

为孙如松兄寄牛肉及糖。

六月三日，星期六，上午雨，下午晴

写致孙如松及六妹信各一封。

下午，五时同内子先往国货公司买为大妹做衬衫料。又过海去祚甥家，今日为祚甥四十生辰，在平安酒楼请客。归已午夜一时。

六月四日，星期日，晴

上午剃头，并去厂与老侯一谈。

下午，往先祚家，同内子至香宾饭店贺孟玉峰母寿。归已十一时。

六月五日，星期一，晴，有雨

上午，去皇都南座七楼P朱宅访金玉秀（陈景元妻），并嘱带其姑糖一盒。

六月六日，星期二，雨多晴少

上午，至杨明处约陈祖霖、彭可兆、黄秉桓谈检查各家货仓事，至十一时毕。

下午未出门。

内子为牙疾和我淘气。

六月七日，星期三，雨晴不定

晨，因雨未练拳，略理物件。

下午，去裕华购袄未得，至国货公司买罐头食品。未去厂。

六月八日，星期四，晴雨不一

下午，去买了些板烟和炼奶等。

六月九日，星期五，晴多雨少

今日原约下午二时与杨明等同视察厂中货栈，嗣因他们无暇改期。

据先祚电话谓，其母来电十一日由先祝陪同来穗云。

六月十日，星期六，晴，有雨

上午，去杨明处一转，告以日内将至穗一行。

下午,同内子往普庆看广东杂技团,五时一刻演毕。至祚甥家夜饭后归。

六月十一日,星期日,晴

晨,肛门又出血,讨厌之至。

复汤儿信一封。复大妹信一封。

终日未出门,整理衣物。

六月十二日,星期一,广州

晨,由内子陪同过海,七时登车。祚甥夫妇亦来,同送至上水。

到罗河,入深圳,乘快车下午三时半到广州,住新亚 314 号。去办事处取寄包。

六月十三日,星期二

晨,至车站接车未着,询知系中途被车所阻。丁宝森来,同午餐。

下午,至广处晤张燕喜,并取款 50 元。

六月十四日,星期三

晨,去车站接到姊氏,由先祝陪来。同住新亚。中午和晚上丁宝森均来。

下午,再至广处续取 50 元,函孙如松汇还。

六月十五日,星期四

晨,丁宝森来帮运行李,同姊及祝往车站。我与姊乘八时车赴深,祝乘八时半车去衡阳。

在深住深圳旅店。

六月十六日,星期五

在深圳候消息。

六月十七日,星期六

接祚电,谓至迟 20 日可来人云。

六月十八日,星期日,晴

中午,在新安酒家遇侯相鳌,托带口信给内子。

六月十九日,星期一,晴

下午,灵晖来深。

六月二十日，星期二，晴

午，灵晖返港。

六月二十一日，星期三，上午有雨

上午，杨小姐来深。

六月二十二日，星期四，晴，香港

上午，过罗河，乘一时车，二时半到九龙。先至祚家一转，回家已三时半。

六月二十三日，星期五，晴

中午，过海至祚家午饭，与灵晖谈，国甥亦来。饭后归家。

下午未出门。

夜，陪内子去看曾耀宗牙医。

六月二十四日，星期六，晴，有雨

晨，至杨明处一转。至中行向陈元直取款。

下午未出门。

夜，陪内子至曾牙医处，未遇。

写致汤儿、望铣、俞寰老各一信。

六月二十五日，星期日，晴雨不一

上午未出门。

下午，三时半同内子往祚甥家，夜饭后归。知今日祚甥已伴其母自深圳去穗，灵晖空往深圳一行。

六月二十六日，星期一，晴，有雨

晨，至中华访黄秉桓兄。

复俞明岳信，告以计算尺已寄出。

知姊在穗得获准通行证展期一月，祚甥将再陪至深圳云。

夜，陪内子至曾医处去牙三只。

六月二十七日，星期二，晴

上午，往访杨明，定后日下午了解货仓。

下午，同内子往九龙访陈夙之君，又至国英家一转，去祚甥家。夜饭后归。

六月二十八日，星期三

上午，去看杨景煌医生，谓系肝硬化。

下午，同杨明往视吴叔同君病。

夜，同内子去牙医，约下星期一。又同往访周星衢夫妇，与子翁夫妇同归。

六月二十九日，星期四，晴

上午，往中华约李士杰君明日陪内子赴余寿廷医生处。

下午，去厂陪杨明、陈祖霖、彭可兆、黄秉桓及徐礼川诸君视察货栈，至六时始毕。

六月三十日，星期五，晴

上午，同杨明、秉桓视察分馆门市。

十一时内子来，由李士杰兄陪同赴余寿廷牙医处拔牙三只。十二时一刻同归。

先祚于送母返沪后回港。

七月

七月一日，星期六，上午晴，下午雨

上午，陪内子往余寿廷处看牙，又至杨景煌医生处续诊。归途至国货公司一转。

下午，陈夙之父子来访。

夜，公司请陈父子在乐宫楼夜饭。归已近十一时。

七月二日，星期日，雨

终日未出门。

下午，吴麟璋寿筵来邀，未去。

七月三日，星期一，晨有雨，嗣晴

上午，承荫翁陪往左达明医生处，照了一张胆的 X 光，明日再去。

下午，国甥、济宏嫂来视。

夜，七时半夜饭，八时半服药，作明日照 X 光准备。

七月四日,星期二,晴

上午,十时再同荫翁到左医处,先照肝,打针后又照肝与胆,已中午一时。回家后再午饭。

国甥同济宏嫂来访。

七月五日,星期三,晴,有雨

上午,十一时陪内子至余医处拔牙三只,归家已十二时五十分。

写复高乐赓信。

七月六日,星期四,晴

上午,十时再同荫翁往左医处,先照胃,十二时一刻再照肠,并作透视。回家已一时。

傍晚,访翁夫妇来。

七月七日,星期五,晴

上午,往访杨明及秉恒,又至左医处付 X 光检查费 240 元。

写复吴志渊信一封。

七月八日,星期六,晴,夜雨

下午剃头,又至厂一转。

七月九日,星期日,雨

内子去祚甥家。子翁家有雀战。我终日休息,未出门。

写致六妹信一封。

七月十日,星期一,晴,有雨

上午,往视杨景煌医生,据须进医院开刀云。又陪内子在余医生处拔牙四只。

下午去厂,商陈圣本医生。

寄六妹奶粉及鸿钧牛油。

七月十一日,星期二,晴,有雨

上午,九时半到三联开存货清理会议,至十一时半毕。返华人行同访翁谈片刻,归已近一时。

夜,德昭夫妇挈二孩来。

七月十二日，星期三，晴，有雨

上午，往九龙访李中庸医师，至国甥家一转。同内子过海，途遇灵晖。又至余医处看牙。

下午，夙老来访。

写致永儿一信。写致四妹信为寄去面粉事。

七月十三日，星期四，晴

上午，陪内子往余医生处治牙。

午饭后，承子翁陪同至贝夫人健康院，德昭兄亦来，帮同领票登记。三时，由陈医生诊视（Dr. John Chan），约星六上午九时往玛琍医院去看他。

七月十四日，星期五，晴，夜雨

上午，陪内子至余医处。

去中华看吴叔同君。往永安公司购袜。

下午，国英来。托国英交悦来南货号寄望铣和四妹各面粉 5 公斤，领取单号码为 2901、2902。再写致四妹信为换面粉领取单，并送舅寿礼事。

夜，杨明来访。

七月十五日，星期六，雨

上午，承子翁、德昭陪同至玛琍医院，由陈医师命叶医生抽血 10 CC 备验，约下星期一再去。十二时回寓。

下午，写给汤儿、大妹信各一封，略告检查身体事。

七月十六日，星期日，时晴时雨

上午，德昭夫妇来视，席旅平兄及沅江、秉桓夫妇均来，在张宅雀战。

下午，先祚一家及归先生来视。

七月十七日，星期一，晴

上午，又承子翁、德昭陪至玛琍医院，随即住五楼北首男病房 11 床位，由 Dr. John Chan 主治。

下午，来视者有吴叔同、李纯新及馆中高级职员全体，工会顾兆刚、黄兆华等。王叔旸晨亦来访。

七月十八日,星期二,夜雨

上午,十一时子翁同吴心田之女来。

今晨大便出血,下午因灌肠又出血一次。

七月十九日,星期三,雨

今日上午由陈医生开刀。

下午,内子等来。

七月二十日,星期四

今晚起再禁食。

七月二十一日,星期五

今日下午照 X 光十余张。

七月二十二日,星期六

同事、同业等来视多人。

济樵亦来。

七月二十三日,星期日,晴

厂中职工及亲友来视多人。

七月二十四日,星期一,晴,有雨

同事、亲友多人来视。

访翁夫人与其女上午来。

下午,叶稳裕、束载青、孟玉峰等亦来。

晨起有大便。

七月二十五日,星期二,晴,有雨

内子自上星期一我进医院以来,每天来视。今日原系不许探病之日(星二、四、五),故嘱不来。

昨夜睡得不好。

七月二十六日,星期三,晴,有雨

昨夜仍未睡好,大约夜食太多有影响。

又有同事等来视。

七月二十七日，星期四，阴晴

以便硬故，晨肛门有血，量不多。

上午，陈医言：明日可出院，当拆线。

下午，拍肺部X光，又X光医生检查。

与家中通电话二次。

七月二十八日，星期五，晴，有雨

下午，二时余再X光治疗部检查。四时，张公夫妇、老侯与内子来接，遂同出院，至养和医院住404号房。

夜，杨明夫妇来视。

七月二十九日，星期六，晴，有雨

上、下午有多人来访。（顾兆刚夫妇携二女，傅忠林携子）

七月三十日，星期日，雨

早餐后136磅。

写给汤、侣及悟、曼、永合各一信。

七月三十一日，星期一，雨

国英来，中饭后去。曾托代函告知宇华。

总馆同事十人来电慰问。

八月

八月一日，星期二，雨

唐泽霖君下午来，甫自国内返。

八月二日，星期三，雨

上午，转移港中医院401号，德昭来结账，礼川、相鳌陪我和内子同去。

八月三日，星期四，雨

午后，去贝夫人健康医院看陈医生，回已三时。

国英来午饭后去。

上午，杨景煌医生来。今起打静脉针。

八月四日，星期五，阴晴

写复寰老信，并询购表否？

八月五日，星期六，晴，有雨

上午，杨医师来。

写复陈翰伯等 10 人信。

八月六日，星期日，晴雨不一

写给悟、曼、永合一信。

八月七日，星期一，晴

今日肛门未出血，应以胡佳堃介绍土方（金银花、菊花、甘草）服了二天之功。昨夜睡未舒服。

上午，杨医师来。施寅佐夫妇来。

八月八日，星期二，晴

昨夜服药后睡甚浓。

写给大妹信一封。

李孤帆、徐应昶先后来。

八月九日，星期三，晴，有雨

上午理发。杨医师来，唐君来。

下午，吴叔同夫妇来。

八月十日，星期四，晴

夜，睡未安。

八月十一日，星期五，晴，有雨

杨医师来。

八月十二日，星期六，晴，有雨

上午，唐先生夫妇来。

下午，归选衡君来，并送来东西。

写给二、四妹、弟弟信，为嘱弟弟即赴京。

写给五妹信，嘱丁妈做清洁工作。

八月十三日，星期日，雨

内子往继园台理行装甚忙。

八月十四日，星期一，晴

午后，迁九龙新乐旅馆。

八月十五日，星期二，晴，广州

晨，乘车离港，送行者甚众。

下午，到穗住华侨大厦。

八月十六日，星期三

晨，七时同内子、国英乘飞机至长沙午饭。

夜，宿武汉璇宫饭店。

八月十七日，星期四，晴，夜雨，北京

晨，转郑州，中午到京。泰雷同志及儿女们来接，当回家。

八月十八日，星期五，晴

上午，翰伯、泰雷、陈锋、素芬诸同志来。

孝侯、蔚伯、鸿钧、塘侄夫妇均来。

下午，大妹、内子陪我去肿瘤医院诊视。归途至泰雷同志家一转。

八月二十日，星期日，晴

大妹、国璠及小孩今晨回宣化。

八月二十一日，星期一，阴

夜，金经理陪朱颜中医大夫来诊视，处方而去。

八月二十二日，星期二，雨

大妹又从宣化送药来。

八月二十四日，星期四

午，大妹回宣化。

曾拍照。

八月二十五日，星期五，晴

晨，泰雷同志来接，由汤儿、四妹伴送建外肿瘤医院，住 4.229.56 号铺位。

下午,内子、弟弟、五、四妹都来视。

离家前拍照。苏大夫检视身体。

八月二十六日,星期六,晴

验血和大小便。

八月二十七日,星期日,晴

下午,汤、应、企棠(携小应)、曼、永、美德先后来。汤今返沈,曼明上午回沪。

曹永玲、王泰雷先后来。

八月二十八日,星期一

夜,洗肠,备明日照X光。

八月二十九日,星期二,阴

上午,照X光。

下午,泰雷同志等携书报来。

国英后日去沪,来视。

信予兄月底去社会主义学院云。

八月三十日,星期三,晴,夜雷雨

昨起热有退。

八月三十一日,星期四,晴

午前,磅体重得123P净。

下午,李崇贞来,如松、通舟来。

内子、永儿、塘侄、耀华等来。

国英今晨返沪。

上午,至会客室为各医生检查。

九月

九月一日,星期五,晴

苏大夫调四楼,顾大夫继。

谷大夫称将有人来同房住云。

洗头及剪脚指甲，剃头。

前半夜有热。

九月二日，星期六，晴，夜雷雨

傍晚，蔚伯送香港寄来诊断书来。

九月三日，星期日，晨雨，嗣阴雨

大妹自宣化来，夜回宣化。

永儿今晚返萍乡。

泰雷、君乐同志及黄平章来视。

前半夜失眠。

九月四日，星期一，晴

晨，注射，验小便三次。

上午，九时起输血 400 cc，曾有反应，打吗啡针。

悟女自沪来，下午同其母来。据毓松来开会云。

九月五日，星期二，晴

晨，验大便。

二、五妹同其母来。

陈原及翰伯同志由李宗英陪来。叔老来。

协和医生来会诊，约七日去该院。

北大荒来许姓病人同房住，夜不能眠。

九月六日，星期三，晴，夜有雨

迁 57 床，与武汉教授袁姓同房。

下午，内子同六妹、怀堂来，二小孩未上楼。

九月七日，星期四，雨

上午，中华车来，顾大夫同悟女陪往协和医院由刘国珍大夫照膀胱镜。十时半回。

夜，发高热至 42 度，不自知何时起。

午夜，由院通知公司及家属，甚紧张。

九月八日，星期五

上午，在昏迷中。下午，膀胱炎甚剧。

李耀华来陪夜，彼辛甚。

九月九日，星期六

塘侄来陪夜。

下午，做腹穿刺。

九月十日，星期日

曾倒小便。

九月十二日，星期二

晨，悟女返沪，毓松同返。

九月十六日，星期六

侣女自宣化来。

九月十七日，星期日

侣女返宣。

九月十九日，星期二

将华携美新来京。

九月二十日，星期三

锦女同怀堂挈二小孩返闽。

下午，侣女自宣化来。

九月二十一日，星期四

协和医生来会诊。

九月二十三日，星期六

汤儿来京。

九月二十四日（中秋节），星期日

晨，侣女返宣化。

夜，服睡药一粒。

九月二十五日，星期一

下午理发。

九月二十六日，星期二

周莲轩、朱公垂、郭农山、储和、丁敏士等先后来访。

内人去银行办旧存款转期。

九月二十七日，星期三，雨

内人今日起不再陪夜。

命汤儿致函子宏兄。

九月二十八日，星期四，雨

孝侯、士霖来。

同房来商业部病人黄振邦君。

九月二十九日，星期五

因尼泊尔国王到京，欢迎人众，内子不克来院。

将华上午来，汤儿下午来。

九月三十日，星期六，上午晴，下午雨

将华上午来。由汤复子宏一信。

下午，内子来。

十月

十月一日，国庆节，星期日，阴晴

永儿午后突来，据昨晚到京云。

十月二日，星期一，夜雨

将华挈美新傍晚返沈。

企棠、三妹先后来。

十月三日，星期二

美德、汤儿、五妹夫妇先后来。鸿钧来。

涂传杰陪李祥发来。

十月四日，星期三

上午，李瑶来。

下午，内子和汤、永二儿来。

夜睡不安，不知何故。

十月五日，星期四，晴

孔音弟同松泉来。国璠来。

陈锋、王泰雷来。

十月六日，星期五，晴

谷大夫说，要为我继续输血云。

睡前多大便一次。

十月七日，星期六，晴

晨，抽血 9.5 cc。

国璠同永儿来，汤亦来。

闻内子跌，伤腰，甚念！

十月八日，星期日，晴

上午，美德来，谓国璠已于今晨返宣化。

下午，三妹和汤、永来。

十月九日，星期一，晴

上午，内子来。下午，永、汤先后来。

蔚伯来。

十月十日，星期二，晴

上午，九时至十二时半输血 400 cc，反应尚微。

通舟来。

汤、永先后来，由汤函先祚商借款事。

十月十一日，星期三，雨

上午，内子、永儿来。

傍晚，汤儿来。

闻大妹傍晚可到。

十月十二日，星期四，晴

上午，大妹到。

傍晚，汤儿回沈阳。据下月初可再来。

金长佑、孝侯、如松、蔚伯来。

十月十三日，星期五，晴

大妹来陪我一天，永儿、五妹上午来。昨日下午起又打连每素针。

十月十四日，星期六，有雨

秦大夫发现我胸部有小块。

縻文溶兄来。

十月十五日，星期日

晨，大便出血。

大妹挈利北来，塘侄来。

上午，朱蔚伯来。朱剑安来。

夜，吃中药。

十月十六日，星期一

上午，十一时20分至三楼开刀间切除胸间小块，至十二时20分回房，手术时间仅20分钟。

内子、大妹、永儿来。朱蔚伯来。

十月十七日，星期二，阴，下午雨

上午，内子来。下午，永儿来。

曹宝玲同志下午来。

晨，大妹挈利北返宣化。

十月十八日，星期三，夜雨

晨，抽血、验小便。因小便不能及时撒出，须明日重做云。

永儿来二次。

十月十九日，星期四，阴晴

晨，验小便时间又不准。

永儿来，上午内子来。

今日中午吃饭一碗。

十月二十日，星期五，昨夜雨

国璠昨日下午自宣化来，今晨即转赴南京。

上午，内子来。下午，永儿来。

下午，朱蔚伯来。

十月二十一日，星期六，阴，有小雨

永儿下午来。

中午吃饭很香。

十月二十二日，星期日，晴

上午，美德来。下午，三妹来。

下午，潘达人、王泰雷、朱通舟来。

十月二十三日，星期一，晴

内子、永儿、五妹来。

顾大夫为我新刀口拆线。

十月二十四日，星期二，晴

晨，在走廊散步。下午理发。

上午，内子和蔡鸿钧来。下午，永儿、美韶、耀华来。又张永生、曹宝玲来。孝侯、蔚伯来。

顾大夫重理刀口。

十月二十五日，星期三，晴，夜有雨

永儿下午来，夜乘九时半车（京广车）赴株洲转萍乡。

十月二十六日，星期四，晴

上午，内子来，傍晚去。

下午，泰雷同志陪张伯刚来，据30日赴穗转港云。

十月二十七日，星期五，阴

内子上午来，下午去。

下午，蔡鸿钧来，明日返石家庄云。

十月二十八日，星期六，晴

上午，鹦哥（学名李佩芬）来。

内子来，下午去。

写致先祚信。

十月二十九日，星期日，晴

上午，塘侄、鹦哥、三妹来。

下午，俞明岳来，并送鸡蛋20枚。

计宜初兄来。下午，美德来。

写致国英一信。

十月三十日，星期一，晴

大妹自宣化来，谓昨晚到京云。

内子来。下午，瑞和来。

张镜清来谈。顾大夫换药。

十月三十一日，星期二，晴

大妹来。

下午，国璠挈三小孩来。

今日起肝部觉痛。

十一月

十一月一日，星期三，雨

顾大夫换药。

内子上午来，傍晚去。

十一月二日，星期四，阴晴

内子、大妹、五妹来。

下午，朱蔚伯兄来。

十一月三日，星期五，晴

汤儿自沈阳来。

上午，三妹来。下午，汤儿、大妹来。

赵仲榆君来。

十一月四日，星期六，晴

上午，内子来。下午，汤儿来。

十一月五日，星期日，晴

汤儿、大妹、美德来。

十一月六日，星期一，晴

上午，内子来。下午，大妹、汤儿来。

今日开始肝部烤电。

十一月七日，星期二，阴

上午，十一时输液 1000 cc，至下午一时三刻毕。

今日第二次烤电。

下午，大妹来。

泰雷同志与朱蔚伯兄来。

十一月八日，星期三，晴

上午，内子来。下午，大妹来。

下午，泰雷同志陪新同事二人来（副总经理华青禾、许君迈）。

上午，王姓中医大夫来诊，吃中药。

十一月九日，星期四，晴

上午，汤儿、内子先后来。下午，大妹来。

输液体 1000 cc，九时至十一时三刻。

下午，沈季湘、戴孝侯来。

下午，第三次烤电。

十一月十日，星期五，晴

下午，第四次烤电。

大妹、汤儿下午先后来。

中医王大夫来复诊。

十一月十一日，星期六，晴

上午，大妹来。下午，国璠来。他们明晨挈三孩赴南京。

上午，第五次烤电。

十一月十二日，星期日，阴

上午，塘侄、汤儿来。

下午，美德、三妹、企棠来。潘达人来。瑶瑶、平章来。

十一月十三日，星期一，雨

内子上午来，下午去。

烤第六次电。

十一月十四日，星期二，阴

内子上午来，下午去。汤下午来。

输液 1500 cc。下午，烤电背部（烤第七次电）。

十一月十五日，星期三，阴

内子上午来，下午去。

王叔旸来，据明日离京回港云。

烤第八次电。

十一月十六日，星期四，晴

汤儿上午来，拍照数张。

内子近午来，午后去。

韦士霖、周莲轩来。

烤第九次电（背面）。

十一月十七日，星期五，阴

上午，肺部透视。输液 1500 cc。

下午，烤第十次电。

十一月十八日，星期六，雨，下午晴

上午，烤第十一次电（背面三次）。

内子上午来，中午去。

下午，朱蔚伯、孙如松来。

十一月十九日，星期日，晴

美德、三妹挈小应、汤儿先后来。

塘侄夫妇来。

下午，陆廷珏、徐德俊、朱通舟来。

十一月二十日，星期一，阴晴，有雨

同室黄振邦同志今日出院。

内子上午来，下午去。

今日未输液和烤电。

十一月二十一日，星期二，晴

输液 1500 cc，烤第十二次电。

内子上午来，下午去。

下午，戴孝翁来。

下午理发。

十一月二十二日，星期三，晴

今日家中无人来。

中午，饭后有呕吐。

十一月二十三日，星期四，晴

晨，大便有血。

输液 1500 cc。

内子上午来，下午去。

陈开祥、朱公垂、朱蔚伯先后来。

十一月二十四日，星期五，晴

晨，大便又出血。

上午，汤儿来。

下午，烤第十三次电（背部）。

十一月二十五日，星期六，晴

傍晚，王泰雷同志来。

内子上午来，下午去。

十一月二十六日，星期日，晴

上午，汤儿、塘侄、企棠来。

下午，三妹、美德来。

王泊如、朱皎如来。

干咳甚。

十一月二十七日，星期一，上午雨，下午阴晴

四妹昨晚自沪到，今日来医院，傍晚去。

输液 1500 cc。上午，肺部透视。

十一月二十八日，星期二，晴

上午，内子来。下午，四妹来。

下午，烤十四次电。

下午，阮敬英、朱蔚伯来，又曹宝林同志来。

十一月二十九日，星期三，晴

晨，大便又出血。

四妹上午来，下午去。汤儿下午来。

上午，肺部透视及拍 X 光。

十一月三十日，星期四，晴

晨，大便仍出血。

今日为内子生日。

上午，内子来。下午，四、五妹来。

输液 1500 cc。

十二月

十二月一日，星期五，晴

晨，大便再出血。

烤第十五次电（背面）。

五妹、四妹先后来。

十二月二日，星期六，雨，闻有雪

晨，大便续有血出。

四妹来。

下午，朱蔚伯兄来。

十二月三日，星期日，晴

晨，大便出血多。

上午，美德来。

下午，济汤、五妹夫妇来。又下午宣节夫妇、俞明岳、朱通舟来。

夜，服港方。

十二月四日，星期一，晴

输液 1000 cc。

内子上午来，四妹下午来。

上午，肺部透视。

十二月五日，星期二，阴晴

下午，烤第十六次电。

内子、四妹先后来。

下午，戴孝翁来。

中午有呕吐。

十二月六日，星期三，阴晴

汤儿、四妹先后来。

中午，因吐未饭。

夜，瑶瑶夫妇来。

十二月七日，星期四，晴

输液1000 cc，中午未食。

内子上午来，四妹下午来。

十二月八日，星期五，晴

今日起停烤电。中午未食。

内子未来，四妹来。汤儿来。

十二月九日，星期六，晴

输液1000 cc。

下午，朱蔚伯来。

十二月十日，星期日，晴

上午，塘侄、汤儿、美德来。下午，三妹来。

下午，周家凤兄来。

十二月十一日，星期一，晴

内子、四妹先后来。

输液1000 cc。

十二月十二日，星期二，晴

下午，透视肺部。

四妹下午来。

十二月十三日，星期三，晴

输1000 cc液，费六小时。

上午，内子来。下午，四妹、汤儿先后来。

十二月十四日，星期四，晴

下午，陈叔老来视。

朱通舟来，谓其女已死。

上午，肺部透视及拍X光四张。

四妹、汤儿来。

整理者按：以下内容由其家人代为记录，选录若干。

十二月十九日，星期二

上午，陈翰伯来。

中午，打电报给汤、侣。

下午，戴孝侯、朱蔚伯来。

晚，9 点 15 分逝世。妈妈、应、曼、耀华、朱蔚伯、戴孝侯、张兴洲在侧。

十二月二十日，星期三

下午，解剖。

十二月二十一日，星期四

下午，遗体移至东部殡仪馆。

十二月二十二日，星期五

下午，一点半遗体焚化。

十二月二十四日，星期日

开追悼会。

骨灰送入八宝山革命公墓。